汲古叢書28

王瑞来著

宋代の皇帝権力と士大夫政治

汲古書院

目次

宋代の皇帝権力と士大夫政治

序章

本格的な論述に入る前に、本書の基本的構成および本書で触れる幾つかの重要な概念を、まとめて説明しておきたい。

第一節　本書の基本的構成について

長い間、私の胸には一つの疑念が渦巻いている。それは、なぜ中国史上における政治形態が君主独裁制と見なされるのか、なぜその説は史上の実相と明らかに反するところが多いにもかかわらず、学界は口をそろえて数十年間にわたって繰り返して復唱するのか、ということである。その原因は、制度の表面的な規定を反映した偽りの現象に惑わされているからなのか、それとも思索を加えることなく、そのまま先学の定説にとらわれているからなのか。本書はこのような謎を解くことを目的とする。書名については、当初「中国における皇帝権力と官僚政治」としようかと思った。これは皇帝権力を中国史全般に亘る問題であるとしてとらえる考えからきている。しかし、問題の範囲が大きすぎれば、個人の力ではとらえにくい。それゆえ、視点を狭めて、士大夫政治が本格的に開始された宋代を選び、とくに真宗時代にしぼって本書の考察を展開していくことで、宋代という史上の一点から中国史全般をうかがう、つまり宋代という一斑をみて全豹を卜する効果を目指して、中国史上における皇帝権力と官僚政治の実相の片鱗を示してみることにした。

第一章では、研究史として、君主独裁制説の生まれる背景を回顧した上で、著者の研究の経緯を述べて皇権の概念を説明し、更に君と臣の両方それぞれの皇権観を、広い視野のもとに主に思想史の角度から考察した。いうまでもなく、考察する範囲は宋代を超えている。

第二章では、政治史の視点から皇権について通論的に考察した。特に君臣間の制約且つ協力という側面から君臣関係を考察した。さらに派閥政治の角度から着手して、皇権の実際の政治運営の中での具体的状態に及んだ。この章の考察の目的および史料の引用も、宋代の枠にとらわれなかった。

第三章から第七章までは、本書の核心部分である。第一・二章の総合的論述を承け、この五章は対象を具体的に宋真宗朝にしぼった。総論としての第一・二章に比べ、これは具体論といえる。第一、二章を通して、史上における皇権の一般的なイメージを与えた後、具体的にある時期において深く掘り下げて考察する必要があると考えたからである。このような形式にしたのは、意識的に自分に不利な事実を避ける意図が著者にないことを示すだけではなく、具体的な考察は一般論より説得力が一層あると思ったためである。ところが、こうすると、自分で自らに難問を下すことになった。なぜなら、論証は真宗一朝の全体的事実を正面より受けとめ、しかも合理的な説明をしなければならない。以上の難題があるものの、敢えてこの考察の仕方を選んだのは、やはり真宗朝が宋代史上、典型的意義を有する時期であると考えられるからである。具体的に言えば、第一に、真宗は開国皇帝太祖・準開国皇帝太宗を継いで初めて正常な方式で即位した皇帝であった。宋王朝のさまざまな制度の整備および皇権の位置づけはいずれもこの時期から始まったのである。第二に、真宗朝に入ると、宋代の士大夫政治を特色づける新しい官僚政治が初めて本格的に展開した。太祖・太宗朝では、中央から地方にいたるまで、政務はほとんど後周或いは江南から宋に入った旧臣によって握られていたが、太宗朝から大規模に科挙試験を行い、常に数百人ひいては一千人を超える進士・諸科および特奏名の合格者が官途についた。またほかのルートによる官僚を加え、十数年を経た後、宋王朝自身が養成した士大夫は前代の旧臣に取って代わり、政治の舞台の主役となった。たとえば、この五章で考察の対象となった李沆・王旦・寇準は太宗太平興国五年（九八〇）の、王欽若・丁謂は太宗淳化三年（九九二）の進士出身であった。真宗の在位は二十余年しかなく、君臣関係のケース・スタディーとしてこの五章で考察する五人の宰相が真宗朝の全期間の政治を担っていた。士大夫階層の空前の勃興によって、中国の歴史に新たな官僚政治、即ち士大夫政治の時代が切り開かれた。真宗の在位は二十余年しかなく、君臣関係のケース・スタディーとしてこの五章で考察する五人の宰相が真宗朝の全期間の政治を担っていた。この五人の宰相が行っていた政治的活動について、君臣関係の視点から見れば、ほとんど中国伝統社会の宰相の基本類型を包括しているだけではなく、皇権を左右する基本的な方式をも示していたと思われる。

第八章では、前を承け、真宗朝を中心に、皇権と密接な関係を持つ別の一群の人々を論じた。つまり皇帝の代弁者といわれる翰林学士である。士大夫階層が空前の勃興をした時代において、かれらは士大夫階層のエリートであった。かれらは下層の小役人（胥吏）と同じように、文筆をもてあそぶだけではなく、さらに政策の決定と人事の任免にも参与している。派閥政治の背景の下で、かれらは皇権と相権の間にあって、想像を超えた役割を果たし、かれらの中の多数が後に執政集団の一員となった。士大夫階層の精神的エリートとして、士大夫政治の指導者となった。このような皇帝と執政集団との間に二またをかけて士大夫政治を行う翰林学士の活動を通して、皇権の貫徹および政策決定のプロセスに士大夫上層部の役割を提示しようと試みる。

第九章は、真宗朝からさらに広げて、宋代で初めての政治改革である慶曆新政を主宰した政治家范仲淹を具体例として、報恩思想・功名心・議事精神・憂患意識および皇権観という視点から、官僚政治の主役である宋代の士大夫に共通の主流的精神を考察した。宋代士大夫ひいては中国の伝統的知識人における思想の発展の軌跡を明らかにすることを目指した。

終章は、以上諸章をまとめた上で、再び具体論から一般論に戻り、宋代に限らず、一層広い通史的視点から、君主独裁制説を含む唐宋変革論を検討し、中国史上における皇権の位置およびそれが象徴化に向かっていく原因を分析してみた。最後に残される課題としてこれまで学界に出されていない想定を提示した。つまり、近代に入った中国が、辛亥革命という意外な事件を起こさず、改良的方向を続けて歩んでいたら、現在の中国における政体は立憲君主制であったかもしれない、というものである。

史料の使用について、本書は主に真宗朝にしぼっているため、多くの事件が各章で述べる人物の共同の経験であった。だが、読者の読みやすいよう、同じ史料に対して、各章で参照するという形をとらず、述べる主人公の角度によって、別々にその章ごとに重複して使うようにした。それは「廬山は横ざまに連なった姿で見れば嶺となるが、側に回れば独立した峯のように見える」（横看成嶺側成峯）という蘇東坡の詩のように、考察の角度がそれぞれ異なっているからである。

ここで、少し贅言をつけ加えたい点は、本書の大部分は人物を中心として構成されているものであるが、単なる人物の伝記と見なさないよう望むということである。私の基本的考え方では、社会の歴史は人間の歴史であって、人間の活動により構成されたものである。そのため、人間は歴史の主人公であるはずである。本書は選択した典型的な人物の活動を通して、細密画の画法に倣って、士大夫政治下、中央政治の運営のプロセスの中で、政策の決定者或いは制度の実施者が如何に皇帝権力を左右するのかという実態を詳しく再現しようとした。中国の学者がよく言う「論従史出」（結論は史料から出る）のように、多くの確かな事実によって、これまで数十年間中国史学界に主導的地位を占める君主独裁制説が実像からかけ離れた虚像である、ということを論証しようと試みたのである。さらに史上の具体的な政治の実態を示しながら旧来のイメージを修正し、中国政治史の姿を的確に認識させることも目的としている。

第二節　本書における幾つかの概念について

以下に述べるキーワードは実は本書の論述に散見するものである。各章から抽出して、あらかじめ概念を明らかにし、考察を容易にしたい。

一、皇権。皇帝制度が成立したときから、皇帝には最高至上の地位と権力が与えられていた。しかし皇権というのは、皇帝個人が持っている権力であろうか、それとも皇帝を代表とする政府の権力であろうか。残念ながら厳密には規定できるものでなく、両者の間に明らかな境界はないのである。したがって、当時の皇帝本人も自分の権限をあまり区別せず、常に個人の意志で公権力に取って代わり、両者を混同していた。しかしながら、官僚士大夫は、「天子無私」という理念に基づいて、皇権を公権力の範囲内に制約しようとする。もちろん個別の士大夫が政治闘争の目的のために、皇権の強化を主張したり、佞臣が皇帝の歓心を買うために皇権を無制限なものとしようとしたりする例もある。皇権にはこのように限界が不明確な点があるので、研究者は皇権を考察するとき、往々にして両者を混同する。さらに皇権に関するさまざまな論争も、皇権の概念への異なる理解によって起こったものである。この問題は、実は夢にうなされるように、長期間私を困惑させてきた。皇権を考察するとき、両者の境界を明らかにしようとしたが、その結果はやはりますます混乱することとなった。その後、明らかにする努力は無駄だと悟った。中国の伝統的政治のさまざまな分野で境界の不明確性が存在しているのと同じように、皇権のこのような不明確性自体が、意識的か或いは無意識的な設計からなるものである。これこそ中国の伝統的政治の特徴の一つである。ほんの簡単な一例を挙げよう。公と私について、古今の多くの学者がその区別を明らかにしようとしたが、実際には中国人の公と私に対して誰も明らかにすることはできていない。それゆえ、皇権についても、だいたい広義と狭義という限定をすれば充分であると思う。無理矢理両者を分ける必要はなく、実際に分けられないだろう。皇権のこうした特性は一人で二つの面構えといわれるようである。西欧の王権においては、私人としての王と、永続的公的な王権具現者としての王の「二つの身体」として区別する考え方もあった。昔の士大夫がいう「天子無私」とは、皇権の膨張を制限するための言説にすぎない。皇帝の権力は皇帝の地位と繋がる。皇帝として、少しでも公的性格を帯びる行動は、常に官僚たちの監視と規範の下に置かれていた。すべての比喩は完璧ではないものの、皇帝の地位・権力および役割について、やはり本書においてさまざまな喩えを使っている。たとえば、昔は、官位を示す「烏紗帽」は非常に象徴的意義があるものであった。官僚にとっては、それは非常に大事なものであり、これがなければ権威もない。剥奪されれば、官を罷免されるのと同然である。昔の中国の官僚政治体制を一人の人間に喩えれば、皇帝はその頭上にかぶる帽子のようである。君主制という政体の下で、皇帝という官僚政治体制の帽子がなければならない。また、政令を発布するときの公文に喩えれば、宰相をはじめとする執政集団が主宰する政治運営はその公文の中身であるが、皇帝の最後の形式的裁決はその公文に付いた公印である。公印があっても中身がなければ、公文にはなにも意味がない。だが中身があっても公印がなければ無効となるだろう。皇権と政治体制との関係について、本書には、国体と政体という政治学的概念を導入した。つまり、中央集権制度（宋代から言えば士大夫政治）とは国家統治権の所在を示す国体を意味するが、君主制とは国家の組織形態を示す政体を意味する。中央集権制度下の皇権は、国家権力システムの一部分にすぎない。

二、君主独裁制。君主独裁というのは、皇帝がすべてのことに対して絶対的な生殺与奪の権力を持つことを指すのか、それとも皇帝が政治運営のシステム上に最後の形式的裁定を行うことを指すのか。つまり、政治の実際の状態を指すのか、制度に表れる形式的特徴を指すのか。これまでの君主独裁制に関する論述からみれば、明らかに前者を指し、後者ではない。しかし、この結論は政治史上の数多くの動態的事実を見落とし、静態的制度規定による似て非なる蜃気楼にすぎないと思う。いうまでもなく、歴史には例外がある。いわゆる君主独裁制説に有利な史実もある。ところが、統計的方法でこれらの史料が全部の史料に占める割合を計算しなければならない。さらにこれらの史料を具体的な時代背景の下に置いて具体的な分析を加えるべきである。逆に言えば、君主独裁制を君主制下における国家の組織形態であると解釈すれば、たぶん異議は少なくなるだろう。だが、独裁という言い方は個人的独断の裁決という誤解を招きやすい。君主独裁は厳密な措辞ではないといえよう。

三、宰輔専政。これまで史学界の通説である君主独裁或いは君主専制に対して、私は「宰輔専政」という言い方を提案した。「宰輔専政」というのは、宰相一人の独断ではなく、宰相をはじめとする執政集団が中央政治運営において政策決定する形態を指す。「宰輔」は文字上、宰相と輔弼大臣をいう。宋人はこの言葉を使い、全執政集団を指す。表正史の書き方において、『新唐書』の場合には、「宰相世系表」というが、『宋史』の場合には、「宰輔表」という。表の名は、「宰相」から「宰輔」への題名の変化だけではなく、ある実質的な変化を反映している。『宋史』「宰輔表」の題名と内容の変化は、宋朝国史の編纂者と元朝『宋史』の編修者という両王朝の士大夫の認識を表している。その「宰輔表」の記事は、単なる宰相個人だけではなく、宰相をはじめとする執政集団の全体構成員の任免状況である。これは宋代から始まり、士大夫政治の下で、宰相をはじめとする執政たちは一体的な集団として政治の舞台に現れていることを物語っている。その執政集団は士大夫政治の上層部において非常に重要な役割を果たしていた。これは上述の史書の記述に変化が生じてきた原因と思われる。私の論じる宰相権が宰相の個人的な権力ではなく、宰相をはじめとする執政集団全体の権力を意味しているのは、宋元人の認識および宋代の政治的特徴のためである。「宰輔専政」の形態の下では、皇帝の役割も排斥されず、皇帝は同じ支配システムの構成員の一人でもある。君主制の下に置かれる士大夫政治において、官員の昇降と任免は主に宰相をはじめとする執政集団によって決定づけられ、あるいは各政治勢力間の角逐によって決定づけられるが、決して皇帝と無関係であったわけではない。この両方面の決定はいずれも皇権の名義で行われたからである。執政集団でも他の勢力でも皇帝の存在を無視することはできず、一定の程度で皇帝の意思を尊重しなければならない。この意味で言えば、宰輔専政とは実際には皇帝の協力下の宰輔専政であった。こうした政治形態の下で、皇帝の協力は最も重要である。それゆえ執政集団は、皇帝の緊密な協力を得、最大限に皇権を吸収するために、常に自分の意志を無理矢理に皇帝に強いることはせず、柔軟に対応し、時には皇帝に若干の妥協を示し、充分に皇帝の面子に配慮するのであった。そのため、個人にとって、皇帝との関係の親疎がかれの官途の昇降と極めて深くかかわってくる。だが、実際の役割から見れば、政策決定のプロセスの中で、皇帝は決定的な役割を担ってはいない。一般的にいえば、執政集団と結びついた皇権は、有力な皇権である。反対に、結びつかない皇権は孤立し無力なものである。同様に、皇権の支持があればこそ、宰輔専政も実現できる。二者は相互補完の関係にある。

四、士大夫政治。士大夫政治は士大夫を主役とする官僚政治である。私が考察の基点を宋代に定めるのは、この時代の史料に手慣れていて運用しやすいだけではない。宋代は前代の後を受けて新しく発展する端緒を開き、極めて特色を有する時代である。宋代の時代的特徴について、研究者がすでに論じてきたさまざまなことのなかで、最も大きな時代的特徴は、士大夫がある独立的な階層或いは勢力として空前の成長を遂げたことである。この時代は日本の学界において中国の前近代或いは近世の開始とされる時代でもある。この時代を始まりとして、科挙を通じて政界に入る士大夫が、中央から地方にいたる全部の政治を支配するようになった。このような政治形態を、欧米の文官政治と区別するために、私は士大夫政治という。このような知識人が絶対的支配的地位を占める政治形態は、うわべでは依然として君主独裁制に見える政治制度に根本的な変化を生じさせた。皇帝は政治の舞台での主役ではなく、わき役となった。皇帝は個人としての官員を罷免できるかもしれないが、士大夫階層全体に対抗する力はない。実際には、皇帝が朝廷の派閥とは結ばずに、軽率に宰相、ひいては執政大臣を罷免することはほとんどできない。そのため、皇帝は協力的な態度で「士大夫と天下を治」めなければならない。皇権は本格的に象徴化に向かい始めた。士大夫政治という新しい国家体制において、皇帝はある特殊な存在であり、皇権もある種の特殊な権力である。これは千年間続いてきた君主制の政体によって決定づけられたものである。士大夫を主役とした官僚政治は宋代に特有な政治形態ではなく、宋代から始まってその後も継承される政治形態である。歴史の長い流れのなかの一部分として、宋代は孤立した時代ではなく、皇帝制度でも科挙制度でも、同じく前代から受け継いだものである。皇権観を含む士大夫の思想さえ前代から受容して、かつ後世に影響を与えていった。それゆえ、宋代の皇権に対する考察は、通史的意義を有すると思う。

五、派閥政治。派閥政治（Factional Politics）は士大夫政治の下位概念である。士大夫階層はほかの階層、ひいては皇帝に対して相対的な独立性、或いは一体性を有する。外部と衝突するとき、士大夫たちは往々にしてこれまでのしこりを水に流し、全階層の利益を守るはずである。しかしながら士大夫階層はまた派閥的特性を有する。士大夫階層の内部には、科挙の恩師・門生・同年などの関係、婚姻によって親戚となる形、政治の立場などに基づいて、大小のサークルが形成されることになった。仲間を引き立て、異分子を排斥する。宋代の政治において、随所で派閥の角逐する姿が見られる。士大夫政治の下で、皇権と相権との争いはもはや副次的な問題になっており、政治闘争の形の多くは党派の争いであるようになった。これは宋代の党争が空前の激しさであった原因の一つである。派閥政治の下では、諫官・御史も、皇帝も、派閥政治という大きな将棋盤の中の、働きが違う将棋の駒にほかならない。ところが、象徴化に転化していく皇権には、その形骸化した一面があるし、かつ実体性の一面もある。それゆえ、君主制という政体の中の党争において、皇帝は神仏の像のように尊崇され、皇権は相手をしり込みさせて打ち負かす切り札として、各派に争奪されていた。皇帝と同盟を結び、皇帝を左右できれば、党争の主導権を握ることができる。そして勝つ確率も高まる。政界の上層に位置する宰相をはじめとする執政集団は、派閥政治の中の与党である。もちろんその与党が分裂する場合はよくある。党争の渦中で、皇帝が超然として局外に身を置くことは不可能である。しかし巻き込まれた皇帝は党争をリードすることができず、党争に左右され、ある派閥に利用される道具になるしかない。宋代の政治運営は、君主独裁的運営ではなく、宰相をはじめとする執政集団の専政である。つまり私の言う宰輔専政である。派閥政治は士大夫政治の最も重要な特徴であるだけではなく、中国の伝統的政治の基本的特徴であった。派閥政治の視点から皇権問題を含む中国史上の多くの政治現象を考察すれば、ほとんどが解釈できる。派閥政治の角度から手を入れるのは、中国政治史を研究する鍵であると思う。

六、政治力学。

（1）合力説。政治学の視点から見れば、権力はある種の力でもある。派閥政治の下で、多くの政策決定と人事任免は、表面上、皇帝或いは権臣の意志によるものであったが、実際にはそれほど簡単ではない。その表面的な現象を通してみれば、朝廷のすべての重大な行動は、いずれにしても各種の力の総合的作用の結果であり、ある方面の単独の力ではない。これは物理学で言う合力と似通っている。たとえば、大臣を任免する場合、一般的に言えば、皇帝は朝廷の派閥と結ばなければ、簡単に決定することはできない。同様にすでに出された決定は、ほとんどの君臣の間で公開的に討議し、またはひそかに共謀した結果である。執政集団と結びついた皇権こそ強い皇権である。逆に皇権の支持を得て宰輔専政は遂行できる。両者は互いに補完し合うもので、一方を失えば他方も存在しなくなる。皇権と官僚政治との関係について、私は従来のピラミッドという喩えに賛成せず、アーチ形という構造であると思う。つまり相互に支持する以上、制約もされるという関係である。

（2）慣性法則。古代崇拝という傾向を持つ中国人は法律よりむしろ先人と自分の経験したことを重視する。これは一般に「故事」と言い、宋代では場合によって「祖宗法」とも言うことである。実際にはいわゆる「故事」でも、「祖宗法」でも、一応慣例である。政治の運営は殆どこのような慣例によって動いていくのである。どんな時代でもどんな地域でも、慣例は一旦成立すると、運転中の車のように停止させるのは難しく、停めるには非常ブレーキをかけなければならない。しかし、通常の状況下では、やむを得ない場合以外はそれはありえないし、またあえてそうする必要もない。そのようにしてその回転に身をまかせるしかない。そして、回転速度の増大につれて、加速度も強まる。宋代の多くのいわゆる「祖宗法」は、実は最初に或る人が或る事柄について先例を作ると、それにつれて形成された慣例なのである。しかし、人間は往々にして自分が作った慣例の前で、無力感を露呈する。これは地位とは無関係で、帝王でも大臣でも、みな慣例には抵抗し難い。多くの場合、慣例に従うしかないのである。車の話を持ち出せば、改革が困難なわけは、動いている車を止めさせる、あるいはその方向を変えさせることにある。これは単に物理学の慣性の法則にとどまらず、さらに現実的な慣性と人間の心理上の慣性の問題でもある。人間が未知なるものを本能的に排除し、熟知するものには親密と賛同の念を懐くのは、いずれも加速度増大の要因となる。したがって、慣例の成立が古ければ古いほど、それだけ改変し難い。文字通りまさに「積習難改」（長年の習慣は変え難い）である。それだからこそ、人々は法律とは別に、慣例を非常に重視する。とりわけ「祖宗法」を重視したのが宋代である。いうまでもなく、同じ慣例でも、プラスの効用とマイナスの効用の二面性をもつ。政治上、別個の集団が異なる立場に立てば、いつもなんとかして味方に有利な慣例を作ろうとする。更に既成の慣例に対しても、往々いろいろと方法を考え、当方に有利な方向へもっていくように微調整をはかるわけである。朝廷が施行したあらゆる事柄が故事と称される。ある意味で故事は祖宗法と同義語である。祖宗法の重要性が無視できないので、これは時には、法律規定よりもっと権威がある。宋代では、「類編故事」、「条法事類」などを常に編纂し、政務の参考としている。こうして政府が皇帝の名のもとに施行した先例は、後の皇権に対し、制度上の制約となった。皇帝がこうした故事を無視すれば、それは祖宗法を無視することにほかならない。そうなれば非難の圧力にさらされる。このような意味で、故事或いは祖宗法は、士大夫が皇権を制約する一つの工具であると言えよう。

（3）権力逓減律。力が作用する過程では、エネルギーが追加されなければ、力は次第に衰えるようになる。一つの石を池に投げると、最初に起きた波紋が一番深い。次第に四方に広がってだんだんと浅くなり、最後にはなくなる。皇権の場合には、ほんとうに皇帝の意志から出ても、執政集団或いはある勢力の意志と抵触すれば、伝達し執行するプロセスで、次のことが起こる可能性が十分ある。つまり、まず、勅令制詔を起草する文臣（翰林学士・知制誥など）によりかれらの意思が入れられる。後にまた宰相と執政大臣が自分の意思で変更してしまう。最後、皇帝の名義で発布する勅令制詔は、こうして次々としぼり上げられてすでにすっかり見る影もなくなって、皇帝の本来の意思はいくらも残っていなくなってしまう。逆にこうして出た勅令制詔で表されたのは、朝廷で最も有力な集団の意志である。このように変更され歪曲された皇権も皇権であると言えるが、皇帝本人の意思を表しているとはいえないだろう。

（4）権威増大論。皇帝の地位が次第に象徴化に向かっていく背景の下で、皇帝個人の行政的権力は次第に縮められるが、皇帝の権威自体は次第に倍増していった。それゆえ、派閥闘争では、皇帝の利用価値もますます大きくなるのである。あらゆる王朝の創立時、皇帝の権力と権威は同心円の円心のようであったが、その後、次第に同心円が楕円となり、その楕円がもとの円を含め、さらに大きくなり、権力と権威の円心が分けられてしまう。そのとき、皇帝の価値はその権力ではなく、権威である。これによって、中国史上における皇帝権力の変遷は、座標軸で示せば、歴史の発展によって実質的権力が次第に下がるが、逆に象徴的権力（即ち権威）が次第に上がる。つまり皇帝権力は実質的最高至上から象徴的最高至上に向かっていった。それは権威的権力から権力的権威への変遷を経験したといえよう。

第一章　総説一——思想史の視点からの考察

第一節　研究の経緯と方法

中国史の研究領域で、二〇世紀の初頭、内藤湖南氏は君主独裁制説を含んだ近世説を打ち出した。そしてそれ以降、「宋代を君主独裁制の時代とみる見解が守り続けられてきた」[1]のである。

内藤湖南氏が君主独裁制説を提出した背景について、ここでは、足立啓二氏による『専制国家史論』でのまとめを引用したい。

湖南の中国論への動機を支えたのは、中国への強い共感であった。それは自らの学問形成の出発点となった漢学の母国であり、欧化主義に走る近代日本への批判の原点を共有する国であった。一九一三年末に口述され、時代区分論・中国社会論として大きな影響を残した『支那論』も、辛亥革命の成功に対する期待を背景に、中国における共和政実現の可能性を、中国史の帰結として示そうとするものであった。六朝以来の貴族制をおさえて、宋代以降の近世君主独裁制の時代が到来する。君主独裁のもとで、官僚の無権利化と無責任化がすすむ。一方、宋代以降、経済的にも文化的にも民力が増進し、郷官廃止以降は渡り者となった官吏に代わり、社会の下層勢力である胥吏と自治的団体に社会管理の実体は移り、自治団体を基礎とする共和政の条件が成熟する。著名な宋代以降近世説による、政治的見通しである。[2]

これを読むと、「あらゆる歴史は現代史である」[3]というイタリアの哲学者クローチェの有名な命題が自然に思い浮かんでくる。内藤湖南氏が歴史家として君主独裁制説と近世説を提出したことには、いうまでもなく、実証的事実の一面があるが、やはり「欧化主義に走る近代日本への批判」および「政治的見通し」が強く認められるのではないか。[4]また学術的側面から見れば、「君主独裁制の背景にはヨーロッパの絶対王制が想定されているものと思われる」[5]。だが、「内藤が導入した中国国家体制の専制的構造についての認識は、三〇年代以降、歴史的段階としてではなく、一般的な構造的問題として、他の社会科学分野をも含みながら広がっていく」[6]と足立氏が後で述べるように、内藤氏の説は確かに日本だけではなく、欧米、ひいては中国の歴史と関連する多くの社会科学分野に影響を与えて、常識として多くの学者の頭の中に定着した。最近十年間のうちに、諸国で出版された主な中国史研究書を点検してみよう。中国では、『中国大百科全書』「中国歴史」の抜粋である『中国歴史通覧』[7]に代表される。その中に「秦――専制主義中央集権制度的建立――」と「宋――専制主義中央集権制度的確立――」がある。日本では、内藤湖南氏等の先学の学説をまとめて刊行された『世界歴史大系――中国史』[8]と『世界各国史3――中国史』[9]が代表的である。前者に梅原郁氏が執筆した「第二章、北宋、皇帝権の確立」および後者に尾形勇氏が執筆した「第二章、皇帝支配の成立」がある。欧米では、J・K・フェアバンク氏の『中国の歴史』[10]を代表とする。その中に「第一部、皇帝独裁政治の勃興と衰退」がある。これらはいずれも君主独裁制説を復唱しているものである。

私の皇帝権力をめぐる君主独裁制説を再検討する作業は、十数年前から始まった。つまり、一九八〇年代に宋代を中心として通説と異なる皇帝権力論を提示した。[11]それに対して、かなりの反響があった。[12]一九九九年、冨田孔明氏の反論に対し、主に君臣関係と台諫の役割という両問題に関して小論を出したが、なぜ通説と異なる皇帝権力論を打ち出したのかについては、これまで充分に説明してこなかった。ここでは、まずそのことについて述べておきたい。

私の皇帝権力論は、まず文献を読み研究を進める過程で、長い間心に残っていた疑問点の整理から始まり、続いて『宋宰輔編年録』の校補作業を行い、多くの史料に触れる中で、次第に形成されてきたものである。このような皇帝権力論を打ち出したのは、率直にいえば、君主独裁制説という常識を見直すことを期待したからである。歴史のイデアの背後に、全く違う事実が存在していることを提示したい。つまり、中国において皇帝制度が存在していた時代では、皇帝の身分と地位は最高至上であるが、皇帝の政府機関を制御する権力が最高至上であり続けたとはいえないからである。私は研究を通じて、つぎのことを実証したいと考えている。長い中国の歴史のなかで、皇帝権力は二つの最高至上の変遷を経験していた。すなわち、実際的な最高至上から象徴的な最高至上への変遷である。私の考察は宋時代を中心としたものであるが、皇帝権力の変遷の軌跡からみれば、実際には皇帝制度が成立して以来の中国史の全過程にあてはまる。

ものの一面しか見ないことを形容するとき、「木を見て森を見ず」というように、長い間、中国史の研究領域では、往々にして「制度を見て人間を見ず」という状態にあった。つまり、制度だけを煩をいとわずに考証しているが、最も重要な要素を無視あるいは軽視してきたのである。それは制度を運営する側の人間の活動である。こうした研究上の偏向については、次第に研究者に認識されつつある。最近、韓国東洋史学会会長李成珪教授は「歴史研究の動態的発展より静態的循環を強調しすぎる憂慮、歴史を観念の世界に連れ込む恐れ、巨視的で体系的な歴史の理解より微視的で分解的な理解に止まる憂慮等がそれである」と指摘している。一般論でいえば、制度は固定的、受動的なものであるが、人間の活動は流動的、主動的なものである。あらゆる制度は人間によって運営される必要がある。人間の行動は制度を運営する上で極めて重要である。また制度自体と制度を実施することとは同じではなく、全く別の問題になる場合もある。このようなことは古今東西に例外はない。すなわち、制度自体は定数であるが、制度の実施は変数といえる。そして制度の変遷とは、人間の主宰の下に行われる制度の運営を側面から見たものである。それゆえに、私の研究の着眼点は、主に制度を実際に運営していく上で人間がどのように活動してきたのかにある。つまり、権力の運行に名実があれば、私はとりわけ実を重視する。十数年前に発表した「論宋代相権」という論文の冒頭に、

つぎのような両方面の問題を区別しなければならない。第一には、君主の主観的な意図と政治舞台の客観的な事実であり、第二には、制度の設置と制度の実施である。両方面の問題の両端を比較して、前者は当然無視できないけれども、後者はもっと重要なので、問題の性質を決定する方面である。政局の変化及び歴史の発展は、その内在する法則があるので、ある個人の意志によっては変わらないことである。政治舞台上の情勢の変化と制度の具体的な実施は、往々にして君主の主観的な意図及び制度設置の最初の目的と異なる。だからこそ、前者だけを重視して、後者を無視すれば、往々にその現象に惑わされて、イデアの背後の本質的なことを明らかにしかねる。

と説明している。皇権と相権に関する研究については、私はこれまで相変わらず以上の原則を守っている。

このような方法を用いて私が見た中国史は、従来と異なり、もちろん得た結論も従来と同様ではない。簡単な一例を取り上げよう。先に引用した足立氏の論著『専制国家史論』に「初期の専制国家においては、官僚組織が自立的な機構と能力を持っていた。これらが皇帝によってそがれていく。本来の官僚機構を骨抜きにする形で、皇帝の恣意の貫徹する側近機関が作られ、作られた機関の制度化の進行に対応して、新たに別の側近機関が作られるという過程が、丞相から尚書へ、尚書から中書へと繰り返され、最終的に清代の軍機処に至ることになる。この中で官僚の地位は傾

向的に低下し、属官の任命権は剥奪され、同一職務に対して複数の官僚が任用されることにより裁量能力は低下し、職能は皇帝による決裁のための事務処理へと矮小化されていく。『権臣の消滅』と評価される官僚の地位と機能の低下は、確かに注目すべき中国史の趨勢であった[16]」と湖南氏の説を一層展開して述べている。確かに中国史上では、そのような現象がある。少なくとも皇帝がそうした意図をもっていたことは否認できない。しかし現象というものには実像と虚像の両方がある。なお皇帝の主観的意図が貫徹できるかどうかも問題である。「丞相から尚書へ、尚書から中書へと繰り返され」るプロセスは、別の視点で見れば、まさに本来の皇帝の側近機関に属する官僚がたえず皇権の束縛を抜け出す努力をしていたことを物語っているのではないであろうか。既存の側近機関の変質に伴い、皇帝の意図が遂行できなくなるので、改めて新たに側近機関を作る。その繰り返しは皇権のコントロールの失敗史ではないか。一方、変質していない側近機関は皇権の本格的な代行者でもない。彼らは結局官僚であるので、官僚階層の利益の保護者である。中央政治の構造から見れば、いわゆる側近機関は皇帝と政府以外の独立的な勢力であり、最終的に政府と合流していくことになった。これは本書の第八章「皇帝の代弁者か――真宗朝の翰林学士を中心として――」を参照していただきたい。真の事実は正反対である。「権臣の消滅」ではなく、権臣の輩出であった。皇権が実質的に政府の権力に吸収され、王朝の代表者に位置づけられ、象徴化に向かっていったことこそ、逆に「確かに注目すべき中国史の趨勢であった」と思われる。

第二節　皇権の概念と考察の範囲

皇権とは何か。概念の理解が異なれば、混乱が生ずる。ここで考察する皇権とは、中央集権制度の下における皇帝権力を指す。この点について、私は張邦煒氏の国体・政体説に従いたい。つまり、中央集権制度（宋代から言えば士大夫官僚政治）とは国家統治権の所在を示す国体を意味するが、君主制とは国家の組織形態を示す政体を意味する[17]。中央集権制度下の皇権は、国家権力システムの一部分にすぎない。巨視的にとらえれば、あらゆる皇帝の名義で下された詔令、朝廷の行政命令を含み、いずれも皇権の権威を表している。一方、微視的にとらえれば、皇権は皇帝本人の言論と行動を表すにすぎない。それは中央政府の各部署と互いに協力し、互いに牽制する権力である。しかしながら、皇権は皇帝制度の権力と皇帝本人の権力との混合物として、はっきり分けることができないと思われる。春秋戦国時代以前の王権と区別して、皇権の形成は皇帝号の出現、皇帝制度の確立から、つまり、始皇帝から始まったのであると考えられる。始皇帝以前、中国の社会は夏・商・周および春秋戦国という長い歴史を経て、当時名義上の君主が存在するにもかかわらず、実際には一つ一つの独立的な諸侯国のゆるやかな連合であった。後世のような中央集権制度の下での皇権はまだ形成されてはいなかった。

「秦王、六合を掃す」[18]といわれるように、中国全土を統一した秦の始皇帝は、始皇帝と自称して、皇権を万世一系に続けて行くことを図ろうとした。秦王朝は全国に郡県制を行い、皇権は中央政府の権力とともに史上未曾有の最高点に達した。『詩経』にいわれた「溥天の下、王土に非ざる莫し。率土の浜、王臣に非ざる莫し」[19]を確実に実現した。漢王朝は秦制を受け継ぎ、強い皇権を長期間維持し続けた。こうした歴史的背景の下で、漢武帝時代の思想家董仲舒が君権神授説で儒学を再解釈することによって、理論的にも明らかに皇権を強化させた。

その後、皇権は絶えず挑戦を受けることとなる。たとえば漢唐の外戚・宦官、唐末五代の武将、宋の権臣、明の宦官・権臣、および歴代に頻繁に起こった反乱などである。にもかかわらず、易姓革命の形で、一王朝の皇帝が入れ代わる以外、皇帝制度は廃止されておらず、皇帝の存在が否定されることはなかった。上述した権臣たちは、ほとんど表面的には皇帝の権威を維持した上で、権力をほしいままにするものであった。これによって、皇権にとってより重要なのはその象徴的な意義にあることがわかる。皇帝を弑し、皇位を奪い、及び外戚と宦官の政に干与することについては、ある程度、皇権を軽視する側面を表しているが、結局政治活動のなかでの極端な例にすぎない。皇権の変遷を考察するにあたっては、このような特異な事例には立ち入らず、参考までにとどめ、相対的に正常な政治活動に重点を置き考察すべきであると思われる。こうした研究の方向は的をはずれたものではないといえる。

皇権の問題はかなり複雑なのである。皇権の消長は、王朝によって違うだけではなく、同じ王朝でも時期によって、また皇帝個人によって異なる。しかし、中国史全体から見れば、皇権の変遷は一定の法則に従っているといえる。私が考察する皇権とは主に皇帝の行政権である。つまり、政府の各部署、各分野の運営に対して、皇帝はどこまで介入できるかということを問題にするのである。

最後に、もう一つの問題がある。古代・中世・近世の三段階の時代区分論によって、内藤湖南氏の君主独裁制説は、宋代以降に限定されたが、しかし私は皇権を中国史の全過程に置き考察を行うものである。これは論題がずれるのか、いや時代区分を問わず、皇帝制度は秦の始皇帝の時代に誕生して以来、清末まで続いてきた。歴史の流れが中断するはずはなく、君主独裁制もある晩で突然に出たものではない。皇帝制度の持続性から考えてみると、やはり宋代を孤立化させた考察はできない。だが、二千年もの長い歴史の中で、皇権を具体的に考察する作業は、私にとってあまりに荷が重すぎるので、君主独裁制説に限定される宋代を中心として、考察しようと思う。

第三節　士大夫の皇権観

人間の社会的存在は人間の社会意識に影響を及ぼす。中国史独自の背景のなかでの皇権のあり様が、士大夫の皇権観を決定づける。また逆に、士大夫の皇権観は皇権のあり様を左右する。

中央集権制度の下における皇権が生まれる前に、中国大陸に国家というものが誕生すると同時に、君主権が生まれた。それに伴って、古代思想家の君主論も生まれたのである。この古代思想家の君主論は、実際の政治との調整や統合を経て、一家の言となった。つまり儒学[20]の君主論である。とりわけ春秋戦国の乱世において形成された中国古代の思想家の君主論は、大一統的な中央集権制度下での皇権に先立って存在したのである。これは、伝統中国社会の中にあって古代を崇拝するという思想傾向を持つ士大夫が皇権観を形成するための、強力な理論的根拠となったのである。

まず、中国史の独特な皇権の形態をすこし考察しておきたい。

中国に中央集権的な政権が出現する以前、儒学及び諸学派の持つ君主に対する認識はその時代的背景の下での認識であった。それは周の王室が衰微して諸侯が武力をかさにきて行動する乱世であった。当時、周の天子は名ばかりの存在であっただけではなく、諸侯国の君主の権力さえ常に奪われたり交代させられたりした。例えば、魯国の「三分公室」[21]、趙・魏・韓の「三家分晋」[22]、斉国の「田氏代斉」[23]などの事件である。また君位を奪い取り、君主を弑する事件はしばしば起こる。そして戦争と内乱は人民に厳しい苦難をもたらした。そのため当時の思想家たちの間で比較的共通する思想傾向は重民であり、君主についてはどうかというと、一地方の一政権の行政的首長にすぎず、神聖とはいえない。儒学を代表とする「民貴君軽」[24]説は、その時代の君主論を集中的に反映していた。

もともと儒学が強調した「君は君たり、臣は臣たり、父は父たり、子は子たり」[25]ということは、君権への崇拝ではなく、当時の乱世に対して、整然とした秩序を立てることを望む主張である。これは儒学が社会の仁義・忠孝を守る道徳秩序を強調するのと同じである。先秦時代における思想家の学説は、両刃の剣のように後世の皇権崇拝に基礎を築いたばかりでなく、後世の士大夫が皇権を制約するための武器を提供したのである。

始皇帝は中央集権的政権を創立した。かれはいわゆる宇宙万物を主宰する天皇・地皇・泰皇という名称から「皇」を取り、また伝説の太古の帝王号から「帝」を取り、「皇帝」と名づけて、天地・人間を主宰する大帝を自任した。[26]にもかかわらず、長い歴史の経験により形成された人々の理念は、始皇帝個人の主観的な意志によっては変わらない。人々の目には、始皇帝は覇権を争う六国の中の勝者、一国の主にすぎず、天帝のように神聖または神秘的存在とは言えない。それゆえ、始皇帝の巡幸を見て、項羽は「彼に取って代わるべし」[27]と言い、劉邦は「大丈夫当に此くの如くすべし」[28]といった。陳渉・呉広が反乱を起こすとき、「王侯将相、寧んぞ種有らんや」[29]ともいった。いずれも皇帝位は生まれつきのものではなく、皇帝はだれでも取って代わることができる俗人であると見なしている。五代時期の武将安重栄はさらに直接に「天子、馬壮兵強なる者之れを為す」[30]といった。宋末の思想家鄧牧は「所謂君とは、四目両喙、鱗頭羽臂有るに非ず、状貌咸な人と同じく、則ち夫れ人固より為る可きなり」[31]といった。普通の民衆の言葉には「成者王侯となり、敗者賊となる」ともっとはっきりとある。これらはいずれも儒学の易姓革命理論のもっとも分かりやすい注解であろう。

以上引用した言論は、武人でも庶民でも知識人であっても、いずれにしても皇帝を神と見ておらず、普通の凡人、政権を角逐する多くの人々のなかの勝者と見なしている。この点については、中国の皇帝は同じアジアにある日本の天皇と異なる。

史上における日本の天皇は、執政せずとの伝統がある。律令国家成立当初は必ずしもその限りではないとされるが、比較政治学者河合秀和氏が「律令国家の中心は天皇家であったが、政治制度の運営は門閥にまかされ、天皇の権力は名目的で象徴的なものに変わっていった[32]」と指摘している。中世に入ると、統治権の行使は摂政関白に一任されていた。戦国時代を経て、実力をもつ織田信長、豊臣秀吉、徳川家康などの武将が前後に分立した小国を統合して、ついに全国を平定した。江戸時代の後期まで、全国的な実質的統治権を有するのは将軍であるが、天皇は栄典授与など名義的権力を有したに過ぎない。日本史上天皇親政が行われたのは、律令による太政官時代だけである。一九世紀後期徳川慶喜による大政奉還から、とりわけ、明治維新後、古来の天皇自身を神格と見なすことが強化された。そこで実質的権力と異なり、天皇の圧倒的な「神聖不可侵」の権威は軍国主義的ファシズムに利用されて戦争を起こした。天皇の歴史を見ると、天皇は主に精神的象徴として存在しており、ほとんど行政的首長となったことがない。あらゆる政治は不備があり、あらゆる執政者は失策がある。しかし、俗世と隔絶する天皇は永遠に神聖なのである。戦後、天皇は神的性格から人間に戻ってしまったが、相変わらず国家元首の身分を持っている。天皇は国務大臣のいかなる行為にも責任を負わないものの、現代の日本社会において、天皇は依然として大きな象徴的意義がある。

中国の皇帝は日本の天皇とはまったく違い、自来俗世の帝王が普通の凡人の要素を兼ねて存在していた。昔の中国において、皇帝は「真命天子」と呼ばれるが、これはその皇位の合法と正統を証明して、天命に応じて天下を治めることを物語っているだけであり、かれに神の身分をもたらしてはいなかった。歴代王朝の初代皇帝は行政的首長のイメージで現れたのであり、また後継ぎたる皇帝は前者に比べ、いくらか実質的な権力に欠けるが、完全に政務から脱却してはいなかった。それゆえ、仁政にしても悪政にしても、かれらは責任を負わなければならない。重大な失策があれば、罪己詔を下して自分の罪を悔いることをしなければならない。ひいては禅譲しなくてはいけない。取って代わられない神様ではなく、かつ万世一系でもなく、いつも非難される対象になり、その皇位も常に奪われる目標になったのである。早くは『左氏伝』に「社稷常奉無く、君臣常位無し。古自り以て然るなり。故に『詩』に曰く、高岸谷と為り、深谷陵と為る。三姓の後、今に於いて庶と為る」[33]と論じられる。明時代の小説『西遊記』は、さらに孫悟空の口を借りて、「皇帝順番にして、明年我が家に到る」[34]と明白に述べる。神にとって革命という危機は存在しないが、皇帝はたえず打ち倒される悪運に直面している。戦争、政変、災害などの内憂外患等、いろいろな問題はいずれも皇位の安否を脅かしている。凡俗を超越せず、位牌を祭る神になることのみを望まない中国の皇帝は、高貴な地位を手にしたわずかな権力に恋々とするので、永遠に打ち倒され、革命される苦境から逃れられないのである。

ここで、もう一つの疑問が生じるかもしれない。つまりいわゆる「真命天子」なのに、なぜ絶えず打ち倒されるのか。中国古代の思想家たちはこの問題をうまく解釈できないようであるが、金木水火土という五行の相互に制約する歴史循環論で解釈しようとした。ところが、どう解釈しても、皇帝が一王朝の代表でしかないという身分を変えられない。史上における多くの王朝交代の事実は、士大夫の心の中に、皇帝がもはや「真命天子」になれないという考えを抱かせたのであった。

それにもかかわらず中国史上、皇帝は結局特殊な地位にある特殊な人物である。武力などの手段で王朝を樹立し、後継ぎの皇帝は多く血統により継承するので、名義上、皇帝はその王朝の当然の代表である。しかも伝統中国では、一王朝は往々にして一民族、一文化の代表であるから、皇帝として、必然的に崇高な地位と大きな象徴性を有する。一方、伝統中国における王朝自体は、家天下という特徴がある。たとえば、漢王朝は劉姓の天下、唐王朝は李姓の天下、宋王朝は趙姓の天下、明王朝は朱姓の天下であるなど。このような家天下の特徴が、皇帝を正統化させる。

中国の皇帝は神格化されていないにもかかわらず、人によって皇帝像が全く異なっている。普通の庶民の目には、皇帝は天下に号令する高貴な君主、ひいては「真命天子」に映る。しかし士大夫から見れば、皇帝は一政権の最高行政長官でもあるが、ほとんど名義上だけともいえる。かれらは皇帝本人を重く見るよりは、むしろ皇帝がもつ印璽「皇帝之璽」を重く見ていると言ってもよい。かれらは反抗できない皇帝の権威を利用し、号令をかけ、臣民を支配して、異民族を恐れさせ服従させる。このようにして一王朝の巨大な統治機関の運営を推し進めたのである。皇帝が人間であり、神ではなく、また時に行政的事務に介入する以上、厳密にその絶対性は守られないはずである。そこで士大夫から見ると、「凡そ人主、過無きことを能わず[35]」ということになる。

士は、文字上「仕」（官吏になる）に通じる。伝統中国の知識人が士大夫と呼ばれるのは、純粋に学術と科学を研究する者が極く少数で、多くは官僚政治と関連があるからである。「学びて優なれば則ち仕う」（学而優則仕）というのは、ほとんど伝統中国のすべての知識人が必ず通らなければならない道である。よって伝統中国の知識人の中には、積極的に実社会に入る人が多く、消極的に俗世を離れる人は少なかった。「修身・斉家・治国・平天下」は、伝統中国の知識人の最高の政治理想であった。そのため、かれらの政治への責任感と事業心は非常に強く、いわゆる「天下の興亡、匹夫にも責有り」なのである。かれらは自ら身をもって参与する王朝の盛衰興亡を自己の利益に関わる事業と見なしている。『宋史』巻四三二「儒林伝」の中の王回の伝記には、王回の文章「告友」が「君の臣に於けるや、父の子に於けるや、夫の婦に於けるや、兄の弟に於けるや、過且つ悪あらば、必ず其の国家を乱敗す。国家敗れて皆な其の難を受く。其の名を被り、終身辞す可からざるなり。故に其の上と為る者は敢えて誨えずんばあらず、其の下と為る者は敢えて諫めずんばあらず[36]」と引用されている。王回――この下層知識人は、一王朝の命運を個人の命運と緊密につなぎ合わせ、禍福を分かち合い、利害が一致すると見なしている。「国家敗れて皆な其の難を受く」ことを避けるために、かれは「下と為る者」に対して、とりわけ「諫」を強調した。かれが見るところ、「敢えて諫めずんばあらず」の理由は、君主の過失を諫めるだけではなく、国家が敗れないためのようである。これはごく普通の例である。儒学思想の深い影響を受ける士大夫にとっては、諫めることは最低限度の政治道徳の要求である。儒学の経典はかれらに充分の理論的武器と道徳の勇気を提供した。前述した王回の話はまさに『孝経』を復唱したようである。『孝経』「諫諍章」に

曾子曰く、夫れ慈愛恭敬、親を安んじ名を揚ぐるが若きは、則ち命を聞けり。敢えて子は父の令に従えば孝と謂う可きかと問う、と。子曰く、是れ何の言ぞや、是れ何の言ぞや。昔者、天子、争臣七人有れば、無道と雖も、其の天下を失わず。諸侯、争臣五人有れば、無道と雖も、其の国を失わず。大夫、争臣三人有れば、無道と雖も、其の家を失わず。士、争友有れば、則ち身は令名に離れず。父、争子有れば、則ち身は不義に陥らず。故に不義に当たれば、則ち子は以て父に争わざる可からず、臣は以て君に争わざる可からず。故に不義に当たれば、則ち之れを争う。父の令に従う、又た焉んぞ孝為るを得ん、と。[37]

ここでは、「孝」と「義」という概念に触れるだけであるが、「忠」と「公」もそこに関連してくる。「孝」とは親子の間に生じたことであるが、拡大すれば、君臣関係をいう場合、その「孝」は「忠」に移行していった。伝統的中国の論理では、従来、君臣関係を親子関係に喩える。ゆえに親への「孝」と君主への「忠」はある程度の同義語であり、概念の広さが違うだけである。一方、「義」は「公」と関連する。反対に「不義」は「私」と関連する。上位にある親か君主が「不義」を行う場合、「孝」または「忠」は「義」と対立するようになる。そのとき、「不義」を行う親か君主への「孝」または「忠」は「私」の性格を持つようになる。儒学の「君子の人を愛するは、徳を以てす。細人の人を愛するは、姑息を以てす」[38]という論理に基づいて、「義」を守るためには、諫めねばならない。この諫める行動は「公」を体現している。これが士大夫の君主を諫める理論的根拠であろう。

歴代の王朝交替の際、君主と国家に殉じた士大夫は数え切れない。これは皇帝が国家を代表し、ひいては士大夫が身を置く利益集団を代表していたからである。『礼記』「文王世子」に「人臣為る者は、其の身を殺して君に益有らば、則ち之れを為す[39]」とある。国家は船に例えられる。同じ船に乗る君臣は、全体の利益のために、互いに助け合わなければならない。そうでなければ、一方に損失があれば、他方も避けられない。士大夫たちが皇帝をはじめとする国家のためにひたむきに忠誠心を尽くして、精いっぱい守り、命をかけて失策を匡正する、というのは、決して一姓の皇帝への忠誠を意味するのではない。皇帝はもちろん国家の代表であるが、個別的には、士大夫は皇帝と国家とを区別しているのである。皇帝の立場から見れば、「朕、即ち国家なり」だが、士大夫の立場から見れば、必ずしもそうではない。『宋史』巻二六三「張昭伝」には張昭の「諫田猟疏」を引用して「陛下、縦え自ら軽んずるも、宗廟社稷をいかんせん[40]」とある。

忠について、范仲淹の「楊文公写真賛」という文章では、寇準の評価に触れて、

寇莱公当国たり。真宗、澶淵の幸有り。而して能く天子を左右し、山の動かざるが如く、戎狄を却け、宗社を保つ。天下は之れを大忠と謂う[41]。

とある。

「澶淵の盟」の際、当時の奸臣王欽若の言うように、宋真宗は寇準によって澶州城に人質とされた。つまり、賭博の賭け金のようであった[42]。しかし、范仲淹はこのような天子を左右する行動を「大忠」と認めている。范仲淹の見方は宋代士大夫の皇権観の典型を表しているためであろうか、宋人の著作にしばしば引用される。本節では宋代士大夫の皇権観を、范仲淹を具体例として若干分析したい[43]。

宋王朝が創立以来の伝統として、

犯有るも隠す無きは、人臣の常。面折廷争は、国朝の盛。[44]

ということがあると范仲淹はいう。「犯有るも隠す無き」というのは『礼記』に見える。『礼記』「檀弓」に父母・君主・先生にかしずく方法についてそれぞれに述べている。つまり

親に事うるは隠有るも犯す無し。君に事うるは犯有るも隠す無し。師に事うるは犯無く隠無し。[45]

とある。注によれば、「犯」は顔を犯して諫めることを指す。やはり国事は私事と違い、君臣関係も家庭内或いは一定のグループ内の人間関係とは違う。父母或いは師にかしずくとき、犯さずとしてもかまわないが、国家の安危にかかわる国政について、君主への対処は「犯有るも隠す無き」をしなければならない。また『左氏伝』宣公十二年の注には「進思補過」を説明するとき、前漢孔安国の言葉を

君に進見せば則ち必ず其の忠貞の節を竭くし、以て国事を図る。直道正辞にして犯有るも隠す無し。所職に退還して其の事を思い、宜しく可を献じ否に替わり、以て王の過を補うべし。[46]

と引用している。

以上を見ればわかるように、「君に事うるは犯有るも隠す無き」というのは宋王朝の創立以来の伝統であるのみならず、儒学の一貫した主張といえる。しかし、歴代、君主に顔を犯して諫める官僚はかなりいるが、「人臣の常」と「国朝の盛」になったのは、やはり士大夫が強大な階層として興起した宋代であると思われる。

儒学の「君に事うるは犯有るも隠す無き」という主張に応じて、伝統中国の政治道徳において、一貫して諫諍の士を称揚しているのである。『左氏伝』に「周の内史之れを聞して曰く、臧孫達其れ魯に於いて後有りや。君違い、之れを諫むるに徳を以てするを忘れず」や「君子曰く、鬻拳は愛君と謂う可きなり。諫めて以て自ら刑に納り、刑せらるるも猶お君を善に納るることを忘れず[47]」という記載がしばしば見られる。

皇帝権力論について、范仲淹は「天子の常は道に在り、権に在らず(48)」という。これは、権力というものは君主にとって重要ではなく、大事なのは君主となる道であり、無道の暗愚な君主とならないようにすることであるという。道と権について、君主にとって、「己を虚とするは之れを道と謂い、道に適するは之れを権と謂う」と范仲淹はさらに説明している。これは君主に対して、あなたの権力は道に適するのであればよい。つまり、君となる道という厳格な範囲のなかにおとなしくしていて、それをこえてはならないという。では、范仲淹は君主として、権力をすこしも握らなくてよいというのであろうか。そうではなく、范仲淹から見れば、君主としては一つの権力、つまり人事権だけを握るべきであった。范仲淹は「推委臣下論」に

聖帝明王、常に賢を求むるに精意し、事に臨むに労慮せず。賢を求むるに精意せば、則ち日に聡明にして自ずから広し。事に臨むに労慮せば、則ち日に叢脞して自ずから困む(49)。

と述べている。君主は人事権のほかは、いかなる政務も処理すべきではないのである。范仲淹はこのようにして、君主の持っているほかの権力をすべて剥奪してしまった。しかし人事権においても、すべて君主に任せることに范仲淹は賛成しない。かれは前掲の同じ文章で

千官百闢、豈に能く独り選ばんや。必ず之れを輔弼に委ぬ。惟だ清要の職・雄劇の任のみ、人に軽授す可からず。僉諧の外、更に親選を加う(50)。

と述べている。これによって分かるように、范仲淹の見方では、君主の人事権は、わずかに清要の職あるいは重要な任を選ぶことに限られる。しかし、これらの官吏を選ぶ前提条件もある。すなわち、「僉諧」しなくてはいけない。つまり、群臣側の世論の賛成を得なければならない。そうすることで、君主のこうしたわずかな権力も群臣の監督の下に置かなければならず、自分の意志を意志とすることができない。范仲淹の希望は君主に条件付きのある権力を与

えることであった。

しかし、皇権と相権とのバランスについて、皇権が強すぎるなら、君主専制になる弊害がでるが、逆に相権が強すぎるなら、権臣独裁になるおそれがある。二つの傾向はいずれも王朝の安定にとって有害なのである。よって天下を自任する士大夫は二つの傾向に非常に敏感である。かれらはつねに謹んでバランスを保って、二つの傾向の発生を防止しようとするからである。

范仲淹は宰相呂夷簡の独裁に対して、仁宗に「官人の法に、人主当に其の遅速昇降の序を知るべし。其の近臣を進退するに、宜しく全く宰相に委ぬ可からず(51)」と発言し、「君道宜しく彊なるべし、臣道宜しく弱なるべし(52)」と主張した。ところで、皇権を強化するという主張は宋代の士大夫が特殊な時期、特殊な情勢の下に特殊な目的を果たすために使う、ある便宜的な措置なのであった。言い換えれば、正常な政治局面では、范仲淹を含む宋代士大夫は、君主が政府の正常な運営に干渉しないよう、できるだけおとなしく宮中に鎮座させ、尊崇される天子だけにしたほうがよいと希望した。

官僚士大夫たちが、皇帝の言行を制約して皇権を犯すことは、皇帝本人に忠誠を尽くし、尊敬するという態度とは別の問題である。それは制度上の皇権に対する干犯である。士大夫たちは、国家の利益、王朝の安否、天下の興亡、このすべては皇帝権力より高いと見なしている。「妄に人主の意に随う」というような愚直な忠誠心は、美徳ではなく、「媚びる道」と呼ばれるものである(53)。国家利益のために、天子を左右する行為こそ、「大きな忠」と認められている。こうした認識自体は、もはや理念上皇帝権力を薄めてしまい、皇権問題に関わる士大夫の是非観を決定づけた。士大夫として、巨大な象徴的意義を持っている皇帝には非常に恭しくするが、しかしこれは特有の方式を持っており、決して無条件、無原則ではない。つまり『孟子』「離婁上」に「君に責難するは、之れを恭と謂う。善を陳べ邪を閉じるは、之れを敬と謂う[54]」とあるように、士大夫が君主を責めて諫めるのは君主を愛し、忠誠を尽くすということなのである。清人は明の首輔内閣大学士張居正に「明らかに其れ身に於いて害することを知るに之れを為す者なり。明らかに身に於いて害するも国に於いて利き、又た天下後世の謗りを負うを知るに勇ましく之れを為す者なり[55]」と評価している。明の張居正だけではなく、宋の范仲淹・王安石等数多くの士大夫がこれとまったく同じ立場をとる。范仲淹は辺境の地を守って、西夏趙元昊に独断で返信を出して降職されたとき、「既に職任を去りても、尚お国家の憂いを懐く。卞生の璧を献げ、其の止を知らず、足を刖ると雖も、璧は猶お自ら貴きがごとし[56]」と大義凛然として言ったことがある。一九八〇年代のある中国の作家が言われる「第二種の忠誠[57]」の理論と行動は、確かに古来中国の士大夫の伝統なのである。

以上述べた儒学を中心とする伝統中国の思想家の理論、及びこれの薫陶を受けて、かつ長期間の政治的実践の中で形成された士大夫の皇権観が、まさに皇帝権力を実質的に強大なものから、象徴的で神聖なものに向かわせた要因の一つであると思われる。

第四節　君主の自律意識

征服欲はある種の動物的本能として、人類に存在している。権力と地位はもっとも人間の支配欲を呼び起こさせる。これは変形した征服欲でもある。しかも人間の本性は束縛されるのを嫌う。皇帝にとっては、当然どんな束縛もあるべきでなく、かつその地位により、合法的に大きな権力を有する。しかし、中国史上において、数え切れないほど君主を弑し王位を奪う王朝の交代が起こったので、「殷鑑遠からざる[58]」残酷な政治史を見て、在位する君主は気軽になれないのであろう。『長編』巻一建隆元年十二月壬辰の条に、宋太祖がある日うつうつとして楽しまず、左右の侍従が原因を尋ねたところ、かれは「爾は天子と為ること容易と謂うか」と反問したという記事がある。「若し治めて其の道を得れば、則ち此の位尊ぶ可し。苟し或いは馭を失えば、匹夫と為るを求むるも得る可からず[59]」という道理は宋太祖だけではなく、多くの皇帝たちに認識されている。「君、猶お舟のごとく、民、猶お水のごとし。水は舟を載せる所以、亦た舟を覆えす所以なり[60]」という道理は、唐太宗もしばしば言うところである。すこし頭脳を冷静に保つ君主は、いつも歴史を鑑として、深淵に臨み、薄氷を踏むように、小心翼々として「万乗の主」の位にある。こうした歴史的要因によって、君主に一定の自律性をもたせ、無形の中に君主の権力濫用を制約してきたのである。たとえば宋太祖は「墜馬の故を以て猟を罷め、又た乗酔の誤りを以て飲を戒む。善に遷り過を改むるに、踵を旋らすを俟たず[61]」とある。『黄氏日抄』巻一一「読本朝諸儒書」には次のような記述がある。

太祖即位し、薫籠を造らしめ、数日至らずして怒る。左右、対うるに事尚書省に下し、尚書省は本部に下し、本部は本局に下し、覆奏し旨を得れば、復た方に依って製造するを以てす。太祖怒りて曰く、誰か条貫を作る、と。曰く、宰相に問う可し、と。（趙）普至り、対えて曰く、此れ自来の条貫なり。陛下の為に設けず、陛下の子孫の為に設くるなり。後代若し礼に非ずして奢侈の物を製造せば、諸処の行遣を経て、必ず台諫の理会有らん。此れ、条貫の深意なり、と。上、大いに喜んで曰く、此の条貫極めて妙、薫籠無きは是れ小事なり、と[62]。

ここでは北宋の学者劉安世が述べた宋太祖の逸事が引用される。見たところ煩瑣な行政条例は、それぞれの部分に一定の監督的メカニズムをもたせ、皇帝を含むすべての不正傾向の発生を監視させている。煩瑣な行政条例は行政運営に低効率をもたらすものの、ある意味で時間をかけること自体は、慌ただしく決定を下し、軽率に行動することを防止する効果があると言えるであろう。これは中国の「夜長夢多」（物事は時間が長びけば好ましくない変化が起こりやすいこと）という諺の肯定的な解釈であろう。行政運営のシステムに入ると、たくさんの条例は荒縄のように最高至上の皇帝をしっかりと縛っている。人間の本性として、束縛から逃れたい欲望があるが、情勢或いは利益の要求によってやむをえず束縛を受けるときには、服従するほかない。皇帝にとって、政府の条例はまさにこのようなものである。「水は方円の器に従う」という諺のように、いろいろな条例と法令のなかに身を置く皇帝は、器のなかの水のように、服従しなくてはいけない。

中国史上、多くの王朝の開国皇帝は文化的水準が低い武人であった。たとえば、五代の荊南国君高従誨は、後晋の国子祭酒から経書を送られた時、「祭酒遺る所の経書、僕但だ『孝経』を識るのみなり」[63]という。しかし、かれらは王朝が永遠に存続して行くために、例外なく、知識人の指導を受け入れ、武力で建国はできるが、武力で国を治められないという道理を次第に理解し、武力から文治に転じた。したがって士大夫たちが自分の皇権観で君主に規範とすべきものを提供する機会を与えたのである。

国家管理のために、開国皇帝は侍読侍講制度を設置して、自ら勤勉に学び、文化水準を高めて、軍人から政治家への転換を完成しようとしたのみならず、政権の永続化をはかって、子孫のために厳格な保傅制度を立てた。こうした太子の保傅（太保・少保、太傅・少傅など）と皇帝の侍読侍講学士たちは、皇帝の即位前後に、毎日かれの頭に伝統的君道を入れて、善き皇帝となるべき訓戒を与え、支配集団の根本的利益に合致する規範を取り入れさせる。中国史上、相対的に正常な政治情勢の下で、ほとんど殷の紂王のような暴君が出て来なかった一因は、歴代の整った保傅制度と講読制度の設置によると思われる。このような士大夫の皇権観は、皇帝に自律性を強化させ、自発的に自分の行動をつつしみ、君道の規範を守らせることになったのである。それゆえに、士大夫は侍読侍講制度の役割を非常に重視する。『東都事略』巻三七「夏侯嶠伝」に「講読の職、唐自り之れ有り。五代以来、時に君武を右び、向学の暇なし。

故に此の職も亦た廃せらる。太宗、儒術を崇尚し、嘗つて著作郎呂文仲に命じて侍講せしめ、禁中に寓直せしむ。然れども名秩未だ崇ばず。真宗、先志を奉承し、首ず此の職を置き、班秩は翰林学士に次ぎ、禄賜も之くの如くす[64]」と真宗が新たに侍読侍講制度を設置したことに高い評価を与えた。皇帝となる前の漢高祖劉邦が足を洗っているままで儒生と接見するエピソードは周知である[65]。これは帝王教育を受けていない野性を現しているが、正常な帝王教育を受けた皇帝にはそのような行為はほとんどみられなかった。『宋史』巻三一〇「王曾伝」に「(王曾)翰林学士に遷す。帝嘗て晩に承明殿に坐し、召対之れを久しくす。既に退き、内侍をして諭せしめて曰く、向《さき》に卿を思うは甚だしく、故に朝服に及ばずして卿に見ゆ。卿、我を以て慢と為すこと勿かれ、と。其の尊礼せらるる此くの如し[66]」とある。ここで見た真宗は臣僚を接見するとき、少しだらしない身なりをしていたため、後にわざわざ臣僚に謝った。真宗の行為は漢高祖と対照的であろう。これは帝王教育の効果ではないか。

歴代における諫官制度は、君主の誤りを正すために設置されたものである。しかし、これはやはり誤りが出た後の是正であって、消極的防御のようである。君主に自律性を増強させるのは、君主が過失を犯すことを根本から防止する有効な措置である。つまり、身を諫めることより心を諫めるほうがよい。南宋の学者である陳亮は

過は固より人主之れを免れず、諫めも亦た人臣当に之れを為すべし。然れども滔天の後に水を遏むるは、之れを涓々の始に遏むると孰若ぞ。火を燎原の時に撲つは、之れを熒々の初に撲つと孰若ぞ。後の諫臣は能く人主の身過を諫め、而ども人主の心過を諫むるを能わず。夫れ身過の過は心過の過に自る。微《も》し其の微自り之れを砭せば則ち易し。其の白に及びて之れを薬するは則ち難し。皐夔の吁弗、伊傅の警戒は、未だ嘗て其の君の過の外に昭灼たるを俟ちて後に言わず、芽蘖の萌、固より以て剗ぼして之れを絶つ。而して人は徳義以て其の内を澆ぎ、礼法以て其の外を縄する有り。是を以て汚輪の労無く、牽裾の諍無く、折欄の呼無く、而して人主の過已に冥々

の中に潜消するなり。後世の君、固より唐虞三代の君を志す有り。然れども君の身を正すことを知り、君の心を正すことを知らず、君の政を淑とすることを知り、君の徳を淑とすることを知らず。是を以て制誥の差、賞罰の謬、刑法の酷、中外に暴し、然る後紛々紜々として争って、頬舌白簡の弾を以て、数十章に至し、皂嚢の上、数千言に至る。吁、亦た晩し。[67]

といっている。陳亮の「諫心論」を見ると、君主の過を未然に防ぐという目的がわかる。歴代の整った保傅制度と講読制度は、まさに諫心の制なのである。このような積極的な諫心の制は、諫身の制——諫議制度の貫徹に前提と可能性を提供した。君主の自律がなければ、君主がよく諫めに従うことは不可能である。

宋の仁宗が初めて即位したころ、「宰相、名儒を擇び経術を以て講読に侍せんことを請う」。そこで経学家孫奭を選んで翰林侍講学士を担当させた。『宋史』巻四三一「孫奭伝」に孫奭は「講論して前世の乱君亡国に至る毎に、必ず反復して規諷す。仁宗の意、或いは書に在らざれば、奭則ち拱默して以て俟つ。帝、為に竦然として改めて聴く[68]」という記事がある。古典小説『紅楼夢』の中の主人公賈宝玉が妻の薛宝釵の繰り返し功名を勧める話に厭きるように、実際には皇帝及び皇子皇孫たちは口やかましい侍講侍読学士や太子保傅たちの果てしない教戒など聞きたくなかったと思われる。しかしながら、まさに侍講侍読学士や太子保傅たちの反復し執拗にして終始怠らない教育によって、君主の価値観に影響が与えられ、あくまで君主をかれらの規範の中に納めてしまったのである。

『宋史全文』巻三に

御史中丞嘗て開封尹許王元僖を劾奏す。元僖平らかならず。上に訴えて曰く、臣、天子の児為り、中丞を犯すを以ての故に鞫せらる。願わくは寛宥を賜わらんことを、と。上曰く、此れは朝廷の儀制、孰か敢えて之れに違わん。朕若し過有らば、臣下尚お糾摘を加えん。汝開封府尹と為り、法を奉ぜざる可けんや、と。罰を論ずること式の如し。[69]

とある。宋代の太宗は半分は開国皇帝といえよう。かれは陳橋兵変に参与し、更に燭影斧声という事件を背景に即位したからである。このような強い君主にしても「万乗の主、一人を庇う能わざらんや[70]」という心持を持ちながら、自ら法律を順守し、「天子の児」を寛宥しないという姿勢に改めることにしたのである。

太宗はかつて手詔の形で息子たちに「帝子親王、先ず須らく克己勵精し、聴卑納誨すべし。一衣を著する毎に、則ち蚕婦を憫め。一食を餐する毎に、則ち耕夫を念え。聴斷の間に至りては、先ず其の喜怒を恣しいままにする勿れ。朕、庶政を親臨する毎に、豈に敢えて焦労を憚らんや。礼もて群臣に接するは、啓沃を求むるに非ざる無し。汝等、人の短を鄙びる勿れ、己の長を恃む勿れ、則ち永く富貴を守り、以て終吉を保すべし。先賢言有りて曰く、吾に逆らう者は是れ吾が師たり。吾に順う者は是れ吾の賊たり、と。察せざる可からず[71]」と訓戒を与えた。しかも太宗はまた侍臣に「夫れ小心翼々は、君臣皆な当に然るべきなり[72]」と言ったことがある。太宗に本当にこのような認識があったかどうかは別にして、しかし前世代の君主のこうした言葉と自らの行いの両方で教育することは、ある種のしつけとして、後継ぎの君主に自律性を保たせる一つの要因となったと思われる。

法律の前では、君主は往々にしていかにも小心翼々に見える。宋真宗は「漢唐の乳母を封じて夫人邑君と為す故事を以て中書に付す。因りて呂端等に問いて曰く、斯の礼を行う可きや否や、如し行う可からざれば、則ち止む。朕、敢えて私恩を以て政法を紊さざるなり、と[73]」とある。「敢えて私恩を以て政法を紊さざる」と悟る上で、小心翼々にして探りをいれて、「行う可からざれば、則ち止む」とすれば、君主として、もはや全く皇権を自覚的に法律の範囲内に納めてしまったのである。

天譴といい君道といい法制といい、士大夫が目指すのは、皇帝が政治に無為無欲になって、政務に干渉せず、政府事務が宰相をはじめとする執政集団により運営されるという状態である。これに対して、仁宗は心得ていたといえる。かれは「天下の事を措置するは、正に朕自り出すことを欲せず。若し朕自り出し、皆な是ならば則ち可なり。如し是ならざる有れば、以て更改し難し。之れを公議に付し、宰相をして行わしむるに如くはなし。之れを行いて天下以て不便と為せば、則ち台諫其の失を言うを得、是に於いて之れを改むるを易と為すなり(74)」と言った。これによれば、仁宗が政務を意識的に宰相に譲ろうとしたことは明らかなのである。当時の人が仁宗について「百事会《かな》わざるも、祇だ官家做《つく》ることに会う」(百事不会、祇会做官家(75))と評したのもうなずける。仁宗の君道理解は、前述した侍読侍講学士などの官僚たちの教化と関わりがあるからである。

時に、皇帝は宰相及び官僚たちと言い争う場合があるが、ついには往々に皇帝は本心に逆らって臣僚に従わざるをえなかったのである。これも君主の自律性の一つの表れであると思われる。

君主の自律はむろん「殷鑑遠からず」という原因、及び「匹夫と為ることを求むるを得る可からず」という皇位を失うことに対する恐怖心からであるが、伝統的思想に影響され、また正規の教育を受講することも関係しているのである。君主はまた厳しい事実に直面して、相対的に無力な面があった。だれも拱手して人に権力を譲りたくない。とりわけだれも甘んじて他人に束縛されることは望ましくない。しかしながら、厳しい政治の現実が数多くの君主に認識させたのは、実際には君主自身が必ずしも最高至上の権力を握ってはいないということであった。

『庶斎老学叢談』巻二の引く『宋官制』に

嬪妃久しく遷るを得ず、屡々干請有り。上、答うるに典故無く、朝廷行うを肯ぜざるを以てす。或ひと対えて曰く、聖人の口に出して勅と為さば、誰か敢えて従わざらんやと。上笑いて曰く、汝信ぜずんば、試みに旨を政府に降すを為せ、と。政府、法無しと奏す。上収めて以て嬪妃に示して曰く、凡そ事は必ず大臣と与に僉議し、方めて詔勅と為す、と。或いは秖だ御筆進官を請う者有り。上、彩箋を取り、某宮某氏某官を特転すと書す。衆忻謝して退く。俸を給する時に至り、各々御書を出し俸を増やさんことを請う。有司用いず。退還す。復た上の前に訴う。上笑いて曰く、果たして是くの如し、と。諸嬪、上に対して其の御書を毀して曰く、元来使い得ず、と。上、笑いて之れを遣る。(76)

と記されている。ここでは、ある人の「聖人の口に出して勅と為さば、誰か敢えて従わざらんや」という皇権は至上なりとの観念に対し、政府は皇帝を眼中におかずに、皇帝の顔をつぶすようなことをしたのである。これによれば、皇権は相権をはじめとする政府の諸々の権力より強いとはいえない。仁宗の皇権を使った小さな試みは、嬪妃たちとの戯れに過ぎないが、しかしこの苦虫をかみつぶした冗談には、仁宗の無力感が表れている。

旧稿「論宋代皇権」で、「宋代の皇権に関する数多くの史料を考察してみると、わかるのは、強権の君主は多くは伝統的理念や世論からの圧力によって制約されて、良き皇帝になろうと思ったが、懦弱の君主は多く権臣から脅迫されていた。皇帝の強さ弱さを問わず、断言できるのは、多くの君主たちは自身の地位に対する認識にかなり明らかであったと思われる」と論じたことがある。実際にはこの現象は宋代だけではなく、歴代ほとんど同じである。

では、皇帝が自律するか否かは個人的な恣意的行為を抑えるか否かと関連するが、これと皇権の消長とはいったいどのような関係にあるのか。これは各種の影響と圧力の下で形成された自律意識が、皇帝に個人的意志を抑えさせ、したがって私的権力は公権力に吸収されていると言える。こうした結果として、皇帝は機械的に王朝の政治運営にしか従わず、完全に中央政府の支配システムの一部となってしまった。さらに「天子無私」という公的イメージは皇権が象徴化に向かって歩んでいくことを促しているのである。

注

（1）冨田孔明「宋代史における君主独裁制説に対する再検討」（『小田義久博士還暦記念東洋史論集』、一九九五年）注の（二）に「内藤湖南「概括的唐宋時代観」（『歴史と地理』九－五、一九二二年）、宮崎市定『東洋的近世』（教育タイムス社、一九五〇年）、佐伯富『王安石』（冨山房、一九四一年）、その他、概括書では、周藤吉之『中国の歴史』五（講談社）、愛宕松男『世界の歴史』一一（河出書房新社）、栗原益男『中国の歴史』六（教養文庫）等、宋代の君主制の概観に関する記述に大きな異なりはない。周知のように（俗に言うところの）京都学派と歴研派は、過去、日本の東洋史学界の二大主流として、多くの点において意見をたたかわせてきたが、宋代を君主独裁制の時代とみる点だけは、その意見は一致している。また、中国学界においても（王瑞来氏の説が出るまで）銭穆「論宋代相権」（『中国文化研究匯刊』二、一九四二年）以来、日本学界と同じように、宋代を君主独裁制の時代とみる見解が守り続けられてきた」と内藤湖南以来の君主独裁制説を回顧している。

（2）足立啓二『専制国家史論』（柏書房、一九九八年）第一章「専制国家認識の系譜」の第二節「近代日本における中国専制国家論の形成」二七～二八頁。

（3）Benedetto Croce, History : *Its Theory and Practice*. Douglas Ainisilie .Harcourt, Brace and Company New York. 1923.p3.

（4）内藤湖南の説の「政治的見通し」について、柳田節子氏は「氏の生きた時代の『現代中国』の理解にもかかわる問題であり、結局、氏は中国民族の主体性を否定し、日本政府の中国侵略政策を肯定し、その政策に対して東洋史家としての指導的役割を果たすことになった」と足立氏と違う視点から強く批判した（「宮崎史学と近世論」、『宋元社会経済史研究』、二九七頁、創文社、一九九五年）。

（5）前掲書三〇〇頁。なお内藤説を発展的に継承した宮崎市定氏も自ら「従来のヨーロッパ史に用いられてきた三時期区分法が最も便宜である」（『世界史序説』「第二　九頁）と述べている。

（6）注（2）前掲書三〇頁。

（7）『中国歴史通覧』（中国大百科全書出版社、一九九四年）

（8）『世界歴史大系――中国史』（山川出版社、一九九七年）

(9)『世界各国史3――中国史』(山川出版社、一九九八年)
(10)『中国の歴史』(日本語版、ミネルヴァ書房、一九九六年)
(11)「論宋代相権」(『歴史研究』一二、一九八五年)、「論宋代皇権」(『歴史研究』一、一九八九年)。
(12)知る限り、拙論に対する主要な反響は冨田孔明「宋代の皇権と相権の関係にする考察――王瑞来『論宋代相権』への批判をもとに――」(『龍谷史壇』九九・一〇〇、一九九二年)、張邦煒『宋代的皇親と政治』(四川人民出版社、一九九三年)。また、宋代史以外では、張帆『元代宰相制度研究』(北京大学出版社、一九九七年)、譚天星『明代内閣制度』(中国社会科学出版社、一九九六年)でもふれられている。
(13)「皇帝権力に関する再論――あわせて冨田孔明氏の反論に答える――」(『東洋文化研究』一、一九九九年)。拙文の内容について本書の第二章「総説2――政治史の視点からの考察」にまとめていれた。
(14)『宋宰輔編年録校補』(中華書局、一九八六年)
(15)中国社会文化学会講演会「中国古代史研究と呪術・神話」のレジュメより(二〇〇〇年二月二八日、於東京大学)
(16)足立啓二『専制国家史論』第一章「専制国家認識の系譜」の第一節「中国における専制国家の発見」二四頁。
(17)前掲張邦煒『宋代的皇親与政治』を参照。
(18)『全唐詩』巻一六一、李白「古風」第三首。
(19)『詩経』「小雅」の「北風」。
(20)儒学について日本では普通の表現は「儒教」という。孔孟を代表とする学説が宗教ではないと思う私はなんとなく抵抗感をもっている。また中国では「儒家」という言い方をよく使うが、「儒家」は春秋戦国時代に百家争鳴の一家にすぎず、漢代以降も「儒家」で表現するのは適切ではないと思う。そこで本書では「儒教」と「儒家」という言葉をいずれも採用せず、「儒学」を使うゆえんである。
(21)紀元前五三七年に、魯国の孟孫氏・叔孫氏・季孫氏により、魯国の土地を分割した事件である。『左氏伝』襄公十一年を参照。
(22)紀元前四〇三年に、魏武侯・韓文侯・趙敬侯により晋を滅ぼし土地を分割した事件である。『史記』「六国年表」を参照。
(23)紀元前三九一年に、斉国の世卿田和により斉国の政権を奪った事件である。『史記』「田完世家」を参照。

(24)『孟子』「尽心下」に「民為貴、社稷次之、君為軽」とある。
(25)『論語』「顔淵」に「斉景公問政於孔子、孔子対曰、君君、臣臣、父父、子子」とある。
(26)『史記』巻六、「秦始皇本紀」を参照。
(27)『史記』巻七、「項羽本紀」を参照。
(28)『史記』巻八、「高祖本紀」を参照。
(29)『史記』巻四八、「陳渉世家」を参照。
(30)『旧五代史』巻九八、「安重栄伝」を参照。
(31)『伯牙琴』「君道篇」に「所謂君者、非有四目両喙・鱗頭羽臂也、状貌咸与人同、則夫人固可為也」とある。
(32)河合秀和『比較政治・入門』(有斐閣、一九九六年)を参照。
(33)『左氏伝』昭公三二年に「社稷無常奉、君臣無常位。自古以然。故『詩』曰、高岸為谷、深谷為陵。三姓之後、於今為庶」とある。
(34)『西遊記』第七回に「皇帝輪流做、明年到我家」とある。
(35)『宋史』巻四〇五、「劉黻伝」に「大凡人主、不能無過」とある。
(36)『宋史』巻四三二、「王回伝」の「告友」に「君之於臣也、父之於子也、夫之於婦也、兄之於弟也、過且悪、必乱敗其国家、国家敗而皆受其難。被其名、而終身不可辞也。故其為上者不敢不誨、為下者不敢不諫」とある。
(37)『孝経』「諫諍章」に「曾子曰、若夫慈愛恭敬、安親揚名、則聞命矣。敢問子従父之令、可謂孝乎。子曰、是何言与、是何言与。昔者天子有争臣七人、雖無道、不失其天下。諸侯有争臣五人、雖無道、不失其国。大夫有争臣三人、雖無道、不失其家。士有争友、則身不離於令名。父有争子、則身不陥於不義。故当不義、則子不可以不争於父、臣不可以不争於君。故当不義則争之。従父之令、又焉得為孝乎」とある。
(38)『礼記』「檀弓」に「君子之愛人也以徳、細人之愛人也以姑息」とある。
(39)『礼記』「文王世子」に「為人臣者、殺其身、有益於君、則為之」とある。
(40)『宋史』巻二六三、「張昭伝」の「諫田猟疏」に「陛下縦自軽、奈宗廟社稷何」とある。

（41）『范文正公文集』巻七、「楊文公写真賛」に「寇萊公当国、真宗有澶淵之幸、而能左右天子、如山不動、却戎狄、保宗社。天下謂之大忠」とある。この文章は、南宋人謝維新の『古今合璧事類備要』後集巻九「君道門」と『宋史全文』巻五にも引用された。
（42）『続資治通鑑長編』（以下『長編』と略す）巻六二、景徳三年二月丁酉の条を参照。
（43）范仲淹の皇権観について、詳しくは第九章を参照。
（44）『范文正公文集』巻一五、「睦州謝上表」に「有犯無隠、人臣之常。面折廷争、国朝之盛」とある。
（45）『礼記』「檀弓」に「事親有隠無犯。事君有犯無隠。事師無犯無隠」とある。
（46）『左氏伝』宣公十二年の「正義」に「孔安国云、進見於君則必竭其忠貞之節、以図国事。直道正辞、有犯無隠。退還所職、思其事、宜献可替否、以補王過」とある。
（47）『左氏伝』桓公二年に「周内史聞之曰、臧孫達其有後於魯乎。君違、不忘諫之以徳」とある。また、荘公十九年に「君子曰、鬻拳可謂愛君矣。諫以自納於刑、刑猶不忘納君於善」とある。
（48）『范文正公文集』巻五、「易義」に「天子之常也、在於道、不在於権」とある。もちろんここで范仲淹のいった「権」は「常道」に対する「便宜的」という意味であるが、発音でも文字でも「権力」という意味と通じる。少なくとも連想させられる。
（49）同前掲「推委臣下論」に「聖帝明王、常精意於求賢、不労慮於臨事。精意求賢、則日聡明而自広。臨事労慮、則日叢脞而自困」とある。
（50）同前掲に「千官百闢、豈能独選。必委之輔弼。惟清要之職・雄劇之任、不可軽授於人。僉諧之外、更加親選」とある。
（51）『長編』巻一一八、景祐三年五月丙戌の条に范仲淹の上言は「官人之法、人主当知其遲速升降之序。其進退近臣、不宜全委宰相」とある。
（52）『范文正公文集』巻一五、「潤州謝上表」に「君道宜彊、臣道宜弱」とある。
（53）『宋史』巻二六五、「呂蒙正伝」に呂蒙正が太宗に言った言葉は「臣不欲用媚道妄随人意、以害国事」とある。
（54）『孟子』「離婁上」に「責難於君、謂之恭。陳善閉邪、謂之敬」とある。

(55) 清楊鐸『張江陵年譜』に引用した清道光間御史韓奇の言葉に「(張居正) 明知其害於身而為之者也、明知害於身而利於国、又負天下後世之謗而勇為之者也」とある。
(56) 『范文正公文集』巻九、「答安撫王内翰書」に「既去職任、尚懐国家之憂。如卞生献璧、不知其止、足雖可刖、璧猶自貴」とある。
(57) 「第二種の忠誠」は海外に滞在する中国の著名な作家劉賓雁の作品の題名である。これは専ら通常の忠誠心より諫める行動で表す忠誠心を指す。
(58) 『詩経』「大雅」「蕩之什」に「殷鑑不遠、在夏后之世」とある。『孟子』「離婁上」にも引用される。
(59) 『宋史』巻二四二、「后妃伝」に載せる杜太后が太祖に言った言葉に「吾聞『為君難』、天子置身兆庶之上、若治得其道、則此位可尊、苟或失馭、求為匹夫不可得、是吾所以憂也」とある。
(60) 『舊唐書』巻七〇、「岑文本伝」に岑文本の上奏文に「君猶舟也、人猶水也、水所以載舟、亦所以覆舟」という孔子の言葉を引用した。
(61) 『中興両朝聖政』巻四七、乾道四年六月戊戌の条に宋太祖は「以墜馬之故而罷猟、又以乗酔之誤而以戒飲。遷善改過、不俟旋踵」とある。
(62) 『黄氏日抄』巻一一、「読本朝諸儒書」に「太祖即位、造薫籠、数日不至而怒。左右対以事下尚書省、尚書省下本部、本部下本局、覆奏得旨、復依方製造。太祖怒曰、誰做条貫。曰可問宰相。普至、対曰、此自来条貫。不為陛下設、為陛下子孫設。後代若非礼製造奢侈之物、経諸処行遣、必有台諫理会。此条貫深意也。上大喜曰、此条貫極妙、無薫籠是小事」とある。
(63) 『宋史』巻四三一、「田敏伝」に荊南節度使高従誨が田敏に「祭酒所遺經書、僕但能識孝經耳」という。また同じ記事は『新五代史』巻六九「南平世家」にも見える。
(64) 『東都事略』巻三七、「夏侯嶠伝」に「講読之職、自唐有之。五代以来、時君右武、不暇向学。故此職亦廃。太宗崇尚儒術、嘗命著作郎呂文仲侍講、寓直禁中。然名秩未崇。真宗奉承先志、首置此職、班秩次翰林学士、禄賜如之」とある。
(65) 『史記』巻九七「酈食其伝」を参照。
(66) 『宋史』巻三一〇、「王曾伝」に「(王曾) 遷翰林学士。帝嘗晩坐承明殿、召対久之。既退、使内侍諭曰、向思卿甚、故不及

朝服見卿、卿勿以我為慢也。其見尊礼如此」とある。

(67)『群書考索』別集巻一八、「人臣門」に引用する陳亮の話に「過固人主之不免、諫亦人臣之当為。然遏水於滔天之後、孰若遏之於涓涓之始。撲火於燎原之時、孰若撲之於熒々之初。後之諫臣能諫人主之身過、而不能諫人主之心過。夫身過之過自心過之過。微自其微而砭之則易。及其白而薬之則難。皐夔之吁弗、伊傅之警戒、未嘗俟其君之過昭灼於外而後言也、芽蘖之萌固以剿而絶之矣。而人有徳義以澆其内、礼法以縄其外、是以無汚輪之労、無牽裾之諍、無折欄之呼、而人主之過已潜消於冥々之中矣。後世之君、固有志於唐虞三代之君。然知正君之身而不知正君之心、知淑君之政而不知淑君之徳。是以制誥之差、賞罰之謬、刑法之酷、暴於中外、然後紛々紜々、争以頬舌白簡之弾、至於数十章、皀嚢之上、至於数千言。吁、亦晩矣」とある。

(68)『宋史』巻四三一、「孫奭伝」に「毎講論至前世乱君亡国、必反復規諷。仁宗意或不在書、奭則拱默以俟。帝為竦然改聴」とある。

(69)『宋史全文』巻三に「御史中丞嘗劾奏開封尹許王元僖。元僖不平、訴於上曰、臣為天子児、以犯中丞故被鞫、願賜寛宥。上曰、此朝廷之儀制、孰敢違之。朕若有過、臣下尚加糾摘、汝為開封府尹、可不奉法邪。論罰如式」とある。

(70)『長編』巻二九、端拱元年三月乙亥の条に「(趙)普因勧上曰、(陳)利用罪大責軽、未塞天下望、存之何益。上曰、豈有万乗之主不能庇一人乎。普曰、此巨蠹犯死罪十数。陛下不誅則乱天下法。法可惜、此一竪子何足惜哉。上不得已、命賜死於商州」という記事がある。

(71)『宋朝事実』巻三、「詔書」に「帝子親王先須克己勵精、聴卑納誨。毎著一衣則憫蚕婦、毎餐一食則念耕夫。至於聴斷之間、勿先恣其喜怒。朕毎親臨庶政、豈敢憚於焦労。礼接群臣、無非求於啓沃。汝等勿鄙人短、勿恃己長、則可永守富貴、以保終吉。先賢有言曰、逆吾者是吾師、順吾者是吾賊。不可不察也」とある。

(72)『宋史』巻二六五、「賈黄中伝」を参照。

(73)『長編』巻四一、至道三年八月己巳の条に「(真宗)以漢唐封乳母為夫人邑君故事付中書。因問呂端等曰、斯礼可行否、如不可行則止。朕不敢以私恩紊政法也」とある。

(74)『亀山先生語録』巻三に引用した宋仁宗の話に「措置天下事、正不欲自朕出。若自朕出、皆是則可。如有不是、難以更改。

不如付之公議、令宰相行之。行之而天下以為不便、則台諫得言其失、於是改之為易矣」とある。

（75）『北窓炙輠録』巻上を参照。

（76）『庶斎老学叢談』巻三に引用する『宋官制』に「嬪妃久不得遷、屢有干請。上答以無典故、朝廷不肯行。或対曰、聖人出口為勅、誰敢不従。上笑曰、汝不信、試為降旨政府。政府奏無法。上収以示嬪妃曰、凡事必与大臣僉議、方為詔勅。或有祗請御筆進官者。上取彩箋、書某宮某氏特転某官、衆忻謝而退。至給俸時、各出御書請増俸。有司不用、退還。復訴於上前。上笑曰、果如是。諸嬪対上毀其御書曰、元来使不得。上笑而遣之」とある。

第二章　総説二——政治史の視点からの考察

小引

一九四二年、銭穆氏は「論宋代相権」という論文で中国の史学界において君主独裁制説を打ち出した。一九八五年、私は同じ題名であらためて宋代の宰相権力の問題を検討した。その論考で、まず従来の君主独裁制説と宰相権は弱いという見方を生む宋代の事情を分析した。それは、一つは宋初の皇帝が唐末・五代以来の君弱臣強という状態を変えようとするために、意識的に採用した方策であり、もう一つは宋朝の諸制度の規定である。確かにこの二点から見れば、君主独裁と宰相権の弱さという結論が手軽に得られるが、皇帝の主観的な意図と制度上の表面的な規定をより一層深く考察すると、現れてきた事実はかなり複雑であった。私は静態的な制度的規定を考察した上で、動態的な歴史事実に重点を置き、宰相権は弱いという説の論拠とされる幾つかの問題を中心として検討した。つまり、宰相と参知政事との関係、宰相と軍事権、宰相と財政権、宰相と人事権、および宰相の台諫へのコントロール、宰相の皇権への制約という諸問題である。考察した結果、従来の君主独裁制説と全く正反対の結論が得られた。すなわち、宋代では、宰相の権力が強くなり、逆に皇帝の実質的な権力が次第に弱くなっていったのである。

ところが、その論考は題名に示したように考察の重点が宰相権にあるため、皇帝権力については、宰相権との関係の範囲内に限定して論じただけであった。とくに宰相が皇権を制約するという面を強調したが、宰相権と皇権との複雑な関係に関しての論述はなかった。そのため、四年後の一九八九年に、前作の補充として、「論宋代皇権」を発表した。その論考では、まず、唐末・五代の政治的波乱によって皇帝の神聖性が砕かれたという事実が、その時代の皇権観にどのような影響を与えたかについて思想史の視点から分析した。つぎに皇権が実際的な政治運営のなかで受けていた制約および皇帝の自己認識について実証的に考察した。さらに、宋代士大夫の空前の興起という重要な時代的背景が皇権の変遷に与えた影響について述べた。

以上の両論考では、日本の学界の君主独裁制説に触れていなかったが、君主独裁制説はすでに国境を超えた学界の共通の問題となった。それゆえ、両論考の発表後、中国の国内に反響があっただけでなく、アメリカ、ドイツの宋代史研究者もそれぞれ私が提出した問題に関心を寄せた。また、日本の若手研究者である冨田孔明氏は「宋代の皇権と相権の関係に関する考察――王瑞来『論宋代相権』への批判をもとに――」を『龍谷史壇』第九九・一〇〇号に発表された。ここで、冨田氏の批判を手掛かりとして、関連する問題に触れておきたい。

冨田氏は、宋代では相権が強いという私の見方について、一応は賛成する。ところが、現実的な最高至上から、象徴的な最高至上へ転化上昇するという見方については、反対である。氏は、次の通り帰納する。

通説では、皇権が強くて、相権が弱い。

王説では、皇権が弱くて、相権が強い。(この帰納は不適切だと思う)

冨田説では、皇権が強くて、相権も強い。

氏は私が宋代皇権の弱さを強調すること、とりわけ皇権と相権との対立を強調しすぎると批判した。しかし、一九八五年の拙稿「論宋代相権」に関しては、表題が示す通り、考察の重点は皇権ではなく、宋代の宰相権力の実態である。これについて、私は論文中で次のように説明した。

つまり、「相権はある意味では、皇権と相対的に提議されたのであり、両者は密接な関係がある。」また、「皇権問題は複雑な問題であり、本稿ではっきりと説明することなど、とてもできない。ここでは、ただ宰相と君主との関係および相権と皇権との対抗の角度から、少しばかり当該問題にふれてみたい」と。

具体的にいえば、拙稿中の二―（六）の題目である「宰相の皇権に対する制限」という角度から、相権と皇権との関係を論述したのである。つまり、論文の主旨として相権を取り上げれば、相権と皇権との関係は必然的に避けられないからである。その数年後、私はまた「論宋代皇権」を発表した。まず、その論考の冒頭で、「数年前、私は『論宋代相権』を書いた。相権の一つの対立面として、初歩的に宋代の皇権問題を検討した。しかし、論題の範囲に局限され、皇権に関しては論述を展開していない」と述べた。実は、冨田氏が宋代皇権につき、拙稿「論宋代相権」を論評した問題点の大半は、「論宋代皇権」という論文の中で、既に解釈済みだと信ずる。残念なことには、一九九二年の冨田論文を読む限りでは、氏は私の一九八九年発表の「論宋代皇権」に目を通していなかったようである。

まとめてみると、氏の批判は主に宰相と皇帝との関係及び台諫の役割とに集中していた。そこで、本章では指摘される問題を結びつけて、君臣関係と台諫の特質をめぐって、一般的な皇権の在り方を考察してみたいと思う。

第一節　相互制約的な君臣関係

伝統中国の君臣関係を論ずる場合、古代社会の宗法制度から着手すべきだと思われる。それは、伝統中国の政治構造を家族構造の拡大とみるからである。そうした家族構造の拡大には、太古からの変遷があると思われる。先史社会における氏族の部落連合は、実際上、すでに一定の大家族の構造として存在していた。その後、封建制度の形成へと進む。封建制度は宗法制度を前提とする政治制度であり、先史社会の氏族の部落連合の様態が投影している。封建制度は旧来の家族管理を拡大しつつ、全国各地に広がっていった。社会の進化につれて、封建制度は明らかに国家管理に適応しなかったにもかかわらず、家族の管理方式の面では効能があったと思われる。

封建制度は多数の子女を抱える大家族に類似した面を持つ。大家族では、成年後の子女たちが分家して個々の小家族を立てる。その個々の小家族は父母の大家族の命令に従わなければならなかったが、一定の独立性を保持していた。国家の統一管理の観点からすれば、このような独立性は不利に違いない。封建制度は実質的に主権分散的制度なので、古代中国の政治管理では遂に封建制度は放棄されてしまい、中央集権的郡県制度が採用されることになった。この制度の下で、多くの臣民が家族成員として一つの大家族内に残されて、直接、家父長——君主の命令に服従した。

伝統中国では、宗法制度は後に国家管理に応用されることはなかったが、巨視的には王朝政権の継承において、微視的には家族財産の相続において、いずれも宗法制度が具現する。しかも、宗法制度から生じた理念は、さらにいろいろな人間関係のなかに貫かれている。例えば、主と僕との関係とか、師弟関係とか、君臣関係とか。伝統中国における君臣関係は、まさに家族内部の宗法的な従属関係から生じ、政治的組織まで拡大していったものである。旧来、常に君臣は父子の如し、といわれてきた。このような君臣関係には、単なる雇用的な関係の冷たさと利益性は薄く、逆に家庭的な暖かさと求心力が勝っていると思われる。

しかしながら、比較的成熟した政治構造においては、単純直截に君臣関係を親子関係と同一視してはならない。これについて、孔子はかつて魯定公と次のような対話をしている。

定公問う、君、臣を使い、臣、君に事うること、之れを如何、と。

孔子対えて曰く、君、臣を使うに礼を以てし、臣は君に事うるに忠を以てす、と。[1]

つまり、正常な君臣関係はあたかも家父長と成年子女との関係のように、互いに尊重し合わなくてはならないことが分かる。もし君主がこの原則を無視すれば、「君、臣を視て犬馬の如くんば、則ち臣、君を視て国人の如し。君、臣を視て土芥の如くんば、則ち臣、君を視て寇讎の如し」という孟子の言が適合することになる。反対に、君臣が互いに尊重すれば、つまり「君、臣を視て手足の如くんば、則ち臣、君を視て腹心の如し」[2]という状態になるわけである。

君臣関係を、ある学者は宮府関係すなわち皇帝と政府の関係であると見る。[3]私もそう思う。一段と帰納すれば、皇帝と宰相を中心とする執政集団との関係、つまり皇権と相権との関係であると考えられる。

伝統中国の政治史上の君臣関係はかなり特殊で微妙なものであり、単純に上下の隷属的な関係と理解すべきではなく、相互に作用する関係と見なすべきである。皇帝は宰相の輔佐を必要とし、宰相も皇帝の支持の下に文武両面を主宰する。その意味で、両者は相互依存的といえよう。しかしまた、皇帝は、しばしば宰相の専権を制御しようとし、宰相もつねに皇帝の暴走を抑制してきた。その意味で両者は相互制約的といえよう。要するに、伝統中国の政治体制は相互制約的な体制なのである。

君主制の下、皇帝の地位は極めて重要である。それは、かれが多くの権力を持っているからではなくて、かれの身分が高貴で、神聖で、不可侵だからである。その高貴さは、かれが代表している正統的地位からきている。「名、正しからざれば則ち言、順わず」（名不正則言不順）という文言がある。中国人の民族的心理及び伝統的文化は特に名分を重視する。誰かが天下を取り、天下を治めれば、かれは天命に応じ、正統を代表する。そして、天下はかれの正朔（年号）を奉じる。正統であるか否かが、ある程度まで民心の向背を決定するともいえる。歴史上、多くの農民反乱は、規模が大きくなると、国号を立てる。皇帝になるものは、正統な地位を得るために、人民の支持を確保する方策をとる。前王朝にとって換わって登場した君主も、つねに合法的な理由を捜し出して自分の正統性を証明した。例えば、前漢末に蜂起した農民は、一人の劉という姓の牛飼いの子供を捜し出して、かれを漢の高祖劉邦の後裔だときめつけ、君主に擁立した。(4) 三国時代の劉備も、漢の後裔の名義で天下に呼びかけ、後に国号を蜀漢とした。(5) 五代の沙陀族の李存勗は、一方の主君になった時に、自ら唐という国号を称し、唐王朝の正統な地位を継承することを表明した。(6) 類例は沢山ある。これにより、伝統中国の皇帝は天命と国家の象徴であったことがわかる。こうした正統的地位が帯びる象徴性は、長期間、一王朝の多数の士大夫と庶民の心をしっかりと掴むことができた。したがって、伝統中国の皇帝の名義は、決して有っても無くてもよいという性質のものではない。政治舞台上の宰相は「ががやと君がおしゃべりしてから私が登場する」(7) ということができるけれども、皇帝はできない。鍵は、皇帝が持つ権力ではなく、かれの身分と地位が帯びる巨大な象徴性にある。

伝統中国社会の皇帝は、このような最高至上の象徴的地位についているので、直接に皇権を排撃する人は極めて少ない。私がいう皇権と相権との対立とは、一政権内の皇権と相権が互いに牽制し合っている状態を指すだけである。しかも、実際の政治活動の中で、この対立はそれほど表面化はしない。多くの場合、宰相等の大臣は殆ど権力を全面的に操縦できるけれども、やはり、皇帝の名義下に於いて行わなければならない。そうしてこそ、はじめて群臣や庶民に受け容れられるのである。

皇権と相権の関係についていえば、皇権は法的代表、国家の象徴であるだけでなく、実際の政治活動の中で、相権に対して一定の直接的な制約力を持っている。宰相の地位は、一人の下、万人の上にある。この「一人」こそ皇帝である。もし、皇権が全く空虚となれば、この制約機能は破壊されてしまう。そのさい、権相がわがままに振舞えば、台諫をはじめとする群臣からの弾劾を受けるけれども、宰相の下に位置する群臣は、宰相を罷免する権力を持ち合わせていない。そのため、どうしても名義を持たなければならない。それは皇帝の名義である。群臣は皇帝の命令により、皇権を借りて、罷免すべき宰相を罷免する。こうしてこそ、支配集団の根本的利益に符合する。もちろん、法制はある。しかし、法より人を優先させる伝統中国の社会にあっては、皇権は群臣が宰相の頭のてっぺんに掛けている「尚方剣」（昔、皇帝から賜った御物の宝剣、切り捨て御免の剣）なのである。この意味で、皇権は士大夫が宰相の専権を制限するための一つの工具だといえよう。

しかしながら、宰相も群臣も、皇帝の独断専行と全権力の掌握とを決して希望しない。群臣は、宰相をはじめとする執政集団が政府機関の正常な運営を操り、すべての権力が政府に集中し、すべての政令が皇帝の名義で発布されることを希望する。政令の発布は、皇帝の名義でなければ効力に限りがある。また極端な場合、実行すら覚束ない。いわゆる大義名分がなければ、言論は筋が通らないからである。このため、両者は相互に依存しなければならない。

では、皇帝に対して、群臣はどんな方法で制限を加えるのか。私見によれば、伝統中国の士大夫は、皇帝の頭のてっぺんに三つの「緊箍呪」（中国の小説『西遊記』で、三蔵法師が孫悟空に言うことを聞かせるために唱える呪文、人を服従させるための有効な手段のたとえ）を被せた。

第一は「天」である。伝統中国の皇帝は「天子」ともいう。すなわち、天の息子という意味である。かれの皇位は天から与えられたものであった。天の名代が民を治めるのである。漢の董仲舒ははっきりと君権神授説を打ち出した。これらの言説は、本質的にはすべて「神道設教」という方式だといえよう。これは皇権の神秘化に役立つけれども、同時に、最高至上の皇帝の頭のてっぺんに一つの無形の直属の上司を加えたことになる。この上司はかれの運命に影響を与えることができる。従って、皇帝は即自的には最高至上とはなれない。このような天命論は、皇帝制度が誕生した後に皇権を制限する目的で、原始儒家の天道観を基礎として、それを補充・発展させ、時世に順応して生まれたのである。『漢書』巻七二「鮑宣伝」に鮑宣が漢の哀帝を諫める上書に「天下は乃ち皇天の天下なり。陛下は上、皇天の子たり、下、黎庶の父母たり。天の為に元元を牧養し、これを視ること当に一のごとくすべし。…夫れ官爵は陛下の官爵に非ずして、乃ち天下の官爵なり。…天下を治むる者は、当に天下の心を用いて心と為すべし。自ら専ら意を快くするのみを得ざるなり[8]」と述べられている。この議論によれば、皇帝は管理者だけであって、天下の所有者ではなく、皇権は一定の制約を受けていることがわかる。これと類似の話は、歴代の士大夫の言論中に散見でき、思想が継承されていることがわかる。これについて、尾形勇氏が漢代に伝統的な「天子」の称号を復活させたことを論ずるとき、「漢代（およびそれ以降）の皇帝の地位は、天界の帝王と地上の人々双方の支持によって成立するものであり、天帝と同じ地位を誇示していた秦の『皇帝』に比べると、かなり自己規制的なかたちになっている[9]」と述べている。だが、私見によれば、「自己規制」だけではなく、さらに官僚士大夫により押しつけられた精神的な規制でもあるといえよう。

『宋史』「天文志序」に「夫れ言わずして信ずるは、天の道なり。天は人君に於いて告戒の道有らば、之れを示すに象を以てするのみ。…『易』に曰く、天、象を垂れ、吉凶を見わし、聖人之れに則る、と[10]」とある。このような「天人感応」の理論があるので、天は官僚が皇帝を戒める一番有効な手段の一つになっていた。たとえば、宋の参知政事李迪は嘗つて天災を借りて真宗に警告し、「汾・亳に幸するに及び、土木の役、往時を過ぐること百倍。今旱蝗の災、殆ど天意の陛下を警する所以なり」と言った。真宗はその発言を認め、戦々恐々「卿の言うは然り、一、二の臣の朕を誤らしむること此の如し[11]」と。南宋初期、また、次のような君臣間の会話がある。

上、因りて言う、朕、近ごろ「神宗紀」を覧るに、是の時、災異甚だ多きを見る、何故ぞ、と。

魏杞等、奏す、天、災異を出して、人君を譴告するは、正に父母、人子を訓飭するが如き者なり。必ずしも自己に過有り過無きを問わず、但だ常に修省なるやを恐懼するのみ、と。

上、曰く、卿の言は甚だ善し。若し恐懼修省せざれば、自ら滅亡の道を取るなり、と。[12]

伝統中国の皇帝が本当に天命を信じていたかどうかはしばらくおくとして、かれらは確かに天命をたよりにして、正統な合法的地位を確立したのである。だから、直截的に言うと、いわゆる天を恐れるとは、実際には人を恐れることであった。官僚士大夫と庶民は天の名義を借りて、その天命を革命してしまう。「君権神授」とはいうものの、神は与えることも、奪うこともできる。この与奪こそ人によって執り行うものなのである。

皇帝の上には天しかないので、皇帝が天を畏れなければ、情勢はさばきにくかった。しかも、非常時でなければ、官僚士大夫はめったに皇帝を廃さない。ために「神道設教」といって、官僚は常にあらゆる方法を尽くして、皇帝に天を畏れさせる。史籍に「富弼再び入りて相たり。既に至るや、上の前に於いて災異皆な天の数（定め）にして人事得失の致す所に非ずと言う者有り。弼、之れを聞き嘆きて曰く、人君の畏るる所は惟だ天のみ。若し天を畏れざれば、何事か為す可からざる者あらん。乱亡を去ること幾ばくも無し。此れ必ず姦臣、邪説を進めんと欲し、故に先ず上を導きて以て畏るる所無からしめ、輔弼・諫諍の臣をして復た其の力を施す所無からしむ。此れ治乱の機なり。吾れ速やかに諫めざる可からず、と」[13]とある。富弼の発言は非常に典型的なものである。これは士大夫が天道を工具にして、皇帝を制約するという目的をはっきり示している。つまり、神権を借りて、皇権を脅かしているのである。[14]

第二は「道」である。道とは広義は社会規範である。実際は一般的な表現である「道徳」或いは「道理」と同じである。共通する大枠の下で、異なる領域ではそれなりの具体的な行為基準がある。例えば、人間としての道とか、政治としての道とか。この道はどこかの思想的流派が独自に強調する概念ではない。伝統中国の思想家の皇権理論を見ると、儒家・道家を問わず、いずれも君としての道を強調する。いわゆる君としての道とは、君主として当然備えなければならない道徳のことである。この道徳は君主のために定めた行動の準則である。それは、皇帝を特定の規範の中に嵌め込むものであった。皇帝は天下に君臨するが、かれの自由は極めて限られ、ほしいままに振舞うことなどできない。かれの一挙一動は、君の道に定められた範囲内で行わなければならず、一歩も限界を越えられない。君の道或いは君徳の具体的内容については、素直に忠告を聞くといわれるようなこともたくさんあるが、一言でいえば「無為」である。「帝王の徳は天地を以て宗と為し、道徳を以て主と為し、無為を以て常と為す(15)」と。

一つの有名な逸話がある。宋の太祖はかつて宰相趙普に天下で何物が最も大きいかと尋ねた。たぶん太祖の望んだ答えは「陛下が最も大きい」であったろう。しかし、趙普は「道理が最も大きい」と答えたのである。このような答えに対して太祖は「善し」と言っただけである。南宋になって、ある州学教授は孝宗にその逸話を述べた後、「道理最も大なるを知れば、則ち必ず私意を以て公中を失わず」と言った。これに対して、孝宗は「固より当に私意に任すべからず」と答えた。「私意に任すべからず」だと、君主が君主の道の枠内に拘束されることは避けられない。その後、宰相留正はそのことを次のように議論した。「天下は惟だ道理最も大なり。故に万乗の尊を以てし、而して匹夫の一言に屈せらる、四海の富を以て、以て其の親故に私するを得ざる者有り(16)」と。

君主の最悪の罪名は「無道」である。もし皇帝がこの段階にまで達したら、かれの政治生命は終点に達したに等しい。この時、無道の君主は群臣から廃せられ、新しい君主が別に立てられる。群臣のこのような行動は完全に礼義と符合し、孔孟などの聖人に理論的根拠を求めることができたのである。基本的には「革命」の原義に依拠した。すなわち、「湯武は命を革めて、天に順じて、人に応じる(17)」という易姓革命の理論である。ふだん皇帝は諫官や群臣の監督の下に身を置き、常軌を逸する行為は防止された。文献のなかで、君主の偉大を称揚する文章は読み切れないほど多いが、官僚士大夫としては、君主が雄才大略を持つことなど希望せず、ただ君主が清浄無為で政府機関の正常な運営に干渉しないよう願った。反対に、君主が傑出した知力を持てば、官僚士大夫には計り知れない負担になるかもしれない。その場合、官僚士大夫たちはいろいろな方法を考えて、君主を愚昧で無能にさせ、懼れることを覚らせる。『宋史』巻八「真宗紀」巻末の「賛曰」に「真宗は英晤の主。其の初めて践位するや、相臣李沆、其の聡明の必ず作為すること多きを慮り、数々災異を奏し、以て其の侈心を杜ぐ。蓋し見る所有るなり」(18)と評価している。宰相李沆の対処の仕方に、『宋史』を編纂した元代の士大夫も賛成したことがわかる。これで分かるように、伝統社会では君主を英明にさせないことが歴代の士大夫たちの共通の識見であったのであろう。

第三は「法」である。道が礼儀的な柔軟性をもつ規範ならば、法は強制的な融通のきかない規範である。学界の通説では、伝統中国社会の法制は健全でなく、人治が行われていたという。しかし、私見によれば、法網は緻密で、法制もかなり備わっていた。諺言にいう「無法無天」は、まさに法を天と同じ地位に高めたものである。最高至上の皇帝も、かれが自ら発布した法令と政策を守らなければならない。史籍によれば趙普は宋の太宗が寵愛する姦臣を処罰したかったが、太宗はかれのために「豈に万乗の主は一人を庇う能わざらん」と言った。それに対し趙普は「陛下、誅さざれば、則ち天下の法を乱す。法、惜しむ可き、此れ一豎子、何ぞ惜しむに足らざらん」と答えた。そこで、太宗はやむなく死を賜わったのである。(19)法律は統治秩序を守る重要な手段であり、支配階級の長期統治の根本的な利益を保証している。それ故、法と皇権を天秤にかければ、官僚士大夫にとっては、明らかに法は皇権より重いのである。人治と法治との間、君臣間にはつねに矛盾がある。皇帝は常に唯我独尊の特殊な身分で、法の制約を免れようとするが、官僚士大夫は屢々法を盾に皇帝の行為を制限してきた。法は官僚士大夫が皇権を圧倒する主な武器の一つであった。法の背後には、道の支持がある。皇帝は無道の君主になりたくなければ、法を守らなければならない。だからこそ「万乗の主は一人を庇う能わず」という事態が発生したのである。

史籍では、法を守る君主と法を執る官僚と、いずれをも褒賞している。『中興両朝聖政』巻四六に「進呈して、環衛官元と指揮有りて、戚里を差するを許さず。前日、旨を得て、潘才卿を差するは元降したる指揮に礙ぐる有り。上曰く、卿等の此の如く理会するは甚だ好し、別に理会す可べし、と」と記す。もともと孝宗は、自分の親族を官に任命したかったが、大臣は孝宗自身が以前に頒布した法令を捜し出して拒否した。これに対し、孝宗も仕方なく、卿等のこうした処理がよい、朕の指示を配慮しないでもよろしいと言った。後に南宋の宰相となった留正は、これに対し両者をほめた。かれは

天子、私恩無き能わず。而して公法の守は則ち一に之れを臣下に付して、吾、容心無きなり。而る後に天下の名器始めて軽しく以て人に畀ること能わざるなり。環衛の職、将に以て将帥の儲と為さんとす。是を以て寿皇、戚畹を除せざるの旨有り。而して才卿乃ち復た之れを得ば、豈に一時の私恩、遽かに絶つ能わざること有らんや。大臣以て前旨を礙ぐること有りと為すは、善く天下の公法を守る者と謂う可し。寿皇、其の請を嘉嘆し、遽かに改除を命ずるは、自ら公を以て私に循わず、恩を以て法を廃せざるに非ざるなり。[20]

と述べる。士大夫からすれば、天子の私恩であっても天下の公法に違反することはできない。天地の間、何人も私と公との間のギャップを埋めることはできず、またすべきではない。特に伝統的中国社会において、法はある政権の長期安定ができるかどうかという根本的な利益に関わる。まさに留正が『中興両朝聖政』のもう一カ所で言うように「法令なる者は、人主、国家を維持する所以なり、以て自ら之れを壊る可からず[21]」と。

皇帝は法を守るべきのみならず、政府のさまざまな制度と規定をも遵守しなければならない。官僚は「職を越えて事を言う」という行為ができないが、そのルールは皇帝にも適用される。皇帝は群臣の仕事を侵害して、朝廷の各機

関の政務に干渉することもできない。宋初の乾徳二年、范質等二人の宰相が同日に罷免され、趙普が宰相に任命されたが、中書には勅に署名する宰相がいなかった。宋の太祖は「卿、但だ勅を進むのみ、朕、卿の為に字を署するは可なるか」と言った。趙普は「此れ、有司行う所、帝王の事に非ざるなり」と答えた。[22]皇祐三年、夏竦が死んだ。最初、諡を「文献」としたが、僖祖の諡と同じなので、宋の仁宗は「文正」という諡に改めた。このとき、判考功劉敞は「諡、有司の事なり。竦、奸邪、而れども陛下、之れに諡するに正を以てせば、法に応ぜず、且つ臣の官を侵す」[23]と言った。最高至上の皇帝が越権し、でしゃばって役人の任務を代わってやることもできない。

ここで語られる「法」は、法律・法令を指すだけでなく、さまざまな制度・規定及び先例を含んでいる。一旦制度が確立され、先例が形成されると、動き出した一台の巨大な車のように、一定の慣性を持ってくる。この物理学でいう慣性が、政治学の領域にも適応されるのだと思われる。先例に対しては、皇帝だけでなくすべての人々が抵抗し難い。望むかどうかは別として、いずれしても運動方向に沿って押し流されていく。法律・法令及び諸制度は修正することができるが、それを補充する役割をもつ慣例は、極めて変更し難い。これはある種の二律背反だと思われる。人間はいろいろな法律・規定を作ったが、逆に人間はその前でまた無力感を味わわされる。官僚士大夫は諸制度・諸規定及び先例に制限されているにもかかわらず、さらにそれらは官僚士大夫が皇帝を制約する有効な道具ともなる。そこで、官僚士大夫はできるかぎり自分に都合のよい慣例や故事を作り、またその趣旨で改正を行う。北宋時代、韓晋卿は大理卿となり、「嘗つて詔を被り、寧州の獄を按治し、故事に循いて入対するに当たり、晋卿曰く、奉使に指有り、三尺の法具に在り。豈に応に主の意を刺候して其の心を軽重すべけんや、と」[24]。地方の刑事事件を処理するさい、先例により皇帝に伺うべきだが、韓晋卿はすでに法律規定が存在しており、重ねて皇帝の指示を仰ぐ必要はなく、むしろそうすれば事件処理の邪魔になると考えた。ここでは近世における欧米の司法独立に類比するつもりはないが、少なくとも韓晋卿の話を見ると、このような意識が全くないとはいえないであろう。これで分かるように、一面では法が皇権より重い。他の面では、先例が皇権を制限するのに不利になるところでは、官僚も先例を守らず、新しい慣例を作っていく。

小説『西遊記』の中で、三蔵法師が「緊箍呪」を唱えると、いたずらな猿の孫悟空はすぐ頭が痛くなり、地べたに倒れて、にわかにおとなしくなった。伝統中国の正常な政治活動の中で、上述の三つの「緊箍呪」も皇帝をしっかり束縛し、かれをおとなしくさせたのである。

ここで、話をまた元に戻そう。互いに制約するということは、君臣間係の一つの側面にすぎない。君臣関係の他の側面は相互依存なのである。皇帝と宰相及び群臣は、同じ国家機構の異なる位置に身を置いていた。根本的な利害かられえば、かれらは一致こそすれ、決して対立はしない。君臣関係が相互依存の関係であるゆえんである。この点について、旧作「論宋代皇権」の中で「皇帝は群臣に対して孤立していたから、自らを群臣と対立させないようにしなければならない。そのため、いろいろな情況下に、己の意志を曲げてまで、大臣の意見に従った。いうまでもなく、臣下の意見はほとんど支配集団の根本的利益に符合しており、君主にとっての無理難題を求めたわけではない。一般的に皇帝と臣下、特に宰相とつねに対立的状態にあったわけではなく、宰相の権力が強まるのは、往々宰相と皇帝の関係が密なることに関わる」と述べた。ここで史料を少し補充したい。『元城語録解』巻上に「(王安石)君を得るの初め、主上と朋友の若し。一言も己の志に合わざれば、必ず面に之れを折り、反復詰難し、人主をして弱に伏さしめて乃ち已む[25]」とある。これによれば、王安石と神宗の間ははじめ相当親密な関係であり、友達同士のようでほぼ対等であった。むしろ、王安石の「人主をして弱に伏さしめて乃ち已む」という人に逼るような態度は、まるで神宗を凌駕しているようである。当時の神宗は、王安石にとって殆ど何の権威もなかった。王安石と神宗との親密な関係は、親政後の神宗自身が積極的姿勢をもち、改革の意欲にもえる王安石を信頼・重用したことの反映であった。王安石も神宗の地位を借りて、自分の権威を強化したのである。しかし、熙豊変法の政治闘争は非常に複雑で、改革と反改革という対立する政治集団の間の闘争もあれば、執政の改革集団内部の闘争もあった。王安石と呂恵卿の間の矛盾の如きは後者である。熙豊変法の十数年間に王安石は何度も起伏を繰り返した。これについて、成功も失敗も神宗のためであると解釈し、皇帝の信頼があったか否かによって総括するならば、判断は単純にすぎると思う。当然、神宗は凡庸な君主ではなく、ある程度の定見を持っていたが、王安石に左右されたと同じように、ほかの政治勢力にも左右されたのである。王安石の度々の浮き沈みは、王安石を代表とする政治集団の浮き沈みにほかならない。

要するに、王安石が代表していた政治集団がどうであれ、かれは神宗との親密な関係に依拠し、皇権を借りて改革を行うことができた。しかし、このような君臣間の依存関係はやはり歪みがあり、「人主をして弱に伏さし」むような依存関係であった。繰り返し述べたように、伝統中国の皇権はある象徴であって、ある最高至上の身分と地位の象徴である。このような象徴は相当の実力を持っていた。そのため、ある程度の工具性も備えていた。誰でも皇権を借りて自分の発言権を強めて自分の目的を達したかったからである。宰相は皇権を借りて自分を持ち上げ、権威を強める。一般の士大夫は皇権を借りて、相権を制限したり、打撃を与えたりする。

奥深い宮殿に身を置く皇帝は地位が非常に高貴であるが、常に一種の深い孤独感に襲われていた。士大夫たちさえ皇帝は孤立していると見ていた。『仁宗実録』に「張昇、中丞と為る。仁宗、昇の時事を指切するは避くる所無きを以て、曰く、卿、孤特して、乃ち能く是の如し、と。昇曰く、臣は朴孝愚忠、叡聖に仰託せば、是れ孤とならざると為す。今、陛下の臣は禄を持ち養交する者多く、而れども赤心をもって国に報いる者少なし。陛下孤立に似たり、と。仁宗亦た之れが為に感動す[26]」とある。仁宗が感動したのは、言うに言えない苦衷に触れられたからである。皇帝は、群臣の支持と庶民の推戴を失えば、自身の地位も亡くすことになる。それ故、皇帝は自身の皇位のためを考えて、決して宰相や群臣と不和にならないようにし、かえって自分を孤立させる。自分の皇位を守るために、部分的には皇権を犠牲にし、己を卑下して臣に従わなければならないのである。

第二節　派閥政治下の台諫

伝統中国の中央政治は、ある意味では派閥的な特徴を持っていた。すなわち、宰相は往々にしてある執政の政治集団の代表である。政治闘争も政治集団或いは派閥の間に展開されたのである。政治を舞台とするこの闘争はかなり複雑である。与党と野党の間の闘争もあれば、執政集団内部の闘争もある。分裂することもあれば、合体することもある。この政治の派閥的な特徴は、多くの場合、政治活動の水面下に潜伏していて、必ずしも顕在化はしない。政界の内外に向け、おおっぴらに自分の派閥を公言する人は殆どいない。しかし政界の各種の人物を仔細に分析すれば、かれらがミクロからすれば、同一ではない勢力に属し、マクロで言えば同一ではない集団に属していたことを発見できよう。時には、このような派閥的な特徴が表面化し、政治上の人物が自分の派閥を公言する。宋代では、欧陽脩が平然として「君子の党」と「小人の党」という「朋党論」を発表してから、党争は一貫して涇水と渭水のような区別を明確にし、両派の存在が顕在化したのである。[27]神宗初年に宰相を務めた韓琦は、宋代の多くの権臣の中では際だった人物ではなかったが、当時の御史中丞王陶は、「(韓)琦、執政たること一年、上は両府大臣・中外要職を視て、親旧に非ざるは莫く、盤根錯節す。己と異なる者は必ず逐い、己に附する者は必ず昇す」[28]と非難した。普通の宰相として一年だけ執政し、朝野内外の人脈関係はすでに盤根錯節のようであった。長期に執政の任にあったら、いったいどうなったかは想像できないであろう。このような盤根錯節の巨大な集団を前にして、皇帝が独断専行するのは非常に難しいことだと言えよう。

伝統中国では、凡そ政令は皇帝の名義で発布されてきた。しかし名義だけであると言える。政令は皇帝本人の意志をほとんど反映しなかった。ここで、制度上から伝統中国において政治体制の内部で政策が決定される過程を考察してみよう。

周知のように、魏晋南北朝から唐朝まで三省制が施行された。すなわち詔勅は、中書省が起草し、門下省が審議し、尚書省が実施する。宋代では、「凡そ詔令、皆な中書門下議し、而る後、学士に命じて之れを為らしむ[29]」というルールがあった。朱熹が述べたように「君は制命を以て職と為すと雖も、然れども必ず之れを大臣に謀り、之れを給舎に参ず。之れをして僉議し、以て公議の所在を求め、然る後に王廷に揚げ、明らかに命令を出し之れを施行す[30]」るものであった。仁宗も「凡そ事は必ず大臣と僉議し、方めて詔勅と為す[31]」という。このことから、政令は制定から頒布までの全過程で、皇帝が主要な役割を果たすことはない。多くは、最後の頒布の段階に入った時点で、「押印」のような役割を果たしたにすぎない。皇帝は具体的政務を処理せず、実際上の権力を発揮することもない。かれの地位と象徴性が大きな影響力を持っていて、かれの名義で天下に号令することになる。伝統中国の皇帝のもつこの特性は、執政の政治集団に充分に利用されてきた。

一般的にいえば、政令は皇帝の意志ではなく、主に宰相をはじめとする執政集団の意志を反映していたのである。いうまでもなく、政治活動の中で、風弱く波静かであれば、執政集団は正常に政府機構を運営し、政令も政治闘争の争点になることはなかった。が、風波が絶えないとそうはいかなかった。宋の哲宗が親政したさい、大臣は前宰相の呂大防を一斉に非難した。哲宗は詔を出して「呂大防等、永く期数を引用し及び赦恩叙復するを得ざらしむ」といい、呂大防は光禄卿を以て南京に分司と、京城より追放し、安州に居住させた。このような処罰は、表面的には君主の意志に出たようだが、実際はそうではない。史実によれば、左遷は哲宗の心ならざる決定だったのである。「上（哲宗）の大防を念うは深なり。議者、是れに由りて元祐党人を痛貶するは皆な上の本意に非ざるを知る」[32]という。専権の宰相が政治を行うさい、君主は衷心を吐露できなくなる。甚だしい場合、皇帝名義で頒布される詔勅に、全く皇帝本人の同意を求めなくなる。宰相蔡京は、詔勅を起草したのち、皇帝に写し取らせたところ、ある言葉は全く皇帝の言葉に似ていなかった。[33]このような現象は、実際の政治活動の中で皇帝が往々ある政治集団の工具になったことを表している。

実際、詔勅が皇帝本人の意志に出ないことについて、当時の人はすでに熟知していた。蔡京が再び宰相となり、廃止された政令がみな復活し、かれの反対派は続々と罪を着せられた。そこで葉夢得は徽宗に質問し、「陛下、前日建立する所の者は陛下に出づるや、大臣に出づるや。其の罷むるに及んで、又た従りて之れを復するは亦た陛下に出づるや、大臣に出づるや。…今徒だ、一大臣の進めて以て作す可しと為さば、即ち法度従りて立つ。一大臣の退けて以て作す可からずと為さば、則ち法度従りて廃せらるるを見るのみ。乃ち陛下、未だ中に了然たらずして、己より出でざる者無からんや」[34]と言った。

東漢の「党錮」の禍とか、唐代の「二王八司馬」の貶とか、宋代の党籍碑の建立とか、明代の東林党人が罪をなしたとか、これらの党派間の残酷な仕打ちは、全部皇帝の名義を借りて行われたのである。

北宋の党籍碑については、朱熹の述べた一つの逸話を思い出す。「徽宗、星変を見るに因り、即ち衛士に令して党碑を仆さしめ、云う、明日を待つこと莫かれ、蔡京を引得して又た来り炒がせしめん、と。明日、蔡以て言を為す。又た詔を下して云う、今、碑を仆すと雖も、党籍却って旧に仍る、と」[35]とある。この逸話からは二点を指摘できると思う。一つは、元祐党籍碑の設置は徽宗の本心ではなかった。強い反発によって、徽宗は屡々党籍碑を廃棄しようとしたが、宰相蔡京の妨害で実現できなかった。やむを得ず、星変という不吉の前兆を借りて、夜にあわただしく衛兵に党籍碑を倒させた。このことから、皇帝である徽宗が宰相蔡京を恐れていたことが分かる。もう一つは、党籍を廃止しないことも徽宗の本心ではなかった。本来、党籍碑を倒すことは党籍の廃止を意味する。しかし徽宗の予想どおり、党籍碑を倒した翌日に、蔡京が徽宗に絡んできた。徽宗は本心に逆って「今、碑を仆すと雖も、党籍却って旧に仍る」という詔を下すほかなかった。これから見ると、皇帝は宰相の意志と反すると、場合によっては止むを得ず詔を下し、自分のやり方を変えねばならなかったことが分かる。前出の御史中丞王陶は、時事を指弾したために地方官に左遷された後、皇帝に上呈した着任謝表のなかで「夜、勅誥を上閤に取り、蔵して私家に在らしめ、朝、宣詔を御前に請いて、押して政府に帰せしむ。主心を転ぜしむるは拳石より易く、君命を奪うは軽きこと鴻毛の若し」[36]と権臣を論難した。

本来、御史と諫官は言路官（宋代では台諫と合称）とよばれ、伝統中国の政治体制の中で、皇権と相権の外側で独立していた第三の勢力であった。ただ、伝統中国政治の派閥性という特性のため、台諫は政治闘争の枠から超然としていることは不可能であった。政治闘争がまだ激化しない正常な状態の下では、台諫は君主を諫め執政を糾弾する職能を正常に行使できる。しかし政治闘争が激化すれば、台諫は殆ど例外なくある政治集団の工具と鷹犬（走狗）になってしまう。

制度上、言路官は必ず皇帝によって任免され、宰相と執政は関与できない。しかし事実上、少なくとも宋代では、言路官は大体宰相等の執政の大臣によって、或いはその意志に従って任免されたのである。真宗の時、「(寇) 準、中書に在りて、喜んで寒畯を用う。御史欠ける毎に、輒ち敢言の士を取る」[37]という記事がある。仁宗の時、余靖と欧陽脩等の諫官は石介を諫官に推薦したが「執政もそれに従うを欲せん」と言った。果たして参知政事范仲淹の反対にあい、成らなかった(38)。哲宗の時、宰相呂大防は侍御史楊畏を諫議大夫に採用しようとして、范純仁に対し共に署名呈上することを求めたが、范純仁は同意しなかった(39)。これは、台諫の任命は宰相と執政が共に指名呈上しなければならなかったからである。これに対して、皇帝は自ら台諫を任用できない。元豊八年、哲宗は范純仁等に諫官を授けようとしたが、ただちに執政の知枢密院事章惇に断乎拒絶された。かれは、「故事、諫官皆な両制以上に奏挙せしめ、然る後、執政進擬す。今、除目、中従り出づ。臣、陛下何に従りて之れを知るかを知らず。左右の為す所に非ざるを得んや。此の門、浸開す可からず(40)」と言った。章惇は人格者ではないが、この質問は理に適っている。皇帝の任命を尋ねれば、結局ある政治勢力の意向に行きつく。そのため、章惇は執政集団の利益を守ろうとし、任官権とりわけ特に台諫のような世論を握る言路官の任用権を掌握せんとしたのである。これは客観的には執政集団の人事権を守るのに等しかった。

宰相等の大臣が台諫に息のかかった人物を選んだ以上、皇帝は台諫に頼り、不法の執政を糾すことなど殆ど空文に等しい。そして、台諫は皇権を制限し、他派を攻撃する宰相等の工具となった。呂恵卿は王安石に「夕に権勢の口に出づれば、朝に言者の奏に書《あらわれ》る(41)」と非難した。この言葉は具体的に宰相が台諫を操れることをあざやかに表現している。南宋の二世皇帝である孝宗は即位後、その状態を変えようとして、自らが「曾つて知県を任ぜし人を以て六院の察官と為し、闕くれば則ち取りて以て之れを充たす」こととした。しかしながら、実際の状況は朱熹が孝宗に語ったように「親擢と曰うと雖も、然れども其の途轍一定せば、宰相以て先ず私恩を入る合《べ》きの人に布くを得ん。言責に当たるに及ばば、往々其の私恩を懐き、豈に其の過失を言うを肯ぜんや(42)」と。結局、孝宗も朱熹の言を是とした。実は王安石が執政となる前に、仁宗初年の左正言孔道輔は「言事官、多くは宰相の意を観望する(43)」と語っているのである。

実際上、皇帝も官僚も、台諫が一定の政治集団に利用されていることはよく分かっている。しかし、だれもその状況を変えられない。孝宗はあるとき「凡そ台諫初めて除せらるれば、人、已に其の必ずや某人を論ぜることを逆揣す。既にして果たして然り(44)」と言った。これから見れば、台諫の任用は特定の政治集団に操縦されており、台諫がだれかを弾劾しようとしているかは、朝野内外ともに言わずと知れたことであった。

中国における伝統的な集団性政治の下では、台諫は理想的政治構想のなかの「第三の勢力」にはなりにくく、ほとんどそれは不可能だと思われる。台諫は常に特定の人、または特定の勢力に利用されていたので、宋代では屡々「鷹犬」とよばれた。『宋史』巻三二七「唐坰伝」に「台官張商英、乃ち安石の鷹犬なり。意に逆らう者、賢なりと雖も不肖と為し、己に附する者、不肖なりと雖も賢と為す(45)」とある。『宋史』巻三五六「宋喬年伝」に、「時に、喬年京に尹たり。父子、蔡氏（京）に依憑し、士大夫を陵轢す。陰に諫官蔡居厚と交わり、鷹犬と為さしむ(46)」とある。南宋になって、台諫を宰相の「鷹犬」と称した人もいた。太学生劉黻は理宗への上奏文の中で、まず紹興二十年の詔勅を引用して「台諫風憲の地、年来、人を用うるに拠に非らず、大臣と友党を為し、其の喜怒を済しくす。甚だ耳目の寄に非らず」といい、更に、「臣窃かに近事を観るに、独り台諫、大臣の友党と為り、内簡相伝し、風旨相諭するのみならず、且つ甘んじて鷹犬と為り、其の指嗾を聴く。宰相楽しまざる所の者、外は示すに優容を以てするが若きも、陰かに実は台諫を頤指して以て之れを去らしむ。台諫、弾撃する所の者、外は相謀を為さざるが若きも、陰かに実は宰相を奉承して以て之れを行う(47)」と言った。この上書に言う「大臣と友党を為す」という語句は、宰相と台諫が同じ政治集団を結成していたことを明示している。表向きは、台諫の弾劾は宰相等と関係がないけれども、「陰かに実は台諫に頤指」したり、「陰かに実は宰相を奉承する」という二句は、実際の様相を暴き出している。劉黻が引用する紹興二十年の詔勅の証左として、『宋史』巻三七二「尹穡伝」に「穡、専ら大臣に附して鷹犬と為る。張浚の忠誠為国の如きは、天下共に知る。穡、公議を顧みず、妄肆に詆誹す。凡そ大臣の悦ばざる者は皆な之れを逐い、相与に表裏し、以て姦謀を成す[48]」と上言者は諫議大夫尹穡を非難した。『宋史』巻四七四「丁大全伝」に「台臣翁応弼・呉衍、大全の鷹犬と為り、学校を鈐制し、（陳）宗等を貶逐す[49]」と記されている。周密の『癸辛雑識』前集「簡槧」にも「丞相史弥遠、国に当たりて、台諫は皆な其の私人なり。劾薦する所有る毎に、必ず先ず副を呈し、封ずるに越簿紙を以てし、書きて簡版を用いて徹達せしむ。合わば則ち緘還し、否んば則ち別に紙を以て、『某人雅故有り、朝廷正に其の用に頼る』と言う。是において、旋いで之れを易うるに応課を以てす。習いて以て常と為す。端平の初、猶お故態に循う[50]」とある。この史料は、台諫が内々に宰相の趣旨を受け、弾劾文を作成する過程について、はっきりと記している。南宋の劉応起は監察御史としてその現象について「台諫の議論、廟堂の風旨、頗る或いは参同す。夾袋の汰せんと欲さば、白簡の収むる所、率ね多く暗合せり[51]」と深く感嘆していた。

実際に、このような現象は南宋のみならず、北宋でもすでに存在していた。仁宗時代の有名な御史中丞孔道輔は嘗って「今の御史、多く要人の風旨を承望し、陰かに之れが用と為る[52]」と言った。表面上は、宋代の台諫は皇権と相権の外に独立していて、かなり強い監察権を持っていた。「尊卑を問わず、乗輿に言及せば、則ち天子は容を改む。事、廊廟に関わらば、即ち宰相罪を待つ[53]」と。そして、「中書・枢密も亦た敢えて御史府と抗威争礼せず、反って畏悚して之れを尊事す[54]」と。宋代、特に南宋では、多くの宰相が台諫の弾劾で罷免された。宋代では宰相が言路官に弾劾されると、事実かどうかに関わりなく、自ら停職して家で罪を待たなければならない。つまり、裁きを待つ、といった慣例があった。これについては、次のように解釈したい。

まず、この現象は、皇権が台諫を効果的に支配したことを決して意味しない。史実からすれば、皇権の台諫への支配力はかなり有限である。治平年間、英宗は三司使蔡襄が己の皇位継承に反対したと聞いたので、台諫に蔡襄の罪を言わせ、公議で蔡襄を罷免しようとした。が、諫官傅堯兪が断乎拒絶し、「若し公議に付さば、臣、其の罪を見ず。臣の身に諫官と為り、臣をして上旨を受けて事を言わば、臣能わず[55]」と言った。著名な理学家程頤が御史となった時、類似の対応をしている。神宗が御史就任の理由を聞いた時、程頤は「臣をして拾遺闕補遺し、朝廷を補賛せば、則ち可なり。臣をして臣下の長短を輟拾して以て直名を沽えば則ち能わず[56]」と答えた。

台諫の宰相糾弾が、皇帝の指図によるのではないとすれば、かれの独自の意志によるのだろうか、そうとも言い難い。宋代政治を考察してみると、台諫の活動は皇権の強さ或いは弱さとあまり関係がなく、各政治集団或いは各種の政治勢力の間の闘争と密接な関連を持っていたことが分かる。『通鑑紀事本末』の編纂者袁枢は孝宗に「威権下に在らば、則ち主の勢弱し。故に大臣、台諫を逐い、以て人主の聡明を蔽う。威権上に在らば、則ち主の勢強し。故に大臣、台諫と結び、以て天下の公議を遏む[57]」と語った。要するに、皇帝は政治闘争の枠外に置かれ、かつ利用されているる工具にすぎなかったが、台諫の方も宰相等に利用される一工具にすぎなかったのである。

前に述べたように、中国史上の政治闘争は複雑である。与党と野党との政治集団間の闘争の外に、たとえ同じ執政集団の内部でも、権力或いは利益の分配が均等でない場合、或いは政見の分岐が出現した場合、矛盾と紛糾が発生した。その矛盾と紛糾が白熱化した時に、対立する両者が水と油のように相容れないまま、分裂して異なる政治集団を結成した。そのさい、勢力が弱い方は勢力が強い方に朝廷から追い出されて下野を迫られたが、下野した方は策略を弄し、各種の勢力を糾合して再度進攻する。そうなると再び権力の座につく可能性が生じる。このような政治闘争の中で、台諫は攻撃力を備えているので、当然、糾合のための主たる標的になった。台諫は執政集団の工具にも、また在野の政治勢力の工具にもなれる。前者の場合、台諫は執政集団の一員、即ち宰相等の鷹犬となり、後者の場合、台諫は執政集団の対立者の鷹犬となって、執政集団を攻撃する。その攻撃が勝利に終わると、台諫は権力の再分配の中で、新たな執政集団の主要人物になったり、その鷹犬になったりする。要するに、在朝と在野とを問わず、台諌＝鷹犬という役割は変わらないのである。ちなみに、南宋の権臣史弥遠は執政時期に、「憸壬を任じて以て台諌に居らしめ、一時に君子、貶斥せられて殆ど尽く[58]」状態であったといわれた。

私は宋人の言い方に基づき、台諌を特定の政治集団の鷹犬と措定した。宋代史学界ではこのような明確な言い方は殆どないが、近年以来、類似の見方はあった。ある論文中に「台諌は宋代社会の世論の中心であり、改革の成功と失敗に対して、極めて重要な関わりをもった。改革派が台諌の任用権を持つか或いは台諌に就任していれば、台諌は改革を推進するが、反改革派がその立場におれば、台諌は改革を阻害し、甚だしい場合、改革を破壊する[59]」とある。やはり台諌の工具性を強調している。「鷹犬」という蔑視用語こそ使っていないだけである。言路官が特定の政治集団の鷹犬となるのは、宋代だけでなく、中国史上における普遍的な現象であった。『明史』巻二〇九「楊継盛伝」に「陛下の喉舌、乃ち賊の（厳）嵩の鷹犬なり[60]」と指摘している。また有名な官僚である海瑞は御史斉康が大臣高拱の鷹犬であると非難した[61]。もう一人の有名人である劇作家湯顕祖も給事中胡寧が「権門鷹犬[62]」だと指摘した。

台諌が特定の政治集団の工具や鷹犬となった以上、政治的攻撃はもちろん、「執政の不法を糾弾する」作用も実質的に喪失してしまった。だが、本来の二つの作用のうち、残りの皇権を制限する作用はなお果たしていた。「君に佚豫にして徳を失い、悖乱にして道亡く、荒政にして諫めず、忠を廃し賢を慢る有らば、御史府以て之れを諫責するを得[63]」とある。だからこそ、欧陽脩をして「人主を諫めるは則ち易く、大臣を言うは則ち難し」とか「未だ人主を規諫して罪を得し者有るを聞かず」と言わしめたのである[64]。

台諌が特定の政治集団の鷹犬になるという現象は偶然のできごとではない。これこそ、皇帝が行政的首長の表舞台から退き、皇権が次第に象徴化に向かっていく過程の中で、必然的に起こったことなのである。具体的な行政事務の中で、皇帝が主要な作用を果たさなくなったので、職務自身が強い政治的色彩を帯びている言路官は、必然的に依存するところを探さなければならず、特定の政治集団の工具になったのである。同時に、工具として、かれらは各種の政治勢力の争奪対象となった。

特定の政治集団の工具になった台諫にとって、皇帝を諫める方式としては、二つの道があった。一つは、言路官の正常な作用であるが、一王朝の大局的観点よりつとめて皇帝を正常な君道にのせようとする。他方、具体的な政治集団にとっては、かれらが諫めることは皇権の影響力を利用し、政治闘争の中で当該集団の角逐の権を重くし、皇権を当該集団の利益に奉仕させることになる。

宰相が台諫を恐れるのは、ただ表面的現象に過ぎない。「四方の多士、惟だ、宰相の門に奔趨するのを知るのみにして、君父の尊を知らず[65]」という政治の状態の下で、宰相がほんとうに台諫を恐れることはないのである。宰相が台諫を恐れるようにみえるのは、複雑な政治闘争の中で、宰相が台諫と対立状態に身を置き、敵対勢力に攻撃の口実を与えるのを避けるためにすぎない。事実は正反対で、もし台諫が特定の執政の政治集団に依拠せずに、自身の独立性を保持したいと思えば、その運命は概して悲惨なものとなった。欧陽脩は嘗つて「(范)仲淹饒州に貶せらて自り後、今に至るまで凡そ二十余年間、台諫を逐う者多し[66]」と言った。王安石は権力を握った時に、改革に反対した台諫をすべて罷免した。「二年間、諫官御史にて安石を以て去る者凡そ二十人[67]」と。罷免よりも更に残酷なケースがあった。「諫官孫覚、嘗つて辺事を論じて(章)惇の意と合わず。惇、人に肆言して曰く、議者、斬る可し、と。中外之れを聞いて、駭諤せざる無し[68]」とある。他に、宰相が台諫を罷免した記載を挙げれば、「劉沆、(趙)抃・(范)師道嘗つて其の短を攻むるを以て、陰に上書して之れを出さしむ。抃・師道既に出づ。御史中丞張昇言う、天子耳目の官、進用退捨は必ず陛下に由る。奈何ぞ、宰相の怒を以て之れを斥けん[69]」とあった。この仁宗朝の宰相劉沆は台諫に攻撃された後、奏疏に「三省の他無しと雖も、群犬の已甚だしきを奈《いかん》せん」[70]とひどくののしった。また、「丞相鄭清之、台官潘凱・呉燧の論ずる所と為る。清之、之れを改選す」という記事もある。[71]

宋代の政治的実状を総括すれば、宋末の監察御史呉昌裔が言ったとおり、「数十年来、台諫の人主を言うは易く、大臣を言うは難し。攻むること上の身に及ぶ者は、猶お能く眊度にして容有り。議すること宰相に及ぶ者は、往々罪、不測に在り」[72]ということになる。しかしながら、一般的に、宰相と皇帝とがつねに対立的状態にあったわけではないように、台諫は宰相が利用し依頼する主たる対象であった。

小結

以上、主に君臣関係と台諫の役割について論じたものである。私の旧論が、君臣の対立を強調するという誤解を招いてきたため、本章は特に君臣間の相互制約を論ずるとともに、両者の相互協力をも強調しようとした。しかし、これは私の見方が変わったわけでは決してない。私の考えでは、君と臣は同じシステムの中で違った役柄として機能し、根本的な対立関係ではなかった。概括的に言えば、君臣間の相互協力がなければ、皇権の行使や権臣の独裁がすべて果たせなかったと思われる。一方、皇帝と宰執との間では、台諫の存在が注目される。近年以来、台諫を皇権や相権とは別の独立の「第三の勢力」と見る説が出てきた。[73]しかし、ほんとうにそうした役割を果たせたかどうかはかなりの疑問が残る。少なくとも、宋代の政治的実状を踏まえると、台諫は多くの場合は政権を担当する政治集団の随従者あるいは反対者なのである。私が宋人の言葉を借りて台諫を「鷹犬」と表現したゆえんである。台諫を「鷹犬」と表現したのは、台諫の働きの一面、つまり主要な面を指すだけである。これは士大夫内部の派閥闘争のレベルで言うことである。その場合、台諫だけでなく、皇帝も将棋の駒となった。ところが、派閥闘争の視点を超えれば、結局台諫も士大夫であるので、全士大夫層と皇帝との利益的関係を量る場合には、やはり士大夫層の利益を守るという立場をとるはずであった。「鷹犬」という表現は宰相或いは政治勢力への私的従属関係を強調し過ぎたという欠点がある。実際には、皇権を含む士大夫政治の全体から見れば、台諫は「鷹犬」でもあり、「天子の耳目」でもあり、それはすべて副次的な問題だといえる。かれらは皇権を支持するか制約するか、宰相を擁護するか攻撃するか、そのどちらにしても、積極的目的としては、いずれも一王朝の士大夫政治を守るのである。いわゆる「第三の勢力」とは、近代以来欧米政治制度の中の三権分立を機械的に当てはめたにすぎない。それは中国古来の政治の実状と合わないと思われる。次章より、皇帝の権力構造と皇権の運営につき、具体論を導入して引き続きもっと広い視野に立って再検討したいと思う。

注

（1）『論語』「八佾」に「定公問君使臣、臣事君、如之何。孔子対曰、君使臣以礼、臣事君以忠」とある。
（2）『孟子』「離婁下」に「君之視臣如手足、則臣視君如腹心。君之視臣如犬馬、則臣視君如国人。君之視臣如土芥、則臣視君如寇讎」とある。
（3）Arthur Waldron : *The Great Wall of China : from history to myth.* Cambridge University Press, 1992. p15
（4）『後漢書』巻一一「劉盆子伝」を参照。
（5）『三国志』巻三二「先主伝」を参照。
（6）『五代史』巻五「唐本紀」五を参照。
（7）清人曹雪芹の小説『紅楼夢』第一回の言葉に「乱哄哄你方唱罷我登場」とある。
（8）『漢書』巻七二、『鮑宣伝』に「天下乃皇天之天下也、陛下上為皇天子、下為黎庶父母、為天牧養元元。……夫官爵非陛下之官爵、乃天下之官爵也。……治天下者、当用天下之心為心、不得自専快意而已也」とある。

（9）尾形勇・岸本美緒編『中国史』第二章「皇帝支配の成立」七七頁（山川出版社、一九九八年）を参照。

（10）『宋史』巻四八、「天文志序」に「夫不言而信、天之道也。天於人君有告戒之道焉、示之以象而已。……『易』曰、天垂象、見吉凶、聖人則之」とある。

（11）『長編』巻九〇、天禧元年九月癸卯の条に「及幸汾・亳、土木之役過往時百倍。今旱蝗之災、殆天意所以警陛下也。」「卿之言然、一二臣誤朕如此」とある。なお、同じ記事は『宋宰輔編年録』巻三にも見える。

（12）『中興両朝聖政』巻三九、乾道二年十月乙亥の条に「上因言、朕、近覧『神宗紀』、見是時災異甚多、何故。魏杞等奏、天出災異譴告人君、正如父母訓飭人子者。不必問自己有過無過、但常恐懼修省而已。上曰、卿之言甚善。若不恐懼修省、自取滅亡之道也」とある。

（13）『宋宰輔編年録』巻七に「（富）弼再入相、既至、有於上前言災異皆天数非人事得失所致者。弼聞之嘆曰、人君所畏惟天、若不畏天、何事不可為者。去乱亡無幾矣。此必奸臣欲進邪説、故先導上以無所畏、使輔弼諫諍之臣無所復施其力。此治乱之機也、吾不可以不速諫」とある。

（14）天災などの自然界のさまざまな現象を借りて政治的解釈を加える中国古代の論理について、小島毅氏は「天譴論」と呼ぶ。『宋学の形成と展開』（創文社、一九九九年）を参照。ただ、小島氏の天譴論は皇権を制約するという視点であまり論じていなかった。むしろ、政敵への対抗上使われることが多いだろう。

（15）『荘子』「天道」に「帝王之徳、以天地為宗、以道徳為主、以無為為常」とある。

（16）『中興両朝聖政』巻四七、乾道四年三月戊午の条に「明州州学教授鄭耕道進対奏、太祖皇帝嘗問趙普曰、天下何物最大。曰、道理最大。太祖皇帝屢称善。夫知道理最大、則必不以私意而失公中。上曰、固不当任私意。臣留正等曰、天下惟道理最大、故有以万乗之尊而屈於匹夫之一言、以四海之富而不得以私於其親与故者」とある。

（17）『周易』「革」に「湯武革命、順乎天而応乎人」とある。

（18）『宋史』巻八、「真宗紀」に「真宗英晤之主。其初践位、相臣李沆慮其聡明必多作為、数奏災異以杜其心。蓋有所見也」とある。

(19)『長編』巻二九、端拱元年三月乙亥の条に「(趙)普因勧上曰、(陳)利用罪大責軽、未塞天下望、存之何益。上曰、豈有万乗之主不能庇一人乎。普曰、此巨蠹犯死罪十数。陛下不誅則乱天下法。法可惜、此一豎子何足惜哉。上不得已、命賜死於商州」とある。

(20)『中興両朝聖政』巻四六、乾道三年二月乙未の条に「進呈、環衛官元有指揮、不許差戚里。前日、得旨差潘才卿、有礙元降指揮。上曰、卿等如此理会甚好、可別理会。臣留正等曰、天子不能無私恩、而公法之守、則一付之臣下、而吾無容心焉。而後天下之名器始不能軽以畀人矣。環衛之職、将以為将帥之儲也、是以寿皇有不除戚畹之旨、而才卿乃復得之、豈一時之私恩有不能遽絶耶。大臣以為有礙前旨、可謂善守天下之公法者也。寿皇嘉嘆其請、遽命改除、自非不以公循私、不以恩廃法」とある。

(21)『中興両朝聖政』巻四六、乾道二年八月丁丑の条に「法令者、人主所以維持国家也、不可以自壊之」とある。

(22)『長編』巻五、乾徳二年正月庚寅の条に「上既除(趙)普及(李)崇矩、乃無宰相署勅。上時在資政殿、普因入奏其事。上曰、卿但進勅、朕為卿署字可乎。普曰：此有司所行、非帝王事也」とある。

(23)『長編』巻一七一、皇祐三年九月乙卯の条に「武寧軍節度使兼侍中夏竦卒、贈太師、中書令、賜諡『文献』。知制誥王洙当草制、封還其目曰、臣下不当与僖祖同諡。遂改曰『文正』。同知礼院司馬光言、諡之美者、極於文正。竦何人、乃得此諡。判考功劉敞言、諡者、有司之事也。竦奸邪、而陛下諡之以正、不応法、且侵臣官」とある。

(24)『宋史』巻四二六、「韓晋卿伝」に「嘗被詔按治寧州獄、循故事当入対。晋卿曰、奉使有指、三尺法具在、豈応刺候主意、軽重其心乎」とある。

(25)『元城語録解』巻上に「(王安石)得君之初、与主上若朋友。一言不合己志、必面折之、反復詰難、使人主伏弱乃已」とある。

(26)『古今合璧事類備要』「後集」巻二五五、「御史中丞」が引く『仁宗実録』に「張昇為中丞、仁宗以昇指切時事無所避、曰、卿孤特、乃能如是。昇曰、臣朴孝愚忠、仰託叡聖、是為不孤。今陛下之臣、持禄養交者多、而赤心報国者少。似陛下孤立也。仁宗亦為之感動」とある。

(27)欧陽脩の『朋党論』は慶暦二年知諫院のときに作った。『欧陽文忠公集』巻一七に載る。

（28）『長編紀事本末』巻五七、「宰相不押班」に「（韓）琦執政一年、上視両府大臣、中外要職、莫非親旧、根盤節錯。異己者必逐、附己者必昇」とある。
（29）『宋史』巻一七一、「蔡京伝」に「国制、凡詔令皆中書門下議、而後命学士為之」とある。
（30）『群書考索』「別集」巻一八、「人臣門」に「君雖以制命為職、然必謀之大臣、参之給舎。使之僉議、以求公議之所在。然後揚於王廷、明出命令而施行之」とある。
（31）『庶斎老学叢談』巻二が引いた『宋官制』に「凡事必与大臣僉議、方為詔勅」とある。
（32）『宋宰輔編年録』巻一二、紹聖元年三月乙亥の条に「八月、詔応呂大防等永不得引用期数及赦恩叙復」、「（呂大防）以光禄卿分司南京、安州居住」、「上之念大防深矣。議者由是知痛貶元祐党人、皆非上本意也」とある。
（33）『宋史』巻一七二、「蔡京伝」に「熙寧間、有内降手詔、不由中書門下共議、蓋大臣有陰従中而為之者。至（蔡）京、則又患言者議己、故作御筆密進、而丐乞徽宗親書以降、謂之御筆手詔、違者以違制坐之。事無巨細、皆託而行、至有不類帝札者、下皆莫敢言」とある。
（34）『宋宰輔編年録』巻一二、大観元年三月丁酉の条に「蔡京既復相、京向所立法度已嘗罷者、皆復用。趙挺之・劉逵相継得罪。士論紛然。（葉）夢得召対曰、陛下前日所建立者、出於陛下乎、出於大臣乎、及其罷之、又従而復之、亦出於陛下乎、出於大臣乎。……今徒見一大臣進以為可作、則法度従而立。一大臣退以為不可作、則法度従而廃。無乃陛下有未了然於中、而不出於己者乎」とある。
（35）『朱子語類』巻一二七、「本朝」に「徽宗因見星変、即令衛士仆党碑。云、莫待明日、引得蔡京又来炒。明日、蔡以為言。又下詔云、今雖仆碑、而党籍却仍旧」とある。
（36）『長編紀事本末』巻五七、「宰相不押班」に「夜取勅誥於上閤、蔵在私家。朝請宣詔於御前、押帰政府。転主心易於拳石、奪君命軽若鴻毛」とある。
（37）『長編』巻六二、景徳三年二月丁酉の条に、「（寇準）在中書、喜用寒畯。毎御史闕、輒取敢言之士用之」とある。
（38）『東軒筆録』巻一三の記事を参照。
（39）『宋宰輔編年録』巻一〇、紹聖元年四月壬戌の条に「先是、呂大防欲用侍御史楊畏為諫議大夫、要（范）純仁同書名進擬。

純仁曰、上新聴政諫官当求正人。畏傾邪、不可用」とある。

(40)『長編』巻三六〇、元豊八年十月丁卯の条に「初、中旨除朝議大夫直龍図閣知慶州范純仁為左諫議大夫、朝請郎知虔州唐淑問為左司諫、朝奉郎朱光庭為左正言、校書郎蘇轍為右司諫、正字范祖禹為右正言。令三省枢密院同進呈。太皇太后問、此五人如何。執政対協外望。章惇曰、故事、諫官皆令両制以上奏擧、然後執政進擬。今除目従中出、臣不知陛下従何知之、得非左右所為、此門不可浸開」とある。

(41)『長編紀事本末』巻六一、「呂恵卿奸邪」に「(呂)恵卿訴(王)安石之章曰、(鄧)綰等入奏中書、出勅如出一口。又曰、夕出於権勢之口、朝書於言者之奏」とある。なお、同じ記事は『宋宰輔編年録』巻八熙寧九年十月丙午の条にも見える。

(42)『朱子語類』巻一〇七、「内任」に「奏曰、陛下以曾任知県人為六院察官、闕則取以充之。雖曰親擢、然其途轍一定、宰相得以先布私恩於合入之人。及当言責、往々懐其私恩、豈肯言其過失。上曰、然」とある。

(43)『宋史』巻三一一、「龐籍伝」に「言事官多観望宰相意、独龐醇之、天子御史也」とある。

(44)『宋会要輯稿』「職官」三～五八に「凡台諫初除、人已逆揣其必論某人、既而果然」とある。

(45)『宋史』巻三二七「唐坰伝」に「台官張商英乃安石鷹犬。逆意者雖賢為不肖、附己者雖不肖為賢」とある。

(46)『宋史』巻三五六、「宋喬年伝」に「時、喬年尹京、父子依憑蔡氏(京)、陵轢士大夫、陰交諫官蔡居厚、使為鷹犬」とある。

(47)『宋史』巻四〇五、「劉黻伝」に「太学生劉黻率諸生上書言、…高宗紹興二十年之詔有謂、台諫風憲之地、年来用人非拠、与大臣為友党、済其喜怒、甚非耳目之寄。臣窃観近事、不独台諫為大臣友党、内簡相伝、風旨相諭、且甘為鷹犬而聴其指嗾焉。宰相所不楽者、外若示以優容、而陰実頤指台諫以去之。台諫所弾撃者、外若不相為謀、而陰実奉承宰相以行之」とある。

(48)『宋史』巻三七二「尹穡伝」に「穡専附大臣為鷹犬。如張浚忠誠為国。天下共知。穡不顧公議、妄肆詆誹。凡大臣不悦者皆逐之。相与表裏、以成姦謀」とある。

(49)『宋史』巻四七四、「丁大全伝」に「台臣翁応弼・呉衍為大全鷹犬、鈐制学校、貶逐(陳)宗等」とある。

(50)『癸辛雑識』前集「簡槧」に「丞相史弥遠当国、台諫皆其私人。毎有所劾薦、必先呈副、封以越簿紙、書用簡版繳達。合則緘還、否則別以紙、言某人有雅故、朝廷正頼其用。於是旋易之以応課。習以為常。端平之初、猶循故態」とある。

(51)『困学紀聞』巻一五に「台諫之議論、廟堂之風旨、頗或参同。夾袋之欲汰、白簡之所収、率多暗合」とある。

(52)『古今合璧事類備要』後集巻二五、「台官門」に「今之御史、多承望要人風旨、陰為之用」とある。
(53)『東坡先生全集』巻二五、「上神宗皇帝書」に「不問尊卑、言及乘輿、則天子改容。事関廊廟、則宰相待罪」とある。
(54)『徂徠先生文集』巻一三、「上孔中丞書」に「中書・枢密亦不敢与御史府抗威争礼、而反畏悚而尊事之」とある。
(55)『古今合璧事類備要』後集巻二五、「諫官門」に「傅堯俞為司諫、嘗論諫、上不従、曰、卿何不言蔡襄。公対曰、若襄有罪、陛下何不自朝廷議正典刑、安用臣等言。上曰、欲使台諫言其罪、以公議出。公曰、若付公議、臣不見其罪。臣身為諫官、使臣受旨言事、臣不能」とある。
(56)『古今合璧事類備要』後集巻二五、「台官門」に「明道先生為御史時、為裏行。神宗召対、問所以為御史。対曰、使臣拾遺補闕、補賛朝廷則可、使臣輟拾臣下短長以沽直名則不能」とある。
(57)『困学紀聞』巻一五に「威権在下、則主勢弱、故大臣逐台諫以蔽人主之聡明。威権在上、則主勢強、故大臣結台諫以遏天下之公議」とある。
(58)『続宋宰輔編年録』巻五に「任憸壬以居台諫、一時君子貶斥殆尽」とある。
(59)賈玉英「台諫与宋代改革」(『中州学刊』三、一九九一年)を参照。
(60)『明史』巻二〇九、「楊継盛伝」に「陛下喉舌乃賊(厳)嵩之鷹犬也」とある。
(61)『明史』巻二二六「海瑞伝」を参照。
(62)『明史』巻二三〇「湯顕祖伝」を参照。
(63)『徂徠先生文集』巻一三、「上孔中丞書」に「君有佚豫失徳、悖乱亡道、荒政弗諫、廃忠慢賢、御史府得以諫責之」とある。
(64)『宋史全文』巻七に「未聞有規諫人主得罪者。故謂方今諫人主則易、言大臣則難」とある。
(65)『宋宰輔編年録』巻一二、大観三年六月丁丑の条に「四方多士、惟知奔趣宰相之門、而不知君父之尊」とある。これは『宋史全文』巻一四にも見える。
(66)『宋史全文』巻七に「自(范)仲淹貶饒州後、至今凡二十余年間、逐台諫者多矣」とある。
(67)『宋宰輔編年録』巻八、熙寧九年十二月丙午の条に「二年間、諫官御史以(王)安石去者凡二十人」とある。
(68)『宋宰輔編年録』巻九、元祐元年閏二月辛亥の条に「左司諫王巌叟言、臣聞諫官孫覚嘗論辺事不合(章)惇意、而惇肆言於

人曰、議者可斬。中外聞之、無不駭愕」とある。

(69)『宋宰輔編年録』巻五、嘉祐元年十二月壬子の条に「劉亢以（趙）抃、（范）師道嘗攻其短、陰上書出之。抃、師道既出、御史中丞張昇言、天子耳目之官、進用退捨、必由陛下、奈何以宰相怒斥之」とある。

(70)『東原録』に「宰相劉沆為台官言後、令裴煜代作章奏言、雖三省之無他、奈群犬之已甚。台官呉中復上言、劉相以犬斥言事之官」とある。

(71)『続宋宰輔編年録』巻一七、宝祐三年六月丙子の条に「丞相鄭清之為台官潘凱・呉燧所論。清之改選之」とある。

(72)『続宋宰輔編年録』巻一二、端平三年九月乙亥の条に「監察御史呉昌裔論宰相不当指台臣為朋比、上奏曰、…窃謂数十年来、台諫言人主者易、言大臣者難。攻及上身者、猶能昿度有容、議及宰相者、往々罪在不測。所以朝廷闕政、不敢尽言」とある。

(73)虞雲国「宋代台諫系統的破壊与君権相権之関係」（『学術月刊』一一、一九九五年）

第三章　「聖相」李沆
——君臣関係のケース・スタディー（一）——

小　引

李沆について専門的に研究した論著は、管見の限りでは見たことがない。大勢の宋代の士大夫のなかで、たぶん李沆はあまり人目を引かなかったからであろう。かれは宋初の太宗と真宗の二朝で官に仕え、参知政事から宰相にまでなった。高い地位につき、政策を決定し、政事を主宰したが、その任期中に驚天動地の大事件の発生もなければ、多くの生彩に富む業績もなかった。したがって、当時「聖相」(1)とよばれた李沆は、後世に至り、かえって人々に忘れ去られた「大人物」となったわけである。ただ、私の注意を喚起したのは、まず李沆が対処した時代である。政治家として、李沆は主に太宗末年と真宗初年に活躍したのである。その時代は、宋王朝の草創期がすでに終わり、さまざまな制度が整備され、第一世代の創業の君臣も次第に姿を消した。一方、平和な環境で成長した士大夫群は、科挙規模の拡大とともに急速に勃興してきた。かれらは以前と全く違う理念及び行動様式で朝廷の政治運営を主導して、斬新な官僚政治、つまり士大夫政治を展開していた。李沆はかれらの中の傑出した一人であった。君主の角度から見れば、「準開国皇帝」(2)といえる太宗の死去、そして初めて正常に皇位を継承した真宗の登場とともに、宋代の歴史は新しい一ページを開いた。伝統的な権力構造では、君臣関係は往々にして政治の発展方向を決定する。新皇帝の即位によって、君臣関係がどのように固定するかは、皇権が如何に定着するかを決定づける。社会的環境が人間を形作る。士大夫が主導的な地位を占める社会的環境も、それなりの君主像を作っていたのである。

初代の正常に皇位を継承した真宗に対する皇帝像を作成する作業は、それから長い宋代史における皇権の定型に対して、極めて重要な影響を与えた。李沆は太宗から指名された太子の師と真宗自身が抜擢した宰相としての立場で、真宗の即位前後に、真宗に与えた影響は非常に大きかった。それゆえ、李沆の業績を考察する場合、宋代の中央政治とりわけ皇権の変遷の軌跡を研究することは、たぶん意義があると思う。

第一節　真宗とその時代

至道三年（九九七）三月、病に伏すこと一カ月余りにして、太宗が崩じた。[3] 皇太子は遺詔を奉じ、柩の前に於いて即位した。これが真宗である。その年、真宗はちょうど三十歳、[4] いわゆる而立の年である。宋の史上において、真宗は初めて皇位を正常に継承した皇帝であった。この意味で、真宗の即位は新時代の幕を切って落としたことになる。しかし、即位することは真宗にとって、国家の支配権を与えられて得意満面としてはいられない、むしろ重すぎる責任の継承であったといえよう。

まず、皇位継承の問題である。「燭影斧声」の夜に太宗が皇位を継承するという、正常な形式に乱れが生じたところから、皇位の継承にはかり知れない不安定な要素がもたらされた。皇叔皇弟であれ、皇子皇孫であれ、だれもが皇帝の候補者となる、或いはならない可能性がでてきた。皇帝たちは皇帝の椅子を何よりも重んじたから、不用意に後継者を指名しないのであった。往々にして在位の後期に病が重篤になると、大臣たちに説得されたうえで、やっと皇太子の指名を行う。そして指名される皇太子は必ずしも長男ではない。これがまた一つの不安定な要素である。皇太子に指名されること、ひいては皇帝に即位することは、在位している皇帝一人で決定することはできない。これは重臣と相談しなければならず、賛同と支持を得てこそはじめて決まるのである。したがって、その裏には往々にして朝廷内の派閥闘争が見られるのである。

真宗が即位した背景を少し見てみよう。かれは三男として、太宗の崩御一年前に皇太子に指名された。それに先立つ官僚たちの皇太子を決める勧告は、太宗を大いに怒らせた。『宋史』巻二八一「寇準傳」に「時に太宗、在位久しく、馮拯等疏を上り、儲貳を立てんことを乞う。帝怒り、之れを嶺南に斥く。中外に敢えて言う者無し[5]」と述べられている。私がこれまで太宗を「準開国皇帝」と呼んでいるのは、太宗が陳橋の軍事クーデターに参与したのみならず、かれは「燭影斧声」事件の後に強引に即位したからである[6]。このように強権的と見なされる君主も、後継者を指定することについては、大臣と相談しなければならない。かれは生前に後継者を指定する他人の提言を拒否できるが、死後のことまですべては管轄できない。大臣たちと事を共にする新しい君主が大臣たちの協力を得なければならない、ということを太宗は理解していた。同じ「寇準傳」に

準、初め青州より召還し、入見す。帝の足創甚だしく、自ら衣を褰げ、以て準に示し、且つ曰く、卿の来る何ぞ緩きや、と。準対えて曰く、臣、召さるるに非れば京師に至るを得ず、と。帝曰く、朕の諸子、孰《だれ》か以て神器を付す可き者ぞ、と。準曰く、陛下、天下の為に、君を択べ。謀は婦人・中官に及ぶ可からず、謀、近臣に及ぶは、不可なり。唯だ陛下、天下の望みに副う所以の者を択べ、と。帝、首を俛れ之れを久しくして、左右を屏けて曰く、襄王可なるか、と。準曰く、子を知るは父に若く莫し。聖慮、既に以て可と為せば、即ち決定せんこと

を願う、と。帝、遂に以て襄王を開封尹と為し、改めて寿王に封ず。是に於いて立てて皇太子と為す。(7)

とある。寇準が太宗に答えた話の表現は婉曲であったが、太宗自身それを聞いて分かっただけではなく、局外者がその記事を見ても寇準の意図は分かる。つまり、事実上寇準は太宗の提案に賛成したのである。かれは太宗に諸皇子のなかから真宗を選択するという決定をさせた。そして、『五朝名臣言行録』前集巻四の記事では、宋の真宗が皇太子に立てられたのは、寇準の指名によると記載されている。いずれにしてもこれが真宗が皇太子に立てられた裏の事情であった。

しかしながら、非正常な方式で皇位についた太宗は、度量が狭く、かつ疑い深かった。かれは病気でやむをえず真宗を皇太子に立てたが、どうしても心から受け容れることはできないようであった。前に引用する「寇準傳」は続けて、

（皇太子は）廟見し還るに、京師の人、道を擁み喜躍して、少年天子なり、と曰う。帝、之れを聞きて懌ばず。準を召し、謂いて曰く、人心遽かに太子に属す、我を何の地に置かんと欲するや、と。(8)

と述べている。太宗が時折こうしたことを不快に思うことがあったとしても、それも人情の常だといえる。しかし、太宗は皇位に対して、このとき初めてこうした態度をとったのではなかった。かれが皇位について三年目に、太祖の実際の長男である燕王徳昭は太宗と一緒に幽州に出征して、「軍中嘗て夜に驚く。上の所在を知らず、徳昭を謀立せんとする者有り、上、聞きて悦ばず」という『宋史』巻二四四「燕王徳昭伝」の記事がある。後に、徳昭が太宗に軍賞を行おうと提案したとき、太宗は色をなして怒り、徳昭に「待ちて、汝自ら之れを為せば、賞未だ晩からざれ」と告げ、(9)巨大な精神的圧力を加えて徳昭を自殺に追い込んだ。徳昭は太祖の子として太宗の皇位を脅かす存在であったので、太宗のそのような態度も情理にかなっていないでもない。しかし、皇太子は自分の実の子として、自分で選定

したにもかかわらず、なおこうしたやきもちを焼いているのは、あまりにも行き過ぎといえるであろう。このような父皇帝の下の皇太子に、どれほどのプレッシャーがかかるのかは容易に想像できるであろう。

自分の皇太子としての地位を固めるために、真宗は小心翼々として、太宗に不快感を与えることを恐れていた。しかし、どうしても、度量の狭い太宗の疑念は避けられなかった。かれは判開封府をしていた期間に、旱魃のため、十七の県の租税を免除したが、人心を買収するとの非難を招き、太宗はそうした議論を聞いて、不快を示した。[10] 真宗は勤勉でよく仕事をして、「獄訟に留心し、裁決の軽重、愜《こころよ》しと称せざるなし。故に京獄屡々空たり」といわれるほどであった。そして、太宗も「屡々詔して嘉美す」とある。[11] 一方、真宗は大臣たちにも極めて恭しくしている。かれは皇太子となって一カ月を経たころ、大臣がかれに対して臣下を自称することを禁止すべく、太宗に請求を出した。かれのこうした目的は、一つは太宗に一国に二人の支配者がいるという不快感を軽減させ、もう一つは自分の将来のために、大臣たちを籠絡しようとすることにあったと考えられる。『宋史』巻六「真宗紀」に「故事に、殿盧の幄次は宰相の上に在り。宮僚の臣を称するも、皆な推譲して受けず。賓客の李至・李沆に見えれば、必ず先に拝し、迎送するに階を降りて門に及ぶ[12]」とある。しかし、その結果、真宗は順調に皇位へと登ったが、心の中に、知らずに気弱い性格の種がまかれた。ひいては即位後も、こうした性格的特徴は変えられなかったのである。

即位前後の真宗を小心翼々或いは戦々恐々とさせたもう一つの原因は、かれが実の兄弟からの潜在的な脅威に直面していたことである。「燭影斧声」という事件は、宋王朝の歴史家にはあいまいに記されるが、宮内の当事者たる太宗の息子たちは、だれよりも内幕を知っていたと思われる。真宗が即位したとき、かれの上に兄である太宗の長男・楚王元佐がいた。慣行としても、大義名分としても、長男が皇位を受け継ぐことはいうまでもない。しかし、元佐は太宗が皇位を奪い取った後に、叔父の秦王廷美を迫害することに反対したため、太宗に廃されて庶人と為ったのであ

る。(13)

太宗が崩じたさいには、「燭影斧声」のような鬼気迫るものはなかったが、ここでも少しは手に汗を握る場面があった。『宋史』巻二八一「呂端伝」に、

太宗不豫。真宗、皇太子と為る。端、日に太子に起居を問う。疾の大漸に及び、内侍王継恩、太子の英明を忌み、陰かに参知政事李昌齢・殿前都指揮使李継勲・知制誥胡旦とともに故楚王元佐を立てんことを謀る。太宗崩ず。李皇后、継恩に命じて端を召さしむ。端、変有るを知り、継恩を閣内に鎖ざし、人をして之れを守らしめて入る。皇后曰く、宮車已に晏駕す。嗣を立つるに長を以てするは、順なり。今将に如何せん、と。端曰く、先帝、太子を立つ、正に今日の為めなり。今始めて天下を棄つ。豈に遽かに命に違いて異議有る可けんや、と。乃ち太子を奉じて福寧庭中に至る。真宗既に立ち、垂簾して群臣を引見す。端、殿下に平立して拝さず。簾を巻くを請い、殿を昇り審視す。然る後、階を降り、群臣を率い、万歳を拝呼す。継勲を以て使相と為し陳州に赴かしめ、昌齢を忠武軍司馬に貶し、継恩を右監門衛将軍たらしめ均州に安置し、旦は除名し、潯州に流し、其の家貲を籍す。(14)

と記されている。この記事によると、呂端は機敏できっぱりと宮廷の兵権を握る宦官王継恩を留置し、また依然として長男元佐を立てることを主張する李皇后の提案を断った。仮に想像してみよう。呂端が両者を退けなかったら、真宗の即位は水の泡になったかもしれない。また、呂端は広く世事を経験した古参大臣として、皇帝の即位する際の変化が、激しくはかり知ることのできないことを熟知していたからこそ、即位した皇帝が簾を垂らして群臣を接見するのに対して、大変敏感に、立ったまま拝さず、殿を登って確かめた上で、群臣を率いて礼拝し、新皇帝の即位を承認した。ここではもう一つ仮に想像してみよう。殿の簾の裏にいて即位した人が宦官或いは李皇后により替えられてい

たならば、呂端は愚かにも群臣を率いて礼拝して、取り返しのつかない既成事実となってしまったかもしれない。この記事は、太宗がかつて呂端を評価した「大事に糊塗せず」[15]という有名な言葉を想起させる。だからこそ、こうした緊迫した場面を経歴した後の真宗が呂端らの大臣と会うたびに、平身低頭する理由がわかるはずである。それは感謝と尊敬の両方を含んでいたと考えられる。しかもこういう宮廷クーデター未遂はきっと真宗にかなり強い緊張感を与えたと思われる。

皇位を簒われる悲劇が自分に訪れることを避けるために、真宗は即位後の十日間以内に、五人の弟と一人の甥を王または公に封じて、籠絡を加えた。かつ軍隊への統制を強めて、侍衛馬歩軍都虞候傅潛・殿前都指揮使王超・侍衛馬軍都指揮使李継隆・侍衛歩軍都指揮使高瓊らにともに諸軍節度を掌させ、相互に牽制させた。そして、かれの即位前の師傅・李至と李沆を参知政事に任命したのである。これらの措置は宰相呂端の提案から出たと信じられている。真宗が皇太子であったころ、太子賓客の李至と李沆に極めて恭しかったので、参知政事となったかれらのいうことは自然に聞き入れる。二人の参知政事にそうしただけではなく、真宗はほかの宰相執政大臣にも、大変丁寧であった。

『宋宰輔編年録』巻三に

上、憂に居るの日、禁中に輔臣に対す。呂端等に見ゆる毎に、必ず粛然として拱揖し、名を以て呼ばず。端等再び拝して請うに、上曰く、公等が顧命元老なり、朕、安んぞ敢えて先帝と比べんや、と。[16]

万が一クーデターが起こったら、かれを保護してくれる人は、ふだんかれが小心翼々と尊重している大臣たちであると、真宗は気づいたのかもしれない。なぜなら、太宗が崩じたとき、真宗が無事に即位することができたのは、宰相呂端の機敏な協力と切り離せないからである。やがて、時が経ち、それに慣れるにつれて、これはあたりまえのことになっていった。真宗の気の弱い性格は、ますます厳しい客観的情勢及び巨大な心理的な圧力によって固められたのである。

考察すべきは、真宗のこのような性格が宋代の政治にどのような影響をもたらしたのかである。在位した二十六年間に、皇帝として、かれにも自分の喜怒哀楽があった。しかし、かれにはその喜怒哀楽を自由に表し、ぶちまけることはできなかった。多くの場合、かれは利害をてんびんにかけて、しかもその弱い性格に拘わって、人間の正常なもろもろの欲望を抑え付けてしまった。初めて正常に即位した皇帝、かつ幼い君主ではなかった真宗には、君主独裁の道を歩む可能性が十分にあった。しかも父の太宗の強権的行為はかれの心に大きな烙印を押した。しかしそれと同時に、唐太宗に倣って虚心に諫言を聞き入れる父の態度もかれには深い印象を与えた。要するに、宋代における皇帝の役柄は、真宗期になると、微妙なおかつ決定的な時期に入った。太祖・太宗のように行政的首長として、事の大小にかかわりなく、直接に取り組むのか、それとも象徴的な君主として、行政的首長の職務を宰相執政大臣たちに委ねるのか、或いは半分象徴的な君主、半分行政的首長となるのか。これらの一つ一つの道のいずれを進むのか、即位したばかりの真宗は自分の意志で決められなかった。なぜなら主観的な意図が実際上できるかどうかはなんとも言いにくいからである。たとえ自分の意志で決めても、その道を歩めば、やむを得ず通行止めの場合が多い。しかも途中でルートを変えることも珍しくない。世の中に、天子でも庶民でもどうしようもないことが常にある。真宗が強権の君主になりたくなかったわけではないと思うが、客観的な情勢及び実際の境遇がつねにかれのその道を阻んだ。この道で足止めされると、他の道に迂回して進まなければならない。真宗のやりたいことは、執政集団の利益と合致してこそ、実行できるのであった。真宗朝の歴史を見れば、君主として、真宗はしっかりした見解がない人間ではなく、気勢激しく人に迫る場合もあり、かれの手によって決められた政策もあった。しかし多くの場合には、創業の功労がなくかつ長男ではないこの新しい君主は、やはり宰臣の意見を聞き入れなければならないのであった。もちろん時には少し頭を使って、手管を弄して、自分のやりたいことを宰臣に同意させることもあった。真宗は太祖・太宗と異なる。太祖・太宗は武力で天下を取る時、将来に皇帝になるとは思わなかったかもしれない。かれらは君主としての道を、皇帝になってからやっとしだいしだいに覚えたのである。かれらには、時として法も神も眼中に置かない野性が見える。しかし、真宗は全く違った。かれは幼いときから宮廷で正規の教育を受けていた。かれが王旦たちに話したように、東宮の時代に、『尚書』の解説を七回聞いたという。『論語』と『孝経』の解説も四、五回聞いたのである。[17] そして、伝統的な経典のなかの君道は、真宗の頭のなかに一つの政治倫理的な規範を刻み込んだ。これはかれに父君の称賛に値する一面を継承させた。つまり、諫に従うこと流れの如しという態度である。正統的な君道教育及び自身の小心翼々とした性格は、君主としての真宗に自らを律する意識を強めさせたのである。多くの史書記事からみれば、真宗が政務を処理するときは、ほとんど「毎事問」（事毎に問う）にして、宰執大臣の意見によって政策を決定した。かれの提案が反対にあったときにも、ほとんど自説に固執しないのであった。そうしていくと、月日のたつうちに、数多くの新しい「祖宗法」が知らず知らず作られてしまったのである。「祖宗法」を重視する宋王朝において、真宗の言動は後世の君主に手本とされ、後世の大臣に称賛されている。真宗というモデルがいなければ、「百事会《かな》わざるも、祇《た》だ官家倣ることに会う」[18]というような評判を得た仁宗も出てこないといえよう。真宗にとって、皇位を保って、自身の正統的な地位を守ることは、実際の権力を握ることよりさらに重要であったと思われる。

後世の人々は真宗時期の天書降下・封禅などのことをあまり理解できなかった。『宋史』巻八「真宗紀」巻末の「賛曰」に

澶淵既に盟うに及び、封禅の事作り、祥瑞沓々臻り、天書屡々降る。導迎奠安、一国の君臣、病狂然たるが如し。吁、怪しむ可きなり。

とある。続いて、『宋史』の編纂者は

意うに、宋の諸臣、因りて契丹の習を知り、又た其の君に厭兵の意有るを見、遂に神道設教の言を進む。是れに仮りて以て敵人の聴聞を動かさんと欲するは、以て其の窺覦の志を潛消するに足るに庶幾からん。[19]

と推測する。しかし、『宋史』の編纂者の推測は半分だけ当たっていた。敵対国を圧迫するという外交的目的ももちろんその行動の一因であるが、一方、天書で真宗自身の正統的な地位を強調するという裏の要因もあるのではないであろうか。これは天書の内容を見てみれば、明らかになる。天書の冒頭に「趙受命、興於宋、付於恆、居其器、守於正、世七百、九九定」という二十一文字がある。これがほんとうに天意なら、北宋と南宋を合わせて三百余年くらいにすぎず、「世七百」と合わない。もちろん贋作である。だが、肝心な点は「付於恆」という三文字にある。これは天意が宋王朝の社稷をかれ真宗趙恆に与えたという表明にほかならない。この天書劇は宗教的法理から皇位の正統性を強調し、他人が皇位を奪う可能性を解消しようとしたものであったと思われる。

一般的に言えば、宰相執政大臣には、伝統社会の宗法関係によって皇位を覬う野望を抱く人がごく少なかったので、皇位の正統性についてかれらはあまり関心をもたなかった。かれらがもっとも関心を寄せたのは、政治運営における権力であった。もともとかれらは一人の下、万人の上という地位にある。頭の上にいる人が大人物でない場合には、かれらに縦横無尽に駆け回る機会が与えられた。真宗時代の君臣両方の行為が後世の君臣関係を一定の型にはめ、宋代の政治を宰輔専政[20]というレール上に推し進めていったといえる。宋代史上には、多くの権臣が出現し、激しい党争もあった。これらはいずれも真宗時代に糸口をたぐり得るのである。

第二節　「大用を蒙むる」

真宗の時代背景を鳥瞰してから、また李沆に戻ろう。

李沆は太平興国五年（九八〇）に進士甲科に及第し、将作監丞・潭州通判を授けられた。任内に郊祀の恩で右賛善大夫に昇進した。潭州通判の任期内に、転運使趙昌言は「其れ台輔の量有りと謂い、朝に表聞[21]」した。当時の潭州知州何承矩も「之れを厚待し、以て公輔の器有りと為[22]」した。皇帝と相い対した場合、官僚士大夫全体が一つの階層と見なされる。この階層内部は、また特定の利益・出身・政見によって、別個の集団ないし派閥に分けられる。同一集団の人々が互いに援助するのは日常茶飯事であった。李沆は官途についた後、幸運にも先輩官僚の推挽を受けた。これは、かれの昇進にとり、大きな役割を果たしたと思われる。

太平興国八年（九八三）、李沆は任期満了で都へ戻り、著作郎に昇進した。李沆の政績・才能・人脈を踏まえて、世論は早くもかれを賞揚し、名声が太宗の知るところとなった。楊億が書いた李沆墓誌銘にあるように「上聴に稔熟し、公議に喧塞す[23]」であった。それで「中謝の日、太宗、中貴人に命じ、丞相府の試文一通を送り、本官を以て直史館とし、五品服を賜う」と。『宋史』本伝はそのことにつき、つぎのように記す。「相府、約束辺将詔書を召試す。既に御に奏し、太宗、甚だ悦び、直史館に命ず[24]」と。いずれにしても、李沆はまずは文才で太宗に知られたのである。それから三年間を経た雍熙三年（九八六）、右拾遺王化基が上奏して自薦の挙に出た。イレギュラーな形で即位した皇帝にとって心配なのは、士大夫たちが協力しないことである。逆にだれかが官を欲しがれば、それはまさに皇帝の思うつぼであった。そこで、王化基の自薦に対し、太宗は大変喜び、宰相に向かって「化基、自ら人主と結ぶは、誠に賞すべし」と言った。このとき、太宗は自分に深い印象を植え付けた李沆と宋湜のことを想起した。「李沆・宋湜は皆な嘉士なり」と言い、中書に命じ三人を一緒に召試した。後に三人はいずれも右補闕・知制誥に任命された。知制誥や李沆自身後に就任した翰林学士は、宋代では侍従とよばれて、宰相・執政につぐ重要な存在であった。知制誥となったのは、中央政治の政策決定に参与する立場となったわけである。さて、上記の三人のなかで、太宗がもっとも評価したのはやはり李沆であった。李沆の官位は最も低く、同じ知制誥でも序列は最後であった。太宗は、格別にかれを一位にすえた。「各々銭百万を賜う」後に、「又た、沆の素より貧にして、人に息銭を負うを以て、別に三十万を賜い之れを償わしむ[25]」という優遇ぶりであった。

太宗は今回は文才でもって任命した。というのは、かれは知制誥任用での失敗談があったからであった。『長編』巻二七雍熙三年十月庚子の条に、三人が知制誥を任命された後、「上、尤も内外制の任を重んず。一詞臣命ずる毎に、必ず宰相に諮訪し、才実兼美なる者を求む。先ず召して与に語り、其の器識を観、然る後に之れを授く。嘗つて左右に謂いて曰く、詞臣の選、古今重んずる所なり。朕、早に人言に聞して、朝廷一知制誥を命ぜば、六姻相いに賀い、以て一仏出世と謂う。豈に容易ならんや。郭贄、河南府の門人。朕、初め即位し、其の楽の文筆に在るに因り、遂に命じて誥を掌らしむ。頗る聞く、制書一たび出づるや、人或いは之れを哂う。蓋し其の素より時望に乏しければなり。業已《すで》に進用し、朕も亦た之れが為に顔を靦らむ。然れども亦た終に翰林に入れしめざるなり[26]、と」とある。

それから、相変わらず太宗は李沆を信頼し推賞しつづけた。雍熙四年（九八七）、李沆は翰林学士宋白とともに同知貢挙となった。宋白の審査が厳格であったので、多くの受験者が落とされた。これによって、「謗議蜂起」が現出した。しかし、すべての謗議が三回の貢挙を主宰した宋白に向けられた。史書には「時に、知制誥李沆も亦た同知貢挙たり。謗議、独り及ばざる所なり[27]」とある。それどころか、まもなく李沆は職方員外郎に昇進し、翰林に召入され学士と為った。以前、太宗は郭贄を翰林学士に任命しなかったが、李沆について破格にも迅速に抜擢したのである。淳化二年（九九一）、翰林学士李沆は判吏部流内銓に任命された。と同時に、翰林学士賈黄中・蘇易簡も幹当差遣院に任命された。『長編』は「学士の外司を領するは、此れより始まる」[28]と述べている。自分の秘書官を通じて人事を管理することは、太宗が官僚任免権をコントロールしようと企図した結果と思われる。この兼職について、墓誌銘は「（李沆）選部を掌り、流品を澄汰し、淑慝を旌別し、清通簡要なり。時誉之れに帰す」[29]と述べている。

李沆が翰林学士を務めたことは、かれがより深く太宗と付き合う絶好のチャンスであった。墓誌銘はその時期のかれの様子を次のように述べる。「公の内署に在るや、或いは乙夜、観書の余、前席受釐の問を備うる。風規蘊籍し、占対嫻雅し、弼違献可し、上、多く沃心す。称善挙能に、言皆な味有り」[30]と。こういう記述を見ると、李沆が君主と向き合う際は、追従を並べるだけではなく、常に士大夫の責任を履行し、君主を「風規」＝教育することを忘れなかったのである。

李沆が翰林学士を担当した時期、太宗との親密な君臣関係にとって重要な基礎が据えられた。太宗はかれのことを十分に理解したのである。墓誌銘に「天子、其の才を知れば、以て帝載を緝熙す可く、其の徳を察すれば、以て風俗を鎮厚す可し。乃ち大用に意有るなり」[31]とある。さらに李沆は、才能だけでなく、風采までも太宗から賛美されている。すなわち、『長編』には「沆、初め吏部銓を判し、因りて曲宴に侍す。上、之れを目送して曰く、李沆の風度端凝、眞に貴人なり」とある。案の定「数月ならずして、遂に（賈）黄中と倶に大用を蒙む」仕儀となった。李沆が翰林学士として判吏部流内銓を兼任した同じ年に、順調に中央政治の中核に入り、参知政事となった[32]。地方官の経歴が乏しい李沆にとって、その昇進は破格であった。

かれの参知政事としての在任期間は、ちょうど二年であった。淳化四年（九九三）十月、罷免された。今回の罷免は李沆一人だけでなく、宰相李昉から参知政事賈黄中・同知枢密院事温仲舒まで、ほとんど全執政集団の大交替であった。留任したのは、六月に就任したばかりの参知政事呂端・知枢密院事柴禹錫・同知枢密院事劉昌言の三人にすぎなかった。同時に再び呂蒙正が宰相に任命され、趙熔・向敏中が同知枢密院事に、蘇易簡が参知政事に任用された。ほどなく趙昌言が参知政事につき、執政に再任された(33)。

今回の執政集団の交替劇は、表むきは百日余り続いた長雨で、水害が発生したためである。伝統的な見方では、宰相をはじめとする執政集団は、政務以外に天と人との関係を調整する責任を持っていた。したがって、天災が起こると、当然のことながらかれらの失職に帰結したのである。現代的観点に立てば、こんな理由で政府首脳が罷免されるのは、いささか荒唐無稽に属する。ところが、これも「神道設教」という事由で、政府首脳に適用されたと見なすことができる。つまり、ときには天災は一定の政治闘争の口実とされたのである。こうした口実をもって、在野の敵対的政治集団は執政集団に対し正々堂々と攻撃を加えた。それゆえに政治闘争こそ、執政集団の大交替を惹起する根本原因であった。これについては、翰林学士張洎が太宗に伝えた話からその一斑を窺うことができる。かれは、「昉、因循して位を保ち、近ごろ霖陰百余日。陛下、焦労傷慮し、憂は色に形わる。昉、輔相の任に居り、職は陰陽を燮理するに在り、而して乖戾なること此くの如し。昉宴然自若とし、帰咎引退の意無し(34)」ときめつける。ここで、張洎が堂々たる理由で李昉を攻撃できたのは、一定の政治集団の意見を踏まえていたからである。そして、参知政事賈黄中が最初の攻撃目標となった。『長編』に賈黄中が「中書に在りて畏慎すること過ぎ、政事頗る稽留して決せず」とある。それゆえに、他人に叱責されて、「時論之れを許さず」という結果を生んだ(35)。「時論」は世論にほかならない。しかし、世論というものは、自然発生的なものではあるけれども、より人為的な場合が多い。

李沆の罷免原因については、世論が賈黄中を評価した影響を受け、要するに賈黄中と同様に、太宗の言を借りれば

「黄中等、黙に循って位を守り、故に罷謫せられ[36]」たわけである。ここでの「等」には当然李沆を含む。実は李沆の罷免については、また別の原因もあったらしい。この年の六月、宰相張斉賢が罷免された。原因は李沆と直接関連がある。同じく『宋宰輔編年録』巻二に、次のように記されている。「是より先、殿中丞朱貽業、参政李沆の姻たり。諸司副使王延徳と同に京庾を監す。延徳、貽業に託し、沆に白って外官に補せられんことを求む。沆以て斉賢に語り、斉賢以聞す。太宗曰く、延徳嘗つて邸に事え、自陳せずして輒ち執政に干す。遽かに召見して之れを責む。延徳言う、未だ嘗つて請うこと有らず。遂に斉賢を召して之れを質す。斉賢言う、貽業に得る。而して貽業実を以て対なし。斉賢、沆を援きて証と為すを欲せず、乃ち自ら引咎す。此れより太宗之れを疏んじ、遂に罷相を致す[37]」と。この件につき、太宗が怒ったのにはそれなりの理由があった。イレギュラーな形で即位した皇帝にとって、もっとも忌避したかったことは、官僚たちが徒党を組むことである。なぜなら、かれの地位を脅かす恐れがあったからである。それゆえ、かれの願望は、すべての官僚がかれにとりいることであった。皇帝自身の用語を借りれば「自ら人主と結ぶ」ことを望んだのである。ところが、官員たちは逆に宰相や執政たちへ裏口工作をすれば、昇進にとりもっとも有利だと思った。たぶん太宗の方はまだこのことにはっきりとは気づいていなかったのであろう。士大夫は一つの階層をなし、とりわけ入官後の士大夫は強力な階層を、すでに宋代では科挙を絆として形成していた。しかもこれを基礎とする宰相集団は、この階層の頂点に位置付けられていたのである。名義上ではないにしても、実質上は、時に集団の力量は君主個人の力量を凌駕していたと思われる。

太宗は白痴ではない。張斉賢は李沆の名前を口にしなかったけれども、それは太宗が事の顚末を知らなかったことを意味しない。太宗は李沆の才能を買い、参政を罷免するまでに、李沆の名前すら表に出さず、李沆の名誉を保った。しかし、このことについて、太宗の心にわだかまりが残っていないとはいえなかった。だから、宰相張斉賢を罷免してしばらくして、宰相李昉の罷免のさいに、李沆を一蓮托生としたのである。

ところが、今回の執政罷免については、やり方がかなり温和であった。地方に左遷したわけではなく、朝廷に残って「本官を以て罷むるも、朝請を奉ぜしめ」(38)たのである。このことから、今回の李沆等の罷免は、一定の派閥闘争の背景は別として、太宗が顔ぶれをかえて政治を刷新しようとしたのだと思われる。二つの要因が結合して、今回の李沆等の罷免劇が落着した。

太宗はとりたてて李沆等に嫌悪感を抱いていたわけではなかったので、かれらはほどなく様々な形で復活した。李沆の場合は、罷免後しばらくして母親の喪に服すが、間髪を入れず「優詔起復」された。「辞しても請を得ず」という情況下で、「本官を以て知昇州」に任命された。ところが、赴任時の召見のさい、君臣間で会話が交わされたわけだが、なんと「天子、留めて遣わさず、改めて知河南府兼留守司事を命じ」、「才《わず》か満歳に及びて、召して闕廷に帰せしめ」たのである。つまり、李沆は都を除いて最も重要地区である河南府に僅か一年ほど勤務しただけで、すぐに中央に召還された。(39)太宗は、将来の発展を期待して、かれに名実ともに備わった重責を託したのである。至道元年(九九五)八月、李至と共に太子賓客を兼任し、後継君主の教育に当たった。

『長編』巻三八至道元年八月癸巳の条に、
尚書左丞李至・礼部侍郎李沆を以て並びに太子賓客を兼ねしむ。太子に見ゆるに師傅の儀の如くす。太子見ゆるに必ず先ず拝し、動もすれば皆な諮詢す。至等、懇譲を上表するも、詔して許さず。至等入謝するに、上、至等に謂いて曰く、朕、太子の仁孝賢明を以て、尤も鐘愛する所なり。今、立てて儲貳と為し、以て国本を固む。当に正人に頼りて之れを輔するに道を以てすべし。卿等心を尽くして調護すべし。若し動き皆な礼に由らば、則ち宜しく賛成すべし。事或いは未だ当たらざれば、必ず須らく力言すべし。因循して順従すること勿かれ。礼楽詩書の道の如きに至りては、以て太子に裨益す可き者、皆な卿等素より習い、朕の多く訓するに假あらざるなり、と。至等頓首して謝す。[40]

と述べている。

皇子元侃は後の真宗であるが、実は太宗の立てた三人目の太子であった。一人目は長男元佐である。かれは太宗が帝位を奪い取った後、秦王廷美への迫害に反対したため、廃されて庶人とされた。[41]二人目は次男元僖である。かれはもともと太子に内定されていたが、後に太宗の寵愛を失い、親子関係がかなり深刻化し、ほとんど武力衝突寸前の事態となった。後にかれが病死したさい、太宗は詔を下して冊礼をやめ、寵妾は縊死させられ、腹心の部下たちも投獄された。[42]この二回にわたる立太子の経過は、もともと度量の狭い太宗に強い刺激を与えた。かれは立太子問題につき特に神経質となり、隠しだてをするようになった。晩年に、「馮拯等上疏して儲貳を立てんことを乞う。帝、怒りて之れを嶺南に斥く。中外敢えて言う者無し」という前述する状況となった。その後、寇準の勧めもあって、太宗は自らの病状が悪化したとき、やむを得ず三男の元侃を太子に立てた。

太宗は二李を人格者として選び、太子を輔佐する重任を委ねた。かれが李沆と李至に「礼楽詩書の道」で太子を教育させたことは、太宗という武人出身の「準開国皇帝」における伝統的政治道徳規範への受容と帰服とを反映している。これについて、全官僚層、とりわけ従前の執政集団が共同して有形無形のうちに君主を辛抱強く教育した結果と思われる。いうまでもなく、このことは、全過程の中で太宗自身の自律性が徐々に強化された表れでもあった。

こうした背景の下、元侃は父君の太子となったわけだが、当然戦々恐々、薄氷を踏む思いであった。太宗は前二回の教訓を受けて、太子を厳しく監督する決心であった。かれは成り行きに従って太子の要求を入れて、李沆と李至に師事するさいは、礼儀を励行させた。これは初発から、この後継天子の自尊心を除去してしまった。しかも李沆と李至に「動もすれば皆な諮詢せしめ」たわけである。つまり、すべての行動が師傅の指示を仰いで行われたのである。同時に、太宗は李沆と李至に「礼楽詩書の道」で太子を教育させ、太子を将来のために伝統的政治道徳の枠に納め、謹んで君主の道を歩ませた。太宗のこうしたやり方は、後の真宗にかなり深甚な影響を与えた。まだ即位していない時点で、真宗はすでに父親のもつ創業君主の強さを失い、過度の自己規制で、小心翼々となった。したがって、即位後に大臣の前でも体をピンと延ばせなかった。こうした君主自身に発する原因は、宋代の中央政治が、正常な形での王位継承の最初の皇帝＝真宗から始まり、そのまま宰輔専政制へと向かってしまう、まさにその基礎を固めたことになる。

一方、李沆にとっては、太宗の後期に太子の師傅になったことは、かれと新君主との結び付きにおいて、もっとも有利な条件をつくったわけである。慣例として歴朝の君主交替は、往々にして「一朝の天子、一朝の臣」（一人が政権の座に就くと閣僚が全部変わる）という状況を生む。これはいうまでもなく、君主との個人関係の遠近にかかわる。結局は即位前の輔佐臣僚を優先的に採用することになるのである。

第三節　太子の師と王佐

至道三年（九九七）三月末、太宗は崩御し、真宗が即位した。即位後の最初の人事は、二人の太子賓客を参知政事に任命し、かれらを政策決定の中核にすえたことである。(43) 真宗がそうしたのは、もちろん自己の地位を固め、政策決定を強化するのに参与させようと考えたからにちがいない。明白なことは、すでに而立の年に達し、決して若いとはいえない真宗が自らの政治観と体験から、宰相をはじめとする執政集団の重要性を十分に認識していたことである。

このような執政集団は、大は皇帝の廃立に関与し、小は強大な権力機構を牛耳ることができた。皇帝は地位を固め、権力を強めたければ、執政集団と対立するのではなく、協力の道を選択しなければならなかった。この点は、創業者ではなく、単に正常に皇位を継承した真宗にとっては、とりわけ重要であった。それゆえ、真宗は執政集団の成員に至極恭敬の念で接した。前節に引用する『宋宰輔編年録』の史料は『長編』にも見える。「上、憂に居るの日、輔臣と禁中に対し、呂端等と見える毎に、必ず粛然として拱揖し、名を以て呼ばず。端等再拝して請う。上曰く、公等顧命の元老にして、朕、安んぞ敢えて先帝と比せんや。又た端の膚体洪大、宮庭の階梯頗る峻しきを以て、梓人に命じ端の為に陛を納めしむ[44]」と。李沆・李至の場合には、太宗朝の参知政事でもあり、また自らの太子時代には師傅の礼で接し、会見のたびに礼儀を守ったので、皇帝となっても、あいかわらず恭謹の情が一入であった。

李沆は太宗朝で二年間参知政事を勤めたわけだが、それはかれの政治生活にとっては、一定の高いレベルでの政治的実習にすぎなかった。というのは、太宗朝の政治的環境は真宗朝とは全く違っていたからである。太宗朝では強権政治下の君臣協力であった。君臣間には時に改造と反改造の衝突もあったのである。真宗朝になると、弱体君権下で君臣協力が始まった。官僚層は正常に即位した君主に対しては改造問題がなく、いかなる皇帝像を作り、いかに指導するかが課題であった。真宗が即位して、ほどなく宋代史上初めて翰林侍読学士という職が設けられた。これは官僚層が君主を彫塑し教育することを重視した表れであった。当然それは、君主の向学心の表現でもあった。『東都事略』巻三七「夏侯嶠伝」に「講読の職、唐自り之れ有り。五代以来、時に君は武を右《たっと》び、向学の暇なし。故に此の職も亦た廃せらる。太宗、儒術を崇尚し、嘗つて著作郎呂文仲に命じて侍読せしめ、禁中に寓直せしむ。然れども名秩未だ崇ばず。真宗、先志を奉承し、首ず此の職を置き、班秩は翰林学士に次ぎ、禄賜も之くの如くす[45]」と述べている。『長編』巻三建隆三年二月壬寅の条に、「上、近臣に謂いて曰く、今の武臣尽に読書せしめんと欲するに、貴ぶは治と為す道を知る、と。近臣皆な対うる莫し」とある。続けて、著者李燾は注を付し、李沆等の評論を引いて「史臣李沆等曰く、昔、光武中興し、功臣を責むるに吏事を以てせず。天下已に定まるに及び、数々公卿郎将を引き経義を講論し、夜分に乃ち罷む。蓋し創業致治は自ずから次第有り。今太祖、武臣に読書せしめんと欲するは、治に意有ると謂う可し。近臣能く引きて以て対を為さざるは、識者之れを非とす[46]」と記している。この話には李沆等宋代士大夫の見解が明示されている。表面上は武臣の読書すべきか否かについて起こった議論であるが、実際にはもっと深い意味があったように思われる。官僚としてもっとも頭の痛いのは、君主としてあるべき道を守らず、勝手にでたらめをやることである。官僚は君主を制約する絶対的権力を持っておらず、それでもあえて制約すれば、君臣間で不愉快な衝突が起こるしかない。それゆえ、士大夫たちの観点からすれば、もっとも有効な方法は、君主の自律意識を喚起することであった。しかし、君主に自律意識を形成させるには、長期間の誘導と薫陶を必要とした。その一つの方法は君主を読書に向かわせ、かれに儒学のいう君主たるべきの道に帰服させることである。そうすれば、君主の言行が常規を逸することはなくなる。宋代においてこのような帝王教育は、非知識人出身の太祖・太宗及び初代の正統君主＝真宗の三人にとって、もっとも必要であった。『長編』が述べるように、太祖が自ら読書を提言した以上、君主をその方向へ導く絶好のチャンスだったのであった。これに対して、李沆たち講読の臣は「近臣、能く引きて以て対を為さず」の状況に肯んぜず、「識者、之れを非とす」という表現で批判した。

李沆の身を置く執政集団は、「大事を糊塗せず」と称された太宗朝の宰相呂端が率い、真宗朝の政治運営を軌道にのせた。しかし、呂端という真宗推戴に功績のあった宰相は、真宗の即位した一年半後に、病気によって引退した。かれが政務を主宰したとき、真宗は「端等を召し、訪ぬるに軍国の大事・経久の制を以てす。端、当世の急務を陳べ、皆な条理有り[47]」という状態であった。

呂端の後継者として、だれが宰相となるのか。それはそれぞれの政治集団間の角逐の問題であるだけでなく、今後の執政路線乃至は君主との共存の在り方とも関わる問題であった。呂端は罪を得て罷免されたわけではないので、かれは後任について発言権があった。呂端が真宗に李沆を推薦したという明確な史料は見つからないが、われわれが次のことを信ずるには十分な理由がある。すなわち、もし呂端が自らの集団の利益を守り、しかも執政路線を変更しないとすれば、かれに快く協力した李沆を推薦したはずである。逆に、呂端が間に入って邪魔をすれば、たとえ真宗に任命の意志があったとしても、おそらく実現は難しかったであろう。真宗の立場からすれば、宰相の後任については、真っ先にかつて自らの即位前の師傅であった参知政事李沆と李至に目をつけたはずである。ところが、宰相呂端を罷免したその日に李至までも「目疾を以て機務を解」かれ、参知政事を罷免された。そうなると、残された選択は、李沆しかなかったのである。君臣両面の総合的な条件からして李沆が後任宰相となることは決定的であった。だが、真宗の即位前後に呂端が一人で宰相を担当したのとは違い、今回は別に張斉賢を任命し、しかも首位にすえたのである。[48]張斉賢が太宗朝の宰相として、真宗がかれを再び起用したのは、たぶん李沆の経歴と名望がまだ足りず、大方を心服させ難いと思ったからであろう。だから過渡的措置として、前朝の元老である張斉賢を再登用したのである。李沆任命と同時に張斉賢を再登用したのには、もう一つの理由がある。張斉賢が太宗朝で宰相を務めたさい、参知政事李沆をかばったことがある。『宋宰輔編年録』巻二に「事は干請に渉わり、辞は参知政事李沆に連なる。斉賢、独り其の責に任ず。物論、之れを美とす」[49]とある。このような背景があったからこそ、真宗にせよ執政集団にせよ二人がうまく協力できると信じて疑わなかった。こうして張・李の指導体制が樹立された。張・李二人が宰相を務めたが、行動の歩調を合わせたとは決していえない。これについてはここでは触れない。要するに、以後李沆は政治のピラミッドの頂点に立ち、平静ではあるが意義深い政治改良がスタートをきることになる。

第四節　「文武の大政を総ぶ」

真宗は即位以来、常に北の遼朝（契丹）からの脅威に直面している。咸平三年（一〇〇〇）初、遼の侵攻に対して、真宗は初めて親征することになった。即位したばかりの真宗にとって、もっとも不安なのは、都を離れると、太宗から廃黜された長兄元佐やほかの兄弟が推戴され、君位を奪い取るといった問題が起こることであった。真宗が即位したさい、すでに異見があったわけで、何かの機会をとらえて、真宗に取って代わる動きが起こる可能性はあった。たぶんこういうことに対する配慮から、真宗は親征時に、自らの即位を輔佐した宰相呂端がすでに不在の情況下で、かつての恩師でもあり現任の宰相でもある李沆を選び、権東京留守を担当させた。同じ宰相でも資格が上の首相張斉賢を選ぶことはしなかった。理由は簡単であった。真宗にとって張斉賢は、李沆の場合のように親密な間柄ではなかったからである。『長編』巻四六、咸平三年正月庚子の条には「李沆、東京留守と為り、一人を戮さず、而して輦下清粛たり」と記されている。『宋史』「李沆伝」は「会々契丹、辺を犯し、真宗、北幸す。沆に命じて留守せしむ。京師粛然たり。真宗還り、沆、郊に迎ゆ。坐を命じて酒を置き、慰労すること之れを久しうす[50]」と述べる。真宗が李沆に「慰労久之」したのは、そこに自分のために皇位を守ってくれたことへの謝意が含まれていたと思われる。

宋朝は五代の制度を踏襲し、中書のほかに枢密院を設置して軍事を司らせた。「三省・枢密院、班を同じうせずして進呈し、是れを以て事多く相い関白せず」であったので、「枢密院軍馬を調発するも、三省知らず。三省の財用已に竭くるも、枢密院の用兵止まず[51]」という状況が現出した。宋初の皇帝はこうして兵権をしっかり掌中に収めようと企ったけれども、後に上述の弊害が起きるとは予想もできなかった。

真宗時代になると、この強権と無縁の皇帝には強い権勢欲がなく、かつ軍事上の失敗の責任を負う勇気もなかった。軍事方面の事柄については、常に宰相及び中書の執政たちに参与させた。たとえば、兵隊の駐屯及び糧秣の貯蔵のために綏州城を築くべきか否かにつき、真宗は中書と枢密院の連合会議を開いて検討した。[52]霊州を放棄すべきか否かについても、李沆等に意見を求めた。[53]また、河東転運副使鄭文宝が征戦のために強壮戸に馬を調達させようとした提案についても、真宗は中書・枢密院と連合会議を開いて協議し、最終的には李沆等の意見に従った。[54]宋初の二人の皇帝の出身はいずれも軍人であった。だから、かれらは戦争のたびに、常に自ら陣図つまり作戦計画を作成して、それを将軍たちに遂行させた。太祖は軍事に熟達していたので、何ら問題はなかったが、太宗朝になると、この種のやり方はしばしば弊害を起こした。真宗は慣例に従って枢密院の意見を聴取して陣図を作ったが、実は理解不足だったので、将軍に渡して執行させる前に、まず李沆等の意見を事細かく求めたのである。真宗は、「朕、此れを画して謀を成し、以て将帥に授くると雖も、尚お、未だ便ならざる所有るを恐る。卿等可否を審観し、更に共に商権せよ」[55]と命じている。陣図を討議する以外にも、およそ軍事に関する事柄については、真宗は李沆等中書の執政たちと協議を重ねたのである。たとえば、河北辺境の屯田・秋防など。[56]中書と枢密院は執務上で明確な分掌があったにもかかわらず、李沆の宰相時代、主に政務を司る中書は事実上すでにかなり広範囲に軍事方面の政策決定に参与したのである。それゆえ、中書が軍事に参与することが、真宗朝においては一種の慣例となったのである。

どんな時代でもどんな地域でも、慣例は一旦成立すると、運転中の車のように停止させるのは難しく、停めるには非常ブレーキをかけなければならない。しかし、通常の状況下では、万やむを得ざる場合以外はそれはありえないし、またあえてそうする必要もない。そのようにしてその回転に身をまかせるしかない。つまり、回転速度の増大につれて、加速度も強まる。宋代の多くのいわゆる「祖宗法」は、実は最初に或る人が或る事柄について先例を作ると、それにつれて形成された慣例なのである。しかし、人間は往々にして自分が作った慣例の前で、無力感を露呈する。これは地位とは無関係で、帝王でも大臣でも、みな慣例に抵抗し難い。多くの場合、慣例に従うしかないのである。車の話を持ち出せば、改革が困難なわけは、動いている車を止めさせる、あるいはその方向を変えさせることにある。これはたんに物理学の慣性の法則にとどまらず、さらに現実的な慣性と人間の心理上の慣性の問題でもある。人間が未知なるものを本能的に排除し、熟知するものには親密と賛同の念を懐くのは、いずれも加速度増大の要因となる。したがって、慣例の成立が古ければ古いほど、それだけ改変し難い。文字通りまさに「積習難改」（長年の習慣は変え難い）である。それだからこそ、人々は法律とは別に、慣例を非常に重視する。とりわけ「祖宗法」を重視したのが宋代である。いうまでもなく、同じ慣例でも、プラスの効用とマイナスの効用の二面性をもつ。政治上、別個の集団が異なる立場に立てば、常になんとかして味方に有利な慣例を作ろうとする。更に既成の慣例に対しても、往々いろいろと方法を考え、当方に有利な方向へもっていくように微調整をはかるわけである。

中書の宰相と執政たちが軍事に参与することは、執政集団の権力を強めるのに有利であっただけではなく、凡そ王朝全体の利益とも合致した。そこで、皇帝も宰相もそうすることを望んだのである。『長編』巻五七景徳元年九月丁酉の条に「上、辺奏を得る毎に、必ず先ず中書に送る。畢士安・寇準に謂いて曰く、軍旅の事、枢密院に属すと雖も、然れども中書、文武の大政を総べ、号令の従りて出すところなり。向者は李沆或いは所見有りて、往々別に機宜を具す。卿等、当に詳しく辺奏を閲し、共に利害に参かるべし。事、枢密院に干するを以て、隠すところ有る勿れ[57]」と記されている。この史料から、李沆の歿後も、真宗は依然として李沆在世中の慣例を遵守し、中書の軍事への関与を続けさせたことがわかる。真宗は畢士安・寇準の二人が後を継いで宰相に就いたことへの懸念を打消すために、専ら前任宰相李沆の例を取り上げたのである。かつ「中書総文武大政」という言い方を用いて、名義上中書の兵権の名分を正した。したがって、中書が兵権を掌ることは名分・言辞とも正当となった。その後、仁宗時代に、宰相が枢密使を兼任したのは、祖宗法から見て根拠があり、その源流はここにあった。さらに、仁宗時代の宰相が枢密使を兼ねるという先例は、南宋朝に引き継がれ、ついに不易の制度となったのである。かりに真宗朝で、李沆の創めた中書が兵権を掌るという先例がなければ、李沆歿後の「澶淵の盟」のさい、寇準が宰相の身分で軍政に大なたを振るったのは、名分もなく弁明の余地もなかったはずである。

第五節　「最も大臣の体を得」

官僚層の代表である李沆と皇権の代表である真宗との関係を考察すると、基本的には調和のとれた協力関係であったといえる。このような関係の形成と保持は、当然のことながら前述した両者の関係という歴史的背景もあるが、同じ政治の場で協力し合う宿命でもあった。君臣関係の首尾の善し悪しは、その政権の政治が正常であるか否か、或いは安定しているか否か、そのことを基準として計るべきである。史上、もとより大臣の独裁によって形作られた権臣の横暴はあったが、より多くの形は皇帝の権威によりかかった宰執の専政であった。

前述した通り、真宗と執政集団は共同で李沆を選択した。だからこそ真宗は到る処で李沆の声望を守ることに留意した。咸平二年（九九九）の春、真宗は旱魃により中外の臣僚に詔を下し、直言極諫をうながした。ところが、「時に上封して中書の過失を指し、罷免を行わんことを請う者有り。上、之れを覧て悦ばず、宰相に謂いて曰く、此れが輩、皆な良善に非ず、止だ自進を欲するのみ。当に譴責して以て之れを警むるべし、と。李沆、進みて曰く、朝廷比ごろ言路を開き、苟しくも言の理に当たらば、宜しく旌賞を加え、不ざれば則ち留中するも可なり。況んや臣等、材に非ざれば、員を台輔に備えん。如し罷免を蒙らば、乃ち是れ言事の人、朝廷を補する有らん、と。上曰く、卿は真に長者なり」[58]という。李沆と張斉賢が表を上呈して、宰相の朝会立班を「諸王の下に序位」するよう願ったとき、真宗は特に詔を下して「先朝の定制を以て、許さず[59]」と裁決した。

李沆は即位前の真宗の太子賓客を担当したことがあったので、真宗は一貫して師傅の礼で李沆に接した。即位後も、『長編』巻五六景徳元年六月丙戌の条によると、「上、沆を雅敬」したのである。こうした有利な立場にあって、宋代士大夫の特有の責任感から、李沆は而立の年齢を越えた正統皇帝のために、皇帝像の彫塑と帝王学の修養を目標に寝食を忘れて努力した。宗法関係に限り、一般的に言えば、万止むを得ざる非常事態を除けば、官僚たる者は皇帝を罷免する権限はない。それゆえ、皇帝と対立するよりは、むしろ成り行きにまかせて有利に導くという意味で、皇帝を改造・教育して操縦するほうが好ましかった。これは最も賢い方法である。真宗は平穏な環境の下で正規の帝王学を修めて成長した新しい皇帝であった。このような皇帝から、士大夫の理念を込めて理想的皇帝像を工夫していた。これはかなり平静な行動であった。そして、後世に与えた意義としては、寇準が「澶淵の盟」の際に成し遂げた業績に決して劣らなかったと思われる。

『元城語録解』巻中には、

李丞相、朝謁奏事の畢わる毎に、必ず四方の水旱・盗賊・不孝・悪逆の事を以て奏聞す。上、之れが為めに変色し、惨然として悦ばず。既に退き、同列以て非と為す。丞相に問いて曰く、吾儕当路し、天下の無事を幸う。丞相毎に不美の事を以て、以て上意を払う。然れども又た皆な有司の常行にして必ずしも面奏せざる事なり。後、幸くは之れを已めよ、と。公答えず、数々此くの如し。因りて同列に謂いて曰く、人主一日豈に憂懼を知らざる可けんや。若し憂懼を知らざれば、則ち至らざるところ無し、と[60]。

ここでの「同列」は、当時参知政事に任じていた王旦を含む。以上のことは、李沆と王旦との会話として記録が存在するからである。すなわち、『宋宰輔編年録』巻二に、

上、初めて即位し、沆、日に四方の水旱盗賊を取りて之れを奏す。参政王旦以為《いえら》く、此の細事は聖聴を煩わすに足らず、と。沆曰く、人主少年にして、当に人間の疾苦を知らしむべし。然らざれば血気方剛にして、声色犬馬に留意せざれば、則ち土木・甲兵・祷祠の事、作すなり。吾れ老いて、見るに及ばず、此れ参政他日の憂なり。沆の歿後、真宗の朝陵展礼・封山行慶、巨典盛儀、挙げざる所無し。旦相と為り、毎に沆の言を思い、嘆きて曰く、文靖、聖人なり、と。時に「聖相」と号す云々。(61)

とある。なお、

時に、西北に兵を用い、辺奏日々聳ゆ。便殿の延訪は、或いは旰昃に至りて、暇食に遑《な》弗し。旦、慨然として沆に謂いて曰く、安んぞ能く坐して太平を致し、吾人優遊宴息を得んやと。沆曰く、国家、強敵外患あり、警懼と為すに足る。異時、天下晏然として、人臣率職せば、未だ必ずしも高拱して事無きことあらず。君奚ぞ念うや、と。(62)

真宗は皇太子となったときから、常に危機感に満ちあふれていた。皇位の座を安泰にしてからは、いつか皇位を奪われるのではないかという危機感も、ようやく薄らいできた。この時にあたって、師傅の李沆は更に別の危機感を真宗の頭に注入した。つまり、社稷存続への危機感である。そのため、李沆はかえって常に強敵が国境に迫っていることを望んだ。その種の危機感を契機に、真宗を財政と民生への関心に導き、かれの憂患意識を強めた。絶え間無く皇帝に危機感が押し寄せれば、皇帝が宰相と執政集団の意見を受け容れやすくなるからであった。李沆のやり方については、後の学者劉安世が非常に高い評価を与えている。かれは、「本朝名相は固より多し。然れども最も大臣の体を

得る者は、惟だ李沆宰相のみ」と述べている。続けてかれは二例を挙げ、李沆が大臣の体を得ていることの根拠を具体的に説明した。一つは、李沆が言う「沆政府に在り、報国に補無し。惟だ四方の上る所の利害、一切行わざるのみ」であって、これに対し劉安世は、「此れ大いに失言に似たり。然れども深意有り。且つ祖宗の時、変を経ること多し。故に立つる所の法度は、極めて是れ穏便なり。正に老医の病を看ること極めて多し、故に薬を用うること孟浪として人を殺すを致さざるが如し。且つ其の法度、小害の無くんばなし、但だ其の利多きのみ。後人知らず、遂に軽々しく改めんと欲す。此れ其の害紛々たり」と評定を下している。もう一つは直前に述べたことである。劉安世は総括して、「惟だ此の両事のみ、最も体を得ると為す。漢の時に在りて、惟だ魏丞相のみ能く此の両事を行えり。…後の相と為る者、則ち或いは然らず。私智を逞しうすることを好み、祖宗の法度を変うることを喜び、人主を欺蔽し、天下の災異を言うを悪む。法度を変うることを喜べば、則ち綱紀乱る。災異を言うことを悪めば、則ち人主驕る。此れ大患なり」と断じている。劉安世の評価は、もちろん暗に王安石の変法を非難する含みはあるけれども、朝廷の政策安定と、皇権の膨張防止という角度からみて、当然一定の道理があると思われる。

李沆のこのような君主の危機意識強化の方式は、劉安世によって高い評価が与えられただけでなく、その影響は南宋にまで及び、士大夫がそれを手本とするようになった。『宋会要輯稿』職官八七～五八によると、孝宗朝では、「臣僚言う、臣聞く、天の君を愛するは、則ち時に災異の証を出す。臣の君を愛するは、則ち時に警懼の説を陳ぶ。李沆の真宗に事うるや、日々に四方の水旱・盗賊を取りて之れを奏す。或者以為らく細事上聴を煩わすに足らず。四方艱難の事、聞せざれば、則ち警懼の念、時ありて忘るるを知らざるなり。忠臣の君を愛するは、正に水旱・盗賊を以て細故と為し之れを略すべからざるなり(63)」とある。あやしたり脅かしたりするのも、まさに君を愛するためである。これは宋代士大夫の「忠君」についての特殊な解釈であるといえないこともない。

一王朝の政治運営は、簡単にいえば君臣の協力である。ただ、その協力は均等な協力ではなく、宰相をはじめとする官僚層が主導権を握った上での協力である。主導といっても、名分上の主導ではない。名分においては、皇帝がピラミッドの頂点におり、至上最高である。ところが、古来、中国の政治思想家たちはしだいに硬軟両様のかまえで君主の暴走を制禦する理論を模索するようになった。そこで天子の上に道理・法律・天道というさまざまな制限をすえつけたのである。(64) 官僚士大夫たちは、こうした理論で君主を柔軟に教育し、君主の自律性を啓発した。それでも効を奏さなければ、強硬に諫止を行い、極端な場合は廃黜まであえてした。実際、中国において君主の存在した時代、その多くの場合、官僚士大夫たちはまさにこれらの理論に立脚して、名義上において至上最高の皇帝を左右し、政治運営を主導したのである。

多くの士大夫と同様、李沆は危機感と憂患意識で真宗を戒める以外に、また歴代の士大夫が常用した「神道設教」という方式を用いて、天道によって真宗を制約した。皇太子となって以来、常に弱い立場におかれた真宗は頗る鬼神を信じた。たぶん現実の弱さを改変するだけの力がなく、転じて別の世界に救いを求めるしかなかったのであろう。これはある種の心理的なバランスを保つやり方であったと思う。したがって、天道で真宗を束縛するのは、非常に効果があった。『長編』巻五五咸平六年十一月甲寅の条は「星孛、井鬼に有り、大なること杯の如く、色は青白、光芒は四尺余、五諸侯を犯し、五車を歴て参に入り、凡そ三十余日にして没す」という自然現象を記す。これについて、真宗は戦々恐々となり、宰相に「象に垂るること此の如きは、其の咎安くに在りや」と尋ねた。李沆は「陛下の修徳布政、実に闕くる所無し。第だ分野に災有るを恐るるのみ」と答えた。李沆のこうした解釈に対して、真宗はまだ釈然とせず、さらに言葉をついで、「朕の徳薄く、茲の譴見わるるを致す。大いに懼る、災の吾民に及ぶを。誕辰に密迩すれば、宜しく称觴の会を罷め、以て天譴に答えん」と言った。真宗がこのように天象を篤く信じ、誕生日の祝賀さえ中止したことに対し、李沆は大いに満足した。そして帝王を賛美して「星文の変異、陛下、克く天戒に謹むは、此れ甚だ盛徳なり」[65]と述べた。神宗時代の宰相富弼も「人君の畏るる所は惟だ天のみ。若し天を畏れざれば、何事も為す可からず」と言ったことがある。富弼から見れば、君主が天命に意を介さなければ、「輔弼諫諍の臣、復た其の力を施す所無し」[66]であり、いうまでもなく、君主の制禦は難しかった。富弼の見方は当時の士大夫たちの共通認識であったといえよう。

いろいろな方法で真宗を教育・制禦する以外に、各種の情況下で、李沆は真宗の要求を部分的に直接拒否した。かれのこうした行動の目的は、君主としての言行が常軌を逸脱してはならないということを、はっきりと真宗に認識させる点にあった。李沆は後の寇準のように激しく人に迫る性格ではなく、むしろ温厚であった。しかし、かれはかつて即位前の真宗の師傅を勤めた関係で、比較的特殊な立場にあった。ために、かれの意見にはなかなか重みがあった。かれに頗る畏敬の念を懐いていた真宗は、内心は不満であっても、受け容れないわけにはいかなかった。『五朝名臣言行録』前集巻二に引く『呂氏家塾記』には、

公（李沆）相と為る。真宗嘗つて夜ごと使を遣わし手詔を持ちて問わしむ、欲すらくは某氏を以て貴妃と為すは如何、と。公、使者に対し自ら燭を引き其の詔書を焚き、奏に付して曰く、但だ道う、沆以て不可と為す、と。其の議遂に寝む。[67]

と記されている。これはかなり有名なエピソードで、広く『東都事略』、『宋史』などの李沆伝に引用されている。勝手に皇帝の詔を焼き、皇帝の申出をきっぱりと断わったことなど、一般の官僚にはとてもそのような勇気はなかったと思う。人間関係の上で、多くの人はこうした体験をもったかもしれない。つまり関係が疎遠な場合は、往々互いに遠慮深い。逆に親密な場合は、時に行き過ぎた行為があっても、相手は意外と逆らわない。李沆と真宗の関係はこの

ようなものであった。こうした君臣関係下で皇権を制約しても、そこには自ずから一定の弾力性があり、皇帝の自尊心を傷つけ、強い反発を買う懼れはなかったのである。

真宗は何か要求があると、つねにこそこそと李沆に頼みにいかねばならなかった。逆に李沆の方はひそかに真宗につげ口をすることはほとんどなかった。これに対して、真宗は「沆の密奏無きを以て、之れに謂いて曰く、人皆な密啓有るも、卿独り無きは、何ぞや」と尋ねた。李沆は「臣、宰相を待罪し、公事は則ち之れを公言す。何ぞ密啓を用いんや。夫れ人臣の密啓有る者、讒に非ざれば即ち佞なり。臣常に之れを悪む。豈に傚尤とす可けんや[68]」と答えた。太宗が官僚たちに積極的に「自ら人主と結ぶ[69]」ことを望んだのと同じように、真宗も官僚たちが諸事を報告し、皇帝個人の私党になるよう期待したわけである。しかしながら、李沆は宰相として執政集団の立場に立ち、下位の者がかれを跳び越して皇帝と直接に接触することを嫌がった。それとは別に、李沆には懸念すべきことがあった。それは、派閥闘争において、この種の密啓が暗闇に放たれた矢のように、かれと皇帝とを離間させる可能性があったからである。それゆえ李沆は、予防措置として密啓を出した者を厳しく非難し、初発から真宗が一方の言い分だけを聞いてそれを信ずる習慣を持たせないようにした。

真宗の不適当な提案に対して、李沆は時にあからさまな頑固さを示した。『五朝名臣言行録』前集巻二に引く『金坡遺事』には、

　駙馬都尉石保吉、使相と為らんことを求む。真宗以て公（李沆）に問う。公曰く、賞典の行、須らく自る所有るべし。保吉、戚里に因縁し、攻戦の労無し。台席の拝、恐らく物論を騰す、と。它日、再三之れを詢うも、議を執ること初の如し。遂に其の事を寝む。公薨じて数日に及び、乃ち卒に拝す[70]。

と記されている。ところが、『長編』巻五六～五七の記載によれば、李沆は景徳元年七月丙戌（四日）に亡くなり、

八月丙子（二三日）に石保吉が初めて使相となっている。これでわかるように、石保吉の使相任命は李沆の死から二カ月近くも隔たっており、決して「数日」ではない。これをみても、真宗は非常に李沆に気がねしていたことがわかる。李沆の存命中は、この人事は一貫して行えなかった。「再三之れを詢うも、議を執ること初の如し」という記載から、李沆の頑固で強硬な一面がうかがえる。李沆がこの人事に反対した理由は「恐らく物論を騰す」という点にあった。すなわち、世論の非難を恐れたのである。

道理・法律・天道という従来の皇権を制約する有効な手段を除き、一定の自律性をもっている皇帝にとって、士論つまり士大夫の世論も皇権の膨張を抑制する一方式であったといえる。だからこそ、士大夫たちは常になんとかして皇帝を世論重視の方向へ導こうとした。ある日、都で地震が起こったため、真宗は宰相李沆に「朝廷の命令は尤も宜しく謹重すべし。一令を出す毎に、輿人の謗議を免れず。或いは稍や之れを抑うれば、又た言路を塞がん」と言った。これに対して、李沆は勢いに乗じて、「人の多言は固より畏る可し」[71]と応じた。皇帝に人言を恐れさせることは、宰輔専政の要求のみならず、さらに全官僚層の利益とも合致するのである。

真宗は李沆の諸提案をおおむね容認したが、李沆の方は決して真宗の意見を鵜呑みにはしなかった。君臣関係の場合、かつて宰相呂蒙正が太宗に「臣、媚道を用いて人主の意に妄随し、以て国事を害せんと欲さず」[72]と語ったことがある。これこそ李沆が固守した原則であった。李沆の神道碑にかれは「詭随を喜ばず」、「直を執りて矯むること無し」であり、君主に対しては「誨えを納め規を尽くし、犯有るも隠す無し」といった評言が見られる。

西夏との対立時代、前線に位置する霊州への供給困難なため、ある人がそこを放棄するようにと提案した。が、真宗は腹が決まらず、「左右の輔臣に訪ぬるに、咸な以為らく霊州は乃ち必争の地、苟しくも之れを失わば、則ち縁辺の諸州も亦た保つ可からず、と。上、頗る之れを然りとす」と『長編』巻五〇咸平四年十二月丁卯の条には記されている。そこでもし李沆が衆議に付和すれば、つまり君臣一致となり、みんなが喜ぶはずであった。しかし、李沆はそうはしなかった。「宰相李沆奏して曰く、若し遷（李継遷）賊死せざれば、霊州必ず朝廷の有する所に非ず」とある。李沆の意見によって、霊州の放棄は大勢上やむを得なかったが、早い放棄は遅い放棄に比べて主導権が取れる。皇天后土という中国の伝統理念では、つねに一寸の国土でも重視してきた。だから李沆の意見に対し、「上愕然として曰く、卿何ぞ独り衆と異なるや」と問う。李沆は「臣言う、単車の使を発し、州将を召し、戍卒・居民を部分し、其の空壘を委ねて帰るに若くは莫し。此の如くすれば、則ち関右の民息肩するなり(73)」と答えた。

李沆が霊州放棄を極力主張したのは、戦略的な配慮からであり、同時に西北の軍隊と人民の負担を軽減したからである。李沆のこうした民を重んずる思想は、伝統的な儒学思想の影響であるが、自らの出身が貧しく、任官後も多額の負債をかかえていた事情とも関係がある。『長編』巻五六景徳元年六月丙戌の条に「(李沆）嘗って喜びて『論語』を読む。或るひと之れを問う。沆曰く、宰相と為り、『論語』中の節用愛人し、民を使い時を以てすの両句の如く、尚お未だ行うこと能わず。聖人の言、終身之れを誦するも可なり(74)」とある。李沆が宰相の地位にあって、依然として、清廉と倹約を旨としたのは、前述のような影響と経歴が関係ある。『五朝名臣言行録』前集巻二に引く『温公訓倹事』には、

公、相と為り、第を封丘門内に治む。庁事の前、僅に馬を旋するを容る。或るひと其の太だ隘きを言う。公笑いて曰く、居第は当に子孫に伝うべし。此れ宰相の庁事と為さば誠に隘し。太祝と為し、礼を奉じ、庁事も亦た寛し、と(75)。

と記されている。こういう狭い家でも、『宋史』本伝には「垣頽れ壁損うに至るも、以て屑意とせず」という評言が見られる。

前述した霊州を放棄するか否かをめぐる論争の顛末は、『宋史』本伝に「方に衆議各々異なり、未だ即ちに沆の言に従わず。未だ幾ならずして霊州陥る。帝是れに由り、益々之れを重んず[76]」と記されている。もともと李沆は真宗の身辺で威信を保持していたが、霊州事件に類似の経験を何回か積んだ後に、真宗は当然のごとくに「益々之れを重んず」るようになった。それだけ李沆の発言権も強化されたわけである。

李沆は官員の任免につき、相当な権力を持っていた。かれが宰相となった当初、真宗はかれに「治道の宜しく先んずべき所は」と質問したことがある。李沆は「浮薄の新進喜事の人を用いざること、此れ最も先と為す」と答えた。これについて、真宗はかれに具体的な人を挙げて説明させる。李沆は「梅詢・曾致尭らの如き是れなり」と。後に朝廷は陝西を安撫するために曾致尭を温仲舒の助手として派遣した。『宋史』巻二八二「李沆伝」によれば、曾致尭は「閤門に於いて疏言す、仲舒と事を共にするに足らず、と。軽鋭の党、快と称せざるは無し。沆喜ばず。因りて他人を用いて仲舒に副え、致尭を罷めしむ[77]」とある。梅詢の場合については、『宋史』巻三〇一「梅詢伝」に、真宗はかつて「知制誥に命ぜんと欲するも、李沆、其の険薄望軽を力言し、用う可からざるとす[78]」とある。

『宋稗類鈔』巻九には、

李文靖公沆相と為り、専ら方厳重厚を以て、浮躁を鎮服す。尤も人の短長を論説して己を付すことを楽ばず。胡秘監旦、商州に謫せられ、久しく未だ召せず。嘗つて文靖と同に知制誥と為る。其の参政を拝すを聞き、啓を以て之れを賀し、歴に前に職に居て罷去せらるる者を詆って云う、呂参政無功を以て左丞と為り、郭参政失酒を以て少監と為る、辛参政非材謝病をもって尚書を優拝し、陳参政新任にて旨を失い両省に退帰す、と。而して文靖を誉むること甚だ力め、意は将に以て之れを付さんとす。文靖、愀然として楽ばず。小吏に命じて封して篋を置きて曰く、吾れ豈に真に是れより優るる者有らんや、亦た適ま遭遇するのみ。人の後に乗じて其の非を譏るは、

吾れの為さざる所なり。況んや一己を揚げんと欲さば四人を短とするや、と。終いに相為るも、旦を復び用いず。(79)

と記されている。

李沆の同年の進士寇準は最初「丁謂と善し。屢々謂の才を以て沆に薦むるも、用いず」であった。李沆にはかなり人を見る目があったといえる。李沆が丁謂を重用しなかったことに対して、寇準は納得できず、李沆のところへ質問にやってきた。李沆は「其の人と為りを顧みれば、之れを人の上に在らしむ可けんや」と。寇準は「謂の如き者、相公終いに之れを抑して人の下に在らしむこと能わんや」と反問。寇準の反問に対し、李沆は判断を下さないまま、ただ「他日後悔せば、当に吾が言を思うべし」と一言だけ。後に宰相となった寇準に抜擢された丁謂は、果たして寇準を迫害し、寇準は遙かかなた瘴気みつる南海の地で亡くなったのである。そのときになって寇準は「始めて沆の言に伏す(80)」と伝えられている。

真宗がどの程度まで李沆の言いなりで深く信任していたかは、李沆の死後も多年にわたり、かれの言葉を胸に刻んでそれを墨守したことを介しても、その一斑を伺うことができる。『東坡志林』巻四には、

真宗の時、或るひと梅詢を薦めて用う可し、とす。上曰く、李沆嘗つて言う、其れ君子に非ず、と。時に、沆之れ没してより、蓋し二十余年なり。

とある。これに対して、当時の士大夫たちはかなり感無量であった。『東坡志林』には、これに続けて

欧陽文忠（脩）公、嘗つて蘇子容（頌）に問いて曰く、宰相没して二十年、能く人主をして其の言を追信せしむるは、何道を以てするや、と。子容言う、独り無心を以ての故のみ、と。軾因りて其の語を賛して、且つ言う、陳執中は俗吏なるのみ、特だ至公を以てせば、猶お能く信を主上に取るがごとし。況んや李公の才識の如くにして、之れを済すに無心を以てせんや、と。(81)

と述べられている。蘇東坡が言及した陳執中は、後の仁宗朝で宰相の位についた。李沆から始まり陳執中に及ぶまで、君主の信任の下での宰輔専政の一端をうかがうことができる。

周知の諺言に「人走茶涼」（離れた人が冷たい茶のように冷遇される）と「蓋棺論定」（人間の評価は死後にはじめて定まる）というのがある。李沆の亡くなった後の真宗の反応と態度から、君臣間の親密関係はすでに極点に達していたことがわかる。『宋会要輯稿』「礼」四一～一五に「（景徳元年）七月四日、宰臣李沆の第に幸し、奠に臨む。是れより先、幸して、疾を問う。既に還り、沆の不起を以て聞く。即日復た奠に臨み、之れに哭慟す[82]」と記されていた。慟とは、大きな悲しみによって哭することを指す。一般的には、生みの親に死なれた場合の悲哀の状態である。続けて『宋会要輯稿』には「礼官奏す、沆の品秩、挙哀とすべきと雖も、又た縁うに国朝以来、惟だ趙普・曹彬のみ曾つて此の礼を行うのみ。今来の事特旨に係る」とある。このため、真宗は「詔して、特に日を択びて挙哀」としたという。『宋会要輯稿』「礼」四一～一七はその記述の後に「是れ自り宰相の卒すれば此の礼を用う」と記す。李沆の葬儀形式が前例となり、後の宰相もその恩典にあずかった。李沆から始まったという事実も、真宗と李沆との関係が尋常一様ではなかったことを表している。およそ君臣関係で、李沆が嚆矢となったものは決して少なくない。一例を挙げると、『宋会要輯稿』「礼」四五～三三に「咸平二年十一月八日、南郊の礼畢わるを以て、近臣を李沆の第に宴す。自後、凡そ大礼畢われば、皆な私第に就きて会を賜う[83]」とあるのがそれである。

君主の信任は宰輔専政の基礎であり前提でもある。真宗朝において、称賛できることは、皇帝の役割の位置付けという点で、李沆等の宰輔大臣と真宗とはいずれも曖昧さがなかったことである。一例だけ挙げてみたい。『宋会要輯稿』「礼」五五～一には、

真宗景徳元年三月十五日、明徳皇太后崩ず。十七日、李沆等上表し、聴政を請う。允さず。十九日、再び上表

す。二十一日、沆等万安宮門に詣りて、対を請う。帝号泣して之れと見ゆ。沆曰く、軍国の事繁く、暫くも昿しうす可からず。願わくは、天下を以て念と為し、早く衆の懇を愈さん、と。

これに対する真宗の応答は含蓄に富む。「梓宮殯に在り。四方の事、各々司の存する有り。請う所の聴政は、朕の情の未だ悉さざる所なり」[84]と。李沆等の宰執大臣にとって、皇帝は天下における象徴的な存在意義をもち、不可欠なものである。だからこそ李沆等は真宗に「以天下為念」だと言ったのである。事実上、李沆等が指示号令を出すときは、皇帝という「橡皮図章」（ゴム印＝中国語では名義だけで実権のない人物ないし機構のたとえ）は欠かすことができない。ただし、真宗の立場からすれば、「四方之事、各有司存」ということになる。いいかえれば、皇帝たるかれにとって、政を聴くか否かは重要ではなく、それは正常に運営されている政務にほとんど影響がなかった。しかし、宰相は「各有司存」の首脳なので、宰相が国政を総攬し、権力を強化することは、真宗からすれば至極当然なことであった。

小　結

李沆と同じ太平興国五年に進士に合格し、宋代名臣の一人でもあった張詠は、かつてかれの同榜中の最も傑出した数人につき、以下の評語を残した。

吾が榜中、人を得ること最も多し。慎重にして雅望有るは、李文靖（沆）に如くは無し。深沈にして徳有り、天下を鎮服するは、王公（旦）に如くは無し。面折廷争し、素より風采有るは、寇公（準）に如くは無し[85]。

と真宗朝の名臣として、張詠が挙げた三人は妥当な人選であって、異議をさしはさむ余地はないと思う。しかし、かれが李沆の主な特徴について、「慎重にして雅望有る」という評価を下したのは、適切とはいえない。李沆が「慎重にして雅望有る」であることはいうまでもないが、それは李沆に特有のものではなく、あらゆる時代の名臣に共通する特徴であるといえる。むしろ、元代の『宋史』編纂者が「李沆伝」の後に付した「論曰」が、比較的真実に近いと思われる。

宋、真宗の世に至り、号して盛治と為す。而して人を得ること亦た多し。李沆相と為り、正大光明、其の妃を封ずるの詔を焚き、以て人主の私を格《ただ》す。霊州の民を遷し、以て西夏の謀を奪わんことを請うは、宰相の任に愧ずること無し。沆、嘗つて王旦に謂う、辺患既に息めば、人主の侈心必ず生じ、声色・土木・神仙祠祷の事、将に作さん、と。後に王欽若・丁謂の徒、果たして其の佞を售る。又た真宗に告ぐるに、新進喜事の人を用う可からず、と。中外陳ぶる所の利害、皆な報じて之れを罷む。後、神宗、安石の変更の言を信用し、紛擾に馴致す。世に沆を聖相たりと称するは、其の言過ぎたると雖も、誠に先知なる者有るか。[86]

元人の論賛のなかで、「霊州の民を遷し、以て西夏の謀を奪わんことを請う」の部分は外交を扱っているが、それを除けば、すべて内政であり、なおかつ多くは君臣関係にわたる。「人主の私を格す」から、「真宗に告ぐるに、新進喜事の人を用う可からず」まで、皇帝の行為を戒告・制約する意図にほかならない。真宗が初めての正統君主として即位した当初、李沆の一連の行動は、極めて深遠な意義があったと思われる。かれは太子賓客を担当したときから、すでに新世代の君主の塑像に着手したのである。李沆は死ぬまで、真宗の塑像と教育を続けたのである。その塑像と教育は、工夫を凝らして行った場合もあれば、以心伝心で暗黙のうちに影響を与えたこともあった。李沆とほかの執政大臣の多くの言行を介して、初代の正統継承の君主から始まり、新しい君臣関係が定着し、ついに皇権を位置付けたのである。李沆が作り上げた手本は、かれの死後の真宗朝において、後継宰相王旦の十数年の長きにわたる努力のあげく、さらに充実し完全なものになった。[87]また、「面折廷争」で知られる宰相寇準によって、より一層強化されたのである。総じて言えば、宋代における君臣協力下の宰輔専政は、間違いなく李沆から本格的に始まったのである。

注

（1）『宋史』巻二八二「李沆伝」の巻末「論曰」と『宋宰輔編年録』巻二を参照。

（2）準開国皇帝とは、私の造語である。開国皇帝と共に王朝を建てた二番目の皇帝を指す。その特徴として、二番目の皇帝は、初代皇帝からみれば、ほとんど皇位簒奪者の嫌疑をもつ。つまり不正常の手段で即位したからである。たとえば、唐の太宗、宋の太宗、明の成祖（三番目であるが、二番目の建文帝を武力で覆した）がそれである。かれらはほとんど開国皇帝と同様な政治的支配力を持った。

（3）『宋史』巻六、「真宗紀」を参照。

（4）同上。

（5）『宋史』巻二八一、「寇準伝」に「時太宗在位久、馮拯等上疏乞立儲貳。帝怒、斥之嶺南、中外無敢言者」とある。

（6）「燭影斧声」事件について、拙論「略論宋太宗」（『社会科学戦線』四、一九八七年）「燭影斧声事件新解」（『中国史研究』二、一九九一年）を参照。

（7）同上「寇準伝」に「準、初自青州召還、入見。帝足創甚、自褰衣以示準、且曰、卿来何緩耶。準対曰、臣非召不得至京師。帝曰、朕諸子孰可以付神器者。準曰、陛下為天下択君、謀及婦人・中官不可也、謀及近臣不可也。唯陛下択所以副天下望者。帝俛首久之、屏左右曰、襄王可乎。準曰、知子莫若父。聖慮既以為可、願即決定。帝遂以襄王為開封尹、改封寿王。於是立為皇太子」とある。

（8）同上「寇準伝」に「（皇太子）廟見還、京師之人擁道喜躍、曰、少年天子也。帝聞之不懌、召準謂曰、人心遽属太子、欲置我何地」とある。

（9）『宋史』巻二四四、「燕王徳昭伝」を参照。

（10）『長編』巻四二、至道三年十一月丙寅の条を参照。

(11)『宋史』「真宗紀」を参照。

(12)同上「真宗紀」に「故事、殿廬幄次在宰相上、宮僚称臣、皆推譲不受。見賓客李至・李沆、必先拝、迎送降階及門」とある。

(13)『宋史』巻二四五、「漢王元佐伝」を参照。

(14)『宋史』巻二八一、「呂端伝」に「太宗不豫、真宗為皇太子、端日与太子問起居。及疾大漸、内侍王継恩忌太子英明、陰与参知政事李昌齢・殿前都指揮使李継勲・知制誥胡旦謀立故楚王元佐。太宗崩、李皇后命継恩召端。端知有変、鎖継恩於閣内、使人守之而入。皇后曰、宮車已晏駕、立嗣以長、順也。今将如何。端曰、先帝立太子、正為今日。今始棄天下、豈可遽違命有異議邪。乃奉太子至福寧庭中。真宗既立、垂簾引見群臣。端平立殿下不拝。請巻簾、昇殿審視、然後降階、率群臣拝呼万歳。以継勲為使相赴陳州、貶昌齢忠武軍司馬、継恩右監門衛将軍均州安置。旦除名流潯州、籍其家貲」とある。

(15)『宋史』「呂端伝」に「時呂蒙正為相、太宗欲相端、或曰、端為人糊塗。太宗曰、端小事糊塗、大事不糊塗」とある。

(16)『宋宰輔編年録』巻三に「上居憂日、対輔臣於禁中。毎見呂端等、必粛然拱揖、不以名呼。端等再拝而請、上曰、公等顧命元老、朕安敢上比先帝」とある。

(17)『長編』巻七二、大中祥符二年九月乙亥の条を参照。

(18)『北窓炙輠録』巻上に「百事不会、祇只会做官家」とある。

(19)『宋史』「真宗紀」の巻末「賛曰」に「及澶淵既盟、封禅事作、祥瑞沓臻、天書屢降。導迎奠安、一国君臣如病狂然。吁、可怪也。……意者宋之諸臣、因知契丹之習、又見其君有厭兵之意、遂進神道設教之言、欲仮是以動敵人之聴聞、庶幾足以潛消其窺覦之志歟」とある。

(20)これまで史学界の通説である君主独裁或いは君主専制に対して、私は「宰輔専政」という言い方を出した。「宰輔専政」というのは、宰相一人の独断ではなく、宰相をはじめとする執政集団が中央政治運営において政策決定する形態を指す。「宰輔専政」の形態の下では、皇帝の役割も排斥されず、皇帝は同じ支配システムの構成員の一人でもある。だが、実際の役割から見れば、政策決定のプロセスの中で、決定的な役を担ってはいない。厳密に言えば、「宰輔専政」というのは理想的な言い方ではなく、中央集権をいうべきであるが、これまで使用されている「中央集権」という学術用語は主に中央と地方との関係を表すので、概念の混乱を避けるために、「宰輔専政」を採用するゆえんである。これについては序章を参照。

（21）『宋史』巻二六七、「趙昌言伝」に「謂其有台輔之量、表聞於朝」とある。

（22）『宋史』巻二七三、「何承矩伝」に「厚待之、以為有公輔器」とある。

（23）楊億『武夷新集』巻二〇、「文靖李公墓誌銘」に「稔熟於上聴、喧塞於公議」とある。

（24）『宋史』巻二八二、「李沆伝」に「相府召試約束辺将詔書、既奏御、太宗甚悦、命直史館」とある。また、本章でふれた李沆の事績のうち出典を示していないものは皆な本伝に拠る。

（25）王化基等三人が知制誥に任命された一連の記事――「化基自結人主、誠可賞也」「李沆宋湜皆嘉士」「各賜銭百万」「又以沆素貧、負人息銭、別賜三十萬償之」――引用文は『長編』巻二七雍煕三年十月庚子の条とある。

（26）『長編』巻二七、雍煕三年十月庚子の条に「上尤重内外制之任。毎命一詞臣、必諮訪宰相、求才実兼美者。先召与語、観其器識、然後授之。嘗謂左右曰、詞臣之選、古今所重。朕早聞人言、朝廷命一知制誥、六姻相賀、以謂一佛出世、豈容易哉。郭贄、河南府門人。朕初即位、因其楽在文筆、遂命掌誥。頗聞制書一出、人或哂之。蓋其素乏時望。業已進用、朕亦為之靦顔。然亦終不令入翰林也」とある。

（27）『長編』巻二九、端拱元年閏五月壬寅の条に「時知制誥李沆亦同知貢挙。謗議独所不及」とある。

（28）『長編』巻三二、淳化二年閏二月己丑の条に「学士領外司自此始也」とある。

（29）「文靖李公墓誌銘」に「(李沆)掌選部、澄汰流品、旌別淑慝、清通簡要、時誉帰之」とある。

（30）「文靖李公墓誌銘」に「公之在内署也、或乙夜観書之余、備前席受釐之問。風規蘊籍、占対嫻雅、弼違献可、上多沃心。称善挙能、言皆有味」とある。

（31）「文靖李公墓誌銘」に「天子知其才可以緝煕帝載、察其徳可以鎮厚風俗、乃有意於大用」とある。

（32）『長編』巻三二、淳化二年九月己亥の条に「沆、初判吏部銓、因侍曲宴。上目送之曰、李沆風度端凝、眞貴人也」および「不数月、遂与(賈)黄中倶蒙大用」とある。李沆が参知政事に任命されたことも『長編』のこの条に見える。

（33）以上の宰相・執政の任免は『宋宰輔編年録』巻二を参照。

（34）『長編』巻三四、淳化四年十月辛未の条に「昉因循保位、近霖陰百余日、陛下焦労傷慮、憂形於色。昉居輔相之任、職在燮理陰陽、而乖戻如此。昉宴然自若、無帰咎引退之意」とある。

(35) 同前掲に「(賈黄中)在中書畏慎過甚、政事頗稽留不決、時論弗許之」とある。これは『宋宰輔編年録』巻二にも見える。
(36) 同前掲に「黄中等以循默守位故罷謫」とある。
(37) 『宋宰輔編年録』巻二に「先是、殿中丞朱貽業、参政李沆之姻、与諸司副使王延徳同監京庾。延徳託貽業白沆求補外官。沆以語斉賢、斉賢以聞。太宗曰、延徳嘗事邸、不自陳而輒干執政。遽召見責之。延徳言未嘗有請。遂召斉賢質之。斉賢言得於貽業。而貽業不以実対。斉賢不欲援沆為証、乃自引咎。由此太宗疏之、遂致罷相」とある。
(38) 『宋史』「李沆伝」に「以本官罷、奉朝請」とある。
(39) 「文靖李公墓誌銘」を参照。
(40) 『長編』巻三八、至道元年八月癸巳の条に「以尚書左丞李至・礼部侍郎李沆並兼太子賓客。見太子如師傅之儀、太子見必先拝、動皆諮詢。至等上表懇譲、詔不許。至等入謝、上謂至等曰、朕以太子仁孝賢明、尤所鐘愛。今立為儲貳、以固国本。当賴正人輔之以道。卿等可儘心調護。若動皆由礼、則宜賛成。事或未当、必須力言。勿因循順従也。至如礼楽詩書之道、可以裨益太子者、皆卿等素習、不假朕多訓爾。至等頓首謝」とある。
(41) 『宋史』巻二四五、「元佐伝」を参照。
(42) 『長編』巻三三、淳化三年十一月丙辰条及び割注の記事を参照。
(43) 『長編』巻四一、至道三年四月甲辰の条を参照。
(44) 注(16)および『長編』巻四一、至道三年六月甲辰の条を参照。
(45) 『東都事略』巻三七、「夏侯嶠伝」に「講読之職、自唐有之。五代以来、時君右武、不暇向学。故此職亦廃。太宗崇尚儒術、嘗命著作郎呂文仲侍読、寓直禁中。然名秩未崇。真宗奉承先志、首置此職、班秩次翰林学士、禄賜如之」とある。
(46) 『長編』巻三、建隆三年二月壬寅の条に「上謂近臣曰、今之武臣欲尽令読書、貴知為治之道。近臣皆莫対」とある。李燾注に「史臣李沆等曰、昔光武中興、不責功臣以吏事。及天下已定、数引公卿郎将講論経義、夜分乃罷。蓋創業致治自有次第。今太祖欲令武臣読書、可謂有意於治矣。近臣不能引以為対、識者非之」とある。
(47) 『長編』巻四一至道三年七月乙丑の条に「召端等訪以軍国大事・経久之制。端陳当世急務、皆有条理」とある。
(48) 以上述べた宰執の人事異動には『宋宰輔編年録』巻三を参照。

(49)『宋宰輔編年録』巻二に「事渉干請、辞連参知政事李沆。斉賢独任其責、物論美之」とある。
(50)『宋史』「李沆伝」に「會契丹犯辺、真宗北幸、命沆留守。京師粛然。真宗還、沆迎於郊。命坐置酒、慰労久之」とある。李沆が東京留守となったことは、『長編』巻四六咸平三年正月庚子の条では、「李沆為東京留守、不戮一人、而輦下清粛」とある。
(51)『建炎以来繋年要録』巻八六紹興五年閏二月乙卯の条にみえる高宗と参知政事兼知枢密院事趙鼎との対話。本文に「往時、三省・枢密院不同班進呈、是以事多不相関白」（高宗）、「枢密院調発軍馬、三省不知。三省財用已竭、枢密院用兵不止」（趙鼎）とある。
(52)『長編』巻五〇、咸平四年十二月丁未の条を参照。
(53)『長編』巻五〇、咸平四年十二月丁卯の条を参照。
(54)『長編』巻五四、咸平六年五月庚寅の条を参照。
(55)『長編』巻五四、咸平六年六月己未の条に「朕雖画此成謀、以授将帥、尚恐有所未便。卿等審観可否、更共商榷」とある。
(56)『長編』巻五四、咸平六年八月甲戌、九月甲子、巻五六景徳元年五月丁丑の諸条を参照。
(57)『長編』巻五七、景徳元年九月丁酉の条に「上毎得辺奏、必先送中書。謂畢士安・寇準曰、軍旅之事、雖属枢密院、然中書総文武大政、号令所従出。向者李沆或有所見、往々別具機宜。卿等当詳閲辺奏、共参利害。勿以事干枢密院而有所隠也」とある。
(58)『長編』巻四四咸平二年閏三月庚寅の条に「時有上封指中書過失、請行罷免者。上覧之不悦、謂宰相曰、此輩皆非良善、止欲自進。当譴責以警之。李沆進曰、朝廷比開言路、苟言之当理、宜加旌賞、不則留中可也。況臣等非材、備員台輔。如蒙罷免、乃是言事之人有補朝廷。上曰、卿真長者矣」とある。
(59)『宋会要輯稿』「帝系」二―八を参照。
(60)『元城語録解』巻中に「李丞相謂人曰、沆在政府、無補報国。惟四方所上利害、一切不行耳。此大似失言、然有深意。且祖宗之時、経変多矣。故所立法度、極是穏便。正如老医看病極多、故用薬不至孟浪殺人。且其法度、不無小害、但其利多耳。後人不知、遂欲軽改。此其害紛紛也。李丞相毎朝謁奏事畢、必以四方水旱盗賊不孝悪逆之事奏聞。上為之変色、惨然不悦。

既退、同列以為非。問丞相曰、吾儕当路、幸天下無事。丞相毎以不美之事以拂上意。然又皆有司常行不必面奏之事。後幸已之。公不答。数々如此。因謂同列曰、人主一日豈可不知憂懼也、若不知憂懼、則無所不至矣。惟此両事、最為得体。在漢之時、惟魏丞相能行此両事。……後之為相者、則或不然。好逞私智、喜変祖宗法度、欺蔽人主、悪言天下之災異。喜変法度、則綱紀乱。悪言災異、則人主驕。此大患也」とある。これは『宋宰輔編年録』巻三と『五朝名臣言行録』前集巻二にも見える。

(61)『宋宰輔編年録』巻三に「上之初即位、沆日取四方水旱盗賊奏之。参政王旦以為此細事不足煩聖聴。沆曰、人主少年、当使知人間疾苦。不然、血気方剛、不留意声色犬馬、則土木・甲兵・祷祠之事作矣。吾老、不及見、此参政他日之憂也。沆歿後、真宗朝陵展礼・封山行慶、巨典盛儀、無所不挙。旦為相、毎思沆之言、嘆曰、文靖、聖人也」とある。

(62)同前掲に「時西北用兵、辺奏日聳。便殿延訪、或至旰昃、弗遑暇食。旦慨然謂沆曰、安能坐致太平、吾人得優遊宴息乎。沆曰、国家強敵外患、足為警懼。異時天下晏然、人臣率職、未必高拱無事。君奚念哉」とある。

(63)『宋会要輯稿』「職官」八七～五八に「臣僚言、臣聞天之愛君、則時出災異之証。臣之愛君、則時陳警懼之説。李沆事真宗、日取四方水旱・盗賊奏之。或者以為細事不足煩上聴。不知四方艱難之事不聞、則警懼之念、有時而忘。忠臣愛君、正不当以水旱・盗賊為細故而略之也」とある。

(64)皇帝を制御するかまえについて、第二章を参照。

(65)『長編』巻五五咸平六年十一月甲寅の条に「有星孛於井鬼、大如杯、色青白、光芒四尺余、犯五諸侯、歴五車入参、凡三十余日没。上謂宰相曰、垂象如此、其咎安在。李沆曰、陛下修徳布政、実無所闕、第恐分野有災耳。上曰、朕徳薄、致茲譴見。大懼災及吾民。密迩誕辰、宜罷称觴之会、以答天譴。李沆曰、星文変異、陛下克謹天戒、此甚盛徳也」とある。

(66)『宋宰輔編年録』巻七に「弼再入相、既至、有於上前言災異皆天数非人事得失所致者。弼聞而嘆曰、人君所畏惟天。若不畏天、何事不可為者。去乱亡無幾矣。此必奸臣欲進邪説、故先導上以無所謂、使輔弼諫諍之臣、無所復施其力。此治乱之機也、吾不可以不速諫」とある。

(67)『五朝名臣言行録』前集巻二に引く『呂氏家塾記』に「公（李沆）為相、真宗嘗夜遣使持手詔問、欲以某氏為貴妃如何。公対使者自引燭焚其詔書、附奏曰、但道沆以為不可。其議遂寝」とある。

（68）『宋史』「李沆伝」に「帝以沆無密奏、謂之曰、人皆有密啓、卿独無、何也。曰、臣待罪宰相、公事則公言之。何用密啓。夫人臣有密啓者、非讒即佞。臣常悪之、豈可傚尤」とある。

（69）『長編』巻二七、雍熙三年十月丙申の条を参照。

（70）『五朝名臣言行録』前集巻二に引く『金坡遺事』に「駙馬都尉石保吉求為使相、真宗以問公（李沆）。公曰、賞典之行、須有所自。保吉因縁戚里、無攻戦之労。台席之拝、恐騰物論。它日、再三詢之、執議如初。遂寝其事。及公薨数日、乃卒拝焉」とある。

（71）『長編』巻五六、景徳元年正月丁未の条を参照。

（72）『宋史』巻二六五、「呂蒙正伝」に「臣不欲用媚道妄随人主意、以害国事」とある。

（73）『長編』巻五〇、咸平四年十二月丁卯の条に「朝議欲棄霊州。……上訪於左右輔臣、咸以為霊州乃必争之地、苟失之、則縁辺諸州亦不可保。上頗然之。宰相李沆奏曰、若遷（李継遷）賊不死、霊州必非朝廷所有。上愕然曰、卿何独与衆異也。沆曰、臣謂莫若発単車之使、召州将部分戍卒居民、委其空壘而帰。如此則関右之民息肩矣」とある。

（74）『長編』巻五六、景徳元年六月丙戌の条に「（李沆）嘗喜読『論語』。或問之。沆曰、為宰相、如『論語』中節用而愛人、使民以時両句、尚未能行。聖人之言、終身誦之可也」とある。

（75）『五朝名臣言行録』前集巻二に引く『温公訓倹』に「公為相、治第於封丘門内、庁事前僅容旋馬。或言其太隘。公笑曰、居第当伝子孫。此為宰相庁事誠隘、為太祝奉礼、庁亦寛矣」とある。

（76）『宋史』「李沆伝」「方衆議各異、未即従沆言。未幾而霊州陥、帝由是益重之」とある。

（77）『宋史』「李沆伝」に「真宗問治道所宜先、沆曰、不用浮薄新進喜事之人、此最為先。問其人、曰、如梅詢・曾致堯等是矣。後致堯副温仲舒安撫陝西、於閤門疏言仲舒不足与共事。軽鋭之党無不称快、沆不喜也、因用他人副仲舒、罷致堯」とある。

（78）『宋史』巻三〇一、「梅詢伝」に「（真宗）欲命知制誥、李沆力言其険薄望軽、不可用」とある。

（79）『宋稗類鈔』巻三に「李文靖公沆為相、専以方厳重厚、鎮服浮躁。尤不楽人論説短長附己。胡秘監旦謫商州、久未召。嘗与文靖同為知制誥。聞其拝参政、以啓賀之、歴詆前居職罷去者云、呂参政以無功為左丞、郭参政以失酒為少監、辛参政非材謝病優拝尚書、陳参政新任失旨退帰両省。而誉文靖甚力、意将以附之。文靖啾然不楽。命小吏封置篋。曰、吾豈真有優於是者、亦適遭遇耳。乗人之後而譏其非、吾所不為、況欲揚一己而短四人乎。終為相、旦不復用」とある。

（80）『宋史』「李沆伝」に「寇準与丁謂善、屢以謂才薦於沆、不用。準問之。沆曰、顧其為人、可使之在人上乎。準曰、如謂者、相公終能抑之使在人下乎。沆笑曰、他日後悔、当思吾言也」とある。

（81）『東坡志林』巻四に「真宗時、或薦梅詢可用。上曰、李沆嘗言其非君子。時沆之没、蓋二十余年矣。欧陽文忠公嘗問蘇子容曰、宰相没二十年、能使人主追信其言、以何道。子容言、独以無心故爾。軾因賛其語、且言、陳執中俗吏耳、特以至公猶能取信主上、況如李公之才識、而済之以無心耶」とある。これは朱熹の『五朝名臣言行録』前集巻二にも引用されている。

（82）『宋会要輯稿』「礼」四一～一五に「（景徳元年）七月四日、幸宰臣李沆第臨奠。先是、幸、問疾。既還、沆以不起聞。即日復臨奠、哭之慟」とある。

（83）『宋会要輯稿』「礼」四五～三三に「咸平二年十一月八日、以南郊礼畢、宴近臣於李沆第。自後、凡大礼畢、皆就私第賜会」とある。

（84）『宋会要輯稿』「礼」五五～一に「真宗景徳元年三月十五日、明徳皇太后崩。十七日、李沆等上表請聴政。不允。十九日、再上表。二十一日、沆等詣万安宮門請対。帝号泣見之。沆曰、軍国事繁、不可暫昿。願以天下為念、早俞衆懇。……帝曰、梓宮在殯。四方之事、各有司存。所請聴政、朕情所未悉」とある。

（85）『五朝名臣言行録』前集巻二に「吾榜中得人最多。慎重有雅望、無如李文靖（沆）。深沈有徳、鎮服天下、無如王公（旦）。面折廷争、素有風采、無如寇公（準）」とある。

（86）『宋史』第二八二巻末の「論曰」に「宋、至真宗之世、号為盛治。而得人亦多。李沆為相、正大光明、其焚封妃之詔、以格人主之私、請遷霊州之民、以奪西夏之謀、無愧宰相之任矣。沆嘗謂王旦、辺患既息、人主侈心必生、而声色・土木・神仙祠祷之事将作。後王欽若・丁謂之徒、果售其佞。又告真宗不可用新進喜事之人、中外所陳利害、皆報罷之。後神宗信用安石変更之言、馴致紛擾。世称沆為『聖相』、其言雖過、誠有先知者乎」とある。

（87）第四章「『平世の良相』王旦――君臣関係のケース・スタディー（二）――」を参照。

第四章 「平世の良相」王旦

——君臣関係のケース・スタディー（二）——

小引

従来、政治の舞台では、スポット・ライトはいつも少数の有名人或いは劇的な事件だけにあてられてきた。逆に普通の人或いは一般的な事件にはなかなか光があてられない。王旦は宰相という高い地位にあったにもかかわらず、権臣の多い宋代では、かれは人目を引く方ではない。特に驚異的な偉業も、悪名もなかったため、書き記すべき価値がないと考えられてきたのであろう。それゆえ、後世の宋史研究者はこの人物にほとんど触れていないのである。しかし、歴史の流れは常に波瀾万丈の状態だったのではなく、大半の場合はやはり静かに流れていく。歴史の大部分の景観はありきたりのものであるといえる。だが、ありきたりの状態も無視してはならない。王旦を例にとれば、かれの主な活動は宋の真宗時代にあったが、これは英雄の時代ではない。その時代になると、創業の君主たちはすでに死去してしまい、宋王朝初の正常に即位した皇帝である真宗に巨大な王朝が継承された。血なまぐさい嵐の中で創業するのも難しいが、平和な環境にあってこれを維持するのもまた容易ではない。士大夫たちが一つの階層として現れ始めてきた時代に、初めて正常に即位した皇帝にとって、君臣関係をいかに定めるかは、まず避けては通れない課題として、この時期の皇帝と宰相の眼前におかれた。これは宋代の君主独裁の濫觴を開くことになるか、それとも宰輔専政の端緒を導き出すことになるか、という宋代の政治方向に関わる。今日、王旦などの宰相たちがどの程度自覚的に意識したかを推測することは容易でないが、かれらの実際の行動は、確かに宋代の政治を従来いわれた君主独裁制ではない、宰輔専政の方向に歩みはじめさせたと思われる。真宗が在位した二十余年の中で、宋人に「平世の良相」[1]と称えられた王旦は、十余年間も宰相職を担っており、果たした役割はかなり重要であると考えられるが、これまで学界では王旦に関する研究はほとんどなかった。本章は王旦の言動の考察を通して、かれのさまざまな行動の背後に含まれる意義、およびそれによって及ぼした影響を分析していきたい。

第一節　一朝宰相

政務上、皇帝が日常的に最も多く接触をもつのは、共同で執政にあたる宰相大臣であった。この点を明確にするために、真宗朝二十六年間（九九七～一〇二二）の宰相を担当した人物を表で示そう。

宰相名	担当時期	備考
呂　端	九九七—九九八	在任約一年。病気で罷免、太宗朝宰相から留任。
張斉賢	九九八—一〇〇〇	在任約二年。朝会での失儀により罷免、嘗て太宗朝宰相。
李　沆	九九八—一〇〇四	在任約六年。任中に死去。参知政事からなる。嘗て太子賓客。
呂蒙正	一〇〇一—一〇〇三	在任約二年。病気で罷免。嘗て太宗朝宰相。
向敏中	一〇〇一—一〇〇二	在任約一年。違詔で罷免。太宗朝参知政事からなる。
畢士安	一〇〇四—一〇〇五	在任約一年。任中に死去。参知政事からなる。
寇　準	一〇〇四—一〇〇六	在任約二年。事で罷免。嘗て太宗朝参知政事。

王　旦	一〇〇六－一〇一七	在任約一二年。病気で罷免。参知政事からなる。
向敏中	一〇一二－一〇二〇	在任約八年(再任)。任中に死去。。
王欽若	一〇一七－一〇一九	在任約二年。事で罷免。枢密使からなる。
寇　準	一〇一九－一〇二〇	在任約一年(再任)。事で罷免。
李　迪	一〇二〇－一〇二〇	在任約半年。事で罷免。参知政事からなる。
丁　謂	一〇二〇－一〇二二	在任約二年。一〇二二年真宗死去。仁宗即位後、事で罷免。
馮　拯	一〇二〇－一〇二三	在任約三年。仁宗即位後、病気で罷免。

（『宋史』「宰輔表」より作成）

この表から見れば、真宗在位の前期に、李沆が六年間宰相をしている。中・後期には、王旦の宰相任期が一番長く、十二年に達した。王旦と同時期そして後に、向敏中の二度目宰相も八年間に達した。このほか、王旦の前後には、寇準が二度併せて三年あまり宰相をつとめていた。真宗朝の歴史全体を考察すれば、即位した初期の適応期を過ぎてから、王旦が宰相を担当した時期は真宗が皇帝として正常に執務したほとんど全過程に相当する。かつそのなかの六年間は単独で宰相をしていた。王旦は宰相の位で薨去した後、真宗もまもなく病気となり、意識がもうろうとした状態に入ると、真宗朝の政治は混乱期に入った。つまり、真宗朝の正常期の歴史を考察するのであれば、王旦という重要人物を離れては不可能なのである。

第二節　三槐、蔭と成る

王旦が幼い時、父の王祐は庭に三本の槐（エンジュ）を植えて、自信満々に「吾の後世、必ず三公と為る者有らん。此れ其の志す所以なり(2)」と言った。予想どおり数十年後、王旦は十数年間続いて宰相にあたり、三公の一つの太尉となったのである。

王旦の一生の官途を考察すれば、順風満帆であったといえる。これは党争の激しい宋代政界にあってはきわめて珍しかった。これは最初の段階で父がかれのために官途を敷いたことによると思われる。

太祖朝に王祜の官職は知制誥にまで至り、太祖の深い信任を得たことがある。太祖と太宗が陰に陽にしのぎを削っていたとき、知大名府に派遣された。実際の任務は太宗の岳父である魏州節度使・符彦卿を監視し、かつ機会をねらって陥れることであった。太祖は王祜に、もし成功すれば、宰相に任命すると、暗に示した。しかし王祜の人となりが正直だったからであろうか、それとも政治家の遠謀であろうか、とにかく太祖の指図に従わなかった。任期満了で朝廷に帰ったとき、太祖は王祜に「汝、敢えて符彦卿の異意無きことを保すか」と問い詰めた。王祜は「臣と符彦卿の家とは、各々百口あり、願くば臣の家を以て符彦卿の家を保さんことを」と答えた。また、太祖に「五代の君、多く猜忌に因りて無辜を殺す。故に国を享けること長からず。願くば陛下、以て戒と為さんことを」と諫めた。違命したのみならず、堂々として諫めた態度は太祖を怒らせ、王祜は左遷された。しかし、口実がないので、符彦卿は罪名をでっちあげられずにすんだ。このことによって、王祜は太祖の恨みを買ったけれども、かえって後に皇位を奪い取った太宗と深く付き合ったのである。王祜が左遷されるとき、親戚と友人が見送り、かれに「もともとあなたは宰相王溥のようなポストにつくはずだが」と残念の意を表した。王祜は「某倣らざるも、児子の二郎は須く倣らん[3]」と自信満々に答えた。二郎とは王旦である。王祜は非常に王旦を重く見て、「此の児は当に公相に至るべし」と予言したことがある。だからこそ、かれは全家族の命という代価を払うことも厭わず、息子の前途を開いたのである。

さらには王祜は広く交際して、これが王旦にとって一つの大きなコネクションとなっていた。これは後に王旦の順風満帆の官途にかなり大きな役割を果たしたのである。『宋史』巻二六九「王祜伝」に「祜、知貢挙たり、多く寒俊を抜擢す。畢士安・柴成務は皆其の取る所なり。後に其の子旦と同じく両制に入り、中書に居る」[4]とある。また、『宋史』巻二八一「畢士安伝」に「(畢士安は)凡そ交遊に、党援無く、唯だ王祜・呂端は引重せらる。王旦・寇準・楊億は相い友善す。王禹偁・陳彭年皆な其の門人なり」[5]とある。あらゆる社会は一つの網のようなネットワークをなしている。その中では友人の友人も互いに援助し、同盟を結ぶ基盤になることができる。ここでは呂端は太宗末期と真宗初期の宰相であり、畢士安は真宗朝の参知政事として王旦より先に宰相となり、陳彭年は王旦が宰相をしていたころの参知政事であり、楊億と王禹偁は有能な翰林学士として知られた。それ以外にも、真宗朝に御史中丞・枢密副使を歴任した王嗣宗は、『宋史』巻二八七本伝に「文を以て王祜に謁し、頗る優待せらる」とある。真宗朝に知制誥となった李若拙は、『宋史』巻三〇七本伝に「進士に挙げらる、王祜、貢挙を典り、上第に擢《ぬきん》ず」とある。真宗朝の文壇の名士である柳開については『宋史』巻四四〇本伝に「王祜、知大名たり、開は文を以て贄《おくりもの》をなし、大いに激賞を蒙る」と記されている。文人の李建中は『宋史』巻四四一本伝に「王祜の延誉する所となり、石熙載の第に館せば、熙載之れを厚待す」と記されている。『宋史』巻二九六「楊徽之伝」に「徽之、俗に諧ぐこと寡し。唯だ王祜・李沆の深く推服せらる所なり。石熙載・李穆・賈黄中と文義の友と為る」とある。上は高位高官から、下は普通の知識人に至るまで、いずれも王祜の交際の対象となった。隠士の李涜に「王祜河中を典り、深く礼待を加う」とある。真宗の即位したばかりに参知政事を任命された李至は『五君詠』を書いたことがある。王祜は李至が褒めたたえた五君の一人である。[6]かれは王祜の人となりをたいへん敬服していることがわかる。王祜が知大名をしたとき、全く見知らぬ人でさえ「王祜の義に篤きを聞き」、専ら王祜に金を借りにやってきた。[7]

　父の言行の影響を受けたのかも知れないが、入官後の王旦は交際の重要性を心にとめていた。『宋史』巻二七三「何承矩伝」に「(何承矩)長沙を典るの日、李沆・王旦、佐と為る。承矩厚く之れに待し、以て公輔の器有りと為す」[8]

とある。また『宋史』巻二六七「趙昌言伝」に「昌言、後進を推奨するを喜ぶ。湖外に漕を掌るの時、李沆潭州に通判たり。昌言、台輔の量有るを謂い、朝に表聞す。王旦は岳州の平江に宰たり。昌言一見して其の遠大なるを識り、女を以て之れに妻す。後に皆な賢相と為る(9)」とある。

ウリを植えればウリがとれ、マメを植えればマメがとれる、という諺のように、入官後の王旦は、確かに父子二代続き営んだコネクションに相応した利益を得たのである。王旦の履歴を見れば、かれは太平興国五年（九八〇）に進士合格後、知平江県に任命された。ここでは王旦は転運使の趙昌言と近づきになり、かれの婿になった。名臣の後裔でもあれば、現任高官の婿でもあり、本人の人柄もよく、こうして自然と重視されていった。続いて、知県の任期満了後、監覃州塩場をしたとき、知州の何承矩から朝廷に推薦され、著作佐郎となり、『文苑英華』という大型類書を編修するプロジェクトに参加した。その後、王旦は濠州通判に任命され、父子二代の旧交である王禹偁に推薦され、転運使となった。それから朝廷に戻り、「吏職を楽しまず」との由で、試験をうけて直史館に任命された。一年後、右正言・知制誥となった(10)。順風満帆に昇進していったといえる。

中国伝統社会における政治とは、根本的には派閥政治である。政治家の間にさまざまなうわべまたは裏のつながりがある。王旦はまさにこのようなコネクションに乗りきった。そしてもちろん王旦の非常に速い出世は、父王祐の太宗との深い付き合いも要因として忘れることは出来ない。

王旦が知制誥をしているときの評判は頗るよかった。『宋史』本伝に

銭若水、人倫の鑑有り。旦を見て曰く「真に宰相の器なり」と。之れと同列せば、毎に曰く「王君、凌霄聳壑なり。棟梁の材、貴きこと涯つ可からず、吾の及ぶ所に非ず」と。李沆、同年生を以て、亦た推重して遠大の器と為す(11)。

とある。かれらの品定めは、客観的に世論の形成に役立ち、王旦のさらなる昇進の錦上に花を添えることとなった。皇帝の独断にしても、権臣の決定にしても、人事任免においては、すべて世論を無視できない。よい評判は重要な基礎として、昇進を保障し、促進した。派閥的政治の下では、世論は簡単に自然と発生するものではなく、往々にして一定の目的を持つ一定の勢力に操られる場合も多いのである。

後に、岳父・趙昌言が参知政事に任命されたさい、王旦は時機を失わないよう、嫌疑を避ける姿勢をとって、太宗に辞職の願いを出した。この行動はかれに好感を持っている太宗のめがねにますますかない、「其の識体を嘉め」て、改めて礼部郎中・集賢殿修撰に任命した。しかし、趙昌言が参知政事を解任された当日、王旦は再び知制誥に任命された。かつ「復班は知制誥の首に在らしむ」。すなわち、数人の中、首席の知制誥となった。(12) 真宗が即位した時点で、兵部郎中の官になった王旦が執政集団に入る可能性はすでにかなり高くなってきたのである。そして新世代の執政大臣として登場するのはまもなくであった。

第三節　「朕の心属する所」

至道三年（九九七）、真宗は即位した。即位を擁護した太宗朝の元老である呂端が続いて宰相に留任したほか、太子時代の先生李至と李沆を参知政事に抜擢した。道理から言えば、王旦と真宗は、かれの父王祜と太宗との間のように特別な関係があるわけではなかった。ところが、このときの政治情勢は王旦にたいへん有利になっていた。呂端が王旦父子とすでに旧交を持ち、李至は王旦の父の人柄を大いに敬服していて称揚の文章を書いたことがある。同じ太平興国五年の進士である李沆と王旦二人の仲はたいへん密接であり、李沆はかなり王旦を重視し、遠大の器と見なしていた。太宗朝から留任した同知樞密院事銭若水は、王旦をしきりにほめ、宰相の才能をもつとした。同じ同知樞密院事の向敏中は王旦の同年進士である。即位したばかりの小心翼々とした真宗はこのような人脈関係を直視しなければならなかった。しかもそのときの人事調整に対して呂端などの前朝の元老がかなり決定権を持っていた。こうして、王旦は中書舎人・翰林学士に任命され、大切な仕事を任され、真宗の代弁者となった。また知審官院と通進銀台封駁事も兼任していた。

執政集団と密接な関係をもつほかに、王旦は真宗本人のめがねにもかなったのであった。『宋史』本伝に「帝、素より旦を賢とす。嘗て事を奏して退く。之れを目送して曰く、朕が為に太平を致す者は、必ず斯の人なり、と」[13]とある。真宗が「素より旦を賢とす」というのは、よい評判を聞いていただけではなく、かれがふだん観察した結果であった。欧陽脩が執筆した『文正王公神道碑銘』に「真宗即位す。中書舎人を拝し、数日、召されて翰林学士・知審官院・通進銀台封駁事と為る。公の人と為りは厳重にして、能く大事に任じ、権勢を避遠し、私を以て干す可からず。是れより真宗、益々其の賢を知る」[14]と記している。

真宗の即位の初め、同知樞密院事銭若水が母が高齢で病気だといって辞任したとき、真宗はわざわざかれを宮廷に呼んだ。君臣の間に次の対話がなされた。

上問う、近臣に誰人《だれ》か大いに用う可き者なりや、と。

若水言う、中書舎人王旦に徳望有り、宜しく大事に任ずべし、と。

上曰く、此れ固より朕の心属する所なり、と。[15]

「宜しく大事に任ずべし」と「朕の心属する所なり」は、ある史書に「大事に任ずるに堪う」と「吾、固より已に之れを知るなり」と記録している。[16]要するに、基盤の広い官僚層と政界ピラミッドの頂点に位置する皇帝という両方から王旦は推賞と支持を得たことを物語っている。このときの王旦にとっては、執政集団に入るのもすでに時間の問題にすぎなかった。だが、執政集団に空きポストがあるかどうかが問題である。咸平三年（一〇〇〇）二月、樞密使王顕が罷免された当日、王旦は同知樞密院事に任命された。たぶん王旦の資格と経歴がまだ浅いので、いっしょに執政に任命された三人の中で、王旦は地位の低い同知樞密院事に任命されたのであろう。しかし、過渡期として、これは王旦が執政集団の敷居をまたぐ第一歩となった。王旦が同知樞密院事をつとめたちょうど一年後、副宰相にあたる参知政事に任命された。(17)

第四節　「大事に任ずるに堪う」

王旦が参知政事を担当した四年目、かれの執政上の初めての大事件が起きた。それも宋代史上で指折りの大事件の一つであった。すなわち澶淵の盟である。

景徳元年（一〇〇四）七月、長期間宋と対峙した遼（契丹）は十万人の兵力を集結し、外部には二十万の大軍と称して、大挙して南の宋に来襲した。遼軍は宋の河北辺境の防衛を避けて、孤軍で長い距離を一気に突入してきた。「瀛州を囲み、直ちに貝〔州〕・魏〔州〕を犯す。中外震駭す」と『宋史』巻二八一「寇準傳」に記されている。これは真宗が即位以来初めて遭った外部からの危機であった。この危機は真宗の皇位を脅かしただけではなく、大宋王朝の社稷をも脅かしている。あいにくこの月に、真宗が即位二年目からずっと宰相を務めていた李沆が死んだ。(18)厚く信頼する李沆の死去は真宗に心の空白を強く感じさせた。遼の侵攻に直面して、真宗は慌てふためいた。執政としての参知政事・王欽若と簽書樞密院事陳堯叟は南の金陵か成都に逃げる案を提出した。(19)しかし、李沆に継いで宰相となった畢士安と寇準はその意見を強引に押しのけて、真宗に親征するよう促す。真宗は心底願っていなかったにもかかわらず、やはり宋王朝の興亡を重視しなければならない[20]。ごく簡単な道理として、宋王朝の社稷が亡くなったら、かれの皇帝としての存在の余地も無くなってしまうからである。また自分の命にのみ気を取られ、ふるまいが適切でないと、他人の口実となり、皇位に危害が及んでくるかもしれない。損得をてんびんにかけながら、真宗はついにしぶしぶながらも出征した。親征の全過程で、真宗はずっと受け身の姿勢であった。澶州の南城に着いた後、遼軍に直面すると、ぐずぐずして黄河を渡る勇気が出ない。だが寇準と殿前都指揮使高瓊の催促によって、ついに黄河を渡って澶州北城の城門に上った。皇帝が先頭に立って督戦する象徴的意義は、士気を大いに奮わせた。そして、数十万人の援軍も各地から続々やってきたため、孤軍で突入した遼軍は不利な状態となった。あいにくそのときに遼軍の総司令官である統軍撻覧が宋軍の矢に貫かれて死に、遼はやむをえず講和を申し出た。交渉した結果、宋は毎年遼国に歳幣である銀十万両、絹二十万匹を送ることとし、双方は兄弟国の盟約を結んだのである。これが史上に知られる澶淵の盟である[21]。

澶淵の盟を結んだのは、真宗の協力の下で、執政集団が一心同体となって努力した結果であった。そのとき、真宗は軍事をすべて宰相寇準に任せた。首相畢士安は病臥しており、人に担いでもらって、澶州に追いついた[22]。今回の親征にはもともと王旦も随行していったが、特殊な使命を帯び、ひそかに都に戻った。太祖時代から、皇帝が親征するときには、型どおり一人の東京留守を選び、都で日常的な事務を主管させた。真宗の心理はよく判らないが、この親征にあたって、二三年間に常に病気で寝込んでいる弟の元份を東京留守に選んだ。病膏肓に入る弟はかれの皇位を脅かさないからであろうか。結局は真宗一行が澶州に来てまもなく、元份が何かにおびえて危篤に陥った便りが東京から来た。戦事の勝負がまだわからないうちに、一人の健康な弟を選んで東京留守を任命すれば、かれの皇位を脅かしたかもしれない。かつ危うくかれより先に即位するはずだった兄・元佐は、都に居て、数年前に真宗に庶人から楚王に回復されたのである。そこで、真宗は「大事を任ずるに堪う」という王旦を思い出した。即日、王旦を早速都に戻らせて、権留守事を担当させた。『宋史』本伝に、都に戻る前に、「旦曰く、寇準を宣《まね》くを願う。臣、陳ぶる所有り、と。準至る。旦奏して曰く、十日の間、未だ捷報の有らざるは、当に如何せん、と」とある。戦事の勝負がまだわからない情勢の下に、この質問は実際には王旦が宰相寇準の目の前で真宗にあとの事を言い付けさせるものである。そのとき、真宗は「黙然として良《まこと》に久しく」にして、最後に心底望んでいない様子で「皇太子を立てん」と一言いった。こうして王旦はひそかに都に戻った。「旦、既に京に至り、直ちに禁中に入り、令を下すこと甚だ厳なり、人をして伝播するを得ざらしむ」と本伝に記されている。王旦が都に戻って権留守事をする身分を明かさなかったのは、うわべは依然と元份が留守であるとして、真宗の兄弟たちに分不相応な考えを持たせないようにするためである。王旦はこうして真宗の皇位を守った上に政局も安定させた。王旦の行動は非常に隠密なものだったので、かれ自身の家族さえ王旦が既に都に戻ったことを全く知らなかった。凱旋したとき、家族たちは郊外に迎えたが、背後の城内に王旦の露払いの叫びが聞こえた。そのとき、王旦がとっくに都に戻っていたことがやっと分かったのである。[23]

このことによって、真宗はさらに王旦が「大事に任ずるに堪う」ことを明確に感じ取った。そして景徳三年（一〇〇六）二月、寇準が宰相を罷免された当日に、王旦は宰相に任命された。[24] この時から王旦の十二年間にわたる長い宰相としての生涯が始まった。しかも最初の六年間は、なんと一人で宰相を担当した。一人の宰相がこれほど長く続いたのは、真宗朝には空前絶後のことであった。

第五節 「務めて故事を行う」

王旦が宰相となる前に長期間宰相をしていた者は、かれと同年進士の李沆であった。李沆は王旦と同年でもあれば旧友でもある。李沆が宰相をしていたとき、王旦は参知政事に任命された。これは李沆の引き立てと思われる。李沆は平素から王旦の尊敬を得ていたので、李沆が宰相をしていたときの言行と仕事ぶりは、いずれも王旦に大きな影響を与えた。李沆には一つの有名な言葉があり、宋代のさまざまな史書に引用されている。「沆、政府に在るも補す無し。国に報いるは惟だ四方上る所の利害一切行わざるのみなり」というものである。朱熹が編纂した『五朝名臣言行録』前集巻二に

此れ大いに失言に似たり、然れども深意有り。且つ祖宗の時、変を経ること多きなり。故に立つる所の法度は極めて是れ穏便なり。正に老医の如し。病を看ること極めて多く、故に薬を用うること孟浪にして殺人に至らず。且つ其の法度は小害無きにあらず。但だ其の利多きのみ。後人知らずして、遂に軽く改めんと欲す。此れ其の害の紛々たる所以なり。

と学者劉安世の評論が引用されている。(25) もちろん朱熹は劉安世の評論に賛成し、これを引用したのだ。その評論の背後に王安石改革への非難が含まれているけれども、真宗時期の具体的な状況から見れば、それ程偏った見方ではない。李沆本人もこの言葉を「朝廷の防制、纖悉具備たり。或いは陳請する所に循い、一事を施行せば、即ち傷つくる所多し。陸象先の庸人之れを擾すと曰うは、是のみ。憸人は一時の進を苟《かりそめに》し、豈に厲民を念わんや(26)」と説明している。特定の情勢下では、無為こそ大有為なのである。歴史はこれを示している。宋王朝は太祖・太宗という二世代を経

て、さまざまな制度がほとんど完備されていた。とりわけ「契丹和を修め、西夏故地を守るを誓い、二辺は兵を罷めて用いず[27]」という情勢になった後、宋王朝はその最盛期を迎えた。そこで、前漢の「蕭規曹随」（蕭何が作った規則や制度を曹参がそのまま受け継いだ）と同じく、「李規王随」となったのである。王旦は「宋興りて三世なり、祖宗の法は具に在り」と言った。「故に其の相と為るものは務めて故事を行い、改作する所を慎む[28]」という。王旦本人は「務めて故事を行い、改作する所を慎む」と言うのみならず、また絶えずほかの人にいざこざを起こさせないよう戒めている。王旦は真宗にも同じように「陛下の守る所は、祖宗の典故なり。典故無き所、聴く可からず」と言った。しかし、祖宗の典故はすべてそろっているわけではない。その場合どうすればよいか。王旦は「当に諸れを有司に問うべし」、すなわち、独断しないよう戒めた[29]。

いうまでもなく、王旦が一人だけで「務めて故事を行う」としても、長い間持ちこたえることはできない。だが「務めて故事を行う」のは、北宋前期、とりわけ真宗時期に黄老思想を信奉する君臣たちの共通の認識であった。『長編』巻六三景徳三年六月戊子の条に

知制誥朱巽、上言す、「朝廷の命令、屡々改むる可からず。今自り利害を陳述して法制を更張する者有らば、先ず有司に付し、其の可否を議せしめんことを請う。如し経久に行う可き者なれば之れを行い、可からざる者なれば之れを止む。苟し是非を辨ぜず、一切頒布せば、重謹の道を失うを恐る」と。上、宰相に謂いて曰く、「此れ甚だ治体を識る、卿等之れを志せ。且つ事に可否有れば、執政者、宜しく言を尽くべき所、隠す有る無かれ[30]」と。

とある。真宗の立場からいえば、かれの小心翼々な性格も考慮して「務めて故事を行う」という路線を歩んで行く決定をしたのである。真宗は宰執大臣王旦たちに「凡そ機務を裁処するは、当に其の本末を知るべきを要す。朕、群臣

に事を議する毎に、但だ長に従うを務む。言は理を尽くさざると雖も、亦た之れを優容す。冀う所は其の情を尽くさんことなり。若し果決に事を行わば、豈に難と為すに足らんや。周世宗は固より英主なり。然れども刑を用うるに峻急たり、誅殺過当たり、享祚永からざるは豈に此れに由らざらんや」[31]と話していた。真宗が自分の小心翼々或いは優柔不断に口実を設けたかどうかはともかく、結局、王旦たちの宰執大臣の施政方針と同じなのである。

王旦の「務めて故事を行う」について、『宋史』本伝に次のような事例が取り挙げられている。

石普、知許州たるに、不法あり。朝議して劾を就さんと欲す。旦曰く、「普、武人なり。典憲に明かるからず、恐らくは薄劾を恃み、妄りに事を生ぜし有らん。必ず重行を須いん、召帰して獄に置かんことを乞う」と。乃ち御史に下して之れを按ぜしむ。一日にして獄具わる。議者、以為らく、国法を屈げずして武臣を保全するは真に国の体なり、と[32]。

がその一、

薛奎、江淮発運使為り、旦に辞す。旦、他語無く、但だ云う、「東南の民力竭く」と。奎、退きて曰く、「真に宰相の言なり」と[33]。

がその二、

張士遜、江西転運使為り、旦に辞して教を求む。旦曰く、「朝廷の権利、至れり」と。士遜、是の職を迭更するに、旦の言を思い、未だ嘗て利を求めず。識者曰く、「此の運使、大体を識れ」と[34]。

がその三、

張詠、知成都たり。召還するに、任中正を以て之れに代う。言者以て不可と為す。帝、旦に問う。対えて曰く、「中正に非ざれば、詠の規を守る能わず。他人往かば、妄りに変更有らん」と[35]。

がその四である。

王旦は進士を選び出すにしても、新機軸を好んで出す人を選ばなかった。本伝に

李迪・賈辺、時名有り。進士に挙げられ、迪、賦に韻を落すを以て、辺、『当仁不譲於師論』の師を以て衆と為し、注疏と異にするを以て、皆な預からず。主文、奏して収試せんことを乞う。旦曰く、「迪、不考を犯すと雖も、然れども不意より出づ、其の過は略す可し。辺、特に異説を立て、将に後生をして務めて穿鑿を為さしむ。漸く長ずる可からず」と。遂に迪を収めて辺を黜く(36)。

とある。しかし、王旦は古いしきたりに固執して、すべての変革を拒否したのではない。合理的ではない制度と法令を改革することに対して、王旦は反対しなかった。だがやはりかれは慎重に処置して、着実に改革する方式を重視している。『長編』巻八〇大中祥符六年六月甲子の条に

監察御史張廓上言す、「天下に曠土甚だ多く、請うらくは、唐の宇文融の奏する所に依り、官を遣して、土田を検括せしめんことを」と。上曰く、「此の事未だ遽かに行う可からず。然るに今天下の税賦均しからず。富者は地広く租軽く、貧者は地蹙く租重し。是れに由り、富者益々富み、貧者益々貧す。茲れ大弊なり」と。王旦等曰く、「田賦均しからざるは、誠に聖旨の如し。但だ改定せるの法は亦た須らく馴致すべし。或いは近臣に命じて専領せしめ、其れに委ねて人を擇び、一州一県自り之れを条約せば、則ち民擾せられずして事畢く集らん(37)」と。

とある。これをみれば、王旦らの改革方針は順を追って一歩一歩進められ、一カ所或いは数カ所での良い経験を全国に広める形をとった。これによれば、王旦は落ち着いた穏健派なのである。

行おうとする改革或いは新たな政策に対して、王旦は綿密に調査してから施行することを主張した。たとえば、大中祥符六年、樞密副使王嗣宗は「天下の幕職州県の俸戸を復することを」請願した。王旦は「此の事、恐らくは未だ

遽かに行う可からず、検詳を俟ちて奏聞す」といった[38]。

今日から見れば、王旦の考え方とやり方は非常に保守的と映るかもしれない。しかしながら、この時代に保守的であることは必ずしも悪い事ではなく、また必ずしも改革の対立物でもない。創業の成果を固め守る必要があった特定の歴史背景の下で、一途に改革すれば逆効果をもたらすかもしれない。反対に保守的ということはまさしく安定を求め、安定の中で諸政策を間然する所なく進めることである。まさに王旦の穏健なやり方によって、十数年の長い間、一貫した政策を維持し得たので、宋王朝は最盛期に達したのである。

第六節　「謗有りても校わず」

才能及び気迫という点では、王旦はかれの前後に宰相となった寇準に及ばないかもしれないが、しかし襟懐と度量といえば、寇準は遙かに王旦に及ばない。この点に関して、寇準本人も顧みて恥じたことがある。『宋史』王旦本伝に

寇準、数々旦を短り、旦専ら準を称む。帝、旦に謂いて曰く「卿、其の美を称むると雖も、彼、専ら卿の悪を談ず」と。旦曰く「理は固より当に然るべし。臣の相位に在るや久しく、政事の闕失は必ず多し。準、陛下に対うるに隠す所無く、益々其の忠直を見す。此れ臣の準を重んずる所以なり」と。帝、是れを以て愈々旦を賢とす[39]。

とある。王旦が宰相をしていたとき、王旦の推薦によって寇準は一時樞密使を担当した事がある。その期間にいくつかの出来事があった。それによって王旦の度量が大きいことが知られる。『五朝名臣言行録』前集巻二に

中書に事有り、密院に関送す。事は詔格に碍ぐ。寇公、樞府に在り、特に以聞す。上、以て公（王旦）を責む。

公、拝謝して咎を引き、堂吏皆な責罰に遭う。月を逾えずして、密院事有りて中書に送り、亦た旧詔に違う。堂吏は之れを得て欣然として公に呈す。公曰く「密院に却送せよ」と。吏、出でて寇公に白《もう》す。寇、大いに慚づ。翌日、公に見えて曰く「同年、甚ぞ許大の度量を得たりや」と。公答えず。(40)

とある。類似の記事は宋の趙善璙『自警編』にも残されている。

王文正公中書に在り、寇莱公密院に在り。中書偶々印を倒用し了る。寇公、吏人を須勾して行遣す。他日、密院亦た印を倒用し了る。中書の吏人呈覆し、亦た行遣せんと欲す。文正、吏人に問う「汝等且く道え、密院当初、倒用せる者を行遣せしは、是なりや否や」と。曰く「是ならず」と。文正曰く「既に是れ是ならざれば、他の是ならざるを学ぶ可からず」と。更に問わず。(41)

とある。

寇準は樞密使を罷免されることを事前に知ったとき、他人を通じて、高い地位の使相につけてくれるよう王旦に頼んだ。寇準のこのような要求に、王旦は驚いた。どうして使相という官位が欲しいなどという要求を自分から持ち出したのか。その場で、王旦は他人の頼みは受け入れないと表明した。王旦のこの態度に寇準は恥ずかしくなり、かつ恨めしく思った。しかし、寇準の樞密使罷免の後、どんな官位をあたえるかについて、真宗が王旦の意見を聞いたとき、王旦は、寇準が三十才未満で、太宗に執政大臣に抜擢され、且つ才能と声望もある、したがって使相を与え、重要な都市を管理させれば、それは朝廷の栄誉になる、と提議した。寇準を使相に任命することを発表した後、寇準は真宗に拝見し、陛下は臣下をよく理解すればこそ、私にこんな官位を与えられたのだと泣きながら言った。そのとき真宗は、この任命は王旦の提議だと説明した。その経緯を聞いて、寇準はとても恥ずかしく思った。そして後日、他人に「王同年の器識、準の測る可き所に非ず」(42)といったのだった。

王旦は、気にかけていた寇準に対してこのように寛大で包容力があっただけではなく、平素から反感を持っている人にも、鷹揚でこせこせしなかった。『仕学規範』巻一一に、

真廟、「喜雨詩」を出し、二府に示す。上前にて聚看す。王文正公は袖にして帰る。因りて同列に諭して曰く「上の詩に一字の誤写有り、進入する莫れ、改却せん」と。王冀公曰く「此れ、亦た害無し」と。欽若、退きて陰かに陳奏する有り。翌日、上怒りて公に謂いて曰く「昨日、朕の詩に誤写の字有り、卿等皆な見ゆるも、何ぞ奏来せざる」と。公、再拝して称謝して曰く「昨日、詩を得、未だ再閲の暇なし。奏陳を失する有るは、惶懼に勝えず」と。諸公皆な拝するも、独だ馬知節のみ拝せずして、具に公、奏白せんと欲するも、而れども欽若之れを沮む。又た王某略ぼ自ら弁ぜざるは真に宰相の器なり、と言う。上、公を顧みて笑いて之れを撫喩す。(43)

とある。

たぶん前述したようなことは多かったのだろう。『宋史』本伝には王旦の度量について「旦の事に任ずること久しく、人に之れを謗る者有るも、輒ち咎を引き弁ぜず」とまとめて評論されている。後の名臣范仲淹は「楊文公写真賛」において楊億と交遊した三人を褒めたが、その中に王旦がいる。范仲淹は、「其れ王文正公、宰府に居するは僅かに二十年、未だ嘗て愛悪の跡を見ず。天下之れを大雅と謂う」と書いている。「大雅」とはなにか。もちろん王旦が政治家の雅量と襟懐を持っていたことをいう。

あるときには、政治家にとって度量は才気よりもっと重要となる。度量は人柄と関連がある。才気は能力と関連がある。政治家として、まわりにいつも何人かの幕僚がいてかれに知恵を与える。そのうえ地位が高くなれば、さまざまなルールがある。それゆえ、能力がすこし低くても大した問題にはならない。しかし、度量ということは、他人では代わることができない。とりわけ伝統的な派閥政治の社会において、人を得れば強盛となるが、人を失えば成功で

きない。政治家にとっては、みなに背かれ、見放されることより恐ろしいものはないであろう。古来「容有らば乃ち大なり」という格言がある。政治家の政治生命はかれの度量と密接な係わりがある。王旦と著しい対照をなすのは寇準である。寇準は度量が狭く、頑固で独りよがりである。ひたむきに忠誠を尽くしたにもかかわらず、真宗はあまりかれを好きになれなかった。中央にいても地方にいても、しばしば周囲の人々の非難を受けていた。その生涯は波乱に満ち、政界で何度も浮き沈みした。最後に政敵丁謂の罠に掛かり、瘴気満ちる辺鄙に追放されて死んだ。反対に、王旦は十数年間宰相をして栄耀栄華を極め、老いて宰相の位に天寿を全うした。これに対して、欧陽脩は王旦の神道碑銘に「誰か相と為らず、其れ誰か有終ならん」と感嘆した。政界の最高峰にいて、見栄を張って派手なことをしても、危険な場所に位置する。古今東西、一時羽振りをきかした人物が大往生を遂げられない例は数え切れない程ある。北宋史上、権相もあり、独相もあり、しかしながら、十二年間もの長きにわたって宰相を担当しながら、浮き沈みがなく、君臣関係が終始変わらなかったのは、王旦を除けば、意外にも誰もいない。その理由は、王旦本人にはよく分かっていた。かれは「大抵殺を好めば則ち怨みを斂め、権を弄べば則ち敗亡す」[44]と言ったことがある。権力を一手に握って独裁しても権を弄ばなかったことが、恐らく王旦が天寿を全うできた原因の一つであろう。

第七節　「賢を進め不肖を退く」

「宰相は賢を進め不肖を退く所以なり」[45]とは寇準が宰相をしていたときの有名な言葉である。王旦は「中書、当に言うべき者は惟だ賢を進め不肖を退くのみ」[46]と言ったこともある。これは宋代の宰相をはじめとする執政大臣たちに共通した認識だといえよう。いうまでもなく、賢とは何か、不肖とは何か、その判断の基準は人によって異なる。従来、宋代史研究者の多くは、宰相が文武大政を主宰しても、官員を任免する人事権は皇帝に握られていたと見なしている。制度から見れば、この見方は間違っていないが、相対的に固定化された制度と、絶えず変動する実際の政治状況との間には、いつも一定の相違がある。宋代における実際の政治活動では、官員の任免は宰相ら大臣の指名があってから、皇帝の認可を経たり、皇帝の指名の後、宰相たちと相談し、その賛成を得たりするのであった。要するに、正常な政治情勢の下では、双方の意見が一致してから任免の手続きが踏まれるのが普通であった。制度の規定として、王旦が真宗に言ったように「差使を除授するは、大小悉く聖旨を乗り、熟を進め可を画することによって、始めて詔命を降す[47]」とある。もちろん皇帝が一方的に独断した場合もあるけれども、宰相たちからの一方的な独断が皇帝の独断より多かった。いうまでもなく、これは皇帝が自分から権限を宰相大臣たちに委ねることと関わりがある。例えば、真宗はかれが開封府尹の経験によって、「府事繁劇なるを以て、推判官を増置せんと欲」したので、「(王)旦等に命じて人を択ばしめ、之れを任[48]」じたのであった。

次には王旦が、官員を任用する際の原則と事例をすこし見ておきたい。

原則として、王旦は「人を用うるに名誉を以てせず、必ず其の実を求む。苟し賢且つ才なれば、必ず其の官を久しくす[49]」とある。かれは官員の任免権を持っているけれども、独断専行せず、「衆以て宜しく某職を得たりと為せば、然る後に遷す[50]」とする。王旦は真宗に中書の要務を挙げて、「賢を進め不肖を退ける」ということを第一位に挙げた。「(大中祥符)七年、王旦兗州自り至る。旦言う、河北転運使李士衡・張士遜、知兗州王臻等、莅事幹集す。望むらくは、詔を賜りて褒喩せんことを。莱州通判徐懐式等、輿論に於いて頗る治声無し。望むらくは、転運提刑に令して之れを察せしめんことを、と」とある。これに対して、真宗は「詔して可」と答え、王旦の意見に従った[51]。

常に人事に留意していたため、王旦は官員の状況をはっきり把握していた。『長編』巻八八大中祥符九年十一月壬

子の条に、

（知秦州曹）瑋、数々上章して州事を解かんことを求む。上、王旦に問う、誰か当に瑋に代うべきか、と。旦、（李）及の任ずべきを薦む。上、即ち之れを命ず。衆議皆な謂う、及謹厚にして操行有りと雖も、守辺の才に非ず、以て瑋を継ぐに足らず、と。秘書監楊億、衆言を以て旦に告ぐ。旦答えず。…不日、声誉、京師に達す。億、之れを聞き、復た旦に見え、具に其の事を道う。…旦、笑いて曰く、…夫れ曹瑋を以て秦州を知せしめば、羌戎讋服せん。辺境の事、瑋、之れを処すること已に其の宜しきを尽くせり。他人をして往かしむれば、必ず其の聡明を矜り、変置する所多く、瑋の成績を敗壊せん。旦、及を用うる所以は、但だ及、重厚にして必ず能く瑋の規模を謹守するを以てするのみ。億、是れ由り益ます旦の識度に服す[52]。

とある。李及の任命を、王旦は衆議を強引に押しのけて、一言で定めた。かれの任用原則のもう一つは温厚で穏健な人を採用し、悪賢く事を起こしそうな人を退けるのである。これは前述した王旦の政事を処置する大原則と一致すると思われる。

これと類似のことはまたある。『宋宰輔編年録』巻三に、

中書、嘗て工部侍郎・知制誥盛度を以て権知開封府たらしめんことを請う。上曰く「更に王旦に問う可し」と。既時に属疾し告に在り。中書、聖語を具して就きて之れに問う。旦曰く「度、必ず此の任を楽しまざらん」と。既にして、度、果たして中書に請いて自ら言う、「文字を以て進むを幸とし、繁劇に処するを願わず[53]」。

とある。このことを経てから、真宗は中書にある執政たちに、「王旦の才品を銓量するは極めて当なり、人々各々其の所を得。此れ豈に問わざる可けんや[54]」と語っていた。「銓量するは極めて当なり、人々各々其の所を得」とは、王旦の官員の任用に対する最高の評価である。そのため、王旦は「国に当たりて歳久しく、上、益々倚信し、言う所を

聴かざる無し」[55]となった。「言う所を聴かざる無し」とは、君臣の相互に信頼する前提の下で、人事権を全般的に宰相王旦に譲り渡したに等しいといえる。王旦が後の権相と異なるのは、皇帝を尊重した点である。少なくとも形だけでも真宗の意見を求める。これは少なくとも真宗に君主としての満足感を得させた。王旦は人事任免のとき、「差除有る毎に、先ず四三人の姓名を密かに疏し以て請う。用うる所の者は、帝、筆を以て之れに点す。同列知らざれば、用うる所有るを争う。惟だ旦の用うる所、奏入して不可無し」[56]とある。王旦が真宗を尊重したのは、君臣の密接に協力する基盤である。逆に君臣の密接な協力の上で、真宗が王旦の「言う所を聴かざる無し」と、一切青信号をつけてゴーサインを出し、王旦の独裁の権威を確立したのである。

王旦の官員任用は、一時的な便宜上の措置から着目するのみならず、長期間の人材の考察と養成を重要視している。ある人が王旦に官員を推薦するときのことであった。王旦は、「誠に此の人を知る。然れども歴官尚お浅く、人望未だ著らかならず。且らく望を養わせ、歳久しくして渝わらず、而る後に擢任せば、則ち栄途坦然たり、中外允惬たり」[57]と話した。

王旦が人材を選抜するときには、完全無欠を要求しない。真宗が唐朝に人材が多かったと感嘆したとき、王旦は真宗に

方今の下位、豈に才俊無からんや。或いは抜擢未だ至らざるを恐るるのみ。然るに前代を観るに、賢を求むるは其の備わるを求めず、小疵を以て大徳を掩わず。今の士大夫孰れか過無き為らんや。陛下毎に之れを保全するに務む。然るに流言稍多かれば則ち任使に於いて不便たり。大都《だいたい》迭いに相い称誉するは党に近く、過ちて相い糾訐するは公に近し。其の愛憎を鑑み、惟だ上聖に託せば、則ち棄人無きに庶幾からん。[58]

と語った。

宋代には官員の任命と昇進に一定の数の高級官僚の推薦が必要だという規定があったが、これは官員が権門に駆け回り依頼する風習を助長した。王旦はかれらが裏で工作することに大きな反感を持ったのである。『宋史』本伝に

　旦、相為り、賓客堂に満つ。敢えて私を以て請うもの無し。与に言う可き、及び素より名を知る者を察し、数月の後、召して与に語り、四方の利病を詢訪し、或いは其の言を疏して之れを献ぜしむ。才の長ける所を観、密かに其の名を籍す。其の人復た来るも、見えず[59]。

とある。もともと王旦は張師徳という人を気に入っており、真宗に度々言及したことがあった。かれは二度王旦の家を訪れたが、王旦はいずれも断って接見しなかった。これは張師徳をたいへん心配させ、ほかの人が王旦に悪口を吹き込んだと思った。そこで向敏中に頼り、王旦に聞いてみた。王旦は「張師徳は名家の子にて士行有り。意わざりき、両び吾が門に及ぶを。状元の及第は、栄進素より定まる。但だ当に静かに之れを待つべきのみ。若し復た奔競せば、階の進む無き者は当に如何にすべきや[60]」と答えた。これを見ると、王旦は後進を抜擢することに頗る留意し、とりわけ権勢のない知識人を引き立てた。翰林学士・陳彭年が王旦に政府科場条目を呈上した。おそらく出された要求はことのほか厳しかっただろう。王旦はこれを見て地面に捨てた。「内翰、官を得て幾日、乃ち天下の進士を隔截せんと欲するか」と叱った。王旦の態度に接して、陳彭年はことのほか慌てて逃げ出した[61]。王旦は自分の息子と一族の子弟には、進士試験の参加を許さなかった。かれは「吾、常に太だ盛なるを以て懼れと為す。其れ寒士と進を争う可けんや[62]」と言ったという。

　賢を進めるほか、不肖を退けることについても、王旦は全力を傾けた。ほんの一例を挙げておきたい。真宗は何回か、当時五鬼の一人といわれた王欽若を宰相に任命しようとしたが、すべて王旦に阻止されてしまった。王旦は真宗に「臣見るに、祖宗の朝未だ嘗て南方の人をして当国せしめず。古、賢を立つるに方無しと称すと雖も、然るに必ず

賢士なれば乃ち可なり、臣、元宰に位居し、敢えて人を阻抑せず、此亦た公議なり」と言った。ここで王旦は、祖宗法と公議という二大武器を出して、真宗に中止を余儀なくさせた。十数年後王旦が死ぬ直前、王欽若はやっと宰相になった。かれは他人にいたく怒って「王子明（王旦の字）の為の故なり、我をして相作らしむこと却って十年晩らしむ」と語った[63]。

王旦は正直で温厚な人間であるが、官僚制度を運用しようとする場合には、かなり厳格に原則を堅持したのであった。前述のように、官員の任命と昇進は一定の人数の高級官僚の推薦を必要とする。制度上、被推薦者が贈賄などの罪を犯せば、推薦人まで連座して処罰される。しかしながら、これは実際には実行しかねるものだった。景徳四年（一〇〇七）、兵部員外郎邵煜が推薦した著作佐郎李随は贈賄罪を犯し、除名された。したがって邵煜を処罰するかどうかを、大理寺及び審官院は繰り返して検討したが、意見が一致せず、最後には判断を真宗に押し付けてしまった。真宗はまた宰相の王旦に押しつけた。王旦は「煜、随に因りて罪を得、随、減削す該からざれば、煜も亦た原降の例に在らず。今朝廷に官を挙ぐる者甚だ衆し。若し赦に遇い悉く免ずれば、則ち是れ永く連座の法無からん」[64]と断然処罰を執り行ったのである。

人事任免の場合、王旦のやり方は、あるときには人情に背き、頑固すぎたようにも思われる。かれの同期の進士である辺粛は収賄のため処罰を得た後、かなり長い期間を経たが、起用されなかった。同じ同期の進士である当時の宰相向敏中は首相王旦に取りなしを頼んだが、王旦は「旦は同年に情無きに非ざるも、公若し之れを用いんと欲すれば、旦の死を須てば可なり」と強硬な態度で断ったのである[65]。

長期間人事を采配していたからかもしれない、王旦は頗る人を知るの明を持っていた。『五朝名臣言行録』前集巻二に、王旦が有名な文人楊億と当世の人物評論をした記載がある。その中で、丁謂を評価する次のような対話がある。

楊曰く「丁謂、久遠に果たして如何」と。対えて曰く「才は則ち才なり。道を語るは則ち未だし。他日上位に在らば有徳者をして之れを助けしめば、終に吉を得るに庶からん。若し独り権に当たれば、必ず身の累と為らん」[66]と。

とあるが、結果として、その対話の後に、「後に謂、果たして流竄を被る」と述べている。

王旦が握っていたのは一般官員への任免権のみならず、執政集団内の人事調整に対しても相当の発言権を持っていた。かれの推薦によって寇準が樞密使を担当したのはその例である。そのほか、『長編』巻八六大中祥符九年正月丙辰の条には、張旻が樞密副使を担当する記載があり、その人事任命の背景について、

是より先、旻、旨を被りて兵を選ぶ。令を下すこと太だ峻なり。兵懼れ、謀りて変を為さんと欲す。密かに以て聞するもの有り。上、二府を召して之れを議せしむ。王旦曰く「若し旻を罪すれば、則ち今より帥臣何を以て衆を御せんや。急ぎて謀者を捕うれば則ち都邑を震驚す。此れ尤も不可なり」と。上曰く「然らば則ち奈何せん」と。旦曰く「陛下、数々旻を任ずるに樞密を以てせんと欲す、臣未だ敢えて奉詔せず。今若し擢用し、兵柄を解かしめば、反側者は当に自ずから安ぜん」と。上、其の言に従う。故に諸帥、皆な逓いに遷し、軍、果たして他無し。上、左右に語って曰く「王旦、善く大事を処す、真の宰相なり」[67]と。

この記事から、真宗が何回か張旻を樞密副使に任命しようとしたが、いずれも王旦に食い止められたということがわかる。しかし、今回は王旦の指名によって、張旻が樞密副使に任命された。王旦の人事任命に対する発言権の強さは、ここにはっきり見られる。王旦のこうした行動も、真宗の不満を招くことなく、逆に王旦の妥当な措置について、真心から「善く大事を処す」とほめた。そのとき、真宗は十数年前に銭若水が王旦を推薦するときに言った「大事に任ずるに堪う」という言葉を思い出したであろう。

ある学者によれば、皇帝と宰相のほかの「第三の勢力」[68]と見なされている諫官御史の任命も、ほとんど王旦の意見によって決まったようである。たとえば、大中祥符九年、凌策が任期満了したため成都から朝廷に帰ったとき、王旦は真宗に「策、性質淳和にして、臨莅彊済たり」と推薦したため、かれは権御史中丞に任命された[69]。

このほか、皇帝のスポークスマンである翰林学士の任命においても、宰相の首肯を得なければならなかった。『長編』巻九五天禧四年三月丁亥の条に

大中祥符末、（楊）億汝州より代還し、久しくして遷らず。或ひと王旦に問いて曰く「楊大年、何ぞ且く旧職を与えざるや」と。旦曰く「大年、頃ごろ軽を以て上の左右を去る。人の言畏る可し、上に頼り、始終之れを保全す。今、此の職、自ら清衷より出し、以て君臣の契を全うせんと欲す」と[70]。

王旦は楊億の友人であるけれども、楊億の起用に、かれは介入しようとせず、真宗に任せた。王旦がこうしたのは、君臣の分を知っている以上に保身の術に長けていたからであろう。しかし、この時王旦が指名しなかったため、楊億は六年後にようやく再び翰林学士に任命された。

王旦の身は高位にあって、死去まで、常に賢を進め不肖を退けるということを自分の務めとしていた。晩年に危篤になったとき、真宗は人に王旦を宮殿にかつぎ込ませて、「卿、万が一不諱有らば、朕をして天下の事を以て誰に付さしめんか」と聞いた。王旦は初め真宗の問いに直接答えず、ただ「臣を知ること君に若くは莫し」と曖昧に言った。真宗はやむをえず、一人一人の名前を挙げて尋ねた。王旦はそれに対して依然としてはっきりした態度を示さなかった。最後に、真宗は王旦に推薦させて「試みに卿の意を以て之れを言え」と言った。このとき王旦はようやく「臣の愚を以てすれば、寇準に若くは莫し」と答えた。しかし、真宗は寇準の性格が気に入らず、「準の性は剛褊なり、卿更に其の次を思え」と言った。これに対して、王旦は頑固に「他人、臣、知らざるところなり」と自分の意見を守っ

た。結果として、王旦が死んだ一年後、「上、卒に準を用いて相と為す」とある。[71] 結局生きる真宗が死んだ王旦に服従してしまったといえる。王旦は危篤のとき、真宗に寇準という一人を推薦しただけではなかった。神道碑に、「公（王旦）、官を累ねて太保に至る。病を以て罷を求め、滋福殿に入見す。真宗曰く、朕、方に大事を以て卿に託す、而れども卿の病此くの如し、と。因りて皇太子に命じて公を拜せしむ。公言う、皇太子盛徳たり、必ず陛下の事に任ず、と。因りて大臣為る可き者の十余人を薦む。其の後、宰相に至らざる者は、李及・凌策の二人のみ」[72] とある。十余人の単位で、王旦の死去から仁宗前期に至るまで、政界に活躍した主要人物の多くは、王旦が引き立てて抜擢したのである。かれらは仁宗の皇太子時代の先生を含み、みな王旦が真宗に推薦したものである。これは政治方針と政策の一貫性を守り、ひいては宋王朝の安定に発展することに重要な意義を有することと思われる。

第八節　「事大小と無く、旦の言に非ざれば決せず」

真宗は宋代において正常に即位した最初の皇帝であった。かれは即位した後、太祖・太宗に倣ってどんな朝廷の行政事務に対しても手を出したがった。いうまでもなく、制度の規定によれば、かれはこの権力を持っている。しかし、長期間にわたって身につけた小心翼々とした性格、及び豊富な政治経験の欠如、そしていつも諫言を聞き入れる良き皇帝になりたいという理念を持ったため、かれの提案或いは決定は、朝廷で反対を受ければ、すぐ撤回し、自説に固執する場合は少なかった。往々にして自分の意見を修正して大臣と一致させる。このような状況は、王旦が宰相となる以前にも珍しくはなかった。ところが、王旦以前に宰相をしていた大臣たちは、いずれにしても特殊な背景を持っていた。すこし例を挙げておきたい。呂端はもともと太宗朝に宰相を担当したことがあり、新君主の補佐役となったため、真宗はかれに対し、たいへん丁寧で、自分の配慮が行き届かないのではと、それだけを気にかけていた。また寇準は太宗朝の参知政事であり、とても強情で、かつて太宗の服を引っぱって、自分の意見を聞き入れさせるほどだったことがある。当時の太宗は不愉快にもかかわらず、やはりわざとジェスチャーを作って、「朕の寇準を得るは、猶お唐文皇の魏鄭公を得るがごとし」といわなければならなかった。[73]このような大臣に対して、真宗はもちろん三舎を避ける（退避三舎＝中国語では譲歩して人と争わないという熟語）。もう一人の李沆といえば、古株ではないけれども、太宗が真宗に指定した太子の先生であるから、真宗はずっと恭しくしていたのである。

王旦が宰相となる前の真宗朝では、李沆が宰相として担当した時間が一番長かった。李沆の言行は、即位初期の真宗にかなり大きな影響を与えた。李沆と真宗の間における君臣関係のパターンは、王旦が宰相となってからの君臣関係に対して、堅固な基礎を築いた。同時に、平素から王旦に尊敬された李沆の言行は、同じ執政集団内の王旦に直接に影響を与えた。ここではすこし李沆の言行を見てみたい。

朱熹が編纂した『五朝名臣言行録』は、前集巻二において学者劉安世の李沆に対する評価を引用して、「最も大臣の体を得る」と見なしている。その中で、次のような出来事を取り上げた。

李丞相朝謁し奏事し畢る毎に、必ず四方の水旱・盗賊・不孝・悪逆の事を以て奏聞す。上、之れが為に色を変じ、惨然として悦ばず。既に退き、同列以て非と為す。丞相に問いて曰く、吾儕路に当たり、天下の無事なるを幸う。丞相毎に奏するに不美の事を以てし、以て上の意を払う。然れども又た皆な有司の常に行い必ず面奏せざるの事なり。後に之れを已めんこと幸う、と。公答えず。数々此の如し。因りて同列に謂いて曰く、人主一日豈に憂懼を知らざる可けんや。若し憂懼を知らざれば、則ち至らざる所無きなり、と。[74]

李沆の目的は、真宗を常に危機感で満たして、自分勝手に気ままなことをする勇気を起こさせないことにあった。こうすれば、宰相等の執政大臣が、正常なプログラムによって政務を処置するのに都合よくなるわけである。新君主の権力がまだ完全に定着していない微妙な時期には、李沆がこうして不測の事態を防ごうとしたのは、その深謀遠慮に発すると思われる。

李沆のこうした行動を理解できなかった同列には、おそらく当時参知政事を担当した王旦が含まれたであろう。『宋史』巻二八二「李沆伝」に、

（李）沆相と為り、王旦、参知政事たり。西北の用兵を以て、或いは旰食に至る。旦、嘆きて曰く、我輩、安ぞ能く太平を坐致し、優遊して無事を得ん、と。沆曰く、少しく憂勤を有すれば、警戒と為すに足る。他日に四方寧謐なれば、朝廷未だ必ずしも無事ならず、と。後に契丹和親す。旦、何如を問う。沆曰く、善は則ち善なり、然れども辺患既に息み、恐らくは人主漸く侈心を生ずるのみ、と。旦、未だ以て然りと為さず。沆又た日に四方の水旱・盗賊の事を取りて之れを奏す。旦以為らく、細事上聴を煩すに足らざるなり、と。沆曰く、人主少年なり、当に四方の艱難を知らしむべし。然らざれば、血気方に剛く、声色犬馬に留意せざれば、則ち土木・甲兵・祷祠の事を作さん。吾老いて、此れを見るに及ばず。此れ参政他日の憂なり、と。(75)

後に起こったいろいろなことは、すべて李沆の予言通りであった。それゆえ、王旦は「李文靖、真に聖人なり」と感服した。これから見れば、李沆が宰相をしていたときの言行は王旦に大きな影響を与えたことがわかる。

李沆の君臣関係を処置する行為は、同様に王旦に深い印象を与えた。前に引いた『五朝名臣言行録』には

駙馬都尉石保吉使相と為るを求む。真宗、以て公（李沆）に問う。公曰く、賞典の行、須らく自る所有るべし。保吉戚里に因縁し、攻戦の労無し。台席の拝、物論を騰せんことを恐る、と。他日、再三之れに詢ぬるも、議を執ること初の如し。遂に其の事を寝む。(76)

とある。ここでは、李沆は「物論を騰せんことを恐る」を理由に、真宗の度重なる頼みにもかかわらず、あくまで断わったのである。

あるとき、李沆は真宗の提議に何も説明せず、拒否してしまった。同じ『五朝名臣言行録』に

公（李沆）相と為る。真宗、嘗て夜、使を遣り手詔を持たしめ、某氏を以て貴妃と為さんと欲するの如何を問う。公、使者に対するに、自ら燭を引き、其の詔を焚き、奏を附して曰く、但だ沆、以為らく不可なりと道う、と。其の議遂に寝む。(77)

と記されている。このような拒否は大胆であるだけではなく、態度が強硬で、いささかも融通をきかす余地がない。『宋史』の編纂者は論賛の中に、李沆の「妃を封ずるの詔を焚き、以て人主の私を格す」などの行為を称賛して、「宰相の任に愧づる無し」と見なしている。これから見れば、一定の程度で君主の権力を制限することは、当初から士大夫に認められていたと考えられる。

漢代の蕭何が作った規則を曹参がそのまま受け継いだように、王旦の君臣関係を処理する行為は、まったく李沆をモデルとしたのであった。

欧陽脩が書いた王旦神道碑には、集中的に次のようないくつかのことを記載している。一には、「大中祥符中、天下大蝗す。真宗は人をして野に於いて死蝗を得さしめ、以て大臣に示す。明日、他の宰相、死蝗を袖し以て進む者有り。曰く、蝗実に死せり、朝に示し、百官を率いて賀せんと請う、と。公、独り以為らく不可なり、と。後数日、方に事を奏すること、飛蝗天を蔽う。真宗、公を顧て曰く、百官をして方に賀するも、而れども蝗、此の如し、豈に天下の笑とならざらんや、と(78)」とある。『長編』巻八七大中祥符九年七月辛亥の条の記事によれば、蝗の災害が出た後、真宗は玉清昭応宮・開宝寺・霊感塔に線香をあげて祈祷していた。また宮城に五日

聞音楽を禁じた。それから、人を遣わし郊外に死んだ蝗を拾ってきて、かれの誠意が天を感動させたことを示そうとしたのである。真宗が人を遣って死んだ蝗を拾ってきた以上、王旦は百官に賀させることが真宗の意図であることはわかったはずであるが、王旦は依然としてその事実を無視して災害をごまかすやり方に反対したのである。そのときは聖旨に逆らったが、しかし最後、やはり客観的に真宗が苦しい立場におかれることは避けられたのである。

二には、「宦者劉承珪忠謹を以て幸を得。病み且に死せんとするに、節度使為らんことを求む。真宗以て公に語りて曰く、承規此れを待ち以て瞑目せん、と。公執りて以て不可と為す。曰く、他日、将に樞密使為らんことを求むる者有らば奈何。今に至る内臣の官は留後に過ぎず、と」[79]。今回も、真宗ははっきり主張して、必ず実現するのを目指していたが、王旦は朝廷の大局を念頭において断わったのである。

三には、「栄王宮に火あり、前殿に延す。天災に非ずと言い、獄を置き火事を劾せんことを請う有り。当に死に坐すべき者は百余人。公、独り見を請う。曰く、始め火を失するの時、陛下、己を罪するを以て天下に詔す。臣等、皆な章を上し罪を待つ。今、反って人に咎を帰す。何ぞ以て信を示さん。且つ火に跡有りと雖も寧ぞ天譴に非ざるを知らんや、と。是に由り当に坐すべき者は皆な免かる」[80]とある。王旦は、朝令暮改すれば信用を失うという損得利害を理由として、真宗の行為を阻止した。その結果、百余人の命が全うされた。

四には、「日者、上書し宮禁の事を言い、誅に坐す。其の家を籍し、朝士と与に往還する所の吉凶を占問するの説を得。真宗怒り、御史に付して状を問わんと欲す。公（王旦）曰く、此れ人の常情なり。且つ語は朝廷に及ばず、罪するに足らず、と。真宗の怒り、解けず。公因りて自ら嘗て占問する所の書を取り進みて曰く、臣少賤の時、此れを為すを免れず。必ず以て罪と為し、並びに臣を獄に付せんことを願う、と。真宗曰く、此の事已に発す、何ぞ免ず可けんや、と。公曰く、臣宰相為り、国法を執り、豈に自ら之れを為し、発ざるを幸とし、而れども以て人を罪する可けんや、と。真宗、意を解く。公、中書に至り、悉く得る所の書を焚く。既にして真宗悔い、復た馳せて之れを取らしむ。公曰く、臣已に之を焚くなり、と。是に由り免を獲る者衆し[81]」とある。このことにたいして、王旦は自分を例として挙げて、渦中に巻き込まれた多くの官員を保護しようとして、摘発するなら自分もともに摘発するよう主張した。その態度はかなり強硬であった。こうしたのは、真宗の怒りをどうしてもしずめなければならないからである。そこで王旦はまた速やかに証拠を処分してしまった。もう真宗が腹を立ててもどうしようもない。『長編』巻八九天禧元年二月癸巳の条の記事によれば、いわゆる「既にして真宗悔い、復た馳せて之れを取らしむ」というのは、実際には「既にして大臣、是れに因り以て己の快らざるを擠さんと欲する者有りて、究治を力請す。上、旦に就き書を取らしめんとす」という背景があったからだという。派閥的政治は往々にして皇帝の名義にかりて、派閥の争いを行う。これは以上の記事からもみえるであろう。要するに、王旦は自分の安否を顧みず、朝廷の情勢の不穏化を避けたのである。

王旦の執政十八年間の履歴の中で、記録すべきことはもっとたくさんあるはずである。しかし、文豪欧陽脩は、神道碑に称賛の口ぶりで、王旦の以上の行動を中心に述べており、それは文章全体の大きな部分を占めている。このことはいうまでもなく、欧陽脩という代表的宋代士大夫の思想傾向と深く関わる。

欧陽脩は以上のことを述べるとき、「人主、盛いに怒ると雖も、辨ずべき者は之れを辨じ、必ず得て後に已む[82]」と王旦を評した。王旦は性格が温厚な人間であり、強権的な宰相とはいえない。王旦が自分で「僕、政府に在ること二十年に幾《ちか》し、進対に意を忤らう毎に、即ち蹙縮し自容する能わず[83]」とさえ伝えている。しかし、このような宰相は意外にも皇帝を恐れず、「必ず得て後に已む」としている。もしも強権的な宰相ならば、皇帝がどういう境地にあっただろうか。実際には、王旦の行動は必ずしも特異な行為ではなく、平凡な宰相の平凡な作為であったにすぎない。一滴の水から太陽の輝きも見えるという諺のように、王旦の行動から、いわゆる君主独裁制という説は、似て非なるフィクションであるということがわかる。

王旦はいつも、真宗のいろいろと不正な決定を制止したが、天書と封禅などに関しては妥協的だったのである。それゆえ、『宋史』の編纂者は「王旦伝」の文末の論賛に、王旦を称賛した後、続いて「惟だ王欽若の説を受け、以て天書の妄を遂ぐ、斯れ則ち李沆に及ばざるのみ」と評価した。また『長編』巻九〇天禧元年九月己卯の条に、王旦の卒を記す際、他人の説を引用して「議者謂う、旦、時に逢い君を得、言は聴かれ諫は従われ、勢位に安んず。而れど能く正を以て自終せず、或いは之れを馮道に比す云々[84]」と評した。私見によれば、以上の評はかなり偏に失している。

馮道が唐末五代の乱世にあたり、四朝十君を経歴し、高官となったことは、宋代の道学家に政治節操がないと見なされていた。しかし、馮道をもって王旦をたとえるのは適切ではないと思われる。まず、王旦は治世にあり、乱世ではなかった。次には、王旦は王欽若・丁謂などのいわゆる「奸臣」と同調していなかった。また馮道についての宋代道学家の見方にも問題がある。しかしこれまで中国の学界でも、伝統的な定説を守っている。確かに馮道が四朝十君を経歴し、高官であったのは事実であるが、しかしかれが唐末五代の乱世にあたり、各王朝で宰相をして、可能な範囲で多くの社会を安定させ、経済を回復し、戦乱を平定したという実績がある[85]。かれは確かに命を惜しみ、地位に恋々としたかもしれないが、結果的には多くの良いことをしていたのである。社会に、人民に益さえあれば、昔の烈婦が最後まで一人の夫に殉じたように、政治上最後まである政権だけを守る必要はないではないか。いまの歴史研究者は、歴史人物を評価するとき、往々にして伝統的な定説に多かれ少なかれ左右されている。実際には、少なからぬ伝統的な定説にかなり再検討の余地があるのではないか。

王旦に戻ろう。実は天書と封禅において、王旦にはかれの苦衷があった。前述した多くのことを経たのち、真宗は王旦をかなり畏敬するようになった。ところで、王欽若が真宗に天意を偽造する提案を出した後、『宋史』王旦本伝には、「(真宗の)心は旦を憚る。曰く、王旦不可無きを得たりや」と記されている。これから見れば、最初真宗は天書と封禅ということが王旦に許可されるかどうかを非常に心配していた。最後には、これが王旦に許可されるために、真宗は小さな詭計を弄した。ある日、真宗は王旦を呼んで一緒にお酒を飲んだ。その場で君臣関係はすっかり打ち解けている。宴会後、真宗は王旦に一つのつぼをあげて、このお酒はとてもおいしい、持ち帰って家族と一緒に飲みなさいと言った。王旦はそのつぼを家に持ち帰って開けると、なんといっぱいの真珠である。王旦は大いに驚いた。本伝に「是れ由り、凡そ天書・封禅等の事、旦復た異議せず」と記されている。

王旦は金を私しただけであろうか、それとも真宗のメンツを立てるためであろうか。それは問わず、いずれにしても、皇帝が何事かをやりたいとき、意外にも事前に大臣に賄賂を使い、その口をふさいでからはじめて行われる、ということが真宗のこの行為からわかる。これは本末転倒ではないか。しかし、これは事実である。少なくとも真宗時代に、君主独裁が貫徹されていたとは言いかねる。歴史には往々に驚くべき似た事実が存在する。『明史』巻一六八「陳循伝」には、景帝が太子を交替するために、「内に諸閣臣を畏れる。先期に循及び高谷に白金百両を賜う」と記されている。数百年前の宋代の真宗の賜珠と数百年後の明代の景帝の賜金という両事件は、偶然に似ているわけではない。その内在的な関係は、まさに中国伝統社会における皇帝権力の無力性の一側面を物語っている。

王旦の天書に対する態度について、本伝は、「旦天書使と為り、大礼有る毎に、輒ち天書を奉じて以て行う、恆に邑邑として楽しまず[86]」と述べる。王旦は真宗のメンツを立てたが、自分の同僚・部下には不満であった。同じ本伝に、「時に向敏中、同に中書に在り、彭年、留むる所の文字を出す。旦、瞑目して紙を取りて之れを封す。敏中、一覧を請う。旦、曰く、符瑞を興建して進を図るに過ぎざるのみ[87]」とある。これから見れば、王旦は天書などに関して、とりわけ真宗をそそのかして符瑞活動をする人を極度に憎んでいることがわかる。さらに、王旦はずっと天書と封禅という悪例を初めて作った王欽若を抑えつけ、死ぬまで宰相を担当させなかった。これも王旦の天書への態度を反映している。

真宗の心の中の王旦への畏敬の程度は、王旦が宰相となった当初は、はるかに呂端・寇準・李沆に及ばないが、しかし長期間の執政の中で、ずっと真宗に尊敬されており、君臣の間に堅固な信任を確立した。これこそ王旦が十余年間独裁することができた主要原因なのである。

欧陽脩が書いた王旦神道碑に「孰か君に事えざるぞ、胡ぞ能く必ず信ぜんや」（孰不事君、胡能必信）と問うが、王旦は、真宗が「必信」という程に達したのである。『長編』巻八九天禧元年五月戊申の条に、真宗は王旦に対して「素より其の徳望を重んずれば、委任して二莫し」と記されている。政務を処理するとき、「上覧を経ざる者有らば、公（王旦）但だ旨を批して奉行す」という場合もある。このような行為はすでに権臣と似通っている。北宋後期、蔡京が政権を握ったとき、かつて自ら皇帝の御筆を起草し、徽宗に写させてから発布するようになった[88]。ところが、王旦の行為は後の蔡京を超えたようである。王旦は真宗が目を通すプロセスを略して、直接に聖旨を奉ずるということを書き込んで実施するのであった。無論、これは王旦の越権独裁ではなく、真宗の与えた特権であった。これを王旦はだれにもひけらかすことなく、おなじ中書にいる参知政事の王曾・張知白・陳彭年たちも全然知らなかった。かれらは王旦の行為を見た後、まず王旦に指摘し、続いて真宗に報告した。しかし、真宗の回答にかれらは驚いた。真宗は「旦、朕の左右に在ること多年たり。朕、之れを察するに毫髪の私無し。東封の後自り、朕、諭し小事を以て一面奉行せしむ。卿等謹んで之れを奉ずべし[89]」と説明した。王旦のような長い経験をもっている大臣に、権力を委譲し、充分に信任を与える。これが真宗の自らの認識なのである。真宗はかつて王旦等の執政大臣に、「朕、古今の事を観るに、若し君臣道合し、上下心を同じくせば、何ぞ不治を憂えんや」と話している。

真宗は王旦を非常に尊重している。『長編』巻六六景徳六年九月己卯の条に、宰相の班位、樞密使・参知政事と行を重さぬ。上、見る毎に、王旦の班、王欽若等の立位と太だ迫れり。左右に謂いて曰く、殿庭儀石以南、頗る隘狭為れば、故に朝集僅かに同行の若し、と。即ち閤門に詔し、宰相の班位を儀石の北に移し、余は其の南に立たしむ[90]。

とある。具体的な順位ははっきりわからないが、間違いないのは、真宗は王旦が王欽若などのほかの執政たちと一緒にぎっしり詰まることを望まず、ある程度区別したかったのである。かれは宰相の班位を儀石の北に移して、明らかに王旦の位置を特に目立たせたのであった。昔の中国では、南向きは尊いと見なされた。ゆえに皇帝はすべて北に座って南に向かうことになる。もともと宰相と樞密使・参知政事とも南に位置し、北の真宗に対面していたが、宰相の班位を儀石の北に移した後、真宗と同じ向きになって樞密使・参知政事などの群臣と対面するようになったのではないであろうか。これについて、考証は難しいが、朝廷の儀式として、確かに宰相の位置が強調された。いうまでもなく、景徳六年九月己卯という日から、この制度の改革は一つの新しい祖宗法として、確定されてしまったのである。これは小さいが象徴的な意義をもっている事件であるといえよう。

『長編』巻九〇天禧元年七月丁巳の条に、王旦が年をとり病気にかかったため宰相を罷免されたという記事に、「国に当たること歳久しく、上、益々倚信し、言う所聴かざる無し。他の宰相大臣の議する所有ると雖も、必ず曰く、王某は以て如何と為す、と。事大小と無く、旦の言に非ざれば決せず[91]」とまとめて述べられている。これからみれば、真宗がかつて「小事を以て一面奉行」と王旦に話したにもかかわらず、実際には、「事大小と無く、旦の言に非ざれば決せず」というようになったのである。

次に「旦の言に非ざれば決せず」という具体例を一つ見ておきたい。景徳四年九月に、知杭州の官員が任期満了になるため、執政たちがその後任を検討するとき、参知政事馮拯は「餘杭は諸道に比して易治なり」と発言した。これに対して、真宗は「方面の任、古の諸侯なり。常時無事なれば則ち易治と為す。呉人軽巧たり、苟し豫かじめ非常に備うるは、安んぞ之れを易しと謂うべけんや」と辛辣な皮肉を言った。真宗は、名簿を持ってなかの孫僅と王済の名を指して、王旦に二人のなかのいずれが優れるかと直接聞いた。王旦は「済に吏幹有り、是の選に副うべし」と答え、一言で決まってしまった。[92] 十二年間、宰相にあった結果、このような「旦の言に非ざれば決せず」という状態は、真宗時代の君臣関係の基本的な特徴を形成するようになった。君主の側から見れば、これは真宗が自らの権力を委譲することと関わりがある。真宗が権力を譲るのは、賢明でもあり、また仕方がないことでもある。真宗は王旦と唐朝の政治を話すとき、陸贄の「徳宗、英叡なり、独り寰中を御する志有り」という言葉を挙げた。後に「天下は至大なり、人君、何によりてか独り治めんや」[93]と批判した。真宗は君主一人で独裁は不可能と考え、執政集団に管理させたからである。実際に、正常な政治情勢の下では、宰輔大臣が皇帝の信任によって専政しており、非正常な政治情勢の下では、宰輔大臣が皇帝を操って独裁する。これは宋時代の争えない事実なのである。王旦は、はじめて正常に即位した皇帝のもとで、宰輔専政の端緒を開いた重要な人物の一人である。それゆえ、あらためて宋代政治を検討するのであれば、王旦の事績を無視してはならないと思われる。

小結

十数年前に、私は宋代における皇権と相権の問題を考察したことがある。それは双方の消長に重点をおいて論じたものであった。[94] いうまでもなく、それらは個別に分析と考察ができるけれども、総じていえば、皇帝と宰輔大臣はみな同じ支配集団に属する。以上王旦の政治活動に関する考察を通じて、真宗との密接な関係がなければ、真宗の充分な信任がなければ、王旦の宰相としての独裁は全く不可能だということがわかる。つまり政策の決定、詔令の発布、人事の任免、制度の興廃、という朝廷のさまざまなことは、すべて君臣双方の共同行為なのである。これは物理学で言う合力（resultant of forces）と似通っている。朝廷のすべての重大な挙動は、いずれも様々な力の集まった合力によってなされた結果である。具体的にいえば、朝廷内における各種の派閥間の相互作用の結果であり、ある方面からの単独の力ではない。いうまでもなく、合力といっても、各方面の力が均等であることを意味するのではない。詳しく分析すれば、ここには前に論じた皇権と相権の互いの消長という問題もある。

本章が王旦を具体例として考察したのは、この独裁という悪名のない平凡な宰相の方が、宋代史上における大小権相と比べて、さらに典型的な事例と位置づけられ、したがって、更に説得力があると考えたからである。

注

（1）『長編』巻九〇、天禧元年九月己酉の条を参照。

（2）『宋史』巻二八二、「王旦伝」に「吾之後世、必有為三公者。此其所以志也」とある。

（3）『仕学規範』巻三〇に「王晋公祐事太祖、為知制誥。太祖遣使魏州、以便宜付。告之曰、使還、与卿王溥官職。時溥為相也。蓋魏州節度使符彦卿、太宗夫人之父、有飛語聞於上。祐往別太宗於晋邸。……及還朝、太祖問曰、汝敢保符彦卿無異意乎。祐曰、臣与符彦卿家各百口、願以臣之家、保符彦卿家。又曰、五代之君、多因猜忌殺無辜、故享国不長。願陛下以為戒。帝怒其語直、貶護国軍行軍司馬・華州安置。……初祐赴貶時、親朋送於都門外、謂祐曰、意公作王溥官職矣。祐笑曰、某不做、児子二郎者須做。二郎、乃文正公旦也」とある。

（4）『宋史』巻二六九、「王祐伝」に「祐知貢挙、多抜擢寒俊。畢士安・柴成務皆其所取也。後与其子旦同入両制、居中書」とある。

（5）『宋史』巻二八一、「畢士安伝」に「（畢士安）凡交遊無党援、唯王祐・呂端見引重、王旦・寇準・楊億相友善。王禹偁・陳彭年皆門人也」とある。
（6）『宋史』巻二六六、「李至伝」を参照。
（7）『宋史』巻四四〇、「柳開伝」を参照。
（8）『宋史』巻二七三、「何承矩伝」に「（何承矩）典長沙日、李沆・王旦為佐。承矩厚待之、以為有公輔器」とある。
（9）『宋史』巻二六七、「趙昌言伝」に「昌言喜推奨後進、掌漕湖外時、李沆通判潭州。昌言謂有台輔之量、表聞於朝。王旦宰岳州平江。昌言一見、識其遠大、以女妻之。後皆為賢相」とある。
（10）以上述べた王旦の事績が『宋史』巻二八二「王旦伝」に見える。
（11）『宋史』「王旦伝」に「銭若水有人倫鑑。見旦曰、真宰相器也。与之同列、毎曰、王君凌霄聳壑、棟梁之材、貴不可涯、非吾所及。李沆以同年生、亦推重為遠大之器」とある。
（12）『宋会要輯稿』「儀制」三～五を参照。
（13）『宋史』「王旦伝」に「帝素賢旦、嘗奏事退、目送之曰、為朕致太平者、必斯人也」とある。
（14）欧陽脩『居士集』巻二二、「文正王公神道碑銘」に「真宗即位、拝中書舎人。数日、召為翰林学士・知審官院・通進銀台封駁事。公為人厳重、能任大事、避遠権勢、不可干以私。由是真宗益知其賢」とある。
（15）『長編』巻四一、至道三年六月甲辰の条に「上問、近臣誰人可大用者。若水言、中書舎人王旦有徳望、宜任大事。上曰、此固朕心之所属也」とある。
（16）『宋史』「王旦伝」と『東都事略』巻四〇「王旦伝」を参照。
（17）王旦が同知枢密院事と参知政事の任命は『宋宰輔編年録』巻三と『宋史』巻二一〇「宰輔表」を参照。
（18）李沆が景徳元年七月丙戌に死去。『宋史』巻八「真宗紀」に見える。
（19）『宋史』「寇準伝」を参照。
（20）『宋史』「畢士安伝」を参照。
（21）以上述べた澶淵の盟の経緯について、『宋史』「寇準伝」を参照。
（22）『宋史』「畢士安伝」を参照。

(23)『宋史』「王旦伝」に「契丹犯邊、從幸澶州。雍王元份留守東京、遇暴疾、命旦馳還、權留守事。旦曰、願宣寇準、臣有所陳。準至、旦奏曰、十日之間未有捷報時、当如何。帝默然良久、曰、立皇太子。旦既至京、直入禁中、下令甚嚴、使人不得傳播。及駕還、旦子弟及家人皆迎于郊、忽聞後有騶訶聲、驚視之、乃旦也」とある。案ずるに、この史料の「立皇太子」という話には疑問がある。そのとき、真宗はまだ子供がいない。しかし、急場の処置として、王旦は真宗にあとの事を考えさせる可能性が十分有ると思われる。

(24)『宋史』巻二一〇、「宰輔表」を参照。

(25)『五朝名臣言行録』前集巻二に引く『元城語録』に「李丞相毎謂人曰、沆在政府、無以補報国家。但諸処有人上利害、一切不行耳。此大似失言、然有深意。且祖宗時、経変多矣。故所立法度、極是穏便。正如老医看病極多、故用薬不至孟浪殺人。且其法度、不無小害、但其利多耳。後人不知、遂欲軽改。此其害所以紛紛也。李丞相毎朝謁奏事畢、必以四方水旱盗賊不孝悪逆之事奏聞。上為之変色、惨然不悦。既退、同列以為非。問丞相曰、吾儕当路、幸天下無事。丞相毎奏以不美之事以拂上意。然又皆有司常行不必面奏之事。後幸已之。公不答。数々如此。因謂同列曰、人主一日豈可不知憂懼、若不知憂懼、則無所不至矣。惟此両事、最為得体。在漢時、惟魏相能行此両事。……後之為相者、則或不然。好逞私智、喜変祖宗之法度、欺蔽人主、悪言天下災異。喜変法度、則綱紀乱。悪言災異、則人主驕。此大患也」とある。これは『宋宰輔編年録』巻三にも見える。

(26)『宋史』巻二八二、「李沆伝」に「朝廷防制、纖悉備具、或徇所陳請、施行一事、即所傷多矣、陸象先曰庸人擾之是已。憸人苟一時之進、豈念厲民耶」とある。

(27)『宋史』「王旦伝」に「契丹修和、西夏誓守故地、二辺兵罷不用」とある。

(28)『文正王公神道碑』に「宋興三世、祖宗之法具在。故其為相、務行故事、慎所改作」とある。

(29)『長編』巻八一、大中祥符六年七月丙申の条に「旦曰、陛下所守者、祖宗典故。典故所無、不可聽也、当問諸有司」とある。

(30)『長編』巻六三、景徳三年六月戊子の条に「知制誥朱巽上言、朝廷命令不可屢改。自今有陳述利害更張法制者、請先付有司、議其可否。如経久可行者行之、不可者止之。苟罔辨是非、一切頒布、恐失重謹之道。上謂宰相曰、此甚識治体、卿等志之。且事有可否、執政者所宜尽言、無有隠也」とある。

（31）『長編』巻六三、景徳三年八月丁丑の条に「上謂王旦等曰、凡裁処機務、要当知其本末。朕毎与群臣議事、但務従長。雖言不尽理、亦優容之。所冀尽其情也。若果決行事、豈足為難。周世宗固英主、然用刑峻急、誅殺過当、享祚不永、豈不由此乎」とある。
（32）『宋史』「王旦伝」に「石普知許州不法、朝議欲就劾。旦曰、普武人、不明典憲、恐恃薄効、妄有生事。必須重行、乞召帰置獄。乃下御史按之。一日而獄具。議者以為不屈国法而保全武臣、眞国体也」とある。
（33）同前に「薛奎為江淮発運使、辞旦。旦無他語、但云東南民力竭矣。奎退而曰、真宰相之言也」とある。
（34）同前に「張士遜為江西転運使、辞旦求教。旦曰、朝廷榷利至矣。士遜迭更是職、思旦之言、未嘗求利。識者曰、此運使識大体」とある。
（35）同前に「張詠知成都、召還、以任中正代之。言者以為不可。帝問旦。対曰、非中正不能守詠之規。他人往、妄有変更矣」とある。
（36）同前に「李迪・賈辺有時名。挙進士、迪以賦落韻、辺以『当仁不譲於師論』以師為衆、与注疏異。皆不預。主文奏乞収試。旦曰、迪雖犯不考、然出於不意、其過可略。辺特立異説、将令後生務為穿鑿、漸不可長。遂収迪而黜辺」とある。
（37）『長編』巻八〇、大中祥符六年六月甲子の条に「監察御史張廓上言、天下曠土甚多、請依唐宇文融所奏、遣官検括土田。上曰、此事未可遽行。然今天下税賦不均、富者地広租軽、貧者地蹙租重。由是富者益富、貧者益貧。茲大弊也。王旦等曰、田賦不均、誠如聖旨。但改定之法、亦須馴致。或命近臣専領、委其擇人、令自一州一県条約之、則民不擾而事畢集矣」とある。『宋会要輯稿』「食貨」一～一八にも見える。
（38）『長編』巻八一、大中祥符六年七月丁巳の条と『宋会要輯稿』「職官」五八～四を参照。
（39）『宋史』「王旦伝」に「寇準数短旦、旦専称準。帝謂旦曰、卿雖称其美、彼専談卿悪。旦曰、理固当然。臣在相位久、政事闕失必多。準対陛下無所隠、益見其忠直、此臣所以重準也。帝以是愈賢旦」とある。
（40）『五朝名臣言行録』前集巻二に「中書有事関送密院、事碍詔格。寇公在樞府、特以聞。上以責公（王旦）。公拝謝引咎、堂吏皆遭責罰。不逾月、密院有事送中書、亦違旧詔。堂吏得之欣然呈公。公曰、却送与密院。吏出白寇公。寇大慚。翌日見公曰、同年、甚得許大度量。公不答」とある。

（41）『自警編』巻一に「王文正公在中書、寇莱公在密院、中書偶倒用印。寇公須勾吏人行遣。他日、密院亦倒用了印、中書吏人呈覆、亦欲行遣。文正問吏人、汝等且道、密院当初行遣倒用者是否。曰不是。文正曰、既是不是、不可学他不是。更不問」とある。

（42）『長編』巻八四大中祥符八年四月壬戌の条を参照。

（43）『仕学規範』巻一一に「真廟出『喜雨詩』示二府、聚看於上前。王文正公袖帰。因諭同列曰、上詩有一字誤写、莫進入改却。王冀公曰、此亦無害。欽若退而陰有奏陳。翌日、上怒謂公曰、昨日朕詩有誤写字、卿等皆見、何不奏来。公再拝称謝曰、昨日得詩、未暇再閲。有失奏陳、不勝惶懼。諸公皆再拝、独馬知節不拝、具言公欲奏白、而欽若沮之。又王某略不自弁、真宰相器也。上顧公笑而撫喩之」とある。

（44）『長編』巻八五、大中祥符八年九月甲寅の条を参照。

（45）『宋史』「寇準伝」を参照。

（46）『長編』巻八四、大中祥符八年四月甲子の条を参照。

（47）『宋会要輯稿』「職官」二一～四三を参照。

（48）『長編』巻六六、景徳四年七月壬申の条を参照。

（49）『長編』巻九〇、天禧元年七月丁巳の条を参照。

（50）同前註。

（51）『宋宰輔編年録』巻三を参照。

（52）『長編』巻八八、大中祥符九年十一月壬子の条に「時（曹）瑋数上章求解州事。上問王旦誰当代瑋者。旦薦（李）及可任。上即命之。衆議皆謂及雖謹厚有操行、非守辺才、不足以継瑋。秘書監楊億以衆言告旦。旦不答。……不日、声誉達京師。億聞之、復見旦、具道其事。……旦笑曰、……夫以曹瑋知秦州、羌戎讐服。辺境之事、瑋処之已尽其宜矣。使他人往、必矜其聡明、多所変置、敗壊瑋之成績。旦所以用及者、但以及重厚必能謹守瑋之規模而已。億由是益服旦之識度」とある。

（53）『宋宰輔編年録』巻三に「中書嘗請以工部侍郎・知制誥盛度権知開封府。上曰、可更問王旦。時属疾在告。中書具聖語就問之。旦曰、度必不楽此任。既而、度果請中書、自言幸以文字進、不願処繁劇」とある。

（54）同前に「王旦銓量才品極当、人人各得其所。此豈可不問也」と真宗の話がある。
（55）『長編』巻九〇、天禧元年七月丁巳の条に「（王旦）当国歳久、上益倚信、所言無不聴、雖他宰相大臣有所議、必曰王某以為如何。事無大小、非旦言不決」とある。
（56）『宋史』「王旦伝」に「毎有差除、先密疏四三人姓名以請。所用者帝以筆点之。同列不知、争有所用。惟旦所用、奏入無不可」とある。
（57）同前に「誠知此人、然歴官尚浅、人望未著。且俾養望、歳久不渝、而後擢任、則栄途坦然、中外允愜」とある。
（58）『長編』巻八五、大中祥符八年十月壬午の条に「方今下位、豈無才俊。或恐抜擢未至爾。然観前代求賢不求其備、不以小疵掩大徳。今士大夫孰為無過。陛下毎務保全之、然流言稍多則不便於任使。大都迭相称誉近乎党、過相糾訐近乎公。鑑其愛憎、惟託上聖、則庶幾無棄人矣」とある。
（59）『宋史』「王旦伝」に「旦為相、賓客満堂。無敢以私請。察可与言及素知名者、数月後、召与語、詢訪四方利病、或使疏其言而献之。観才之所長、密籍其名。其人復来、不見也」とある。
（60）『五朝名臣言行録』前集巻二に「張師徳名家子、有士行、不意両及吾門。状元及第、栄進素定、但当静以待之耳。若復奔競、使無階而進者当如何也」とある。
（61）『宋史』「王旦伝」に「翰林学士陳彭年呈政府科場条目、旦投之地曰、内翰得官幾日、乃欲隔截天下進士耶。彭年皇恐而退」とある。
（62）『五朝名臣言行録』前集巻二を参照。
（63）『長編』巻九〇、天禧元年八月庚午の条に「上欲相欽若、王旦曰、欽若遭逢陛下、恩礼已隆、且乞令在枢密、両府任用亦均。臣見祖宗朝未嘗使南方人当国。雖古称立賢無方、然必賢士乃可。臣位居元宰、不敢阻抑人、此亦公議也。上遂止。及旦罷、上卒相欽若。欽若嘗語人曰、為王子明故、使我作相晩却十年」とある。
（64）『長編』巻六六景徳四年八月庚戌の条に「旦曰、煜因随得罪、随不該減削、煜亦不在原降之例。今朝廷挙官者甚衆、若遇赦悉免、則是永無連坐之法矣」とある。
（65）『長編』巻九〇、天禧元年六月甲申の条を参照。

（66）『五朝名臣言行録』前集巻二に「公嘗与楊文公評品人物。楊曰、丁謂久遠果如何。対曰、才則才矣、語道則未。他日在上位、使有徳者助之、庶得終吉。若独当権、必為身累。後謂果被流竄」とある。

（67）『長編』巻八六、大中祥符九年正月丙辰の条に「先是、旻被旨選兵、下令太峻。兵懼、謀欲為変。有密以聞。上召二府議之。王旦曰、若罪旻、則自今帥臣何以御衆。急捕謀者、則震驚都邑。此尤不可。上曰、然則奈何。旦曰、陛下数欲任旻以樞密、臣未敢奉詔。今若擢用、使解兵柄、反側者当自安矣。上従其言、故諸帥皆遷。軍果無他。上語左右曰、王旦善処大事、真宰相也」とある。

（68）台諫を第三の勢力と見なすという観点は、日本では冨田孔明氏の「宋代の政権構造と太学生の上書」（『中国――社会と文化』第一四号、一九九九年）、中国では張其凡氏の「北宋皇帝与士大夫共治天下略説」（香港『中報月刊』、一九八六年）、虞雲国氏の「宋代台諫系統的破壊与君権相権之関係」（『学術月刊』一九九五年第一一号）を参照。

（69）『長編』巻八八、大中祥符九年九月丙午の条を参照。

（70）『長編』巻九五、天禧四年三月庚寅の条に「大中祥符末、（楊）億自汝州代還、久之不遷。或問王旦曰、楊大年何不且与旧職。旦曰、大年頃以軽去上左右。人言可畏、頼上終始保全之。今此職欲出自清衷、以全君臣之契也」とある。

（71）『五朝名臣言行録』前集巻二に「公久疾不癒、上命肩輿入禁中。使其子雍与直省吏扶之、見於延和殿。命曰、卿万一有不諱、使朕以天下事付之誰乎。公謝曰、知臣莫若君。時張詠・馬亮皆為尚書、上曰、張詠如何。不対。又曰、馬亮如何。不対。上曰、試以卿意言之。公強起挙笏曰、以臣之愚、莫若寇準。上憮然有間曰、準性剛褊、卿更思其次。公曰、他人、臣不知也。公薨歳余、上卒用準為相」とある。

（72）「文正王公神道碑銘」に「公（王旦）累官至太保、以病求罷、入見滋福殿。真宗曰、朕方以大事託卿、而卿病如此。因命皇太子拝公。公言皇太子盛徳、必任陛下事。因薦可為大臣者十余人。其後、不至宰相者、李及・凌策二人而已」とある。

（73）『五朝名臣言行録』前集巻四を参照。

（74）注（25）を参照。

（75）『宋史』「李沆伝」に「沆為相、王旦参政事、以西北用兵、或至旰食。旦嘆曰、我輩安能坐致太平、得優遊無事耶。沆曰、少有憂勤、足為警戒。他日四方寧謐、朝廷未必無事。後契丹和親、旦問何如。沆曰、善則善矣、然辺患既息、恐人主漸生侈

心耳。旦未以為然。沆又日取四方水旱盗賊奏之。旦以為細事不足煩上聴。沆曰、人主少年、当使知四方艱難。不然、血気方剛、不留意声色犬馬、則土木甲兵祷祠之事作矣。吾老、不及見此、此参政他日之憂也」とある。案ずるに、この史料の「後契丹和親」の後の李沆の話には、時期の問題がある。つまり澶淵の盟が結ばれたとき、李沆はすでに死去していたからである。だがこの史料にいう憂患意識は確かに李沆の終始一貫した思想として信じられる。

(76)『五朝名臣言行録』前集巻二に引く『金坡遺事』に「駙馬都尉石保吉求為使相、真宗以問公（李沆）。公曰、賞典之行、須有所自。保吉因縁戚里、無攻戦之労。台席之拝、恐騰物論。它日、再三詢之、執議如初。遂寝其事」とある。

(77)『五朝名臣言行録』前集巻二に引く『呂氏家塾記』に「公（李沆）為相、真宗嘗夜遣使持手詔問、欲以某氏為貴妃如何。公対使者自引燭焚其詔書、附奏曰、但道沆以為不可。其議遂寝」とある。

(78)「文正王公神道碑銘」に「大中祥符中、天下大蝗。真宗使人於野得死蝗以示大臣。明日、他宰相有袖死蝗以進者、曰蝗実死矣、請示於朝、率百官賀。公独以為不可。後数日、方奏事、飛蝗蔽天。真宗顧公曰、使百官方賀而蝗如此、豈不為天下笑邪」とある。案ずるに、「他宰相」という記事が誤り。『長編』巻八七大中祥符九年七月辛亥の条に「執政」と記す。なお、『類編皇朝大事記講義』巻六に「執政指丁謂」と記されている。

(79)同前に「宦者劉承珪以忠謹得幸、病且死、求為節度使。真宗以語公曰、承規待此以瞑目。公執以為不可曰、他日将有求為枢密使者奈何。至今内臣官不過留後」とある。

(80)同前に「栄王宮火、延前殿。有言非天災、請置獄劾火事。当坐死者百余人。公独請見曰、始失火時、陛下以罪己詔天下。而臣等皆上章待罪。今反帰咎於人、何以示信。且火雖有跡、寧知非天譴邪。由是当坐者皆免」とある。

(81)同前に「日者上書言宮禁事坐誅、籍其家、得朝士所与往還占問吉凶之説。真宗怒、欲付御史問状。公曰、此人之常情。且語不及朝廷、不足罪。真宗怒不解。公因自取嘗所占問之書進曰、臣少賤時、不免為此。必以為罪、願並臣付獄。真宗曰、此事已発、何可免。公曰、臣為宰相、執国法、豈可自為之、幸於不発而以罪人。真宗意解。公至中書、悉焚所得書。既而真宗悔、復馳取之。公曰、臣已焚之矣。由是獲免者衆」とある。

(82)同前に「雖人主盛怒、可辨者辨之、必得而後已」とある。

(83)『自警編』巻一に「僕在政府幾二十年、毎進対忤意、即蹙縮不能自容」とある。

（84）『長編』巻九〇、天禧元年九月己酉の条に「議者謂旦逢時得君、言聴諫従、安於勢位、而不能以正自終、或比之馮道云」とある。
（85）『旧五代史』巻一二六、「馮道伝」を参照。砺波護氏も馮道に肯定的評価を下した（『馮道』、中央公論社、一九八八年）。
（86）『宋史』「王旦伝」に「旦為天書使、毎有大礼、輒奉天書以行、悒悒不楽」とある。
（87）同前に「時向敏中同在中書、出彭年所留文字。旦瞑目取紙封之。敏中請一覧。旦曰、不過興建符瑞図進爾」とある。
（88）『宋史』巻四七二、「蔡京伝」を参照。
（89）『宋史』「王旦伝」に「旦在朕左右多年、朕察之無毫髪私。自東封後、朕諭以小事一面奉行。卿等謹奉之」とある。
（90）『長編』巻六六、景徳六年九月己卯の条に「宰相班位与枢密使・参知政事重行。上毎見王旦班与王欽若等立位太迫、謂左右曰、殿庭儀石以南頗為狭隘、故朝集僅若同行。即詔閤門移宰相班位於儀石之北、余立其南」とある。
（91）注（55）を参照。
（92）『長編』巻六六、景徳四年九月辛巳の条を参照。
（93）『長編』巻八八、大中祥符九年二月乙酉の条を参照。
（94）「論宋代相権」（『歴史研究』二、一九八五年）、「論宋代皇権」（『歴史研究』一、一九八九年）

第五章　「使気の寇準」
――君臣関係のケース・スタディー（三）――

小引

中国の諺に「江山易改、本性難移」（江山改め易く、本性移し難し）ということばがある。人間の性格を変えることは山河を改造することより難しいという意味である。先天的気質と後天的影響とで作られた資質は、その人一生の運命を左右することがある。寇準の一生は宰相という官僚としての頂点に達して権勢を恣にした時期があるとともに、讒言により左遷されたこともあってまことに波瀾に富んだ生涯であった。このほとんどはその性格に起因するものである。士大夫として寇準が残した『寇忠愍公詩集』[1]三巻は比較的まとまった唯一の詩集である。その詩を読み、その行動を見ると、寇準は魏晋時代の「竹林七賢」と併称せらるべき、あるいは唐の李白・杜甫と伍すべき人物であると言ってよいように思われる。不幸なことに、寇準が身を置いた宋代は科挙の盛行した時代であって、昔のように礼儀作法にこだわらずに気ままに振る舞い、あるいは山水に隠栖する行為はほとんど不可能となっていたことであった。読書して官僚になることが、知識人のごく自然に進む道となっており、士大夫たちはわれ先にと官途を駆けめぐったのである。寇準も意識するとしないとに関わらず、時代の潮流に巻き込まれ、選択する余地はなかった。しかし、ある意味ではこのように政治世界が全面的に開放され、士大夫階層が全面的に奮い立ってきた時代にかれが出逢ったということは、幸運だったとも言える。この時代、士大夫たちは「独り其の身を善くする」ような「修身斉家」にもはや満足できず、視野を「兼ねて天下を済う」ことに向け、それまで抑えられていた「治国平天下」にまで志向を広げようとした。この時代には士大夫に縦横無尽に駆け回る広々とした天地が与えられた。寇準はちょうど時宜にかなって、順調に政治のピラミッドの頂上に立ち、君臣の間で、詩人以外の才能を発揮し尽くしたのである。

寇準という人は、官途に幾多の浮沈を経て波瀾に富んだ生涯を送ったにもかかわらず、党争が激しい宋代において意外に非難が少なく、肯定的な人物として宋代の士大夫の間に列せられ、そして後世の歴史の記録に名を残している。

寇準の活動した時期は太宗・真宗という両朝に跨がっている。太宗は「準開国皇帝」として、そして真宗は初の正常に即位した皇帝として、それぞれの時代を代表している。寇準の政治的地位とその活動は、新旧交替する時期にあって、皇帝権力の発展方向と中央政治の定型とに対して、極めて重要な影響を与えた。かつ寇準本人がたびたび左遷されたり再起用されたりしたことは、この時代の君臣関係を考える上で非常に深い意味を持っていたのである。考えてみると、これまでこの視点からの寇準研究はほとんどされていなかったので、本章では寇準の性格が政治に与えた影響を考察すると同時に、主にその政治的実践が君臣関係の規範に於いて持っている意義について考察していきたいと思う。

第一節　立太子

「十九にして高第に中たり、弱冠にして国章を司る」[2]（十九中高第、弱冠司国章）。寇準は太平興国五年（九八〇）

に、十九歳で進士に合格した。この年齢は宋代の進士としては極めて珍しい若さであった。[3] 太宗は殿試（進士の最終試験）の際は通常「臨軒顧問」[4]をしたが、この時の寇準は特に関心を惹かなかったようである。『五朝名臣言行録』前集巻四に「太宗、魏に幸するや、公、年十六、父が蕃に陥りしを以て、行在に上書す。辞色激昂し、挙止、畏るる無し。上、之れを壮なりとし、有司に命じて姓名を記せしむ。後二年にして、進士及第し、寖く以て貴顕なり」[5]と記している。寇準が進士に及第した後は、大理評事という官を授けられ、遠く帰州巴東県の知県となり、五年後には大名府成安県の知県へと転任している。[6] この両県の知県の任期内に、寇準は「其の治は一に恩信を以てす。賦役に朝会する毎に、未だ嘗て符移を出さず、惟だ郷里姓名を具して、県門に掲ぐるのみ。而して百姓は争いて之れに赴き、稽違する者無し」[7]という記事があるように頗る治績が挙げられている。その後、「三遷して殿中丞となり、兵食を西夏に調せしめらる。還りて通判鄆州に差せられ、召見を得て旨に称う。遂に札を給し、禁中に試みられて右正言を授けられ、東観を分直す。中謝の日、緋袍・銀魚を賜う。汶上の命を罷めて三司度支推官に充てらるるも、俄かに塩鉄司判官公事に転ず。会たま百官に詔し辺事を陳べしむ。準、利病を極疏す。天子、之れを器とし、擢んで尚書虞部郎中に署し、枢密直学士に充て、金紫を賜いて判吏部東銓とす」[8]と『寇忠愍公準旌忠之碑』に記されている。このときが、太宗と寇準との君臣としての最初の出会いと考えられている。

しかし、この以前にも、二人の君臣が接触を持っていたことを伝える史料がある。『長編』巻三三淳化三年十一月丙辰の条に李燾が割注で引用している北宋張唐英の『寇準伝』である。一般的には殆ど知られていない史料である。それには

寇準、鄆州に通判たりしとき召見を得たり。太宗謂いて曰く、卿に深謀遠慮有るを知る。試みに朕と一事を決し、中外に令して驚動せざらしめん。此の事、已に大臣と之れを議したり、と。準、其の事を示さんことを請う。

太宗曰く、東宮の為す所の不法は、他日必ず桀紂の行有らん。之れを廃せんと欲するも、則ち宮中に亦た自ずから兵甲有り。因りて乱を招くを恐る、と。準曰く、請うらくは、某月日に東宮に令して某処に行礼を摂り、其の左右侍衛は皆な之れに従わしむ。陛下、其の宮中を捜し、果たして不法の器有らば、還るを俟ちて之れに示す。左右を隔下し入らしむる勿くして之れを廃す。一黄門の力のみ、と。太宗、以て然りと為す(9)。

とある。李燾はこの史料の信憑性に疑問を抱いていたので、割注として引用するだけに止めたのであろう。しかし、割注に付するということは、執筆する際、様々な配慮から本文として記載することに不都合があると判断した場合もあったであろう。例えば、千古の謎とされている「燭影斧声」の事件が、割注に引用するだけにとめられているように。要するに李燾が「誣謗特に甚だし」と評しながらもこの史料を引用しているのは、それなりの理由があったからと考えられる。筆者はこの史料に信用をおいている。何故ならば、太宗の性格・特徴や当時の朝廷の内情と合致しているからである。太宗朝後期は、立太子が極めて重要かつ微妙な問題となった。皇后の勢力、宦官の勢力及び朝廷のさまざまな諸勢力が、この問題をめぐって陰に陽にしのぎを削って争っていた。本来、太子となるはずであった太宗の長男元佐は廃され、続いてこの史料の主人公である次男元禧ももともと承継者として育て上げられたのに、のちに太宗の寵愛を失い、原因不明の病死の際は冊礼をやめられた。かれの寵妾は太宗の命令によって縊死させられ、腹心の部下である左右の侍従たちも投獄された。これら一連のことはすべて『長編』に見られる史実であるが、張唐英の記載とも符合し、上記の寇準神道碑の「通判鄆州に差せられ、召見を得て旨に称う」とも合致するのである。ではなぜ太宗はわざわざ寇準を招いたのであろうか。太宗はクーデターが起こる懼れありと感じ、局外者と相談した方がより安全だと思ったからであろうか。もし本当にそうであるならば、太宗は寇準をよく知っていたことになる。これまで見てきた太宗と寇準との間の尋常でない関係からすると不条理のように思えるが、予てから太宗は寇準に重要な任務を委ねており、立太子問題については密かにかれと通じていたと解釈すれば、すべてが釈然とするのではなかろうか。

「準、利病を極疏す。天子、之れを器とす」ということについては、『長編』巻三〇端拱二年七月己卯の条に詳しい記載がある。

初め、左正言・直史館の下邽寇準、詔を承けて北辺の利害を極言す。上、之れを器とす。宰相に謂いて曰く、朕、準を擢用せんと欲す、当に何の官を授くべきか、と。宰相、用いて開封府推官と為さんことを請う。上曰く、此の官、豈に準を待する所以なりや、と。宰相、用いて枢密直学士と為さんことを請う。上、沈思すること良や久しくて曰く、且く此の官と為さしむれば可なり、と。(10)

この記事を見ると、二人の君臣が出会った初めのころ、太宗は寇準の才能を高く評価していた。才能を買っていたことは、寇準の治績と関係があったのであろうか。またこの記事により、官員を任用するとき、太宗は宰相の意見を一応は訊ねているけれども、最終的には太宗の意志によって決められていることが分かる。これも太宗が「準開国皇帝」として行い得た強権政治の特徴の一つである。

「義に赴き、白刃を忘れ、節を奮い秋霜を凌ぐ」(11)（赴義忘白刃、奮節凌秋霜）。寇準の性格は剛直で、道で弱い者いじめを見ると、助太刀を買って出るという義侠心を持っていた。不公平なことに出会えば、魚の骨が喉に刺さったように、吐き出さずにはおれなかった。かれの書いた詩に「孤立して敢言素分を逾ゆ」(12)（孤立敢言逾素分）というのがあり、また「準、嘗て事を奏するに切直なり。上、怒りて起つ。準、上衣を攀き、請うて復た坐せしめ、事、決すれば乃ち退く」という記事もある。君主に逆らって率直に戒めることは、歴代の史書にしばしば見えることであるが、天子の服を引っ張ってまで強引に坐らせて意見を聞かせるということはかなり珍しいことであろう。太宗としても恐らく初めてこのような臣下に遭遇したものと思われる。だが、怒っても何の役にも立たない。意見を聞き入れる態度に出るほかない。続いて「上、嘉嘆して曰く、此れ真の宰相なり、と。又た左右に語りて曰く、朕の寇準を得るは、猶お唐の太宗の魏鄭公を得たるがごときなり、と」[13]とある。これも一心に唐の太宗のようになりたいと考えていた宋太宗の止むに止まれぬ言葉だったのであろう。

淳化二年（九九一）、「歳に大旱たり。天子、以て憂いと為し、嘗て輦にて館中を過ぎり、泛く以て衆に問う。皆な曰く、水旱は天数なり。堯舜も奈何ともする毋き所なり、と。準独り曰く、朝廷の刑罰偏頗なり。凡そ天旱、是れが為に発するのみ、と。上怒りて、起ちて禁中に入る。之れを頃くして、準を召して偏頗なる所以の状を問う。準曰く、願わくは両府を召して前に至らしめよ、臣即ち之れを言わん、と。詔有りて両府を召して入らしむ。準乃ち言いて曰く、某の子甲、贓若干に坐し、少なきのみなるも、罪乃ち死に至る。参政王沔、其の弟淮、主る所の財を盗むこと、千万以上に至るに、顧って死せざるを得たり。刑罰、偏するに非らずして如何、と。上顧みて沔に問う。沔、頓首して謝す。即ち皆な罷去せらる」[14]とある。最初、太宗が怒ったのは、寇準が朝廷の刑罰が偏頗していたため天譴を被ったという指摘をしたからである。これは太宗の政治が明朗ではないと指摘することにほかならない。同じ神道設教であっても、天の威厳を借りて君主の威厳を抑えつけるのは、官僚士大夫たちの慣用的手段である。だがここで寇準が挑戦した対象は、太宗と一体となった執政集団の一員である。かれが告発した王沔は、『長編』巻三四淳化二年四月辛巳の条の記載によれば、当時、「趙普西洛に出守し、呂蒙正寛簡を以て自任す。王沔恩を怙みて権を招き、政事は多く沔に決めらる」[15]という情勢であった。そこで寇準はこのように、天子を怒らせるだけではなく、権力を握っている大臣にも挑戦した。二重の危険を冒すには、勇気が必要だったであろう。しかし、政治はある時は賭博のように、乾坤一擲、背水の陣を敷いて一戦を交え、死地に赴く決死の覚悟で奮闘してはじめて活路を見出す。果たして、寇準の行動に対して、「上、大いに喜び、準を以て用う可き、遂に驟かに進ましむ[16]」とある。今回の「驟かに進ましむ」は、『宋史』の寇準本伝には、「即ち準を右諫議大夫・枢密副使に拝し、改めて同知院事とす[17]」と記されている。これから寇準は宋王朝の最高の執政中核に入るようになった。かれの波瀾万丈の生涯もここから幕を開けた。

寇準の性格はしばしば太宗と対立しただけではなく、時に同僚とも衝突した。同時に執政となり、官位が高い知枢密院事張遜と、寇準はどうしても合わなかった。「遜素より準と協わず、数々上の前に事を争う」という。結局寇準は他人のわなに掛かった。ある日、勤務終了で同僚の枢密副使温仲舒といっしょに馬に乗って家に還る途中、一人の狂人が馬を迎えて万歳を叫んだ。当時このような事件に、特に敏感だった太宗にとって、これは極めて嫌悪すべきことであった。町を管理する街使王賓は張遜に推薦されたことがあったので、張遜は機に乗じてこの事件をとらえて王賓をそそのかして上奏した。太宗がこの事件に直接に取り組むとき、「準、自辯して云う、実に仲舒と与に同行せしも、而れども遜は賓に独り臣を奏せしむ、と。遜、賓の奏を執り準を斥け、辞意は甚だ厲し。因りて互いに其の私を発す。上怒り、遜を貶めて準を罷めしむ[18]」とある。太宗がもっとも敏感な皇位問題に及ばしたので、罷免するのは避けられない。だが、同じ罷免でも寇準と張遜とではやはり区別がある。張遜は右領軍衛将を責授されたが、寇準はただ本官を罷守し、一時的に停職されただけである。その期間にも寇準はほかの高級官僚といっしょにそれぞれ二人の京官を推薦させた。寇準は六月に本官を罷守したが、十月に差遣を与えられ、左諫議大夫で知青州となった。ところが、太宗はやはりほんとうは寇準を高く買っていた。『長編』巻三四淳化四年十月壬申の条に、寇準が知青州にいったことを記したあと、続けて「上、準を顧ること厚し。既に行くも之れを念い、常に楽しまず。左右に語りて曰く、寇準は青州に在りて楽しむるや否や、と。対えて曰く、準、善藩を得、当に以て楽と為すべし、と。数日を累ねて、輒ち復た問う。左右の対うること初の如し。其の後、帝且に復た準を召用すべしと揣う者有り、因りて対えて曰く、陛下準を思い少しも忘れず。聞くならく準、日に酒を置き縦しいままにに飲む。未だ亦た陛下を念うや否やを知らず、と。上、黙然す[19]」とある。「上、黙然す」のは、相手を愛しているのに、応じてもらえなかったのを悲しむことを言うのだろう。にもかかわらず、寇準に対する太宗の信頼は変わらなかった。地方勤務が一年未満で、寇準はまた朝廷に召し還され、再び執政集団に入り、参知政事を担当した。寇準の再起用について、太宗は宰相の呂蒙正に「寇準、事に臨みて明敏、今、再び擢用するは、想うらくは益々心を尽くさん。朕、嘗て之れを諭すに協心同徳の事を以てす。皆な長に従いて行かば、則ち上下済まざるは鮮し[20]」と説明した。

寇準の気性が激しく人に寛容でなかったことは、朝廷の中でよく知られたことであった。ところが、執政集団内の宰相や参政も、かれにある程度の譲歩をしていたようである。寇準が参知政事となった半年後、宰相呂蒙正が退任し、参知政事呂端が後任となった。だが呂端が宰相となった五、六日ばかりの後、太宗は詔を下して参知政事と宰相に順番に日直させたのである。参知政事と宰相が順番に日直する先例がなかったわけではないが、それは太祖が宰相趙普の権力を弱めるためにとった便宜的な措置であった。今回は全く参知政事寇準の権力を強めるために行ったのである。しかも今回は太宗だけの意見ではなく、宰相呂端の提案だった。『長編』巻三七至道元年四月戊子の条に

詔す、今自り参知政事宜しく宰相と日を分かち印を知し正衙班を押すべし。其の位碑先に異位たり、宜しく合わせて一と為すべし。宰相・使相の視事及び軍国大政を議するに遇わば、並びに都堂に昇るを得、と。是れより先、趙普独り相たり、太祖特に参知政事を置きて以て之れを佐く。其の後、普の恩替れて、始めて其の任を均しくす。既にして復た釐革する有り。呂端初め寇準と与に同列なるも、先に宰相を任するに及び、準の不平を慮り、乃ち上言す、臣の兄余慶参知政事に任ぜし日、悉く宰相と同じ。願うらくは故事を復せん、と。上、特に其の請に従い、亦た以て準の意を慰む、云々[21]。

とある。太宗に「大事を糊塗せず」[22]と褒られた呂端は、自ら寇準の矛先は避けたい。しかも太宗は呂端の請求にも賛成して詔を下したのである。こうした結果は、参知政事寇準の地位と権力を大いに高めた。そして参知政事が「悉く宰相と同じ」というのは、祖宗法の一つとして、続けられていくのであった。『宋史』巻一六一「職官志」の「参知政事」という項目に、専らこのことについて

至道元年、詔して宰相は参政と班を輪し知印とし、同に政事堂に升り、勅を押せば銜を斉しく、行かば則ち馬を並ばしむ。寇準自り始まり、以後易えず、と。[23]

と記載している。その後、王安石が最初に参知政事の身分で変法を行うことができたのは、このような祖宗法と大きな関係があると思われる。

晩年の太宗は寇準を極めて信任しており、ほとんどすべて言うことは聞き入れられる程になった。立太子などの重大なことも、寇準と相談し、かつかれの提言を聞き入れた。前述したように、太宗の後期、宮廷内外では立太子という大事を巡る闘争が非常に激しかった。太宗に影響力を持とうとしたグループとしては、皇后の一党があり、宦官の一党があり、また朝廷内のさまざまな政治勢力があった。最初既に定められた太子元佐が廃され、続いて定められた準太子である次男元僖も原因不明の病死をした。これはすべて上述した闘争とかかわるのであった。こうした背景の下で、太宗はたびたび寇準と相談したが、ここにかれへの深い信任が伺えるだろう。『宋史』巻二八一「寇準伝」に

準、初め青州より召還し、入見す。帝の足創甚だしく、自ら衣を褰げ、以て準に示し、且つ曰く、卿の来る何ぞ緩きや、と。準対えて曰く、臣、召さるるに非れば京師に至るを得ず、と。帝曰く、朕の諸子、孰か以て神器を付す可き者ぞ、と。準曰く、陛下、天下の為に、君を択べ。謀は婦人・中官に及ぶ可からず、謀、近臣に及ぶは、不可なり。唯だ陛下、天下の望みに副う所以の者を択べ、と。帝、首を俛れ之れを久しくして、左右を屏け

て曰く、襄王可なるか、と。準曰く、子を知るは父に若くは莫し。聖慮、既に以て可と為せば、即ち決定せんことを願う、と。帝、遂に以て襄王を開封尹と為し、改めて寿王に封ず。是に於いて立てて皇太子と為す。(24)

と記されている。太宗の下問に対して、寇準の答えはかなり婉曲だったが、それでも寇準がかれの提案に賛成だということを、太宗はやっとわかったわけである。これにより太宗は、諸皇子の中で真宗を選定することを決意した。この記載に関するもう一つの版本は、真宗が皇太子を選定したのは寇準が直接に指名したからだとする。『五朝名臣言行録』前集巻四に

公、青州に在るとき、太宗久しく不豫なり、駅して召還して、後事を問う。公曰く、子を知るは父に若く莫し。臣愚、当に与《あずか》るべからざるなり、と。固く之れを問う。公再拝して曰く、臣、諸皇子を観るに、惟だ寿王のみ人心を得たり、と。上大いに悦び、遂に定策し、寿王を以て太子と為す。(25)

とある。真宗が皇太子とされたのが、寇準によって指名されたかどうかは別として、少なくとも太宗は寇準と立太子という大事を相談し、かつ寇準の提案を受け入れたということは、断言できる。またその証左となる史料がある。『長編』巻三六淳化五年九月壬申の条、寇準が参知政事に任命されたことを述べる前に、「襄王元侃を以て開封尹と為し、改めて寿王に封ず。寇準の言を用うるなり」(26)と記している。その後、著者李燾はれっきとした根拠があるが如くに、「準の言、至道元年八月に見ゆ」と注している。その時期は、ちょうど寇準が青州から還ったばかりである。

寇準は真宗擁立に対する功労があったので、しばしば左遷されたにもかかわらず、真宗の個人的な感情としては、終始一貫して寇準に関心を寄せていた。瘴気の満ちる遠い南方に退けられていったのは、皇権の政治闘争における無力を物語っており、真宗個人とあまり関係ないと考えるべきであろう。

参知政事としての地位と権力が太宗によって大幅に高められたころ、寇準と同時に参知政事となった張洎という人

物がいる。だがこの人も寇準の推薦によって参知政事となったのである。『長編』巻三七至道元年四月癸未の条に
　初め、寇準知吏部選事たり、洎考功を掌る。考功は吏部の官属為り。準、年少にして新進気鋭、老儒己に附することを欲せんと思う。洎、夙夜曹に坐て事を視する。毎に冠帯して準の省門に出入するを候ち、揖して退き、一談も交さず。準益々重んじ、因りて延して与に語る。洎捷給して善く持論し、多く準に心伏せらる。乃ち兄として之れに事え、口を極めて洎を上に薦む。[27]
とある。政界において、信任は往々にして権力を強めるテコになる。太宗の信任があれば、寇準はついには自分の一党を参知政事などへ任命してゆくことができる。太宗はもともと張洎に対する印象がよくなく、参知政事への任命に少し躊躇していたが、しかし「数々洎を薦めて已まず」という寇準の攻勢に抵抗できず、止むをえず張洎を任命した。張洎は「既に同じく執政たり、準を奉じて愈々謹み、事は一に準に於いて決し、預かる所無し[28]」と前掲の『長編』の同条に記されている。張洎と寇準との関係は、相互に推挽・支持によって形成された政治集団内部における主従の関係を代表している。

　その時、執政集団の内部関係は、いずれも後に寇準を非難する者の話による。つまり寇準に対して、「端心より之れを徳とし、洎準に曲奉し、昌齢畏懦たり。皆な敢えて準と抗せず。故に以て胸臆に任せ、経制を乱すを得[29]」とある。上に引いた史料には「事は一に準に於いて決す」という情況が述べられている。とりわけ人事任免について寇準は極めて独断専行が強い。至道二（九九六）年郊祀の礼が行われ、朝廷内外の官員は常例どおり官を昇進させられた。寇準は「遂に率意軽重す。其の素より喜ぶ所の者は、多く台省の清秩を得。悪む所の者及び知らざる者は、即ち序進す[30]」という。例えば、寇準の恨みを買ったことがある広川左通判馮拯は、今回の昇進では、寇準はその名を右通判彭惟節の下に置いていた。しかし馮拯は上奏文の署名では依然として自分の名前を彭惟節の前に置いた。これを見て寇準は

その名前を後に移しただけではなく、中書札子で「切に拯を責めて、仍お特に罪を勘するを免れず」と処分した。腹の中が煮えくり返った馮拯は我慢できず、「上日に万機を閲す。寧んぞ此の細事を察見せん。蓋し寇準の権を弄するなり」と言いながら、太宗に寇準の行為を摘発した。馮拯の話は確かに権を弄する多くの権臣の基本特性を喝破したものと言える。つまり皇帝の名のもとに権力をほしいままにするのである。この事件は太宗を非常に怒らせた。かれは宰相呂端を呼んで詰問した。呂端は「除拝の専恣に至りては、実に準の為す所なり。準の性剛強自任たり。臣等忝なくも大臣に備わり、忿争を欲せず。国体を傷つけんことを慮う[31]」と答えた。この呂端の話は責任のなすり合いとも見られるが、実情でもある。確かに執政集団内の人々はみな、寇準に妥協して争おうとしなかった。

寇準は頑固で独りよがりで、過ちを認めない。馮拯事件について、太宗が寇準に詰問したとき、かれはこれが呂端等と一緒に相談して決めたことだと頑固に言い張った。これは事実だったかもしれないが、この様な姿勢で意見を出すとすれば、誰も寇準に異議を言い出さないだろう。結局かれは、自分がかえってぬれぎぬを着せられたように、一途に自分に弁解している。太宗はもともとこの件を抑えようとして、このことの是非が朝廷で明らかになれば、君たち大臣の失態となるだろう、と言った。にもかかわらず、寇準が依然としてしつこく絡み、言い争いをやめない。怒った太宗は「鼠雀尚お人の意を知る、況んや人においてをや[32]」と言った。太宗の話の真意は「おれはきみに逃げ道を与えたが、きみはおれの顔をつぶした。どうしてペットの小鳥のように人の気に入ることができないのか」ということである。寇準は気に入られることができないのみならず、その年には太宗の服を引いて意見を聞かせる様子を出して、翌日たくさんの中書の記録を太宗の前に持ってきて責任問題をはっきりさせようとしているのである。結果として寇準の行為は太宗を徹底的に怒らせてしまった。そして寇準は参知政事を罷免された。

政治家として、今回は寇準は誤算した。かれはある原則を破壊したか、もしくはあるバランスを崩した。伝統的な政治構造では、宰相および執政集団成員の独裁は日常茶飯事である。非難を受けても、一般的に言えば、独裁者の政治生命に危害は及ばない。しかしその前提として、宰相および執政集団成員の力が君主を圧倒するほどでないならば、かれらは君主と密接な関係を保ち、君主の信用と支持を獲得しなければならない。そのようにしてようやく、皇帝の名を旗じるしとして自らを飾り立て、人を威圧し、号令をかけることができるようになるのである。こうした原則あるいはバランスが一旦崩れれば、宰相および執政集団成員の独裁の基礎はほとんど失われたと言ってよい。今回の寇準の失策はまさにこのバランスを崩したものであり、おそらくはかれの政治家に適さない性格によって招かれたものと思われる。

先に、馮拯と彭惟節の人事について検討したとき、中書札子について述べた。伝統的な権力運営の中で、中書札子の出現と強化は、宰相および執政集団全体の皇権の支配力からの脱却、さらには皇権に対する対抗手段の獲得とも言える。それゆえ札子の使用は、却って君主に、とりわけ権力を強めようとする君主に制止されることがある。今回の馮拯の上奏のときも、寇準の下した中書札子を添付して太宗に呈上し、太宗の注意を喚起する結果となった。太宗は「前代、中書堂貼を以て指揮とするは、乃ち是れ権臣の此の名に仮りて以て天下を威福せんとするなり」と言ったという。堂貼とは、最初唐代の政事堂が下した公文として宋の中書に踏襲され、札子と改称したものである。太宗が言う「前代」とは太祖朝を、「権臣」とは趙普を指す。続いて太宗は当時趙普が専権していたことを指摘した。「太祖朝、趙普中書に在り、其の堂貼の勢力は勅命より重し」と言われた。つまりかれの堂貼は、皇帝の名義で発布される勅命より権威が大きかったというわけである。これは後に太祖に制限されたが、こうした経緯を回顧して太宗は「今何ぞ却って札子を置かんや。札子・堂貼は大同小異なるのみ」と参知政事張洎に質問した。かれは「札子は是れ中書の行遣せる小事文字なり。亦た京の百司に符牒関刺有るが如し。札子、之れを廃せば、則ち別に公式文字もて常事を指揮すべく無からん」と弁解した。これに対して太宗は「今自り但だ近上を干するの公事、須らく勅を降して処分すべきのみ。其の合に用うるべき札子、亦た当に旨を取りて後に行うべし[33]」と指示した。これらは、君臣の間に行われた、宰相および執政集団の権力範囲に関する討議であるが、張洎はさすが寇準が抜擢し、「捷給して善く持論し」といわれた「老儒」だけのことはあった。かれは執政集団の一員として、寇準をかばったのみならず、身を置く執政集団の権力構造を守ろうとしたのだ。結局は強権といわれる太宗も、中書札子を廃止できず、執政集団との妥協を維持せざるを得なかった。つまり、中書札子の合法性を認めたが、札子を出すさいに太宗の許可を得なければならない。中書札子という皇帝詔書と相伯仲する制度に対して、強権の太宗も部分的にコントロールできるのみだったが、後世になると、いわゆる「奏裁」は形式的なものとなり、実際の意味はあまりなかった。

寇準は参知政事を罷免され、知鄧州に任命され都を去った。これは寇準と太宗との最後の付き合いとなった。それから一年足らず、太宗は崩御したのである[34]。

寇準が知鄧州を拝されたこの事件は、かれが政界中枢に入ってから遭った二回目の挫折である。鄧州で寇準は「南陽夏日[35]」という詩を書いた。「世間の寵辱皆な遍く嘗めたり、身外の声名豈に量るに足らんや。閑かに『南華』を読み、真に理を味わい、片心惟だ只だ蒙荘を許さんのみ」（世間寵辱皆遍嘗、身外声名豈足量。閑読『南華』真味理、片心惟只許蒙荘）というものである。古来知識人は、政治上のぼり坂にあれば、国を治めるという儒学的思想の影響を受け実社会に入ろうという意欲を持つが、政治的に挫折した時は、往々にして老荘的な態度を取ろうとする。士大夫のかかる両面性のうち、前者の方が本質的と言えよう。後者はやむを得えずそうしているにすぎない。寇準の場合、このとき「片心惟だ只だ蒙荘を許さんのみ」とはいうものの、どの程度の真意であるか疑いを抱かざるをえないだろう。寇準の性格は、寂しさに甘んじるようなものではない。実際、ほかの詩には「厳夫子を学ぶこと休かれ、荒涼として釣台に老ゆ」(36)（休学厳夫子、荒涼老釣台）と書いたという。確かに寇準は「荒涼として釣台に老ゆ」境遇には甘んじないのである。かれは上の詩に「世間の寵辱皆な遍く嘗めたり」とは言っているものの、実際にはそのとき三十六歳になったばかりだ。寵を受けたことはあっても、屈辱を受けたことはまだなかったであろう。だがかれがさらに官途に出帆し、政界を泳いでゆくとき、かれを待つ寵辱は尽きせぬものだったろう。これは寇準の性格からすれば、かれの運命だったと言える。

寇準と太宗との付き合いの期間は、太宗の在位後期にあたる。史書を読むとき、私は常に次のような感慨を禁じ得なかった。歴代の開国皇帝は、概ね例外なしに、宰相をはじめとする士大夫によって改造されてしまう。本来の野性に満ち、さらに文盲である武人は、「内聖外王」の基準に合格できる、標準的な帝王までに改造される。改造方法と言えば、経史を学ばせ、知らず知らずのうちにその影響を受けさせ、さらに重要なこととして、諫めて進言することにある。温和な読書と比べれば、諫めて進言するというのは強引な手段である。このような改造は結局多くの場合、君主本人の協力を得ることになるものの、その間には少なからぬ不愉快ないし激烈な衝突が満ちあふれる。皇帝が強情で不遜であれ、頑固で独りよがりであれ、最終的にはすべて伝統的な君たる道の規範に納められてしまう。宋代の太祖も太宗も例外ではなかった。太宗の後期において、このような儒学的な改造はほとんど達成されていたが、しかし君主の言動は依然として官僚士大夫の実質的な監督下に置かれていた。前述した、寇準が衣を牽いて諫めたのと、天譴によって戒めたのは、いずれも君主を規範にはめ込もうとする行動に属する。こうした初期の皇帝を改造する行動は、後継した君主に積極的な模範を示していた。したがって君主の自律意識の増強は、次第に強まってきた宰輔専政に対する障害を減少させる作用があったにちがいないと思われる。

第二節　天子を左右

至道三年三月、太宗は崩御し、真宗が即位した。真宗の即位は、宋代史上において初めて正常に皇位を継承した一つの新しい時代の始まりであるといえる。

寇準は真宗を皇太子に立てる過程では極めて重要な役割を果たした。しかし太宗が崩御したときは、寇準は朝廷を離れていたので、当時の激しい跡目争いに加わっておらず、政権の中心からは遠ざかっていた。つまり真宗の即位に対して寇準は、直接に推戴するなどの功労があったとは言えないし、しかも寇準は太宗が真宗のために選定した顧問大臣ではなかった。真宗が即位した際、寇準は執政集団に以前ほど関わっていなかった。こうしたことによって寇準はしばらくのあいだ、中央政治から遊離していたのである。

真宗即位後、すぐに寇準が起用されなかった真因は、おそらく宰相呂端の意向にあったと思われる。太宗朝において宰相呂端は参知政事寇準とともに仕えていたことがあるので、寇準のわがままは十分に承知していた。このときは寇準を避けてきたが、今は朝廷にいないので、わざわざ呼んで自ら寇準という面倒を背負い込む必要はないのである。そして呂端に続き、太宗朝の宰相張斉賢・呂蒙正と太子賓客を兼ねた参知政事李沆と、相次いで宰相となるべき人がいたので、寇準の番まではまだほど遠かった。しかし、寇準はやはり無視できない存在であったので、遅かれ早かれ再起用されることになっていたであろう。実際に、真宗は昔皇太子になることに賛成した寇準に感謝を表すか、または重任を担わせるか、いずれにしても寇準を再起用する意図があったのである。ここで少し、『宋史』本伝に述べる真宗の即位後の寇準の履歴を見てみよう。

真宗即位す。尚書工部侍郎に遷る。咸平初め、河陽に徙り、同州に改む。三年、京師に朝し、閿郷に行次し、又た鳳翔府に徙る。帝、大名に幸し、詔して行在所に赴かしむ。刑部に遷し大名府を権知す。六年、兵部に遷り、三司使と為る。時に塩鉄・度支・戸部を合わせ、一使と為す。真宗、準に命じて裁定せしむ。遂に六判官を以て之れを分掌す。繁簡始めて適中す。(37)

とある。これ以降寇準は、一歩一歩着実に新たな権力の中核に進んでゆくことになる。

伝統的政治構造における人事任免が、皇帝によって決められたか、或いは宰相によって決められたか、という問題は簡単には断言できない。現実には、幅広い各種の政治勢力間の角逐の上に形成された世論によって決まる。つまりある人への善し悪しの評判には、決して背景がないわけではなく、往々にして諸集団の利害が絡んでいる。そして皇帝も大臣も、人事任免を執り行うとき、世論の品定めを顧みないことはできない。これは寇準が遅々として再任用されなかった原因の一つであろう。寇準は人を許容しないが、人にも許容されない。これは中央の政治的中核においてのみならず、地方官を担当したときも同様であり、寇準は同僚と衝突して朝廷に訴えられたことがある。前述したように寇準が知同州の任から知鳳翔府に徙された原因として、「通判劉拯の訟うる所と為るが故なり」と史書に記されている。(38)劉拯が具体的に何を以て寇準を訟えたのかについて、史書には詳細な記載がないものの、『長編』の李燾の割注によれば、これはおそらく当時の宰相人事と関連している。割注は国史「張詠伝」を引用して、張斉賢が「寇準と相い傾く」と指摘した。(39)もし本当にそうであれば、真宗の即位した二年目から宰相を担当した張斉賢は、寇準が権力の中核に入るのを阻害した要因の一つでもあった。政治上、ある結末の形成は、往々にして色々な要素によって構成された合力の働きかけたものであり、単にある一方的な要素からではない。

寇準は太宗の執政となったことがあるし、また真宗の立太子に決定的な功労があったし、さらに権三司使などの要職を務めたとき、成績が著しかったので、ほとんど寇準が必ず宰相を担当するはずであると朝野は見込んでいた。寇準が知開封府となったとき、王禹偁の子である王嘉佑に外部でのかれへの反響を訊ねた。二人の会話は次の通りである。

準、知開封府たりて、一日、嘉佑に問いて曰く、外間に準を議して、何と云うか、と。

嘉佑曰く、外人皆な丈人旦夕にして相に入らんと云う、と。

準曰く、吾子に於いては何如と意うや、と。

嘉佑曰く、愚を以て之れを観るに、丈人未だ相と為らざるに若かず。相と為れば則ち誉望を損す、と。

準曰く、何故ぞ、と。

嘉佑曰く、古え自り賢相の能く功業を建て生民を沢する所以は、其の君臣の相い得ること、皆な魚の水有るが如し。故に言聴計従し、而して功名倶に美し。今丈人は天下の重望を負い、相たらば則ち中外太平を以て焉れを責む。丈人の明主に於けるや、能く魚の水有るに若かんや。嘉佑誉望の損せらるるを恐るる所以なり、と。(40)

この会話は非常に興味深い。外部の世論を示したのみならず、友人が寇準への認識を示している。王嘉佑は寇準の後輩なので、言葉遣いがとても婉曲であったが、意思ははっきりと表されている。つまりあなたの性格では、皇帝と付き合いにくい。やはり宰相をやらない方がよい。寇準は自分の性格をよく知っていたので、王嘉佑の話を聞き、かれを「深識遠慮有り」と褒めた。実はこの会話が深意に富んでいるのは、一つの公然の秘密が明らかに示されているからである。すなわち権臣独裁の前提として、皇帝と密接な関係を保たなければならないということである。王嘉佑の言葉によれば、つまり「君臣の相い得ること、皆な魚の水有るが如し」である。かくして皇帝は権臣に「言聴計従」する程になる。

景徳元年（一〇〇四）、寇準は宰相となった。そのとき、太宗朝の執政はほとんど老いるか、死んでいた。寇準はまだ若く年齢的に優位だったため、朝廷内の随一の存在であった。とりわけ真宗の信任深い李沆が景徳元年七月に任期中に死去し、折から北方の契丹が大挙して来襲した。内に宰相がおらず、外は強敵がある。こうした厳しい状況の下、真宗が心底願ったわけではないのに選択の余地がなく、寇準を宰相に任命することとなった。寇準が前に太宗および同僚と様々な齟齬を発生させていたため、寇準を任命することについて、真宗にはどうしても躊躇があった。『長編』巻五六景徳元年七月庚寅の条に「李沆死し、中書に宰相無し。上の意は三司使寇準を擢任せんと欲す。乃ち先に宿徳に置き、以て之れを鎮せしむ。庚寅、翰林学士・兵部侍郎畢士安を遷し、吏部侍郎・参知政事と為す。士安入謝す。上曰く、未だし。行くゆく且に、卿を相とすべし、と」とある。続いて真宗は畢士安に「誰ぞ、卿と同進すべきか」と聞いた。畢士安は勢いに乗じて「準の天資は忠義なり、能く大事を断ずるは、臣の如かざる所あり」と寇準を推薦した。このとき真宗は、遅々として寇準を任用しなかった配慮を示して「準剛なるを聞く、使気せば奈何」と言った。これに対して畢士安は「準身を忘れ国に徇じ、道を乗り邪を嫉み、故に流俗の喜ぶ所と為らず。今天下の民、休徳を蒙り、安逸を涵養すと雖も、而るに北敵跳梁し未だ服さず。準が若きは、正に宜しく用うべきなり」と真宗を説得した。畢士安の釈明は真宗の憂慮を解消し、「月を閲えず、（畢士安）遂に準と倶に相たり[41]」という。

真宗にとっては、寇準を知開封府に任命しても、三司使に任命しても、もしくは宰相に任命しても、その能力を重視するほかに、やはり世論によって形成された寇準の名望を重んずる。寇準は知開封府をしたときに、すでに「外人皆な旦夕にして相に入らんと云う」という世論があった。寇準が三司使となる前に、真宗はだれが三司使に適任かということを張佖という人と討議したところ、張佖は「理財の任、挙朝に未だ其の人を見ず。姑く名望を以て人を圧すべきを取れば、則ち寇準可なり」と言った。ゆえに真宗は「乃ち寇準を以て三司使と為す[42]」。これを見れば、真宗の寇準任用は世論の圧力に迫られたという要因もあると思われる。

寇準は宰相となって政治のピラミットの頂上に登った。これはかれにとって幸運でもあれば不幸でもあったといえる。幸運なのは、寇準は士大夫の最高の理想を実現した。この頂点で大いに「治国平天下」の経綸を行うことができる。不幸なのは、寇準は根本から見れば、政治家として合格ではなく、さらに政治集団の指導者として不適当だったことである。実は寇準というような人間は、「学びて優なれば則ち仕う」という環境の下で、蘇東坡のように、のんびりした詩作の生活を送る経済的保障のある官位に着いていれば十分だったろう。寇準は頑固で独りよがりで、度量が狭く、かつ虚栄心が強く負けず嫌いという、政治家むきではない欠点があった。また寇準は、むやみに空手形を振り出して他人の歓心を買おうとするほか、酒を飲み過ぎるという政治家としての欠点もあった。私が常にわけがわからずに当惑しているのは、進士出身の寇準は、儒学の経典を熟知しているはずにもかかわらず、なぜ伝統士大夫的な優雅重厚な立ちいふるまいが全然見えないのだろうかということである。『五朝名臣言行録』前集巻四は

張忠定（詠）、蜀に守たり。公の大拝せらると聞いて曰く、寇準は真の宰相なり、と。又た曰く、蒼生、福無からん、と。門人李畋、怪しんで之れを問う。曰く、人、千言にして尽くさざるを、準は一言にして尽くせり。然れども仕うること太だ早く、用いらるること太だ速やかにして、学ぶに及ばざるのみ、と。

という野史の記事を引用し、続いて張詠と寇準との関係について

張・寇は布衣の交なり。公、之れに兄事す。忠定、常に面折して少しも恕せず、貴なりと雖も改めず。公、岐に在りしとき、忠定、蜀に在りて還り、留まらずして既に別る。公を顧みて曰く、曽て「霍光伝」を読みたるや否や、と。曰く、未だし、と。更に它の語無し。公帰りて其の伝を取りて之れを読み、「不学無術」というに至りて、笑いて曰く、此れ張公、我を謂いしなり、と。(43)

と記している。この張詠の寇準に対する「不及学」や「不学無術」という評価は、主に政治的経験と権謀を指し、必ずしも一般的な知識と学問を指すものではないと思われる。

景徳元年九月、宋と長期間対峙していた契丹遼朝は、兵隊十万人を集めて二十万の大軍と称し大挙して侵攻してきた。遼軍は宋の河北辺境の防御線を避けて、中原に突入してきて「瀛州を囲み、貝・魏を直犯す。中外震駭す[44]」という厳しい情勢となった。これは真宗が即位して以来初めて出会った外部からの危難であって、真宗の皇位を脅かすだけではなく、宋王朝の存立をも脅かすものであった。寇準がこの時に宰相に任命されたことは、国難の中にあって特命を帯びたものと言い得よう。

急速に迫る遼軍に対して、寇準と畢士安の両宰相は「合議して真宗の澶淵に幸せんことを請う[45]」が、強敵に直面して真宗の親征に対する態度は煮え切らなかった。だが寇準の強硬な要求によってやっと決心を固めるに至った。『長編』に

> 寇準已に親征の議を決す。参知政事王欽若、寇の深入を以て上に密言し、金陵に幸せんことを請う。簽書枢密院事陳堯叟、成都に幸せんことを請う。上、復た以て準に問う。時に欽若・堯叟、傍に在り。準、心に欽若は江南人なるが故に南幸せんことを請い、堯叟、蜀人なるが故に西幸せんことを請うを知る。乃ち陽《いつ》わりて知らずと為し、曰く、誰か陛下の為に此の策を劃せり、罪は斬たるべし。今、天子神武たりて将帥協和し、若し車駕親征せば、彼自ずから当に遁去すべし。然らざれば則ち奇を出して以て其の謀を撓し、堅守して以て其の衆を老す。労逸の勢い成れば、我、勝算を得るなり。奈何ぞ宗社を委棄し、遠く楚蜀に之かんと欲せんや、と[46]。

寇準のこの話は、二重の抑止力を示している。王欽若・陳堯叟に対しても、真宗に対してもいずれにも威嚇の効果を見せている。だれでも「委棄宗社」の罪名を着せられたくないと思っていた。こうしてついに親征実行の運びとなっ

たのである。

野史の寇準が真宗に親征を強行させる記載はたいへん劇的である。

契丹、澶淵を犯す。急書、一夕に凡そ五たび至る。莱公、封を発《ひら》かず、飲笑すること自如たり。明日、同列以聞す。真宗大いに駭き、取りて之れを発く。皆な急を告ぐるなり。大いに懼れて以て問う。公曰く、陛下、了せんと欲すか、未だ了せざらんと欲するか、と。曰く、国の危うきこと此の如し、豈に久しきを欲せんや、と。曰く、陛下、了せんと欲せば、五日を過ぎざらんのみ、と。其の説、澶淵に幸せんことを請う。上、語らず。同列懼れ、退かんと欲す。公曰く、士安等止だ駕の起つるを候ち、駕に従いて北せよ、と。上、之れを難じ、内に還らんと欲す。公曰く、陛下入らば、則ち臣に見ゆるを得ず。而して大事去りなん。還る無くして行かんことを請う、と。遂に行く。六軍・百司、追いて之れに及ぶ。(47)

実際には、真宗の親征はこのようにあわただしかったのではなく、九月に決まり、十一月に出征していたのである。しかしこの史料の、真宗の優柔不断な畏縮した態度と、寇準の泰然として沈着に対処する態度との対比的描写はかなり真に迫っている。細かい事実の実証を求めるよりも、むしろ人物の精神像の真実をも重視すべきであろう。

真宗は「未だ嘗て親ら軍旅を御せず、意甚だ懼れ(48)」ると『儒林公議』に記されている。確かに事実として、真宗は澶淵への親征の途中、再び決心がぐらついて南に逃げようという考えを抱いていた。『長編』巻五八景徳元年十一月甲戌の条に、

是れより先、王超等に詔し、兵を率いて行在に赴かしめんとす。月を逾えるも至らず。寇、益々南侵す。上、韋城に駐蹕す。群臣復た金陵の謀を以て上に告げ、宜しく且く其の鋭を避くべしとする者有り。上の意稍々惑い、乃ち寇準を召して之れに問う。将に入らんとするに、内の人の上に謂い、群臣の輩、将に官家を何に之かんと欲

すぞ。何ぞ速かに京師に還らざらん、と曰うを聞く。準、入対す。上曰く、南巡するは何如、と。準曰く、群臣怯懦にして無知なり、嚮《さき》の老婦人の言に異ならず。今、寇、已に迫近し、四方の心危うし。陛下惟だ尺を進む可し、寸の退く可からず。河北の諸軍、日夜に望み、鑾輿至れば、士気当に百倍すべし。若し数歩に回輦せば、則ち万衆瓦解し、敵其の勢いに乗ぜん。金陵も亦た得て至る可からざるなり、と。上意未だ決せず。準出て、門屏の間に殿前都指揮使高瓊に遇い、謂いて曰く、太尉国の厚恩を受け、今日以て報ずる有るか、と。対えて曰く、瓊、武人なり。誠に死を効《いた》さんことを願う、と。準復た入対し、瓊随い入り、庭下に立つ。準曰く、陛下臣の言を以て然りと為さざれば、盍ぞ瓊等に試みて問わざるか、と。遂に前議を申し、詞気慷慨たり。瓊仰ぎ奏して曰く、寇準の言是なり、と。且つ曰く、随駕の軍士の父母妻子は尽く京師に在り、必ず棄てて南行するを肯んぜず。中道にして即ちに亡去せんのみ。陛下亟やかに澶州に幸せんことを願う。臣等死を効さば敵破り難からず、と。準又た言う、機会失う可からず、宜しく趨駕すべし、と。時に王応昌帯御器械たりて側に侍る。上、之れを顧る。応昌曰く、陛下、天討を奉将せば、向かう所必ず克たん。若し逗留して進まざれば、敵の勢い益々張るを恐る。或いは且つ河南に駐蹕し、詔を発し王超等を督し進軍せしむれば、寇当に自ずから退くべきなり、と。上意遂に決す。(49)

とある。この記事をみれば、寇準が武将高瓊と共同で、南逃しようとする真宗を無理矢理にも諫めたという印象を与えられる。寇準が意気軒昂として再び前言を申し、高瓊は、兵士は南逃に従わないぞと言って威嚇する。真宗が直面しているのは、遼軍の脅威より、むしろ宋軍の反乱の可能性と言ったほうがよい。皇帝として、二百年前に「安史の乱」の際、唐玄宗が西逃する途中、やむを得ず楊貴妃を縊死して軍隊の反乱がようやく静まったことを、知らないはずはない。真宗は助け船を出してもらおうと視線を側で武器を持つ近衛官に向けたが、意外にもその近衛官も、寇準と高瓊の立場に立った。こうした情勢の下で、真宗はやむを得ず諫めに従い、南逃する意図をあきらめた。なぜ後に王欽若の澶淵の盟に真宗が寇準に賭博の賭け金とされた悪口はすぐ目的を達したのか、このことから想像できるであろう。これはやはり真宗の心の奥底に秘められた、振り返るに忍びないもっとも屈辱的な一幕であった。

真宗は寇準等に催促されて、ついにしぶしぶながらも澶州に着いた。澶州は黄河を境として南北二城に分けられている。しかし真宗は黄河の北岸に渡って危険性が高い北城には行きたくなかった。北城は遼軍と直接に対峙し、かつ遼軍の一部はすでに迂回して河北に入っていたからである。「天子北巡して澶州に至るも、虜騎已に魏府を過ぐ。上疑いて、河を渡るを欲せず、南澶州に駐せんとす。準、上に勧む、北に渡りて、以て衆の心を固くし、虜をして勝に乗ずるを得しむる毋《ナカレ》かれと。上、猶豫して未だ決せず」とある。寇準は依然として南逃しようとする真宗に利害をもってさとして、「今、一日に棄て去らば、（社稷は）復た陛下の有する所に非ざらん。若し盗賊因縁して起こらば、陛下当に何れにか帰るべき」と言った。しかし、城下に迫った敵軍に直面して、やはり皇位より命のほうが大事になったのだろう。寇準はいちおう再び真宗に河に渡ることを勧めたが、真宗はまだぐずぐずして心が定まらない。このとき、寇準は再び真宗の傍にいる武将高瓊を動員した。「準、瓊に謂いて曰く、事当に奈何すべき、太尉胡《なん》ぞ一言せざるやと。瓊曰く、相公之れを廟堂に謀る。瓊何ぞ敢えて与り知らんや、然るに相公、以て上に謂う所は何ぞ、と。準曰く、今河を渡らば、則ち河北労力せずして定まる。渡らざれば、則ち虜日に益々熾んにして、人心敢えて自ら固まらず。智者有りと雖も、其の後を善くする能わず、と。瓊呼びて曰く、陛下、準の語を聴け、準の言是なり、と」とある。高瓊の叫びを聞き、本来部屋に入ろうと思っていた真宗はやむを得ず戻り、寇準と改めて相談することとした。そのとき、「準即ち瓊に眣し、其の兵を以て先に渡らしむ」という。つまり寇準は高瓊に目くばせをして護衛する兵隊を連れて先に黄河を渡らせ、同時に、「又た自ら馬を牽き、上に奉じ」たという。以上の記事は『五朝名臣言行録』前集巻四に見える。[50] この記事によれば、真宗はまるで寇準・高瓊等に強引に黄河に渡らされたようである。

皇帝の親征の象徴的意義は軍事的意義よりはるかに大きい。これは寇準が一たびならず真宗に北進を強要した原因なのであった。黄河を渡ると、寇準はさらに真宗に、城門に上がり六軍の将士を観閲させた。寇準は真宗に「六軍の心胆、陛下の身上に在り。今若し城に登らば、必ず賊を擒るなり」と言った。すると「上、因りて澶の北門に御す。将士黄屋を望見し、皆な万歳を呼ぶ。声、原野を震わせ、勇気百倍たり[51]」という。

親征の全過程を見ると、真宗のすべての行動は寇準の催促によって行われたもので、元来極めて消極的であった。かれは一切のことを寇準に押しつけた。「上尽く軍事を以て準に委ね」たという。これに対して、強敵を前にした情勢下、寇準も譲らず、「因りて制を承け専ら決す[52]」という。実際には親征する前、辺境での遼と戦いが始まったころから、もはやこうした局面となっていた。『長編』巻五七景徳元年九月丁酉の条に「上、辺奏を得る毎に、必ず先ず中書に送る。畢士安・寇準に謂いて曰く、軍旅の事、枢密院に属すと雖も、然れども中書、文武の大政を総べ、号令の従りて出す所なり。向者は李沆或いは所見有りて、往々別に機宜を具す。卿等、当に詳しく辺奏を閲し、共に利害に参かるべし。事、枢密院に干するを以て、隠す所有る勿れ、と」[53]と記されている。制度の変遷は往々にして特例から常例にいたり、次第に安定化するようになる。宰相が軍事に参与することは、こうした戦時の便宜によって開かれたが、慶暦以降はさらに、宰相が枢密使を兼任する状態となった。南宋にはついに、不易の制が形成されるに至る。

寇準は陣頭に立って指揮をとり、「号令明粛にして、士卒喜悦す。虜の数千騎勝に乗じて城下に薄す。詔有り吏士之れを迎え撃つ。太半を斬獲す。虜乃ち引退し、敢えて復た逼まらず[54]」という記載がある。ところが、真宗は全権を寇準に譲ったが、勝ちを収めることができるかどうか、確信がない。寇準と一緒にいるとき以外、常に人を遣い、寇準の様子を窺った。「暮れに会い、上、宮に還り、準を留めて城上に居らしむ。上、人を使い準に何を為すか視る。

曰く、準方に飲酒歌笑す、と。上、未だ嘗て釈然とせざるなり」という。また「公、澶州に在り、毎夕に楊億と飲博謳歌し、諧謔喧呼す。常に旦に達すれば、或いは就寝して、則ち鼾息雷の如し。上、人を使い之れを覘い、喜びて曰く、渠に此の如きを得、吾、復た何を憂えん、と」[55]という記事が、先に引いたと同じ『五朝名臣言行録』前集巻四にある。寇準のこうした挙動は、三国時代に曹操が槊を横にして詩を吟じたような風雅な興趣ではあるが、君心と士気を安定させるために、わざと事もなげにしていたのであろう。その苦心が並大抵でないことを察するべきである。当時の人は寇準を淝水の戦の際に陣頭に立って囲碁を打ったという西晋の謝安にたとえた。[56]

「相持すこと十余日、其の統軍撻覧、出でて督戦す。時に威虎軍頭張環、床子弩を守り、弩撼して機発す。矢は撻覧の額に中たる。撻覧死す。乃ち密かに書を奉じて盟を請わんとす」という形勢に変わった。形勢は宋の方に有利になったので、最初寇準は和平交渉に賛成しなかった。遼の使者が「来て請うこと益々堅く、帝、将に之れを許さんとす」[57]と『宋史』「寇準伝」に記されている。このとき、寇準はことのほか厳しい和平交渉の条件を出そうと考えた。つまり、一つは契丹に臣を称させること。もう一つは五代の時期に契丹に占領された燕雲十六州を返還させることである。これは太宗さえ完成しようとしたが未完成の事業であった。しかし、真宗は消極的で何よりも早く戦争が収まるよう考えた。また、「準の兵を幸いにして以て自ら重きを取るを譖る者」もいた。こうした情勢において、寇準はやむを得ず遼朝と平和を協議することに同意した。

宋朝は使者として曹利用を派遣した。最初遼の和平交渉の条件は河北を割譲してもらうことであった。こうした厳しい要求は、曹利用さえ朝廷に報告する勇気が出ず、代わりに毎年二十万の歳幣を送るという提案を改めて出したが、遼側は少なすぎるとして認めなかった。第一次の和平交渉は合意に達しなかった。曹利用は帰還して結果を報告したが、真宗は都に帰ることに気がせいており、曹利用に「百万以下皆な許す可し」という上限を示した。しかし、曹利用は再び遼側に行く前に、寇準に呼ばれた。寇準はかれに「勅旨有りと雖も、汝往きて許す所は、三十万を過ぐるを得る毋かれ。三十万を過ぐれば、準に来見する勿かれ、準将に汝を斬らん」と厳しく言った。寇準の話を聞いて、「利用股栗し、再び虜の帳に至り、果たして三十万を以て約と成して還る」[58]と史書に記されている。これが史上有名な「澶淵の盟」である。

三十万で盟約を結んだ後のこと、一つの笑い話として伝えられていることがある。真宗がちょうど食事をしているところ、曹利用が盟を結んで帰った知らせが入った。食事中の皇帝が臣下に接見するのは憚られるので、結果を急いで知りたい真宗は、傍の宦官に曹利用の報告を聞きに行かせた。うまく盟を結んだのだが、かれはじらして「此れ機事なり、当に面奏すべし」と言った。すぐ食事の済ませられない真宗は、再び宦官に外で待っている曹利用から結果だけを聞かせた。曹利用はまだ言わず、顔に三本の指だけ付けて合図した。宦官が中に入って真宗に「三指頬に加う。豈に三百万ならざらんや」と言った。真宗は聞いて思わず「太だ多し」と叫んだ。しかし、しばらくしてまた「姑く了事せば、亦た可なり」と言った。つまり、多すぎたが三百万でも認めてしまったのだ。これによって不安な境地から急いで脱出しようとする真宗の心理がよくわかるであろう。後に、三十万にすぎないという事実を知ってから、真宗はやっと憂いを転じて喜びとしたのである。[59]真宗は三十万で和平盟約を結んだのを曹利用の功労として、それ以後曹利用を重用することになった。あにはからんや、寇準の脅かしがなければ、曹利用は三十万で和平盟約を結ぶことをあくまで守り通すことはできなかったであろう。

「澶淵の盟」は寇準の主宰によって隣国と結んだ初の重大な和平条約であった。それは宋朝において、当時の対外関係および後に百余年間平和的局面を維持し得たことにより、重要な意義を持っている。周知のとおり、漢・唐代において、中原の王朝はほとんど和親の方式を通して血縁関係を結び、周辺の他民族の政権と平和的な関係を維持したのであった。そしておそらく五代の後晋が遼に歳幣を奉って[60]より後は、経済的な方式で平和的局面を維持するようになった。反対に血縁的な和親の方式は次第になくなっていった。これはもうひとつの、重大な変化であると言えないだろうか。これは商品経済が次第に発達するに伴い、もはや単なる血縁では友好関係を維持することはできなくなった。しかも経済的意識が強まるとともに、人々にとって平和に至るまで金銭で買えるということがますます明らかになったのである。つまり利益と平和とが等価で交換されるということでもある。

現代人の考えから見れば、宋が三十万の歳幣を奉るのは、不平等な条約のようである。だが、当時の人々はほとんどこうした見方をしていなかった。こうした些細な金銭は宋王朝にとっては九牛の一毛にすぎない。後の宰相王旦の計算によれば、遼と戦争する軍事費の百分の一にも及ばない[61]。些細な金銭で百年の平和を確保できれば、妥当な選択と言えよう。しかもいろいろな事情に制約されながら、客観的情勢下でこの結果は生まれたものでもある。それよりのち、北宋末から南宋にわたる数回の和平交渉の方式は、すべて「澶淵の盟」の影響を受けていた。これは祖宗法の一つと見なされたであろう。これらの和平交渉の是非功過については、現代的意識の束縛を振り捨てて、事件の歴史的背景と当時の客観的情勢に基づいて評価を下すべきであると思われる。

「澶淵の盟」を成功裡に結んだのは、群臣の一心同体の成果で、とりわけ寇準と畢士安という両宰相が密接に協力した成果だったというべきである。具体的に見てみよう。親征の前に、「士安・寇準禦備状の所以を条し、又た合議して真宗の澶淵に幸せんと請う」という。親征詔を下した後、「而れども猶お議者閧々《がやがや》として、二三大臣に金陵及び成都の図に進むる者有り。士安亟やかに準と同に対せんことを請い、其の可ならず、惟だ前計を堅定するのみを力陳せり。真宗、兵を厳しくし将に行かんとす。太白昼に見れ、流星上台に出で北のかたに斗魁を貫く。或ひとは兵未だ宜しく北にすべからずと言う。或ひとは之れを大臣に応ずると言う。士安適たま疾に臥して、準に書を移して曰く、屢々昇疾して行に従わんことを請うも、手詔許さず。今大計已に定まり、唯だ君之れを勉せよ。士安身を以て星変に当たりて国事に就くことを得ば、心の願う所なり、と。已にして少間、追って澶淵に至りて、行在に見ゆ[62]」と『宋史』「畢士安伝」に記されている。畢士安が病をおして澶淵にやってきたのは寇準の重みをかなり増大させた。両宰相の一致協力について、後世では非常に高い評価を与えている。南宋の呂中は「一相独り任ずるや、則ち専権の私有り。二相並びに命ずるや、則ち党を立てる患有り。然れども趙中令の権専任重を以て、能く新進せる呂蒙正と事を共にす、畢士安の徳尊望隆を以て、能く使気の寇準と政を共にす。惟だ分友植党の風無きのみならず、抑も且つ同寅和衷なる義を尽くす[63]」と評価されている。元代の『宋史』編纂者も「論曰」に「契丹大挙して入る。辞を合わせて以て真宗に勧め、遂に澶淵に幸し、終に鉅敵を却く。…景徳・咸平以来、天下乂安なるは、二相協和の致す所なり[64]」と論じている。

真宗の「澶淵の盟」前後の行動は非常に消極的であって、ほとんどの行動は寇準の催促或いは強制によって行われたものであった。そのため、後には寇準の行動について肯定と否定との両方の評価が生じた。真宗に南逃を主張したことがある王欽若は「澶淵の役、準陛下を以て孤注と為し、敵と博するのみ[65]」と言ったが、仁宗時代の参知政事范仲淹は「寇莱公国に当たり、真宗澶淵の幸有り。而して能く天子を左右して山の動かざるが如くし、戎狄を却け、宗社を保ち、天下之れを大忠と謂う[66]」と賛美している。つまり、真宗を乾坤一擲にした寇準は、天下の公論では忠君忠国とされる。しかも范仲淹より見れば、天下が寇準を大忠と言ったのは、まさに寇準が「能く天子を左右」したことにある。天子を左右できることが大忠と見なされるのは、たぶん宋代士大夫から始まった新観念であろう。同様に宰相が天子を左右する行為は、たとえば、徽宗に対する蔡京、高宗に対する秦檜、理宗に対する史弥遠等に見られるが、大忠とされる人はほとんどいない。ここでは、評価の基準として、たぶん天子を左右する目的が公の為か或いは私の為かという点が注目されるのであろう。寇準が中央政府で政務を主宰した際、極力天子を左右しようとする意志が随所に見える。しかし、寇準が肯定的評判を得たのは、当年、畢士安が真宗に推薦したときに言った「忘身徇国」という評価にかかわるであろう。南宋初年の宰相呂頤浩は、「澶淵の盟」に言及したとき、寇準に「家を以て謀らず、専ら国を以て計る」[67]（不以家謀、専以国計）という評価を下した。

寇準は危急存亡の際に重責を担い、確かに君主の期待にそむかず、さらに衆望にこたえて、かれの政治履歴に最も輝かしい一頁を書き入れたのみならず、しかも宋王朝に百余年の和平的局面を開いたと評価したのである。宋人の陳瑩中は「当時若し寇準無くんば、天下分かれて南北と為らん」[68]と感嘆した。

第三節　政界の浮沈

「澶淵の盟」の後、「契丹既に和し、朝廷事無し。寇準頗る其の功を矜る。上と雖も亦た此れを以て準を待すること極めて厚し」[69]という。つまり、寇準の声望と権力はともにかつてない最高峰に到達した。かれは何ひとつはばかることなく、権力を一手に収めて、宰相専政を行っていた。しかし、これはある種の表面的な現象である。君臣関係の場合には、寇準は後の宰相王旦と違い、皇帝を尊重する前提の下で支持を求めるのではなく、本末転倒、気勢激しく皇帝を凌駕したのであった。それでこうした君臣関係が「君臣の相い得ること、皆な魚の水有るが如し」という状態ではなく、制約と被制約という関係となってしまった。君臣の間は言うまでもなく、普通の人間関係でもこのままでいけば、続くものではない。最後には関係の崩壊も避けることが出来ない。この気勢が、寇準の性格上の致命的な弱点であったといえよう。

寇準は必死になって危機を挽回し、宋王朝生まれ変わりの勲功を立てたので、朝野で大きな英雄と見なされた。こうした雰囲気の中では、寇準に対する批判は控えざるを得ない。真宗は不満があっても、どうにもならない。寇準の政敵たちは、敢えて軽挙妄動しなかった。世論の非難を招くおそれがあるからである。しかし、寇準の体制には確かに目に見えない危機が存在していた。しかもその危機が戦争の終結と平和の到来、および寇準への権力集中に対する不満の鬱積につれて、日に近づいてきた。恐るべきは、成功に有頂天になっている寇準が、間もなく到来する危機に少しも気づいていなかったことである。かれは依然として傍若無人に権力をほしいままにしていた。

とりわけ人事任免の場合、本来の制度上の規定により宰相が手を出すべきではない御史の任命を含み、寇準はすべての権力を握っていた。先に引く『長編』に「準中書に在りて、寒畯を用うるを喜ぶ。御史の闕くる毎に、輒ち敢言の士を取る」と記されている。「進賢退不肖」を自分の務めとする寇準は、年功序列の旧例を守りたくない。「嘗て官を除するに、同列屢々吏を目して例簿を持ちて以て進ましむ。準曰く、宰相百官を器とする所以なり。若し例を用いば、所謂賢を進め不肖を退くるに非らざるなり、と」[70]という。これらは同じことだろうか、それとも似て非なるものだろうか。野史に「章聖（真宗）嘗て両府に謂う、一人を択び馬歩軍指揮使と為さんと欲す。公、方に其の事を議す、吏の文籍を以て進むる者有り。公、其の故を問う。曰く、例簿なり、と。公曰く、朝廷一牙官を用いんと欲し、尚お例を検するを須るんや。安んぞ我が輩を用いん。国政を壊す者は正に此れに由るなり、と」[71]とある。

「進賢退不肖」とはいっても、寇準の人事任命の場合には当時に固有な背景があった。つまり南方人の排斥である。これは宋太祖以来形成された偏見であった。その太祖は「南人相と為るを用いず」という祖宗法を立てたことがあると言われる。後の真宗朝の宰相王旦はこうした祖宗法を利用して真宗が王欽若を宰相に任命することを阻止した。[72]確かに理不尽な偏見であったが、これは太祖個人の好き嫌いを反映していただけではなく、やはり国初に大勢の南方官僚が朝廷に入って官になった現実に対して、北方士大夫が自身の利益を確保しようとした防御策でもあった。

景徳二年、後に仁宗朝の名臣となった晏殊は、十四歳で神童として試験を受けた。「宰相寇準、殊は江左人なるを以て之れを抑えんと欲す」[73]とある。しかし、これ以前、寇準は後にともに仁宗朝の名臣となった、北方青州出身の王曾に違う態度を取った。本来、規定により「文を試すは当に学士舍人院に属すべき」であるが、「宰相寇準雅く曾を知り、特に政事堂に召試す」という。寇準は再び任官に例簿を用いない姿勢に出た。結局、将作監丞王曾が著作郎・直史館に任命された[74]。寇準はほとんど一生の間南方人への偏見を抱いていたようである。後に知枢密院を担当したころ、進士第を賜うにあたり、王欽若の同郷人である江西新喩人蕭貫の試験成績が良かったので、状元に選ばれる可能性があったが、寇準に反対された。寇準は「南方下国の人宜しく多士に冠すべからず」という理由で阻止し、山東出身の蔡斉を選んだ。目的を達成した後、寇準は同僚に「又た中原を与えて一状元を奪うを得」たと得意満面として言った。これに対して李燾は「準の性自矜なり、尤も南人の軽巧を悪む」と記している[75]。これは寇準が南方出身の王欽若と日ごろから仲が悪い原因の一つに違いなかった。『宋史』巻二八三「王欽若伝」に、王欽若は「素より準と協わず」だったので、寇準が宰相となったとき、「累りに表して、政事を解かんことを願う」。真宗は「為に資政殿学士を置き以て之れを寵する」。しかし寇準は王欽若をけなして「其の班を翰林学士の下に在りて定む」。寇準のやり方はやはり当年太宗朝に馮拯を貶した行為と全く同じであった。結局、王欽若に真宗により告げ口をされた。寇準は正に権力の最盛期にあったかもしれないが、要するにこのことに対して、真宗は太宗のように寇準の責任を追及しておらず、王欽若の「資政殿学士」の肩書に「大」という文字を加えて、朝儀の順位を上げさせただけで、ようやくこの事件は静まっていった[76]。

この時期には、寇準は働き盛りに当たるので、生涯のもっとも得意満面な時期であったといえる。かれは常に両制などの高級官僚を官邸に呼んで酒を飲み、気持ちよく存分に酒が回って顔がほてってきたころ、たちまち正門にかぎをかけて強引に客をのこらせ、徹夜して酒を飲んだという。(77)

「嶢々とする者欠け易く、皎々とする者汚れ易し」という古語のように、権勢が最も盛んな段階に入った寇準はもちろん各方面からの嫉妬と攻撃を受けていたのである。これは『宋史』「畢士安伝」に述べられる「準、相と為り、守正嫉悪して、小人日に之れを傾する所以を思うなり」という状態にあった。先に述べたように、宰相独裁の最も安定した基礎は、君臣の間に「相い得ること皆な魚の水有るが如し」という状態が保たれることである。つまり宰相を攻撃するとすれば、急所を突くには、君臣関係を離間する以外にはないであろう。景徳二年、申宗古という人が誰かにそそのかされて、寇準が真宗の兄弟である安王元傑とひそかに結託し、謀反を起こそうとしていると誣告した。もともと波瀾に富んだ即位劇を経験した真宗は、こうしたことに非常に敏感である。そのため、寇準は大いに不安になり、弁解できない状態にあった。このとき、寇準と一緒に宰相をしている畢士安は、毅然として表に立って「力めて其の誣を弁じ、宗古を吏に下して具さに姦妄を得、之れを斬る」とした。(78) こうしてやっと寇準は安心できた。こうしたことは真宗に信任されているときに発生したもので、寇準に致命的な打撃を与えるには至らなかったが、真宗の心にまったくわだかまりが残らなかったわけではなかった。

寇準の政敵たちは、依然としてあらゆる機会を伺い、寇準を打撃しようとしていた。『長編』巻六二景徳三年二月戊戌の条に

一日、朝に会い、準先に退く。上、準を目送す。欽若因りて進みて曰く、陛下、寇準を敬畏するは、其れ社稷に功有るが為なりや、と。上曰く、然り、と。欽若曰く、臣、陛下此の言を出だすことを意わず。澶淵の役、陛下以て恥と為さず、而して準に社稷の功有りと謂う、何ぞや、と。上、愕然として曰く、何故、と。欽若曰く、

城下の盟、春秋の時に小国と雖も猶お之れを恥ず。今万乗の貴を以て、澶淵の挙を為す。是れ城下に盟するなり。其れ何の恥か之れに如かん、と。上愀然として答うる能わず。

とある。澶淵に親征する前、ある人が寇準の心づもりを聞いた。寇準は「直だ熱血をもって相い浇《はら》う有るのみなり」と激高して言った。いま、この言葉が政敵にしっぽをつかまえられて、「君を愛する心無し」と寇準を非難した。さらに「陛下、博を聞くか、博者銭を輸して、尽くさんと欲し、乃ち其の有する所を罄くして之れを出だす。之れを孤注と謂う。陛下、寇準の孤注なり。斯れ亦た危うきなり」と寇準を中傷して言った。これらの讒言は一つ一つ針のように真宗の胸に突き刺さってゆき、心の奥底に告げられない苦痛が広がっていった。王欽若のような地位の高い人が、典故を引用しながら悶着が起こるように君臣双方をそそのかせば、申宗古という一介の微臣の讒言よりはるかに影響力は大きかった。王欽若の話は効果的に真宗と寇準との関係を離間して、「是れ由り、上準を顧みること、稍々衰う」(79)という状態になってしまった。

一般的にいえば、正当な理由がなければ、皇帝はほしいままに宰相或いは執政大臣ひいては普通の官員を罷免することはできない。かつそうする勇気もない。常に臣下の弾劾或いは世論の悪い評判が重なってきて、ある種の罷免の雰囲気が醸しだされて、はじめて皇帝はその罷免権を行使することができる。皇帝が罷免権を行使するときには、詳しくいえば、次のような情況もある。一つは、皇帝本人が罷免しようとする人に対して不満を持ち、臣下の進言に乗じて個人的な恨みを晴らそうとする場合である。こうした罷免は多少皇帝本人の意志によるものである。もう一つは、皇帝は罷免しようとする人に悪い印象が全然なく、寵愛し信用していたのに、ほかの人々からの屡々の攻撃或いは世論の圧力に耐えられず、罷免に追い込まれる場合である。こうした罷免は皇帝の意志を表さないだけではなく、ひいては反するのである。しかし、どういう情況にせよ、皇帝の罷免命令の背後には、朝廷内の政治勢力間の角逐の痕を印している。同様に皇帝が任命権を行使するときもまったく同じである。

　景徳三年二月、寇準は宰相を罷免され、三月、陝州に派遣された。先に述べたように、あらゆる結果はある単独な力が作用したものではなく、多方面の合力が作用したものである。寇準が宰相を罷免された原因は、申宗古および王欽若などからの悪口だけではなく、専権のため同執政集団内部からの不満にもある。寇準は「挙措多いに自任するに、同列之れを忌む」。世論は往々にして政治家の政治生命のバロメーターである。寇準が宰相を罷免された後、真宗はまた「寇準相位に居るは多いに人言に致す」と言った。寇準に抑圧されたことがある馮拯は、寇準が宰相を罷免された後、参知政事となった。そのとき、真宗の話に続いて「呂蒙正嘗て準軽脱して声誉を取るを好むと云う、察せざる可からず(80)」と言った。馮拯は井戸に落ちた人に石を投げつけるように、個人的な恨みを晴らそうとした。

　景徳二年申宗古が寇準を誣告したころ、同じ宰相であり徳望のある畢士安がかれを弁護したが、その年十月の畢士安の死去とともに、寇準は有力な保護の傘を失った。

　一方、いろいろな不利な要因を除いて考えれば、寇準が宰相を罷免されたのは、「澶淵の盟」の後、平和期に応じた朝廷の政策転換とかかわるとも思われる。寇準が官員を任命するとき例簿を使わず旧例に従わなかったという先に述べた行為から見れば、かれがあまり従来の規則を守らない人であったのは確かであろう。これは非常時においてはやむを得ないが、政務が正常に運営される平和時には、制度を乱すおそれがある。そこで、真宗も、執政集団も、一致して「法度を遵じ、改作を重《はばか》る(81)」（遵法度、重改作）王旦を選択して寇準に取って代えたのである。たぶんこの出発点は朝野の安定を求める大局によるものでもあるのだろう。

　寇準には政治家の気迫があるが、政治家としての計略は乏しかった。これはかれの本来の姿としての詩人のように、洒脱奔放であった。志を遂げたときは有頂天になるが、志を得なければ気ままにふるまう。政治的頂点から落ちた後、かれの態度は、礼儀作法にこだわらないという一面が見えるし、再起を謀ろうとする一面も見える。

陜州の知州となった寇準はほとんど政事をせず、終日行楽と宴会に耽っている。これはもちろんかれの政治上の失意にかかわるが、従来の慣行にもかかわる。『長編』巻六五景徳四年六月庚申の条に、「旧相鎮に出づる者、多いに吏事を以て意と為さず。寇準、重名有りと雖も、至る所に終日宴遊す。愛する所の伶人は、或いは富室に付与し、輒ち厚く得る所有り。然るに人皆な之れを楽しみ、以て非と為さざるなり」[82]とある。『長編』に寇準が知天雄軍となったとき、知雄州である李允則と互いに宴会を設けて奢侈を争ったという記事もある。[83]寇準が終日に行楽と宴会にふけったのは、酒で憂さを晴らし、政治上の失意を薄めようとしたにすぎないのであった。かれは「酔題」という詩に

榴花甕に満ちて寒醅を撥ね、（榴花満瓮撥寒醅）

痛飲して能く百恨を開く、（痛飲能令百恨開）

大抵天真高趣有り、（大抵天真有高趣）

騰騰として須らく酔郷に入りて来るべし。[84]（騰騰須入酔郷来）

と書いている。「痛飲して能く百恨を開く」という詩句は深い感慨を含んでいる。こういうさまざまな感慨はすべてアルコールで解消する必要がある。「騰騰として須らく酔郷に入りて来るべし」という境地からは、政界を脱した「天真高趣」を感じられるであろう。そのときの寇準は意気上がらず、報国するすべもないという感嘆に満ちていた。かれはもう一首の詩に

閑かなある心終に魚釣を忘れず、（閑心終不忘魚釣）

澹々として水に真に宜しく老荘に習うべし。（澹水真宜習老荘）

報国するは自ら世用無きを知り、（報国自知無世用）

煙蓑何日清漳に臥すか。[85]（煙蓑何日臥清漳）

と書いている。老荘思想は、積極的に実社会に入ろうとする中国の読書人が志を遂げないときのために用意された、精神的な空間である。古来、政治上の絶望により自殺した中国の政治家が意外と少ない原因の一つは、たぶん老荘が用意した、かかる自己調節が十分可能な精神的楽園のたまものであろう。しかし、中国の読書人はまた一生隠遁することに甘んじるものではないから、老荘が設置した精神的楽園も、失意のときに精神を調節する一時的逗留場所にすぎない。寇準について言えば、かれは「古自り名高きは衆毀帰し、又た応に身の退くべきは是れ機を知るなり」（自古名高衆毀帰、又応身退是知機）と認識して、勇退する考えはあったものの、結局昔の輝きを忘却できないのであった。そこでかれは先の詩句に続いて「林風西窓の夢を驚断し、一夜の愁声翠微を憶う[86]」（林風驚断西窓夢、一夜愁声憶翠微）と書いている。寇準には多くの夢があったが、最大のものは政治の中枢に戻るという夢であろう。かれは詩に「魂夢、関塞の外を知らず、時に猶お金鑾に到るを得るごとき有り[87]」（魂夢不知関塞外、有時猶得到金鑾）とその心境を語っている。

寇準は絶え間なく政治の中枢へ引き返す夢を見続けた。政界で重要な人物である寇準は今も忘れられていない。宰相を罷免されてちょうど一周年になったさい、真宗はわざわざかれを呼んで話しあった。その時の寇準は再起用に一縷の希望を燃やしたのか、都に十余日逗留したが、最後に何も動静がないまま、怏々として任所に戻った[88]。真宗も再起用しようと思っていたかもしれないが、かれ一人で完全に政局を左右することはありえない。結局はほかの人の反対によって実現しなかったであろう。太宗朝に罷免されたと同様に、政治の中枢へ引き返す長い旅が新たに始まったのである。

知陝州だったところ、『宋史』本伝に寇準が「従封泰山」したと記されているが、実際にはこれは寇準本人が、真宗と一緒に泰山の封禅行事に参加するという要求を出した結果である。『長編』に「刑部尚書・知陜州寇準、祀に従いて表請す、詔して可とす」[89]と記されている。「澶淵の盟」の後、開国皇帝ではない真宗は、その皇位が天より授けられたという正統性を内外に誇示しようとして、天瑞を得るという王欽若が出した愚かな考えにすぐにとびつき、天書降下と封禅など茶番劇を行った。このころから、真宗・王欽若などの君臣が新たな勢力関係を形成した。この皇権と合わさった悪勢力に対して、宰相王旦など本来賛成しなかった大臣もやむをえず従った。寇準はそのとき、中央政府にいなかったので、ほとんど参与していなかった。寇準は最初から天書などのからくりを信じなかったにもかかわらず、わざわざ「従封泰山」を求めたのは、皇帝と権力の中核に新たに近づいて行こうと思ったからにほかならない。そして寇準の苦心はついに報いられた。官は戸部尚書に昇進され、かつその年の十二月に、改めて北方における重要な都市、宋の後の北京に派遣され、知天雄軍兼駐泊都部署に任命された。大中祥符四年、真宗が祀汾陰を行ったとき、寇準はわざわざ部下を行在に遣った[90]。もちろん真宗の歓心を買うためであった。

寇準が知天雄軍となったころ、一つの逸事があった。「契丹の使嘗て大名を過ぎ、準に謂いて曰く、相公の望重し、何故中書に在らざる、と。準曰く、主上、朝廷無事を以てし、北門の鎖鑰、準に非ざれば可ならざるなり、と」[91]。この質問をされたとき、寇準はきっときまりの悪い表情を示したのだろうと思われる。かれは敵としての外国使者に朝廷における派閥闘争の経緯を説明できないので、無理に笑顔を見せながらでも以上のように答えたのであろう。普通の人と同じように、寇準にも体裁にこだわる一面がある。天雄軍にいたときの寇準はまたあることに関して真宗にしっぽをつかまれた。『長編』巻七三大中祥符三年正月丁丑の条に「知天雄軍寇準言えらくは、振武軍士契丹の使を援送して境を過ぎるは、臣、已に各々装銭を給したり、と。上、輔臣に謂いて曰く、寇準人情を収むるを好み、以て虚誉を求むるは、卿等今之れを見ゆ、と。乃ち詔諭して準当に擅まま給賜有るべからず、銭を備えて官に償わしむ」[92]とある。寇準が宰相を罷免されたとき、真宗は寇準が「国家爵賞を以て虚誉を過求す」[93]と言ったことがある。今回寇準は上手にやろうとしてかえってしくじり、再び真宗に悪い印象を与えた。ここには寇準の率直な性格が見えよう。

しかし、あくまで印象であるが、やはり重用が必要となる時は重用される。大中祥符五年、「河北頗る盗賊有り。而れども奏報不実し、又た即時擒捕せず」という事態に陥り、「詔して知天雄軍寇準都大提挙河北巡検とせしむ」[94]。その後、寇準が好印象を与えようとしたためであろうか、その年末に、朝廷に「獄空」を報告した。これによって自分の州政にいそしむ姿を強調しようとした。当時において税収と賦役を除き、民事訴訟事件を処理することは、地方官の最も主要な仕事だった。「獄空」となったのは、治安がよい、かつ民の訴訟がないことを物語っている。これは地方官の在職期間中の成績として重要なことであった。また「獄空」となったのは、寇準はすでに「吏事を以て意と為さず」という風習から抜け出して政務に力を注いだことを示している。真宗は詔を下して寇準を褒めた[95]。たぶんそのためだろうか、寇準は兵部尚書に昇進した[96]。

寇準が治安管理の方面に著しい成績があったからか、それとも真宗が寇準の「兼資忠義、善断大事」という点が分かったからであろうか。要するに真宗が信じていたのは、自分が都にいなくとも、寇準がほかの親王と結託して皇位を奪うことはしないはずだということである。そこで真宗は亳州に幸ったとき、寇準を権東京留守に任命した[97]。大中祥符七年十二月であった。寇準はとうとう天子の側近にもどってきた。この一歩には七年間かかった。都合のいいことに寇準は年齢的に優位、つまりまだ若かったのである。

寇準が権東京留守となったのは、ある意味で再起用に青信号が点されたということであった。果たして半年も過ぎずに、寇準は枢密使・同平章事に任命された。枢密使・同平章事というのは、宋代では「枢相」といい、政務の分担が軍事を主とするに過ぎないが、実質的には宰相と同じ地位を持つ。この職務は単なる枢密使よりはるかに高い。中央の要職に召されるのは寇準が七年間、臥薪嘗胆とはいえないまでも、朝な夕な思ったことである。やっとのことで政治の中枢に引き返した。寇準が今回中央に引き返せたのは、宰相王旦の推薦と密接な関連があると思われる。寇準と王旦は同年の進士であるだけではなく、二人は中央の政界に入る前にかなり親密な関係を持っていたようである。(98)宋代では、特別恩讐がある場合を除き、一般的に言えば同年の進士同士は互いに援助するはずであって、自然に栄光も恥辱も共にする政治集団を結ぶのが普通であった。

第四節　再び宰相権を握る

しかしながら、寇準が今回執政集団に入っていた期間はかなり短く、一年足らずで、再度政治の中枢から離れなければならなくなった。政界の浮沈は、外部の要因から見れば、主に各種の政治的派閥が互いに角逐した結果であるが、政治家自身について見れば、その性格的な要因と政治の策略とに極めて深くかかわっていると思われる。寇準がすべてのことを思いのままにしようとし、策略を重んじずにあちこちで敵をつくった事が、かれ自身を執政集団に居られなくした原因であった。

王旦の推薦により、寇準は枢密使となって西府に入り、宰相王旦と相対して「二府」を主宰することになった。二人は本来当年の寇準と畢士安のように一心同体になるはずであったが、寇準は遅れて宰相となった同年の王旦を眼中におかなかったようであった。また、当時かれのあとを引き継いで宰相となった王旦も、七、八年という時間の後にやっと寇準を執政集団に入らせたことに対して、なんとも言えない気持ちを持っていたかもしれない。そのため、寇準は王旦と事を共にするとき、協力的な態度をとらず、時に王旦には迷惑をかけたようであった。『五朝名臣言行録』

巻二に

　中書、事有り、密院に関送す。事、詔格に碍ぐ。寇公、樞府に在り、特に以聞す。上、以て公（王旦）を責む。公、拝謝して咎を引き、堂吏皆な責罰に遭う。月を逾えずして、密院、事有りて中書に送り、亦た旧詔に違う。堂吏之れを得て欣然として公に呈す。公曰く、密院に却送せよ、と。吏、出で寇公に白《もう》す。寇、大いに慚づ。翌日、公に見えて曰く、同年、甚ぞ許大の度量を得たりや、と。公答えず[99]。

とある。類似の記事は宋の趙善璙『自警編』にも残されている。

　王文正公、中書に在り、寇莱公、密院に在り。中書偶々印を倒用し了る。寇公、吏人を須勾して行遣す。他日、密院も亦た印を倒用し了る。中書の吏人呈覆し、亦た行遣せんと欲す。文正、吏人に問う、汝等且く道え、密院、当初、倒用せる者を行遣せしは、是なりや否や、と。曰く、是ならず、と。文正曰く、既に是れ是ならざれば、他の是ならざるを学ぶ可からず、と。更に問わず[100]。

と。王旦の対処は常に寇準を賛嘆させてやまないが、かれは依然として王旦を非難する機会を見逃してはいなかった。寇準が王旦に取って代わる考えがあったかどうかは推測できないが、『宋史』巻二八二「王旦伝」には

　寇準、数々旦を短り、旦、専ら準を称む。帝、旦に謂いて曰く、卿、其の美を称むると雖も、彼、専ら卿の悪を談ず、と。旦曰く、理は固より当に然るべし。臣の相位に在るや久しく、政事の闕失は必ず多し。準、陛下に対うるに隠す所無く、益々其の忠直を見す。此れ臣の準を重んずる所以なり、と。帝、是れを以て愈々旦を賢とす[101]。

とある。王旦は正直で温厚な人間なので、真心から言った言葉であったかもしれないが、かれが寇準に反撃せず、どんなことでも寇準をかばったのは、人に言えない苦衷があったからであろう。かれの推薦によって寇準は再起用され

たのであるが、寇準は悪く言えば、自分で自分の横っ面を張り飛ばす行為と同様であったといえよう。ところが、王旦が危篤の際にも真宗に寇準を推薦した点からみれば、やはり王旦は寇準の節操に十分期待していたのであろう。

朝廷では、寇準は宰相王旦と抵触があっただけではなく、ほかの大臣とも常に口論をしている。『長編』巻八四大中祥符八年四月壬戌の条に

準、三司使林特の奸邪を悪み、数々与に忿争す。特、河北歳に輸する絹の闕くるを以て、之れを督すること甚だ急なり。準、頗る転運使李士衡を右して特を沮む。且つ言えらくは、魏に在る時、嘗て河北の絹を五万進め、而れども三司納めず、以て供に闕くるを致す。主吏以下を劾せんことを請う。上、其の請いに従勉し、赦を用いて之れを釈す。蓋し京師歳ごとに絹百万を費やし、而れども準の助くる所纔か五万のみ。準、又た三司馳坊軍士を放し給装銭を俟たざるを以て特の過と為す(102)。

とある。「五鬼」の一人と呼ばれている林特は、当時真宗に目をかけられていた。輸絹事件に対して、真宗は「勉従其請」として、寇準のメンツを立てていたが、やはり愉快ではなかった。寇準が林特を追及すると、今度は真宗が怒った。宰相王旦に「準の年高き、屡々事を更るも、朕、其れ必ず能く前非を改めると意う。今、為す所を観るや、更に疇昔に甚だしくするに似たり」と言った。また寇準と王旦は意見の齟齬をきたしたが、王旦とほかの大臣は風向きを見て舵を取るような勢いに乗じて「準、人に恵を懐かせることを好み、又た人に威を畏れさせんと欲す。皆な大臣当に避くべき所なり。而れども準乃ち以て己の任と為す。此れ其の短き所なり。至仁の主に非ざれば、孰れ能く之れを全うするか(103)」と言った。王旦たちの話は真宗に寇準を罷免することを決意させた鍵であると思われる。反対に王旦が当年の畢士安のように寇準をかばえば、真宗は絶対にそう簡単に寇準を罷免することはなかったであろう。

寇準は自分が枢密使を罷免されようとしていることを知ったとき、人を通じて、高い地位の使相につけてくれるよ

う王旦に頼んだ。寇準のこの要求には、王旦は驚いた。どうして使相という官位が欲しいという要求を自分から持ち出したのか。王旦はその場で、他人の頼みは受け入れないと表明した。王旦のこの態度に寇準は恥ずかしくなり、かつ恨めしく思った。しかし、寇準の樞密使罷免の後、どんな官位を与えるかについて、真宗が王旦の意見を聞いたとき、王旦は、寇準はまだ三十才未満で、太宗に執政大臣に抜擢され、且つ才能と声望もある、使相を与え、重要な都市を管理させれば、それは朝廷の栄誉になる、と提議した。寇準の使相任命を発表した後、寇準は真宗に拝見し、陛下は臣下をよく理解すればこそ、こんな官位を与えられたのだと泣きながら言った。そのとき真宗は、この任命は王旦の提議だと説明した。その経緯を聞いて、寇準はとても恥ずかしく思った。そして後日、他人に「王同年の器識、準の測る可き所に非ず」と言ったのであった[104]。

寇準の度量は狭く、また性質も偏屈である。そのため、君子も小人も、かれをあまり好まなかった。真宗すらこんな厄介な男を敬遠していた。だが、寇準はみんなが一致して認める人格者だった。これこそ王旦が寇準を重くみた原因であろう。

寇準は枢密使を罷免された後、まもなく知河南府兼西京留守に派遣され、後に判永興軍に異動した。その間、宰相を務めて十二年間に及んだ王旦が死去した。さまざまな宋代の史書はいずれも王旦が危篤の際に真宗に寇準を推薦したことを記している。ほとんどの書はその時期が王旦の死去の直前であったとするが、李燾は寇準が枢密使となる前のこととしている。しかし、時期の問題をひとまずおき、王旦が危篤の際に真宗に寇準を推薦したことは確固とした事実であった。このことはほぼ次のように書かれている。王旦の危篤のとき、真宗は人にかれを宮殿にかつぎ込ませて後の事を訊ねた。「卿、万が一不諱有らば、朕をして天下の事を以て之れを誰に付せしめんか」と聞いた。王旦は初め真宗の問いに直接答えず、ただ「臣を知るは君に若くは莫し」と曖昧に言った。真宗はやむをえず、一人一人の名前を挙げて尋ねた。王旦はそれに対して依然としてはっきりした態度を示さなかった。最後に、真宗は王旦に推薦させて「試みに卿の意を以て之れを言え」と言った。このとき王旦はようやく「臣の愚を以てすれば、寇準に若くは莫し」と答えた。しかし、真宗は寇準の性格が気に入らず、「準は性剛褊なり、卿、更に其の次を思え」と言った。これに対して、王旦は頑固に「他人は臣知らざるなり」と自分の意見を守った[105]。結果として、寇準は宰相となったことも枢密使となったことも、要するに真宗が王旦の推薦を受け容れたからであった。

天禧元年、王旦は宰相在任中に亡くなった。寇準と王旦との間の恩讐は王旦の死去によって消え失せた。寇準は使相の身分で地方に出て、地位は普通の執政大臣より高いようになった。そこでかれが再び宰相になるか否かは、特にだれの推薦ももはや要らず、主に朝廷内の政治の角逐の結果にかかっている。政治的失意にある寇準は詩を吟じて老荘に倣い隠遁しようとする姿勢を見せたが、実は一刻も早く朝廷へ戻り政権を握ることを忘れていなかった。かれは判永興軍だった期間に書いた「終年に深隠して天機を養う[106]」(終年深隠養天機)という詩句のように、機会到来を待っていたのである。

寇準は永興軍で丸四年を待っていた。天禧三年になってついにそのチャンスがやってきた。これは人為的な機会であった。永興軍にいる朱能という巡検が、宦官周懐徳と結託して天書を捏造した。寇準はこんなことに憂き身をやつす真宗に迎合するために、天書が永興の域内にある乾佑山に現れるということを真宗に報告した。

今回の天書が登場した経緯について、『長編』巻九三天禧三年三月乙酉の条に

入内副都知周懐政、日に内廷に侍して権任尤も盛んなり、附会する者頗る衆く、往々にして事を言えば従うを獲。…性識凡近、妖妄を酷信す。朱能という者有り、本より単州団練使田敏家に廝養せられ、性凶狡なり。遂に其の親信に賂って見ゆるを得。因りて親事卒姚斌等と神怪事を妄談し、以て之れを誘う。懐政大いに惑い、能を

援引して御薬使に至り、階州刺史を領せしむ。俄かに終南山修道観に於いて殿直劉益の輩と与に符命を造り、神霊を託して国家の休咎を言い、或いは大臣を臧否す。時に寇準永興を鎮し、能、巡検と為り、準の旧望に頼み、其の事を実せんと欲す。準の性剛強好勝なり、其れの己に附するを喜び、故に多いに之れを依違す。是の月、準、天書乾佑山中に降るを奏したり(107)。

とはっきりと記している。寇準が天書を上奏したことについての史書の記載はまちまちである。『宋史』本伝に「天禧元年、(寇準)山南東道節度使に改む。時に巡検朱能、内侍都知周懐政を挾み詐って天書を為る。上、以て王旦に問う。旦曰く、始め天書を信ぜざる者は準なり。今、天書降り、須らく準をして之れを上さしむべし、と。準、従いて、其の書を上す」とある。しかし、以前、私は王旦を研究していたとき、この史料に大きな疑いを抱いた。これは王旦の人柄および事を処理するやり方と合わなかったからである。後、李燾のこのことに対する考証を読んでから、この疑問は氷解した。李燾は

劉攽『寇準伝』を作りて云う。朱能、天書を献ぐ。上、以て王旦に問う。旦曰く、始め天書を信ぜざる者は準なり。今、天書準の所に降り、当に準をして之れを上せしむれば、則ち百姓将に大いに服せんとす、と。乃ち周懐政をして準に諭せしむ。準、始め肯わず。而れども準の婿王曙居中、懐政と善く、曙固しく準に要む。準乃ち之れに従う、と。案ずるに王旦天禧元年正月に死す、而れども準の天書を上すは乃ち三年三月なり。攽の誤り甚だし。或るいは欽若実に此れを為り、旦に非ざるなり(108)。

と考証した。これによると、『宋史』「寇準伝」はもともと劉攽が作ったもので、劉攽は最初の段階で時期を間違ってしまい、さらに真宗と会話する人物を王旦に誤って記したと考えられる。李燾は真宗と会話する相手は王欽若である可能性が高いと推測した。この推測には理由がないわけではない。王欽若は大中祥符のころ、天書の悪例を作り出し

た人であった。またかれは寇準とは日ごろから仲が悪く、寇準が天書を信じないことを知っていながら、わざと寇準に呈上させ、これで寇準を辱めて困らせようとしたのである。

しかし、これに対して、寇準には寇準なりの考え方があった。かれは天書の上呈を断っていなかった。劉攽の述べているように、寇準が婿の王曙に説得されたという理由もあったかもしれないが、根本には、寇準はこのことを断わりたくなかった。逆にこれを一つのルートとして新たに真宗に気に入られ、真宗と新たな統一戦線を立て、再び宰相となり中書を主宰しようとした。これは根拠がない推測ではなく、類似の旁証が集められるのである。これより以前の天禧元年に、知永興軍の寇準はすでに「部内の民稼、蝗傷の後、茎葉再び茂る。蝗多く草を抱きて死す」と上奏したことがある。[109] こうしたことは個別的な現象としてあるかもしれないが、総じて言えば、荒唐無稽だったのであろう。寇準が上奏した理由は怪力乱神を好む真宗の歓心を買うためにほかならない。しかし、真宗が関心をもっていたのはその正統的な地位を示す怪力乱神だけで、蝗が草を抱いて死んだというようなことには興味がなかったので、寇準の上奏は結果的には容認されなかった。にもかかわらず、そのことは結局寇準のある了見を表明している。今回、またもう一つの天書が寇準の管轄する地域から出てきたとすれば、寇準はもちろんこの絶好の機会を見逃すはずはないであろう。王欽若が小細工を弄さなくとも、またまわりの人々が勧めなくとも、寇準は自発的に上奏するはずである。天書の真偽は政治的策略から見れば副次的な問題であった。

しかしながら、「時に趨くに事、已に非なり」[110]（趨時事已非）という寇準が書いた詩のように、天禧はもはや大中祥符ではなかった。それまでの数年間にわたる騒々しい天書降下・東封・西祀などのことは人力と財力をむだに浪費するのみならず、人々にも嫌悪の気持を与えていたのである。そのため、今回の天書が出ると、「中外咸な其の詐を識るも、上、独り疑わず[111]」という状況となった。寇準は使相の地位で天書を上奏して、真宗と同じ立場にあったので、今度は再び宰相となるという政治的角逐のなかでは、全局面を左右する重要な道具を獲得したに等しかった。その頃、宰相王欽若の世論の評判がよくないため、真宗は王欽若にはあまり信任を置かなくなった。つまり『長編』に記されている「欽若の恩遇、寖く衰う[112]」という状態となった。こうした時期にあたり、寇準が天書を上奏すると、果たしてすぐ効果が現れて、十余日後には、寇準は都に招かれた。今回の寇準の上京は、前に真宗に呼ばれて世間話をした後、帰された時と違い、かれに重任を委ねようとするものだった。案の定六月になり、王欽若が宰相を罷免されるやいなや、寇準は再び宰相に任命された。前後の間隔は四日間しかなかった[113]。

第五節　クーデター未遂

天禧三年、寇準は王欽若に取って代わり宰相となった。これは寇準の三たびの浮沈を経た再出馬である。寇準は、天書を上奏することで宰相の位を獲得したことに対してひそかな喜びを感じていたかもしれないが、実はかれを待っていたのはより大きな悲劇であった。今度の悲劇はかれを凋落させて奈落の底に落ちこんだ。境遇は悲惨で荒れ果てており、結局かれは異郷の地で死去したのである。波瀾に富んだ一生は悲劇で幕を下ろしたが、このすべてを寇準は当初予想もしなかったであろう。

今回寇準が宰相となった時期は、真宗在位の末期に近かった。中央における政治の安定と複雑さとは、もはや寇準が昔、中枢に出入りしていた頃とは比べものにならなかった。帝政と皇后党及び執政集団の内外には、各種の勢力が複雑に入り組んでいた。このとき、中央に入った寇準にとっては、『水滸伝』の林沖が白虎堂に誤って入ったときのように、すでに悲劇が運命づけられていたのであろう。こうした複雑な情勢は、政治家としての判断力の弱い寇準に対処できるものではなかったのである。実は寇準が今回招きに応じて上京する前に、策士がかれに当面の情勢を分析して忠告していた。『長編』巻九三天禧三年五月甲申の条に

寇準、永興自り朝に来る。準、将に発せんとするや、其の門生準を勧むる者有りて曰く、公若し河陽に至れば、疾を称して堅く外補を求めるは、此れ上策と為す。入見せば即ち乾祐天書の詐妄の事を発くは、尚お生平正直の名を全うすべし、斯れ次と為す。最下は則ち再び中書に入り宰相と為すなり、と。準懌ばず、揖して起つ。君子謂う、準之れ卒いに禍に及ぶは、蓋し自ら之れを取るあらん、と(114)。

ここでは、策士は寇準のために上中下という三つのプランを立てた。上策は召に応じるが、途中で病気を理由に上京せず、地方官ポストを要求して、朝廷のいざこざを避ける。中策は朝廷に着いたら、自ら呈上した天書が偽物だと正直に認め、まいた種は自ら刈り取り、道義上、晩節を全うする。下策は宰相を担当することである。結局再起したい一心の寇準は、策士の忠告に耳を傾けようとはしなかった。こうして寇準の晩年の悲劇的結末は身から出たさびだといわれるようになった。

政治家の能力と判断力にはもちろん優劣があるが、実はこれは政治家の運命にとって一番緊要なのではない。政治家の周りに多くの策士と幕僚がいるので、頑固で独りよがりでさえなければ、かれらの意見に耳を傾け、それによって政治家自身の能力と知恵の不足を補い、ひいては行動の失策を挽回することもできるであろう。先に述べたように、寇準の性格は政治家として適任ではなく、とくに政治領袖として適任ではない。「澶淵の盟」の前にも、策士は寇準が宰相を担当しないほうがよいという意見を出していた。そのときは、寇準では君臣関係にうまく対処できないであろうという視点から言ったのであるが、今回は、完全に朝廷の複雑な情勢を避け、晩節を全うするという視点から策士はそう言ったのである。前回の場合、寇準は忠言を受けなかったが、策士の深謀遠慮を褒めた。今回、寇準は忠言

を受け入れないだけではなく、かんかんに怒った。その頑固さは、やはり以前寇準を枢密使から罷免したときに真宗が「為す所を観るや、更に疇昔に甚だしくするに似たり」と言った言葉に合うのであろう。

寇準は、魔がさした、或いは欲に目がくらんだとはいえない。長い間たずさわっている政治活動ですでにかれの人性はねじ曲げられて変形してしまっていたが、本人は少しも意識していないだけのことだった。これはまさに、人間が発明した機械が後に人間を変えるようなものである。つまりいわゆる人性の疎外である。寇準の思惟の中にあったのは、生命のゴールまで、この一本の道だけで、ほかに選択の余地はなかったようである。勿論、寇準が再び出馬したのは、肯定的にみれば、全く個人の得失などてんびんにかけなかったのみならず、王旦の死後に朝廷の退勢を挽回しようとする責任感に駆り立てられたとも考えられる。

寇準が宰相に任命された日に、丁謂も再び中書に入って参知政事となった。寇準にとって、本来最大の政敵は王欽若であった。以前王欽若は、「澶淵の盟」の真宗が寇準の賭博の持ち駒だったという讒言を呈して、寇準を打倒した。その後、二人は水と油のように相容れず、朝廷で相互に回避していた。たとえば、前に寇準が使相として地方にいったとき、後任になった王欽若は、本来慣例により寇準と一緒に真宗に拝謝すべきであるが、王欽若は寇準と会うことを避け、別々に拝謝するという提案を出した[115]。二人の仲たがいをよく知っている真宗は、もちろん王欽若の提案に賛成した。同様に、今回寇準が宰相となる前に、王欽若が朝廷からすでに地方に派遣されていた。王欽若が寇準を脅かすことはなかったが、運命は寇準にわざと反対するかのように、元来人間関係を対処することに長じない政治家に新たな敵手をつくっていた。

寇準は政治家であるが、平素から人を知る明がなく、人を見るのはうわべにとどまった。逆に自分の喜怒哀楽は常に顔に現れる。これに対して丁謂という人は確かに才能があった。若い頃有名な文人である王禹偁に文章を呈上して、

「禹偁大いに驚き、之れを重んじ、以為らく、唐の韓愈・柳宗元自りの後、二百年にして始めて此の作有り」と称えられた[116]。官途に就いてから三司使として、『景徳会計録』を作り、財政管理の能力のあることを示した。丁謂の才能を重視したために、最初、丁謂との間柄は良く、同年進士李沆が宰相を担当したころ、寇準は度たび丁謂を李沆に推薦したが、李沆は丁謂を重用しなかった。『宋史』巻二八二「李沆伝」に

寇準、丁謂と善し、屡々謂の才を以て沆に薦むるも、用いず。準、之れを問う。沆曰く、其の人と為りを顧みれば、之れを人の上に在らしむ可けんや、と。準曰く、謂の如き者は、相公終いに之れを抑して人の下に在らしむこと能わんや、と。沆笑いて曰く、他日後悔せば、当に吾が言を思うべきなり、と。準、後に謂の傾く所と為り、始めて沆の言に伏す[117]。

とある。古来、中国においては人相を見る占いがある。とりわけ魏晋時代に盛んであった。つまり、人相或いは骨相により、その人の人柄および運命を推測できるというものである。それは全く根拠がないでたらめな話ともいえない。正史や野史の記事もすべて執筆者が大げさに誇張しているとは限らない。個別の言行をまだよく観察しないうちに、将来の成敗を推測し、それは意外にも後の事実と合致する。李沆にはこういう占いに精通したという記録はなかったが、『宋史』では「銭若水人倫の鑑有り[118]」と記されている。かれは王旦を初めて見ると、宰相の器であると驚いた。後に王旦は思っていたとおり真宗朝に十二年間宰相を務めた。これから分かるように、魏晋だけではなく、宋時代にもそうした占いがはやっていた。李沆の話は聞いたところ小さなことだが、実はかなり重い。寇準が丁謂と一緒に執政をしていたとき、丁謂はすでに世論に「五鬼」の中に並べられていた。これからみれば、李沆に眼力があることがわかる。さらに寇準が後に丁謂に迫害されたことから、李沆の先見の明はまったく驚くほどであり、敬服に値するのである。

以前、寇準が丁謂の才能を買い、屡々推薦した背景があるので、はじめ二人は同じ執政集団で協力するものと期待されたのであったが、寇準は仇のように悪を憎むというまっすぐな人間であるため、まもなく丁謂の人柄が気に食わなくなってきた。そして寇準の性格から丁謂への不満を隠しきれない。丁謂は最初の段階では、寇準にたいへんうやうやしかった。しかし丁謂のこうした行為が寇準にいっそうかれに対する軽蔑の念を持たせた。『長編』巻九三天禧三年六月戊戌の条に

謂、中書に在り準に事えて甚だ謹む。嘗て会食し、羹は準の須を汚す。謂起ち、徐ろに之れを払う。準笑いて曰く、参政、国の大臣なり。乃ち官長の為に須を払うか、と。謂甚だ之れを愧ず。是れ由り、傾誣始めて萌せるなり(119)。

とある。同じ出来事を記している『五朝名臣言行録』前集巻四には寇準が「正直を恃み、佞巧を虞らず」(恃正直、不虞佞巧)と言っている。しかし、寇準がこのように丁謂を辱めた結果、確かに丁謂の心の中に恨みの種がまかれてしまった。推測できるのは、寇準が丁謂と一緒に中書で執政をしていた期間には、類似のことは必ずやこの一つとは限らなかったであろうということである。恨みは積み重ねから爆発まで一つのプロセスがある。一定のプロセスを経て可能な機会に遭えば爆発するはずである。これは必然の勢いといえよう。

丁謂が寇準に復讐する機会は宮廷クーデターの際訪れたのである。寇準が再び宰相となった天禧三年、真宗は中風に罹り、言葉が流暢ではなくなり、意識が時にもうろうとしていた。真宗は正常に政務を処理できず、「政事、多く中宮の決する所(120)」という状態になった。つまり元来皇帝を通す政務運営のプロセスは、ほとんど皇后劉氏が代理するようになった。これは政事に参与することが好きな劉皇后の権力を急に強めた。したがって、朝廷の各種の派閥間の角逐と新たな組み合わせに新しい局面を与えた。

寇準には劉皇后の権力が急に強まってきた政治情勢が見えないわけではない。しかし、かれにとってこの出身の貧しくて卑しい女性は眼中にない。以前、真宗が劉氏を皇后を立てようとしたとき、寇準は反対意見を出したことがある。『五朝名臣言行録』前集巻四に「真宗、将に劉氏を立てんとし、公及び王旦・向敏中皆な諫めて、議して以為らくは側微より出るは可ならず、と」[121]とある。このことは必ずや皇后となった劉氏の心に恨みを抱かせたであろう。あいにく劉氏の権勢が大きくなったとき、寇準はもう一つ愚かな事をした。「劉氏の宗人蜀に横し、民の塩井を奪う。上、皇后の故を以て、其の罪を赦せんと欲す」。だが、寇準は頑固に法律に従って処罰した。結局、「重ねて皇后の意を失う[122]」ということになり、いっそう劉氏の恨みを買った。本来齟齬した二人の関係に対し、火に油を注ぐ結果となった。新旧の恨みが重なって、劉氏は完全に寇準の敵対派に廻った。寇準が愚かな事をしたというのは、政治闘争の視点から見た場合であって、道徳の視点から見れば、このことについて、寇準に誤りはなかった。しかし、政治闘争においては道徳と人柄によって是非が決定されるわけではなく、成敗によって英雄か否かが論じられるのである。これこそ政治闘争の無慈悲なところである。

当時の政治情勢では、劉氏の権勢が大きくなったとはいっても、いずれにせよ内廷にいるので、号令をかける場合、宰相のように有力ではない。なぜならば、すでに形成されていた政治的伝統では、宰相が文武の大政を主宰して、皇帝は名義上の裁決権を行使して宰相を支持するのが普通だったからである。皇帝と宰相との間の対立が鋭くなることはかなり少ない。そして当時の中書には寇準と向敏中との二人の宰相がいたので、その権力は劉氏を圧倒するには十分であった。しかし、この一時のバランスはすぐに崩れた。首相である向敏中は天禧四年三月に死去した[123]。向敏中は寇準の重要な同盟者であった。寇準を宰相に再起用するのは真宗の一存では決めかねる。少なくとも宰相向敏中の首肯ひいては推薦を得なければならなかった。だが、向敏中の死去により、政治的バランスは寇準の敵対勢力の方に傾き始めた。寇準が再び宰相となったときから罷免までの一年間、朝廷の執政大臣の状況は左表のとおりである。表のなかの執政大臣を、ひとまず寇準への態度を基準として分析してみよう。

向敏中は、前述したように寇準の支持派に属する。

曹利用は、前述したように、「澶淵の盟」のころ、寇準との交際がすでにあった。しかし、曹利用にとっては愉快なつきあいではなく、当時、曹利用が和議の使者として契丹軍にいく前に、宰相であった寇準は和議の歳幣が三十万を超えたら殺すぞと曹利用を脅して、「利用股栗」させていた。この曹利用はそれから十年後、寇準が枢密使を担当した時、意外にも枢密副使となって、再び寇準の同僚となった。にもかかわらず、寇準はこの武人を自来ばかにしていた。『長編』巻九五天禧四年六月丙申の条に「準、枢密使と為り、曹利用之れに副たり。準素より利用を軽んず。事を議して合わざる者有らば、輒ち曰く、君一武夫なり、豈に此の国家大体を解せんや、と。利用是れ由り之れを銜む[124]」とある。これによれば、曹利用は寇準に長年の恨みを持ち、寇準反対派の主将となった。とりわけ寇準が宰相に

人名	中書	枢密院	就任時期	備考
向敏中	首相		大中祥符五年～	天禧四年三月死去
寇準	宰相		天禧三年六月～	天禧四年六月罷免
曹利用		枢密使	天禧三年一二月～	知枢密院事より就任
李迪	参知政事		天禧元年九月～	
丁謂	参知政事		天禧三年六月～	天禧三年一二月以後枢密使となる
任中正		同知枢密院事	天禧元年九月～	天禧三年一二月以後枢密副使となる
周起		同知枢密院事	天禧元年九月～	天禧三年一二月以後枢密副使となる
曹瑋		簽書枢密院事	天禧四年正月～	

（『宋史』「宰輔表」より）

再起用された半年後、曹利用は知枢密院事より枢密使に昇任して、権勢を増した。

李迪は、『宋宰輔編年録』巻三に「李迪、準と同に中書に在り、之れに事えて甚だ謹む[125]」と記されている。そして最初真宗が劉氏を皇后に立てたさいには、寇準と同じように反対派であった。『宋史』巻三一〇「李迪伝」に「初め上、将に章献后を立てんとす。迪屡々上疏して諫む。以えらく章献寒微より起ち、天下に母たる可からず、と。章献深く之れを銜む[126]」とある。また李迪は左遷された寇準を手を尽くして救出しようとした。これを見れば、李迪が寇準陣営の一人であったことがわかる。

丁謂は、いうまでもなく、寇準反対派の首領であった。

任中正は、『宋史』巻二八八「任中正伝」に「素より丁謂と善し。謂且に貶せられんとす。左右敢えて言う者莫し。中正独り謂を救うを営み、太子賓客・知鄆州に降さる[127]」とある。つまり、任中正は寇準の反対派に属していたのであった。

周起は、寇準と密接な関係を持っている。『宋史』巻二八八「周起伝」に「起、素より寇準と善し。準且に貶せられんとす。起も亦た罷めて戸部郎中・知青州と為す[128]」とある。また本伝に周起「嘗て寇準と同列曹瑋の家に過ぎりて酒を飲む。既にして客引去する者多し。独り起、寇準と酔いを尽くし、夜漏上がり乃ち帰る[129]」と記されている。これから見れば、周起は寇準の同盟者であった。

曹瑋は、丁謂に明らかに寇準党であるとされた。『宋史』巻二五八「曹瑋伝」に「宰相丁謂、寇準を逐し、瑋の己を附せざるを悪み、指して準党と為す」とある。

以上の分析をまとめてみると、寇準陣営は、向敏中・李迪・周起・曹瑋というメンバーである。丁謂陣営には、曹利用・任中正がいる。そのほか、皇帝の秘書官である翰林学士楊億と銭惟演は各々寇準陣営と丁謂陣営に属する。

うわべだけでは双方の力関係には高低をつけ難いが、寇準陣営は向敏中の死後、主に皇権とのバランスを失い、勢力を大いに弱めた。これは寇準反対派につけこむチャンスを与えた。朝廷のなかでは、風向きを見て舵を取るような人々も丁謂陣営に身を預けていった。『長編』巻九五天禧四年六月丙申の条に「翰林学士銭惟演、謂の権盛んなるを見、之れに附離し、与に姻好を講ず。而して惟演の女弟実に馬軍都虞候劉美と為す。時に上不豫、語言に艱し、政事中宮の決する所多し。謂等交通して詭秘す。其の党、日に固まる」(130)とある。これがそのときの政治情勢であった。

相権と皇権とのバランスについては、向敏中の死後、真宗が病魔にとりつかれていたため、皇后劉氏の勢力がいよいよ強まり、バランスは明らかに崩れた。劉氏を制約する力が欠け、かつ寇準陣営と劉氏との多年の確執により、劉氏は自然に丁謂側に傾いていった。これに鑑み、寇準陣営は新たに皇権と相権の同盟を結ぼうとして、新しいバランスを創り出そうとした。

寇準の行動の第一歩は真宗の果たす役割を利用することだった。かれは機会をねらって真宗を説得し、幼い皇太子を監国とさせ、或いは皇位を皇太子に譲らせようとした。こうすれば、寇準陣営が皇太子の名義で劉氏および反対派を制することができるようになる。先に引用した『長編』に「準嘗て独り間を請いて曰く、皇太子は人望の属する所。願うらくは、陛下宗廟の重さを思い、伝うるに神器を以てし、以て万世の基本を固めんことを。丁謂、佞人なり、以て少主を輔くる可からず。方正の大臣を択び羽翼と為さんことを願う、と。上、之れを然りとす」(131)と記されている。そのときの真宗の意識は時にもうろうとしたり、時にははっきりしたりしていたが、一般的に人間は自分の運命の決定に対しては永遠に肝に銘じる。生命の末期まで、真宗にとって忘れることができないことは、嘗て寇準が太宗に対し己れの皇位継承を推薦したことであろう。これがかれの寇準への信任の源であった。また真宗が寇準の性格を不満に思っていたにもかかわらず、ついに除かなかった根本的な原因である。

病魔にとりつかれても、真宗は劉氏の朝政への干与を不満に思っていた。『五朝名臣言行録』前集巻四に「天禧末、真宗疾に寝る。章献太后漸く朝政に預かる。上の意平らかなる能わず」とある。寇準の請いに対し、「上然之」とされたことは切り捨て御免の剣をもらったも同然となった。寇準集団の計画は、「章献を廃し、仁宗を立て、真廟を尊んで太上皇と為し、而して丁謂・曹利用等を誅す(132)」ることであった。この計画が成功すれば、敵を負かし、朝廷の政争を平定するだけではなく、寇準も両朝皇帝を擁立した元勲となる。これはかれの権力の強化ともなる。そのため、寇準は多くの人に連絡した。先に引用した『五朝名臣言行録』に「李迪・楊億・曹瑋・盛度・李遵勗等を引き協力せしむ」とある。「処画已に定まる」後、「凡そ詔令、尽く(楊)億をして之れを為らしむ」。「億事の洩るるを畏れ、夜に左右を屛け、辞を為る。自ら起きて燭跋を翦するに至る。中外知る者無し(133)」という記事がある。

こうして秘密にしたにもかかわらず、最終的にはやはりクーデターは未遂に終わった。原因は寇準にあるという一説がある。つまりかれは酒を飲んで有頂天になったさい、うっかり口を滑らし、漏らした秘密が丁謂の徒党に聞かれ、その徒党はすぐ丁謂に報告した。情報を得た丁謂が慌てて牛車に乗って仲間であり軍事権を持つ枢密使曹利用の家にいって対策を立てる。『五朝名臣言行録』前集巻四に「且つ将に事を挙げんとするに、会たま公（寇準）酔いに因り言を漏らす。人、謂に馳報する有り。謂夜に犢車に乗り、利用の家に往き之れを謀る。明日、利用入り、尽く公の謀る所を以て太皇に白す。遂に詔を矯め、公の政事を罷む(134)」とある。この記事の注意すべき点として、「矯詔」ということがある。「矯詔」とは、臣下が直接に皇権を犯す行為ではあるが、ある場合においては、無罪となるだけではなく、ある程度まで認められている。この史料がその例である。

クーデター未遂後、寇準の宰相を罷免することについては、『長編』巻九五天禧四年六月丙申の条に

謂等益々懼れ、力めて準を譖し、準の政事を罷めんことを請う。上、準と初め成言有るを記さず、其の請いに

諾す。会たま日暮れ、知制誥晏殊を召し、禁中に入れ、示すに除目を以てす。殊曰く、臣外制を掌る。此れ臣の職に非ざるなり、と。乃ち惟演を召す。須臾にして、惟演至り、準の専恣を論極し、深く責めんことを請う。上曰く、当に何の官を与うるべきか、と。惟演、王欽若の例を用い、準に太子太保を授けんことを請う。上曰く、太子太傅を与えよ、と。又た曰く、更に優礼を加うるを与えよ、と。惟演、国公に封ぜんことを請い、袖中の具員冊を出し以て進上し、小国の中に於いて莱の字を指す。惟演曰く、此くの如くせば、則ち中書に但だ李迪有るのみ、恐らく須らく別に相を命ずべけん、と。上曰く、姑らく之れに除す、と。殊既に誤って召され、因りて言えらく、機事を泄すを恐れ、臣敢えて復た出でず、と。遂に学士院に宿す。制を宣すに及ぶや、則ち殊の疇昔に見る所の者に非ず(135)。

と詳しく全過程を記している。これをみれば、寇準の罷免は丁謂集団の反撃した結果である。その中で皇帝の代言人である翰林学士銭惟演の担った役割が尤も重要であった。宣した制詞が晏殊の見たものと違ったという点によって、銭惟演がまた何かをたくらんだのである。しかもかれは真宗を説得し、その機に乗じて丁謂を宰相の座に押し上げようとした。これから見れば、書き手の役割も軽視できないことがわかる。

丁謂・銭惟演等は寇準を激しく攻撃した。恐らくその攻撃陣営の中には劉皇后も含まれていたであろう。こうした情勢下、真宗には寇準との約束があるにもかかわらず、寇準に有利に局面を転換させる力はなかった。かれはできるだけ寇準の部分的利益を守るのが精一杯であった。例えば、銭惟演が寇準に太子太保を授けることを提案したとき、真宗はもっと地位の高い太子太傅を与えようと提議した。さらに「更与加優礼」と命じた。寇準が宰相を罷免された後、すぐには朝廷を離れさせず、太子太傅の名義で帰班させた。これは、真宗の寇準に対する保護の情を示している。しかし真宗の態度および寇準がまだ朝廷にいるという情勢は、いずれも丁謂集団を不安にさせた。かれらは寇準の捲土重来を心配していた。そのため、さらに寇準への攻勢を強めた。先に引いた『長編』に「惟演又た寇準を力排して曰く、準、相を罷めて自り、転《う》た更に中外に交結し、再用を求む。…兼ねて亦た人の許すに再用を以てする有るを聞く。…寇準宜しく早く外に出さしむべし。準の朋党盛んにして、王曙も又た其の女婿なり、東宮の賓客と作り、誰か畏懼せざらんや。今の朝廷の人を三分せば、二分は皆な準に附すなり、と」とある。銭惟演等の圧力によって、真宗はやむを得ず「李迪を宰相と為し、馮拯を枢密使と為」した。しかし、「迪既に宰相に除せられ、而して準の太子太傅・莱国公と為すこと故の如し」であった(136)。後に、真宗がもっと大きな圧力の下にあったとき、丁謂党の主要人物は「丁謂を首相に擢し、曹利用に同平章事を加う。然るに寇準を待する所以は猶お故の如し」という情勢となった(137)。

丁謂党の攻撃に直面して、寇準は不利な立場にあったにもかかわらず、手をこまねいて死を待つのみではなかった。前述した銭惟演の寇準に対する非難の言葉から、少し寇準の動向が見える。そのほか、先に引いた『長編』に「準入対し、謂及び利用等交通の蹤跡を具に言う。又た言えらく、若し罪有らば、当に李迪と同坐すべし、独り斥くべからず、と。上即ち迪を召し前に至らしめ之れを質す。二人の論弁良や久しくし、上の意楽まず。迪、再三準に目して、退かしむ。倶に退くに及び、上復た迪を召し入対せしめ、色を作して曰く、寇準遠貶し、卿と丁謂・曹利用は並びに外に出よ、と」とある。これから見れば、窮鼠猫をかむような寇準の行動の目的は、玉石共に焚く、つまりみんな一緒に朝廷を出ていくことだった。真宗が李迪を召してから、「更に謂を召して入対せしむ。謂、準を節鉞に除し、外に出さんことを請う。上許さず(138)」とある。以上からみれば、丁謂等の一連の行動の目的は、寇準を朝廷から追い出すことであった。寇準が朝廷に在れば、かれらには最大の脅威となるからである。寇準が遠く貶せられた原因は、寇準集団自身の行動か、それとも丁謂集団の陥れか、いまひとつ明らかではない。真宗が李丁二人を接見してから三日目、「事泄れ、準、相を罷む。丁謂等因りて（周）懐政を疏斥し、親近するを得ざらしむ。然れども上及び太子の故を以て、未だ即ちに顯らかに黜責を加えず。懐政憂懼して自ら安んぜず、陰かに謀りて謂等を殺し、復た準を相とし、帝を奉じて太上皇と為し、位を太子に伝え皇后を廃せんとす」とあるが、「楊崇勲等遂に変を告げ、周懐政、誅に伏す[139]」こととなった。しかし、この事件が起きてやっと三日後、寇準は朝廷から追放され、太常卿・知相州に左遷された。

寇準を朝廷から追い出した後、丁謂が朝廷内における寇準党を一掃し始めた。「朝士の寇準と親厚せる者、丁謂必ず之れを斥け[140]」、周起・曹瑋が相次ぎ執政を罷免された[141]。同時に、「謂等準の内郡に居るを欲せず、上に白し、之れを遠く徙さんと欲す」。その結果、「上、命じて小州を与えしむ。謂退きて紙尾に署して曰く、聖旨を奉じて遠小なる処の知州に除すと」。丁謂が公然と聖旨を改竄した行為に対して、在朝の寇準党の代表人物李迪は「向者《さき》に聖旨に遠字無し」と抗議した。丁謂は恐ろしい形相で「君、徳音を面奉して擅ままに聖旨を改め以て準を庇わんと欲すか」と言った。『長編』はここで、「二人の忿闘、蓋し此れ自り始まる」と述べる[142]。

この後、寇準は相次いで知相州から、知安州に移り、また道州司馬に左遷され、真宗が崩じた後、雷州司戸に貶され、最後は天涯海角といわれる辺地に死去した[143]。

寇丁両党の激しい角逐は、伝統政治における派閥的側面をはっきりと示している。これは中国の伝統政治における主要な特徴の一つである。以前、私は皇権と相権との争いについて述べたが、実はその争いは党争の残酷さには遙かに及ばなかった。そして皇権と相権との争いも隠れているのはやはり党争なのである。根本的には、それは変形された党争である。党争の渦中に、皇帝が超然として局外に身を置くことは不可能である。しかし巻き込まれた皇帝は党争をリードすることもできず、党争に左右され、ある派閥に利用される道具になるしかない。寇準が権力を握っていたとき真宗を左右したように、丁謂が権力を握っていたときも同様に真宗を左右できた。『長編』巻九六天禧四年八月壬寅の条に「準の相を罷めて自り、継ぐに三紲を以てするも、皆な上の本意に非ず。歳余にして、上忽ち左右に問いて曰く、吾が目中に久しく寇準を見ざるは、何ぞや、と。左右も亦た敢えて対うる莫し[144]とある。党争の中で、多くのことは「皆な上の本意に非ず」であり、皇帝は受け身の立場に置かれる。にもかかわらず、皇権は全局面を左右する重要な分銅である。皇帝と同盟を結び、皇帝を左右できれば、党争の主導権を握ることができる。そして勝つ確率も高まる。寇準の政界浮沈を見れば、勝つか負けるかは、いずれも皇帝と結盟するか或いは外れるかに係っている。寇準の最後の惨敗は、真宗の危篤という特殊な情勢下、歴史的原因によって皇権の実際の代理人である劉皇后と同盟できなかったことと関係があろう。かれは相手を打ち負かす新たな皇権という「尚方剣」（皇帝から賜わった切り捨て御免の剣）を入手できず、相手はその「尚方剣」で寇準を手軽に打ち負かしたのである。

小結

漢代以降、儒学の説教や倫理が尊崇される地位を占めた。教育の公式的な面でも、目に見えない感化の部分でも、いずれも全社会の人々の態度は、穏やかで立ち居ふるまいも上品な方向に導かれていった。そして、一定の社会的規範が形成された。人々は規範内で非常に几帳面にしているしかない。個性が強すぎる人は、社会に受け入れられにくくなる。しかも伝統的な派閥政治の環境においては、皇帝でも、大臣でも、強すぎる個性は許されない。しかし寇準は伝統的社会に生まれた例外である。かれは鮮明な個性を持ち、長所・短所とも際だっていた。しかし、物事は往々にして弁証法的である。「衆人皆な酔いても我独り醒めたる」特殊な人物は、ある時は普通の人物より逆に一時的に大事を成し遂げられる。たとえば「澶淵の盟」を、しきたりどおりに動く王旦にさせれば、決して寇準のような成功は遂げられなかった。王旦には寇準のような行動は取れなかっただろうし、王旦よりもっと気迫もある大臣でも、寇準のように思いのままに天子を左右することはできなかったであろう。そのため、張詠はかつて寇準を評価して「公（寇準）、蜀を治むれば、未だ必ずしも詠の如くならず。澶淵の一擲に至るまで、詠亦た敢えて為さざるなり[145]」と言った。寇準の真宗との付き合いについて言えば、君を得、或いは君を失ったのは、いずれもかれの個性によりもたらされたものである。根本的にいえば、強すぎる個性というものは派閥が林立する政治の格闘場において、その立脚地を獲得することは非常に困難なのである。ある時期には、寇準は一時的に志を遂げていたが、結局一生の間に多くの苦しみをなめ、かなり重い代価を払ったのであった。

しかしながら、寇準の個人的境遇はひとまずおいて、客観的にいえば、真宗が第一世代の正常に即位した皇帝として君臨していた時代では、真宗の「諍友」として、好かれようが嫌われようがを問わず、寇準は強い個性および他人がなんと言おうと一向に頓着しない姿勢で、強力に君主の言動を左右した。知らず知らずのうちに後世の君臣関係に新しい規範を作りあげた。後の宰相大臣はおとなしくて重厚なものも、横暴で強権なものも、いずれも従うべき一定の尺度があった。これは寇準の個性によりもたらされたものであろう。寇準が肯定的な人物として宋代士大夫の行列に身をおき、そして当世や後世の青史に身をおくのは、その性格による。先に言及した張詠は、寇準の同年進士であった。かれは各々同年の進士たちの言行を比較した後、「面折廷争、素より風采有るは、寇公に如くは無し[146]」と評価した。これはその個性により政界で多くの苦しみをなめた寇準には、喜びと安堵を感じさせる評価であろう。

注

（1）『寇忠愍公詩集』は『四部叢刊』三編本がある。

（2）『寇忠愍公詩集』巻上「述懐」の詩を参照。

（3）現存している宋代の進士の登科録である『紹興十八年同年小録』と『宝祐四年登科録』を参照。
（4）『宋史』巻二八一、「寇準伝」に「太宗取人、多臨軒顧問、年少者往々罷去」とある。
（5）『五朝名臣言行録』前集巻四に「太宗幸魏也、公年十六。以父陥蕃、上書行在。辞色激昂、挙止無畏。上壮之、命有司記姓名。後二年進士及第、寖以貴顕」とある。
（6）『東都事略』巻四一、「寇準伝」によれば、「五年不得代」とあるが、『名臣碑伝琬琰集』上集巻二「寇忠愍公準旌忠之碑」に「三年」と作るのは誤りであろう。
（7）『長編』巻三〇、端拱二年七月己卯の条に「其治一以恩信。毎朝会賦役、未嘗出符移、惟具郷里姓名掲県門、而百姓争赴之、無稽違者」とある。
（8）『名臣碑伝琬琰集』上集巻二、「寇忠愍公準旌忠之碑」に「三遷殿中丞、調兵食於西夏。還、差通判鄆州。得召見、称旨。遂給札試禁中、授右正言、分直東観。中謝日、賜緋袍銀魚。罷汶上之命、充三司度支推官。俄転塩鄰司判官公事。会詔百官陳辺事、準極疏利病。天子器之、擢署尚書虞部郎中、充枢密直学士、賜金紫、判吏部東銓」とある。案ずるに、「右正言」は『長編』巻三〇、端拱二年七月己卯の条に「左正言」に作る。
（9）『長編』巻三三、淳化三年十一月丙辰の条の割注に引用する北宋張唐英の『寇準伝』に「寇準通判鄆州、得召見。太宗謂曰、知卿有深謀遠慮、試与朕決一事、令中外不驚動。此事已与大臣議之矣。準請示其事。太宗曰、東宮所為不法、他日必有桀紂之行。欲廃之、則宮中亦自有兵甲、恐因而召乱。準曰、請某月日令東宮於某処摂行礼、其左右侍衛皆令従之。陛下捜其宮中。果有不法之器、俟還向示之。隔下左右、勿令入而廃之。一黄門力爾。太宗以為然」とある。
（10）『長編』巻三〇、端拱二年七月己卯の条に「初、左正言・直史館下邽寇準承詔極言北辺利害。上器之、謂宰相曰、朕欲擢用準、当授何官。宰相請用為開封府推官。上曰、此官豈所以待準者耶。宰相請用為枢密直学士。上、沈思良久曰、且使為此官可也」とある。
（11）『寇忠愍公詩集』巻上、「述懐」の詩を参照。
（12）『寇忠愍公詩集』巻中、「書懐寄唐工部」の詩を参照。
（13）『長編』巻三八、至道元年八月壬辰の条に「準嘗奏事切直、上怒而起。準攀上衣、請復坐、事決乃退。上嘉嘆曰、此真宰相

也。又語左右曰、朕得寇準、猶唐太宗之得魏鄭公也」とある。

（14）『五朝名臣言行録』前集巻四に「歳大旱、天子以為憂。嘗輦過館中、泛以問衆。皆曰、水旱、天数也、堯舜所毋奈何。準独曰、朝廷刑罰偏頗、凡天旱為是発耳。上怒起、入禁中。頃之、召準問所以偏頗状。準曰、願召両府至前、臣即言之。有詔召両府入。準乃言曰、某子甲坐贓若干、少爾、罪乃至死。参政王沔、其弟淮盗所主財至千万以上、顧得不死。刑罰非偏如何。上顧問沔。沔頓首謝。即皆罷去」とある。案ずるに、この記事は『儒林公議』にも見える。

（15）『長編』巻三二、淳化二年四月辛巳の条に「趙普出守西洛、呂蒙正以寛簡自任。王沔怙恩招権、政事多決於沔」とある。

（16）『五朝名臣言行録』前集巻四に「上大喜、以準可用、遂驟進」とある。

（17）『宋史』「寇準伝」に「即拝準左諫議大夫・枢密副使、改同知院事」とある。

（18）寇準が罷免された経緯について、『長編』巻三四、淳化四年六月壬申の条に「遜素与準不協、数争事上前。上将罷之。他日、準与温仲舒同出禁中、帰私第。道逢狂人迎馬首呼万歳。右羽林大将軍判左金吾王賓、故与遜倶事晋邸。遜嘗保挙賓、雅相厚善、又知遜与準有隙、因奏言、民迎準馬首呼万歳。既而遜等奏事、上詰之。準自辯云、実与仲舒同行而遜令賓独奏臣。遜執賓奏斥準、辞意甚厲。因互発其私。上怒、貶遜而罷準」とある。

（19）『長編』巻三四、淳化四年十月壬申の条に「上顧準厚。既行、念之、常不楽。語左右曰、寇準在青州楽否。対曰、準得善藩、当以為楽也。累数日、輒復問。左右対如初。其後、有揣帝且復召用準者、因対曰、陛下思準不少忘、聞準日置酒縦飲、未知亦念陛下否。上默然」とある。

（20）『長編』巻三六、淳化五年九月乙亥の条に「寇準臨事明敏、今再擢用、想益尽心。朕嘗諭之以協心同徳事。皆従長而行、則上下鮮不済矣」とある。

（21）『長編』巻三七、至道元年四月戊子の条に「詔自今参知政事宜与宰相分日知印押正衙班。其位磚先異位、宜合而為一。遇宰相・使相視事及議軍国大政、並得昇都堂。先是、趙普独相、太祖特置参知政事以佐之。其後、普恩替、始均其任。既而復有釐革。呂端初与寇準同列、及先任宰相、慮準不平、乃上言、臣兄余慶任参知政事日、悉与宰相同。願復故事。上特従其請、亦以慰準意云」とある。

（22）『宋史』巻二八一、「呂端伝」に「時呂蒙正為相、太宗欲相端、或曰、端為人糊塗。太宗曰、端小事糊塗、大事不糊塗」とある。

(23)『宋史』巻一六一、「職官志」に「至道元年、詔宰相与参政輪班知印、同升政事堂、押勅斉銜、行則並馬。自寇準始、以後不易」とある。

(24)『宋史』「寇準伝」に「準初自青州召還、入見。帝足創甚、自褰衣以示準、且曰、卿来何緩耶。準対曰、臣非召不得至京師。帝曰、朕諸子孰可以付神器者。準曰、陛下為天下択君、謀及婦人・中官、不可也、謀及近臣、不可也。唯陛下択所以副天下望者。帝俛首久之、屏左右曰、襄王可乎。準曰、知子莫若父。聖慮既以為可、願即決定。帝遂以襄王為開封尹、改封寿王。於是立為皇太子」とある。

(25)『五朝名臣言行録』前集巻四に「公在青州、太宗久不豫、駅召還、問後事。公曰、知子莫若父。臣愚、不当与也。固問之。公再拝曰、臣観諸皇子、惟寿王得人心。上大悦、遂定策、以寿王為太子」とある。

(26)『長編』巻三六、淳化五年九月壬申の条に「以襄王元侃為開封尹、改封寿王。用寇準之言也」とある。また、この条の割注に「準言、見至道元年八月」と説明する。

(27)『長編』巻三七、至道元年四月癸未の条に「初、寇準知吏部選事、洎掌考功。考功為吏部官属。準年少新進気鋭、思欲老儒附己。洎夙夜坐曹視事。毎冠帯候準出入於省門、揖而退、不交一談。準益重焉、因延与語。洎捷給善持論、多為準心伏。乃兄事之、極口薦洎於上」とある。

(28)同前掲に「(張洎)既同執政、奉準愈謹、事一決於準、無所預」とある。

(29)『長編』巻四〇、至道二年七月丙寅の条に「端心徳之、洎曲奉準、昌齢畏懦。皆不敢与準抗。故得以任胸臆、乱経制」とある。なお次に述べる寇準が参知政事を罷免された経緯にもこの条の記事を参照。

(30)同前掲に「先是、郊祀行慶、中外官吏皆進秩。準遂率意軽重。其素所喜者、多得台省清秩。所悪者及不知者、即序進焉。広川左通判・左正言馮拯転虞部員外郎、右通判・太常博士彭惟節乃転屯田員外郎。拯嘗与準有隙、故準抑之。惟節自以素居拯下、章奏列銜皆如旧不易。準怒、以中書札子升惟節於拯上、切責拯、仍特免勘罪。拯忿曰、上日閲万機、寧察見此細事、蓋寇準弄権爾」とある。

(31)同前掲に「(太宗)召端等責之。端曰、臣等皆陛下擢用、待罪相府。至於除拝専恣、実準所為也。準性剛強自任、臣等忝備大臣、不欲忿争、慮傷国体」とある。

（32）同前掲に「（太宗）因嘆曰、鼠雀尚知人意、況人乎」とある。

（33）『宋会要輯稿』「職官」一～七一に「帝又曰、前代中書以堂貼指揮、乃是権臣仮此名以威福天下也。太祖朝、趙普在中書、其堂貼勢力重於勅命。朝廷尋令削去。今何却置札子。札子・堂貼大同小異耳。張洎対曰、札子是中書行遣小事文字、亦如京百司有符牒関刺。札子廃之、則別無公式文字可指揮常事。帝曰、自今但干近上公事、須降勅処分、其合用札子、亦当取旨後行」とある。

（34）『宋史』巻五、「太宗紀」によれば、至道三年三月癸巳に太宗は崩御した。

（35）『寇忠愍公詩集』巻中を参照。

（36）『寇忠愍公詩集』巻上、「秋夜独書勉詩友」を参照。

（37）『宋史』「寇準伝」に「真宗即位、遷尚書工部侍郎。咸平初、徙河陽、改同州。三年、朝京師、行次閿郷、又徙鳳翔府。帝幸大名、詔赴行在所。遷刑部、権知大名府。六年、遷兵部、為三司使。時合塩鉄・度支・戸部為一使。真宗命準裁定。遂以六判官分掌之、繁簡始適中」とある。

（38）『長編』巻四七、咸平三年五月丁亥の条を参照。

（39）『長編』巻四七、咸平三年十一月甲午の条の割注を参照。

（40）『長編』巻五五、咸平六年十一月己亥の条に「準知開封府、一日、問嘉佑曰、外間議準云何。嘉佑曰、外人皆云丈人旦夕入相。準曰、於吾子意何如。嘉佑曰、以愚観之、丈人不若未為相。為相則損誉望矣。準曰、何故。嘉佑曰、自古賢相所以能建功業沢生民者、其君臣相得皆如魚之有水、故言聴計従、而功名倶美。今丈人負天下重望、相則中外以太平責焉。丈人之於明主、能若魚之有水乎。嘉佑所以恐誉望之損也」とある。

（41）『長編』巻五六、景徳元年七月庚寅の条に「李沆死、中書無宰相。上意欲擢任三司使寇準、乃先置宿徳以鎮之。庚寅、遷翰林侍読学士・兵部侍郎畢士安為吏部侍郎・参知政事。士安入謝。上曰、未也、行且相卿。誰可与卿同進者。士安因言、準天資忠義、能断大事、臣所不如。上曰、聞準剛、使気奈何。士安曰、準忘身徇国、秉道嫉邪、故不為流俗所喜。今天下之民、雖蒙休徳、涵養安逸、而北敵跳梁未服。若準者、正宜用也。不閲月、遂与準倶相」とある。

(42)『呂氏雑記』に「寇莱公知開封府、張給事佖判三司都勾院。真宗欲用佖為三司使、辞以不能、帝曰、誰能之。曰理財之任、挙朝未見其人。姑取名望可以圧人、則寇準可。乃以寇準為三司使」とある。
(43)『五朝名臣言行録』前集巻四は「張忠定公守蜀、聞公大拝曰、寇準真宰相也。又曰、蒼生無福。門人李畋怪而問之。曰、人千言而不尽者、準一言而尽。然仕太早、用太速、不及学耳。張・寇布衣交也。公兄事之。忠定常面折不少恕、雖貴不改也。公在岐、忠定在蜀還、不留。既別、顧公曰、曾読「霍光伝」否。曰、未也。更無它語。公帰取其伝読之。至『不学無術』、笑曰、此張公謂我矣」とある。
(44)『宋史』「寇準伝」を参照。
(45)『宋史』巻二八一、「畢士安伝」を参照。
(46)『長編』巻五七、景徳元年閏九月乙亥の条に「寇準已決親征之議。参知政事王欽若以寇深入、密言於上、請幸金陵。簽書枢密院事陳堯叟請幸成都。上復以問準。時欽若・堯叟在傍。準心知欽若江南人、故請南幸、堯叟蜀人、故請西幸。乃陽為不知曰、誰為陛下劃此策者、罪可斬也。今天子神武、而将帥協和、若車駕親征、彼自当遁去。不然、則出奇以撓其謀、堅守以老其衆。労逸之勢成、我得勝算矣。奈何欲委棄宗社、遠之楚蜀耶」とある。
(47)『五朝名臣言行録』前集巻四に「契丹犯澶淵。急書一夕凡五至。莱公不発封、飲笑自如。明日、同列以聞、真宗大駭。取而発之、皆告急也。大懼、以問。公曰、陛下欲了欲未了耶。曰、国危如此、豈欲久耶。曰、陛下欲了、不過五日爾。其説請幸澶淵。上不語。同列懼、欲退。公曰、士安等止、候駕起、従駕而北。上難之、欲還内。公曰、陛下入、則臣不得見、而大事去矣。請無還而行也。遂行。六軍百司、追而及之」とある。
(48)『儒林公議』に「上未嘗親御軍旅、意甚懼」とある。
(49)『長編』巻五八、景徳元年十一月甲戌の条に「先是、詔王超等率兵赴行在、逾月不至、寇益南侵。上、駐蹕韋城。群臣復有以金陵之謀告上、宜且避其鋭者。上意稍惑、乃召寇準問之。将入、聞内人謂上曰、群臣輩欲将官家何之乎。何不速還京師。準入対。上曰、南巡何如。準曰、群臣怯懦無知、不異於郷老婦人之言。今寇已迫近、四方危心。陛下惟可進尺、不可退寸。河北諸軍、日夜望鑾輿至、士気当百倍。若数歩回輦、則万衆瓦解、敵乗其勢、金陵亦不可得而至矣。上意未決。準出、遇殿前都指揮使高瓊門屏間。謂曰、太尉受国厚恩、今日有以報乎。対曰、瓊、武人。誠願効死。準復入対、瓊随入、立庭下。準曰、陛下不以臣言為然、盍試問瓊等。遂申前議、詞気慷慨。瓊仰奏曰、寇準言是。且曰、随駕軍士父母妻子尽在京師、必不肯棄而南行。中道即亡去耳。願陛下亟幸澶州。臣等効死、敵不難破。準又言、機会不可失、宜趨駕。時王応昌帯御器械侍側。上顧之。応昌曰、陛下、奉将天討、所向必克。若逗留不進、恐敵勢益張。或且駐蹕河南、発詔督王超等進軍、寇当自退矣。上意遂決」とある。

(50)『五朝名臣言行録』前集巻四に「天子北巡至澶州、虜騎已過魏府矣。上疑、不欲渡河、駐南澶州。準勧上北渡以固衆心、毋令虜得乗勝。上猶豫未決。……。準曰、……今一旦棄去、非復陛下所有。若盗賊因縁而起、陛下当何帰乎。……準、謂瓊曰、事当奈何、太尉胡不一言。瓊曰、相公謀之廟堂、瓊何敢与知、然相公所以謂上何。準曰、今渡河、則河北不労力而定。不渡、則虜日益熾、人心不敢自固。雖有智者、不能善其後矣。瓊呼曰、陛下聴準語、準言是也。上還、問之、語良久。準即眣瓊、以其兵先渡、又自牽馬奉上」とある。

(51)同前掲に「上至澶州、賊猶未退、公（寇準）曰、六軍心胆、在陛下身上。今若登城、必擒賊矣。上因御澶之北門。将士望見黄屋、皆呼万歳。声震原野、勇気百倍」とある。

(52)同前掲に「上尽以軍事委準、準因承制専決」とある。

(53)『長編』巻五七、景徳元年九月丁酉の条に「上毎得辺奏、必先送中書。謂畢士安・寇準曰、軍旅之事、雖属枢密院、然中書総文武大政、号令所従出。向者李沆或有所見、往々別具機宜。卿等当詳閲辺奏、共参利害。勿以事干枢密院而有所隠也」とある。

(54)『五朝名臣言行録』前集巻四に「（寇準）号令明粛、士卒喜悦。虜数千騎乗勝薄城下。有詔吏士迎撃之。斬獲太半、虜乃引退、不敢復逼」とある。

(55)同前掲に「会暮、上還宮、留準居城上。上使人視準何為。曰、準方飲酒歌笑。上未嘗不釈然也」とある。また類似の記事は「公在澶州、毎夕与楊億飲博謳歌、諧謔喧呼。常達旦。或就寝、則鼾息如雷。上使人覘之、喜曰、得渠如此、吾復何憂」とある。

(56)『長編』巻五八、景徳元年十二月戊戌の条を参照。謝安の事績は『晋書』巻七九、「謝安伝」を参照。

(57)『宋史』「寇準伝」に「相持十余日、其統軍撻覧出督戦。時威虎軍頭張環守床子弩、弩撼機発。矢中撻覧額、撻覧死、乃密奉書請盟。準不従、而使者来請益堅、帝将許之。準欲邀使称臣、且献幽州地。帝厭兵、欲羈縻不絶而已。有譖準幸兵以自取重者、準不得已許之」とある。

(58)『五朝名臣言行録』前集巻四に「虜既退、来求和親。命曹利用与之約。時契丹已疲、又懼鎮定大兵扼其帰路。見利用至、甚喜、寝以珠縁貂褥。虜主求割河北。利用曰、如此、臣得族罪矣、不敢以聞。許歳給金繒二十万。虜嫌其少。利用復還奏之。上曰、百万以下皆可許也。準召利用語之曰、雖有勅旨、汝往所許、毋得過三十万。過三十万、勿来見準、準将斬汝。利用股栗、再至虜帳、果以三十万成約而還」とある。

(59)『長編』巻五八、景徳元年十二月丁亥の条に「利用果以三十万成約而還、入見行宮。上方進食、未即対。使内侍問所賂。利用曰、此機事、当面奏。上復使問之曰、姑言其略。利用終不肯言、而以三指加頬。内侍入曰、三指加頬、豈非三百万乎。上失声曰、太多。既而曰、姑了事亦可耳。宮帷浅迫、利用具聞其語。及対、上亟問之。利用再三称罪曰、臣許之銀絹過多。上曰、幾何。曰三十万。上不覚喜甚、故利用被賞特厚」とある。

(60)『旧五代史』「晋書」巻七八、「高祖本紀」では「旧五代史考異」に「(会同二年)八月己丑、晋遣使貢歳幣、奏輸戊・亥二歳金幣於燕京」とある。

(61)『長編』巻七〇、大中祥符元年十一月癸未の条を参照。

(62)『宋史』「畢士安伝」に「士安与寇準条所以禦備状、又合議請真宗幸澶淵。……時已詔巡幸、而議者猶閧々、二三大臣有進金陵及成都図者。士安亟同準請対、力陳其不可、惟堅定前計。真宗厳兵将行。太白昼見、流星出上台北貫斗魁。或言兵未宜北。或言大臣応之。士安適臥疾、移書準曰、屢請舁疾従行、手詔不許。今大計已定、唯君勉之。士安得以身当星変而就国事、心所願也。已而少間、追至澶淵、見於行在」とある。

(63)『長編』巻四七、咸平三年十一月辛卯の条の割注を参照。

(64)『宋史』巻二八一、巻末の「論曰」に「契丹大挙而入、合辞以勧真宗、遂幸澶淵、終却鉅敵。……景徳・咸平以来、天下乂安、二相協和之所致也」とある。

(65)司馬光『涑水記聞』巻六に「澶淵之役、準以陛下為孤注、与敵博耳」とある。

(66)『范文正公文集』巻五、「楊文公写真賛」に「寇萊公当国、真宗有澶淵之幸。而能左右天子如山不動、却戎狄、保宗社、天下謂之大忠」とある。

（67）『宋会要輯稿』「帝系」九～一七を参照。

（68）呂祖謙『類編皇朝大事記講義』巻七に「当時若無寇準、天下分為南北矣」とある。

（69）『長編』巻六二、景徳三年二月戊戌の条に「契丹既和、朝廷無事。寇準頗矜其功。雖上亦以此待準極厚」とある。

（70）同前掲に「準在中書、喜用寒畯。毎御史闕、輒取敢言之士。他挙措多自任、同列忌之。嘗除官、同列屢目吏持例簿以進。準曰、宰相所以器百官。若用例、非所謂進賢退不肖也。因却而不視」とある。

（71）『五朝名臣言行録』前集巻四に「章聖（真宗）嘗謂両府、欲択一人為馬歩軍指揮使。公方議其事、吏有以文籍進者。公問其故。曰、例簿也。公曰、朝廷欲用一牙官、尚須検例耶、安用我輩哉。壊国政者、正由此耳」とある。

（72）『五朝名臣言行録』前集巻二を参照。

（73）『長編』巻六〇、景徳二年五月己未の条に「宰相寇準、以（晏）殊江左人、欲抑之」とある。

（74）『長編』巻五九、景徳二年三月己巳の条に「旧制、試文当属学士舎人院。宰相寇準雅知曾、特召試政事堂」とある。

（75）『長編』巻八四、大中祥符八年三月戊戌の条に「新喩人簫貫、与（蔡）齊並。見齊儀状秀偉、挙止端重、上意已属之。知枢密院寇準又言、南方下国人、不宜冠多士。齊遂居第一。……準性自矜、尤悪南人軽巧。既出、謂同列曰、又与中原奪得一状元」とある。

（76）『宋史』巻二八三「王欽若伝」に「初、欽若罷、為置資政殿学士以寵之。準定其班在翰林学士下。欽若訴於帝、復加大字、班承旨上」とある。

（77）『長編』巻七六、大中祥符四年十月戊辰の条を参照。

（78）『宋史』「畢士安伝」に「準為相、守正嫉悪、小人日思所以傾之。有布衣申宗古告準交通安王元傑、準皇恐、莫知所自明。士安力弁其誣、下宗古吏、具得姦妄、斬之、準乃安」とある。

（79）『長編』巻六二、景徳三年二月戊戌の条に「一日、会朝、準先退。上目送準。欽若因進曰、陛下敬畏寇準、為其有社稷功耶。上曰、然。欽若曰、臣不意陛下出此言。澶淵之役、陛下不以為恥、而謂準有社稷功、何也。上愕然曰、何故。欽若曰、城下之盟、雖春秋時小国猶恥之。今以万乗之貴、而為澶淵之挙、是盟於城下也。其何恥如之。上愀然不能答。初、議親征未決。

或以問準。準曰、直有熱血相涜耳。於是、譖者謂準無愛君之心。且曰、陛下聞博乎。博者輸銭欲尽、乃罄所有出之、謂之孤注。陛下、寇準之孤注也。斯亦危矣。由是、上顧準稍衰」とある。

（80）『長編』巻六四、景徳三年十一月己未の条に「上謂輔臣曰、……寇準之居相位、多致人言。……馮拯曰、呂蒙正嘗云準軽脱好取声誉、不可不察」とある。

（81）『宋宰輔編年録』巻三を参照。

（82）『長編』巻六五、景徳四年六月庚申の条に「旧相出鎮者、多不以吏事為意。寇準雖有重名、所至終日宴遊。所愛伶人、或付与富室、輒厚有所得。然人皆楽之、不以為非也」とある。

（83）『長編』巻七三、大中祥符三年四月戊寅の条を参照。

（84）『寇忠愍公詩集』巻中を参照。

（85）『寇忠愍公詩集』巻中、「夏夜閑書」を参照。

（86）『寇忠愍公詩集』巻中、「秋」を参照。

（87）『寇忠愍公詩集』巻中、「初到長安書懐」を参照。

（88）『長編』巻六五、景徳四年二月戊寅の条を参照。

（89）『長編』巻六九、大中祥符元年八月庚戌の条に「刑部尚書・知陝州寇準表請従祀、詔可」とある。

（90）『宋会要輯稿』「儀制」七〜一を参照。

（91）『長編』巻七〇、大中祥符元年十二月辛亥の条に「契丹使嘗過大名、謂準曰、相公望重、何故不在中書。準曰、主上以朝廷無事、北門鎖鑰、非準不可爾」とある。

（92）『長編』巻七三、大中祥符三年正月丁丑の条に「知天雄軍寇準言、振武軍士援送契丹使過境、已各給装銭。上謂輔臣曰、寇準好収人情、以求虚誉、卿等今見之矣。乃詔諭準不当擅有給賜、命備銭償官」とある。

（93）『長編』巻六二、景徳三年二月戊戌の条に「上謂曰、寇準以国家爵賞過求虚誉、無大臣体」とある。

（94）『長編』巻七八、大中祥符五年九月癸酉の条を参照。

（95）『長編』巻七九、大中祥符五年十二月己卯の条を参照。

(96) 寇準が兵部尚書に昇進されたことは『長編』に記載しておらず、『宋史』本伝に「祀汾陰、命提貝・徳・博・洛・濱巡検捉賊公事、遷兵部尚書」とある。

(97) 『長編』巻八一、大中祥符六年十二月丙寅の条を参照。

(98) 『宋史』巻二八一、「畢士安伝」に「（畢士安）凡交遊無党援、唯王祐・呂端見引重、王旦・寇準・楊億相友善」とある。畢士安の関係により、寇準と王旦はおそらく昔から友人になったのであろう。

(99) 『五朝名臣言行録』前集巻二に「中書有事関送密院、事碍詔格。寇公在樞府、特以聞。上以責公（王旦）。公拝謝引咎、堂吏皆遭責罰。不逾月、密院有事送中書、亦違旧詔。堂吏得之、欣然呈公。公曰、却送与密院。吏出白寇公。寇大慚。翌日見公曰、同年、甚得許大度量。公不答」とある。

(100) 『自警編』巻一に「王文正公在中書、在寇莱公密院中書偶倒用印。寇公、須勾吏人行遣。他日、密院亦倒用了印、中書吏人呈覆、亦欲行遣。文正問吏人、汝等且道、密院当初行遣倒用者是否。曰不是。文正曰、既是不是、不可学他不是。更不問」とある。

(101) 『宋史』巻二八二、「王旦伝」に「寇準数短旦、旦専称準。帝謂旦曰、卿雖称其美、彼専談卿悪。旦曰、理固当然。臣在相位久、政事闕失必多。準対陛下無所隠、益見其忠直、此臣所以重準也。帝、以是愈賢旦」とある。

(102) 『長編』巻八四、大中祥符八年四月壬戌の条に「準悪三司使林特之奸邪、数与忿争。特以河北歳輸絹闕、督之甚急。準頗右転運使李士衡而沮特。且言、在魏時、嘗進河北絹五万、而三司不納、以致闕供。請劾主吏以下。上、勉従其請、而用赦釈之。蓋京師歳費絹百万、而準所助纔五万而已。準又以三司放馳坊軍士不俟給装銭為特過。特方有寵、上不悦、謂王旦等曰、準年高、屢更事、朕意其必能改前非。今観所為、似更甚於疇昔。旦等曰、準好人懐恵、又欲人畏威、皆大臣所当避。而準乃以為己任。此其所短也。非至仁之主、孰能全之」とある。

(103) 同前掲。

(104) 同前掲に「準自知当罷、使人私於旦求為使相。旦大驚曰、使相豈可求耶。且吾不受私請。準深恨之。既而上問準罷当為何官。旦曰、準未三十已蒙先帝擢置二府、且有才望、若与使相、令処方面、其風采亦足為朝廷之光也。及制出、準入見、泣涕曰、非陛下知臣、何以至是。上具道旦所以薦準者。準始媿嘆、出語人曰、王同年器識、非準所可測也」とある。

(105)『五朝名臣言行録』前集巻二に「公久疾不愈、上命肩輿入禁中、使其子雍与直省吏扶之、見於延和殿、命曰、卿万一有不諱、使朕以天下事付之誰乎。公謝曰、知臣莫若君。時張詠・馬亮皆為尚書。上曰、張詠如何。不対。又曰、馬亮如何。不対。上曰、試以卿意言之。公強挙笏曰、以臣之愚、莫若寇準。上憮然有間曰、準性剛褊、卿更思其次。公曰、他人、臣不知也。公薨歳余、上卒用準為相」とある。

(106)『寇忠愍公詩集』巻中、「和趙涜監丞贈隠士」を参照。

(107)『長編』巻九三、天禧三年三月乙酉の条に「入内副都知周懐政、日侍内廷、権任尤盛、附会者頗衆、往々言事獲従。……性識凡近、酷信妖妄。有朱能者、本単州団練使田敏家厮養、性凶狡。遂賂其親信得見。因与親事卒姚斌等妄談神怪事以誘之。懐政大惑、援引能至御薬使、領階州刺史。俄於終南山修道観与殿直劉益輩造符命、託神霊言国家休咎、或臧否大臣。時寇準鎮永興、能為巡検、頼準旧望、欲実其事。準性剛強好勝、喜其附己、故多依違之。是月、準奏天書降乾佑山中」とある。

(108)『宋史』「寇準伝」に「天禧元年、(寇準)改山南東道節度使。時巡検朱能挟内侍都知周懐政詐為天書。上以問王旦。旦曰、始不信天書者準也。今天書降、須令準上之。準従、上其書」とある。だが、『長編』巻九三、天禧三年三月乙酉の条割注に「劉攽作『寇準伝』云、朱能献天書、上以問王旦。旦曰、始不信天書者寇準也。今天書降準所、当令準上之、則百姓将大服。乃使周懐政諭準。準始不肯。而準婿王曙居中与懐政善、曙固要準。準乃従之。案王旦死於天禧元年正月、而準上天書乃三年三月。攽誤甚矣。或欽若実為此、非旦也」と考証する。

(109)『長編』巻九〇、天禧元年七月庚戌の条に「知永興軍寇準言、部内民稼、蝗傷之後、莖葉再茂。蝗多抱草死」とある。

(110)『寇忠愍公詩集』巻中、「和趙涜監丞贈隠士」を参照。

(111)『長編』巻九三、天禧三年三月乙酉の条に「是月、準奏天書降乾佑山中。蓋能所為也。中外咸識其詐、上独不疑」とある。

(112)『長編』巻九三、天禧三年六月甲午の条を参照。

(113)『長編』巻九三の記事によれば、寇準は三月末に天書を上奏して、四月癸亥(十日)に召されて朝廷に入った。

(114)『長編』巻九三、天禧三年五月甲申の条に「寇準自永興来朝。準将発、其門生有勧準者曰、公若至河陽、称疾堅求外補、此為上策。儻入見、即発乾祐天書詐妄之事、尚可全生平正直之名、斯為次也。最下則再入中書為宰相爾。準不懌、揖而起。君子謂準之卒及於禍、蓋自取之也」とある。

(115)『宋会要輯稿』礼五九～四を参照。

(116)『宋史』巻二八三、「丁謂伝」に「(丁謂)袖文謁王禹偁、禹偁大驚重之、以為自唐韓愈・柳宗元後、二百年始有此作」とある。

(117)『宋史』巻二八二、「李沆伝」に「寇準与丁謂善、屢以謂才薦於沆、不用。準問之。沆曰、顧其為人、可使之在人上乎。準曰、如謂者、相公終能抑之、使在人下乎。沆笑曰、他日後悔、当思吾言也。準後為謂所傾、始伏沆言」とある。

(118)『宋史』巻二八二、「王旦伝」を参照。

(119)『長編』巻九三、天禧三年六月戊戌の条に「謂在中書、事準甚謹。嘗会食、羹汚準須。謂起、徐払之。準笑曰、参政、国之大臣、乃為官長払須耶。謂甚愧之。由是、傾誣始萌矣」とある。

(120)『長編』巻九五、天禧四年六月丙申の条を参照。

(121)『五朝名臣言行録』前集巻四に「真宗将立劉氏、公(寇準)及王旦・向敏中皆諫、議以為出於側微不可」とある。

(122)『長編』巻九五、天禧四年六月丙申の条に「劉氏宗人横於蜀、奪民塩井。上以皇后故、欲赦其罪。準必請行法、重失皇后意」とある。

(123)『宋史』巻二一〇、「宰輔表」を参照。

(124)『長編』巻九五、天禧四年六月丙申の条に「準為枢密使、曹利用副之。準素軽利用。議事有不合者、輒曰、君一武夫爾、豈解此国家大体耶。利用由是銜之」とある。

(125)『宋宰輔編年録』巻三に「李迪、与準同在中書、事之甚謹」とある。

(126)『宋史』巻三一〇、「李迪伝」に「初、上将立章献后、迪屢上疏諫、以章献起於寒微、不可母天下。章献深銜之」とある。

(127)『宋史』巻二八八、「任中正伝」に「中正素与丁謂善。謂且貶、左右莫敢言者。中正独営救謂、降太子賓客・知鄆州」とある。

(128)『宋史』巻二八八、「周起伝」に「起素善寇準。準且貶、起亦罷為戸部郎中・知青州」とある。

(129)同前掲に「(周起)嘗与寇準過同列曹瑋家飲酒。既而客多引去者、独起与寇準尽酔、夜漏上乃帰」とある。

(130)『長編』巻九五、天禧四年六月丙申の条に「翰林学士銭惟演見謂権盛、附離之、与講姻好。而惟演女弟実為馬軍都虞候劉美。

時上不豫、艱於語言。政事多中宮所決。謂等交通詭秘、其党日固」とある。案ずるに、劉美は劉皇后の夫であったが、劉皇后が宮廷に入った後、二人は兄弟で称していた。

(131)『長編』巻九五、天禧四年六月丙申の条に「準嘗独請間曰、皇太子人望所属。願陛下思宗廟之重、伝以神器、以固万世基本。丁謂、佞人也、不可以輔少主。願択方正大臣為羽翼。上然之」とある。

(132)『五朝名臣言行録』前集巻四に「天禧末、真宗寝疾、章献太后漸預朝政、上意不能平。公探此意、遂欲廃章献、立仁宗、尊真廟為太上皇、而誅丁謂・曹利用等。於是引李迪・楊億・曹瑋・盛度・李遵勗等協力。処画已定、凡詔令、尽使億為之。」とある。

(133)『長編』巻九五、天禧四年六月丙申の条に「億畏事洩、夜屏左右為之辞。至自起翦燭跋、中外無知者、既而準被酒漏所謀」とある。またこの条の注に「『龍川別志』乃云、億私語其妻弟張演曰、数日之後、事当一新。語稍洩、丁謂夜乗婦人車与曹利用謀之」とある。

(134)『五朝名臣言行録』前集巻四に「且将挙事、会公(寇準)因酔漏言。有人馳報謂。謂夜乗犢車、往利用家謀之。明日、利用入、尽以公所謀白太皇。遂矯詔罷公政事」とある。案ずるに、ここの「太皇」は誤る。『東軒筆録』巻三によれば、「太后」をつくる。

(135)『長編』巻九五、天禧四年六月丙申の条に「会日暮、召知制誥晏殊入禁中、示以除目。殊曰、臣掌外制、此非臣職也。乃召惟演。須臾、惟演至、極論準専恣、請深責。上曰、当与何官。惟演請用王欽若例、授準太子太保。上曰、与太子太傅。又曰、更与加優礼。惟演請封国公、出袖中具員冊以進上、於小国中指莱字。惟演曰、如此、則中書但有李迪、恐須別命相。上曰、姑除之。殊既誤召、因言恐泄機事、臣不敢復出。遂宿於学士院。及宣制、則非殊疇昔所見者」とある。

(136)『長編』巻九六、天禧四年七月癸亥の条に「惟演又力排寇準曰、準自罷相、転更交結中外、求再用。暁天文・卜筮者皆遍召、以至管軍臣僚・陛下親信内侍、無不著意。恐小人朋党、誑惑聖聴、不如早令出外。上曰、有何名目。惟演曰、聞準已具表乞河中府、見中書未除宰相、兼亦聞有人許以再用、遂不進此表。上曰、与河中府何如。惟演乞召李迪諭旨。上曰、李迪何如。惟演曰、迪長者、無過、只是才短、不能制準。因言中書宜早命宰相。上難其人。惟演対、若宰相未有人、可且著三両員参知政事。上曰、参政亦難得人。問今誰在李迪上。惟演対、曹利用・丁謂・任中正並在李迪上。上黙然。惟演又言、馮拯旧人、性純和、与寇準不同。上亦黙然、既而曰、張知白何如。惟演曰、知白清介、使参政則可、恐未可為宰相。上頷之。惟演又言、寇準宜早令出外、準朋党盛、王曙又其女婿、作東宮賓客、誰不畏懼。今朝廷人三分、二分皆附準矣。臣知言出禍従、然不敢不言、惟陛下幸察。上曰、卿勿憂。惟演再拝退。後三日、拯遂拝枢密使。蓋用惟演之言也。迪既除宰相、而準為太子太傅・莱国公如故」とある。

(137)『長編』巻九六、天禧四年七月壬申の条に「上既従銭惟演之言、擢丁謂首相、加曹利用同平章事、然所以待寇準者猶如故」とある。

(138) 同前掲に「是日、準入対、具言謂及利用等交通蹤跡。又言若有罪、当与李迪同坐、不応独被斥。上即召迪至前質之。二人論弁良久、上意不楽。迪再三目準令退。及倶退、上復召迪入対、作色曰、寇準遠貶、卿与丁謂・曹利用並出外。迪言、謂及利用須学士降麻、臣但乞知一州。上沈吟良久、色漸解曰、将取文字来。迪退、復作文字却進。上遽灑然曰、卿等無他、且留文字商量。更召謂入対。謂、請除準節鉞、令出外。上不許」とある。

(139)『長編』巻九六、天禧四年七月甲戌の条に「事泄、準罷相。丁謂等因疏斥(周)懐政、使不得親近。然以上及太子故、未即顕加黜責。懐政憂懼不自安、陰謀殺謂等、復相準、奉帝為太上皇、伝位太子、而廃皇后」とある。また『長編』巻九六、天禧四年七月壬申の条に「楊崇勲等遂告変、周懐政伏誅」とある。

(140)『長編』巻九六、天禧四年七月丁丑の条に「朝士与準親厚者、丁謂必斥之」とある。

(141) 周起・曹瑋が執政を罷免されたことは『長編』巻九六によって、天禧四年九月己未にある。

(142)『長編』巻九六、天禧四年八月甲申の条に、「謂等不欲準居内郡、白上欲遠徙之。上命与小州。謂退署紙尾曰、奉聖旨除遠小処知州。(李)迪曰、向者聖旨無遠字。謂曰、君面奉徳音、欲擅改聖旨以庇準耶。二人忿闘、蓋自此始」とある。

(143)『宋史』「寇準伝」を参照。

(144)『長編』巻九六、天禧四年八月壬寅の条に「自準罷相、継以三絀、皆非上本意。歳余、上忽問左右曰、吾目中久不見寇準、何也。左右亦莫敢対」とある。これは『宋宰輔編年録』巻三にも見える。

(145)『五朝名臣言行録』前集巻四に「張乖崖常称、使公(寇準)治蜀、未必如詠。至澶淵一擲、詠亦不敢為也」とある。

(146)『五朝名臣言行録』前集巻二に「面折廷争、素有風采、無如寇公」とある。

第六章　「瘻相」王欽若

――君臣関係のケース・スタディー（四）――

小引

社会の歴史は人間の活動からなっている。この意味でいえば、社会の歴史は人間の活動の歴史である。しかし、従来の研究において重視されたのは、多くは肯定的なエリートたちの活動であった。反対にいわゆる「反面人物」つまり否定的評価を与えられたものについては、往々にしてエリートの添えもの・飾りものとされただけで、かれらの活動が歴史の過程に果たした役割について、本格的な研究がなされることは少なかった。だがこれは、遺憾な気持ちを感じさせずにはおかない。世界は全体として、光と影からなっているものである。影のない状態というのはおそらく、手術室にある無影灯の下にしかないであろう。そこで歴史家としては、英雄たちの歴史を述べると同時に、奸雄たちの歴史も忘れるべきではないと思われる。奸雄たちの歴史は不可欠な歴史の一部でもある。伝統的歴史叙述の先入観にとらわれないように、かれらにも客観的評価を下さなければならない。つまり、善の歴史を研究するのみならず、悪の歴史も無視してはならないのである。

しかし、善悪について絶対的な客観的評価基準はない。人類に共通の基本的道徳規範は存在するかもしれないが、具体的にある人物を評価するとき、各人の見方がそれぞれ異なるのみならず、時期によっても、地域によっても異なる。歴史上の人物に対して、伝統的評価は往々にしてなかなか変わらない。一定の基調の下、繰り返し復唱されていく。イタリアの哲学者クローチェ氏は「あらゆる歴史は現代史である」という。確かにその通りであろう。われわれは、今日の認識の枠組みを超えて歴史や古人を評価することができない。できるのは、改めて史料を考察し、従来の結論を検討した上、今日の認識の枠組みの中で相対的に客観的評価を下し、研究の参考として後人に提供する、ということだけである。

歴史は、一面では記念碑であっても、もう一面では恥辱の柱でもある。もっとも不運なのは肯定的な人物と反対の立場に立ってしまった場合だろう。そうすれば、恥辱の柱に打ち付けられてしまい、永遠に回復できない。そして後世の歴史家の記述も、ほとんど錦上に花を添えるか、或いは泣き面にハチということになるのである。結局、崇高なものがいっそう崇高になり、醜悪なものがいっそう醜悪になっていく。これも顧頡剛先生の言われた「古史は積み重なって形成されたものである」（古史是累層地造成的(1)）という一面であろう。われわれが歴史を研究し、史上の人物を研究する目的は、もっと幾重にも色をつける、或いはさらに何杯もの汚水をかける、ということにあるのではなく、反対に史料を分析する中で、付加した色をはずし、汚れを洗い、歴史と人物の本来の姿に回復させることにあるのである。

こうした原則に従って、まず真宗朝における「五鬼」の第一人と言われる王欽若の「悪行」を分析し、同時に無視された業績を考察して、そしてかれを政治闘争の背景を見つつ、鬼と称された原因、および皇権が象徴化に向かうプロセスにおけるかれの働きを探求していきたい。

王欽若について、これまで研究論文がなかったものの、少し宋代の歴史を渉猟すれば、必ず多少のことは知られるであろう。王欽若は「五鬼」の第一人、奸佞として知られる。元人が『宋史』を編纂したとき、王欽若を「奸臣伝」に入れなかったのは、かなり大目に見ていると言える。王欽若の経歴は真宗在位の全過程にわたり、仁宗初年に死去するまで続く。現存する王欽若に関する伝記資料を全部読むと、かれについても、前述した顧頡剛先生の言われた「古史は積み重なって形成されたものである」という現象に遭遇することになる。王欽若の行状と墓誌銘にはもちろん非難の言葉などないし、北宋の曾鞏が作ったといわれる『隆平集』の王欽若伝にも貶義の言葉はほとんどない。ところが南宋王称の『東都事略』から王欽若を醜く描き始めた。『宋史』の「王欽若伝」になると、貶しめは頂点に達した。

王欽若を研究する目的は、かれへの評価をくつがえすことにあるのではない。王欽若に関する原史料を見定めて、伝統的評価の真実度を検証し、できるだけかれの本来の姿を恢復しようとすることにあるのである。また、絶えず変化している世界では、周囲の人々も変化していると考えるべきである。いわゆる「悪い人」も最初から「悪かった」わけではなく、変遷していくプロセスがある。一方、社会環境と要因によっても、「悪い人」は「悪」を改め「善」に従うという一面もあるのではないだろうか。王欽若のように二度宰相となった高級官僚が、最初から悪名が高かったならば、なぜ最高官位まで上がれたのか。

奸臣にしても、目的を達することができたのは、必ず人よりまさっているところがあったはずだからである。実際には、王欽若を含む真宗朝における「五鬼」はすべて平凡なやからではなかった。たぶん王欽若は真宗との親密な関係に頼って高位についた、と言う人もいるかもしれない。確かにこれは事実である。にもかかわらず、かれは何に頼って天の高みにある皇帝とつきあうまでになったのだろうか。奸佞邪知に頼っただけなのか。事実は、そのように簡単ではなかったであろうと思われる。

政界の高位において、王欽若は、王旦のあとを引き継いで宰相となってから、初めて腕を振るうようになった。真宗在位の二十六年間のうち、前の二十年は、主に李沆・寇準・王旦が権力を掌握していた。この三人は肯定的評価を受けた宰相として皇権に影響力をもっていたことについては、すでに前章までに論じた。ではその反面的な人物が、皇権にどのような影響を与えることができたのか。このような視点から皇権の運営の過程における「悪」の歴史的役割について若干の考察を本章では加えたい。とりわけ平常的に見える事柄の背後にある深意を見つけたいと思う。題目の「癭相」は史書に記載されている当時の人の王欽若への呼び方であった。[2] これはあだなである。体つきで名付けた人への侮辱的呼び方をそのまま使用すべきではないが、人のあだなの生まれは全く理由がないわけではない。「癭相」という呼び方は王欽若という人の卑しさを多少なりとも伝えるものであると思われる。ここでもそのまま使うゆえんである。

第一節　才幹で皇帝に接近

王欽若が真宗に買われたのは、真宗の即位前のことであった。

真宗は至道二年（九九六）、父の太宗が晩年に危篤となったとき、寇準等に説得されて皇太子に指名されたのである。「燭影斧声」という背景のもとに即位した太宗は、[3] 皇位及び皇位継承に非常に敏感であった。かれは即位すると、合理的な受け継ぎである、いわゆる「金匱の盟」[4] をかなぐり捨てて、その皇位を脅かしていた実弟の秦王廷美と太祖の長男である燕王徳昭を次々と迫害した。ようやく自分の長男である楚王元佐を皇太子に立てた後、元佐が叔父の廷美への迫害に反対したため、これを廃した。[5] 続いて継承者に指名された次男の元僖は、度量が狭い父と不和で、最後は原因不明のまま死去した[6]。真宗は太宗の三男であった。太宗は前二回の継承者指定の教訓を受け、真宗を直接皇太子には立てず、襄王を寿王に改めて、開封尹に任命して、継承者に指名する意向を表明したのみである。このようにしたのは、正式に皇太子を立てるまでに、一定の観察期間を設置するためであった[7]。

真宗は、前の兄二人の教訓を受け、気が小さい太宗と直面しつつ、順調に即位するために、深淵に臨むように、薄氷を踏むように小心翼々として、太宗の歓心を買おうと努力した。真宗は判開封府事であった期間に、「獄訟に留心す。裁決の軽重、愜《こころよ》しと称せざる靡し。故に京の獄屡々空なり[8]」であったという記事がある。皇太子となってから、真宗は、大臣がかれに対して臣下と自称することを禁止する要求を出した[9]。これは大臣を尊重するだけではなく、太宗に、一国に二人（太宗と皇太子）の主が存在するという不快感を生じさせないためである。真宗はこのように小心翼々と行動したが、やはり太宗の邪推と不満を招いた。都の人々が継承者に指定された真宗を「少年天子」と呼んだとき、太宗は嫉妬して、最初かれを推薦した寇準に「人心遽かに太子に属す、我を何の地に置かんと欲する」と文句を言った[10]。

真宗は判開封府事をしていたとき、もう一つの出来事で苦しい立場におかれた。至道二年の春の旱魃である。判開封府の真宗は所属する十七県の租税を免除した。真宗の本心は、善政によって太宗の歓心を買うつもりであったが、かえって逆効果となった。「時に飛語、上に聞すること有り。言わく、按田の官司民情を収めんと欲するも、蠲放する所皆な実ならず、と。太宗悦ばず[11]」という記事がある。実は太宗が気にしたのは、租税徴収の数量ではなく、人心を買収しようという行為にあった。かれから見れば、このように好意を売ることは、かれ自身がやるべきことである。人心が他人に買収されたら、かれの権威はぐらつく。それゆえ、太宗はこれに関する調査命令を下した。そしてこれを契機として、王欽若が登場してきたのである。

王欽若は、字は定国、新喩の人（今の江西省新余県）である。若い頃かれの父は死に、地方で低級官吏をしていた祖父に育てられた。王欽若は進士に及第する前に、抜群の才能と進取の精神を示した。『宋史』巻二八三本伝に「太宗、太原を伐つ時、欽若、纔か十八なり。「平晋賦論」を作り、行在に献ず」と記されている。かれの祖父はこのような孫への希望に満ち、死ぬ間際に「吾、官を歴すること五十年を踰え、刑を用うるに慎たり、人を活かすこと多し。後必ず興る者有らば、其れ吾が孫に在らん」[12]と言った。確かに王欽若は祖父を失望させなかった。かれは二十歳、成人となったばかりで、進士甲科に合格した。官になった王欽若はまもなく太宗に注目された。『長編』巻四二至道三年十一月丙寅の条に「（王欽若）初めて亳州判官と為り、倉を監す。天久しく雨し、倉司穀の湿なるを以て受くるを為さず。民遠き自り来たり租を輸するに、穀を食して且に尽きんとし、輸するを得ず。欽若悉く命じて倉に之れを輸せしむ。且つ奏して年次に拘わらず、先ず湿穀を支し、即ち朽敗に至らざしむ。太宗大いに喜び、手詔して褒答し、因りて其の姓名を識る」[13]と回顧している部分がある。この小事によって、王欽若はその敏腕と頭脳を充分に示した。そのため、上述の租税免除事件を調査するとき太宗が数人を派遣した、そのなかに王欽若も含まれたのである。ここから、未来の天子と巡り会うチャンスを、歴史は王欽若に与えたのであった。

『長編』は続いて、「亳州当に太康・咸平二州県を案ずべく、欽若を遣わして行かしむ。欽若覆按すること甚だ詳し。抗疏して曰く、田実に旱す。開封止だ七分を放すも、今全放せんことを乞う、と。既にして他州遣わす所の官、並びに諸県の放税の過多なるを言い、悉く放する所の税物を追収す。人皆な欽若が為に之れを危む」[14]と記している。官僚としての、政治上の成功には多方面の要因がある。だがその中でもっとも重要なのは、着実励行の精神であると言うべきである。これはキャリアを始めたばかりの時に、もっとも必要である。王欽若が「覆按すること甚だ詳し」であると評されるのには、かれの着実励行の精神が現れている。また政治には、賭博のような、乾坤一擲の冒険も必要である。王欽若が後に寇準を、「孤注」と非難していた事実から見れば、かれは早くも賭博によって道理を悟っていたと考えられる。他の人が太宗の旨に従い、事実を無視しても各県の租税免除が多すぎるとし、しかも免除した税物を追及したのに対し、王欽若がもはや晩年の太宗を捨てていたのは、賭け金を未来の天子真宗に託していたからである。これは政治家の遠見と冒険である。「人皆な欽若が為に之れを危む」というものの、王欽若は事実に基づいて筋を通し、未来の天子をかばったのであった。

王欽若は後に、真宗に極めて重く用いられた。これは、宋人にも、原因がよく分からないことであった。だが『長編』の編纂者李燾は、王欽若の租税免除への抗疏から謎を解こうとした。『長編』巻三九至道二年五月辛丑の条に、開封府の租税免除事件を記した後、注を入れて「王欽若始めて真宗に受知せらるるも、実録・正史皆な焉れを略す。亦た惜しむ可きなり(15)」と指摘した。そこで、李燾は先に引く「人皆な欽若が為に之れを危む」という記事の後、続いて「年を踰え、上即位し、是に於いて、欽若を擢用す(16)」と記した。また次のようにも記している。つまり、真宗は即位後、大臣たちに租税免除事件を回顧して語ったとき、これに立ち向かう王欽若の勇敢な行動によって、危機は無事に乗り越えられた、という心境を述べた。そして王欽若に対する印象を語った。「此の時に当たり、朕亦た自ら懼る。欽若、小官なり。独だ敢えて百姓の為に理を伸す。此れ大臣の節なり(17)」という。だが王欽若は百姓の為に理を通したというより、むしろ真宗のために理を通したと言ったほうが当たっている。真宗は王欽若に恩を感じていたので、大臣の前で王欽若を抜擢するための下地を作る必要があった。そうしておけば、将来真宗が王欽若を重用しようというとき、その提案は大臣のところで採択されるようになるわけである。

王欽若が租税免除事件の処理によって敏腕を示したので、その功労に報いるために、真宗は至道三年(九九七)三月に即位すると、十一月に王欽若を太常丞・判三司催欠司に任命した。先に引く『長編』にもこのことは記されている。

建国の勲功もなければ征伐の業績もなく、僅かに偶然の機会と慎重な言動だけによって帝位についた真宗は、功績を上げて威信を確立することを焦った。知恵があり計略に富んだ王欽若は、これもまた真宗の歓心を買うチャンスだと考えた。つまり五代以来、全国各地において長く納められていなかった租税をすべて免除しようとした。即位したばかりの真宗は、五代以来の、各地の租税の未納情況については何も知らされておらず、王欽若が免除しようとしたこの税額の巨大さを見たとき、仰天して、「先帝顧《かえ》って知らんか」と聞いた。これに対する王欽若の弁舌は巧みなもので、「先帝固より之れを知るも、殆ど留めて陛下に与え、天下の心を収むるのみ」と答えた。これを聞いた真宗は、即座にその道理を悟った。真宗にとって、その未納税額を太宗が残したことは重要ではなく、「収天下心」の四字こそがかれの心を捉えた。そこですぐ未納税額を全面免除すべしという王欽若の提案を受け入れた。

実際には、各地の未納租税を免除するという発想を最も早く提出したのは、王欽若ではなかった。先に引く『長編』に「欽若既に三司の属と為る。虞部員外郎毋賓古、欽若に謂いて曰く、天下の宿逃、五代自り今に迄《いた》るも理督して未だ已まず。民、病して能く勝えず。僕将に啓して之れを蠲ぜんとす、と。欽若夕に即き吏に命じて其の数を治めしめ、翌日之れを上す(18)」とある。この記事によれば、各地の未納租税を免除する発想は虞部員外郎毋賓古が先に持っていた。だが真宗に報告する前に、毋賓古は王欽若に、これについて話してしまった。王欽若はこれを聞き、その夜すぐ部下に整理させて、翌日に毋賓古を出し抜いて、先に真宗に報告した。これに対して、毋賓古はなすすべもなく、いまさら真宗にこれが自分の発想だと弁明する方途もなかった。功は自分の手柄にして、責任は人になすりつける。王欽若はこう非難されているのである。何を言ってもいいが、王欽若は要するに真宗に対して、着実に仕事をこなし、上は皇帝のために考え、下は民に仁政を行う、という好印象を与えることに成功した。『青箱雑記』巻六もこのことを記載しており、「世に伝えるは、文穆（王欽若の諡）章聖（真宗）に遭遇するや、本より一言の悟りに由る[19]」と言っている。実は王欽若は、すでに真宗の即位前に、租税免除事件によって真宗に好感を持たせてあった。今回の「一言の悟り」は、いっそう真宗の王欽若への好印象を深め、王欽若の重用を速めた。

半年足らずで、王欽若の租税免除の報告は結果が出た。『長編』巻四三咸平元年四月己酉の条に「上、宰相に謂いて曰く、諸路の逃欠、先朝赦宥有る毎に、皆な蠲放せしむ。而れども有司朝旨を認めず、尚お理納せしむ。頗る細民の愁嘆を聞く。此れ甚だ謂れ無きなり、と。己酉、使を遣わし、乗伝して諸路の転運使・州県長吏と与に、百姓の逃欠文籍を按じ、悉く之れを除かしむ。始めて王欽若の言を用うるなり。逃欠凡そ一千余万を除き、繫囚三千余人を釈す[20]」とある。だれの進言であるにせよ、要するに客観的に結果のみ見れば、民の負担を軽減し、社会の安定を維持することができた。王欽若が毋賓古の機先を制して免税案を提出したことに加え、以前真宗をかばった事実があった結果、『長編』のこの条には最後に「上、是れに由り欽若を眷みること益々厚し」と述べられている。

租税免除からすでに半年以上過ぎても、王欽若はまた工夫を凝らしてこのことを利用し、さらに多くの政治的資本を獲得しようとした。『長編』巻四四咸平二年二月辛丑の条に「太常丞・判三司催欠司王欽若表述す、上、登位して以来、天下の逃欠銭物千余万を放し、繫囚三千余人を釈す。史館に付さんことを請う、と。上、近臣に謂いて曰く、茲の事、先帝方に之れを行わんと欲す。朕、先志を奉行するのみ、と。因りて学士院をして欽若を召試せしむ。試する所の文を覧るに及び、輔臣に謂いて曰く、欽若、独だ吏事に敏なるのみに非ず、兼ねて文詞に富む。今西掖に官を闕く、特に之れに任ず可し、と。即ちに右正言・知制誥を拝す[21]」とある。真宗は、皇帝として誰よりも史書に美名をとどめたかった。真宗のように、宗法関係によって即位し、他に賞賛されるべき功績や人徳もなかった君主としては、何か他に称えられるべき事跡を急いで探しだしたかった。王欽若の上表はちょうど真宗のこうした心理に合致した。

これは真宗には大変心地よいものであったに違いない。一方、王欽若の上表はかれの判三司催欠司としての功績を示すものでもあった。要するに、君臣の双方に互いに利益になった。王欽若の場合、目的を達したのは、自らの予想より早かったであろう。知制誥とは、皇帝の近臣であり顧問である。同時に、士大夫のトップクラスのエリート圏に入ったことを意味する。これは王欽若が政界に入った飛躍的一歩であった。この一歩によって、政治のピラミッドを登りつめるための、もっとも有利な条件を満たしたことになる。宋代では、知制誥になれば、続いて翰林学士となり、執政集団に入れる可能性が極めて高かった。データの集計によっても、その確率の高さはかなり大きかったのである。[22]

一人の官員の昇進には、もちろん各種の外部的要因もあるが、本人の努力が非常に重要になってくる。この努力は官僚としてのテクニックを含む。王欽若は頭がいい上に腕利きで、しかも阿諛迎合も上手だったので、昇進は早かった。宋代の知制誥は皇帝の文書を起草するのみならず、往々にして多くの兼職をもった。王欽若は知制誥になった後、判大理寺を兼任した。この新しい職場においても、王欽若は新たな細工を始めた。『長編』巻四五咸平二年八月癸丑の条に「右正言・知制誥・判大理寺王欽若上言す、本寺の公案常に五十より七十道に至る有るも、近者、三十日内に絶えて無し。昔漢文帝、獄を決すること四百、唐太宗、罪を放すは三百九十人。然るに猶お之れを史冊に書き、刑を為すこと措当と号す。今四海之れ広、万類之れ多。而して刑奏止息し、月を踰えるに逮る。恥格の化を彰らかにし、太和の風に式漸するに足る。史館に付し、用て聖治を昭らかにせんことを請う、と[23]」とある。実は三十日ほどのあいだ、大理寺に地方の公案が届かないというのは、それほど異常なことではなかった。しかし、王欽若は功績を焦る真宗の心理をうまくつかみ、また工夫した。皇帝の政治の清明さを称揚することにより、同時に自分の仕事の成績も宣伝した。皇帝はこのような上奏を見れば、当然喜ぶ。そして王欽若も自分が昇進するための布石をまたひとつ敷いたのであった。

判大理寺の任期内に王欽若は様々な工作を行っている。上の事の数日後、王欽若は今度は「本寺案牘簡少、詳断官四員を罷め、止だ八員を留めんことを請う[24]」と上奏した。どの時代にも、官僚制の管理者として処置にもっとも困るのは、機構の肥大化と人員過剰である。皇帝と執政集団にとっては定員減少の要請が下から出てくるというのは、ありがたいことである。宋王朝は後周に取って代わった時、そのまま前政府の官僚制度と官僚全員を受け入れた。さらに平定後の江南各国から多くの官僚を吸収した。これは中央政府の官僚機関を非常にふくれあがらせた。元豊官制改革前の官・職・差遣の分離は、正にこうした情況への対処を物語っているのである。王欽若はかれが主宰する部署から、官制上可能な範囲内で整理し、十二人まで増えていた詳断官を八人に減らした。『長編』巻四五咸平二年八月癸亥の条に「是に於いて、始めて八員を以て定と為す[25]」と記されている。つまり、王欽若の提案は、以降も新しい制度として定着した。

王欽若はこうして皇帝の歓心を買いつつ、執政集団を満足させる言論と仕事ぶりをも発揮し、順調に昇進していった。『長編』の記載から見ると、咸平三年（一〇〇〇）の時点で、王欽若はすでに知制誥から翰林学士まで昇進している[26]。王欽若は、執政集団に入る僅か一歩前の地位にまで進んだのである。

咸平三年、四川に起こった王均の乱が平定された後、翰林学士に昇任したばかりの王欽若は臨時に西川安撫使に重任され、平定後の善後策を講じた。出発前、真宗は王欽若等を呼び「朕、以うに風俗を観省するは、尤も其の人に難しとす。数日之れを思う、卿等を易うる無し。各々宜しく徳沢を宣布し、遠方をして朕が勤恤の意を知らしむべし[27]」と言った。真宗の「尤も其の人に難しとす」、「卿等を易うる無し」などの言葉は、かれら臣下の機嫌を取ろうとしたこともあるが、本音でもある。もちろん誰を派遣するかは、真宗一人だけでは決定できない。これは執政集団の決定であり、それが真宗の口から出されたものである。もちろんいうまでもなく、真宗の指名によって、執政集団の同意を得る可能性もある。

王欽若の四川への旅については、『宋史』本伝に「蜀寇王均を始めて平らげ、西川安撫使と為り、至る所、繋囚を問い、死罪自り以下之れを第降す。凡そ便宜を列ぬるは、施行する所多し」[28]とある。王欽若が安撫使だった期間の活躍が多かったのみならず、朝廷に帰った後も、自分の調査に基づいて、いくつか建設的な意見を出した。主に次のようなものである。

一つは、「川陝の県五千戸以上、並びに簿尉を置き、自余は旧に仍り、尉を以て簿を兼ぬるを請う」という。この提言は採用された[29]。

二つは、「東川の民田、先に江水に氾せらるる者は、其の賦を除く」という。この提言にも詔が下され、施行された[30]。

三つは、人材の推薦である。反乱の平定に功労があった彭州軍事推官陳従易に対し、「王欽若、状を以て聞す。従易を召して著作佐郎と為す」という。この陳従易は後に王欽若と親密な付き合いになった。そして王欽若が見放された時も、相変わらず裏切らなかった[31]。「出将入相」（朝廷から出ては将軍と為り、帰っては宰相となる）という古来の伝統そのまま、使命を果たした王欽若が帰朝すると、当日、左諫議大夫・参知政事に任命された[32]。これ以後、王欽若は宋王朝の中央政治の権力中枢に入った。そして同時に、かれの大奸臣としての政治生涯の幕も、切って落とされたである。

通常の政治情勢の下では、一人の官僚における官途の昇進には多方面の要素がある。もっとも基本的な点は、業績作りである。これによって、上司ひいては皇帝に重視され、また世論の称揚を得るようになる。王欽若はまず、開封被災地区の租税免除事件によって真宗を庇っていた。続いて判三司催欠司と判大理寺勤務においてもかなりの実績を示した。さらに安撫使として西川に出張した際にも、無難に使命を果たした。これらはいずれも王欽若が速く昇進できた重要な原因であった。人事任免の場合、任免される官員が、派閥的背景のない低級官員ならば、皇帝の指名が効を奏しやすい。これは政局の大勢にかかわるようなことではなく、朝廷内の派閥の勢力構造にもあまり関係しないので、宰相をはじめとする執政集団にも受け入れられやすい。これに対して、宰相等の大臣は皇帝に面子をあげる場合が多い。反対に、朝廷における派閥勢力構造の変化に関わるような執政集団成員など高官に対する任免については、宰相大臣たちは各自の派閥的利害を背景に、理詰めで大いに論争するものである。その結果は表向きにおいてであれ陰の部分であれ、派閥闘争の色が濃い。

王欽若の場合は、執政集団に入る前には地位が低かったので、朝廷内の派閥間のもめ事に巻き込まれず、恨みのたねをまいた政敵もまだいなかった。かつかれの悪徳も朝廷の上層部においてはまだ現れていなかった。だからかれの昇進は各方面から、なんらの阻害をも受けなかった。王欽若の悪徳は、中央上層部における複雑な政治闘争に加わって以降、初めて現れるに到った。王欽若の後の歴史を見れば、結局、かれも社会的環境から生み出されたのである。

王欽若が参知政事となった後、ほかの執政大臣と、特に異なることはなかった。政務の処理についても、時には、普通に自分の考えを譲らないこともあった。たとえば、咸平四年（一〇〇一）末、辺境の官員が西夏を牽制するために、綏州城を増築し、軍隊を駐屯させ、食糧を蓄えるべし、との提案を出した。真宗は中書と枢密院の連合会議を開き、その提案を討議した。大臣たちの意見は様々であった。呂蒙正・王旦・王欽若は増築すべきではないとしたが、李沆・向敏中・周瑩・王継英・馮拯・陳堯叟は増築すべきだと主張した。(33)

政務の処理にあたって、異なる意見を持つ人がいるのは本来ごく正常なことであるが、ときには、双方とも自説に固執し、意見の齟齬をきたす。それによって個人間の対立が生じる。この対立がさらに激化すると、党派争いを形成することは避けられなくなってしまう。今日から見れば、北宋史上における王安石変法によって起きた元祐党争は、最初は正常な政見の争いであり、そこにはほとんど個人的恩讐もなかった。王安石と司馬光自身、そのような恩讐はなかった。しかし、論争の激化に伴い、論争者の人格の弱点が次第に現れ、本来の君子の争いから小人の争いに堕落していった。そして最後には、正常な政争も常に個人的な恩讐の争いに転じるようになる。双方は水と油のように相容れず、ますます激しくなった。元祐党争は政治史上の特例であり、常例でもある。なぜ特例かと言えば、この党争は生きるか死ぬか、両者が共存できない程度になってしまったからである。なぜ常例かと言えば、政治というものにおいて、政見の争いが避けられないからである。程度と規模が、時々において違うに過ぎない。政争が正常な君子の争いの範囲ならば、解決できないわけではない。たとえば、宋代史上における党争の端緒を開いたといわれる范仲淹と呂夷簡の二人のようなものである。しかし、人間は心理的に、いずれも他人が己に順うべきであり、己と対立してはならないと感じる。一旦解決した政争も、過ぎてから心の中にしこりが全く残らないというのは、不可能であろう。政治家の間の齟齬は、ほとんどこうして生じる。王欽若のほかの大臣との意見の不一致も、後の対立の火種となったのである。

歴史的状況は、真宗にとっても宋王朝にとっても、かつてない厳しい形勢となった。景徳元年（一〇〇四）秋、長く対峙していた北方における契丹遼朝の数十万人の兵隊が突然南下し、その勢いはひどく猛烈で、まもなく黄河のほとりに到った。朝野は驚き、度を失った。執政集団内では、四川出身の知枢密院事陳堯叟が、西の四川への逃避を主張し、江南出身の王欽若は、南の金陵への逃避を主張した。しかし、宰相畢士安と寇準は、真宗の親征を極力主張した。ぐずぐずして決心がつかない真宗に対して、『長編』巻五七景徳元年閏九月乙亥の条に、寇準のとった次のような措置が記載されている。「（王）欽若智多し。（寇）準、其の妄に関説有り、大事を疑沮するを懼れ、之れを去する所以を図る。会たま上、大臣を択び大名を鎮せしめんと欲す。準因りて言う、欽若往く可し、と。欽若亦た自ら行かんことを請う。乙亥、欽若を以て判天雄軍府兼都部署提挙河北転運司とし、周瑩と守禦を同議せしむ[34]」とある。これを見れば、王欽若の権謀術数は当時すでに周知のことであったといってよい。強い寇準さえ、親征の大事を王欽若が邪魔することを恐れ、かれを朝廷から除いて、すでに敵の後方になっていた天雄軍に派遣した。王欽若の判天雄軍行きについて、野史はたいへん劇的に記している。『東軒筆録』巻一に

真宗澶淵に次す。一日、莱公に語りて曰く、今虜騎未だ退かず、而して天雄軍截せられて賊の後に在り、万一陥没せば、則ち河朔皆な虜境なり。何人か朕が為に魏を守る可き、と。莱公曰く、此の際に当たり、方略展す可き無し。古人に言有り、智将は福将に如かず、と。臣、参知政事王欽若を観るに、福禄未だ艾《おわ》らず。宜しく守と為す可し、と。是に於いて、即時に札を進め、勅を請う。退きては王公を行府に召し、諭するに上意を以てし、勅を授けて行かしむ。王公茫然自失し、未だ言有るに及ばざるに、莱公遽かに曰く、主上親征す、臣子難を辞するの日に非ず、参政、国の柄臣為り、当に此の意を体すべし。駅騎已に集まれり、仍お朝辞を放し、便宜に途に即けば、身乃ち安んずるなり、と。遽かに大白を酌し、之れを飲ましむ。命じて曰く、上馬の杯なり、と。王公驚懼するも、敢えて辞せず。飲み迄り、拝して別る。莱公答拝し、且つ曰く、参政、之れを勉めよ、回る日に即ち同列と為らん、と。王公、馳騎して天雄に入る。方に戎虜、野に満ち、以て計と為すこと無し。但だ四門を屯塞して、終日危坐するのみ[35]。

とある。この叙述は写意の手法による絵画のように、寇準も王欽若も素振りがきわめてよく似ている。しかし、細かい点に誤りが多い。たとえば、李燾が『長編』注で指摘した[36]、時期と場所の間違いである。その時期は親征の前であり、場所が朝廷で、行在ではない。だが、王欽若が判天雄軍に出されたことが寇準の提議によるというのは信じるべ

きである。また真宗が運命・鬼神に頼ろうとしたことを、寇準が「智将は福将に如かず」と言った理由も信じられる。現場で紙を出して真宗にすぐ勅令を書かせるという行為も、寇準の性格に合ったものと思われる。しかし、「上馬杯」の事実があったかどうかは疑問である。事実として、ほかの派遣する武将を含めて、真宗は自ら送別の宴を開いた。(37) 信じられるのは、王欽若が瀬戸際になって判天雄軍に出るのは万やむを得ないと考えたことであった。王欽若が勅令をもらって「茫然自失」という描写も生き生きとして真に迫っている。しかし、機転のきく王欽若は行かねばならぬという事態を悟ると、かえって表情が一転して意気軒昂になって、受動的な立場を脱し主導権を握った。夏竦が書いた行状と『長編』では、いずれも王欽若が自ら判天雄軍に出ることを願い出たとある。

判天雄軍にあった王欽若は野史に述べた「四門を屯塞して、終日危坐す」というような状態ではなかった。反対にさまざまな行動に出て、手柄を立てる意欲を見せた。『長編』巻五八景徳元年十一月壬申の条に

天雄軍、寇の将に至らんとするを聞き、闔城皇遽たり。王欽若、諸将と符探して諸門を分守するを議す。孫全照曰く、全照、将家の子なり。請う、符を探せず、諸将自ら利便の処所を択ばんことを。当たるを肯んぜざる所の者は、全照之れに当たらんことを請う、と。既にして北門を守るを肯んずる者莫し、乃ち以て全照に命ず。欽若も亦た自ら南門を分守せん。全照曰く、不可なり。参政、主師なり。号令の出づる所、謀画の決する所、南北に相い距たること二十里、請覆待報せば必ず機会を失う。中央府署に居るに如かず。腹心を保固し、四面を処分せば、則ち大いに善し、と。欽若之れに従う。全照、素より教蓄せる無地分の弩手は、皆な朱漆弩を執り、人馬洞を射し、重甲を徹して指麾する所に随い、応用常無し。是に於いて、大いに北門を開き、釣橋を下ろし以て之れを待つ。敵、素より其の名を畏れ、敢えて北門に近づく者莫し。乃ち環過して東門を攻む。良や久しくして、東門を捨てて故城に趨き、夜に復た故城自り師を潜め城の南に過ぎり、伏を狄相廟に設け、遂に南の徳清軍を攻

む。欽若之れを聞き、将を遣わし精兵を率いて追撃す。伏起き、其の後を断つ。天雄兵進退する能わず。全照、欽若に請いて曰く、若し此の兵を亡くせば、是れ天雄を亡くすなり。北門を守るに足らず、全照之れを救わんことを請う、と。乃ち麾下を引き南門に出て、力戦殺傷し、其の伏兵略ぼ尽き、天雄兵復た還存する者什の三四を得。[38]

とある。この記事から見れば、危険か否かを問わず、王欽若は自ら南門を守ることを願い出た。契丹軍が天雄を離れ、転じて徳清軍に攻め入った情報を聞いてからは、自ら精兵を派遣して追撃した。しかし軍事的経験が全くない王欽若は、契丹軍の待ち伏せに不意を突かれた。幸い孫全照という優秀な武将が援軍を連れ、速やかに救助の手を全力で打ち、全軍殲滅は避けられた。そのため、王欽若は非常に孫全照に感謝するようになった。後に孫全照が城の守備についての功労で賞を受け、昇進しようというとき、王欽若は賞賛の言葉を惜しまなかった。また『長編』には、王欽若に孫全照を告訴しようとした武人が却って処罰されたことが記載されている。[39]これは王欽若が孫全照を弁護したのではあるまいか。同様に孫全照も、王欽若の指揮の失当によって天雄軍の精兵の大半を損失したという事実を隠した。これも、他の人の口から漏れたのでなければ、王欽若本人が言うはずは絶対にない。哀れむべきは、その多くの死した兵達である。

王欽若の知恵と計略は軍事の面では発揮されなかったが、他の面に対しては余裕綽々なのである。判天雄軍にあった期間、各地の軍隊が命令を受けて澶州に集結、途中ある一団が天雄軍を経由した。従来から、兵隊の通過においては、地元にかなりの迷惑がかかるのはごく普通のことであった。それゆえ、「天雄軍、始め（王）超、大軍を以て至ると聞き、頗る疑懼す。孫全照、城を閉じて之れを拒まんと欲す。王欽若、不可として曰く、若し果たして此の如くんば、則ち猜嫌遂に形となる。是れ其の叛心を成すなり、と。乃ち命じて城外十里に彩棚を結び、以て之れを待つ。

至るや、則ち迎労歓宴し、飲酒連日たり。既に罷むや、其の統する所の諸軍は悉く已に諸道に分散し尽くす[40]」とある。王欽若の計略で、天雄軍での騒擾が避けられ、援軍の反乱も起きなかったのみならず、「澶淵の盟」の後、その臨時に組織した援軍をみごとに解散することにも成功した。唐末五代において、皇帝を支援するために形成された軍が自立し、かえって軍閥割拠に陥る事態はよく見られた。その歴史を見れば、王欽若のやり方は、非常に深い意義をもった対処法だったと思われる。

「澶淵の盟」の後、朝廷に帰った王欽若は、輝かしい名声と赫々たる功労を得た寇準と相容れなくなるだろうことを十分予想していた。そこで機転を効かせ、自ら参知政事を辞める願いを真宗に出した。王欽若の考えとしては、無理に執政集団内に残れば、将来寇準に何か弱みを握られ、罷免されることになるであろうから、それよりもむしろ早く自ら辞職したほうがよいという覚悟であった。こうして無罪で辞職することにより、体面を保った上に、将来の再起に伏線を張ることができた。『長編』巻五九景徳二年四月壬寅の条に「工部侍郎・参知政事王欽若、素より寇準と協わず、天雄自り還って、再表して罷めんことを求め、継いで面請す。上、敦喩するも奪う能わず、乃ち資政殿学士を置き、欽若を以て之れと為す。仍お刑部侍郎に遷る[41]。」とある。気に入っている臣下の辞任の許可を、真宗は本心では願っていたわけではないが、やはり権勢絶頂の寇準を気にしていた。王欽若を無理に執政集団内に残せば、王欽若が苦しみをなめるだけではなく、王欽若と寇準が衝突すれば、真ん中に挟まれた真宗自身が苦しい立場に立たされるであろう。損得を天秤にかけた結果、辞任に任せることになった。寇準の圧力によって、一方はやむをえず辞意を表し、一方はやむをえず辞職を認める、という情勢において、真宗の心中、寇準への印象がマイナスとなったのは、自然なことであった。従来、執政は罷免された後、通常地方に出る。だが王欽若に対しては、真宗はこの慣例に従わなかった。そこで特に王欽若のために「資政殿学士」という職を設置した。『宋史』巻一六二「職官志」に「景徳二年、王欽若参政を罷む。真宗特に資政殿学士を置き、以て之れを寵し、翰林学士の下に在らしむ[42]」とある。

人事任免というものは、常に皇帝或いはある大臣が一人で決定できるものではない。これは王欽若の参知政事罷免の事例にも明らかである。真宗はわざわざ王欽若に「資政殿学士」という職を設置したものの、その職の高低についてまで、真宗が具体的に口出しするのは不可能である。そこで寇準が率いる執政集団は、手段を弄してひそかに策動し、その職のステータスを低いものとした。「中書其の班を定め、翰林学士の下、侍読学士の上に在らしむ」などという配列を与えられたことは、翰林学士から執政に昇任した王欽若にとって、ある種の辱めにちがいない。『宋会要輯稿』「職官」七〜一九に「欽若自ら罷免を求むるを以て、恥ずかしめて翰林学士の下に在り[43]」という王欽若の気持ちを記している。王欽若は半年くらい我慢して、真宗に聞かれた際、ついに苦情を吐いた。『長編』巻六一景徳二年十二月辛巳の条に「刑部侍郎・資政殿学士王欽若を以て、兵部侍郎・資政殿大学士と為し、班は文明殿学士の下、翰林学士承旨の上に在り。上、初め欽若の班は翰林学士李宗諤の下に在るを見、之れを怪しむ。以て左右に問う。左右故事を以て対う。欽若、因りて上に訴えて曰く、臣、前に翰林学士に在り。参知政事と為り、無罪にして罷む。其の班乃ち故官より下ること一等。是れ貶なり、と。上悟り、即日焉れを改む。資政殿に大学士を置くは此れ自り始まる[44]」とある。寇準は一貫して皇帝の意志を無視し、人事任免を思うままにしていた。その昔の太宗朝で参知政事を担当したとき、馮拯の官位を下げた経験もある[45]。真宗が今回のことを問題にしたとき、執政集団はこの配列を弁解せねばならなかった。それがこの「左右故事を以て対う」である。故事というのは、法律ではなく、先例と解すべきだろう。朝廷が施行したあらゆる事柄が故事と称される。故事に関して言えば、祖宗法の重要性が無視できない。これは時には、法律規定よりもっと権威がある。宋代では、「類編故事」、「条法事類」などを常に編纂し、政務の参考としている。こうして政府が皇帝の名のもとに施行した先例は、皇権に対し、制度上の制約となった。皇帝がこうした故事を無視すれば、それは祖宗法を無視することにほかならない。そうなれば非難の圧力にさらされる。

『宋史』「職官志」には「資政殿に大学士を置くは、欽若自り始まる。欽若翰林承旨の上に班して自り、一時以て殊栄と為す(46)」と続いて記されている。王欽若には確かに目をかけている。これは王欽若の才能があるだけではなく、極めて真宗に阿諛迎合したためであった。先に引く『長編』に「欽若善く人主の意に迎う。上、望見して輒ち喜び、一官を拝する毎に、中謝の日に輒ち問いて曰く、此の官に除するは、且つ意に可《かな》うや否や、と。其の寵遇、此の如し(47)」とある。皇帝の権威が次第に絶対的象徴化に向かった背景の下で、皇帝の利用される価値も次第に増える。政治的闘争でも、個人の昇進でも、皇帝という大樹に寄れば、その蔭はより大きくなった。だが、もちろん、大樹に寄ろうとしても、蔭に入れない場合もかなりあった。

参知政事を辞めた王欽若は、詔を受け、著名な文人楊億と共に『歴代君臣事績』の編纂を主宰した。上述のように、血縁的な宗法の絡みから皇位を継承した真宗は、歴代の君臣事績から帝王術を学ばねばならなかった。だがこれはかえって、士大夫たちに、皇帝を教育するチャンスを提供した。つまり、士大夫たちは、歴代における君臣事績の善し悪しの論評を通じて、皇帝に影響を与える。士大夫たちの設置した規範を一歩も外れず歩むように仕向け、皇帝に常軌を逸させないようにしたのである。こうすれば真宗は、士大夫政治の権力的象徴となり、決して障碍にはならず、士大夫たちが形作りたいと望む理想的君主となるであろう。真宗が詔を下して『歴代君臣事績』の編纂を命じたとき、士大夫たちもまさにわが意を得たと感じたであろう。そこで王欽若・楊億は有名な文人を十数人集めて、編纂に着手した。『長編』巻六一景徳二年九月丁卯の条に「資政殿学士王欽若・知制誥楊億をして『歴代君臣事績』を修せしむ。欽若、直秘閣銭惟演等十人を以て同編修とせんことを請う。初め、惟演等各々篇目を撰し、王欽若暨び億に送って参詳せしむ。欽若等又た自ら撰集して上進す。詔して、欽若等撰する所を用いて定と為す。未だ尽くさざる者有らば、旨を奉じて之れを増す。又た宮苑使勝州刺史勾当皇城司劉承珪・内侍高品監三館秘閣図書劉崇超をして其の事を典掌せしむ。編修官、内殿起居に非ずんば、当に超常参すべき者之れを免じ、職を帯びるに非らずして、当に俸を給すべからざる者、特に之れを給せしむ。其の供帳飲饌、皆な常等と異にす」[48]とある。これによれば、今回の編修において、編修者、見本の審査、資料の提供から、飲食に至るまで詳しく計画されていた。こうした周到な配置は真宗一人の決定ではないと思われる。この本の編集は執政集団の決定、少なくとも執政集団が真宗の発想を賛成或いは支持した結果である。政策の決定も含めて、ほとんど合議で進められており、ある一方的な力によって実現されるものではないのである。

真宗は『歴代君臣事績』の編纂を非常に重視し、編集方針や質の保障について屡々指示を下した。たとえば、真宗は『唐実録』の問題に対して、王欽若等に「今、修する所の君臣事績、尤も宜しく善悪を区別すべし。前代褒貶当に此の如くすべからざる者は、宜しく理を析かち、之れを論じ、以て世教に資すべし」[49]と言ったという。また王欽若に手紙を送り、「君臣事績を編修する官、皆な遴選に出づ。朕、此の書に於いて、独だ聴政の暇に披覧に資するのみに非ず、亦た乃ち善悪を区別し、後世に之れを垂らし、君臣父子をして監戒する所有らしむ」[50]と述べた。そのほか、崇文殿に自ら赴き、編修情況を視察した[51]。皇帝として、もし名を歴史に残そうという念願があれば、同時に悪者とされて暗愚な君主の別冊に書き入れられる可能性に対しても恐怖心をもっているはずである。したがって士大夫からの諫めも拒絶せず、士大夫たちが定めた規範を守り、良き皇帝を演じようとした。『歴代君臣事績』の編纂は八年間に及び、ついに大中祥符六年（一〇一三）に成った。これがすなわち、現在まで伝わる、一千巻の『冊府元亀』である[52]。王欽若は主宰者の一人として、編修の過程で、常に過失を人になすりつけ、成績を自分のものとしてきたが、最終的に成果を論じるとなれば、やはりこうした功労を、過失よりも大きく評価すべきであろう。

第二節　詭計で人を中傷

伝説における鬼蜮とは、水中からひそかに人に害を加える妖怪である。王欽若の行為の多くは、鬼蜮の仕業のようであった。

王欽若はしばしば他人を利用し、とりわけ派閥対立を利用して政敵を陥れた。『長編』巻四五咸平三年五月甲辰の条に、「福津尉劉瑩、酒肴を携えて僧舎に集まり狗を屠って聚飲し、一伶官を杖し、日に三頓にし、因りて死す。権判大理寺王済、論ずるに大辟を以てす。徳恩を経て流に従う。知審刑院王欽若、素より済と相い得ず、又た済嘗て宰相張斉賢に忤らい、持法寛を尚ぶを以て、欽若、乃ち奏す、瑩当に徳恩を以て原釈すべからず、と。斉賢、其の事に乗じて断すること、欽若啓する所の如し。済、故入に坐して停官せらる[53]」とある。王済に過失は何もなかったが、かれを恨んでいた王欽若は、王済が宰相張斉賢に恨みを買っていたことを利用して、王済の「持法寛を尚ぶ」をつかみ、張斉賢を利用し、自らは王済への敵愾心をおくびにも出さずに、王済に復讐を果たした。

王欽若は派閥の対立を利用して政敵を排除しただけではなく、さらに皇権をも操縦し、皇帝への讒言を利用して他人を陥れようとした。これについて、王欽若がもっとも成功したのは、「孤注」という讒言により、権勢が絶頂にあった寇準を打ち倒したことである。『長編』巻六二景徳三年二月戊戌の条に

契丹既に和す。朝廷無事、寇準頗る其の功を矜る。上も亦た此れを以て準を待つこと極めて厚しと雖も、王欽若、深く之れを害む。一日朝に会い、準先に退く。上、準を目送す。欽若因りて進みて曰く、陛下、寇準を敬畏するは、其れ社稷に功有る為りや、と。上曰く、然り、と。欽若曰く、臣、陛下此の言を出だすことを意わず。

澶淵の役、陛下以て恥と為さず、而して準に社稷の功有るを謂う、何ぞや、と。上、愕然として曰く、何故、と。欽若曰く、城下の盟、春秋の時に、小国と雖も猶お之れを恥ず。今万乗の貴を以て、澶淵の挙を為す。是れ城下に盟するなり。其れ何の恥か之れに如かん、と。上愀然として答うる能わず。初め、親征を議して未だ決せず。或るひと以て準に問う。準曰く、直だ熱血をもって相い溌《はら》う有るのみ、と。是に於いて、譖者、準、君を愛する心無しと謂う。且つ曰く、陛下博を聞くか。博者銭を輸して尽さんと欲す。乃ち其の有る所を罄くして之れを出だす。之れを孤注と謂う。陛下、寇準の孤注なり、斯れ亦た危うきなり、と。是れ由り、上、準を顧みること、稍々衰う[54]。

とある。執政集団を追い出された王欽若は、寇準への恨み骨髄に達していたが、ついに雰囲気を見定めて機会をつかみ、真宗に讒言を出した。王欽若は先に、真宗の寇準への態度について、注意深く、かつ狡猾に探りを入れていた。かれは「敬畏」という言葉を使ってみたのである。真宗は確かに寇準を畏敬していたが、尊貴な皇帝が臣下を「畏れる」ということを認めるわけはないであろう。まず王欽若のこの言葉が、真宗の心に、寇準への不快感を生じさせた。これは王欽若のさらなる讒言を出す下地となっている。続いて王欽若は澶淵の盟について、この上もなく屈辱的な城下の盟と言いなした。それは寇準に無理やり引っ張り出されて親征させられたという不快な事実を、真宗に思い浮かべさせた。これは真宗の心の傷に触れた。さらに真宗は、博徒寇準によって賭け金とされたと言い出した。世の中、不快なことも、紙一重を被っているようにだれにも触れられないままなら、まだしもうわべの平静を維持できる。だがいったん、その紙を突き破ってしまうと、振り返るに忍びない事柄が一挙に露呈され、たいへんつらい思いをさせられるとともに、痛いことを喝破した人の前で、顔をつぶされたと痛感する。そのとき真宗の気持ちがそうであろう。澶淵の盟後、皇帝を超えるほど大きな功労を立てた寇準に対する気持ちは複雑であった。必ずしも心から敬服していたのではなく、王欽若が言ったように、敬服するというより、畏れていたのである。寇準を重用するのは、当時の大勢であったから、真宗が「準を待つこと極めて厚く」というのは、ある程度は他人に見せる姿勢に過ぎない。

寇準は行いがわがまま、かつ頑固で独りよがりであり、政治家にあるべき権謀が足りなかった。権勢が盛んなときには有頂天になり、勝手放題に権力を振るっていた。だが、一定の時期を経ると、怨嗟の声が道に満ちあふれる状態となっていた。先に引く『長編』には続いて「準、中書に在りて、寒畯を用うるを喜ぶ。御史闕くる毎に、輒ち敢言の士を取る。他の挙措も多いに自任するに、同列之れを忌む[55]」とある。執政集団は一体である。しかし、この集団の内部に齟齬が生じたとき、外部の介入につけこまれる機会が生まれる。こうなると、構成員はそれぞれかってにふるまい、集団はばらばらに崩れる状態に近づく。最終的には派閥再編となり、新しい集団が結成されることになる。王欽若はこうした雰囲気的な時機を逃がさず、真宗にこうした讒言を出した。かれの讒言は真宗の不満に火を点けただけではなく、真宗に事を起こす合図を示したものであった。執政集団の内外には、一定の反寇準の勢力が存在していたのである。だがこうした暗示がなければ、真宗は敢えて寇準を罷免しなかったであろう。一般的に言えば、皇帝は朝廷の派閥と結ばずに、軽率に宰相、ひいては執政大臣を罷免することはほとんどできなかったと思われる。だがこうした背景の下で寇準が罷免された後は、案の定、政界に大きな衝撃を与えてはいなかった。

一方、もう一つの視点から言い換えるなら、寇準の罷免は、平和時期の到来にともない、戦時体制を変えようとした必然の結果であった。万事において規則を守らず便宜的手段で事をさばく寇準は、必然的に穏健派に取って代わられた。うわべだけを見れば、真宗が寇準を罷免したのであるが、実は真宗は執政集団が要求する新しい情勢への対応に、順応したとも見ることができるのである。

「屋烏の愛」という諺がある。愛だけではなく、恨みも同じということである。王欽若の南逃の提案を断り、真宗の親征を促し、最後に「澶淵の盟」を達成したという一連の行動において、寇準を全力で助けた重要人物の一人は武将高瓊であった。そのため、王欽若は高瓊に対しても、恨み骨髄に達した。『長編』巻六三景徳三年七月辛亥の条に「忠武節度使高瓊、疾に臥す。上、其の第に臨幸せんと欲す。知枢密院王欽若、瓊の寇準に附するを恨み、且つ澶淵の功を沮み、因りて言う、瓊久しく禁兵を掌り宿衛に備うと雖も、然れども未だ嘗て敵を破るの功有らず。凡そ車駕門に臨むは勲臣を寵待する所以、之れを瓊に施すは、恐らく以て甄別を示すこと無けんと。乃ち止む[56]」とある。重臣が危篤のさい、皇帝が見舞いに来たなら、なによりも大きな慰安となったであろう。またその重臣にとっての表彰でもある。しかし真宗の行動は、恨みを抱く王欽若に阻止された。こうした人情のかけらもない行為は、高瓊とその家族に大きな恨みを買った。後にその子孫から資料を提供されて王珪が書いた高瓊の神道碑には、その事が記されている。また李燾はそれによって『長編』に記した。当時王欽若はその時の目的を達したが、後世には別の評価が記録として残った。一方、王欽若が知枢密院の身分で真宗の行動を阻止できたことから見れば、皇帝として、少しでも公的性格を帯びる行動は、常に官僚たちの監視と規範の下に置かれていたことがわかる。

大中祥符五年（一〇一二）九月、参知政事趙安仁が罷免された。その原因を問えば、やはり王欽若による陥れである。『長編』巻七八大中祥符五年九月戊子の条に

参知政事・刑部侍郎趙安仁罷めて兵部尚書と為る。安仁小心畏謹にして、事に処すること精審なり。特に刑名に留意す。内外書詔の要切に関する者、必ず安仁に帰して之れを裁損せしむ。是れより先、上、立皇后を議す。安仁謂う、劉徳妃の家世寒微、沈才人の相門に出づるに如かず、と。上楽ばずと雖も、然れども其の守正を察し、乃ち罪せず。他日、王欽若と従容として論す、方今の大臣誰か最も長者と為す、と。欽若、安仁を排せんと欲し、乃ち之れを誉めて曰く、趙安仁に若くは無し、と。上曰く、何を以て、之れを言う、と。欽若曰く、安仁、昔故相

沈義倫の知る所と為る。今に至るも旧徳を忘れず、常に之れに報ぜんと欲す、と。上黙然とす。始めて安仁を斥くるに意有り。嘗て王旦に諭して曰く、聞く、趙安仁中書に在りて絶えて事を親しくせず、奏対の毎に、亦た未だ嘗て一言有らず。之れを罷む可し、と。旦対えて曰く、安仁頗る大体を知り、居常の進擬、皆な同列議定せば、方めて敢えて旨を取る。臣、毎に見る、臨時に上の前に変易する者、皆な陛下の意に迎合するなり。安仁異議無きは、是れ執守有るなり、と。上曰く、能く此の如きか、朕知らざるなり。卿、諭知し、更に宣力せしむ可し、と。[57]

この記事には、圏点を付すべき興味深いところが多い。

劉徳妃は、仁宗初年に摂政をした章献太后であった。彼女は本来四川の歌妓であった。夫によって即位前の真宗に転送され、真宗の寵愛を得た。真宗が即位した後、徳妃に封ぜられた。彼女の出身が低いことは、みなが知っている。そこで、真宗が彼女を皇后に立てようとしたとき、多くの大臣の反発を呼んだ。その中には先に述べた趙安仁も含まれていた。この事実から見れば、尊貴な皇帝であっても、その私生活、どのような人が妻となるかまで、大臣たちの干渉を受けていた。さらに言えばかれらの許可がなければ不可能であった。十数年前に、張邦煒氏は『通志』の著者鄭樵の言葉を引き、宋代の「婚姻閥閲を問わず」という現象について論じた[58]。だが実際には、皇帝を含め、宋代士大夫の婚姻は旧い「閥閲」を問わなかったが、宋代の立国以来形成された新しい「閥閲」に関しては、非常に重んじていたと言えるのである。たとえば、太祖・太宗は有力な武将と、婚姻を通じて親戚となることを重視した。これに対して、後に興起した士大夫階層は、相互に婚姻によって親戚となることを目指した。やはり家族意識の強かった中国伝統社会において時代を問わず、婚姻は人と人とを結びつける絆として重視されている。劉徳妃のような社会の下層出身の女性は、皇帝の妃になっても、国母としての皇后となる資格はないとされた。こうした道理で、真宗が彼女を皇后に立てようとしたとき、大臣たちの猛反発に遭ったのである。

話を趙安仁に戻そう。かれは真宗が劉徳妃を皇后に立てることに反対しただけではなく、さらに真宗に一人の高貴な出身の皇后候補を推薦した。これは寵愛の妃を一途に皇后に立てようとしていた真宗を非常に立腹させた。しかし、真宗は正当な理由を持つ趙安仁を罪に問えない。こうした経緯を知った王欽若は、敵となる同僚を、陰険に陥れようとした。真宗は、王欽若との雑談の中で、いまの大臣の中で誰が有徳者かと訊ねた。王欽若は、後で手綱を引き締めるためにまずは手綱を緩める、という狙いから、趙安仁の名前を出した。真宗がその理由を訊ねたとき、王欽若は故意に、この劉徳妃の立皇后に反対する趙安仁の態度や沈才人指名の経緯を全く知らないふうを装って、趙安仁は常に恩人である太宗時代の宰相沈義倫に恩を返そうとしている、と答えた。沈義倫はとっくに死去したから、恩を返すとすれば、その娘沈才人が皇后になれるよう取り計らう、ということ以外にない。それまで立皇后について大臣たちに反対され、腹を立てていた真宗は、自然に王欽若の答えを、趙安仁の沈才人の皇后指名と結び付けた。王欽若は、自分の好悪の傾向は少しも表に出さないようにしていた。

王欽若の話によって、真宗は趙安仁に対し、いっそう憤怒の念を抱いた。かれは宰相王旦に、趙安仁罷免の要請を出した。しかし、罷免の本当の理由は出せないので、趙安仁の政務処理上の問題を捜した。これに対して、王旦は言下に反駁し、真宗の要請を断った。のみならず、王旦は暗に「迎合陛下意」の王欽若を非難した。真宗は恥をかき、提議を撤回せざるを得なかった。ここから見れば、宰相或いは多数の大臣の賛成が得られない限り、皇帝も思いのままに大臣を罷免することはできない。しかし、記載によれば、趙安仁も後にはついに罷免されている。これはどう理解すべきであろうか。宰相王旦が君臣関係を処理する方式を見るに、王旦は後に、真宗とある種の妥協を行ったのだと思われる。そのため、真宗も王旦のメンツを立てた。つまり、罷免後の趙安仁は、官位を下げず、逆に昇進している。もとの刑部侍郎から兵部尚書に上がったのである。要するに、王欽若の陥れは目的を達したが、皇権は人事任免上の無力さを露呈した。

王欽若は趙安仁を陥れただけではなく、長く宰相を担当している王旦をも傷つけたことがある。王旦は翰林学士李宗諤を参知政事に抜擢しようとした。かれはこの人事議案を知枢密院事王欽若に告げ、またこれから皇帝に報告しようと思う、と言った。狡猾な王欽若はそのときは何も言わなかった。李宗諤の家は暮らしに困っていたので、婚姻のため、王旦に多くの借金をしていた。慣例により、参知政事に任命されると、三千緡の恩賞がもらえる。そこで王欽若はひそかに真宗に告げ口をし、「宗諤、王旦の私銭を負い償う能わず。旦、宗諤を参知政事に引き、賜物を得て以て己の債を償わんと欲す。国の為に賢を択ぶにあらざるなり」と言った。真宗は王欽若の密告に半信半疑であったが、翌日、王旦は果たして李宗諤を参知政事に指名した。すると「上色を変え」、これを許さなかった、という。たぶんこれは王旦が十八年の間執政と宰相を担当した歴史の中で唯一、真宗に人事議案を否決された記録だったであろう。しかし、王旦は固執せず、かつ断わる原因も聞かなかった。真宗もこのことについて王旦に説明しなかった。だが、そのとき王旦はきっと気まずい思いをしただろう。結局、やむをえず丁謂を参知政事に任命するという王欽若の提案を受け入れた。そして「五鬼」のもう一人が、政治中枢に入ったのであった(59)。

人事任免という重要な事柄だけではなく、目立たぬ小さな事でも、人を害する機会があれば、王欽若は決して見逃すようなことはなかった。『仕学規範』巻一一に、

真廟、「喜雨詩」を出し、二府に示す。上前にて聚看す。王文正公は袖にして帰る。因りて同列に諭して曰く、上の詩に一字の誤写有り、進入する莫れ、改却せん、と。王冀公曰く、此れ、亦た害無し、と。欽若、退きて陰かに陳奏する有り。翌日、上怒りて公に謂いて曰く、昨日、朕の詩に誤写の字有り、卿等皆な見ゆるも、何ぞ奏

来せざる、と。公、再拝して称謝して曰く、昨日、詩を得、未だ再閲の暇なし。奏陳を失する有るは、惶懼に勝えず、と。諸公皆な拝するも、独だ馬知節のみ拝せずして、具に言う、公、奏白せんと欲するも、而れども欽若之れを沮む。又た王某略ぼ自ら弁ぜざるは真に宰相の器なり、と。上、公を顧みて笑いて之れを撫喩す。(60)とある。これは小事であるが、真宗のメンツに及び、真宗にとっては小さくはない。今王欽若の悪巧みは、正直者の馬知節にあばかれ、目的を達せられなかった。それでも真宗の「笑いて之れを撫喩す」という態度は意味深長である。真宗の態度は明らかに王欽若への寛容に満ちている。皇帝として、一方では臣下が自分に密告し、自分の私党になることを望む。他方では、官僚が自分とは別のところで徒党を組むことは最も容認しがたい。もしだれかがそそのかして官僚同士が仲たがいさせようとする動きがあれば、皇帝は往々にして、楽しそうに山上に座して、虎の闘いを眺める。ひいてはそれをそそのかすことすらあった。こうした態度ややり方は、皇帝本人が効果的に皇権を行使している意図にほかならない。王欽若はこれを見抜いたので、かってにふるまって他人を罪に陥れる反面、皇帝の機嫌をとって、最終的にかれの政治的目的を達したのであった。

王欽若は、長い間かれを抑圧して宰相に任命させなかった王旦への恨みが骨髄に達していたので、王旦の死後にまた仕返しに出た。『長編』巻九〇天禧元年十一月庚申の条に「太常礼院言う、宰相の出殯、当に視朝を輟むべし。王旦是の日を以て葬むる、礼の例に準ぜんことを望む、と。中書言う、其の日、皇帝已に詔有りて朝賀を受けず、遂に輟朝の命を下さず、と。議者謂えらく、其の日、当に百官拝するの礼を罷むべし、と。時に王欽若、旦と協わず、故に之れを抑う(61)」とある。王欽若は宰相として、中書を主宰し「輟朝の命を下さず」ということをした。これによって宰相及び中書の権力の片鱗が伺える。しかし、王欽若が権力で個人的な恨みを晴らす行為は、当時においても非難された。

それとなくほのめかし、遠回しに人を誹謗中傷し、故意に問題を残して皇帝本人にその意味を悟らせ、自分自身は人を害する疑いをかけられないようにする、これは王欽若の一貫した手段であった。天禧二年（一〇一八）、李士衡が三司使に任命された。真宗が李士衡に「寛財利論」を賜い、また内庫銭二百万を出して援助経費とした。王欽若はこれを見て、たいへんに妬んだ。そして機会をねらって李士衡を中傷し始めた。『長編』巻九二天禧二年七月甲戌の条に「士衡方に進用せらる。王欽若之れを害し、言わんと欲するも未だ路有らず。会たま上、時文の弊を論ず。欽若因りて言う、路振、文人なり。然ども体を識らず、と。上問う、何ぞ、と。曰く、士衡父誅死す、而れども振、贈告を為して乃ち曰く、世々顕人有り、と」(62)とある。王欽若の陥れはすぐには効果を現さなかったが、明らかにかれの話は真宗のところで効き目を示しはじめた。それから李士衡に対して「故を以て大いに用いられず」という状態が出現した。王欽若が人を害するときは、往々にして直ちに効果を現すことは求めない。だが徐々に讒言を真宗に送り、真宗の対処に任せる。そしてかれは常に人の短所をいくつかつかみ、陰険に讒言に加え、もっともらしいことばを用いて、真宗も信じないわけにはいかないようにする。だからかれの詭計は常に目的を達した。さらには、ある讒言が人の一生に危害を与えることもあった。

王欽若が宰相位に登ってからは、政界の最高点に位置したのであるから、これ以上人を陥れる必要はないようにも思われる。しかし王欽若は、相変わらず人を陥れていく。そのときのかれの目的は、権力を固めるために異分子を排斥することにあった。士大夫階層がかつてなく強大な時代には、世論の称揚と有力な勢力の支持がなければならず、皇帝一人だけに頼っても決して安全ではないことを、王欽若はよく理解していた。天禧元年（一〇一七）、王欽若が宰相となった一カ月後、参知政事王曾が罷免された。『長編』巻九〇天禧元年九月己卯の条に、「給事中・参知政事王曾罷めて礼部侍郎と為る。初め、曾、会霊観使を以て王欽若に譲る。上、意に懌ばず。欽若相と為るに及び、因りて己に異なる者を排せんと欲し、数々之れを譖す。会たま曾、賀皇后家の旧第を市う。其の家未だ居を遷さず、曾、人をして士を輦び其の門に置かしむ。賀氏入りて禁中に訴う。明日、上、以て欽若に語り、遂に政事を罷む」とある。[63]王曾が罷免されたのは偶然の事件によるものだけれども、その事件の前に、王欽若がすでに「数々之れを譖す」として、王曾の罷免に伏線を張っていた。偶発的な事件が発生すると、王欽若の讒言の長期的効果がすぐに現れてきた。

前述したように、王欽若の讒言には、明らかに政治的目的が含まれている。ほとんどが、かれの地位と近いか、或いはかれより高い地位の人に対して矢を射掛けようとする目的である。反対に、かれより地位が低い人に対しては、こざかしいことをせず、直接的に少しの容赦もない打撃を加えたのであった。

王欽若が参知政事を担当した初期、『長編』にはほとんど王欽若の政務処理の記事がない。主に記されている二つの事は、いずれも他人を弾劾したことである。

その一つは、『長編』巻五三咸平五年十月乙亥の条に、

参知政事王欽若言う、司封員外郎高如晦頃ごろ知蔡州たり、主戸二千五百九家を逃し、国賦五万三千余貫を失う。士を薦むるは十否の繆有り、官に在りて三異の称無し。省循を知る罔く、詞状を冒進す。且つ曰く、陛下止だ臣の面を見、臣の心を見ず、臣を恤れむ能わず、故に擯斥せしむ、と。狂躁の甚だしき、乃ち敢えて茲の若し。臣請う、審官院考課の文籍、並びに如晦進むる所の状を以て有司に付して施行せしめん、と。[64]

上奏文では、王欽若が皇帝を侮辱する罪名を高如晦に加えた。果たして真宗は怒った。「詔して、御史台に下して其の罪を案」じたという。その結果として、「如晦坐して両任を削り、沂州別駕に貶せらる」ることとなった。

その二つは、『長編』巻五四咸平六年四月乙亥の条に、

参知政事王欽若上言す、桂州通判・太常博士王佑之、近ごろ母の憂に丁い、纔かに月を踰ゆるに及ぶのみにて、連りに五状を進め、広南西路の商税を除き、河北の補填没納せる私下羅錦を分配し、権りに上供の金銀を罷めん

ことを請い、荊南課額の逃虧を述べ、陝西遞舗の請受を言う。凡そ茲の陳露、皆な機宜に匪ず。殊に哀戚の容を忘れ、苟《かりそめ》に進動の意を懐く。陛下方に孝治を施し、以て民風を厚くす。望むらくは、黜責を加え、以て有位を勗《はげま》しめん、と。(65)

前述した王欽若が高如晦を弾劾したことは幾分実際の理由があるといえるが、今回王佑之を弾劾するのは、全く道理がない。後の仁宗朝に、范仲淹が母憂に丁う期間、執政に万言書を出した。時弊に対して、改革主張を提出したのである。かれの堂々とした理由は「敢えて一心の戚を以てせず、天下の憂を忘る」(66)というものであった。王佑之の服喪中の上書における動機は王欽若が、言ったようであるのか否か、すでに知り得ないが、内容から見れば、いずれも国政と民情に関わる実際的問題である。王欽若が弾劾した結果、「詔して佑之三任を削り、郴州に配隷せしめ、仍お御史台をして朝堂に榜して告諭せしむ」とある。

理不尽な弾劾がなぜ効を奏したのか。これは王佑之に直接関わるようなものではない、もっと深い原因があると思われる。王欽若の弾劾の要点は、王佑之の上奏内容ではなく、服喪中の上書という行動にあるのである。王欽若はかれの不孝を非難した。これによって、王欽若が知制誥を任命される前に、受ける試験の問題の題目「孝為徳本賦」を関連して考え、さらに王欽若の弾劾文にいう「陛下方施孝治」云々を見れば、真宗はそのとき正に孝道を提唱していたことが分かる。孝道は中国における歴代の支配者に重視されたが、真宗が特別に強調したのは、ほかに目的があったと思われる。ようやく三男で即位した真宗が一番心配したことは、かれの皇位の安定であろう。そのとき、上は兄である太宗の長男がおり、下は数人の実弟がいる。かれらはすべてかれの皇位に対する潜在的脅威である。真宗が唯一強調したかったことは、かれの皇位継承の正統性である。この正統性は父太宗のかれへの皇太子指名によるのであった。それゆえ、太宗に孝行を表す具体的行動と言えば、それは太宗の遺詔を裏切らず、かれ真宗の地位を擁護することであった。これこそ、真宗が力を入れて孝道を提唱する真の意味である。頭がよい王欽若はこの点を看破して、大胆に弾劾文を出したのである。では、執政集団がなぜ王欽若の弾劾文と真宗の詔令を認めたのか。社会の全体から見れば、孝道を提唱するのは悪いことではない。もしも万が一皇帝が入れ変わったら、一朝の天子一朝の臣というごとく、政局の安定及び執政大臣たち自身の地位も危ない。それが王欽若の弾劾文が受け入れられ、真宗の詔令が出されるに至った原因であった。しかし、王欽若の弾劾文によって、服喪中の上書は「御史台をして朝堂に榜して告諭せしむ」で厳禁されることになった。これは言論を圧制する悪い例を開いた。数年後范仲淹が服喪中に上書することになったとき、かれは手に汗を握ったに違いない。

王欽若の意図が公的利益をはかることにあるにせよ、真宗の歓心を買うことにあるにせよ、かれが参知政事という高位に立ち、地位の低い人を攻撃し続けた行為は、結局はかれにマイナスをもたらしたであろう。王欽若の奸佞の人物像はこうして少しずつ蓄積されてきたものであった。

景徳四年（一〇〇七）、朝廷から匿名札子の上奏を禁止する命令が下された。これに対して、有名な学者戚綸が真宗に「詔旨の不便を面陳」した。戚綸の面陳について、宰相王旦の態度はかなり寛容で、真宗に「留意省察」すべしという希望を具申した。しかし参知政事王欽若の発言は辛辣であった。かれは「臣下一二次殿を昇り、即ち恩沢を希む。比来中外の章疏に、若し前の詔皆な当を以てせば、司る所に付して鞫問せしむ」と言った。明らかに戚綸をつるし上げようという狙いであった。幸い戚綸への印象が悪くない真宗が「綸性純謹にして、学問有り。此の奏、乃ち未だ詔旨に諭せざるのみ」と言ったことで、戚綸はあやうく災を避けられた(67)。

また『宋史』「王旦伝」に「石普、知許州たるに、不法あり。朝議して、劾を就《な》さんと欲す。旦曰く、普、武人なり。典憲に明かるからず、恐らくは薄効を恃み、妄りに事を生ずる有らん。必ず重行を須い、召帰して獄に置かんことを乞う、と。乃ち御史に下して之れを按ぜしむ。一日にして獄具わる。議者、以為らく、国法を屈げずして武臣を保全するは眞に国体なり」[68]とある。ここでは「朝議して劾を就さんと欲す」ということの背景として、『長編』巻八八大中祥符九年十一月戊申の条によれば、石普の件に対して真宗はただ、「普の言、分を逾ゆるを怪しむ」というだけで、深く追究する意図がないようであった。しかし枢密使である王欽若が話に尾ひれをつけ、「普、辺事を以て朝廷を動かさんと欲す」と言ってから、「上怒りて、使を遣わして劾を就さんと欲す」という事態となった。王旦は冷静に真宗の行動を押しとどめて、妥当な処理を行った。罪を定めた石普にも保護を加えて、当時は地方官の赴任でも家族を連れてゆけない[69]状況下、王旦が「律に禁止の文無し」という理由をもって、特別に石普が家族を連れてゆくことを許可した。王欽若と比べて、王旦の人に親切で思いやりがある側面が見て取れる。

天禧三年（一〇一九）、科挙試験を行ったとき、編排官の陳堯佐と陳執中が、規定に対して不分明のため、受験生の順位をかってに変更する事件が起こった。宰相王欽若は見過ごすことなく、「堯佐等犯す所、誠に合に厳譴すべし。若し、吏議に属せば、其の責甚だ重し。止だ罪に拠りて降黜せんことを請う」と言った。うわべは二陳を庇うように見えるが、実際はかなりの処罰を行った。李燾の『長編』注には「王挙正、堯佐の墓を誌して云う、文巻を編次するに差舛有り、宰相王欽若其の事を持して秩を降す」[70]と王欽若の悪い行為がはっきりと記されている。

同じ天禧三年、再び天書が出た。今回は当時の判永興軍寇準が上奏したものであった。その天書を上奏する経緯について、『宋史』「寇準伝」には王旦が寇準に上奏させたという記事があるが、李燾の考証によれば、そのとき、王旦はすでに死去しており、提議者は宰相王欽若の可能性が高いとされる。天書の出現が朝廷に伝わってきた後、真宗が王欽若にどう対処すべきかを尋ねた。前に天書が出た際はすべて真宗が王欽若と共謀して作ったものであったため、予想する方向にコントロールできたが、今回は出た背景が不明なので、真宗は王欽若に対処方法を尋ねたのである。

王欽若は「始め天書を信ぜざる者は準なり。今、天書、準の所に降るや、当に準をして之れを上さしむべし、則ち百姓将に大いに服せんとす[71]」と言った。王欽若の対処方式は一挙数得と言える。一つは、天書が問題になったら、責任を上奏者寇準が負わなければならないが、かれと真宗は責任を負わない。二つは、威信が高い前宰相寇準が上奏すれば、民の信用を得やすい。三つは、これまで天書を信じなかった寇準に上奏させるのは、寇準を辱めることほかならない。王欽若の下心は相当陰険だったと言える。

以上の数事のほかにも、王欽若の鬼のような陰険な行為がまだ史書にはたくさん記されている。

以前、王欽若に陥られた王済が侍御史知雑事として、「詔を受け、新旧茶法を較す。持論は多いに丁謂・林特・劉承珪等と忤う。承珪等、因りて王欽若と迭相いに之れを詆訾[72]」したことがある。これは王欽若が「五鬼」中のほかの三人と相互に結託して人を陥れた具体例の一つであった。

また『長編』巻七八大中祥符五年九月癸巳の条には「王欽若驟かに貴し。（楊）億素より其の人と為りを薄んず。欽若之れを銜む。陳彭年方に文史を以て售進し、億の名、己の右に出づるを忌み、相い与に上に毀訾す[73]」とある。これは王欽若が「五鬼」中のもう一人と結託した例の一つである。

後世に「西昆酬唱派」といわれた楊億・銭惟演・劉筠等の「詞、浮靡に渉」ったことに対して、真宗が詔を下して「自今、属詞浮靡にして、典式に遵わざる者有らば、当に厳譴を加うべし」と言ったという。うわべはこれが専ら文章を書く気風を正すために下した詔に見えるが、実のところあらゆる事柄は一定の背景と原因があるのであり、なんの理由もないはずはない。この詔が下された背景として、李燾は『長編』の注で「楊・劉禁林に『宣曲詩』を作り、王欽若密に奏して以て諷を寓すると為す、遂に著令して僻文字を戒めんとす[74]」と、王欽若が陰謀をめぐらした事実を明らかにしている。

王欽若は一貫して自らの過ちを覆い隠そうとした。かれが他人を陥れる動機とは、ある時には、過失を人になすりつけるためだけであった。ある日、真宗は王欽若が主宰して編纂した『太祖紀』の義例不当なる箇所二十余を指摘した。王欽若はすぐ「此れ蓋し晁迥・楊億修する所なり」と弁解した。真宗さえ王欽若の過失を人になすりつけるその言い方に反感を抱いた。そして「卿嘗て之れに参せりや」と辛辣な皮肉を言った。そのときは王旦も、「朝廷大典を撰集するに、並びに当に心を悉すべく、務めて広備せしめて、初めて彼此の別無きなり」と王欽若に注意した。(75)

『歴代君臣事績』を主宰して編纂したとき、『長編』巻六七景徳四年十二月己未の条に「(王)欽若、人と為りは傾巧なり。修する所の書、或いは上の意に当たり、褒奨の及ぶ所あらば、欽若、即ち名を表の首に書して以て謝す。或いは繆誤して譴問する所有らば、則ち書吏を戒めて楊億以下為くる所と称して以て対えしむ(76)」とある。己惚れの強い人は、失策があっても往々にしてお高くとまり、他人を愚とする。王欽若の行為は同僚に深刻な恨みを買った。『歴代君臣事績』の編纂所では、王欽若に対し「同僚皆な之れを疾む。陳越をして寝すること屍の如くし、以て欽若と為さしむ。石中立、欽若の妻と作り、其の傍に哭し、余人、前にて虞殯を歌う。欽若之れを聞き、密に奏して将に尽く絀責せんとす。王旦之れを持して寝むを得(77)」とある。同僚たちはなんと集団的に王欽若に葬送にまつわるひどいいたずらをした。これによって、衆人が王欽若を極端に憎んでいたことがわかる。

一人の人間が頭の良さで人よりまさっても、その上で善良でなければ、本来誉める意味である聡明とは見なされず、陰険で悪賢いと見なされる。王欽若の鬼のような行為を見れば、かれが「五鬼」に入れられたとしても、決して濡れ衣を着せられたことにはならない。実は前述した王欽若の行為から、ほかの四人も「五鬼」に入れられた原因は想像に難くないであろう。王欽若の行為からは、奸臣たちがどのようにかれらの方式で皇帝を左右するかが明らかになるのである。

第三節　阿諛で皇帝に従う

「頌歌耳に盈ちて神仙も楽しむ」（頌歌盈耳神仙楽）という詩がある。人間の心理を忖度すると、おおよそ従順を好み、反抗を嫌うものである。忠言も耳に逆らうものは、なかなか受け入れ難い。反対に、プラスの評価ならば、阿諛に近いものでも、心地よく響くだろう。まさに人間のこのような心理によって、迎合がうまい小人はしばしば思いどおりにことを運ぶのに対し、忠誠で正直な人士は往々にして退けられる。皇帝の権力における象徴化の過程において、皇帝の権威は実際の権力よりも何倍にも拡大された。換言すれば、皇権の利用価値もそれとともに大きくなった。複雑で残酷な政治闘争では、誰かが皇権を支配したら、かれが政争の要害の高地を占拠し、政争の主導権を取り、勝算があるに等しくなる。この意味でいえば、中央における政治闘争は皇権を奪う闘争なのである。皇権を掌握すれば、すべてを思うままに操れる。反対に掌握し損えばすべてを喪失する。王欽若はこの道理がよく分かっていたので、かれの各種の目的を達成するために、いろいろな公然たる或いは密かな方式を使い、ありとあらゆる手を尽くして真宗に阿諛迎合し、かれと真宗との関係を固めたのであった。

景徳三年（一〇〇六）三月、真宗が皇陵に参詣して還った後、大臣たちと今回の参詣が民に迷惑をかけたかどうかを議論した。君臣たちの対話はつぎの通りである。

上、輔臣に謂いて曰く、頃ごろ朝陵し、車輿過ぎる所、並びに官従り給し、其の已むを得ずんば、或いは州県に仮借す。朕潜に使を遣わし民間を詢訪するに、皆な搔擾する所無しと云う。此れ甚だ朕が心を慰む、と。

王旦曰く、朝廷大礼を挙げ、或いは巡幸を議する毎に、小民騒動せざる無し。比ごろ群情妥貼すと聞く。信に擾せざるの致す所なり、と。

王欽若曰く、車駕至る所、居民但だ輿馬の音を忻聞し、道路に鼓舞するのみ、豈に復た労擾する所有らんや、と。(78)

較べてみると、王旦の答えは比較的質朴であった。実情に即して、歴代の皇帝の巡幸による、地方への負担を隠さず率直に指摘した上で、今回の活動は、民情の安定から見て、迷惑をかけていなかった、とした。反対に王欽若の答えは阿諛に満ちている。皇帝の巡幸がかけた迷惑に対して、民は決して喜ぶことはなかった。これについて、真宗は「搔擾」と言う言葉を使った。王旦は「騒動」と言う言葉を使った。民に迷惑がかかっていたことは、実際は皆が分かっていた。だが、王欽若は真宗の歓心を買うために、事実を無視して、民は喜びだけで、「道路に鼓舞する」と口から出任せを言った。

真宗が天命・鬼神を信じたことから、王欽若は常に吉兆を表す現象を真宗に報告した。天書降臨を除き、王欽若にはこの方面の上奏がかなり多かった。

景徳四年六月庚申、知枢密院王欽若は五星が東井に集まり、吉兆の雲が現れたという天象があったため、祝賀の表を出した。真宗はその賀表を史館に送らせた。李燾はそのことについて疑いを表している。『長編』の注で、「案ずるに、紀・志に五星並びに東井に聚まること無し。欽若何に拠るかを知らず」と言った。勿論、王欽若には、何の根拠もなくでたらめを言う胆っ玉はなかった。しかし、かれは天象を吉兆に大げさに言った可能性があると思われる。数日前に、司天の官員は五星が鶉火に聚まるはずだとの推測を発表している。占いの書によれば、この天象が「五星敢えて日と光を争わざる者、猶お臣、君の明を避けるがごとし」という意味を表すという。また司天の官員は、このような天象が「千百載を歴するも未だ曾つて有らず」と言った。この天象について、司天の官員のほかに、司天と全く無関係な知枢密院王欽若が上表した。明らかに王欽若は、真宗が急いで朝廷で威信を確立しようとする心理に迎合しようとして、そうしたのである。果たして真宗は王欽若の賀表を心地よく思い、史館に送らせて、後にかれの功績や人徳をほめる準備をしているのである[79]。

大中祥符元年（一〇〇八）四月、郭皇后の死去からすでに一年がたった。真宗は大臣たちに「宮中の几筵、礼により撤す可きか」と訊ねた。几筵とはおそらく、礼制によって設置した追悼の場所であろう。このような場所が続いて在れば、真宗は再び皇后が立てられないだけではなく、日常の生活にも影響があることになる。つまり真宗の本心を推測すると、いうまでもなく、一日も早く取り除きたいのである。しかし、皇帝として、一挙一動が注目を引くから、ルールだけは守らなければならない。真宗は思い切って取り除く勇気がなかったので、大臣たちに意見を求めたのである。宰相王旦の意見は、故事に従い、もう一年設置すべきだという。王欽若は「几筵の設、典礼無き所、況んや朞年に及ばば、之れを撤して可なり」と言った。保留するか、取り除くか、大臣たちの言い分はまちまちであった。宰相王旦がすでに意見を表明したので、真宗は心から願わなくても、仕方なくもう一年の設置を延長することに賛成した。そのとき、一心に真宗の歓心を買う王欽若が依然として「固く之れを撤せんことを請」う。かれの意見は容れられなかったが、当然のことながら真宗は内心、ありがたく思ったであろう[80]。

王欽若が大中祥符元年、真宗と共同で天書を偽造した後、上奏進言したり、書を著し説を立てたりして、全力を傾けて真宗への阿諛迎合を進めた。目的は勿論皇帝というこの大樹に頼り、自分の権勢を強めるためである。一方、かれは真宗と共に天書を偽造して、大規模な泰山封禅と汾陰祭祀などの宗教行事を行い、大いに土木工事をおこして、宮殿廟所を建てた。これは全国に喧々囂々たる状態を現出した。こうした情勢下となれば、王欽若は、後退はできずに前進あるのみとなる。ここで一歩退いたら、地位も名誉もすべて失う可能性が十分あるであろう。そのため王欽若は、真宗を導き、いわゆる天瑞の大ぶろしきを広げ、さらには自分も書を著して真宗に呈上していった。

大中祥符元年五月、第二次天書が降りる前の一カ月以内、王欽若は続けざまに天瑞を二回上奏した。その一は五月壬戌、泰山の下に醴泉が出たとする報告。その二は五月乙丑、錫山に蒼龍が現れたという報告である。[81]

こうした宣伝をしておいてから、十余日後の五月丙子、真宗は第一次の天書が降りた時と同じように、古い手をまた使った。前に見た神が、来月また天書の降来をかれに告げたという夢を見た、というのである。真宗は「密かに王欽若の上奏するを諭」した。そして案の定、六月甲午に、天書が再び降りた。[82] 七月、「乙酉、王欽若言う、圜台・燎台を修して除道塁石の功畢わる。役を興して自り是に至るまで、未だ嘗て螻蟻等の物を見ず、嶽祠に致祭せんことを請う」という。そして真宗の言に対して王欽若がさらに同調するという形で、君臣二人が共謀して事に当たった。真宗は王欽若の奏したことについて、「之れに従う」こととなった。[83] 十月に泰山に封禅を行い、随行した王欽若がまた絶えずいわゆる天瑞を上奏していった。

十月甲午、「韋城県に次る。王欽若等言う、泰山の芝草再生せる者甚だ衆し」と、また「黄河の水、今歳上流に雨多し、時に泛溢すと雖も、正に中道に在りて、両岸に臨まず。其の隄防、常歳の用度工役に比べて約数百万を省く」と言った。[84] 真宗も天書降下と封禅などの活動を大いに行ったが、全くはばかるところがなかったわけではない。一番心配なのは、財政の問題であった。これについて真宗はかつて、三司使丁謂に下問したことがあった。同じ奸臣と言われる丁謂は、真宗に迎合して「大計に余り有り」[85] と答え、真宗を安心させた。王欽若はまた黄河の水防工事では数百万を節約できるなどと言って、具体例でもって真宗の財政への心配を解消した。これによって真宗はさらに安心させられた。

早くは八月に、王欽若は八千本の芝草を捧げたが、[86] 今回、王欽若はかれが言った「泰山芝草再生者甚衆」ということが嘘ではないことを証明するために、数日後、三万八千二百五十本の芝草を捧げた。[87] 王欽若がいったいどれ程の人を動員してこれだけの芝草を採ったのか、想像すら難しい。

泰山に登った後、王欽若は「唐高宗・玄宗の二碑の東、石壁南に向けて平峭なり、崖に即き碑を成し、以て聖製を勒せんと欲す」と提案した。これに対して、真宗はわざと謙遜したふりをして、「朕の功徳、固より紀する所無し」と言ったが、すぐに転じて、「若し須らく撰述すべくんば、上天の敷佑を謝し、祖宗の盛美を叙するに過ぎざるなり」と言った。数日後、王欽若が提案した懸崖へ彫刻するために、真宗は「登泰山謝天書述」と「二聖功徳銘」などの文章を書き出した。[88] これを見れば、やはり王欽若の提案は急いで威名を建てたがる真宗の心理に迎合したものと言えよう。

大中祥符四年（一〇一一）、真宗は皇陵に参拝しようとした。王欽若はこの機会をつかみ、「太廟に躬謁し畢るや、元徳皇太后廟に親謁せんことを請う」という要請を出した。元徳皇太后が誰か、王欽若がいったいどんな手を使うか、なかなか不可解なのだが、史書を調べれば、おのずと明らかになる。元徳皇太后とはまさに真宗の実の母なのである。彼女は太宗の多くの妃の一人として、太平興国二年（九七七）に死去した。真宗は即位後、先に賢妃に封じ、後に皇太后に封じ、元徳を諡号とした。これを見ると、王欽若はやはり人の機嫌を取るのが得意である。しかし、皇帝として、心のままに行動することはできない。それゆえに「礼官に詔して定議」せしめた。皇陵に参拝して、ついでに実の母の廟に立ち寄ることも人情の常であるし、皇帝にしても同じであろう。当然「議するに、欽若の請う所の如くす」という結果となった。そうすると、真宗もくるりと自分の要請を臣下の要請に変え、「之れに従う」[89] こととした。真宗の内心は王欽若の提案に感謝したにちがいない。

自分の職務と関係があるかどうかを問わず、皇帝の機嫌を取れるならば、王欽若がやらないことはなかった。『長編』に、「知枢密院事王欽若言う、近者、王公の車輅皆な飾るに龍を以てし、頗る彝制を紊す。太常礼院に下して検詳し、其の法を以て太僕寺に付して重修し、永く定式と為し、尊卑をして瀆さざらしめんことを請う[90]」とある。こうした皇帝の権威を保つ上書を真宗が見れば、当然うれしかったろう、結果はもちろん「之れに従う」というのである。

大中祥符六年九月、真宗は「諸州官吏をして天慶・先天・降聖三大節の毎に、道場を建て散斎致祭して大祀の如くせしむ」という詔を下した。これについて『長編』巻八一に「王欽若の請いに従う」と記されている。王欽若は真宗の機嫌を取るためであれば、人力や財力をいかに無駄にしようが、意に介しなかったと見える。天慶・先天・降聖三大節はいずれも天書降下などによって設置されたが、のち仁宗が即位すると、それらの祭りの観燈という活動が廃止されることになる[91]。

士大夫の才能はやはり書を著し説を立てることにある。真宗の歓心を買うために、王欽若は『后妃事績』七十巻を編修した。その本は、真宗から『彤管懿範』という書名を賜わった[92]。王欽若はまたたいへん苦労して、『道蔵』から趙姓の神仙四十人の事績を捜し出し、景霊宮の廊下にそれらを描くこととした[93]。これらのことは詔によって行われたが、おそらくは、王欽若が先に考え出して提案した後、真宗がかれに行わせたのである。

昔は免税の弁明によって未来の皇帝に知られた。引き続いて阿諛迎合によって寵愛を固めた。宋人が「主上（神宗）と朋友の若し[94]」という王安石を評価するように、王欽若と真宗との関係もまた、友達のようであった。先に引用したように、「欽若善く人主の意を迎う。上、望見して輒ち喜び、一官を拝する毎に、中謝の日に、輒ち問いて曰く、此の官に除するは、且つ意に可うや否や、と。其の寵遇、此の如し」とある。王欽若が真宗とはこのような関係にあったので、その人格が原因となって朝廷で屡々政治的打撃を与えられ、ひいては地方に追放されたこともあったが、何度倒れても、まもなく再起用となり、重用されたのである。この事実から見れば、宰輔専政とは、実際には皇帝の協力下の宰輔専政であった。こうした政治形態の下で、皇帝の協力は最も重要である。それゆえ執政集団は、皇帝の緊密な協力を得、最大限に皇権を吸収するために、常に自分の意志を無理矢理に皇帝に強いることはせず、柔軟に対応し、時には皇帝に若干の妥協を示して、皇帝のメンツに配慮するのであった。こうした執政集団の姿勢が、王欽若のような奸臣に一定の生存空間、そして活躍の空間を与えたと思われる。

第四節　「天書」で皇帝を惑わす

王欽若が奸佞と評価されたのは、かれがよく人を中傷し、皇帝に阿諛しただけではない。もっとも世間から非難されたのは、真宗に天書の捏造をそそのかした点である。元人が『宋史』を編纂して「王欽若伝」の巻末の「論曰」に「天書の誣、欽若に造端す」と直接に指摘している。そしてさらに「所謂道を以て君に事うる者は、固より是くの如きか」と非難した。

次に、天書登場前の背後操作について少し考察していきたい。まず、『長編』巻六七景徳四年十一月庚辰の条に記されている王欽若と真宗との対話を見てみよう。


初め、王欽若既に城下の盟を以て寇準を毀《そし》る。上是れ自り常に怏々たり。

他日、欽若に問いて曰く、今、将た奈何せん、と。

欽若上の兵を厭うを度り。即ち繆《いつわ》りて曰く、陛下、兵を以て幽薊を取らば、乃ち此の恥を刷《そそ》ぐ可きなり、と。

上曰く、河朔の生霊、始めて休息を得たり、吾復た之れを死地に駆るに忍びず、卿、盍ぞ其の次を思わざる、と。

欽若曰く、陛下苟も兵を用いざれば、則ち当に大功業を為すべし。以て四方を鎮服し、戎狄に誇示す可きに庶からん、と。

上曰く、何をか大功業と謂う、と。

欽若曰く、封禅是れなり。然れども封禅、当に天瑞希世絶倫の事を得べくして、乃ち為す可し、と。

既にして又た曰く、天瑞安んぞ必ず得可けん。前代に皆な人力を以て之れを為すこと有り。若し人主深信して焉れを崇奉し、以て天下に明示せば、則ち天瑞と異なる無し。陛下、河図を出で洛書を出づるは果たして此れ有りと謂うや、聖人、神道を以て教を設くるのみ、と。

上、之れを久しくして乃ち可しとし、独だ王旦を憚れ、曰く、王旦不可無きを得んや、と。

欽若曰く、臣、聖意を以て旦に諭せんことを請う。宜しく不可無かるべし、と。(95)


とある。本来、朝野内外と同じように平和の喜びにひたっていた真宗は、王欽若に城下の盟と賭博の喩えによって、軽く突つかれた結果、「澶淵の盟」以来の自己陶酔が霧散消失してしまった。これ以来、抑え難い恥辱感に覆われるようになった。とりわけ、幻の薄い障子紙を突き破られたように、王欽若と会ったときに、その感じはもっとも強くなり、従って表情ももっと自然ではなくなったのであろう。そのため、真宗は数日前の話題に引き続き、いきなり王欽若に「今、将た奈何せん」というつかみどころのない質問をした。これに対して王欽若は、幽燕を奪い返し、雪辱するしかない、とできないことを知っていながら、わざと言った。真宗自身、厭戦気分をもっていただけではなく、さらに契丹を恐れていた。しかも宋朝は金銭外交でようやく平和をあがなっている状態であった。王欽若が言ったような、五代時期に契丹に占領された河北の燕雲十六州を回復することなど、太宗にさえできないことであった。そこでメンツを重んずる真宗は、再び民が塗炭の苦しみをなめるのは忍びない、という聞こえのよい理由で、王欽若の提案を拒否した。もともとそのような本心がない王欽若は、ここで陰謀を実行し始めた。つまり、封禅の礼である。しかし、封禅には必要な前提条件がある。すなわち、めずらしい天瑞が得られれば、行えるのである。王欽若はこの提案を出した後も、真宗がこの提案にも絶望してしまったかと気を揉んだが、天瑞は得難いが、史上少なからぬ天瑞が人為的なものであった、それもほんとうの天瑞も同じことだ、と説明した。こう言っても、真宗がまだ、かれの暗示している天瑞捏造ができることに自信を見せないことを心配して、直接、いわゆる河図・洛書も聖人が神道の名義に見せかけて教化を行ったにすぎない、とまで言った。こうした露骨な説明に対して、真宗は長いこと考え込み、最後にはようやく王欽若の提議を飲んだが、唯一の懸念は、宰相王旦が賛成するか否かということである。真宗のこのような躊躇は、一人の皇帝が執政集団の支持を得ている有力宰相に対するときには、よくあることであった。

皇帝が何かをする時には、往々にして、何人かの賛同者を味方に引き入れなければならない。少なくとも、宰相の賛成を得なければならない。それができれば、実行に差し支えはない。これは、孤立した皇権の無力な一面を示している。執政集団と結びついた皇権は、有力な皇権である。同様に、皇権の支持があればこそ、宰輔専政も実現できる。二者は相互補完の関係にある。

真宗の心配に対して、王旦の性格がよく分かっている王欽若は、皇帝の旨を王旦に伝えたら、反対するはずはないと言った。後に王欽若は「間に乗じて旦の為に之れを言わば、黽勉して従わん」と先に引く『長編』に記されている。だが、『長編』の「黽勉して従わん」というのは、かなり曖昧であった。続く記事を見れば、王旦は天書のことに「異を持す」、つまり異議があった。少なくとも王欽若が伝えた聖旨に対し、率直に答えていなかった。王旦のこうした態度を前にしたとき、天瑞の捏造は、真宗としては絶対に軽率には実行できない。かれはある日の夜に、秘閣に当直している杜鎬のところに行って「卿墳典に博達す。所謂河図出で、洛書出づるは、果たして何事か」と訊ねた。杜鎬は真宗のいきなりの質問の意図がわからないので、「此れ聖人神道を以て教を設くるなり」と曖昧に答えた。これは思いがけず、「偶たま欽若と同じ」答えであった。これが証明していることは、王欽若の話が嘘ではなく、理論上、天瑞の捏造も、「神道設教」の形の一つとして、実行できないことはない。真宗は大いに鼓舞され「此れ由り意決す」ることとなった。だが真宗は宰相王旦の明確な支持を得なければならない。そのため、真宗は計略をめぐらし、「王旦を召して内中に飲み、甚だ歓す。賜うに尊酒を以てし、曰く、此の酒極めて佳し、帰って妻孥と之れを共にせよ、と。既に帰って発視するに、乃ち珠子なり。旦、是れ自り復た異を持さず。天書封禅等の事始めて作る(96)」という。

太祖の「杯酒釈兵権(97)」もそうであるが、宋朝の皇帝は重要なことはほとんど酒席に持ってきた。真宗は宰相と一緒に酒を飲んで良い雰囲気を作ろうとしただけではなく、さらにひそかに賄賂を贈った。尊貴な皇帝がこんなことまですればこそ、宰相王旦は青信号を出し、通行許可となるのである。宰相王旦という関門を通過し、「天書封禅等の事始めて作る」こととなったのである。これは宰相の権力の強大さの片鱗を見せるものであろう。この通行許可証を得るために、皇帝が宰相に賄賂を贈った事柄は、孤立した皇権の無力な一面を如実に物語っている。

王旦は真宗のメンツと個人の利益のために、「復た異を持さ」ないこととなり、結局賢相といわれる王旦の履歴に汚点を残した。その後、王欽若と真宗は憚る所なく、ほしいままにふるまい始め、屢々天書を捏造し、相次いで東には泰山に封禅し、西には汾陰に祭り、南には亳州に拝謁し、正常な行政運営を乱しただけではなく、政府の財政も悪化させた。真宗と王欽若は、宰相王旦が天瑞の捏造を黙認するのを見定めた後、陰謀を開始した。翌年正月、真宗は王旦や王欽若などの大臣を宮中に呼んで、神秘的に次のようなことを述べ始めた。去年の十一月のある夜、就寝しようとしたとき、神が降りてきて、道場をつくらせろ、さらに来年一月に大中祥符三篇が降りる、と告げられた。そこで十二月一日から斎戒しながら精進料理を食べ始め、道場を作った。ところがさきほど、左承天門の屋根に一つの黄色い帛が見つかったという、皇城司の上奏を受けた。なかに文字があるらしい。それは神が言われた天書にちがいない、と。この話の後、真宗は大臣たちを連れて承天門に行き、掛けてある黄帛に線香をあげ、拝跪してから、宦官に取り下げて、道場に持っていかせて開封した。表面に「趙受命、興於宋、付於恆、居其器、守於正、世七百、九九定」という二十一字が書いてある。広げると黄色い字で書いた文章が三篇ある。内容はだいたい『尚書』の「洪範」と老子の『道徳経』と似ていたが、中には始めて真宗が「能く至孝至道を以て事を紹ぐ」などと述べられている。(98) ここまでくれば、誰にも、すでに天書の政治的目的は明らかであろう。「戎狄に誇示する」のは、天書の副次的な目的に過ぎない。主要な目的は、天書を借りて「付於恆」と、天命を受けた真宗の地位の正統性を表すことである。張其凡氏の論文は、真宗朝の天書封禅などについての詳細な考察を行っているが、残念なのは、天書のこうした政治的目的を指摘していない点である。(99)

天書が降りた数日後、大中祥符と改元された。さて本格的な茶番劇の幕は切って落とされた。天書に続いて王欽若は、泰山での封禅を企てた。真宗はかれを封禅経度制置使兼判兗州に任命した。封禅の全過程において、王欽若はこの茶番劇の監督役を果たしていた。

前述したような、泰山に醴泉が出たとか、錫山に蒼龍が現れたとか、ということは、いずれも王欽若が口に出したことであった。一方、真宗は絶えず手練手管を使って、もう一度夢に借りて、前の神がまた天書が降りると告げたことにした。真宗は仲間である王欽若の力を借り、「密かに諭して王欽若に上奏せしめ」た。真宗の指図によって、王欽若は六月に上奏し、泰山の醴泉亭の北側に天書が見つかったとした。王欽若は人を派遣してこの天書なるものを都に送らせ、真宗は盛大な式典でこの天書を迎えた。王欽若も真宗と同じように夢を利用した策を使い、泰山では夢に神を二回見たが、威雄将軍廟に行くと、廟の神像が夢に見たものと全く同じだった、などと言った。王欽若は真宗と共謀して悪事をはたらき、天瑞を捏造して、真宗の威信を打ち立て地位を揺るぎなくする欲望を満たしただけではなく、かれ自身、その中で利をむさぼったのである。『宋史』本伝に、王欽若が封禅後の昇進について、「封禅の礼成り、礼部尚書に遷る。『社首頌』を作らせ、戸部尚書に遷る。汾陰を祀るに従い、復た天書儀衛副使と為り、吏部尚書に遷る。明年、枢密使・検校太傅・同中書門下平章事と為る。聖祖降り、検校太尉を加う」と記されている。

『宋史』「真宗紀」の巻末に、真宗朝の天書降下や封禅などの事について「一国の君臣、病みて狂然たるが如し。吁、怪しむ可きなり」と評価して、宋王朝のこの真宗と王欽若の行為を、不思議な、正常ではないものとする。『宋史』の編者はまた続いて「意うに、宋の諸臣、契丹の習を知り、又た其の君に厭兵の意有るを見るに因り、遂に神道設教の言を進む。是れに假りて以て敵人の聴聞を動かさんと欲するは、其の窺覦の志を潛消するに足るに庶幾からんか」と推測している。この推測も全く道理がないわけではないが、敵対国を威嚇する方式の一つとしても、やはり「一国の君臣、病みて狂然たるが如し」という原因としては、不十分と思われる。[100]

「澶淵の盟」は、宋遼両国を敵対より平和に転じさせた。戦争の脅威が解消したのに伴い、軍事費の支出や労役の動員が減少したので、宋の朝野内外は重荷を下ろしたように、欣喜雀躍した。真宗はその治世の最初に、刃に血塗らずしてこのような大きな功績を立てることができたため、自己陶酔した。そのとき、真宗は、少しも功労がないまま皇位を継承した皇帝自身に王朝の存続という大きな功績を立てさせた寇準を、無理に親征させられたときの色々な不快は忘れたかのように、いっそう重用することとなった。このとき、寇準への信任は厚く、その言はすべて聞き入れ、寇準の権勢を最高峰に押しあげた。しかし、この雰囲気は王欽若の例の賭博の讒言で破壊された。一転して、興奮状態にあった真宗の意気は急激に消沈した。即位前から常にかれをすっぽり包んでいた弱気が再び戻った。「澶淵の盟」の前後、文武大臣に賭け金として左右されたのみならず、金銭外交であがなった城下の盟は、さらに外敵に嘲笑されるまでになった。この状態を続けていくと、恥辱をこうむるだけではなく、皇位まで転覆される可能性があるではないか。王欽若の讒言が真宗にこうした危機感を持たせた。真宗は「自是常怏怏」という状態にあるので、苦慮して弱気を克服し、偉業を行い、地位を固め、威信をうち立てようとした。このとき王欽若は、時機を失わずに天瑞捏造の陰謀を繰り出した。これには真宗もたちまち同調してしまった。天書降下や封禅などの一連の活動は、客観的にも当時朝野内外における戦争終結の喜びの雰囲気に合致したので、真宗と王欽若の行為も不自然なことではなかったとは言える。

しかしより深い要因を考えれば、人間の心理として、現実には得られないものを、往々にして別の世界に求める。これは宗教が生まれる原因の一つとも言えよう。現実の無力から逃れるために、常に弱者であった真宗は、やむをえず別の世界に精神的支持を求めようとした。それによって心理的バランスを保とうとしたのである。史上、秦の始皇帝や漢の武帝などの帝王は、封禅で皇権の至上を示したが、真宗はそれらの皇帝にはるかに及ばない。だが真宗も、国を挙げて歓喜に沸き返る雰囲気の下で封禅を行えば、同様の精神的な巨大さを獲得することができるだろう。天の権威を借りて人の権威を強化するのが、「神道設教」の目的ではないか。天の発言によって皇帝の正統的地位を固めれば、誰の発言によるよりも説得力があるだろう。屡々天書で「付於恒」を強調して、歴代の偉い皇帝に倣って封禅を行うのは、まさに現実の真宗の心理的な弱さを反映していた。

一方、天書降下や封禅などの大規模な行事を行ったのには、王欽若と真宗とはいずれの方にも、個人的要因があった。『長編』巻八八大中祥符九年十一月戊辰の条に「王欽若嘗て自ら言う、圃田を過ぎり、夜に起き天中を視るに、赤文紫微の字を成す。後に蜀に使し、褒城に至る道中に、異人に遇うに、告ぐるに他日、位は宰相に至るを以てす。既に去り、其の字を視れば、則ち唐の司徒裴度なり。貴なるに及び、遂に神仙の事を好む、と。常に道家の科儀を用い、壇場を建てて、以て神に礼し、紫微二字を朱書して壇上に陳す(101)」とある。続いて李燾は「凡そ天書及び諸祀祭、皆な欽若之れを発す。以て其の邪佞を済すと雖も、亦た素より蓄積する所の者を以て然るなり」と分析した。李燾の言ったように、王欽若が神仙の事に夢中になるのは、好みと信仰の両面がある。天書を偽造した後、王欽若は数多くの書籍を編纂した。「怪力乱神」を語ることに全力を傾けていた。詔を受けて「社首壇頌」[102]、「朝覲壇頌」[103]、「奉事天書儀制」[104]五巻を書いたほか、自ら『聖祖事績』十二巻を書いて、真宗から『先天記』の書名を賜った。後にその書に三十二巻を追加した。[105]さらに『翊聖保徳真君伝』三巻と『会霊志』百巻を著し、真宗がそれぞれに序文を書いた。[106]さらにほかの人とともに『天禧大礼記』四十巻を編修した。[107]数年間にこれほど多くの巻帙の書籍を編纂した事実の背後には、やはり宗教的熱狂を考えないわけにはゆかないであろう。

真宗が神仙などのことに夢中になるのは、上述した原因のほか、個人的要因も無視できない。史書には、皇帝の生まれに関して常に若干の珍しい兆しを記録するのが普通である。『宋史』「真宗紀」には、真宗が生まれたとき、「左足の指に文有り、天字と成り」と記されている。現在から見れば、新生児の皮膚のしわにすぎないが、これが天子の足に出ると、凡人と違うということになる。これが非常に誇張され、後の真宗は、己は天命に当たっていると思ったのだろう。「真宗紀」に「(真宗)幼に英叡にして、姿表特異たり。諸王と嬉戯し、戦陣の状を作り、元帥と自称するを好む。太祖之れを愛し、宮中に育つ。嘗て万歳殿に登り、御榻に昇りて坐す。太祖大いに之れを奇とし、撫して問いて曰く、天子、作るを好むや否や、と。対えて曰く、天命に由るのみ、と」[108]という逸事が記されている。これから見れば、真宗は幼年から天命を信じていた。かれが三男の身分で長男を超えて即位した事実は、かれにさらに深く天命を信じさせた。真宗が天書を捏造して東封西祀などの宗教行事を行ったのは、もちろん「神道設教」の目的があったが、誠意をもって天命に祈り、自分を守ろうとした面もあると思われる。

天命・鬼神に熱中する君臣二人が結びつき、数年間続く茶番劇を上演した。それは挙国の喜びの声から始まり、道に満ちみちた怨嗟の声に終わった。泰山に封禅を行う前には、三司使丁謂が「大計有余」と言ったが、数年後、同じ丁謂は、すでに真宗に「恐らくは有司の経費給せず」と悲鳴を上げた[109]。王欽若は「神道設教」をねじ曲げ、真宗に天瑞を捏造することを示唆し、東は泰山に封禅し、西は汾陰に祭るという一連の行事を演出した。これは人力と財力をむだにして、朝廷に財政難をもたらしただけではなく、迷信で皇帝を惑わすやり方は、全く別の類型の君臣関係を作ってしまった。当世および後世の士大夫が王欽若を強く非難した。それは王欽若が士大夫の儒学の「不語怪力乱神」という原則を無視して風気を腐敗させたからだけではない。皇帝に天瑞が捏造できることを分からせてしまい、士大夫たちが皇権を牽制する天譴理論も効果がなくなるためである。

第五節　権謀で天寿を全うす

政界の複雑さは、政界の中の人の複雑さである。複雑な人間関係は目に見えないネットワークである。政治家の間の齟齬は必ずしも正面衝突によって生じるだけではなく、あるときは無意識に誰かの恨みを買っている場合もある。参知政事に昇任したばかりの王欽若は、前に翰林学士で科挙試験を主宰したとき、賄賂を受けたことを告発された。こういうことは調査の結果が事実であれば、始まったばかりの王欽若の政治的生命に莫大な打撃を加えたに違いない。この事件を摘発したとき、ちょうど王欽若は参知政事に任命された。この任命は王欽若を救った。真宗のメンツからして発表した決定を撤回するのは不可能であっただけではなく、宰相などの大臣も監督不行き届きの罪名を帯びたくなかったからである。下級官員の任命は、皇帝あるいは宰相の独断によってできるが、執政大臣の任命は、皇帝や大臣の独断ではほとんど不可能である。それは皇帝と執政集団との共同協議を通じて、意見の一致をみなければならない。少なくとも宰相の首肯を受けてはじめて決められる。こうしたことからすれば、かれらのメンツにかけて、問題になった王欽若を庇護しなければならない。それゆえ、御史中丞趙昌言が真宗に王欽若を尋問する要求を提出したとき、真宗は「朕、欽若を待する、至って厚し。欽若若し銀を欲せば、当に朕に就きて求むべし、何ぞ苦しみて挙人の賂を受けんや。且つ欽若纔かに政府に登る、豈に遽かにして獄に下さんや」と言った。真宗の話には二つの意味がある。一つは事件自体を信じない。もう一つは、任命したばかりの大臣は尋問できない。これでは最初から口をつぐんでしまったと同然である。これに対して、気の利かない趙昌言は、依然として王欽若を尋問しようとした。真宗は趙昌言を捨てて、別の人に、王欽若の保護を前提として王欽若を調査させた。調査の時には、王欽若は大胆に人証も物証も隠した。結果的には、調査を主宰した邢昺が、王欽若と一緒に知貢挙となった洪湛を身代わりとして逮捕した。そのため、王欽若は庇ってくれた邢昺に厚く感謝し、後に恩を返した(110)。この事件は広く伝わってしまい、調査結果が王欽若と関係がなかった上は、洪湛一人の逮捕では終了できなかった。王欽若を保護するために、真宗と執政集団はいっそうの犠牲を払った。つまり、本来王欽若を尋問しようとした人たち、つまり御史中丞趙昌言から、侍御史知雑事、殿中丞、主簿等数人を厳しく処罰した。なかでも趙昌言は、「操意戯険、大臣を誣陥」したという罪名で、戸部尚書・御史中丞より安州司馬に斥けられた。この賄賂事件について、確かに収賄していた王欽若は後に『真宗実録』を編修するとき、できるだけ隠し通そうとした。そのため、李燾が『長編』を編纂したとき、この事件の史料を使って鑑別しようとした。李燾は注で「此の段『実録』書する所は専ら王欽若の為に諱む。今、司馬光『記聞』及び欽若新伝を用いて修入す(111)」と説明した。かれに代わりとがめを受けた洪湛に対して、王欽若も内心ではやはり悔やんでいる気持がある。洪湛が流刑地に死んだことを知ったとき、参知政事の官位を保った王欽若は「亦た内に自ら愧じ」、真宗に詔を下させて、「銭二万を給して官護喪と為して本貫に還す」とある。流刑に処された人にこのように慣例を破ったことを隠すために、また詔を下して、「命官流竄して嶺南に没せる者、緡銭を給して帰葬を聴す、其の親属に州吏を遣わし、之れを部送せしむ」[112]とある。恨みを持って死んだ洪湛にとってのせめてもの慰めは、流刑で嶺南に死去した数多くの人が、かれによって、遺骨が故郷に戻れたことであろう。

王欽若は真宗と全執政集団の庇護によって、賄賂事件から抜け出した。しかし、王欽若本人さえ意識していなかったのは、この事件の処理結果がかれの官途に一生の目に見えない苦痛をもたらしたことである。前述した御史中丞趙昌言はこの事件によって左遷され、しかも「是れ自り、省録十余年を獲ず、屡々吏に捨て、量移放還せらる。祥符中に至り、乃ち戸部侍郎に復叙す。西祀の恩により、吏部侍郎に遷し、卒す」とある。趙昌言という人は、等閑の輩ではなかった。かれは太宗朝に執政大臣として、前後して枢密副使と参知政事をしたことがある。もっとも重要なことには、かれは王欽若より先に参知政事となった王旦の岳父であった。昔、進士になったばかりの王旦は、趙昌言の援助によって政界に速く昇進したのである。社会、とりわけ政界は一つの大きな網である。友人の友人とつき合いを広げれば、益が得られる。逆に友人の友人まで感情を害すると、運が悪くなるかもしれない。趙昌言を処罰するとき、王旦は普通の参知政事にすぎず、しかも宰相の呂蒙正と向敏中は、王旦と親密な関係になかったので、特に趙昌言を救えるはずはない。この情勢下、まだものになっていない王旦は怒りをこらえて我慢せざるをえなかった。しかし、その後宰相となった畢士安と寇準はいずれも王旦の友人であったので、自然に王旦の立場に立ち、王欽若への義憤に燃えた。以前よく理解できなかったのは、王欽若が直接に寇準の恨みを買うことがなかったのに、なぜ二人は「素より協わ」なかったのかということであった。だが考えてみれば、この事件が一つの要因となっていると思われる。畢士安・寇準と続いて、王旦は長く十二年間宰相を務めていた。その期間、徹底的に王欽若を抑えつけてしまった。真宗が王欽若を宰相に指名してさえ、王旦は断った。王旦が宰相辞任後、死の直前に、王欽若はようやく宰相となった。そのとき、王欽若は他人に憤慨して「王子明（王旦の字）の為の故なり、我をして相作らしむること却って十年晩らしむ」と不平をこぼした。王欽若が口に出して言えない原因は、まさにかれの賄賂事件によって王旦の岳父を悲惨な境遇においたことである。

常に陰険だが柔軟に対応していた王欽若は、宰相として、さらに執政集団のリーダーとして、皇帝真宗を怒らせない必要は充分にあったが、普通の執政大臣のように、宰相の顔色をうかがって行動する必要はなくなった。したがって、王欽若は思いのまま権力をふるい始めた。まもなくかれと「議論多いに失する」参知政事張知白を執政集団から締め出した。しかし、真宗は張知白に対する印象が悪くなかったので、張知白に「輔臣雑学士を以て藩に出で、並びに翰林侍読学士をもって外に使す」という先例を開いたのみならず、また「詩を賦して之れを餞」した。(113) この真宗の行動が示すのは、王欽若が真宗の心の中の天秤における重さを失いはじめたことである。皇帝として、真宗は往々にして宰相の行動を阻止する力がなく、思うに任せなかった。さらに執政大臣の罷免を含め、罷免の制詞は皇帝の名義で出す。こうした状態の下で、真宗は別の行動で人事に対する不満を表すしかなかった。真宗の罷免後の張知白への一連の慰安はこのことを物語っている。

宰相に不満を抱いている皇帝は、ほかの官僚、とりわけ執政大臣と連合しなければ、孤立した身で宰相に手を下すことはできなかった。実際に手をつけたとしても、宰相を打ち倒せる可能性は微々たるものである。だが朝廷内の宰相への不満が一定の程度までに蓄積した後、あるいはある偶発の事件を利用できれば、政敵と連合して、皇帝ははじめて不満な宰相を打ち倒せる。これを見れば、皇帝の宰相罷免という行動に表れた皇権の力は、どうしても少し割り引いて見なければならないのである。

二年間近く執政した王欽若は、天禧三年六月に罷免された。王欽若が今回罷免された経緯については、『長編』巻九三天禧三年六月甲午の条に甲午、左僕射・平章事王欽若、罷めて太子太保と為す。時に欽若の恩遇浸く衰うなり。人、其の金を受くることを言う者有り。欽若、上の前に自ら弁して、御史台に下し実を覆せんことを乞う。上悦ばず、曰く、国家御史台を置くは、固より人の為に虚実を弁せんと欲するのみ、と。欽若皇恐として、因りて藩に出づるを求む。会たま商州、道士譙文易、禁書を蓄え、能く術を以て六丁六甲神を使うを捕得す。自ら言う、嘗て欽若の家に出入す。欽若遺る所の詩及び書を得、と。上以て欽若に問う。欽若、謝して省せず。遂に相を罷む。(114)

と詳しく記されている。ここで述べられた二つの事は、王欽若はとぼけて認めていないものの、確かにその事があったと信じられる。前者については、王欽若には賄賂を受けてきた歴史がある。先述の、王欽若が知貢挙であったとき、挙子の賄賂を受けたことがある。そのとき、真宗が全力で保護しなければ、掛けたばかりの参知政事の椅子からすぐに転げ落ちるはずであった。そのことは真宗を苦しい境地に追い込ませた。今回寵愛をすでに失った王欽若が、また真宗の保護を望んだところ、真宗は国家が御史台を設置したのはお前個人の為ではないと皮肉を言った。皇帝としてこのような言葉が出るのは、現任宰相を罷免するだけの充分な自信を持っていることをはっきりと示している。頭がよい王欽若はすぐ真宗の態度が分かったので、気を利かせて辞任願いを出した。

後者について、つまり王欽若が鬼神を信じて、常に邪道の雑多な人と触れ合っていたのは疑うべくもないだろう。宋代では民間で天文や占い類の書籍を収蔵することが厳禁されている。(115)天命と鬼神を信じる皇帝には民間人がこのような書籍をもっていると、その統治がおびやかされると思われたのであろう。王欽若がそれらの人と交際したということは、不法なことをたくらんでいたという嫌疑を着せられる。こうした理由で宰相を罷免すれば、誰も異議をだせないはずである。王欽若が罷免された後、宿敵である寇準が宰相に任命された。同時に寇準が常に推薦している丁謂も再び参知政事となった。こうした人事異動は、一朝の宰相に一朝の臣、という相互に角逐する朝廷内の政治諸勢力の浮沈を表すが、一方、皇帝が中に立って朝廷の各種の政治勢力を操ろうとする意図も反映している。

王欽若は罷免された後、まもなく太子太保で判杭州として朝廷から離れさせられた。そのとき、もはや真宗在位の後期になっていた。卒中にかかっている真宗は、時には意識がもうろうとするし、時にははっきりするが、言葉は出にくい状態になった。真宗の正常な政務執行が困難な状態下、皇后劉氏は「漸く朝政に預か」るようになった[116]。一新された執政集団内部では、本来参知政事丁謂と仲の良かった寇準が、丁謂の人柄及び事の処理方針に反感を抱くようになり、次第に仲たがいをして、対立関係に入った。ここに朝廷内は丁・寇両党に二分された。丁党は勢力がますます強くなる劉皇后に付き、最後に太子が監国の形で異分子を一掃しようとした寇党のクーデターを逆に粉砕した。そして丁謂は宰相となり、寇準を朝廷から追放した[117]。そのときの王欽若は、遠く杭州で、一年間のんびりと山上に座し、相い攻め合うトラたちを傍観していた。

丁謂が寇準を追放した後、今度は本来寇準を支持していた宰相李迪との対立が激化した。このとき、真宗の病状はさらに悪化していた。すでに傍観に飽き足らなくなってきた王欽若は、かれらの争いに乗じて漁夫の利を得られる可能性があると思ったのか、まず、上奏して自分の判杭州としての酒榷増羨と獄空という成績を示した。かれを忘れないように、と朝廷の注意を喚起する意図である。もちろん王欽若の敏腕をもってすれば、実際にこうした成績を出せたのは、なんら不思議ではない。続いて王欽若は自分本来の単なる肩書にすぎない太子太保の身分を強調して、「自ら東宮に備位するを以て朝に入らんことを請」う[118]。真宗が執務できず、劉氏が勢力を強め、朝廷の大臣が相互に闘い、未来の天子である太子が利用可能である、という諸要素を分析した王欽若は、再起していく一歩を歩みだした。果たして王欽若は願いどおりに、「内殿に赴き、起居せしむ」ることとなった。数日後、また「資善堂上梁し、皇太子、官僚を会して之れを観、太子太保王欽若詔旨を承け、焉れに預か」った、とある。王欽若はみごとにかれが持つ太子太保の身分を利用して皇太子の活動に参加した。さらに太子太保王欽若は資政殿大学士に任命され、「仍お日に資善堂に赴き皇太子に侍し講読せし」めた[119]。したがって名実共に、皇太子の先生となった。

皇帝のそばにいれば、常に引見される機会がある。十一月のある日、真宗は「宣和殿に輔臣及び王欽若と対し、御製の会霊観銘石本、各々一つを賜[120]」わったとある。真宗は輔臣以外に特に王欽若を呼んだ。会霊観銘によって、晩年の真宗は王欽若が以前かれと一緒に行った雄大な規模の天書降下及び封禅などのことを思い出しただろう。十二月、真宗は王欽若を含む東宮兼任官に多くの銀両を賜わった[121]。

そのときの王欽若は丁謂の主な競争相手ではないものの、本来王欽若との関係が悪くない丁謂は、やはり王欽若が再び寵愛を得ることを警戒した。資格や経歴・地位から見れば、王欽若は丁謂の潜在的脅威だったからである。そのため、丁謂は計略を使って王欽若を再び朝廷から離れさせた。『長編』巻九六天禧四年十二月丁酉の条に「丁酉、資政殿大学士・司空王欽若を以て、山南東道節度使・同平章事・判河南府と為す」と記されている。この人事の背景について、『長編』は続けて

> 初め、欽若は丁謂と善し、援引して両府に至る。謂の志を得るに及び、稍々欽若に叛す。欽若之れを恨む。時に上不豫久しく、事多く遺忘す。欽若先に太子太保を以て東宮に在り、三少の上に位す。謂悦ばず。因りて司空を改授す。欽若晏に見ゆるに、上問いて曰く、卿何故中書に之かざる、と。対えて曰く、臣宰相為らず、安んぞ敢えて中書に之かん、と。上、都知を顧み、欽若を送りて中書に詣き事を視せしむ。謂、饌を設け、以て之れに待せしめ、曰く、上、中書をして饌を設けしむるのみ、と。欽若既に出づ、都知をして入奏せしむ。白麻無きを以て、敢えて詔を奉ぜず、因りて私第に帰る。学士院に詔して麻を降す有り。謂乃ち欽若を使相に除して西京留守と為す。上、但だ宣制を聞くのみ、亦た之れを寤らざるなり[122]。

とある。この記事から、王欽若が太子太保より司空に変わったのは、王欽若が丁謂等宰相大臣より上の官位にあることに対して、丁謂が不満を持ち、変更したのである。意識もはっきりしない真宗は、王欽若と会ったとき、王欽若がすでに宰相ではないことをすっかり忘れており、なぜ中書にいかないか、と訊ねた。これに対して、王欽若は泣くに泣けず、笑うに笑えず、臣は宰相ではないから中書にいけない、と答えた。それでもまだ分からない真宗は、内侍に王欽若を中書に送らせた。皇帝が専ら人を遣わし王欽若に中書で政務を執らせることなど、丁謂は全く気に食わないから、食事に招待する形ですぐに去らせた。宰相任命の手順をよく理解している王欽若は、もちろん残る勇気はなかった。かれは内侍を通じて真宗に、白麻紙で書いた辞令がなければ、皇帝の口頭命令だけでは受け入れられない、ということを伝えた。その後、かれは家で真宗の正式辞令を待った。確かに辞令が届いたが、中書で政務を執る宰相ではなく、虚名だけの使相であった。かつ地方勤務であった。この件においては、真宗と王欽若は、いずれも宰相丁謂にからかわれたのである。

この事件が説明するのは、第一、皇帝の命令が正常な手順で下されなければ、宰相も、命令を受けた当事者も従うことができない。つまり王欽若が言った「不敢奉詔」なのであり、丁謂も大胆に無視できたのである。第二、皇帝の命令が正常な手続きに従っていれば、政府の行政のシステムに入ってしまう。つまり、「学士院降麻」ということになる。だがそのとき、宰相をはじめとする執政集団は、皇帝の旨に部分的にかれらの意見を混ぜ合わせたり、ひいては全く皇帝の意思を変えてしまうことすらある。たとえば、真宗の本心は、学士院に宰相任命の辞令を発布させたかったが、宰相丁謂の命令によって、使相に変更された。真宗が意識不明な状態にあったので、丁謂は公然と皇帝をだましたのである。しかし、正常な健康状態にある皇帝の命令でも、宰相大臣から命令を起草する翰林学士・知制誥に至る間に、常に幾重にも加減されてかれらに有利な方向に変えられた。

発布された一枚の任命書に直面して、王欽若は言うに言えぬ苦しみを抱いて、任地に行った。王欽若は当時の「旧相鎮に出づる者、多く吏事を以て意と為さず[123]」という風習と違い、政務に力を注いでいた。たとえば、王欽若は管轄内の澠池県が盗賊を捕らえるために多くの無辜の民を留置したことを見た後、釈放を命令した。さらに王欽若は、ほかのところにも類似のことがあるはずであると考えて、朝廷に上書して、類似の事があった場合、三カ月以内に犯人を捕らえられなければ、留置した人を保証人付きで釈放しなければならないとする命令の発布を求めた。朝廷は王欽若のこの請求を許可した[124]。また王欽若が着任した半年後、京西提点刑獄より河南府の「獄空」が朝廷に報告された。そのため、朝廷は真宗の名義で王欽若の成績を表彰した[125]。

表彰は役所の形式的な文章に過ぎない。すでに寇準の脅威を取り除いた宰相丁謂には、もう一人の政敵王欽若を制圧する余裕があった。天禧五年（一〇二一）末、真宗は判河南府王欽若が病気になったことを知った後、太医を遣わして治療を行った。その前にすでに、王欽若は治療の都合で何回か都に戻り、治療の要求を出していたが、朝廷の返事はなかった。真宗が太医を派遣した直後、丁謂は人を遣って王欽若に、皇帝が何回もあなたに会いたいと言われたが、あなたが上表してから、直接に来られれば、皇帝が咎めるはずはない、とだました。ちょうど真宗の太医が治療した直後で、王欽若は丁謂の伝言に少しの疑いも持たないまま、息子（王従益）に河南府に簡単に報告させた後、都に戻った。これこそ、丁謂のわなだったのである。常に他人をわなに掛ける王欽若が、逆に他人に陥られ始めた。丁謂は「擅に官守を去り、人臣の礼無し。御史中丞薛映をして第に就き按問せしむるに、欽若惶恐として罪に伏す」と王欽若を弾劾して尋問した。処分の結果は「(王欽若）司農卿・分司南京を責授す。従益の一官を奪う。転運使及び河南府官皆な罪を被る。仍お天下に詔諭せしむ[126]」という。こうした処罰はすべて宰相丁謂の旨によってなされたもので、太医を派遣したばかりの真宗からではなかった。後の『長編』の記事によれば、分司南京まで丁謂の提案であった。当時の知南京応天府は、昔王欽若と不和で王欽若に執政集団から追放された張知白という人物である。丁謂は、張知白が必ず王欽若に報復するであろうと考え、わざと王欽若の処罰地を南京に指定した。だが意外にも張知白は度量が狭くなく、逆に難にあった昔の同僚に周到な優遇をした。これは丁謂を大変怒らせ、まもなく張知白の職務は異動された[127]。これら一連のことから、免職の処罰、人事異動などは、すべて宰相丁謂が片手で天を遮るように行っていたのである。

王欽若が分司南京に移された数カ月後、真宗は崩じた[128]。これより、皇権は権処分軍国事劉太后の手に入った。朝廷においては、相変わらず宰相丁謂が片手で天を遮り、采配していた。以前、劉太后は丁謂と連合して、彼女を皇后に立てることに反対し、かつ屢々衝突した寇準と李迪を追放した。しかし、志を遂げた丁謂は専横なふるまいをし、劉太后の行動にも干渉して、宮廷の経費をも制限していた。次第に丁謂は「稍々太后の意を失う」、そして「太后滋々悦ばず[129]」という状態になった。

皇権は有力な武器であり、ある派閥が掌握できなければ、必ず他の派閥に掌握される。皇権に取って代わる特例を除き、「君臣相い得ること皆な魚の水有るが如し[130]」という状態でなければ、宰輔専政は決して長く維持することができない。皇権をつかんだある派閥は、遅かれ早かれ、敵対派閥に取って代わり、新たな君臣協力下の宰輔専政が形成されてゆくのである。案の定、真宗が崩じて半年足らずで、飛ぶ鳥をも落とす勢力を誇った丁謂は、真宗陵の位置を無断で移動したとの罪名で、対立する参知政事王曾等に打ち倒された[131]。

丁謂の敗北は、王欽若を含む丁謂に一掃されたすべての官員に、復活の機会を与えた。王欽若はまず官位の低い太常卿・知濠州より刑部尚書・知江寧府に回復したが[132]、半年後、宰相馮拯が病気で辞任したことを契機として、劉太后はついに、昔彼女の立皇后を支持した王欽若に、宰相を担当させた。皇太后の身分で皇権を行使するというのは、名分上でも言葉の上でも、正当ではない。劉太后は真宗の権処分軍国事の遺詔を持っているものの、何かをするときは、やはり親政していない小皇帝仁宗の名義を借りる必要があった。彼女は、仁宗が習字のとき随意に書いた「王欽若」三文字を聖旨として、大臣に隠してひそかに王欽若を上京させた[133]。宰相馮拯が病気で辞任したさい、執政大臣たちは充分に討議することができない状況の下で、やむをえず劉太后の王欽若の宰相指名に同意した[134]。

しかし、こうした背景の下で再び宰相になった王欽若には、執政集団の成員に対し、意のままに命令や指図を行うことはできなかった。『長編』巻一〇一天聖元年九月丙寅の条に、「欽若再び中書に入り、謂えらく、平時の百官叙進、皆な常法有り。叙遷図を為り以て献ず。冀くは省覧に便せん」とある。王欽若の目的は、やはりこれによって人事権を制御することであった。しかし、人事権だけではなく、ほかの行政権すら有効に制御できなかった。『長編』には続いて「然れども欽若亦た復び能く大いに事を用うるは真宗の時に如かざるなり」とはっきり記されている。これについて『長編』は例を挙げて、「同列往々にして駁議す。欽若堪えずして曰く、王子明、政府に在る日爾らざるなり、と。魯宗道曰く、王文正公は先朝の重徳、固より他人の企る可きに非ず。公既に執政平允、宗道安んぞ敢えて服せざらん、と[135]。」とある。参知政事魯宗道の話は、あなたは王旦と全く同列に論じるわけにはいかないという意味を表す。公平に言えば、王欽若は真宗に寵愛を承けたときにも、ほとんど専横跋扈したことはなかった。かれは多くは阿諛で真宗の心をつかみ、詭計で人を中傷するのみであった。唯一つ専権と言えることは、「事を奏する毎に、或いは数奏を懐き、但だ其の一二を出だす、余は皆な之れを匿す。既に退けば則ち己意を以て上旨を称して之れを行う」という行為だけであった。これも常にばれていた。当時の枢密副使馬知節が真宗の前で「懐中の奏、何んぞ尽く出ださざる」と枢密使王欽若を叱ったことがあるほどである[136]。

長い間に形成された奸佞のイメージによって、再び宰相となった王欽若に対し、執政集団の成員はかれに協力的でなかっただけではなく、台諫もかれと対立していた。『長編』巻一〇一天聖元年十月戊子の条に、「王欽若復び相とし、監察御史鞠詠、欽若の阿倚を嫉み、数々其の短を俾倪す」とある。そのとき、王欽若は劉太后に用いられていたので、かれの権力は一時的にではあるが、安定的なものであった。逆にかれは宰相としての力を持って、相手に打撃を加えることができた。かれを非難した鞠詠に対し、王欽若は「朝廷の儀を廃す」という理由でいとも簡単に朝廷から追放した(137)。

ところが鞠詠事件は、例外的な王欽若の本能的防衛反応のようなものであった。そのほかには、再び宰相となった王欽若は、もはや以前のように他人を陰険に中傷して陥れることをほとんどしなかったのである。反対に王欽若はいくつか善事を行った。王欽若が再び宰相となったさい、『長編』巻一〇一天聖元年九月甲戌の条に「京東西路先に塞河の梢芟を数千万配率し、期又た峻急たり。民之れに苦しむ。王欽若江寧自り召さる、其の事を見、上に言いて曰く、方に農を勧むるに、豈に常賦の外に復た追擾有る可けんや、と。甲戌、詔して州県未だ督発するを得ず、別に旨を候たしむ(138)」とある。これは明らかに百姓の負担を軽減する良い事であった。この事を、皇帝の巡幸によってかけた迷惑を「道に鼓舞」と言ったときと比べれば、王欽若はかなり変わったといえる。

下位の官僚に対して、王欽若は昔のように無慈悲ではなかった。『長編』巻一〇一天聖元年十一月己未の条に「大理寺丞・知彭山県盧察、襄州に官し、以て墳墓を掃灑せんことを乞う。上、察の家を問う。王欽若対う、察の父は多遜、故の宰相、朱崖に謫死す、と。上、惻然として之れを許す(139)」とある。同じ宰相として、同類の人が互いに重んじ合うのは、晩年の王欽若が、自分の将来のためを考え始めたからであろう。

昔、真宗の即位に反対したため退けられた胡旦の晩年は非常に凄惨であったが、王欽若はかれのためにとりなしてやった。『長編』巻一〇二天聖二年二月癸亥の条に「襄州、将作監致仕胡旦撰せる所の『漢春秋』を上る。上、因りて旦の吏歴及び著書の本末を問う。宰臣王欽若対えて曰く、旦の詞学精博、進士第一に挙げられ、再び知制誥たり。然れども細行を矜まず、数々官を敗る。今已に退居す。嘗て三代の後、独だ漢、正統を得んと謂う。四百年の行事に因りて、褒貶を立てて、以て『春秋』を擬す、と。上之れを称嘆す。癸亥、旦に命じて秘書監と為し、仍お其の子彬を録して将作監主簿と為さしむ(140)」とある。真宗の死去によって、胡旦の真宗との恩と仇はもはや過去となった。このような昔の名人であって今日は弱者になってしまったもののために取りなしをすれば、自分の評判も良くなるにちがいない。これは自分の将来の道を考えておいたものであろう。

監察御史張逸が益州路提点刑獄・勧農使に任命された。仁宗(141)は王欽若に張逸が適任かを聞いたとき、王欽若は「逸、御史と為り、清謹を以て著せらる。今此の選委、必ず能く職に称わん(142)」と答えた。従来の酷薄な男が、珍しく他人を褒めることばを言ったのである。

類似の事柄はまた少なくなかった。

天聖三年（一〇二五）初、「学士院試せる殿中丞呉遵路の策論並びに稍や優たり。詔して秘閣校理に充つ。遵路簽書江寧府判官たり。宰臣王欽若江寧自り相に入り、才を薦むるを以て、試を命ずるなり(143)」と『宋会要輯稿』「選挙」三一～二七に記されている。王欽若が推薦した呉遵路は後に治績がとくに顕著であった。十数年後、范仲淹が江淮被災地を視察したとき、また呉遵路の治績を朝廷に報告した(144)。呉遵路の死後、范仲淹は特に祭文を書いて高い評価を与えた(145)。これは王欽若が私心や不純な考えによって推薦したのではなかったことがわかる。

同じ天聖三年に、朝廷は刑部郎中・龍図閣待制滕渉を右諫議大夫・知青州に任命した。仁宗が輔臣に、「青州大藩なり。宜しく牧守を遴揀すべし。渉以て此れに任ずるに足るか」と聞いた。王欽若は「渉先朝自り已に要劇に任ぜり。頃ごろ三司副使自り侍従に擢居せらる。今茲の委寄、必ず能く上は聖選に副うなり(146)」と答えた。

またある日、翰林学士晏殊は身言書判選人の名簿を仁宗に呈上した。仁宗は輔臣に「身言書判は以て人才を尽くすに足るか」と聞いた。王欽若は「朝廷此れを設け、以て選人を旌別す、若し四者悉く采る可き有らば、固より宜しく昇進すべきなり」と答えた。宰相王欽若の話によって、呈上された選人五十余人はすべて京官に昇進させられ、或いは順次引き上げられた[147]。

蔡斉と章得象を知制誥に任命するとき、仁宗は二人の中書に受けさせた試験の答えを見て、詞臣は文才が素晴らしいだけではなく、人柄も重要だと宰相に言った。王欽若はほかの大臣と一緒にこの二人は両方ともよいと答えた。これによって、「上始めて之れを命ず[148]」とある。後にこの二人は、蔡斉が枢密副使・参知政事となり、章得象が宰相となった[149]。

その後、王欽若は夏竦を推薦して知制誥を担当させた[150]。後に夏竦も執政大臣となった。夏竦は王欽若の抜擢に恩に感じ徳をたたえたが、王欽若の死後、その行状と墓誌銘はいずれも夏竦が執筆したのであった[151]。

初期の王欽若は、その機転の一部分だけを用いて政務にあたり、残りの大部分は真宗に阿諛し、他人を中傷する方に傾いたといえるが、後期の王欽若は、その機転の多くを自分の晩年と死後のために費やすようになった。かれは宰相が『真宗実録』の編纂を主宰する機会を利用して、自ら筆を執り、できるだけ早期の悪事は隠した[152]。宰相の権利を利用して、王欽若は自分の婿が受験せずに皇帝に進士及第出身を賜わるようにした[153]。

聞こえのいいことばかり言い、見た目のいいことばかりするのが、後期の王欽若の行動原則となったようである。具体的な人事や政策に対するほか、従来の厳しい制度にも、比較的寛容な方向に修正を加えた。例えば、従来は、吏部流内銓の選人引対では私罪のあった人は官の昇進ができなかった。仁宗が私罪の規定を聞いたとき、王欽若は「私罪固より多し。然れども其の間、軽重侔からず。衙謝に赴きて及ばず、或いは笏を墜して儀を失するが若きは、事、至めて軽しと雖も、公事に縁らざるを以て、皆な私罪と為す」と答えた。これに対して、仁宗は「有司当に情を察すべし、小累を以て終に廃す可からざるなり」と指示した。続いて「今自り、此等改官を礙ぐること勿かれ」という詔を下した[154]。宰相王欽若の回答或いは決定によって、選人の私罪改官条令が改めて修訂された。政策の決定は執政者の思想傾向及び行動様式と直接に関わる。これは否認すべくもない。

天聖三年十一月、王欽若はかれの機転で人生の最後の行程を歩み終えた。同じ真宗朝から仁宗朝に入った寇準・丁謂と比べれば、天寿を全うし、大往生を遂げた。『長編』巻一〇三天聖三年十一月戊申の条に、「卒す。皇太后奠に臨み、涕出づ。太師・中書令を贈り、文穆と謚す。官を遣わし葬事を護らしむ。親属及び親信する所の二十余人を録す」とある。これに対して、李燾は「国朝以来、宰相の恤恩は未だ欽若に比する者有らず[155]」と評論している。

小　結

王欽若の死去した数年後、すでに成人に近づいていた仁宗は、「王欽若久しく政府に在り、其の為す所を察すれば、真に奸邪なり」と大臣たちに語った。宰相王曾は「欽若、丁謂・林特・陳彭年・劉承珪と与に、時に号して五鬼と為す。其の奸邪険陂の跡は、誠に聖諭の如し[156]」と答えた。王欽若が枢密使と宰相を担当したころ、王曾は参知政事として、王欽若の部下であり、しばしば王欽若の中傷を受けた。それゆえ、以上の対話を見れば、うわべは仁宗が一人のすでに死去した宰相を評価し、王曾が言った根拠はうわさに過ぎないようにも見える。しかし、まだ若い仁宗の王欽若に対するこうした印象は、王欽若を寵愛した劉太后から得たはずはなく、宰相王曾からの日常的な感化である可能性が高いのである。王曾と王欽若との間に恩讐があることを知っていながら、わざと宰相王曾がその場にいるとき、仁宗が上述の話を出したのは、親政を強く望む仁宗に、この宰相の機嫌を取る意図があったのであろう。したがって王曾は機会に乗じてほかの印象の悪い四人を含め、客観的叙述の形で、王欽若等五人を五鬼と併称した。資料が完備していないが、現存された史料では、もっとも早く王欽若等の五人を五鬼と呼んだ人物は王曾であった。

王曾は真宗と仁宗との皇帝交代の時期、とりわけ劉太后が摂政をした時期において、朝廷の正常な運営維持に重要な役割を果たした。ここでは、別に王曾を非難しようというのではなく、ただ王欽若が奸臣像とされた由来を探ってみただけである。いうまでもなく、王欽若の様々な行為から見れば、五鬼の第一人に位置づけられたのは冤罪ではなかった。かれには悪徳と悪事が沢山あり、当時すでに世間から非難されていた。王曾でなくとも、かれになんらかの悪名をつけたことであろう。王欽若は編纂を主宰した『真宗実録』でできるだけ悪事を隠し自分を美化したが、しかし、歴史は一人で書かれるものではない。南宋になると、王称の『東都事略』から、李燾の『続資治通鑑長編』に至るような民間人が書いた史書だけではなく、『宋史』の前身である宋朝国史にも王欽若の多くの悪事が記録された。客観的に評価すれば、王欽若は機転がきき、敏腕な官僚であった。とりわけ地方の政務においては、治績をかなり挙げている。しかし、これはすべてかれの悪事に隠されて、後世に注目されていなかった。王欽若の悪事は非常に人間関係上陰険かつ辛辣で、常に自己を高めるために他人を中傷するものであった。晩年の王欽若は、かなりおとなしくなり、史書に記録される悪事も少なくなった。中央政府では、王欽若は一生の間に、参知政事、知枢密院事、枢密使を担当した。かつ二度も宰相の坐に据えられた。かれの生涯を見ると、志を遂げたとも言えるし、失意だったとも言える。志を遂げたというのは、かれが結局真宗および後の劉太后に寵愛され、一生に栄耀栄華を極めて天寿を全うした事であった。失意は、かれの官途において、先には長い間宰相王旦に抑圧され、後には相次いで寇準に攻撃され、丁謂に陥れられた点であった。上述した人たちが死ぬやら左遷されるやらで、ようやくのびのびと権力を振るうようになってみると、同僚に制肘され、十分に立ち上がることはできなかった。

しかしながら、注目すべきは、王欽若と真宗との君臣関係のパターンである。真宗朝の宰相の中で、王欽若は李沆のような帝師の背景を持たず、王旦のような人柄を持たず、寇準のような強硬さを持たなかった。真宗は王欽若に対し、畏敬が全くなかった。王欽若は知恵と敏腕で、まずは正常な道を通して真宗と付き合うようになってから、「委曲遷就し、以て上の意を申す[157]」として、あちこちで真宗に従順に服従して真宗の歓心を買った。柔を用いて剛を制す方式で、一定の時期の間、一定の程度において、皇権を制御したのである。これは宰相をはじめとする士大夫たちが、通常の政治情勢の下で伝統的規範および法律制度を使って皇権を制御するのとは全く違い、さらに非常な情勢の下で権臣が皇帝をもてあそぶのとも全く違うと思われる。規定された枠がない、高圧的な手段がない、水のように柔らかいのに、人は従わなければいけない。これが王欽若の場合のモデルである。王欽若はこのような方式で、寵愛を固めて栄華を求めただけではなく、さらに数年に亘る天書・封禅という、神を造るあらしのような運動を起こした。穏健派の王旦や強権派の寇準も、やむを得ず、この波の間に間に、流れの間に間に従わざるをえなかった。これはいわば水の力である。王欽若の行為には特に取るべきところがないかもしれない。だが、その皇権を左右した方式は研究に値すると思われる。

注

（1）顧頡剛『古史弁』第一冊、「自序」（樸社、一九三三年）を参照。

（2）『長編』巻一〇三、天聖三年十一月戊申の条に「欽若状貌短小、項有附疣、時人目為癭相」とある。

（3）拙作「燭影斧声之謎新解」（『中国史研究』四号、一九九一年）を参照。

（4）いわゆる「金匱の盟」は早期の記事が司馬光の『涑水記聞』巻一に「昭憲太后聡明有智度、嘗与太祖参決大政。及疾篤、太祖侍薬餌、不離左右。太后曰、汝自知所以得天下乎。太祖曰、此皆祖考与太后之余慶也。太后笑曰、不然。正由柴氏使幼児主天下耳。因勅戒太祖曰、汝万歳後、当以次伝之二弟。則並汝之子亦獲安耳。太祖頓首泣曰、敢不如母教。太后因召趙普於榻前、為約誓書、普於紙尾自署名云、臣普書。蔵之金匱、命謹密宮人掌之」とある。
（5）『宋史』巻二四五、「元佐伝」を参照。
（6）『宋史』巻二四五、「元僖伝」と『長編』巻三三、淳化三年十一月丙辰の条を参照。
（7）『宋史』巻六、「真宗紀」を参照。
（8）『宋史』巻六、「真宗紀」に「帝留心獄訟、裁決軽重、靡不称愜、故京獄屡空」とある。
（9）同前掲。
（10）『宋史』巻二八一、「寇準伝」を参照。
（11）『長編』巻四二至道三年十一月丙寅の条に「開封府以歳旱蠲十七県民租、時有飛語聞上、言按田官司欲収民情、所蠲放皆不実。太宗不悦」とある。
（12）『宋史』巻二八三、「王欽若伝」に「太宗伐太原時、欽若纔十八、作平晋賦論献行在。郁為濠州判官、将死、告家人曰、吾歴官踰五十年、慎於用刑、活人多矣。後必有興者、其在吾孫乎」とある。
（13）『長編』巻四二、至道三年十一月丙寅の条に「(王欽若) 初為亳州判官監倉、天久雨、倉司以穀湿不為受。民自遠来輸租、食穀且尽、不得輸。欽若悉命輸之倉、且奏不拘年次、先支湿穀、即不至朽敗。太宗大喜、手詔褒答、因識其姓名」とある。
（14）同前掲に「亳州当案太康・咸平二州県、遣欽若行。欽若覆按甚詳。抗疏曰、田実旱、開封止放七分、今乞全放。既而他州所遣官並言諸県放税過多、悉追収所放税物。人皆為欽若危之。踰年而上即位、於是擢用欽若。因以其事語輔臣曰、当此時、朕亦自懼。欽若小官、独敢為百姓伸理。此大臣節也」とある。
（15）『長編』巻三九、至道二年五月辛丑の条の李燾注に「王欽若始受知於真宗、実録・正史皆略焉、亦可惜也」とある。
（16）注（14）を参照。
（17）注（14）を参照。

（18）『長編』巻四二、至道三年十一月丙寅の条に「欽若既為三司属、虞部員外郎毋賓古謂欽若曰、天下宿逃自五代迄今理督未已。民病不能勝。僕将啓而蠲之。欽若即夕命吏治其数、翌日上之」とある。
（19）『青箱雑記』巻六に「世伝文穆（王欽若の諡）遭遇章聖（真宗）、本由一言之悟」とある。
（20）『長編』巻四三、咸平元年四月己酉の条に「上謂宰相曰、諸路逃欠、先朝毎有赦宥、皆令蠲放。而有司不認朝旨、尚令理納、頗聞細民愁嘆。此甚無謂。己酉、遣使乗伝与諸路転運使・州軍長吏、按百姓逃欠文籍、悉除之。始用王欽若之言也。除逃欠凡一千余万、釈繫囚三千余人。上由是眷欽若益厚」とある。
（21）『長編』巻四四、咸平二年二月辛丑の条に「太常丞・判三司催欠司王欽若表述上登位以来、放天下逃欠銭物千余万、釈繫囚三千余人。請付史館。上謂近臣曰、茲事先帝方欲行之。朕奉承先志耳。因命学士院召試欽若。及覧所試文、謂輔臣曰、欽若非独敏於吏事、兼富於文詞。今西掖闕官、可特任之。即拝右正言・知制誥」とある。案ずるに、『青箱雑記』巻六によれば、王欽若を召試した試験問題の題目「孝為徳本賦」という。
（22）筆者のデータの集計によれば、真宗朝における二十二人の翰林学士のなかで、九人が後に執政となった。第八章「皇帝の代弁者か——真宗朝の翰林学士を中心に——」を参照。
（23）『長編』巻四五、咸平二年八月癸丑の条に「右正言・知制誥・判大理寺王欽若上言、本寺公案常有五十至七十道。近者、三十日内絶無。昔漢文帝決獄四百、唐太宗放罪三百九十人、然猶書之史冊、号為刑措当。今四海之広、万類之多、而刑奏止息、逮乎踰月。足彰恥格之化、式漸太和之風。請付史館、用昭聖治」とある。
（24）『長編』巻四五、咸平二年八月癸亥の条に「判大理寺王欽若上言、本寺案牘簡少、請罷詳断官四員、止留八員。従之。……於是始以八員為定」とある。
（25）注（24）を参照。
（26）『長編』巻四七、咸平三年十一月丙寅の条によって、王欽若は西川安撫使に任命された時点で、身分はすでに翰林学士であった。
（27）『長編』巻四七、咸平三年十一月丙寅の条に「上諭欽若等曰、朕以観省風俗、尤難其人。数日思之、無易卿等。各宜宣布徳澤、使遠方知朕勤恤之意」とある。

（28）『宋史』王欽若本伝に「蜀寇王均始平、為西川安撫使、所至問繋囚、自死罪以下第降之。凡列便宜、多所施行」とある。

（29）『長編』巻四八、咸平四年四月癸亥の条に「王欽若等請川陝県五千戸以上並置簿尉、自余仍旧以尉兼簿」とある。また『宋会要輯稿』「職官」四八～六一にも見える。

（30）『長編』巻四九、咸平四年六月丁巳の条に「丁巳、詔東川民田先為江水所氾者、除其賦。従王欽若之請也」とある。

（31）『長編』巻四八、咸平四年四月己未の条と『宋史』巻三〇〇、「陳従易伝」を参照。

（32）『長編』巻四八、咸平四年四月己未の条を参照。

（33）『長編』巻四八、咸平四年十二月丁未の条を参照。

（34）『長編』巻五七、景徳元年閏九月乙亥の条に「（王）欽若多智、（寇）準懼其妄有関説、疑沮大事、図所以去之。会上欲択大臣使鎮大名。準因言欽若可往。欽若亦自請行。乙亥、以欽若判天雄軍府兼都部署提挙河北転運司、与周瑩同議守禦」とある。

（35）『東軒筆録』巻一に「真宗次澶淵。一日、語莱公曰、今虜騎未退、而天雄軍截在賊後、万一陥没、則河朔皆虜境也。何人可為朕守魏。莱公曰、当此之際、無方略可展、古人有言、智将不如福将。臣観参知政事王欽若、福禄未艾、宜可為守。於是即時進札請勅。退召王公於行府、諭以上意、授勅俾行。王公茫然自失、未及有言、莱公遽曰、主上親征、非臣子辞難之日、参政為国柄臣、当体此意。駅騎已集、仍放朝辞、便宜即途、身乃安也。遽酌大白飲之、命曰上馬杯。王公驚懼、不敢辞。飲迄拝別。莱公答拝、且曰、参政勉之、回日即為同列也。王公馳騎入天雄。方戎虜満野、無以為計、但屯塞四門、終日危坐」とある。

（36）『長編』巻五七、景徳元年九月乙亥の条を参照。

（37）『宋会要輯稿』「礼」四五～四を参照。

（38）『長編』巻五八、景徳元年十一月壬申の条に「天雄軍聞寇将至、闔城皇遽。王欽若与諸将議探符分守諸門。孫全照曰、全照将家子。請不探符、諸将自択利便処、所不肯当者、全照請当之。既而莫肯守北門者、乃以命全照。欽若亦自分守南門。全照曰、不可。参政、主帥、号令所出、謀画所決、南北相距二十里、請覆待報必失機会、不如居中央府署、保固腹心、処分四面、則大善。欽若従之。全照、素教蓄無地分弩手、皆執朱漆弩、射人馬洞、徹重甲随所指麾、応用無常。於是、大開北門、下釣橋以待之。敵素畏其名、莫敢近北門者。乃環過攻東門。良久、捨東門趨故城、夜復自故城潜師過城南、設伏於狄相廟、遂南攻徳清軍。欽若聞之、遣将率精兵追撃。伏起、断其後。天雄兵不能進退。全照、請於欽若曰、若亡此兵、是亡天雄也。北門不足守、全照請救之。乃引麾下出南門、力戦殺傷、其伏兵略尽、天雄兵復得還存者什三四」とある。

(39)『長編』巻五九、景徳二年三月戊午の条を参照。

(40)『長編』巻五八、景徳元年十二月辛卯の条に「天雄軍始聞（王）超以大軍至、頗疑懼。孫全照欲閉城拒之。王欽若不可曰、若果如此、則猜嫌遂形。是成其叛心也。乃命於城外十里結彩棚以待之。至則迎労歓宴、飲酒連日。既罷、其所統諸軍悉已分散諸道尽矣」とある。

(41)『長編』巻五九、景徳二年四月壬寅の条に「工部侍郎・参知政事王欽若素与寇準不協、還自天雄、再表求罷、継以面請。上敦喩不能奪、乃置資政殿学士、以欽若為之、仍遷刑部侍郎。中書定其班、在翰林学士之下、侍読学士之上」とある。

(42)『宋史』巻一六二、「職官志」に「景徳二年、王欽若罷参政、真宗特置資政殿学士以寵之、在翰林学士之下」とある。

(43)『宋会要輯稿』「職官」七～一九に「欽若以自求罷免、恥在翰林学士之下」とある。

(44)『長編』巻六一、景徳二年十二月辛巳の条に「以刑部侍郎・資政殿学士王欽若為兵部侍郎・資政殿大学士、班在文明殿学士之下、翰林学士承旨之上。上初見欽若班在翰林学士李宗諤之下、怪之。以問左右。左右以故事対。欽若因訴上曰、臣前在翰林学士為参知政事、無罪而罷。其班乃下故官一等、是貶也。上悟、即日改焉。資政殿置大学士自此始」とある。

(45)『長編』巻四〇、至道二年七月丙寅の条を参照。

(46)『宋史』巻一六二、「職官志」に「資政殿置大学士、自欽若始。自欽若班翰林承旨上、一時以為殊栄」とある。

(47)『長編』巻六一、景徳二年十二月辛巳の条に「欽若善迎人主意。上望見輒喜、毎拝一官、中謝日、輒問曰、除此官、且可意否。其寵遇如此」とある。

(48)『長編』巻六一、景徳二年九月丁卯の条に「令資政殿学士王欽若・知制誥楊億修『歴代君臣事績』。欽若請以直秘閣銭惟演等十人同編修。初、令惟演等各撰篇目、送王欽若暨億参詳。欽若等又自撰集上進。詔用欽若等所撰為定。有未尽者奉旨増之。又令宮苑使勝州刺史勾当皇城司劉承珪・内侍高品監三館秘閣図書劉崇超典掌其事。編修官非内殿起居、当超常参者免之、非帯職不当給俸者、特給之。其供帳飲饌皆異常等」とある。

(49)『長編』巻六五、景徳四年四月丁丑の条に「今所修君臣事績、尤宜区別善悪。有前代褒貶不当如此者、宜析理論之、以資世教」とある。

（50）『長編』巻六七、景徳四年十二月乙未の条に「編修君臣事績官、皆出遴選。朕於此書、匪独聴政之暇資於披覧、亦乃区別善悪、垂之後世、俾君臣父子有所監戒」とある。

（51）『長編』巻六六、景徳四年八月壬寅の条を参照。

（52）『長編』巻八一、大中祥符六年八月壬申の条を参照。

（53）『長編』巻四七、咸平三年五月甲辰の条に、「福津尉劉瑩、携酒肴集僧舎屠狗聚飲、杖一伶官、日三頓、因死。権判大理寺王済論以大辟、経徳恩従流。知審刑院王欽若、素与済不相得、又以済嘗忤宰相張斉賢、持法尚寬。欽若乃奏瑩不当以徳恩原釈。斉賢乗其事、断如欽若所啓。済坐故入停官」とある。

（54）『長編』巻六二、景徳三年二月戊戌の条に「契丹既和、朝廷無事、寇準頗矜其功、雖上亦以此待準極厚、王欽若深害之。一日会朝、準先退。上目送準。欽若因進曰、陛下敬畏寇準、為其有社稷功耶。上曰、然。欽若曰、臣不意陛下出此言。澶淵之役、陛下不以為恥、而謂準有社稷功、何也。上愕然曰、何故。欽若曰、城下之盟、雖春秋時小国猶恥之。今以万乗之貴、而為澶淵之挙、是盟於城下也。其何恥如之。上愀然不能答。初議親征未決、或以問準。準曰、直有熱血相潑耳。於是、譖者謂準無愛君之心、且曰、陛下聞博乎。博者輸銭欲尽、乃罄其所有出之、謂之孤注。陛下、寇準之孤注也、斯亦危矣。由是、上顧準稍衰」とある。

（55）同前掲「準在中書、喜用寒畯。毎御史闕、輒取敢言之士。他挙措多自任、同列忌之」とある。

（56）『長編』巻六三、景徳三年七月辛亥の条に「忠武節度使高瓊臥疾、上欲臨幸其第。知枢密院王欽若恨瓊附寇準、且沮澶淵之功、因言、瓊雖久掌禁兵備宿衛、然未嘗有破敵之功。凡車駕臨門、所以寵待勲臣、施之於瓊、恐無以示甄別。乃止」とある。

（57）『長編』巻七八、大中祥符五年九月戊子の条に「参知政事・刑部侍郎趙安仁罷為兵部尚書。安仁小心畏謹、処事精審、特留意於刑名。内外書詔、関要切者、必帰安仁裁損之。先是、上議立皇后。安仁謂劉徳妃家世寒微、不如沈才人出於相門。上雖不楽、然察其守正、不罪也。他日、与王欽若従容論方今大臣誰最為長者。欽若欲排安仁、乃誉之曰、無若趙安仁。上曰、何以言之。欽若曰、安仁、昔為故相沈義倫所知、至今不忘旧徳、常欲報之。上黙然、始有意斥安仁矣。嘗諭王旦曰、聞趙安仁在中書絶不親事、毎奏対亦未嘗有一言、可罷之。旦対曰、安仁頗知大体、居常進擬、皆同列議定、方敢取旨。臣毎見臨時変易於上前者、皆迎合陛下意。安仁無異議、是有執守。上曰、能如此耶、朕不知也。卿可諭知之、使更宣力」とある。

(58) 張邦煒「試論宋代『婚姻不問閥閲』」（『歴史研究』六、一九八五年）

(59) 『長編』巻七八、大中祥符五年九月戊子の条を参照。

(60) 『仕学規範』巻一一に「真廟出喜雨詩示二府、聚看於上前。王文正公袖帰。因諭同列曰、上詩有一字誤写、莫進入改却。王冀公曰、此亦無害。欽若退而陰有陳奏。翌日、上怒謂公曰、昨日、朕詩有誤写字、卿等皆見、何不奏来。公再拝称謝曰、昨日得詩、未暇再閲。有失奏陳、不勝惶懼。諸公皆拝、独馬知節不拝、具言公欲奏白、而欽若沮之。又王某略不自弁、真宰相器也。上顧公笑而撫喩之」とある。

(61) 『長編』巻九〇、天禧元年十一月庚申の条に「太常礼院言、宰相出殯、当輟視朝。王旦以是日葬、望準礼例。中書言、其日皇帝已有詔不受朝賀。遂不下輟朝之命。議者謂其日当罷百官拝之礼。時王欽若与旦不協、故抑之」とある。

(62) 『長編』巻九二、天禧二年七月甲戌の条に「士衡方進用、王欽若害之、欲言而未有路。会上論時文之弊。欽若因言、路振、文人也。然不識体。上問、何也。曰、士衡父誅死、而振為贈告乃曰、世有顕人。上頷之。士衡以故不大用」とある。案ずるに、この記事は蘇軾の『仇池筆記』にも見える。

(63) 『長編』巻九〇、天禧元年九月癸卯の条に「給事中・参知政事王曾罷為礼部侍郎。初、曾以会霊観使譲王欽若。上意不懌。及欽若為相、因欲排異己者、数譖之。会曾市賀皇后家旧第。其家未遷居、曾令人輦土置其門。賀氏入訴禁中。明日、上以語欽若、遂罷政事」とある。

(64) 『長編』巻五三、咸平五年十月乙亥の条に「参知政事王欽若言、司封員外郎高如晦頃知蔡州、逃主戸二千五百九家、失国賦五万三千余貫。薦士有十否之繆、在官無三異之称。罔知省循、冒進詞状。且曰、陛下止見臣面、不見臣心、不能恤臣、故令擯斥。狂躁之甚、乃敢若茲。臣請以審官院考課文籍、並如晦所進状付有司施行。詔下御史獄案其罪、如晦坐削両任貶沂州別駕」とある。

(65) 『長編』巻五四、咸平六年四月乙亥の条に、「参知政事王欽若上言、桂州通判・太常博士王佑之、近丁母憂、纔及踰月、連進五状、請除広南西路商税、分配河北補填没納私下羅錦、権罷上供金銀、述荊南課額逃虧、言陝西遞舗請受。凡茲陳露、皆匪機宜。殊忘哀戚之容、苟懐進動之意。陛下方施孝治、以厚民風。望加黜責、以勗有位。詔削佑之三任、配隷郴州、仍令御史台榜朝堂告諭」とある。

(66)『范文正公文集』巻八、「上執政書」を参照。

(67)『長編』巻六六、景徳四年八月己丑の条を参照。

(68)『宋史』巻二八二、「王旦伝」に「石普知許州不法。朝議欲就劾。旦曰、普武人、不明典憲、恐恃薄効、妄有生事。必須重行、乞召帰置獄。乃下御史按之。一日而獄具。議者以為不屈国法而保全武臣、眞国体也」とある。

(69)『宋史』巻一五九、「選挙志」を参照。

(70)『長編』巻九三、天禧三年三月己卯の条を参照。

(71)『長編』巻九三、天禧三年三月乙酉の条と李燾の注を参照。

(72)『長編』巻六六、景徳四年九月辛巳の条を参照。

(73)『長編』巻七八、大中祥符五年九月癸巳の条に「王欽若驟貴、（楊）億素薄其為人、欽若銜之。陳彭年方以文史售進、忌億名出己右、相与毀訾於上」とある。

(74)『長編』巻七一、大中祥符二年正月己巳の条と割注を参照。

(75)『長編』巻七六、大中祥符四年七月辛卯の条を参照。

(76)『長編』巻六七、景徳四年十二月乙未の条に「（王）欽若為人傾巧。所修書、或当上意、褒奨所及、欽若即書名表首以謝。或繆誤有所譴問、則戒書吏称楊億以下所為以対。同僚皆疾之。使陳越寝如屍、以為欽若。石中立作欽若妻哭其傍。余人歌虞殯於前。欽若聞之、密奏将尽絀責、王旦持之得寝」とある。

(77)前注を参照。

(78)『長編』巻六五、景徳四年三月丁未の条に「上謂輔臣曰、頃者朝陵、車輿所過、並従官給、其不得已、或仮借於州県。朕潛遣使詢訪民間、皆云無所掻擾。此甚慰朕心也。王旦曰、朝廷毎挙大礼、或議巡幸、小民無不騒動。比聞群情妥貼、信不擾所致。王欽若曰、車駕所至、居民但忻聞輿馬之音、鼓舞道路。豈復有所労擾耶」とある。

(79)『長編』巻六五、景徳四年六月壬子の条と庚申の条を参照。

(80)『長編』巻六八、大中祥符元年四月乙巳の条と『宋会要輯稿』礼三一～五二を参照。

（81）『長編』巻六九、大中祥符元年五月壬戌の条と乙丑の条を参照。

（82）『長編』巻六九、大中祥符元年六月甲午の条を参照。

（83）『長編』巻六九、大中祥符元年七月乙酉の条を参照。

（84）『長編』巻七〇、大中祥符元年十月甲午の条を参照。

（85）『宋史』巻二八三、「丁謂伝」を参照。

（86）『宋史』巻七、「真宗紀」を参照。

（87）『長編』巻七〇、大中祥符元年十月戊申の条を参照。

（88）『長編』巻七一、大中祥符二年五月丁巳の条を参照。

（89）『長編』巻七五、大中祥符四年三月己亥の条と『宋会要輯稿』礼三一～五一、『宋史』巻、二四二「元徳李皇后伝」を参照。

（90）『長編』巻七六、大中祥符四年七月甲午の条に、「知枢密院事王欽若言、近者王公車輅皆飾以龍、頗紊彝制。請下太常礼院検詳、以其法付太僕寺重修、永為定式、使尊卑不瀆。従之」とある。

（91）『宋史』巻九、「仁宗紀」を参照。

（92）『長編』巻八四、大中祥符八年閏六月庚辰の条を参照。

（93）『長編』巻八四、大中祥符八年七月丙辰の条を参照。

（94）『元城語録解』巻上を参照。

（95）『長編』巻六七、景徳四年十一月庚辰の条に「初、王欽若既以城下之盟毀寇準、上自是常怏々。他日、問欽若曰、今将奈何。欽若度上厭兵。即繆曰、陛下以兵取幽薊、乃可刷此恥也。上曰、河朔生霊、始得休息、吾不忍復駆之死地。卿盍思其次。欽若曰、陛下苟不用兵、則当為大功業、庶可以鎮服四方、誇示戎狄也。上曰、何謂大功業。欽若曰、封禅是也。然封禅当得天瑞希世絶倫之事乃可為。既而又曰、天瑞安可必得。前代皆有以人力為之。若人主深信而崇奉焉、以明示天下、則与天瑞無異也。陛下謂河図・洛書果有此乎、聖人以神道設教耳。上久之乃可、独憚王旦、曰、王旦得無不可乎。欽若曰、臣請以聖意諭旦、宜無不可。乗間為旦言之、黽勉而従。然上意猶未決、莫適与籌之者。它日、晩幸秘閣。惟杜鎬方宿直。上驟問之、卿博達墳典、所謂図出河、洛出書、果何事耶。鎬老儒、不測上旨、漫応曰、此聖人以神道設教耳。其言偶与欽若同。上由此意決。

遂召王旦飲於内中、甚歓。賜以尊酒曰、此酒極佳、帰与妻孥共之。既帰発視、乃珠子也。旦自是不復持異、天書封禅等事始作」とある。

(96) 前注『長編』を参照。
(97) 『長編』巻二建隆二年七月庚午の条を参照。
(98) 『宋史』巻一四〇、「礼志」七と『宋会要輯稿』「瑞異」一～三〇を参照。
(99) 「宋真宗『天書封祀』鬧劇之剖析」(『歴史文献与伝統文化』四集、広東人民出版社、一九九四年)
(100) 『宋史』巻八、「真宗紀」の巻末賛語に「及澶淵既盟、封禅事作、祥瑞沓臻、天書屡降。導迎奠安、一国君臣如病狂然。吁、可怪也。……意者宋之諸臣、因知契丹之習、又見其君有厭兵之意、遂進神道設教之言、欲仮是以動敵人之聴聞、庶幾足以潜消其窺覦之志歟」とある。
(101) 『長編』巻八八、大中祥符九年十一月戊辰の条に「王欽若嘗自言、過圃田、夜起視天中、赤文成紫微字。後使蜀、至褒城道中、遇異人告以他日位至宰相。既去、視其字、則唐司徒裴度也。及貴、遂好神仙之事。常用道家科儀建壇場以礼神、朱書紫微二字陳於壇上……凡天書及諸祀祭皆欽若発之。雖以済其邪佞、亦以素所蓄積者然也」とある。
(102) 『長編』巻七三、大中祥符三年四月甲戌の条を参照。
(103) 『長編』巻七七、大中祥符五年二月庚戌の条を参照。
(104) 『長編』巻七四、大中祥符三年十二月己巳の条を参照。
(105) 『長編』巻八五、大中祥符八年十月乙巳の条を参照。
(106) 『長編』巻八八、大中祥符九年十月己卯の条と巻九三、天禧三年二月丁未の条を参照。
(107) 『長編』巻九一、天禧二年二月戊午の条を参照。
(108) 『宋史』巻六、「真宗紀」に「(真宗)幼英叡、姿表特異。与諸王嬉戯、好作戦陣之状、自称元帥。太祖愛之、育於宮中。嘗登万歳殿、昇御榻坐。太祖大奇之、撫而問曰、天子好作否。対曰、由天命耳」とある。
(109) 『長編』巻七六、大中祥符四年八月丙辰の条を参照。
(110) 『長編』巻一〇三、天聖三年正月丙申の条を参照。

（111）以上述べる王欽若の賄賂事件の経緯について、『長編』巻五一、咸平五年三月庚戌の条を参照。
（112）『長編』巻五五、咸平六年六月丁卯の条を参照。
（113）『長編』巻九一、天禧二年十二月丙午の条を参照。
（114）『長編』巻九三、天禧三年六月甲午の条に「甲午、左僕射・平章事王欽若罷為太子太保。時欽若恩遇浸衰。人有言其受金者。欽若於上前自弁、乞下御史台覆実。上不悦曰、国家置御史台、固欲為人辨虚実耳。欽若皇恐、因求出藩。会商州捕得道士譙文易、蓄禁書、能以術使六丁六甲神。自言嘗出入欽若家、得欽若所遺詩及書。上以問欽若、欽若謝不省。遂罷相」とある。
（115）『宋史』巻四、「太宗紀」に「詔禁天文卜相等書、私習者斬」とある。
（116）『五朝名臣言行録』前集巻四を参照。
（117）『五朝名臣言行録』前集巻四を参照。
（118）『長編』巻九六、天禧四年八月甲申の条を参照。
（119）『長編』巻九六、天禧四年九月壬子の条・十月己卯の条・壬辰の条を参照。
（120）『長編』巻九六、天禧四年十一月癸丑の条を参照。
（121）『長編』巻九六、天禧四年十二月乙酉の条を参照。
（122）『長編』巻九六、天禧四年十二月丁酉の条に「丁酉、以資政殿大学士・司空王欽若為山南東道節度使・同平章事・判河南府。初、欽若与丁謂善、援引至両府。及謂得志、稍叛欽若。欽若恨之。時上不豫久、事多遺忘。欽若先以太子太保在東宮、位三少上。謂不悦。因改授司空。欽若晏見、上問曰、卿何故不之中書。対曰、臣不為宰相、安敢之中書。上顧都知、送欽若詣中書視事。謂令設饌以待之。曰、上命中書設饌耳。欽若既出、使都知入奏、以無白麻、不敢奉詔、因帰私第。有詔学士院降麻。謂乃除欽若使相為西京留守。上、但聞宣制、亦不之寤也」とある。
（123）『長編』巻六五、景徳四年六月庚申の条を参照。
（124）『長編』巻九七、天禧五年五月戊寅の条を参照。
（125）『長編』巻九七、天禧五年六月辛亥の条を参照。
（126）『長編』巻九七、天禧五年十一月戊子の条を参照。

（127）『長編』巻九七、天禧五年十二月壬戌の条を参照。
（128）『長編』巻九八によって、真宗は乾興元年（一〇二二）二月戊午に崩じた。
（129）『長編』巻九八、乾興元年六月癸亥の条を参照。
（130）『長編』巻五五、咸平六年十一己亥の条を参照。
（131）『長編』巻九八、乾興元年六月癸亥の条を参照。
（132）『長編』巻九九、乾興元年十二月戊午の条を参照。
（133）『長編』巻一〇一、天聖元年八月己未の条を参照。
（134）『長編』巻一〇一、天聖元年九月丙寅の条を参照。
（135）『長編』巻一〇一、天聖元年九月丙寅の条に、「欽若再入中書、謂平時百官叙進皆有常法、為叙遷図以献、冀便省覧。然欽若亦不復能大用事如真宗時矣。同列往々駁議、欽若不堪曰、王子明在政府日不爾也。魯宗道曰、王文正公先朝重徳、固非他人可企。公既執政平允、宗道安敢不服」とある。
（136）『長編』巻八二、大中祥符七年六月乙亥の条に「欽若毎奏事、或懐数奏、但出其一二、余皆匿之。既退則以己意称上旨行之。（馬）知節嘗於上前顧欽若曰、懐中奏何不尽出」とある。
（137）また『宋会要輯稿』「儀制」八～二八にも見える。
（138）『長編』巻一〇一、天聖元年九月甲戌の条に「京東西路先配率塞河梢芟数千万、期又峻急、民苦之。王欽若召自江寧、見其事、言於上曰、方勧農、豈可常賦外復有追擾。甲戌、詔州県未得督発、別候旨」とある。
（139）『長編』巻一〇一、天聖元年十一月己未の条に「大理寺丞・知彭山県盧察、乞官襄州以掃灑墳墓。上問察家。王欽若対、察父多遜、故宰相、謫死朱崖。上惻然許之」とある。
（140）『長編』巻一〇二、天聖二年二月癸亥の条に「襄州上将作監致仕胡旦所撰『漢春秋』。上因問旦吏歴及著書本末。宰臣王欽若対曰、旦詞学精博、挙進士第一、再知制誥。然不矜細行、数敗官。今已退居。嘗謂三代之後、独漢得正統。因四百年行事、立褒貶以擬『春秋』。上称嘆之。癸亥、命旦為秘書監、仍録其子彬為将作監主簿」とある。
（141）天聖年間には仁宗はまだ親政しておらず、この箇所或いはこの時期に仁宗か上と記されているのは、ほとんど当時摂政していた劉太后のことと思う。

(142)『長編』巻一〇二、天聖二年七月己亥の条を参照。

(143)『宋会要輯稿』「選挙」三一～二七に「(天聖)三年正月、学士院試殿中丞呉遵路策論並稍優。詔充秘閣校理。遵路簽書江寧府判官、以宰臣王欽若自江寧入相薦才命試」とある。

(144)『長編』巻一一二、明道二年七月甲申の条および巻一一三、明道二年十月辛亥の条を参照。

(145)『范文正公文集』巻一〇、「祭呉龍図文」を参照。

(146)『長編』巻一〇三、天聖三年正月丙戌の条に「天聖三年正月丙戌、以刑部郎中・龍図閣待制滕渉為右諫議大夫罷職知青州。上謂輔臣曰、青州大藩。宜遴揀牧守、渉足以任此乎。王欽若曰、渉自先朝已任要劇、頃自三司副使擢居侍従、今茲委寄、必能上副聖選也」とある。

(147)『長編』巻一〇三、天聖三年二月辛酉の条を参照。

(148)『長編』巻一〇三、天聖三年三月己酉の条を参照。

(149)『宋史』巻二一二「宰輔表」を参照。

(150)『長編』巻一〇三、天聖三年七月壬寅の条を参照。

(151)夏竦は執筆した王欽若の行状と墓誌銘がそれぞれ『文荘集』巻二八、二九に見える。

(152)王欽若が『真宗実録』の編纂を主宰したことは『長編』巻一〇二、天聖二年三月癸卯の条を参照。『真宗実録』でかれ自身の悪事を隠した例は『長編』巻五一、咸平五年三月庚戌の条を参照。

(153)『長編』巻一〇二、天聖二年三月壬子の条を参照。

(154)『長編』巻一〇二、天聖二年八月甲戌の条に「吏部流内銓引対選人、凡有私罪者皆未得改官。上問輔臣曰、私罪有幾。王欽若対曰、私罪固多。然其間軽重不侔。若赴衙謝弗及、或墜笏失儀、事雖至軽、以不縁公事、皆為私罪。上曰、有司当察情、不可以小累終廢。甲戌、自今此等勿礙改官」とある。

(155)『長編』巻一〇三、天聖三年十一月戊申の条に「司徒兼門下侍郎・平章事・冀国公王欽若既兼訳経使、始赴伝法院感疾。亟帰。車駕臨門、賜白金五千両。戊申、卒。皇太后臨奠出涕。贈太師・中書令、謚文穆。遣官護葬事、録親属及所親信二十余

人……国朝以来、宰相恤恩未有欽若比者」とある。

(156)『長編』巻一〇七、天聖七三年三月戊寅の条に「上曰、王欽若久在政府、察其所為、真奸邪也。王曾曰、欽若、与丁謂・林特・陳彭年・劉承珪、時号為五鬼。其奸邪険陂之跡、誠如聖諭」とある。

(157)『長編』巻一〇三、天聖三年十一月戊申の条を参照。

第七章　「権臣」丁謂

――君臣関係のケース・スタディー（五）――

小　引

宋代には権相が輩出する。これは宋代史の一大特色であると言えよう。権相といえば、すぐ蔡京・秦檜・史弥遠などの名前が思い浮かぶが、趙普・寇準・呂夷簡など専権を握ったものを権相と呼ぶ人は少ない。かれらの評判は悪くなかった。こうしてみると、権相であるかどうかは、実質的に一定の基準があるようである。では、宋代における権相の第一人者は誰か。それは丁謂であると思う。しかし、ただ一言である歴史人物に結論を下すのは軽率すぎるであろうし、直ちに万人が認めることはありえないであろう。これは事実に基づく論証を待たねばならない。以下、その論証を始めよう。

宋代史研究の分野において、未開墾の処女地はまだ沢山あり、数多くの人物についても未だ研究が及ばぬ状態にある。近年、筆者は真宗朝を中心として、この方面に取り組み、これまで研究者に無視されてきた数人の有名人を研究してきた。それは前の数章で論じた李沆・王旦・寇準・王欽若という宰相レベルの人物である。筆者の視線をもう一人の重要人物である丁謂に向けたところ、意外にも丁謂研究に関して、一冊の著書が近年出版されていた。中国に留学している日本の若い女性研究者、池澤滋子氏の『丁謂研究』である。[1] 池澤氏の著書は全部で六章から成る。その中の五章は従来の研究があまり扱わなかった丁謂の文学的業績を論じているが、政治家としての丁謂の政治的功罪に対しては、わずかに一つの章で述べられているのみである。池澤氏の研究は丁謂の政治的功罪に公平な評価を下しており、従来の史書で与えられた醜悪なイメージを変えるのに役立つが、正直に言えば、やはり池澤氏の研究は主に丁謂の文学的業績に着目したため、その政治的功罪に関する論述は、だいたい表面的事実に止まり、かれの諸行為の背後に含む深い意義は充分に論じられてはいないと思う。

宋代は、経済の繁栄や科挙の規模拡大、および統治集団の大局的な政策変更などにより、士大夫階層のかつてない興起をもたらした。政治上、宋人の言葉で言えば、「士大夫と天下を治む」（与士大夫治天下）[2] という局面を形成するようになった。つまり従来の貴族政治と異なる士大夫政治が実質的に形成された。このような新たな士大夫政治は、あらゆる知識人に相対的に均等な機会を与えた。螢雪十年というような努力をすれば、一頭地を抜いて官となる機会がある。一旦出世すると、子孫たちは苦労なく、恩蔭という形で官職がもらえる。さらに官となった知識人とその家族はほとんどすべての租税を免除された。こうした出身の等級制度を打破する官吏登用制度および優遇政策により、儒学の教育を受けて出世意識が強いのに機会が少なかった知識人は、政治参加の意欲をかき立てられた。一方、官途についた士大夫の多数は天下を治めることを自分の務めとする責任感を持ち、このような新興の士大夫政治を守ることを、自分が身を置く新興の士大夫階層の利益を守ることと同一視する。皇帝・皇族および軍人武将などの社会における他の階層に対して、士大夫は一つの独立的な階層であった。大きな内部的衝突がなければ、この階層の人と人の間では互いに利益を守りあう。外部と衝突する時、この階層の多くの人は内部の旧いしこりを水に流して、共同して敵に立ち向かう。しかしながら、この士大夫政治も一枚岩ではあるまい。利益或いは政見の争いによって、士大夫階層の内部にも派閥が絶えず生じている。全体から見れば、すでに形成された士大夫政治は、皇帝権力を象徴化する方向で機能した。つまり権力が権威に転化するのである。士大夫政治の下で、皇権と相権との争いはもはや副次的な問題になっており、政治闘争の形が多くは党派の争いであるようになった。これは宋代の党争が空前の激しさであった原因の一つである。

しかし、士大夫政治という新しい国体において、皇帝はある特殊な存在であり、皇権もある種の特殊な権力である。これは千年間続いてきた君主制の政体によって決定づけられたものである(3)。象徴に転化していく皇権には、その形骸化した一面があるし、かつ実体性の一面もある。それゆえ、君主制という政体の中の党争において、皇帝は神仏の像のように尊崇され、皇権が相手をしり込みさせて打ち負かす切り札として、各派が争奪していた。だが、人によって、皇権を利用する方式も違う。たとえば、丁謂が皇権を利用する方式は、かれ以前の宰相と全く違った。丁謂が宰相を担当した時期は、もはや真宗朝の後期になっており、脳卒中にかかった真宗の意識が時にもうろうとしている状態にあり、ほとんど政事を治めることができなくなっていた。したがって、実質的皇権は劉皇后に移りはじめた。このような混乱した時期には、同じ士大夫である丁謂も従来の倫理・法律および天譴などの方式で皇帝を制約するしきたりを打ち破って、専横なふるまいをした。これは後世の権臣にとって、ある種の手本となったのである。宋代における最初の権相として、丁謂の行為は研究者の注目に値すると思われる。本章では、丁謂の政治的活動を総合的に考察してみようと思うが、かれの官僚としての履歴の陳述に多くを割くつもりはなく、とりわけかれの宰相となる以前の経歴に対しては、ただ論旨にかかわることのみを分析したい。かわりに、丁謂が宰相となって以後の言行について重点的に考察したいと思う。これによって、誕生したばかりの士大夫政治において、権臣がどのように皇権を利用してさまざまな手段を弄したかを明らかにし、なおかつ丁謂の権臣としての独自の特徴を抽出し提示しようと思う。

丁謂は宋代にすでに「五鬼」に入れられた。かれの行為は非難されるべきところが多い。しかしながら、歴史研究者の主要な任務は道徳的評価をすることではなく、歴史人物の言行を通じて、その言行の背後に含まれる意義を探ることである。「一つの長所がすべての醜悪を隠す」（中国の熟語でいえば、一俊遮百醜という）とか、「些細な過失で大きな功績まで覆い隠す」（中国の熟語でいえば、一眚掩大徳という）とかいったことは、いずれも取るべきではない。また、丁謂の言行が持つ意義を明らかにするさい、丁謂をその時とその場の具体的な背景の下に置いて、できるだけ客観的に評価を下さなければならない。

第一節　立派な才子と有能な官僚

太宗在位の後期にあたる淳化三年（九九二）、丁謂は進士に及第した。その年、丁謂は二十七歳であって、同年で及第した王欽若より七歳年上であった。そのとき、十九歳で進士に及第した寇準はすでに執政大臣である参知政事となっていた。その二人はいずれも後に、初めは丁謂の友人となり、続いて仲たがいしたかたき同士となった。丁謂は二十七歳というあまり若くない年齢で進士に及第したが、進士試験の前の年に、幸運なことにかれより十年も早く進士に及第した先輩である王禹偁と知り合いになった。

王禹偁は当時文名を馳せた人物であった。『宋史』巻二九三「王禹偁伝」は、王禹偁が進士に及第したばかりのとき、書いた詩がすでに「人多く伝誦す」と述べている。またかれが「詩を賦せば立ちどころに就る」といわれた。太宗がかれの詩を見て、鑑賞しながら「此れ月を逾えずして天下に遍くならん」と予想した。これによって、王禹偁は当時の文壇に影響力が大きかったことがわかる。地位から見れば、王禹偁はそのとき知制誥を担当していた。知制誥は専ら皇帝に文書を起草する側近の侍従である。知制誥からさらに昇進すれば、翰林学士である。また翰林学士から執政大臣となる確率は大きい[4]。王禹偁は丁謂という後輩の才能を高く買っている。かれは丁謂とその友人孫何と知りあいになってから、詩を賦して、

二百年来、文振るわず、（二百年来文不振、
直ちに韓柳より孫丁に到わり。直従韓柳到孫丁。
如し今、便ち修史せしむべくんば、如今便可令修史
二子の文章六経に似らん[5]。二子文章似六経。）

と高い評価を与えた。また王禹偁はほかの人に推薦するとき、丁謂を「今の巨儒[6]」と称した。かれは「送丁謂序」という文章で、丁謂の文章と韓愈・柳宗元の文章とが混ざり合っても見分けられない[7]と述べた。王禹偁のこのような丁謂と孫何への賞讃は、ほかの士人のねたみの原因となった。これは王禹偁も気がついていた。かれは「吾嘗て其の文を以て宰執公卿の間に誇大す。業荒く行悖る者有り、既に孫何・丁謂の才を疾み、又た吾の曲誉に忿り、聚まりて造謗す[8]」と言った。王禹偁が「宰執公卿の間」に丁謂を褒めたことは、明らかに進士に及第する前の丁謂に大きな名声をもたらして、ある種の世論ともなった。科挙試験の糊名考校等の制度がまだ完全ではなかった太宗時代において、いうまでもなく、この世論は試験官の判断を左右する[9]。試験官にとって、採点の不当によって受験者が騒動を起こすことがよく心配の種となっている。確かに太祖・太宗時代に受験者が騒動を起こしたことが何回かある[10]。この配慮があるかもしれない。今回の科挙試験では、名声が高い孫何が第一位となり、丁謂が第四位となった。『東都事略』巻四九「丁謂伝」に「既にして何は多士に冠たり。謂第四を占む。自ら以えらく何と名を斉くすと、其の下に居るを恥とす。臚伝の際、殿下に言有り。太宗曰く、甲乙丙丁、合に第四に居るべし。尚お何をか言う、と[11]」とある。丁謂の

姓は甲乙丙丁の丁なので、太宗は冗談まじりの口ぶりで丁謂の理不尽な要求を断わった。だが、この点から丁謂は順位を争い、自己を高く評価していたことが分かる。

丁謂の出身は顕官の家でないが、官となる前に、父がかれのために権勢のある人に取り入った。つまり丁謂は後に参知政事を担当した竇偁の婿となった。竇偁は太平興国七年（九八二）にわずか半年だけ参知政事をしてすぐ亡くなったが、[12]執政大臣としての友人関係と影響力を一定の時期に有していたであろう。これはいうまでもなく丁謂が官となる前後に利用できる資源であった。丁謂が王禹偁に知られたのは、もちろん孫何の紹介[13]と自身の才能によったが、かれが竇偁の婿であるという背景と全く関係がなくはない。風習として官となる前の士人は自分の作品を高官や有名人に呈上して教えを請う。これは当時「贄文」と呼ばれた。これによって才能を買われることを期待していた。一旦買われたら、その人の門下に入って、門生となったことを意味している。「座主」である者には門生を推挽する義務がある。士大夫の社会では、人々は関係の親疎によって、一つ一つのネットワークを作った。こうしたネットワークは、池に投げ入れられた石が形成するさざ波のように、中心から環になり遠くまで拡大していった。友人の友人としても相互に扶助する。官となる前の丁謂は竇偁と王禹偁の推挽を得たのみならず、龔穎という文学が自慢の知州に重視されていた。[14]かれらが口々に褒めそやすことによって、士大夫のサークルにある種の世論が形成された。こうした世論は先に雰囲気をつくり、みなに印象をきざみ、直接丁謂の官途出世の助けとなった。

丁謂の進士及第は十位以内にあったので、県レベルの職を経歴せず、直接に大理評事・饒州通判に任命された。寇準は丁謂と違い、進士に及第した後、遠い四川の巴東県に派遣されて四五年間勤務した。[15]ところが、丁謂は幸運児であった。実は丁謂が進士に及第した翌年に、朝廷から「京朝官の未だ知県を歴せざるものは知州・通判に任ずるを得ず[16]」との詔が下された。饒州通判をしている翌年、朝廷に呼び戻されて直史館に任命され、まもなく太子中允という官で福建採訪として派遣された。丁謂はよく職責を果たし、朝廷に還った後、調査研究を「茶塩の利害を上る」として上奏した。太宗はかれの仕事ぶりに満足したので、福建転運使に特進させて再び福建に派遣した。官となりわずか三年で、知州より上にある一方の重臣である転運使となった。これは宋代には珍しいことであった。だが、これも宋初の転運使が年功序列と限らなかった事実を物語っている。一定の等級を持つ官員だけが転運使を担当できるのは仁宗朝以後のことであった。『太平宝訓政事紀年』巻二に「祖宗朝、転運使並びに是れ朝廷先に挙主を択び、挙主、転運使を択ぶ。惟だ材の堪うる者之れと為すのみ。資序を限らず。今来、転運使只だ是れ資に依り例に循うのみにして、又た挙主に由らず。大半不才にして州県の治まらざるを致す所以なり[17]」と富弼の評論を記している。富弼の言から見れば、当時転運使に任命するさい、挙主が必要であった。では、いったい誰が丁謂を推薦したのか、記録はない。たぶん大いに丁謂の才能を買った王禹偁だっただろう。当時は近臣に、転運使を担当できる候補者を推薦させた。先に引用した『太平宝訓政事紀年』巻二の富弼の評論の直前には、「三司使・学士・尚書の丞郎・知雑御史に詔して、各々常参官内より材の転運使に堪うる者を挙げしむ」という記事がある。そのとき、ちょうど王禹偁が再び知制誥となり、続いて翰林学士に昇任している。また王禹偁の「送丁謂之再奉使閩中」という詩の注に「予西掖に在りて嘗て謂之を挙ぐ[18]」とはっきりと書いているのである。推測できるのは、王禹偁の推薦は当時参知政事を担当している寇準の支持を得ていた。寇準は王禹偁の友人[19]として、王禹偁の影響を受けて丁謂の才能を買っている。朝廷の人事任免はほとんど各方面の合力によってなったものであり、皇帝あるいは宰相等の個人的独断ではなかった。

太宗が崩御して真宗が即位した至道三年（九九七）、丁謂は朝廷に戻って三司戸部判官となった。一年後、「西川及び峡路に至りて公事を体量する」ために、丁謂は四川に派遣された[20]。即位したばかりの真宗は丁謂をあまり知らないので、この任務は朝廷から委ねられたと思われる。丁謂が福建に行ったときと同じように力を尽くして職責を果たし、

「還りて奏し、旨に称《かな》う」という。つまり朝廷に帰った丁謂の報告は真宗と朝廷を満足させた。そうして、まもなく丁謂を峡路転運使として再度四川に派遣した。後に川峡が四路に分かれると、丁謂は改めて夔州路転運使に任命され、続いて四川に残された。それから五年間はずっと四川に滞在したのである。最後、真宗も朝廷も丁謂にすまないと思うようになり、かれと交代する官員を推薦させ、ようやく丁謂は朝廷に戻ってきた。

丁謂を朝廷に帰らせない理由は簡単だった。つまり、丁謂が仕事をよく果たしていることが朝廷を大変安心させたからである。もちろん丁謂が長期間四川に残された客観的原因もある。丁謂が四川に滞在した期間に、王均をはじめとする軍隊の反乱事件が起こり、これが広い地域に波及した。朝廷は大量の軍隊を動員し、時間を費やしてようやく平定した。平定後の四川情勢を安定させるためには、丁謂という腕利きの官員がどうしても必要だった。それだけではなく、朝廷はまた翰林学士王欽若と知制誥梁顥という近臣を安撫使として四川に派遣し、積極的に善後策を講じたのであった。丁謂の行動は確かに朝廷の期待に背いていなかった。まず、辺境をかき乱す蛮族の酋長に対して、丁謂が「諭するに禍福を以てし」て、かれらに「誓を作し石に刻み蛮境上に立て」、「敢えて辺を犯さず」とさせた。(21) 続いて、丁謂は塩と粟を交換して、塩の足りないことによって擾乱する蛮族を落ち着かせ、また辺境にある駐屯軍の食糧問題を解決したのである。(22) 丁謂が四川にいる五年間、辺境の情況はほぼ安定していた。たぶん丁謂の能力は真宗を驚嘆させただろう。「手詔して、夔州路転運使丁謂に問いて、如何にして辺防の久遠寧帖を得、蛮人敢えて非を為さざるか」と真宗が質した。これに対し、丁謂は上書して「若し委ぬる所の官、功を邀《もと》めず、事を生ぜず、安静を以て勝と為し、凡そ制置する所、一に前後の詔条に依らば、則ち群蛮必ず敢えて抵冒して妄に天誅を干《おか》さざるなり」(23) と答えた。丁謂の答えは要点をついているといえる。歴代の中原王朝が周辺民族との関係に対応するとき、紛争の多くは辺境の官員が功労を求めて、挑発した結果起きている。丁謂の安定策は双方に利益を与えた。したがって丁謂は辺境の民からも高い評判を得た。『長編』巻五六景徳元年二月壬午の条に「夔州路転運使丁謂、渓洞夷人を招撫し、頗る威恵を著す。部民借留して、凡そ五年代わるを得ず」[24]とある。丁謂に安心して辺地を守らせるために、朝廷は皇帝の名義で丁謂の官を昇進させ、金銭を賜わった。『長編』巻五一咸平五年正月甲辰の条に、「夔州路転運使・工部員外郎・直史館丁謂に、刑部員外郎を加え、白金三百両を賜う。其の綏撫に方有り、蛮人安堵するを以ての故なり」[25]とある。しかし、丁謂に辺地を安定させた功労はあるが、その功労の一部は丁謂に属さない。『長編』巻五二咸平五年七月己亥の条の注に「寇瑊伝」を引用して「施州の蛮叛く。転運使、瑊を以て権知施州とす。是より先、戍兵は它州の餽糧に仰ぎ、多く給せず。瑊至りて、和糴の法を行い、塩を以て償わんことを請う。軍遂に足る。而れども丁謂奏する所、遂に瑊の謀を没す」[26]とある。他人の手柄を横取りするという点において、丁謂と「五鬼」の第一人者である王欽若は全く同じであった。真宗の即位の初、王欽若は他人から出た全国の未納租税を免除する提案を先んじて真宗に報告し、真宗の好感を得たように[27]、この件は丁謂の狡猾な面をわずかに現している。しかし結局丁謂は危険で苦しい辺地を五年間しっかりと守ったのである。丁謂のそうした苦労と功績は、以前福建転運使を担当したときの官茶経営の功労もあり、最後に朝廷に戻ったとき、まとめて豊富な報償をもたらした。

丁謂は士大夫の中に一定の支持層をもっていたが、しかし政界でのもう一つの支持層を欠いていた。つまり皇帝からの支持である。君主制の下に置かれる士大夫政治において、官員の昇降と任免は主に宰相をはじめとする執政集団によって決定づけられ、あるいは各政治勢力間の角逐によって決定づけられるが、決して皇帝と無関係であったわけではない。この両方面の決定はいずれも皇権の名義で行われたからである。執政集団でも他の勢力でも皇帝の存在を無視することはできず、一定の程度で皇帝の意思を尊重しなければならない。そのため、個人にとって、皇帝との関係の親疎がその官途の昇降と極めて深くかかわってくる。たとえば、王欽若は真宗の即位前、開封府の租税免除事件を調査することを通じて、真宗を庇い、真宗との関係を深くした。これはかれの後の出世の基礎となる。丁謂は王欽若と異なり、真宗との間にそうした機会がなかった。ようやく福建で官茶経営によって太宗に好印象を与えたが、太宗はまもなく崩御した。「一朝の天子、一朝の臣」ということわざのように、君主によってやり方と考え方は全く違っていると思われる。そこで、丁謂は新しい君主の即位後、始めから関係構築を行わなければならない。なおかつかれは真宗との特殊な関係がなかったので、初歩からおとなしくわき目もふらず一生懸命にやるしかなかった。都合のよいことに丁謂は最も大切な基盤を持っている。つまり士大夫世論の支持を持っている。そのような世論の称賛が真宗まで伝わらないはずはない。且つかれの福建転運使時期の業績を、真宗が全く知らないはずはない。そこで丁謂は景徳元年に四川から朝廷に帰ると、その財政管理の才能を評価され、三司塩鉄副使を拝命した。そしてまだ成果をあげないうちに、さらに知制誥に昇進した。

宋代では、知制誥になることは、単に皇帝の近臣を意味するだけではなく、さらにその才能と文学的水準がすでに士大夫階層に認められて、士大夫エリートのサークルに入った、ということを意味する。知制誥と翰林学士とは、全士大夫層のリーダーの地位にある。士大夫階層がかつてなく興起した時代にあって、皇帝はこれらの文士を書き手として利用するだけではなく、きわめて敬い慕うのである。太宗が「学士の職、清要貴重、他官比ぶ可からず、朕常に之れと為ることを得ざるを恨む」(28)と言った。文人の偏屈に対して、皇帝は常に寛容の態度を抱いている(29)。したがって皇帝と士大夫層という両面の支持を受ける知制誥ひいては翰林学士が政界のピラミットを上がり、精神的権威から政治的権威に向かって出発するのは、容易であった。

丁謂が知制誥となったのは、真宗から才能を買われただけでなく、さらに重要なのは執政集団からの抜擢を得たためである。このことは、丁謂本人もよく分かっていた。丁謂が知制誥を任命された後、宰相等の中書と枢密院という二府の大臣たちに手紙を書いて謝意を表した。『東軒筆録』巻一四に「丁謂外郡に留滞すること甚だ久しく、知制誥と為るに及ぶや、啓を以て時宰に謝す」とある。「時宰に謝す」は、欧陽脩の『帰田録』では「二府に謝す」とする。ほかの宋人の文集を参照すると、丁謂が執政大臣の全員一人一人に謝意を表した可能性は多いにある。[30]

知制誥となった丁謂は、従来の交際を基礎に、より高い名流士大夫へとその交際範囲を広げていった。かれは楊億・劉筠等の詩文を唱和するサークルに入った。現存する楊億が編集した『西崑酬唱集』には丁謂の詩が五首入れられている。[31]

しかし、丁謂の朝廷での静かで優雅な時期はまもなく終わった。宋王朝は創立以来もっとも厳しい時期を迎えたのである。北方の契丹族の遼朝は数十万人の軍隊を送り、宋の辺境の防御線を迂回して、宋王朝の心臓部である都の開封にあいくちをつきつけるべく、黄河のほとりに突入してきた。危急存亡の際に宰相を拝命した寇準と畢士安は、参知政事王欽若の南遷案と知枢密院事陳堯叟の西遷案を排して、真宗を強引に親征させた。最後に、宋遼両方の勢力が伯仲するなか、澶州で「澶淵の盟」を結び、その結果、以後百余年間のおおむね平和な時代が開かれることになった。

真宗の親征には、宰相寇準が随従したほか、大臣たちはほとんど寇準により臨時に各地に派遣され、要地を守り、軍隊と糧秣を徴発することになった。たとえば、王欽若はすでに敵の後方に入った天雄軍に派遣された。丁謂も知制誥として知鄆州兼鄆・斉・濮安撫使に任命された。これは危急存亡の際に丁謂に重任を委ねたことになる。この任命は宰相に二度任じられた張斉賢と一緒に下されたからである。[32]これによって、丁謂は四川で立てた業績により、朝廷と真宗からかなりの信任を得ていたことがわかる。鄆州に派遣された丁謂はまた優れた業績をあげた。『長編』巻五八は主に二つの出来事を記す。

一つは、十月庚寅の条に、「敵騎稍々南す。民大いに驚き、楊流渡に趨く。舟人利を邀め、時に済らず。（丁）謂給りて死罪囚を取り河上に斬る。舟人懼れ、民悉く済るを得。乃ち部分を立て、河に並べて旗幟を執り、刁斗を撃ち、以て敵を懼れしむ。呼声百余里に聞こえ、敵遂に引去す(33)」とある。もう一つは、十二月庚辰の条に、「鄆・斉等州安撫使丁謂言う、契丹の諜者馬珠勒格を擒獲し、即ちに之れを斬る。其の人を鞫問するに、徒侶甚だ衆しと称す。今各々形貌年歯を具し、諸路に下して分捕せんことを請う(34)」とある。

前の記事では、丁謂が臨機応変に死罪囚を舟人に変装させ斬首し、これによって、人の困難につけこみ利をむさぼる舟人を脅かして、大勢の難民に順調に黄河を渡らせた。また河を渡った難民を兵士に変装させ虚勢を張り、契丹の軍隊を脅して退かせてしまい、戦わずに勝った。後の記事は、契丹軍が撤退後に残したスパイ捕縛についての献言であった。

この二つの出来事はいずれも丁謂の計略と才幹をあらわしている。そこで、丁謂が朝廷に戻った後、かれの功績と才略を評価した宰相と真宗は、知制誥から翰林学士までの通常の昇進ルートでなく、別のコースを与えた。つまり丁謂を権三司使に任命したのである。『長編』巻六〇景徳二年五月乙卯の条に「刑部員外郎・知制誥丁謂、右諫議大夫・権三司使事と為す。仍お詔して謂の内殿起居は知制誥の上に立たしむ、と(35)」とある。これにより、本来楊億のような名流文士となる可能性があった丁謂は、繁雑な事務に心を集中していった。日常に接するものは財政の数字と執務する小役人たちのみで、詩文を唱和する名士はいなかった。こうした行政的業務上の原因によって、徐々に詩文を唱和する気持ちがなくなり、丁謂は西昆酬唱派の詩人たちと離れていった。これが『西崑酬唱集』に丁謂の詩作が少ない原因の一つでもある。このもっとも直接の原因が、専ら西昆体を論じた曾棗荘氏(36)と『丁謂研究』を書いた池澤氏には指摘されていない。

唐宋時代に、三司使は「計相」と呼ばれる。その権力と地位は朝廷で非常に重要であった。丁謂の昇進は半ば執政集団の門に入ったに等しい。当時の宰相寇準は、太宗朝にすでに同知枢密院事と参知政事という執政大臣の経歴を経ており、真宗朝に入ってはじめて三司使を担当したのである。商品経済が発達した社会では、澶淵の盟のように金銭で平和さえ買えるとわかった宋王朝の政府と皇帝は、財政を非常に重視したので、財政管理の才能がある官僚を重用している。寇準は財政管理に堪能な人とはいえないが、かれは長期間三司使を担当した陳恕に謙虚に教えを乞い、陳恕の作った規則や制度をそのまま踏襲したので、大きな過ちを犯さなかった。これを一つの要因として、寇準は三司使から、いきなり宰相に昇進した。[37]三司使李士衡も、真宗がその才能を買って重用しようとしたが、王欽若の奸計のため実現しなかった。[38]王欽若が真宗に寵愛されたのは、真宗を庇った恩があっただけではなく、三司における勤務態度と業績が大変良かったからである。「五鬼」の中の林特は、評判がよくないが、真宗がかれをあくまで信任していたのは、やはりかれが有能な三司使であったためである。[39]

丁謂に関して、政治史として研究に値するのは、真宗朝の後期に権相としての活動であるが、その期間はわずか二年間しかない。逆に丁謂が権三司使と三司使を担当する時期は七八年間という長さがある。後に三司使から参知政事に昇進しても、主に土木工事などのことを担当した。そして屢々財政と茶法などについて意見を出していた。つまり丁謂の財政管理の活動はほとんど澶淵の盟以後の真宗朝に一貫している。実はこの点だけについても、当時の全国の財政状況と関連させ、単純に是非の評価から抜け出して丁謂を具体的に研究すべきであると思うが、冒頭に説明したように、本章の重点は丁謂の政治的言行である。ゆえにその財政管理については多くの検討を行わない。だが、特筆したいのは、丁謂は財政管理においてもかれの地方行政管理と同じように、優れた才能を示した事である。次に丁謂が三司使を就任した後の活動に簡単に触れよう。

景徳二年（一〇〇五）五月、就任したばかりの丁謂は、四川で転運使を担当したときの経験に基づき、辺地駐屯軍の食糧備蓄が足りていることから、四川の塩で南人の絹織物と交換する提案を出した[40]。

同年九月、『三司新編勅』十五巻を整理して呈上し、真宗はこれを印刷して配布する命令を下した[41]。そのとき、丁謂は権三司使に就任してわずか三四カ月後であった。

同年十月、三司の同僚と一緒に『景徳農田編勅』五巻を編纂した。『長編』巻六一景徳二年十月庚辰の条に「是より先、権三司使丁謂に詔して、戸税条目及び臣民陳ぶる所の農田の利害を取りて、編して書と為さんとす。謂、乃ち戸部副使崔端・塩鉄判官張若谷・度支判官崔曙・楽黄目・戸部判官王曾と与に参議して刪定し、『景徳農田編勅』五巻を成す。庚辰、之れを上る。彫印し民間に頒行せしめ、咸な以て便と為す[42]」とある。

景徳三年（一〇〇六）二月、丁謂等の提言によって、全国各路の転運使・副使が本路の勧農使を兼任し、知州と通判が管内勧農使或いは勧農事を兼任することになり、以後定制となった[43]。これが史書によく見られる宋代官僚の肩書についている勧農使の由来である。

景徳四年（一〇〇七）七月、丁謂は咸平六年（一〇〇三）の戸口と徴収した租税を基準として、毎年史館に報告する案を朝廷に提議した[44]。

景徳四年八月、丁謂はその年の戸籍と租税額を咸平六年と比較して、『景徳会計録』六巻を作成した[45]。

しかし、大中祥符元年（一〇〇八）に入ると、権三司使丁謂は、全力で真宗の天書降下および泰山封禅・汾陰祭祀・亳州拝謁などの宗教活動に加わっていった。これは丁謂が当世と後世に最も非難される行跡の開始である。この時期から、丁謂の権三司使としての本来の活動は史書に僅かしか記されなくなる。

第二節　「大計余有り」と「東封西祀」

丁謂は財務を管理することに長じているので、景徳四年正月、皇陵への参拝にさいし、真宗はかれを随駕三司使に任命した。同じく財政管理に長じている塩鉄副使林特を丁謂の副手に指名した。林特は後世、同じ「五鬼」の一人とされる人物であって、丁謂とは職務上密接な関係を持っていた。皇帝の巡幸は出費が多い。特に皇恩を示すため常に恩賞を下賜する。だが、財政状況をほとんど知らない皇帝は随意に恩賞を行うことができないので、財政を管理する官員が随従して必要とする支出を計算し、諮問への答えや建議を提供する。今回は丁謂が真宗と長い時間一緒に過ごす初めての機会であった。真宗の機嫌をとるチャンスであるので、丁謂は百方尽力する意図をもっていたであろう。そして今回の随従は真宗を大変満足させたと思われる。これ以降、巡幸あるいは大規模な支出などのことがあれば、真宗は必ず丁謂という管財人を呼び、或いはかれに意見を諮問した。一方、丁謂は皇帝の歓心を買うために、国家の財政を顧みず、従順に真宗の旨に従った。その中でもっとも当世と後世に非難されたのは、真宗の封禅を支持したことであった。

「澶淵の盟」の後、朝野の内外と同じく勝利と平和の雰囲気に浸っていた真宗は、王欽若の「孤注」という賭博の喩えで喝破された後、極めて屈辱を受けたように、精神的な苦痛を感じ、「是自り常に怏々とする」という状態となった。王欽若は、さらに真宗に天瑞を捏造し、封禅の実施という悪知恵を出した。この悪知恵は真宗の自己の正統的地位を強調しなおかつ高い威信を打ち立てようという渇望と合致した。だが、このような重要な行事は皇帝であっても独断で決定して行動することはできない。真宗は、まず龍図閣直学士杜鎬から、河図・洛書などは聖人の「神道設教」

であるという理論的説明を得て、続いて真珠の賄賂で、宰相王旦に黙認させた。最後に、真宗が心配したのは、やはり財政上の問題であった。かれは権三司使丁謂に諮問した。『長編』巻六八大中祥符元年四月乙未の条に「乙未、知枢密院事王欽若・参知政事趙安仁を以て、並びに封禅経度制置使と為す。初め、封禅を議するも未だ決せず。上、経費を以て権三司使丁謂に問う。謂曰く、大計固より余有るなり、と。議乃ち決す。即ち謂に詔して泰山路の糧草を計度せしむ(46)」とある。これは泰山の封禅が最後に丁謂の「大計余有り」という一言によって決まったことが分かる。真宗が王欽若と一緒に天書を捏造した段階では、財政上の支出があまり多くないが、それからさらに泰山封禅・汾陰祭祀・亳州拝謁という一連の行事が展開し、収拾がつかないことになる。当世と後世がこれを丁謂のせいにするのは無実の罪を着せることではない。

「大計余有り」との言葉によって、真宗は丁謂に封禅の費用を集めさせ、さらに泰山に行く糧秣まですべてかれに調達させた。丁謂は機会に乗じては真宗の歓心を買おうとした。封禅の全過程で丁謂はその遂行に全力を傾注した。経費の調達について、河北転運使李士衡が封禅を支持するために、内帑からの補助金八万緡を返し、本路から金帛芻粟を四十九万調達してきた。このような協力者に対して、丁謂はすぐ朝廷に「士衡を澶州に留め東封の事を管勾せしめんことを請う(47)」。

泰山への封禅にさいして、丁謂は随従する兵士に銭を支給するために随駕使銭頭子司を設置することを提案した。この機関は臨時の銀行のように、兵士には現金の代わりに、小切手のような頭子を支給し、指定地で兵士の家族に現銭を受け取らせる(48)。こうしたやり方は、朝廷に便利であり、兵士にも便利である。両者とも大量の重い現金を持つ必要がなかった。これによって、丁謂の細心で頭が切れることがわかる。

丁謂は自らの言である「大計余有り」ということを証明するために、真宗と朝廷に天下の五穀豊穣の光景を述べた。

すなわち『長編』巻七〇大中祥符元年十月丙午の条に「行在三司使丁謂言う、京自り泰山に至るに、金帛糧草咸な羨余有り。又た民間、官司の配率する所の無きを以て、芻蒿は毎囲三五銭に及ばず、粟麦は毎斗十銭に及ばず、と」[49]とある。丁謂の上言は自らの「大計余有り」が嘘ではないことを証明し、真宗を安心させるものであった。加えて封禅反対派に口止めをする効果がある。このような上奏に対して、真宗はもちろん機嫌がよいのは当然である。同様な奏疏は、同じ月に王欽若が行っている。王欽若は、今年、黄河の水位は上昇したが両岸に危険はないので、水防工事の費用が例年より数百万緡減少できると上奏した[50]。王欽若の目的は丁謂と同じように、真宗の財政への心配解消によって真宗の歓心を買うことにある。奸臣たちの阿諛はやはり似ているのである。

東に泰山封禅してから、続いて真宗は西の汾陰に祭り、南の亳州で拝謁した。それらはいずれも計相丁謂という管財人の支援を離れては行えない。丁謂は相変わらず、真宗に太平の光景を描き出し安心させていた。大中祥符三年（一〇一〇）七月、真宗と近臣が共に龍図閣に書籍を見学しにいった。丁謂は、真宗が唐代の『元和国計簿』を閲覧していた機に乗じて真宗に「唐朝、江淮歳に米四十万を運びて長安に至る。今乃ち五百余万、府庫充牣、倉庫盈衍たり」と言った。真宗は喜び「民俗康阜は、誠に天地宗廟祥を降すに頼り、而して国儲備有るは、亦た計臣力を宣ぶるに自る」[51]と丁謂を褒めた。

いうまでもなく、丁謂は全国の財政を管理する三司使として、全力で真宗の活動を支援することが使命であり、事実を無視し、不都合なことを伏せておくことはできない。もしもそうして、国家財政が破綻すれば、責任を負うのは三司使丁謂本人しかいないであろう。もとから真宗の諸活動に不満を抱いている大臣たちは、自然に丁謂に向かって怒りを爆発させるはずである。その状態になれば、真宗も丁謂を救えないだろう。その点をよく承知する丁謂は、大中祥符元年の時点で、「大計余有り」と言って、大中祥符三年の時点で「府庫充牣」となお言っていたが、大中祥符四年（一〇一一）になると、汾陰祭祀の後、さすがに「東封及び汾陰の賞賜億万たり。加うるに諸路の租賦を蠲復し、口算を除免するを以てせば、聖沢寛大なるも、恐らく有司の経費給せざらん[52]」と危機にあることを訴えるようになった。国家の財政が破綻しないよう、さらに真宗の活動を、続けて支援できるよう、丁謂はさまざまな対策を講じた。大中祥符五年（一〇一二）、「諸州、歳豊穀賤を言い、咸な博羅せんことを請う。上、農を傷めるを慮り、即ち三司使丁謂に詔して規劃して以聞せしむ。謂、和市に若くは莫しと言う。而れども諸州積む鏹数少なし。癸丑、内蔵庫銭百万貫を出して三司に付し、以て用度を佐けしむ[53]」という『長編』巻七八大中祥符五年六月癸丑の条の記事が見られる。これは実際には丁謂の提案によって、購入代価を支払う措置として、政府が交易に参与して利益を求める行為であった。

「旧制、庫務都数、三司使と雖も之れを知るを得ず」という情況であった。つまり、従来、宮廷内の各部署の在庫財物は、政府の財政機関に問えない盲点であった。だが、三司使としての丁謂は、「自ら経費を度支して、宜しく常数を知るべきと陳」べたので、以後かれの監督下に入った[54]。

さらに、異議百出していたが、丁謂は依然としてかれが主宰して改革した茶法を堅持している。かれは「大抵未だ法を改めざる日、官中歳に本銭九千余貫を虧く。法を改めた後、歳に収むる所の利は常に二百余万貫を下らず。辺防儲蓄闕かず、榷場陳積無し[55]」と改革後の成果を挙げた。また丁謂は「大中祥符已後自り、（榷貨務）歳に二百万緡に及び、六年に三百万緡に至り、七年又た九十万緡の増し、故に八年に止だ此の数有るのみ。然れども今年の正月を以て、去年に比ぶれば、已に三十万緡を贏す[56]」と茶引銭の増収を詳しく計算した。宋の政府の財政収入にとり、茶葉収入だけでも少なくはない数であった。

ところが、丁謂が全力をあげた財政運営にもかかわらず、度重さなる祭祀活動と大規模な土木工事は底なしの穴のように、宋の政府財政に大きな損害をもたらした。

丁謂は財政運営に全力を傾注する一方、真宗に阿諛する能力も最大限に発揮した。『長編』巻七〇大中祥符元年九月庚申の条に一つの出来事が記載されている。「五鬼」の中の皇城使劉承珪が崇政殿で新たに作った天書法物を呈上するとき、十四羽の鶴が飛んできた。天書扶持使を兼任する丁謂はすぐ「双鶴、天書の輦を度り、飛び舞うこと良に久し」と上奏した。翌日、丁謂の奏疏を読んだ真宗は、丁謂に「昨に睹る所の鶴、但だ輦の上に飛び度るのみ。若し飛び舞うこと良に久しと云うが若きは、文は則ち文なり、恐らく実と為さず。卿当に此の奏を易うべきなり」と言った。共に鶴が飛ぶところを見た真宗は、正直に丁謂の奏疏の「飛び舞う良に久し」という事実と異なる描写を指摘したが、これに対して、丁謂は少しも恥じず、玄妙なる詭弁を弄して「陛下、至誠を以て天を奉じ、不欺を以て物に臨む。正に此の数字、繋がる所尤も深し。皇帝の徽猷、此より大なる莫し。望むらくは、中書に付して『時政記』に載せんことを」と答えた。丁謂の神秘化した話に対して、真宗は聞いてもあまり分からなかったと思う。最後に真宗は「俛然として之れを許す」[57]が、やはり少し無理であった。結局丁謂が真宗をおだてるので、真宗は丁謂の面子を立てる必要があったのであろう。丁謂がこのように熱心に主張するので、真宗は泰山に現れた天書を都に護送する任務を丁謂に与えた[58]。

丁謂は鶴が好きなので、天瑞を上奏する時、常に鶴が飛び回ると言う。大中祥符四年、かれは鶴が天書殿の上を飛び回ると上奏した[59]。真宗晩年の天禧三年（一〇一九）、地方で官に就いていた丁謂は、また鶴が茅山を飛び回ると上奏した[60]。『東軒筆録』巻二に「丁晋公玉清昭応宮使と為る。醮祭に遇う毎に、即ち仙鶴有りて殿廡の上を盤舞すと奏す。真宗の東封の事を記するに及ばば、亦た高宮に宿奉する夕に、仙鶴有りて宮の上を飛び、昇中展事に及ばば、仙鶴迎え舞い、前導する者、望を塞ぎて其の数知らずと言う。又た天書降る毎に、必ず仙鶴の前導有りと奏す。是の時、寇莱公判陝府たり。一日、山亭中に坐り、烏鴉数十飛び鳴きて過ぐる有り。莱公笑いて属僚を顧みて曰く、丁謂之れを見れば、当に目して玄鶴と為すなり、と。又た其れ令威の裔、好んで仙鶴を言うを以て、故に但だ呼びて鶴相と為す。猶お李逢吉の牛僧儒を呼びて丑座と為すがごとし[61]」とある。鶴は誰の目にも高潔な珍しい鳥類であるが、丁謂と鶴は、まさに風馬牛であろう。

鶴のほか、真宗を喜ばせるすべての天瑞を、丁謂は見逃さぬように上奏していた。『長編』巻七八大中祥符五年六月壬子の条に「修玉清昭応宮使丁謂言う、天書閣、柱を望めば直気を千余条起こして、青紫黄白相い間じり、又た白光を吐くこと銀絲の若し。上は軽白の雲之れを覆い、俄かに五色に変わる有り、と[62]」とある。こうした荒唐無稽な天瑞を聞けば、真宗はやはり心地よく、「瑞応」の詩を書いて「近臣に賜わりて和せしめ」たという。上奏する天瑞がなければ、丁謂は時に捏造する。真宗が南して亳州太清宮に拝謁しに行くとき、丁謂は昔の王欽若のやり方に倣い、芝草三万七千余本を献上した[63]。真宗は丁謂の行為を大変喜び、これを文徳殿に陳列した。真宗の歓心を買った丁謂は、さらに一カ月後、白鹿一頭、芝草九万五千本を献上した[64]。王欽若は一番多かった時でも献上した芝草は三万余本だけであったから、丁謂の九万五千本はどれだけの人々を動員して採ったものであろうか。

丁謂は真宗に迎合するだけではなく、積極的に入れ知恵している。『宋会要輯稿』瑞異一～一一に「天書降りて自り後、凡そ祥瑞有らば、欲すらくは、編排して各々賛頌兼序を撰し、仍お昭応宮に図とすることを望まん[65]」という丁謂の上奏が記録されている。

丁謂の尽忠に応えるため、封禅の礼が行われた後、大中祥符二年（一〇〇九）二月、丁謂の権三司使の「権」という字が取り除かれて、名実相伴う三司使となった。四月、また丁謂に修昭応宮使を兼任、工事を主宰させた。昭応宮の建設は、朝廷内に反対の意見が強かった。宰相王旦さえ賛成せず、密かに諫めたことがある。だが、最後はやはり丁謂によって事は決せられた。『宋史』丁謂本伝に「初め宮城の乾地に即きて玉清昭応宮を営むことを議す。左右に諫する者有り。帝召問す。謂対えて曰く、陛下天下の富有りて、一宮を建て上帝を奉ずるは、且に皇嗣を祈る所以とするなり。群臣の陛下を沮む者有らば、願わくば此れを以て之れを論ぜん、と。王旦密かに疏諫す。帝、謂の対うる所の如く之れを告ぐ。旦乃ち復た敢えて言わず。迺ち謂を以て修玉清昭応宮使と為す。復た天書扶持使と為す、給事中に遷り、真に三司使を拝す[66]」とある。この記事は、丁謂の三司使の任命時間がほかの記載と食い違うほか、大体信じられる。とりわけ王旦の密奏という方式は、よく王旦の君臣関係に対する考えを示している。真宗に及ぶ事柄に関して、王旦は一般に公開では反対しないが、密かに諫める形をとるのであった。ところが、真宗はまだ皇子がいないので、これによって嗣子を祈るという丁謂の教えた理由を挙げ、王旦だけではなく、どの大臣も反対意見を出せなくしたのであろう。

玉清昭応宮の工事規模は大きい。丁謂は職人に昼夜兼行で進めさせ、暑さが厳しい三伏になっても休ませなかった。ようやく宰相王旦が「当に時令に順うべし」と言った後、真宗が一時的に作業を停止するという詔を下した[67]。丁謂は工事の進捗を催促するだけではなく、さらに工事の用地を広げさせ[68]、玉皇大天帝像・聖祖天尊大帝像・太祖像・太宗像の鋳造を提議した[69]。丁謂自ら監督して、「日に工を役すること数万[70]」という本来十五年かかる見込みの「宮宇を総じて二千六百一十区」という大工事を結局七年間余りで竣工に導いた[71]。

玉清昭応宮のほか、丁謂はまた多くの工事を主宰した。

大中祥符五年七月、五嶽観の建築では、「修玉清昭応宮丁謂等をして奉節・致遠の三営地及び填乾地の西偏に就きて興築せしむ[72]」とある。

大中祥符五年十二月前後、聖祖を安置するために、「丁謂等に詔して、京城に地を択びて宮を建てしむ[73]」とある。

大中祥符七年（一〇一四）八月、丁謂は修景霊宮使を任命された。[74]
大中祥符八年（一〇一五）四月、宮殿の火災のため、丁謂は大内修葺使を任命された。[75]
大中祥符九年（一〇一六）正月、「会霊観を建て、謂、復た之れを総領す」[76]とある。
真宗が崩御した後、真宗のために多くの工事を主宰した丁謂が宰相の身分で山陵使を兼任し真宗陵造営を主宰することになった。[77]
丁謂は三司使として財政権を握っていたので、宗教活動に関連する工事のほとんどを主宰することになった。命令を受けた以上、丁謂は自ら進んで真宗に迎合するのである。同じくに皇帝に迎合するにも、王欽若のように口だけで歓心を買うのではなく、丁謂は多くを着実に実行した。彼は財政的裏付を報償した上に、また自ら工事を主宰している。これによって、真宗は丁謂を極めて重んずることになった。丁謂が真宗の種々の宗教的願望を実現させてくれるので、実際、真宗は丁謂から離れられないのであった。
では、丁謂と真宗が組んで土木工事を大々的に実施することに対して、宰相をはじめとした執政集団はどのような態度をとったのか。大中祥符年間にあっては、主に宰相王旦が朝廷の政務を主宰していた。澶淵の盟を結んだ後、朝野内外は平和の到来に欣喜雀躍としていた。そして、そのとき宋王朝の経済力は、建国以来の数十年間の蓄積と発展によって、最盛期となった。そうした雰囲気と背景の下で、東封西祀という世に類のない大典を行うのは、当時の人々から見れば、ごく自然なことである。王旦などの執政者は、そのような人力と財力を浪費する活動をやりたくないが、当時の朝野内外の雰囲気には逆らえない上、さらに王欽若・丁謂などの佞臣が真宗のために提供したいろいろな口実にも逆らえなかった。その上真宗は目的を達成するために王旦を招宴し、賄賂を遣い、極めてうまく丸め込んでいった。高貴な皇帝がそこまでしたので、王旦は真宗の面子を立てざるを得ない。その結果、「是由り、凡そ天書・封禅に旦復た異議せず」となった。だが、王旦の心の中は複雑であった。「旦、天書使と為り、大礼有る毎に、輒ち天書を奉じて以て行うも、恆に邑々として楽しまず」[78]という。それだけではなく、王旦は天書という悪例を作り出した王欽若に対して、終始冷淡で真宗の提案をも断り、かれに宰相を担当させなかった。五鬼中の陳彭年の「符瑞を興建して進むを図る」文書には一瞥も与えなかった。[79]しかし、王旦は「親ら王欽若・丁謂等の為す所を見、諫めんと欲するも則ち業已《すでに》之れを同じくし、去らんと欲するも則ち上之れを遇するに厚く、去るに忍びず」という苦しい立場に置かれた。死ぬ前、王旦は「削髪披緇し以て斂せんと遺令」した。『長編』はこの事柄を記すに、「蓋し其の前に為すを悔むなり」と論じている。[80]なぜ、「削髪披緇し以て斂する」ことが「其の前に為すを悔む」を意味するのか。実際には、一生を小心翼々として過ごした王旦は、仏教の葬儀で道教を尊ぶ真宗に無言の抗議をしようとしたのである。以上によって、宰相王旦は真宗の一連の宗教活動に大きな反感を抱いていたことが分かる。ところが、宰相としての王旦は、政務ひいては人事任免の場合に皇帝を制約することはできるが、皇帝の宗教活動を強引に制限するのは権限外なのである。

一方、天書と封禅などの活動が始まった頃、王旦を含む多くの人はその活動がますます強くなっていくとは思わなかった。坂道を滑る車は誰にも止めにくいように、あらゆる事は始動すると、往々にして後の規模を予測できないだけではなく、当事者本人が止まりたくてもできないようになる。そのままに任せて止められない車を、当事者以外の人が止めようとするのはもっとも難しいだろう。なおかつ人間の群集心理には、ある潮流が到来すると、判断停止して盲従する人が多く、はっきりと自分の頭で考える人は少ない。これらの要因から王欽若・丁謂などがその奸計を焚き付け、真宗がその活動を開始すると、王旦などの反対派は潮流に抵抗できなかったのである。

丁謂が単に着実に仕事をこなすだけの人ならば、かれと一緒に土木工事を主宰する宦官たちと区別はなく、真宗は特に丁謂を重んずる理由もないのである。真宗が丁謂を重んずるのは、一つはかれが財政権を持ち、もう一つは、士大夫として、悔い改めようとしない真宗のために一途に自分から進んで命がけで働く、ということにあった。天書降下以来、丁謂は真宗の歓心を買うために、大いに才子の腕前を発揮して、王欽若と同様、数多くの文章と書籍を作成し編纂した。

大中祥符二年十二月、「三司使丁謂等『泰山封禅朝覲祥瑞図』百五十を上る」とある。これは『長編』の著者李燾の『春秋』の筆法ではないだろうか、この事柄を記すに、わざと丁謂の名前の前に「三司使」という官職名を加えて、工夫を凝らし、図を献ずるのが三司の業務と関係ないということを示そうとした。丁謂が図を献ずると同時に、五鬼のもう一人、宦官である劉承珪も『天書儀仗図』を献じた。撮影技術がなかった時代では、真宗はたぶん丁謂等が図絵の形でかれの盛世大典を記録した行為には、非常に満足であっただろう。そこで、真宗はまず宮内の滋福殿で近臣を招いて観賞した。それからまた朝堂で展示して群臣に観賞させた[81]。丁謂のこの行動は真宗の歓心を買っただけではなく、自分の存在を大きくアピールした。翌年、丁謂はまたほかの人と一緒に『大中祥符封禅記』五十巻を献じた[82]。

泰山封禅において、図と書を献じた丁謂は、続いて西に汾陰を祭る行事について、また『新修祀汾陰記』五十巻を献じた[83]。

もちろんあらゆる時代の佞臣と同じように、巧言が真宗の好感を得た原因の一つであるが、丁謂と真宗との関係は、王欽若の「望見して輒ち喜ぶ」という程度に達しておらず、さらに真宗の李沆・王旦・寇準への畏敬にも達していなかった。丁謂は実は自分の才幹で、真宗の願望と活動に他の佞臣が提供していない貢献をした。これは巨額の財政支援である。したがって真宗の歓心を買うと同時に、自分自身も最大の利益を享受した。着実にかれは自分の目標を実現していった。丁謂はまず権三司使から真の三司使となり、続いて執政集団に入り、参知政事となったのである。

時勢は英雄を生むという言い方がある。実は英雄と奸雄はともに時勢から生まれるものである。人間こそ社会的環境の産物である。仮に想像してみよう。澶淵の盟以後の平和的環境の下で、真宗の東封西祀などの活動がなければ、丁謂は唐宋八大家のなかに身をおく有名な作家になったかもしれない。あるいはあまり凡庸ではない三司使か執政大臣になったかもしれない。いずれにしても悪名を着せられることはないだろう。当初、丁謂が官途についた始めのころ、文壇の名流である王禹偁の称揚を得、また後に宰相となった寇準の推薦を得た。当時の文壇の名流たちと詩文を唱和して、交際はたいそう広かった。だが、その人たちは後にすべて丁謂と疎遠になって、ひいては仲たがいすることになった。

丁謂を韓愈・柳宗元の再来と喩えた王禹偁は、後の丁謂のいろいろな悪事を見ずに早く死去した。しかし、池澤氏の考証により、王禹偁が死去する前にすでに丁謂と齟齬があったことが知られる。(84) 早くも至道二年（九九六）の「答丁謂書」において、「高亢剛直」な王禹偁は「世と与に浮沈する」ことを主張する丁謂と人生観が相違することを表明した。(85)『優古堂詩話』「詩可以観人」の条に「呂献可誨嘗て云う、丁謂の詩に、天門九重開、終当掉臂入と有り。王元之禹偁、之れを見て曰く、公門に入るに猶お鞠躬如たり天門豈に掉臂して入る可きぞ。此の人必ず忠ならず、と。後に果たして其の言の如し(86)」とある。詩という形で文人の自由奔放さを表すのは文人の通例であったが、王禹偁はその詩から丁謂の人柄を見抜くことができなかった。問題は丁謂が官となってからの行為であった。丁謂は福建に転運使として赴任したとき、宮廷の貢茶に熱心であったことを、後の蘇東坡に「君不見武夷渓辺粟粒芽、前丁後蔡相籠加」という詩で風刺された。丁謂のこうした行為は、正直な王禹偁に悪い印象を与えたはずである。

観察力が鋭い李沆は逸早く丁謂の人柄を見抜いた。寇準が李沆に丁謂を推薦したとき、李沆はたびたび拒否した。『宋史』「李沆伝」に寇準、丁謂と善し、屡々謂の才を以て沆に薦むるも、用いず。準、之れを問う。沆曰く、其の人と為りを顧みれば、之れを人の上に在らしむ可けんや、と。準曰く、謂の如き者、相公終いに之れを抑して人の下に在らしむこと能わんや、と。沆笑いて曰く、他日後悔せば、当に吾が言を思うべきなり、と。準、後に謂の傾く所と為り、始めて沆の言に伏す(87)。

とある。李沆がどのようなところに丁謂の人柄を洞察したのかは、よく分からない。丁謂は景徳元年二月四川から朝廷に戻ったが、宰相李沆は同年の七月に死去している。二人が直接に接触する機会は少なかった。当初丁謂が孫何と科挙の順位を争ったためだろうか、或いは福建の宮廷貢茶に熱心であったためだろうか。或いは丁謂に不利な世論を聞いたためだろうか。要するに李沆の結論は、丁謂は人の上にいるべきでないというものであった。また李沆が宰相となった当初、真宗はかれに「治道の宜しく先んずべきところは」と質問したことがある。李沆は「浮薄の新進喜事の人を用いざること、此れ最も先と為す」と答えた。これについて、李沆は「梅詢・曾致堯らの如き是れなり」という具体的に人名を挙げたが、必ずしも丁謂を含まないわけではない(88)。同様に丁謂が官となった早い時期において、王旦と楊億の二人の丁謂についての対話がある。『五朝名臣言行録』前集巻二に

楊曰く「丁謂、久遠に果たして如何」と。

対えて曰く「才は則ち才なり。道を語るは則ち未だし。他日上位に在らば有徳者をして之れを助けしめば、終に吉を得るに庶からん。若し独り権に当たれば、必ず身の累と為らん」と(89)。

ある人物について、もし一人だけ好印象或いは悪い印象をもっているとすれば、その人が抱いている偏見かもしれないが、多くの人がほとんど同じ印象を持っているとすれば、その印象の正確度は高く、重視に値すると思われる。

楊億等の士大夫の名流が丁謂と疎遠になるのは、権三司使の事務の多忙という客観的な理由がある。この点につい

て、先に述べたが、そのほかの理由として、丁謂はすでに士大夫の名流たちに軽蔑された佞臣王欽若に近づいたことがある。池澤氏は、景徳元年から景徳四年まで、「その期間に、丁謂と王欽若との関係が以後のような親密ではない[90]」と述べている。実際には、その時、丁謂は王欽若などの五鬼の中の多数の人とすでに親しくなっていた。『長編』巻六六景徳四年九月辛巳の条に「初め、工部員外郎兼侍御史知雑事王済、詔を受けて新旧茶法を較べ、持論は丁謂・林特・劉承珪等と多く忤らう。承珪等因りて王欽若と迭いに之れを詆訾す[91]」とある。

続いて丁謂は王欽若に追随して、真宗の宗教活動を助長したが、士大夫群は丁謂らと異なった道を歩んでいった。宋代の士大夫は天譴を武器として「神道設教」をするにもかかわらず、やはり孫奭が真宗の封禅に反対する上奏で述べたように、彼らは孔子の「怪力乱神を語らず」という教戒を守っているのである。王欽若・丁謂などの行為は、仁宗朝の学者李覯が「吾徒の羞と為す[92]」と言ったように、士大夫全体に恥辱をもたらしたと見なされた。丁謂が参知政事を担当していたとき、真宗は出身の低い劉氏を皇后に立てようとしたが、王旦・寇準・向敏中など多くの執政大臣と士大夫に反対された。そのため、真宗は文壇の名流である楊億に皇后に立てる制誥を起草させたいと考えた。これによって士大夫の承認を得て、劉氏の地位を高めようとした。真宗はこの願いを西崑酬唱の仲間であった丁謂を介して楊億に伝えた。丁謂はもちろん真宗のために全力を尽くすので、すぐ楊億のところに行って、真宗の要求を出した。楊億は立后反対派なので、わざと出身の低い劉氏の親族三世代の氏名を提供してくれという難題を吹っかけた。楊億の意図が分かった丁謂は、利で楊億を釣り、「大年（楊億の字）勉めて此れを為せば、富貴ならざるを憂えず」と勧めた。丁謂の話は孤高の士大夫楊億にとって、さながら大きな侮辱のようだ。かれはその場で「此くの如きの富貴、亦た願う所に非ず[93]」とはっきりと断った。丁謂は真宗のために頼み、楊億がこうした態度をとるとは思わなかった。その大中祥符六年（一〇一三）の時点で、楊億は丁謂と公開の場でいさかいをしたことはないが、内心ではすでに丁謂と訣別してしまっている。それゆえ丁謂がひじ鉄を食ったのは当然であった。

逸早く立ち上がって丁謂を激しく非難したのは、率直で知られる大臣張詠であった。『長編』巻八五大中祥符八年八月癸未の条に「（張）詠臨終に奏疏して言う、当に宮観を造り天下の財を竭くし、生民の命を傷めるべからず。此れ皆な賊臣丁謂、陛下を誑惑するなり。謂の頭を斬りて国門に置き、以て天下に謝し、然る後に詠の頭を斬りて丁氏の門に置き、以て謂に謝せんことを乞う、と」[94]とある。張詠と丁謂との間に個人的な恩讐はなかったが、このような激しい言葉が出るのは、丁謂が士大夫層ですでに多くの人々に憎まれていたことの証しである。

『東軒筆録』巻二に「丁謂才智有り、然れども多く（上旨に）合さんことを希う。天下以て奸邪と為す。稍々進用せらるに及ぶや、即ち真宗を啓導するに神仙の事を以てす。又た玉清昭応宮を作り、国帑を耗費すること、計るに勝う可からず」[95]と評している。「天下以為」というのは、実際には広い士大夫層の世論を指す。このような世論に奸邪と見なされたら、その人物は当世で士大夫に軽蔑されるだけではなく、後世になっても痛罵を浴びせられる。世論は人心の向背を反映して、一時的な権勢より人の善し悪しを歴史的に論評する権力を持っている。

元人が編纂した『宋史』は、巻二八三の「王欽若伝」「丁謂伝」「夏竦伝」の最後につける「論曰」で「王欽若・丁謂・夏竦、世に皆な指して奸邪と為す。真宗の時、海内乂安、文治恰和なり、群臣将に順んとして暇あらず。而れども封禅の議、謂に成り、天書の誣、欽若に造端す。所謂道を以て君に事うる者、固より是の如きか」[96]と非難した。元人の「世に皆な指して奸邪と為す」については、先述の宋代の世論として間違いないが、「封禅の議、謂に成り」とは、丁謂に濡れ衣を着せることになろう。事実を見ると、やはり「封禅の議」も王欽若によって端を開いたのである。[97]丁謂は「大計余有り」という一言で真宗に懸念のないようにさせて、封禅を行わせたにすぎない。もちろん、丁謂の答えがそうでなければ、違う結果になる可能性がある。要するに、丁謂が封禅を決定づけた事につき責任は免れないが、もっと大きな罪は真宗の十余年の長きにわたる熱狂において、先導と元締めのような役を演じたことであった。とりわけ「天下の財を竭くす」という行為で真宗に迎合して、大きな土木工事を行ったのは、もっとも世に非難された。そのため、元人が「所謂道を以て君に事うるは、固より是の如きか」と糾したのである。士大夫が「道を以て君に事うる」のは、王欽若と丁謂が行った道ではなく、儒学の君主を諫める道であり、宋代以降、具体的には士大夫政治の全体的利益に合致する道を指している。

丁謂は王欽若と些か違う。王欽若が真宗に天書を偽造し、東封西祀などのことをそそのかしたのは、真宗に迎合する意図のほか、またかれ本人の宗教的熱狂にもよるのであった。しかし、当初の丁謂には王欽若のような宗教的熱狂はなかった。かれが若いころに書いた『書異』という文章には、雹害が龍の通過によって起こるとは誤りであると批判した上で、地方官が雹害を天の警告として皇帝に報告しなかったことを強く非難した[98]。そのとき、丁謂の認識は儒学のオーソドックスな理念と合致していたのである。つまり「怪力乱神を語らず」であるにもかかわらず、「神道設教」を主張する。「神道設教」の主な内容は天譴に借りて君主を諫めることであり、天瑞に借りて君主を称揚することではないのである。丁謂はもう一つの文章『大蒐賦』で「彼の唐漢の士、礼儀を修崇す。封禅の徴誕、明堂の詭奇、此れ数事、堯舜文武の書に詳しからず、臣寧くんぞ敢えて狂斐として諸を陳べんや[99]」とはっきり述べている。太宗時代に、丁謂はこのような文章を書いて、封禅と明堂という聖人の書に出てこない荒唐無稽な行事に関して述べる勇気がないと、自分の立場を表明した。しかし、真宗朝になると、このようなことを、単に言うのみならず、実によく実行した。丁謂の行為は、かれ自身の信念を裏切り、士大夫の道徳観を裏切っていた。その理由を考えてみれば、つまり『東軒筆録』が言う二文字「希合」である。丁謂は本当に真宗が行ったいろいろなことを信じたのではないからである。しかし、計略にたけている丁謂は、真宗が道教を信仰する点をねらい、全力で迎合していった。これについては、丁謂が他人を教唆した言葉からも窺える。丁謂が失脚した後、かれが交際していた巫女劉徳妙は調べに対し、「(丁)謂嘗て教言して、若《あなた》の為す所、巫事に過ぎず、老君に託言して禍福を言うに若かず、以て人を動かすに足る」と供述した。

君主制という特殊な帽子を被る士大夫政治において、士大夫の官界での昇進は、有力な人の抜擢と士大夫世論の称揚のほか、一定の地位に昇った後は、皇帝の態度がもう一つの重要な要素となった。丁謂は官界における一定の勢力と世論の支持があるにもかかわらず、真宗との特殊な関係が少しもなかった。それゆえ、特殊な手段を使わなければ、真宗に気に入られることはほとんど不可能であった。これが丁謂が初志を守らず、士大夫に軽蔑される道を歩んでいった根本の理由である。

第三節　宋代権相の第一人者

「子《きみ》、係《こ》れ中山の狼、志を得れば便ち猖狂となる」(子係中山狼、得志便猖狂)という詩は、丁謂は「人の上に在らしむ可からず」といった李沆の言葉の注として適切である。実際に、丁謂は官途において特別の奇跡と寵愛に出会っておらず、根気よく働き、かつ真宗に迎合して、一歩一歩と権力中枢に近づいて、参知政事となったのである。丁謂は二度参知政事を担当した。一回目は五年務め、二回目は半年足らずで、枢密使に昇進し、続いて宰相となった。

丁謂が一回目に参知政事となったのは、全力で真宗へ迎合し、その宗教活動への支援に務めることにより信任を得たのである。真宗に取り入っただけではなかった。真宗は皇帝であっても一人で執政大臣の人事を決定することができないからである。いちばん重要な理由は、当時、枢密使を担当していた王欽若が詭計を使い、宰相王旦の李宗諤を参知政事に任命しようとする計画を攪乱し、苦しい立場におかれた王旦が、やむをえず王欽若の丁謂への指名を認めたことにある。(100)

丁謂が参知政事の任期の五年間、主に従事したのは、やはり三司使時代とほとんど変わらず、真宗に協力して大規模な宗教行事と土木工事を遂行したことであった。

大中祥符九年九月、丁謂は参知政事を罷免された。罷免の原因については、史書の記載もなく、池澤氏の『丁謂研究』も説明していない。しかし『長編』巻八八大中祥符九年九月甲辰条のこの事件の下に、著者李燾は注を入れている。それは「謂、忽ち外任を請うは、当に説有るべし。而れども実録・正史皆な載せず、此未だ其の実を得ざるを疑うなり」とある。当時の朝廷の情勢を分析してみると、丁謂の罷免は宰相王旦と大きな関連があると思われる。そのとき、王旦はすでに十数年間宰相をつとめ、極めて真宗の信任を得て、「事大小と無く、旦の言に非ざれば決せず」（事無大小、非旦言不決）という程になっていた。(101)ところが、大中祥符末年になると、王旦は年を取り病気でもあるため、何回か引退を求めて真宗に断わられた。(102)それゆえ、王旦は自分の身体の状況いかんによって、自分がいなくなっても、朝廷の正常な運営を守り、かつ佞臣が政権を握る局面を避けるために、執政集団を改めて調整し始めた。王旦の天書降下及び封禅などの行事に消極的な態度から見れば、必ずや丁謂の阿諛迎合に対し極めて強い反感を抱いていたであろう。それまで、王旦は常にできるだけ丁謂のある行為を阻止して朝廷の損失を減少しようとし、なおかつ真宗が皆の前で醜態を演じることを避けようとしていた。『長編』巻八七大中祥符九年七月辛亥の条に、その年にイナゴによる農作物の被害が起こり、「上、死蝗を出し以て大臣に示して曰く、朕、人を遣わし郊野に遍く蝗を視、多くは自ずから死ぬ者なり、と。翌日、執政、死蝗を袖にして以て進む者有り。曰く、蝗実に死す。朝に示し、百官を率いて賀わんことを請う、と。王旦曰く、蝗の出づるは、災為り。災弭むは幸いなり、又た何を賀うぞ、と。皆な之れを力請し、旦固く可ならざるを称し、乃ち止む。是に於いて、二府方に事を奏す。飛蝗天を蔽い、殿廷の間に堕つる者有り、と。上、顧みて旦に謂いて曰く、百官をして方に賀わしめ、而して蝗の此の若きは、豈に天下の笑いと為らざらんや、と。執政皆な頓首して曰く、王旦の遠識、臣等の及ぶ所に非ざるなり、と(103)」とある。『長編』のこの前の記載によって、蝗害が起こった後、真宗は玉清昭応宮・開宝寺・霊感塔に線香をあげて祈祷していた。また宮城に五日間音楽を禁じた。それから、人を遣わし郊外で死んだ蝗を拾わせ、かれの誠意が天を感動させたことを示そうとしたのである。真宗が人を遣って死んだ蝗を拾ってきた以上、王旦は百官に賀させることが真宗の意図であることはわかっていたはずであるが、しかし、王旦は敢然としてその事実を無視し、災害をごまかすやり方に反対したのである。そのときは聖旨に逆らったが、しかし最後、やはり客観的に真宗が苦しい立場に置かれることは避けたのである。注意すべきは、「執政、死蝗を袖にして以て進む者」がいったい誰かである。『長編』は明確に記載していないが、呂祖謙の『類編皇朝大事記講義』巻六には、この事件について、「執政、丁謂を指す」とはっきり記されている。これは間違いない。『宋史』「宰輔表」を調べると、当時の中書にいる参知政事は丁謂しかいなかった。これによって、丁謂の阿諛の一斑が見える。なおかつ王旦の執政集団への権威も見える。丁謂の無原則的阿諛が間違ったことは、さらに王旦の丁謂への反感を深めさせた。しかし、王旦の保身的な処世の哲学により、かれが在任期間中に丁謂を罷免したら、真宗の不快を買うばかりではなく、真宗の色々な行事の実施は必ず宰相であるかれに兼務させられることを弁えていた。悪名を着せられる懼れがあるから、丁謂が従事している事柄を、王旦は引継ぎたくない。ところが、退任しようとするとき、王朝全体への責任感によって、王旦はきちんと後事を手配をしなければならないことになった。丁謂の参知政事罷免の年における執政集団の人事異動を少し見てみよう。

正月、張旻が枢密副使に任命された。『宋宰輔編年録』巻三に「是の時、宮室を盛んに興し、人皆な争いて符瑞を奉ずる。丁謂・王欽若其の事を主して、敢えて議する者無し。旻、毅然として土木の役、以て天意を承くるに足らずと謂う」[104]とある。これによって、王旦は意識してこのような抗議をする勇気がある反対派を執政集団に引き込み、真宗及び丁謂などの佞臣を抑制しようとしたのである。

八月、枢密使陳堯叟が病気で辞任した[105]。

九月、参知政事丁謂が罷免された。そのとき、執政集団には王旦と向敏中の二人の宰相しかいなかった。そのため、丁謂を罷免した三日後、一気に陳彭年・王曾・張知白三人の参知政事と任中正の枢密副使を任命した。その四人では、陳彭年が後に五鬼に入れられたが、かれは体が弱く、参知政事となってわずか五カ月で死去した[106]。任中正は後に丁謂の一党となったが、王曾と張知白は人徳が高いとの評判の持ち主であった。とりわけ王曾は真宗末と仁宗初において、丁謂集団との闘争に決定的役割を果たした。

李燾の「謂、忽ち外任を請う」という記載から見れば、たぶん丁謂が圧力を受けて、自主的に辞任願いを出したのであろう。このように前進するためにまず後退するという手段は、王欽若も使ったことがある[107]。丁謂の自主的辞任は、罷免されるより結果的には良かった。かれは検校太尉兼御史大夫・平江軍節度使に昇進した[108]。平江軍が丁謂の故郷であるので、『宋宰輔編年録』巻三に「本鎮旄鉞を授け、以て其の行を寵する」と述べている。こうした移動は実際上丁謂の再出馬に伏線を張ったのである。

果たして、天禧三年六月、三年足らずで、丁謂は知江寧府・保信軍節度使・検校太尉より、吏部尚書に昇進して、再び参知政事を担当した。今回は丁謂と寇準とを同日に再起用したのである。まことに「仇でなければ出会わない」という諺どおりである。これより、寇丁二人は真宗後期の朝廷に食うか食われるかの激闘劇を演じたのである。これは当時の政界に大きな衝撃をもたらしたのみならず、宋代の激しい党争の歴史の幕を切って落とし、宋代の政治様式に大きな影響を与えた。

寇準にとっては自分の道徳的原則を犠牲にしての再任であった。つまりかれは真宗と朝廷にかれの判永興軍の任地に発見した天書を上奏した。本来寇準は天書などを信じなかったが、今回再起用のために、本心に逆らって上奏することになった。もちろんある史料には、それは寇準の婿王曙が強引に勧めて寇準に上奏させたのだとある。またある史料には、当時の宰相王欽若が敵である、天書を信じない寇準を辱めるために、わざと寇準に上奏させたのだとある。それらの要因には信憑性もあるけれども、寇準の性格からすると、もしかれ本人が願わなければ、誰もかれを動かせなかったであろう。したがって、主に寇準が自分から進んで上奏したのであると思われる。

しかし、今回の天書は前二回に真宗と王欽若が捏造したものと違う。これは寇準の腹心の部下朱能が宦官周懐政と結託して捏造したものである。当時「中外咸な其の詐を識る」[109]ので、これを起用する手段として一定の危険を冒しているのである。そのとき、朝廷の政治情勢は寇準にとって有利ではなかった。当時の真宗はすでに卒中に倒れ、言語障害があり、かつ意識も時にもうろうとする。さらに朝廷の政務に干与した劉皇后には、かつて寇準も彼女を皇后に立てることに反対したことがある。また朝廷では、寇準の不倶戴天の敵である王欽若が宰相についている。その情勢下、寇準が朝廷に入るのは、凶が多く吉が少ないといえよう。それゆえ、側近の策士は、寇準に上中下三策を設けた。中上策は朝廷に入る途中に病気を理由に地方官に変更する願いを提出すること。これによって朝廷の闘争を避ける。中策は朝廷に入った後、自ら天書が偽物ということを認める。これによって正直な晩節を全うする。そして下策が朝廷に入って宰相を担当することであった[110]。ところが、一途に権力の中枢に戻ろうとする寇準は策士の忠告を聞いても耳に入らず、まさに下策を選択した。この選択は、寇準の壮烈な生涯に悲劇的幕を下ろすことに繋がる。

寇準の再起用について、やはり真宗と朝廷は寇準と王欽若との不和を考えた。寇準が朝廷に入る数日前、王欽若を宰相から罷免して、朝廷から出させた。(111)当時の王欽若は真宗の「恩遇浸いよ衰うる」という状態になり、また賄賂を受けて不法な道士と交際するという疑いがあるにもかかわらず、皇帝としての真宗は自分の意志のみで宰相を罷免することができない。王欽若の罷免は、真宗が必ず以上の理由を説明して、執政集団と討議した結果であった。同様に丁謂は真宗のめがねにかなったが、かれの再起用は、やはり真宗一人では決められず、執政集団と討議しなければならない。つまり朝廷の人事は、物理学にいわれる合力のように、ほとんど総合的な要因による結果である。ところで、当時の朝廷の情況について、史書を調べると、執政集団として、枢密院には知枢密院事曹利用と同知枢密院事任中正・周起がいるが、中書には宰相向敏中一人しかいなかった。真宗が相談できるのは、宰相向敏中一人だけである。向敏中は寇準・李沆・王旦とともに太平興国五年（九八〇）に及第した進士であった。宋代では、同じ年に及第した進士は互いに「同年」と呼ばれる。特別の恩讐がなければ、往々にして相互に協力して世話することができる。もちろん政治的立場も一致している。これによって士大夫階層内に生まれるグループは士大夫政治の運営において、大きな役割を果たす。一方、党争の芽もこれによって生まれてきた。それゆえ、真宗に迎合して上奏してきた天書を借りて、向敏中は寇準を再び執政集団に引き込んだ。同時に真宗の王欽若への「恩遇浸いよ衰うる」という状態と王欽若の遭った面倒な問題を借りて、宰相王欽若を執政集団から追い出した。丁謂について、以前に寇準が宰相李沆に推薦したことに鑑みて、今度一緒に執政集団に入れば二人が必ず協力できると向敏中は考えたので、真宗と一緒にこうした方針を設けた。つまり、王欽若を宰相から罷免して、寇準に担当させ、丁謂は依然として参知政事を担当するというものである。

再起用された寇準は、両朝の元老である。太宗朝に知枢密院事と参知政事を務めたことがあり、真宗朝に入って、前後して宰相と枢密使を担当したことがある。さらに澶淵の盟のころ、赫々たる勲功をたてた。丁謂は寇準と同時に執政集団に入って、それ以前から慕っている宰相を尊敬する程度は、けっして皇帝真宗にも引けはとらない。『長編』巻九三天禧三年六月戊戌の条に

謂、中書に在り準に事うること甚だ謹む。嘗て会食し、羹、準の須を汚したり。謂起ち、徐むろに之れを払う。準笑いて曰く、参政、国の大臣なり。乃ち官長が為に須を払うか、と。謂、甚だ之れを愧ず。是れ由り、傾誣始めて萌えるなり。[112]

とある。これはたぶん中国語で胡麻をする行為を「溜須」(ひげをこする)ということばの出典であろう。向敏中は好意を持って丁謂を引き込み、寇準の同僚としたのであるが、一貫して天書を信じなかった寇準は、丁謂が大中祥符年間に真宗と一緒に行った一連の活動にも大変反感を懐いている。判永興軍をしていたころ、寇準は丁謂の真宗に迎合する行為に反発し、鴉を見たら玄鶴と言うはずだと丁謂を揶揄した。この逸事は先に『東軒筆録』から引いた。寇準が丁謂に対して以前には持っていた好印象が、すでに全くなくなっていた、ということをそれは物語っている。

ひげをこするということに対して、ほかの人なら、心地よいと感じるかもしれない。少なくとも相手の聞きたくない話はしないはずであるが、仇のように悪を憎む寇準の気性は激しく、かつすでに丁謂への印象が悪くなっていたので、丁謂の本来機嫌を伺う行為は、逆に寇準に丁謂をいっそう軽視させた。

本来人となりが高慢である丁謂は、ひざまずいて人の下にいることを甘んずるわけがない。真宗を含めて、かれの他人への恭しい態度は、ある目的を達するために意を曲げてしたのである。中書の会食は、丁寇二人だけではないはずであるから、他人がいる場合には、寇準のこのような同じ士大夫としての丁謂をひどく辱める行為は、丁謂を恥ずかしくて穴があったら入りたい気持ちにさせた。丁謂が寇準と中書で共に仕事をする期間、類似の事は必ずやこの一

つだけではなかったであろう。半年後、丁謂は枢密使に転任した。同じ執政大臣であるが、執務する場所は中書から枢密院に移された。こうして丁謂は気勢激しく人に迫る寇準を避けることができた。丁謂が参知政事から枢密使に異動したのは、昇進であるが、これは丁謂が気に入る真宗、および寇丁二人の矛盾が激化するのを歓迎しない首相向敏中が採用した調停策であったろう。この推測の証拠として、その年十二月、同時に曹利用を枢密使に任命しただけではなく、また任中正と周起を枢密副使に任命した。丁謂が西府の枢密院に異動すると、中書の参知政事が誰もいない状態になった。平和の時期にこうして枢密院を強化する人事は明らかに適当ではなかった。それゆえ、寇丁二人の対立を避ける措置と理解するほかないのである。

いかなる矛盾衝突も、量的蓄積から質的変化というプロセスがある。寇丁二人の対立もこのようである。寇準には政治家の気迫があるが、政治家の智恵と計略が足りない。かれの事の処理の仕方は思いのままであり、頑固で独りよがりで、他人の意見を受け容れない。そのため、かれはどこに行っても、今回の宰相を含めて、同僚と協調しなかった。寇準は丁謂と仲たがいしただけではなく、執政集団のもう一人の重要人物である曹利用とも対立する状態になった。

今回、寇準と曹利用とは三回目の同僚になったのである。前二回にはいずれも曹利用に愉快ではない記憶を残させた。一回目は澶淵の盟のさい、遼への歳幣額について、真宗が和談使者としての曹利用に「百万と雖も亦た可なり」と手の内を見せたが、宰相寇準が三十万を超えたら殺す、とおびやかし、「利用、股栗す」るに至らしめた。結局曹利用が三十万の額を超えずに条約を結んだ。その結果を、真宗は望外の喜びとして、寇準の脅かしを知らなかったので、功労を曹利用に帰し、それから曹利用を重用することになった(113)。十年後、寇準が再び朝廷に入って枢密使を担当するとき、曹利用が意外にも枢密副使となっていた。だが、寇準は依然としてこの一介の武人が眼中になかった。

『長編』巻九五天禧四年六月丙申の条に、「準、枢密使と為り、曹利用、之れに副たり。準、素より利用を軽んずる。事を議して合わざる者有らば、輒ち曰く、君一武夫なり、豈に此の国家の大体を解せんや、と。利用、是れ由り之れを銜む」[114]とある。これによれば、曹利用はすでに寇準に長年の恨みを持っていた。今回寇丁の間に矛盾がなければ、曹利用も軽挙妄動しないのであるが、寇丁の対立が深刻になった後、曹利用は自然に丁謂側につくことになった。とりわけ寇準が宰相に再起用された半年後、曹利用は知枢密院事より枢密使に昇進して、権勢を増した。

ところで、問題の焦点はやはり重病にかかった真宗が正常に執務できず、実際の皇権が劉皇后に移転し始めたということにある。寇準に劉皇后の権力が急に強まってきた政治情勢が見えないわけではない。しかし、かれにとってこの出身の貧しくて卑しい女性は眼中にない。以前、真宗が劉氏を皇后に立てようとしたとき、寇準は反対意見を出したことがある。『五朝名臣言行録』前集巻四に「真宗、将に劉氏を立てんとす。公及び王旦・向敏中皆な諫めて、以為えらくは側微より出す可からず、と」[115]とある。このことは必ずや皇后となった劉氏の心に恨みを抱かせたであろう。あいにく劉氏の権勢が大きくなったとき、寇準はもう一つ愚かな事をした。「劉氏の宗人蜀に横し、民の塩井を奪う。上、皇后の故を以て、其の罪を赦さんと欲す」。だが、寇準は頑固に法律に従って処罰した。結局、「重ねて皇后の意を失う」[116]ということになり、いっそう劉氏の恨みを買った。本来齟齬のあった二人の関係に対し、火に油を注ぐ結果となった。新旧の恨みが重なって、劉氏は完全に寇準の敵対派に廻った。

当時の政治情勢は、劉氏の権勢が大きくなったとはいっても、内廷にいるので、号令をかける場合、やはり宰相のように有力ではない。なぜならば、すでに形成された政治伝統では、宰相が文武の大政を掌り、皇帝は名義上の裁決権を行使して宰相を支持するのが普通だからである。皇帝と宰相との間の対立が鋭くなることはかなり稀れである。そして当時の中書には寇準と向敏中の二人の宰相がいたので、その権力は劉氏を圧倒するには十分であった。しかし、このバランスはすぐに崩れた。首相である向敏中は天禧四年（一〇二〇）三月に宰相在職中に死去した[117]。向敏中は寇準の重要な同盟者であった。寇準を宰相に再起用するのは真宗の一存では決めかねる。少なくとも宰相向敏中の首肯ひいては推薦を得なければならない。だが、向敏中の死去により、政治的天秤は寇準の敵対勢力の方に傾き始めた。本来、表面的には双方の力関係は高低を分かち難いが、寇準陣営は向敏中の死後、勢力を大いに弱められた。主に皇権とのバランスを失ったのである。これは寇準反対派につけこむチャンスを与えた。朝廷のなかでは、風向きを見て舵を取るような人々が続々と丁謂陣営に身を投じていった。『長編』巻九五天禧四年六月丙申の条に「翰林学士銭惟演、謂の権盛んなるを見、之れに附離し、与に姻好を講す。而して惟演の女弟実に馬軍都虞候劉美の妻為り。時に上不豫、語言に艱し。政事多く中宮の決する所となる。謂等交通して詭秘し、其の党、日に固まれり[118]」とある。これがそのときの政治情勢であった。

このような厳しい政治情勢に直面して、寇準は病膏肓に入る真宗を期待しないことになり、新たな支持を求めようとした。敵になった劉皇后を味方に引き入れることができず、かつ味方に引き入れる気にもなれないので、十余歳の皇太子に目を着けていった。寇準は皇太子本人が何か役割を果たすことを期待せず、天子を利用して諸侯に命令するように、皇太子の名義で本当の皇権代表者ではない劉皇后を圧倒して、新しい皇権と相権との連合を立てようとした。寇準が澶淵の盟のさいにおいて真宗を左右したように、皇太子を左右できるとすれば、新たに皇権をコントロールすることを意味する。それは敵に勝つ闘争の主導権を獲得することを意味する。

皇太子が役割を果たすために、寇準はまず皇太子の権威を確立しなければならない。これに対して、寇準は二案を考えた。一つは皇太子を監国とさせる。もう一つは真宗に退位させて太上皇とする。いずれかになれば、皇太子という有名無実な子供がはじめて至上の皇権の光輪を被せるのである。

だが、この目的を達成するには、今上皇帝真宗の協力を得なければならない。真宗によって、その二案から一案を選択させる。真宗の意識がはっきりしているところに乗じて、寇準は真宗と単独に話すことにした。先に引用した『長編』に「準嘗て独り間を請いて曰く、皇太子は人望の属する所なり。願うらくは、陛下宗廟の重きを思い、伝うるに神器を以てし、以て万世の基本を固めんことを。丁謂、佞人なり、以て少主を輔く可からず。方正の大臣を択び羽翼と為さんことを願う、と。上、之れを然りとす[119]」と記されている。実際には、寇準が真宗と相談する前に、執政集団の内部ではすでに皇太子の監国ということを討議していた。『宋史』巻三一〇「李迪伝」に、「初め、真宗不豫。寇準、皇太子の軍国事を総べるを議す。迪、其の策に賛す。丁謂、以て不便と為して曰く、即日に上体平かならば、朝廷何を以て之れを処するか、と。迪曰く、太子の監国、古制に非らざらんや、と。力争して已まず。是に於いて皇太子資善堂に常事を聴き、他は皆な旨を聴く[120]」とある。この記事から見れば、太子の監国について、寇準・李迪と丁謂の意見が対立している。太子の監国ならば、明らかに劉皇后をバックとする丁謂集団に不利となるので、丁謂が猛烈に反対したからである。争いの結果は、妥協案が成立した。つまり皇太子が勉強する資善堂で実習するように日常の事務的なことの報告を受けるが、重要なことに対しては真宗によって裁決する。これは皇太子に監国させるか否か、どの程度政事に参与させるかが、いずれも執政集団によって提案し決定されたことを表している。

丁謂の阻止によって、寇準と李迪は完全には目的を達成しなかった。「他は皆な旨を聴く」のであれば、重要な事項は重病にある真宗に送られ、やはり劉皇后にコントロールされる可能性もある。そのため、先に述べた寇準の真宗との談話があったのである。誰にも分かるように、皇太子という十二、三歳の子供がどの程度政務に参与するかは大した問題ではない。しかし皇太子が監国をしなければ、名義上真宗によって政務が主宰され、実際に真宗は政務を主宰できない状態なので、真宗名義の皇権は必然的に政治的野望を持つ劉皇后の手に入るほかない。とりわけ劉氏の立后を支持した丁謂は、寇準・李迪とすでに激しく対立していたので、自然寇準・李迪と宿怨がある劉皇后と事実上の連合を結んできた。劉氏が実権を握るとすれば、無論丁謂が実権を握るも同然である。ところが、皇太子が一旦寇準の予想通り、「軍国事を総べる」こととなれば、真宗に政務を問う必要がなくなるので、劉氏に政務を問う理由も自然になくなる。そのとき、皇太子を宰相寇準の制御の下に置けば、寇準が新たに皇権を制御することを意味し、或いは皇権と新たな連合を結ぶことを意味する。こうした情勢になると、寇準は名分上正当な命令を下して、朝廷での闘争の主導権を握ることになる。そのため、これが成功するかどうかは寇準にとって、極めて重要である。かれと対立する劉氏を完全に打倒できないが、皇太子の監国という形で彼女の握った皇権を奪い、彼女に役割を果たせなくし、したがって丁謂集団を負かす目的が果たされる。寇準を直接に威嚇して損害を与えるのは劉氏ではなく、丁謂集団である。劉氏の権力を剥奪する目的も丁謂集団を打倒するためである。それゆえ、寇準は真宗と上述した対話のなかで、続けて「丁謂、佞人なり。以て少主を輔く可からず。方正の大臣を択び羽翼と為さんことを願う」と言ったのである。寇準の要請に対して、「上、之れを然りとす」と真宗は賛成した。

真宗のこうした態度は寇準を大変奮い立たせ、次のより大きな行動に移らせた。つまり「章献を廃し、仁宗を立て、真廟を尊んで太上皇と為し、而して丁謂・曹利用等を誅す」ることを計画した。これはクーデターを起こすに等しい。成功したら、敵を負かし、朝廷の党争を静めるだけではなく、寇準は両朝の皇帝を擁する元老となる。それゆえ今回のクーデターはかれにとって、重要な意義を持っている。寇準は多くの人と連絡をもち「李迪・楊億・曹瑋・盛度・李遵勗等を引き協力せしめ」、「処画已に定む」る後、「凡そ詔令、尽く（楊）億をして之れを為さしむ」という『五朝名臣言行録』前集巻四の記事がある。[121]「億、事の洩るるを畏れ、夜、左右を屏け、辞を為す。自ら起ちて燭跋を翦るに至る。中外に知る者無し。既にして準、酒を被りて謀る所を漏らす[122]」。クーデターの準備はこのように秘密にしたが、やはり最後、機密の漏洩によって失敗した。いったいどこで問題が生じたのかは、はっきり分からない。『五朝名臣言行録』前集巻四は寇準が「酔いに因りて言を漏らす」と述べる。李燾『長編』注は『龍川別志』を引いて楊億がその妻弟に「数日の後、事当に一新すべし」と言った言葉によって漏らされたとしている。

クーデター計画の漏洩後、「謂等益々懼れ、力めて準を譖し、準の政事を罷めんことを請う」という。注意すべきはここの「謂等」で、つまり丁謂一人ではない。寇準のクーデター計画に懼れを感じたのは、いずれもその計画で自身の利益が脅威にさらされる人たちであった。丁謂と曹利用のほか、劉皇后も含まれると思われる。その人たちが共同で真宗の前で寇準を猛烈に攻撃した。その攻撃は真宗に係わるものである。史書に記載はないが、多分真宗に退位を迫って皇太子を即位させるという陰謀についてであろう。丁謂等の激しい攻撃に面して、先に引いた『長編』には「上、準と初めに成言有るを記せず、其の請いに諾す[123]」とある。実際には、真宗は重病とはいえ、寇準と話したばかりの話を覚えていないわけではなく、元気がない真宗は、丁謂等の恐ろしい圧力に対面して聞こえないふりをして黙っているほかなかったのだろう。真宗が言えないのは、今回未遂のクーデターは真宗の示唆或いは指示によって寇準が具体的に準備したためである。真宗は劉氏が朝廷の政務に関与する行為に対して不満を抱いていた。『五朝名臣言行録』前集巻四「天禧末、真宗疾に寝る。章献太后漸く朝政に預かる。上の意平らかなる能わず[124]」とある。真宗は劉氏の勢力を押さえつけるために、行動を起こそうとした。かれにとり、この目的を実現させる者は、劉氏と対立している寇準と李迪等であって、劉氏と結託している丁謂ではなかった。『長編』に「大中祥符末、上始めて疾を得。是の歳仲春、苦しむ所浸よ劇しく、自ら不起を疑う。嘗て臥して（周）懐政の股を枕とし、之れと謀り、太子に命じて監国せしめんと欲す。懐政実に左右春坊の事を典り、出て寇準に告げ、準遂に間を請いて建議し、密かに楊億をして奏を草せしむ[125]」と記されている。宦官周懐政が寇準に真宗と相談したことを告げたのは、決してかれ本人の一存で決められる行動ではなく、真宗の依頼を受けたのである。これは寇準に下した密詔に当たると思われる。そして寇準の宮廷での談話は、真宗が召した可能性が高い。寇準が真宗と相談してから、計画は具体的となった。つまり先に述べた「章献を廃し、仁宗を立て、真廟を尊んで太上皇と為し、而して丁謂・曹利用等を誅す」というものである。この計画では、「章献を廃し、仁宗を立て、真廟を尊んで太上皇と為す」ということは、真宗が望む目標であった。「丁謂・曹利用等を誅す」ということは、寇準が望む目標であった。君臣二人の一致する目標が、こうした計画を形成させた。これは君臣二人が相互に利用することを意味している。つまり、真宗は寇準の手で自分の目的を実現しようとしたが、寇準もまた真宗の皇権を借りて政敵を負かそうとしたのである。

　ところが、クーデターが未遂になった後、真宗は寇準を攻撃した人物にかれ自身が計画の張本人であるという真相を説明できなかったので、寇準を窮地に追い込むほかなかった。この意味で寇準は真宗の犠牲となったのである。攻撃された結果、寇準は宰相を罷免された。しかし、真宗が全力で寇準を保護していたことがわかる。寇準の宰相罷免に関する記事を見てみよう。『長編』巻九五天禧四年六月丙申の条に

　会たま日暮れ、知制誥晏殊を召し、禁中に入れ、示すに除目を以てす。殊曰く、臣外制を掌る。此れ臣の職に非ざるなり、と。乃ち惟演を召す。須臾にして、惟演至り、準の専恣を極論し、深く責めんことを請う。上曰く、当に何の官を与うるべきか、と。惟演、王欽若の例を用い、準に太子太保を授けんことを請う。上曰く、太子太傅を与えよ、と。又た曰く、更に優礼を加うるを与えよ、と。惟演、国公に封ぜんことを請い、袖中の具員冊を出し以て進上し、小国の中に於いて莱の字を指す。惟演曰く、此くの如くんば、則ち中書に但だ李迪有るのみ。恐らく須らく別に相を命ずべけん、と。上曰く、姑らくして之れに除す、と。殊既に誤って召され、因りて言えらく、機事を泄すを恐れ、臣敢えて復た出でず、と。遂に学士院に宿す。制を宣すに及ぶや、則ち殊の疇昔《さき》に見

る所の者に非ず[126]。

とある。これをみれば、寇準の罷免は丁謂集団が反撃した結果である。その中で皇帝の代言人である翰林学士銭惟演の担った役割が尤も重要であった。宣した制詞が晏殊の見たものと違ったという点によれば、銭惟演はまた何かをたくらんだのである。しかもかれは真宗を説得し、その機に乗じて丁謂を宰相の座に押し上げようとした。ところが、この記事を見れば、真宗は銭惟演の非難について、何も明確な態度を表していなかった。また銭惟演が出した寇準を処罰する意見について、全部を受け入れてはいなかった。逆にできるだけ優遇を与えた。銭惟演は寇準を激しく非難したが、真宗の対応によって、いま見られる『宋大詔令集』巻六六の銭惟演が起草した「寇準罷相以太子大傅帰班封莱国公制」の中には、意外にも一言も非難の言葉がない。寇準の宰相罷免について、『東軒筆録』巻三には、クーデターの計画が漏洩した後、「利用入り、尽く莱公の謀る所を以て太后に白す、遂に矯詔して公の政事を罷む[127]」と記されている。この記事の信憑性は高い。この事件が劉氏と直接に関わっていたので、曹利用が劉氏に報告するのは、真宗に報告する可能性より高いのである。したがって「矯詔」で寇準の宰相を罷免した後に真宗に説明しにきたことになる。これは先に引いた『長編』が示した一幕である。つまり先に処置をし、事後承諾を得るという形で行動した。史上に、「矯詔」という行為は屡々起こっている。このような行為は、皇権の巨大な権威を示す一方、皇権を無視する事態を示している。

寇準は宰相を罷免されたが、帰班だけで、左遷されておらず、さらに莱国公に封じられ、朝廷に残っていた。時に重要な行事があれば、招かれて参加している。例えば、宰相罷免の一カ月後のころ、真宗が近臣を招き、御苑の嘉穀を観賞する宴会を開催したとき、寇準も招かれた[128]。寇準は丁謂集団にとって獅子身中の虫のように、一日除去しなければ、一日不安になる。さらに真宗の寇準への態度は、かれらに寇準の捲土重来を心配させたので、寇準への非難は

一層強まった。『長編』巻九六天禧四年七月癸亥の条に

（翰林学士銭）惟演又た寇準を力排して曰く、準、相を罷めて自り、転《う》た更に中外に交結し、再用を求む。天文・卜著に暁かなる者を皆な遍く召し、以て管軍の臣僚・陛下の親信せる内侍に至り、意を著さざるもの無し。小人の朋党、聖聴を誑惑するを恐る。早く外に出でしむるに如かず、と。上曰く、何の名目有りや、と。惟演曰く、準已に表を具して河中府を乞うことを聞く。中書未だ宰相を除せざるを見、兼ねて亦た人の以て再用を許さるる有るを聞き、遂に此の表を進めず、と。上、河中府を与うるは何如、と。惟演、李迪を召して旨を諭さんことを乞う。上曰く、李迪何如、と。惟演曰く、迪は長者、過ち無し。只だ是れ才短し、準を制する能わず、と。因りて中書宜しく早く宰相を命ずべしと言う。上、其の人に難しとす。惟演、対えて、若し宰相未だ人有らざれば、且らく三両員の参知政事を著す可し、と。上曰く、参政も亦た人を得るは難し、と。今、李迪の上に在るは誰かと問う。惟演対えて、曹利用・丁謂・任中正並びに李迪の上に在り、と。上黙然たり。惟演又た言う、馮拯旧人、性純和、寇準と同じからず、と。上亦た黙然たり、既にして曰く、張知白は何如、と。惟演言う、知白は清介にして、参政たらしむれば則ち可なり、恐らく未だ宰相と為す可からず、と。上之れに頷く。惟演又た言う、寇準宜しく早く外に出でしむべし。準の朋党盛んにして、王曙も又た其の女婿、東宮の賓客と作り、誰か畏懼せざらん。今の朝廷の人を三分せば、二分は皆な準に附するなり、臣、言出づれば禍従うを知るも、然れども敢えて言わずんばあらず。惟だ陛下幸いにして察せん、と。上曰く、卿憂うことなかれ、と。惟演、再び拝して退く。後三日にして、拯遂に枢密使を拝す、蓋し惟演の言を用うるなり。迪既に宰相に除せられ、準の太子太傅・莱国公と為すこと故の如し。(129)

とある。この記事から次のことがわかる。一は、朝廷では寇準が一定の勢力を持っていたことで、これは丁謂集団を

懼れさせた。二は、寇準は朝廷に運動して、再度宰相に起用されることを図ったが、直接に皇帝に求めていなかったことで、これは寇準が、士大夫の支持は皇帝の支持より重要であると認めていることを物語っている。三は、銭惟演は情報を探ることに大変力を入れ、寇準の地方官就任を求める奏文を書き、またある人が寇準の再起用を承諾するという極めて秘密なことまで探り出していること。これによって寇準のクーデター計画の漏洩を連想させ、朝廷における党争の激しさが見えるのである。四は、銭惟演は八方手を尽くして丁謂を宰相の座に押し上げようとしたこと。寇準が宰相を罷免されたとき、かれは「中書但だ李迪有るのみ、恐らくは須らく別に相を命ずべし」と言ったが、真宗に「姑らくして之れに除せん」という一言でお茶を濁された。今回かれはまたこの問題を出した。五は、銭惟演の出した宰相人事について、真宗は「其の人に難しとす」と表明した。銭惟演の指名に対して、一再ならず、押し黙って態度を表さず、逆に銭惟演が言及していなかった人を出した。これは真宗がどうしても丁謂集団の人に宰相の印を執らせたくなかったことを示している。後に強い圧力を受けて、真宗はやむを得ず銭惟演の提案を受け入れて、寇準と宿怨はあるが、丁謂と関係もあまり親密ではない馮拯に枢密使を担当させた。そして同時に寇準と政治的立場を同じくする李迪を宰相に任命した。そして「迪既に宰相と為り、準の太子太傅・莱国公と為すこと故の如し」という寇準集団に有利な人事案をとった。後に、真宗がさらに大きな圧力の下にあったときも、丁謂党の主要人物は「丁謂を首相に擢し、曹利用に同平章事を加う」こととなったが、「然るに寇準を待する所以は、猶お故の如し(130)」とした。これらはいずれもその未遂のクーデターは真宗が共謀者であったので、寇準に対してそのように庇ったのである。

真宗の態度は、また朝廷にいる寇準に退勢を挽回する自信を与えた。寇準は丁謂集団の攻撃に反撃を加えた。『長編』巻九六天禧四年七月壬申の条には、寇準が宰相罷免後のある日、「入対」という真宗に会う機会に乗じて「謂及び利用等交通の蹤跡」を述べた。また寇準は李迪と共に太子の監国を画策して失敗したので、真宗に「若し罪有らば、当に李迪と同坐すべし。独り斥けらるべからず」と訴えた。言外の意味で、このことにはあなた真宗が支持したのに、なぜ自分一人を罷免したのか、というのである。政治的策略に熟達しておらぬ寇準は、真宗が強い圧力を受けてやむを得ず寇準を罷免した苦衷を察していなかった。これは真宗に腹を立てさせた。「上、即ち迪を召し前に至らしめ之れを質す。二人の論弁良や久しく、上の意楽まず。迪、再三準に目して、退かしむ。倶に退くに及び、上復た迪を召して入対せしめ、色を作して曰く、寇準遠貶し、卿と丁謂・曹利用並びに外に出よ、と。迪言う、謂及び利用は須らく学士、麻を降ろすべし。臣は但だ一州を知するを乞うのみ、と。上、沈吟すること良や久しく、色漸く解けて曰く、将に文字を取りて来れ、と。迪退き、復た文字を作りて却進す。上遽かに灑然として曰く、卿等他無し。且つ文字を留めて商量せよ、と。更に謂を召して入対せしむ。謂、準の節鉞を除き、外に出さしめんことを請う。上許さず」[131]とある。これから見れば、真宗は両方から圧力を受けたとき、寇丁両党ともに朝廷から追放しようとしたが、李迪の上奏を見てから、考えを変え、寇党を支持することにした。そのため、丁謂が寇準の追放を提議したとき、真宗に断固として拒否された。

確かに寇準が朝廷に残ったことは、丁謂集団をおびやかす象徴としてのみならず、寇準集団の人々に一縷の希望を与えた。もとよりこの段階では、寇準集団の境遇が好転する可能性もある。この時期において真宗の意識はまだはっきりとしており、かつ暗に寇党を支持していたからである。しかし、寇党の対応は忽卒にすぎた。寇準が真宗に先の話をしたとき、かれらは逆襲して一挙に丁謂集団を粉砕しようとした。『長編』巻九六天禧四年七月甲戌の条に「事泄れ、準、相を罷む。丁謂等因りて（周）懐政を疏斥し、親近するを得ざらしむ。然れども上及び太子の故を以て、未だ即ちに顯らかに黜責を加えず。懐政憂懼して自安せず、陰かに謀りて謂等を殺し、復た準を相とし、帝を奉じて太上皇と為し、太子に位を伝え皇后を廃せんとす。其の弟の礼賓副使懐信と与に、潜に客省使楊崇勲・内殿承制楊懐吉・閤門祗候楊懐玉を召して、其の事を議し、期するに二十五日竊かに発するを以てす。是より前の一夕、崇勲・懐吉夕べに謂の第に詣り、変を告ぐ。謂、中夜に微服にして婦人の車に乗り、曹利用に過き之れを計る。明けがたに及び、利用崇政殿に入奏す。懐政時に殿の東廡に在り、即ち衛士をして之れを執えしむ[132]」とある。今回は本格的に計画された武力クーデターの未遂であり、その主謀者は意外にも宋代に厳しく用心された宦官であった。これは宋代史上にめったにない現象であった。これは宦官さえ朝廷の党争に巻き込まれたことを物語っている。今回の未遂のクーデターに登場した宦官は寇党もあれば、丁党もある。最終的に丁党の勢力が大きく、なおかつ緻密な丁党の情報システムにより、寇準集団の最後の抵抗は失敗した。今回の事件について、寇準と真宗は必ずしも詳細を知っていたわけではない。とはいえ丁謂集団に徹底的な寇党一掃の口実を提供した。そして真宗は寇党を庇う意志はあっても力がなかったのである。真宗は極めて限られた範囲内で、寇準等の迫害を最小限で止めるほかない。前述した史料の「親近するを得ざらしむ」という言葉から見れば、寇準の第一次クーデター未遂後、丁謂集団の厳しい監視によって、真宗の腹心を含め、一般の人はすでに真宗と会うことがほとんどできないようになっていた。むしろ真宗が軟禁されたように、行動が不自由になった状態を表している。今回のクーデター未遂は皇権が劉皇后に移転することを加速させただけではなく、劉皇后を朝廷で権力を握る丁謂と合流させることになった。したがって丁謂が一切を左右する局面となったのである。

寇準は、今回の事件で必ずしも内情を知っていたわけではないにもかかわらず、依然として悪事の張本人と見なされた。事件が起こった翌日に周懐政が殺された後、また二日後、周懐政と結託する罪で寇準は知相州に左遷された。同時に、中央から地方にかけて、寇党への大規模な粛清が始まった。寇準の左遷と一緒に罷免された者は、翰林学士盛度と寇準の婿である枢密直学士王曙であった。また、「親吏張文質・賈徳潤並びに黜して普寧・連山県の主簿と為す」とあり、「朝士の準と親厚なる者、丁謂必ず之れを斥く」という情勢となった。朝廷では、みなが恐怖感を持つようになった。寇準集団においては、楊億が最も深く参与した一人である。寇準との関係がとても親密で、太子監国の制詞もかれが秘密に起草したのであった。そのため、楊億は丁謂に中書に呼ばれたとき、死ぬほど恐しく、「便液倶に下り、面に人色無し」という状態になった。楊億は普段なら真宗がかれの書いた詔制を訂正すれば、抗議する勇気もあるし、ひいては命令を受けないままぷいと座を立ったこともある。ところが、自らの命にかかわると、結局書生であって、やはり死ぬのが怖い。いうまでもなく、楊億は寇準のような政治家と異なり、文壇のリーダーである。丁謂はあまり世論を懼れないが、士大夫全体を敵とする度胸はなかった。かつ楊億は真宗が即位していないころ、すでに真宗と格別親密な関係を持っていた。これらの要因によって、丁謂は当時楊億を迫害していなかった。丁謂は楊億を呼び、「謂、当に官を改むべし。公を煩わして一好詞を為るのみ」と言った[133]。丁謂が寇党に打撃を与え、決定的勝利を得たので、自分で官位を昇進させるのはいうまでもない。これは皇帝の名義で、勝利を宣告することである。この皇帝の名義で発布する制詞は、有名な文人かつ対立した楊億が起草すれば、丁謂を満足させるだけではなく、影響も広い。少なくとも寇党の中堅分子がすでにかれに身を預けたことを示す。ここから、丁謂のこの措置には下心があることがわかる。

厳しい弾圧の政治情勢下、寇党の活動は地下に潜っていった。『長編』巻九九乾興元年七月辛卯の条に「謂、初めて寇準を逐うに、京師之れが為に語りて曰く、天下の寧を得んと欲せば、当に眼中の丁（釘）を抜くべし。天下の好を得んと欲せば、寇老を召すに如かず、と[134]」とある。世論は民意を示すが、世論も決してわけもなしに生まれたのではなく、作る人の政治的傾向と目的を反映している。寇党が民衆にこのような民謡を語り伝えさせたのは、民心を借りて皇権の主宰者と朝廷の執政者に圧力をかけるためである。こうした情勢下、丁謂集団は寇準を都の近辺に左遷しても依然として不安であるので、寇準をさらに遠いところに追放することにした。『長編』巻九六天禧四年八月甲申の条に、「知相州・太常卿寇準を徙して知安州とす。初め、李迪、準と同に中書に在り、之れに事うて甚だ謹む。準の罷むるに及び、丁謂の意頗る迪を軽んず。是に於いて謂等、準の内郡に居るを欲せず。上に白し、之れを遠く徙さんと欲す。上、命じて小州を与えしむ。謂退きて紙尾に署して曰く、聖旨を奉じて遠小なる処の知州に除す、と。迪曰く、向者に聖旨に遠字無し、と。謂曰く、君、徳音を面奉して擅ままに聖旨を改めて以て準を庇わんと欲するか、と」[135]とある。これから見れば、丁謂が寇準を遠徙する要求を出したとき、真宗が力を尽くして寇準を保護して、遠の字を取り消して、寇準を小さい州に移して依然として知州を担当させる、という意見を出した。ところが、丁謂は真宗のところから出た後、公然と小という字の前に、かれの意思によって遠という字を加えた。これに対して、一緒にその場にいた李迪は、真宗が遠という字を言っていなかったと抗議した。このとき、丁謂は横暴なふるまいをして李迪が聖旨を改竄すると逆ねじを食わせた。ある事柄について、その場に二人しかいなければ、後に誰もはっきりとは言えないが、今回の事は少なくとも三人が同席していた。丁謂は公然と事実を無視して出任せを言って、鼻息が大変荒かった。丁謂はかれ自身の権勢および劉皇后という大物のバックがついているので、ほとんど執務できない真宗を全然気にしなくなった。丁謂が分かっていたのは、当時の情勢下、李迪には真宗のところに確認する勇気と可能性がない。確認しても、真宗が前に寇準を罷免したように、物事を明確にせず、ひいては丁謂の言葉に従うかもしれないということであった。

丁謂の寇党粛清の手が永興軍に至ったとき、寇準の部下であり天書を捏造した朱能は挙兵して抵抗したが、最後失敗して自殺した。この事件はさらに丁謂に寇準を迫害する口実を与えた。寇準は道州司馬に左遷された。この事件後、厳しく監視されている真宗は完全に権力を失ってしまった。『宋史』巻二四二「后妃伝」はこの事件の後に「是に於いて、詔して、太子に資善堂を開き、大臣を引き、天下の事を決め、后、内に裁制せしむ(136)」と記している。寇準が宰相を担当したとき、「皇太子資善堂に常事を聴き、他は皆な旨を聴く」ということがあったが、そのときは、日常の事務以外の重要なことは真宗のルートを通じて寇準によって決められていた。今回、「他は皆な旨を聴く」から「后、内に裁制する」という状態に変わると、名実相伴って劉氏の独裁となり、真宗の権力が剥奪されるようになった。実際には劉氏独裁の形で、朝廷の政務は劉氏と密接な丁謂によって独裁されるのである。

こうした情勢下で、寇準と親しい一般官僚が粛清された後、執政大臣さえも丁謂の粛清の対象となった。枢密副使周起、簽書枢密院事曹瑋が一緒に罷免された。『長編』巻九六天禧四年九月己未の条に「起、素より寇準と善し。而して瑋も亦た丁謂に附せず。謂、之れを悪み、並びに指して寇党と為す。故に倶に罷め出す(137)」とある。執政集団内部の粛清はすぐ宰相李迪に波及した。一方、李迪は寇党の朝廷における唯一の最高代理人として、丁謂の権力壟断する行為に極めて不満を持っている。したがって、二人の争いは表面化し深刻となった。『長編』巻九六天禧四年十一月乙丑の条に

寇準の貶斥自り、丁謂浸いよ権を擅にして、吏を除すも以聞せざるに至る。李迪忿懣として、嘗て慨然として同列に語りて曰く、迪、布衣より起き、十余年にして宰相に位す。以て報国有らば、死すら且つ恨まず。安んぞ能く権臣に附して自安の計を為さんや、と。兼職を議するに及び、時に迪已に少傅を帯び、中書侍郎・尚書を得んと欲す。謂執りて不可とす。遂に熟状を草して、謂に門下侍郎を加え、少師を兼ね、迪に中書侍郎を加え、左丞を兼ね、曹利用に検校太師を加え、馮拯に検校太尉を加え、並びに少保を兼ねしむ。…故事、両省侍郎は左右丞を兼ぬる者無し。而して迪の旧人も亦た当に尚書に遷すべし。謂、意を専らに迪を抑う。迪堪うる能わず、色を変えて起つ。丙寅、晨朝漏を待つに、謂又た（林）特を以て枢密副使と為し、仍お賓客を領せしめんと欲す。

迪曰く、特、去歳右丞に遷り、今年尚書に改め、東宮に入るは、皆な公選に非ず。物議未だ息まず。況んや已に詹事に除するを奏す。何ぞ改む可けんや、と。因りて謂を詬め、手板を引き謂を撃たんと欲す。謂走りて免るるを得。同列意を極めて和解するも、聴かず。遂に長春殿に入対す。内臣、禁中自り制書を奉じて榻前に置く。上曰く、此れ卿等の東宮官を兼ぬる制書なり、と。迪進んで曰く、臣此の命を受けざらんことを請う、と。因りて斥け、謂の奸邪弄権、中外畏懼せざる無し。臣、謂と同に憲司に下り置対せしめんことを願う、と。且に言う、昨に林特の子任に在り、非理に人を決罰して死に致す。其の家、闕に詣き冤を訴う。寝めて理めず。蓋し謂の党庇する所、人敢えて言わず、と。又た曰く、寇準罪無くして罷斥せらる。朱能の事当に顕戮すべからず。東宮官当に増置すべからず。又た銭惟演も亦た謂の姻家なり。臣、謂・惟演と倶に政柄を罷むを願い、望むらくは、陛下別に賢才を択び輔弼と為せ、と。又た曰く、曹利用・馮拯も亦た相いに朋党たり、と。…上、謂を顧みて曰く、中書不当の事有りや、と。謂曰く、以て臣の同列に詢ねんことを願う、と。乃ち任中正・王曾に問う。皆な曰く、中書供職の外、亦た曠闕せる事無し、と。頃之《しばらく》して謂・迪等先に退き、独だ枢密使・副を留めて之れを議す。上の怒り甚だし。初め御史台に付せんと欲す。利用・拯曰く、大臣獄に下らば、惟だ深く物聴を駭かすのみならず、況んや丁謂本より紛競の意無し。李迪と置対するは、亦た未だ事宜に合わず、と。上曰く、曲直未だ分けず、安んぞ弁ぜざるを得ん、と。既にして意稍や解け、乃ち曰く、朕当に即ちに処分有るべし、と。惟演進んで曰く、臣、謂と姻親なり、忽ち排斥を加うれば、退きて班列に就かんことを願う、と。上慰諭して之れを久しくす。乃ち学士劉筠を命じて制を草して、各々秩一級を降して相を罷めしむ。謂、知河南府とし、迪、知鄆州とす。制書猶お未だ出でず。丁卯、迪承明殿に対せんことを請い、又た太子に内東門に見んことを請う。其の言う所に蓋し伝わらず。謂、陰かに復た入るを図り、惟演、亦た謂出づれば則ち己が援を失うを恐れ、上に白して之れを留めんと欲し、並びに迪を留むるを請う。因りて言う、契丹の使、将に至らんとし、宰相を絶班せば、馮拯は旧臣たり。中書に過くは甚だ便なり。若し別の人を用うれば、則ち事を生ずるを恐る、と。上、之れを可とす(138)。

とある。このあまり短くない記事は、当時の朝廷の上層部における闘争を詳しく映している。まず丁謂が執政集団のなかで気炎万丈にある情勢の下、劣勢にある宰相李迪は、乾坤一擲の勝負をする。わざと丁謂と争い、真宗が表に立たざるを得ないようにして、真宗に面と向かって、丁謂とその同党をまとめて厳しく糾弾した。

李迪の摘発によって、そのときの丁謂が非常に専横であったことがわかる。「吏を除すも以聞せず」というのは、人事任命の場合、李迪などの大臣に相談しないことを指すだけではなく、真宗と劉皇后にも上言しないことを指している。それはすべて丁謂一人の独断で決めたのであった。本来、李迪は丁謂がひどく寇党を迫害したことに憤慨し、またこうした専権に対して、さらにはげしく憤激した。執政集団では、李迪は公開の場でかれが権臣と呼ぶ丁謂と同席しないことを誓った。一方、丁謂はあくまで異分子李迪を排斥してきた。大臣等の高官の兼職を討議するとき、李迪の資格や経歴であれば、尚書に遷すべきであるが、丁謂は故意に低く擬して提案し、一般の大臣と同じく、左丞のみを兼ねさせた。このような宰相は自らの地位より低い左右丞を兼ねないという慣例を無視するやり方は、李迪に我慢の限界を越えさせた。二人の衝突は、丁謂がかってに五鬼の中の林特を執政集団に引き込むことで勃発した。以上のように、丁謂は「吏を除すも以聞せず」という一般的な人事だけではなく、宰相を含む執政大臣の任命や官職昇進にも決定権を持っていたのである。

意図して事態を拡大させた李迪は、共倒れになるのもいとわず、丁謂に面と向かって、かれの権力を欲しいままにする行為を糾弾し、丁謂が林特の子を庇ったことを摘発した。続いて李迪は一気に寇準の左遷が冤罪であり、寇準の部下朱能を公開で殺すべきではなく、丁謂と銭惟演が親戚関係にあり、曹利用と馮拯も互いに結託している朋党であると指摘した。

こうした場面では、真宗は随意に裁決できないので、まず、中書の仕事状況を調査し、大臣たちの態度と勢力状況を勘案して決定を下すことにした。これに対して、中書で勢力を持つ丁謂は、李迪の反駁に、直接に答えず、ほかの大臣に弁明させた。真宗は任中正と王曾に聞いたが、任中正は丁謂の同党なので、当然批判せず、王曾も状況を考えて、丁謂の立場に立って答えた。こうして李迪は孤立した。結局、寇準集団に味方する真宗は、このような情勢下、丁謂と李迪の両宰相を一緒に罷免したのである。

誰も執政集団という権力の中枢から離れたくないので、宰相を罷免する制書（辞令）が公表される前に、丁李二人は各々工作して、宰相罷免の事態を挽回しようとした。李迪は相次いで真宗と皇太子に拝謁した。丁謂側は自身が工作するだけではなく、唇がなくなれば歯は寒くなるということを心配する銭惟演も丁謂のために工作していた。最後に、丁謂は強引に居残り、李迪は罷免されて知鄆州として朝廷から離れた。『宋史』「丁謂伝」に「謂、罷めて戸部尚書と為し、迪は戸部侍郎と為す。尋《つい》で謂を以て知河南府とし、迪は知鄆州とす。明日、入謝す。帝、争う所の状を詰す。謂対えて曰く、臣の敢えて争うに非ず、乃ち迪、臣を忿詈するのみ。復た留めんことを願う、と。遂に坐を賜う。左右、墩を設けんと欲す。謂顧みて曰く、旨有りて平章事を復す、と。乃ち更めて杌を以て進む。即ち中書に入りて事を視ること故の如し。仍りて尚書左僕射・門下侍郎・平章事権太子太師に進む[139]」とある。丁謂が真宗の目の前で、公然と宰相の職務を回復したという聖旨を詐称したのは、かれが銭惟演の工作を通じて劉皇后の承諾をもらった可能性が高い。丁謂は内侍に命令して宰相しか座れない椅子を持ってきた。このような横暴な権臣に対して、重病にかかり且つ権力もなかった真宗は仕方が無く、丁謂が強引に中書に執務してから、かれの宰相の職務を回復するほかない。それだけではなく、官位も太子少師から太子太師に昇進した。

比べてみると、同じく奸臣といわれる王欽若は丁謂のように横暴ではなかった。上述した事件が過ぎた一カ月後、真宗は王欽若と会ったとき、本当に意識不明であったのか、それともわざと既成事実で丁謂を追い払いたいのであろうか、なぜ中書で執務しないかと王欽若に訊ねた。これに対して、王欽若は苦笑してわたしは宰相ではなく、中書におれないと答えた。真宗は内侍に王欽若を中書に送らせて執務させるよう命じた。これに対し、丁謂はまた聖旨を詐称して、皇帝は王欽若を食事に招待するために中書に遣わしたのであると言い、食事後、すぐ王欽若を立ち退かせた。王欽若が丁謂のように横暴ならば、宰相の職務を奪われるかもしれない。この突発の事件は李迪を追い払った後の丁謂に警戒心を高めさせた。かれは手段を弄して王欽若を朝廷から立ち退かせた(140)。

ところが、王欽若は使相の身分で判河南府に移ったのであり、かつ王欽若は真宗の寵愛を受け、劉皇后の感情も害していなかった。それゆえ、そのとき、丁謂にとり、最も脅威であったのは、打倒した寇準・李迪ではなく、王欽若なのである。かれは王欽若に対して用心し始めた。病気にかかった王欽若は都に戻って治療する願いを何回も出したが、丁謂は返事を与えなかった。真宗は王欽若の病状を聞き、御医を遣わして治療させた。丁謂はこれを見て、さらに嫉んだ。かれは人を遣わして王欽若を欺き、真宗が君に会いたいと言われたので、すぐ都に戻っても、皇帝が咎めるはずはないと伝えた。宋代では地方官は皇帝の許しがなければかってに上京してはならない。昔寇準は太宗のなぜ朝廷に戻るのが遅れたかという質問に対して、「臣、召すに非ざれば京師に至るを得ず」と答えている(141)。今回はちょうど真宗が御医を遣わした直後に当たったので、王欽若はだまされていることを疑わず、河南府に簡単な報告をしてから、京城に戻った。丁謂はすぐ「擅しいままに官守を去り、人臣の礼無し」という罪名で王欽若を司農卿分司南京に左遷した(142)。その後、わざと以前王欽若と不和だった中書の同僚張知白を知南京応天府として派遣し、張知白に王欽若を迫害させようとした。だが、張知白が旧悪を根に持たず、逆に丁謂のわなに掛かった王欽若に親切を尽くした。

これは丁謂を怒らせてすぐ張知白は他所に異動させられた[143]。これから見れば、上述した官員の任免と異動はいずれも真宗或いは劉皇后によっての決定ではなく、丁謂によって決められたのである。ところが、名義は必ず皇帝の名義であった。皇帝の名義で自分の企図を行うのは、まさに権臣が権力を弄する基本的特徴である。

『長編』巻九六天禧四年八月壬寅の条に「準、相を罷めて自り、継ぐに三紐を以てするも、皆な上の本意に非ず。歳余にして、上忽ち左右に問いて曰く、吾が目中に久しく寇準を見ざるは、何ぞや、と。左右も亦た敢えて対うる莫し[144]」とある。ここでいう「左右亦た敢えて対える莫し」とは、真宗を刺激することを心配しているだけではなく、さらに権臣丁謂の勢力を懼れているのである。注意すべきは、「上の本意に非ず」という一言である。「上の本意に非ず」ならば、つまり皇帝の意思でなければ、誰の意思であろうか、誰の意思が宰相を追放できるのか。これは新たに宰相となった権臣にほかならない。このような「上の本意に非ず」ということに、皇帝は常に遭遇した。『宋宰輔編年録』巻一〇が前宰相呂大防の追放を述べるとき、「上（哲宗）の大防を念うは深し。議者、是れに由りて知る、元祐党人を痛く貶するは、皆な上の本意に非ざるなり[145]」と言う。ここでも「上の本意に非ず」という一言を使う。この一言は政治闘争における権臣の独裁の真相を喝破したものである。

乾興元年（一〇二二）二月、真宗が崩御し、皇帝としての悩みもすべて無くなった。ところが、実際には真宗時代はまだ終了しておらず、朝廷の一切も変わっていないまま、皇権は「権処分軍国事」という形で、本格的に垂簾の政を行う太后劉氏の手中に帰した。劉太后の摂政は真宗時代の延長ともいえる。十年後、劉太后の死去とともに仁宗が親政して、ようやく真宗時代に終止符を打つ。

真宗が崩御した月、寇準はさらに丁謂によって終焉の地となる雷州に貶されて司戸参軍となり、李迪は「朋党を以て附会するに坐し」、衡州の団練副使に貶された。当直していた知制誥宋綬が二人の制詞を起草した。「謂、其の切ならざるを嫌い、顧みて曰く、舍人、都《すべ》て文字を作るを解さざるか、と。綬、遜謝して、筆削を加えんことを乞う。謂、即ちに己の意に因りて改定す。詔の称する所『醜徒、紀を干すの際に当たり、先皇、違豫の初めに属す。此の震驚に罹り、遂に沈劇を致す』は皆な謂の語なり[146]」という『長編』の記事がある。丁謂は確かに文章力にすぐれ、訂正した制詞は対句が巧みで適切である。だがかれの才気は政敵を迫害するためであった。丁謂が制詞をこのように直したのは、真宗の死の責任を寇李二人に押しつける目的に違いない。寇李二人の追放について、参知政事王曾は重すぎるという異議を唱えたが、王曾は昔寇準に住居を貸したことがあるので、丁謂はその事実をつかみ、「居停の主人、恐らく亦た未だ免れざるのみ」と王曾をおびやかした。同時に、丁謂は地方に軍隊を率いる曹瑋の兵権を剥奪した[147]。

その時の丁謂はすべての政敵を一掃したと言える。人は強敵を前にするとき、往々にして高い警戒心を持っているが、一旦脅威が無くなり、「一覧にして衆山小なり」という権力を一手に収める地位にあると、恣意に流れ気ままなことをし、有頂天になる。そのときが、老子のいわゆる「福、禍の倚る所」のように、新しい危機が起こり始めるのである。

丁謂は、真宗に迎合して大いに土木工事を起こしたことから始まり、寇準集団の追放に至って、士大夫の人心を徹底的に失ってしまった。だが、かれは生殺与奪の権を一手に握ったため、全く世論を無視した。たとえば、かれは寇準と李迪を迫害して、死地に追い込まなければ気がすまないようであった。ある人は丁謂に「迪若し貶死せば、公、士論を如何せん」と聞いたが、丁謂は平然として「異日に事を好む書生、筆墨を弄して曰く、天下之れを惜しむと曰うに過ぎざるのみ」と答えた。丁謂が権勢の最高峰にあるとき、人々は強権に恐れをなし、不満を抑えているが、同時に不満も蓄積されている。ひっそりと静まり返っている状態は、反抗しないことを意味せず、機会の到来を待っているだけなのである。丁謂は一つの活火山の頂上に坐るように、何時突然爆発し灰燼に帰すか分からない状態にある。

当時、少なからざる数の士大夫は専権を持する丁謂に協力しない態度をとった。「翰林学士劉筠、上の久しく疾にして、丁謂権を擅にするを見、嘆きて曰く、奸人事を用う、安んぞ一日として此に居る可けんや、と。表して外任を求む[148]」という。もう一人の士大夫蔡斉は大中祥符七年の進士状元（第一位）であったが、「丁謂、政を秉り、斉の己に附さんことを欲するも、斉、終に往かず[149]」という。

当時の執政集団内部では、一人の人物に注意すべきである。つまり前に登場した王曾である。王曾は真宗の大中祥符末年にすでに参知政事となったが、後に枢密使の王欽若に陥れられて罷免された。当時の宰相王旦は王曾への評価と期待が非常に高かった。『長編』巻九〇天禧元年九月癸卯の条に、「(王) 曾既に罷め、往きて王旦に謁す。旦の疾甚だしく、辞して見えず。既にして其の家人に語りて曰く、王君介然として、他日徳望勲業甚だ大きからん、顧《かえ》って見るを得ざるのみ、と。且つ曰く、王君昨きに会霊観使を譲り、頗る上旨を払う。而れども進対詳雅、詞直気和、了に慴る所無し。且つ王君始めて進用せらるるや、已に能く是の若し。我、政事に循任して自り二十年に幾し。進対して上の意に稍々忤う毎に、即ち蹙蹜して自ら容るす能わず。是を以て其の偉度を知るなり、と[150]」とある。王曾は確かに王旦の評価と期待に背いていなかった。丁謂独裁の時期に、かれは機会を待ち情勢を推し量り、方式を講じて、できるだけ丁謂との正面衝突をさけていた。先に述べた李迪が丁謂と衝突したとき、李迪の敗勢が見えたので、王曾は丁謂側に立った。寇準を貶したとき、かれの意見が丁謂に拒否された後、執着しなかった。

ところが、原則的問題においては、丁謂と衝突しないことを前提に、王曾はやはり自分の意見を絶えず提出していた。たとえば、真宗が崩御したさい、遺詔によって軍国事兼権取皇太后処分となったが、丁謂は劉氏の歓心を買うために、「権」という字を取り除こうとした。「権」とは便宜的という意味である。つまり幼い仁宗の親政する前に一時的に劉氏によって代理するのである。「権」という字を取り除くと、劉氏の権力が無制限に拡大されることを意味する。これが事実になれば、仁宗の親政が前途遼遠になるだけではなく、劉氏が宋代の則天武后となる可能性もあった。このような原則問題に対して、士大夫としての王曾は丁謂に「政の房闥に出づ、斯れ已に国家の否運なり。権を称さば尚お後に示すに足る。且つ言猶お耳に在り、何んぞ改む可けんや」と言った。王曾は両方面で丁謂の意見に反駁した。一つは、軍国事が太后によって兼権されることはやむを得ない不正常な状態であるが、権の字があれば、臨時的性質として、かろうじて後世に釈明できる。もう一つは、権の字を入れたのは真宗の遺詔であった。真宗が崩御したばかりで、なぜ変更するか。王曾の反駁はなかなか力強かった。丁謂が結局士大夫の一員である以上、邪悪であるか否かを問わず、士大夫全体の利益を守らなければならない。つまり士大夫政治の正常な運営の保護である。皇権は政治闘争の道具であるが、劉氏が権の字の削除によって、宋代の則天武后に向かっていけば、丁謂も悪例を作り出した非難を逃れ難い。一方、丁謂は専権を行使しても、皇帝の遺詔を改竄する罪名を帯びる勇気はない。そうした罪名を着せられれば、かれの得意絶頂にある政治的生命を失ってしまう。丁謂はきっと、王曾のかれの利害を損うとはいえない意見を真剣に考えた上で、権の字を取り除く意見に固執しなかった。しかし、王曾は続いて遺詔に淑妃楊氏を皇太妃として尊ぶことを入れる必要がないと指摘した。皇太后の権字を取り除く提案に反対されたため、気を悪くした丁謂は、王曾に「参政顧って制書を擅しいままに改めんと欲すか」と逆襲した。同僚の支持を得られない状況では、王曾は丁謂に対抗しなかった。ところが、真宗が崩御したさい、王曾の言行は『長編』巻九八乾興元年二月戊午の条に述べたように、「時に中外洶々とす。曾、正色独立し、朝廷頼り以て重しと為す[151]」とある。だが、前述の事件は一つの秘密を披露している。つまり皇帝が制定した遺詔に対して、公表する前に往々にして大臣たちによってある程度の変更がなされたことである。いうまでもなく、その変更は各派閥間の一定の利益原則によってなされたのである。

まもなく丁謂は自分を含む執政大臣に高い官位を加えた。参知政事である王曾も官階を加えられたが、依然として

「今主幼く、母后臨朝し、君魁柄を執る。而れども数十年曠位の官を以て一旦除授するは、公議無きを得んや[152]」と異議を提出した。公議を無視する丁謂は王曾の意見を聞かなかった。これによっても、当時、朝廷の官員昇進などのことは丁謂が一人で決定していた事実が分かる。

真宗が崩御した後、政敵が一掃され、かつ兼権軍国事の劉太后が宮内に引き籠もる情勢下、「志を得て便ち猖狂なる」丁謂は、朝廷でほとんど意のとおりになる状態において、いよいよ跋扈した。ひいては劉太后すらあまり眼中に置かなくなった。たとえば、本来は仁宗と劉太后が共に群臣の型どおりの拝謁を受けるが、幼い仁宗がいつも起床できないので、劉太后は中書の大臣に相談して彼女一人で群臣の拝謁を受けようとした。劉太后がこの希望を出したとき、ちょうど丁謂は不在であった。馮拯などの大臣では決定できないので、この件は丁謂の登朝待ちとなった。登朝した丁謂はきっぱりと劉太后の要求を断り、さらに馮拯などの大臣がかれに報告するのが遅れたことを責めた。

この件は、劉太后から見れば、ごく小さな事であるかもしれないが、大臣及び官僚たちから見れば、皇帝が拝謁を受けることは、極めて象徴的なことである。子供であろうと皇帝の仁宗がいなければ、劉太后には一人で拝謁を受ける資格がない。一旦受けるとすれば、儀式の性質が全く変わる。つまり彼女の名義上の地位が皇帝と同様となってしまう。特殊な状況の下で、劉太后は実質的に皇権を執ることができるが、名分上、皇帝の代わりはできないからである。「名正しからざれば、則ち言も順わず」という言葉のように、中国では古今を問わず、名分という原則が多くの実質より重要である。これこそ前漢末の農民反乱が、どうしても劉邦と血筋の同じ牛飼いである劉盆子を探り出して皇帝に推戴せねばならなかった理由であった。また北宋の英宗朝に「濮議」の議論が激しく行われた原因であった。皇帝だけではなく、士大夫も同じである。「士、殺す可くも辱める可からず」という言葉は、はっきりと名分を生命より重んずる士大夫の理念を示している。

そのため、馮拯などの大臣は劉太后の要求が適当ではないと知りながら、独断では答えられず、故意に専権を好む首相丁謂に決定を押し付けた。上述した理念に基づき、丁謂は劉太后の要求に応じなかった。この件で、丁謂は誤りがなかったが、「是に由りて稍々太后の意を失う」という。つまり劉太后との関係で齟齬が生じた。その結果、丁謂は仁宗・劉太后の存在が具現する皇権と離れ始めた。後に丁謂は「月進銭を宮掖の用に充つるを議」した。これは宮廷の支出に制限を加えようとしたものであり、長期間三司使を担当した丁謂にはもちろん十分な理由があるはずであるが、「太后滋いよ悦ばず」[153]という事態になった。行動が正しいか否かを問わず、一旦皇権と離れれば、激しい党派闘争の渦中で執政する政治家の地位が危険きわまりなくなるのであった。

丁謂の地位が不安定に陥ると、「朝廷頼りて以て重しと為す」といわれた王曾は、丁謂から権力を奪い取る行動を起こした。『東軒筆録』巻三に「真宗初め上仙し、丁晋公・王沂公同に中書に在り、沂公独り札子を入れ、山陵より已前の一切の内降せる文字は、中外並びに施行するを得ざらんことを乞う。又た今後凡そ両府行下する文字、中書は宰臣・参政、密院は枢密使・副・簽書の員に同在するを須ちて、方めて中外の承受を許さんことを乞う、と。両宮、其の奏を可とす。晋公之れを聞き、諤然として自失す。是れ由り深く沂公を憚る[154]」とある。王曾の奏疏は、集団による指導の形で執政集団内での丁謂の独裁権を奪うことが目的であるにちがいない。さらに「両宮、其の奏を可とす」という結果は、王曾の奏疏を認め、丁謂の専権を終結させたに等しい。丁謂の「諤然として自失す」という反応は当然の結果である。そのときから、丁謂は初めて傍らの参政の強さを理解し、「是に由り深く沂公を憚る」となった。論理から考えると、王曾の上奏は恐らく丁謂と劉太后が不和になった後であろう。

丁謂の悪運は尽きていたのかもしれない。その時、工事の責任者の一人である内侍雷允恭が真宗陵墓の位置を無断で変更した事件が起こった。山陵使を兼任している丁謂は、当時は「雷允恭と協比して恣を専らにし、内に太后を挟み、同列之れを如何ともする無し」という状態にあったので、雷允恭を庇おうとした。だが、紙が火を包めないように、実際は数十丈移動したに過ぎなかったが、「当時、以為らく絶地に移すと。是に於いて朝論大いに諠し」くなった。この情勢下、権知開封府呂夷簡は自らの管轄する地区で起こった事件として、密かに調査を始めた。『東軒筆録』巻三に「是の時、呂夷簡権知開封府たり。此の獄を推鞫す。丁既に久しく天下の心を失い、衆咸な目して不軌と為し、以て彼の頭顱を取りて郊社に置かん云々に至る。獄既に起こり、丁猶お政を乗る。許公雅《もと》より丁の智数多きを知り、凡そ行移・推劾する文字、及び左右の人を追証するに、一切止だ允恭を罪するのみ、略ぼ丁に及ぶの語無し。獄具わり、上聞せんと欲す。丁信じて以て疑い無きと為し、遂に許公をして奏対せしむ。公、上の前に至るや、方めて其の絶地の事を暴く。謂、竟に此を以て海外に投ぜられ、許公遂に参知政事たり」(155)とある。

『東軒筆録』の記載は下からの調査であったが、執政集団内部ではどのような動きがあったのだろうか。『長編』巻九八乾興元年六月癸亥の条に記事があるが、簡略すぎる。ここでは『默記』巻上の記事を見よう。

丁謂、国に当たり、権勢、主を震わす。王沂公を引きて参知政事と為し、謂に諂事して甚だ至る。既に政府に登り、閒暇に因りて謂に款する毎に、必ず涕泣して可怜の色を作す。晋公之れを問うこと数十次なり。一日、問うに因り、閔然として対えて曰く、曾、一私家不幸の事有り、人に対して言うを恥ず。曾、少くして孤し、惟だ老姉と同居するのみ。一外生不肖にして、卒と為り、艱辛杖責を受くる多きを想見するなり。老姉青州の郷里に在り、毎に以て言と為す、と。言迄りて又た涕下す。謂亦た惻然として、因りて沂公の為に言う、何ぞ文字を入れ、軍籍を除くを乞わざるか、と。沂公曰く、曾、既に輔臣の列を汚し、而して外生此の如きは、豈に朝廷を辱めざらんや。自ら亦た上に言うを慚ずるなり、と。言畢り、又た涕下す。謂再三にして之れを勉して、此れ亦た人家の常事、愧と為すに足らず、惟だ早く上に言い、庶わくば其の卒為るの苦を脱せん、と。自後、謂、数々之れを勉まし上前に身を留め奏知せしむ。沂公必ず涕下して曰く、豈に軍卒の一日、是れ一日の事を知らざらんや。但だ終に自ら羞赧するのみ、と。晋公之れを催す毎に、且つ沂公に謂いて曰く、某日に身を留めて奏陳す可し、と。沂公猶お欲せず。謂、又た之れを自ら陳ぶ。一日、且つ沂公を責む、門戸の事乃ち緩むか、謂、当に閤門に奉候すべし、と。沂公已むを得ず、遂に身を留む。既に身を留めて時を踰え、将に膳を進めんとするに至りて猶お退かず、尽く謂の権を盗み姦私なるを言う。且つ言う、丁謂、陰謀詭譎、智数多し、変乱頃刻に在り。太后・陛下、若し亟かに行わざれば、惟だ臣の身齏粉となるのみならず、恐らく社稷危うからん、と。太后大いに怒り、之れを許し、乃ち退く。晋公、閤門に候ち、其の甚だ久しきを見、即ち頓足捩耳して云う、及ぶ無し、と。方めて悟り、其れ謂をして自ら己が謀を為さしめ、之れをして覚らせしめず、適たま山陵の事に当たりて発せんと欲するが故を知る。沂公既に出づ、閤門に謂に遇い、怒を含めて揖せずして出づ。晋公始めて売られ、毒を含むも己の覚えざるを悟る。是の日、既に都堂に至り、両府を召して入りて議せしむるも、謂を召さず。謂、罪を得るを知り、馮拯・銭惟演及び曾等に祈哀して曰く、今日、謂の家族、諸公に在るなり、と。太后、謂を誅さんと欲す。拯、申さねて之れを理む。沂公奏して、知制誥を召し、殿廬に就きて制を草して之れを罷め、復た宣麻せざらんことを請う。太后之れに従う。太子太保・分司西京に責め、俄かに崖州に竄す。向使《もし》謂、沂公を防閑せば、則ち豈に此の禍有らんや。故に権数謂の上に在るを知る[156]。

とある。この記事は王曾の丁謂を頼む点について少し誇張していると思うが、『長編』の記事と比べて見れば、大概信じられると言えよう。この記事を読むと、逆に丁謂に少しの憐憫の情を覚えざるをえない。同時に王曾の陰険な一面も見えてくる。しかしながら、古今東西、あらゆる政治闘争はこのように残酷であろう。俗語に「毒無ければ丈夫ならず」とあるように、婦人の仁慈をもち、惻隠の情を動かせば、政治闘争に敗北する可能性がある。寇準・李迪・

王欽若などのすべての政敵を散々に打ちのめした狡猾で凶暴な丁謂に対して、王曾が策略を講じ、偶発的な事件を利用しなければ、また皇権を借りなければ、かれを徹底的に打ち負かすのは不可能であろう。

あたかも恩讐を再現させるかのように、丁謂を打ち倒した後、丁謂の寇党粛清に倣い、宰相となった王曾は朝野内外で丁謂の徒党を粛清し始めた。まず、執政集団内の参知政事任中正を罷免し、続いて丁謂の三人の息子と三人の弟を左遷した。次いで翰林侍読学士林特・知制誥祖士衡・知宣州章頻・淮南江浙荊湖制置発運使蘇維甫・戸部判官黄宗旦と上官必・権塩鉄判官孫元方と周嘉正及び権磨勘司李直方などの多くの丁謂の徒党を貶した。その後、丁謂の婿である権判塩鉄勾院潘汝士と知開封県銭致堯を貶した。最後に丁謂党の首謀者である枢密使銭惟演を左遷した。

銭惟演を左遷するとき、当時のもう一人の宰相馮拯は「惟演、妹を以て劉美の妻とす。実に太后の姻家なり、政を与にす可からず、之れを出さんことを請う」と発言した。劉美は劉太后の前夫である。劉太后が摂政をしているとき、このような話を出せば、彼女を怒らせるはずであるが、当時、丁謂一党に対し朝野共に激しく憤っている雰囲気において、劉太后の怒りは力にならない。翌年の天聖元年（一〇二三）、地方に左遷された銭惟演が経由の都合を理由に京城に来たとき、銭惟演を宰相に任命する噂が広がった。監察御史鞠詠は直ちに上奏して強く反対する意見を出した。劉太后は圧力を受け、鞠詠の奏疏を内侍を使い銭惟演に見せ、かれに早く京城を出ていくよう促した。だが、銭惟演はまだ成り行きを見守り、劉太后がかれを任命することを一心に期待していた。そのとき、左正言劉随は、「若し惟演を相にせば、当に白麻を取りて廷に之れを毀たん」と激烈に言った。つまり、銭惟演を宰相に任命すれば、辞令をその場で引き裂いてしまうという。銭惟演はこの話を聞き、慌てて逃げた(157)。これは実際には士大夫全体が劉太后を代表とする皇権と勝負することを意味した。結果として、やはり劉太后は士大夫たちの意見を無視するだけの度胸はなかった。

宋代史を研究する学者は往々にして元祐党争の残酷さに注目する。かつ常に范仲淹の慶暦新政の前後の活動を宋代党争の端緒と見なす。実際には、丁謂が寇準党を追放し、王曾が丁謂党を追放した行為は、元祐党争にいささかの遜色もない。宋代史上の大規模な党争の幕が開いたのは、まさに真宗朝後期の政治闘争であった。これ以降、宋代史上、大小の党争が絶えず続き、恨みに報いるに恨みをもってし、党争はますます激化していった。

小　結

前近代の中国における君臣関係は、商業経営の雇用と被雇用という関係ではない。皇帝は往々にして臣僚を師友と見なしていた。では、真宗朝に在任した数人の宰相は、真宗にとって、どのような師友であろうか。簡単にまとめてみると、真宗朝初期の宰相李沆は、「畏友」と称することができよう。真宗の即位前、かれはすでに太子の師となっており、即位後、ずっと真宗に憂患意識を植えつけて、真宗を戒め、真宗を毎日戦々恐々とさせていた。李沆に継いで十二年間の長きにわたり宰相を務めた王旦は、「誠友」と称することができよう。かれはまじめにこつこつと仕事をして、忠誠心で真宗の信任を得た。したがって真宗はかれの言うことをすべて聞き入れる程になった。強引に真宗に親征させて、北宋の百余年間の平和的局面を作った寇準は、「諍友」と称することができよう。かれは誠心誠意であるが、態度が強硬だった。真宗はかれに不満を抱いているが、頼らなければならないのであった。迎合で信用を取り付け、阿諛で寵愛を得た王欽若は、「佞友」と称することができよう。かれは真宗を唆して天書を造り、東封西祀などの宗教活動を行い、真宗はかれを「望見せば輒ち喜ぶ」となるのであった。丁謂は以上の宰相たちといずれも違う。かれはもちろん真宗に迎合したが、大いに自分の才能によって、真宗をかれから離れさせなかった。後に権力を一手に収めて、真宗が重病にかかる特異な時期に、真宗を公然とだまして、面と向かって矯詔を作り、非常に横暴であった。真宗もかれには逆らえなかった。真宗の死後は、摂政の劉太后を眼中におかなかったため、「覇友」と称することができよう。長くない二十余年間の真宗朝において、以上の五つのパターンの宰相が出現した。君臣関係の視点から見れば、だいたい中国伝統社会の宰相の基本類型が含まれると言えよう。

丁謂は従来から奸臣のイメージで宋代史に位置づけられている。しかしながら、奸臣という言葉は忠臣に対して言われるものである。臣という文字をつければ、官僚と皇帝との関係を構成する。奸臣でも、忠臣でも、いずれも皇帝への態度と行為を指す。古人を評価するとき、もちろん伝統的奸忠観に左右されるべきではないが、人間にはやはり大体共通する是非の判断基準がある。この基準で古人の行為を考察すれば、伝統的評価には一定の理由があることを認めなければならない。ところが、歴史研究者の任務は従来の道徳的評価を修正か補充する作業ではなく、歴史の人物が歴史の流れの中にどのような働きをしたのかを明らかにすることである。従来の研究は、肯定的人物を重視するが、否定的人物をほとんど見落としている。厳密に言えば、悪の歴史も歴史の不可欠な一部である。いうまでもなく、私は丁謂を選択して考察の対象とするのは、丁謂が無視すべきではない否定的人物であるだけではなく、さらに丁謂の行為が多くの士大夫と異なるパターンを代表していたからである。かれと真宗との関係も一つのパターンである。

丁謂は士大夫政治がすでに形成された背景下に育った士大夫であった。かれの一生を見れば、財政管理によって才能を現し、「大計余有り」と言った言葉によって奸佞になり、権力を弄する行為によって凶悪になったのである。前期の丁謂は、皇帝に迎合したが、王欽若の専ら阿諛するのと違い、才能と着実な実行によって皇帝を籠絡し、したがって皇帝と固い関係を結んだ。後期の丁謂は、一朝にして権力を一手に収めると、その従来の恭しい態度を変えて、朝廷の官僚の上に凌駕するだけではなく、さらに皇帝の上に凌駕するようになった。皇帝が全くかれの政治闘争の道具になった。真宗朝の最後の宰相と仁宗朝の最初の宰相として、かれの横暴抜扈は後世の権相にモデルを与えた。かれが一人で演じた政争は宋代の党争の濫觴を開いたのである。丁謂が横暴跋扈した原因は、皇帝の本質をはっきり見抜いていたからである。丁謂の同僚であった王曾は「宰相丁公謂、中書に在り。暇日、同僚に語って曰く、西漢の高祖如何なる主か、と。或る曰く、…英雄の主なり、と。丁曰く、何の英雄之れ有らんか、張良之れを導きて左とすれば則ち左し、陳平之れを勧めて右とすれば則ち右し。…と[158]」と記す。丁謂の話を見れば、かれが真宗をもそうして左右したのは、想像できるだろう。

丁謂の行為を考察すれば、宰相を担当する前には、後のような横暴さは見えない。では、志を遂げると、必ず暴れ狂う状態になるのか。もちろん必ずしもそうではない。人間は社会的環境の産物である。人間の行為も社会的環境によってなされ、時の勢いがそうさせるのである。考えてみれば、寇準等が起こした未遂のクーデターによって一再ならず刺激を受け、丁謂は、政敵を打倒して、死地に追い込まなければ気がすまないようになった。そのような刺激がなければ、丁謂は横暴とはならなかったかもしれない。まさに食うか食われるかの政治闘争は、丁謂を冷酷な鉄血宰相に変わらせ、宋代の権相の第一人を作らせた。丁謂の冷酷な政治的行為自体は、士大夫的官僚政治の下での権相の専権における早期の典型的一例を見せている。丁謂が作った君臣関係も皇権の変遷を考察するために、一つの特例を提供した。さらに考えてみれば、新興の士大夫政治には歴代に存在する権臣の出現が避けられない。まさにその士大夫政治は宋代の権臣を輩出させ、党争も歴代より酷薄になった。事実上すでに士大夫政治体制から遊離した皇権は、一つの有力なまた不可欠な道具として、士大夫の権臣に最大限利用された。太宗朝に科挙の規模を大幅に拡大した時から、真宗朝になると、宋王朝自身が育成した士大夫は朝野に満ちあふれて、政治の支配者になっていた。それゆえ、私は真宗朝を士大夫を主体とする官僚政治の開始と認めたい。その時代は、丁謂の専権と皇権を党争に運用した事実が、まさにわれわれに一斑をみて全豹を卜させる。

注

（1）池澤滋子『丁謂研究』（巴蜀書社、一九九八年）。
（2）『長編』巻二二一、熙寧四年三月戊子条に「与士大夫治天下」という言葉がある。これは神宗と王安石新法を議論した時の、文彦博の言葉である。
（3）第一章に述べるように、本書には「国体」と「政体」という政治学的概念を導入してみた。つまり、中央集権制度（宋代から言えば士大夫官僚政治）とは国家統治権の所在を示す国体を意味するが、君主制とは国家の組織形態を示す政体を意味する。中央集権制度下の皇権は、国家権力システムの一部分にすぎない。
（4）第八章「皇帝の代弁者か」を参照。
（5）この詩は王禹偁の『小畜集』に収録しておらず、司馬光『涑水記聞』巻二と『宋史』「丁謂伝」に見える。
（6）『小畜集』巻一八、「薦丁謂与薛太保書」を参照。
（7）『小畜集』巻一九、「送丁謂序」を参照。
（8）『小畜集』巻一八、「答鄭褒書」に「吾嘗以其文誇大於宰執公卿間、有業荒行悖者、既疾孫何・丁謂之才、又忿吾之曲誉、聚而造謗焉」とある。
（9）宋代の科挙試験の糊名考校等の制度が真宗朝になって、始めて次第に整備されていた。『宋史』巻一五五「選挙志」一と拙作「趙抃『御試官日記』考釈——兼論北宋殿試制度の演変」（『東北師大学報』四、一九八六年）を参照。
（10）『宋史』巻一五五「選挙志」一に、太祖朝に「（知貢挙李）昉、情を用いて取舎するを訴える有り」とあり、また太宗朝に「登聞鼓を撃ちて校試不公を訴える者有り」とある。
（11）『東都事略』巻四九、「丁謂伝」に「既而何冠多士、謂占第四。自以与何斉名、恥居其下際。臚伝之、殿下有言。太宗曰、甲乙丙丁、合居第四、尚何言」とある。
（12）『宋史』巻二一〇、「宰輔表」を参照。

（13）『小畜集』「送丁謂序」を参照。
（14）『青箱雑記』巻二を参照。
（15）『東都事略』巻四一、「寇準伝」によれば、「五年不得代」とある。第五章を参照。
（16）『太平宝訓政事紀年』巻一に「詔京朝官未歴知県不得任知州・通判」とある。
（17）『太平宝訓政事紀年』巻二に「祖宗朝転運使並是朝廷先択挙主、挙主択転運使。惟材堪者為之、不限資序。今来転運使只是依資循例、又不由挙主。所以大半不才、致州県不治」とある。
（18）『小畜集』巻一一を参照。
（19）『宋史』巻二八一、「畢士安伝」を参照。
（20）『長編』巻四五、咸平二年八月戊寅の条を参照。
（21）『長編』巻四七、咸平三年十一月丙戌の条を参照。
（22）『長編』巻五二、咸平五年七月己亥の条を参照。
（23）『長編』巻五五、咸平六年十二月乙亥の条に「上手詔問夔州路転運使丁謂、如何得辺防久遠寧帖、蛮人不敢為非。乙亥、丁謂上言、若所委之官不邀功、不生事、以安静為勝、凡所制置、一依前後詔条、則群蛮必不敢抵冒、妄干天誅矣。上然之」とある。
（24）『長編』巻五六、景徳元年二月壬午の条に「夔州路転運使丁謂、招撫渓洞夷人、頗著威恵、部民借留、凡五年不得代」とある。
（25）『長編』巻五一、咸平五年正月甲辰の条に、「夔州路転運使・工部員外郎・直史館丁謂加刑部員外郎、賜白金三百両。以其綏撫有方、蛮人安堵故也」とある。
（26）『長編』巻五二、咸平五年七月己亥の条の注に「寇瑊伝」を引用して「施州蛮叛、転運使以瑊権知施州。先是、戍兵仰它州餽糧、而多不給。瑊至、請行和糴之法、而償以塩。軍遂足。而丁謂所奏、遂没瑊謀」とある。
（27）『長編』巻三九、至道二年五月辛丑の条を参照。
（28）『宋史』巻二六七、「張洎伝」に「上顧謂近臣曰、学士之職、清要貴重、非他官可比、朕常恨不得為之」とある。

（29）たとえば、翰林学士楊億は、真宗がかれの起草した制詰を加筆することを不満として、辞職しようとした。これに対して、真宗は「楊億商量を通じず、真に気性有り」と言っただけにすぎない。
（30）『東軒筆録』巻一四に「丁謂留滞外郡甚久、及為知制誥、以啓謝時宰」とある。
（31）王仲犖注『西崑酬唱集』（中華書局、一九八〇年）を参照。
（32）『長編』巻五八、景徳元年十月庚寅の条を参照。
（33）『長編』巻五八、十月庚寅の条に、「敵騎稍南、民大驚、趣楊流渡。舟人邀利、不時済。謂給取死罪囚斬河上、舟人懼、民悉得済。乃立部分、使並河執旗幟、撃刁斗以懼敵、呼声聞百余里。敵遂引去」とある。
（34）『長編』巻五八、十二月庚辰の条に、「鄆・斉等州安撫使丁謂言、擒獲契丹諜者馬珠勒格、即斬之。鞫問其人、称徒侶甚衆。今各具形貌年歯、請下諸路分捕」とある。
（35）『長編』巻六〇、景徳二年五月乙卯の条に「刑部員外郎・知制誥丁謂為右諫議大夫・権三司使事。仍詔謂内殿起居立知制誥上」とある。
（36）曾棗荘『論西崑体』（復文図書出版社、一九九三年）
（37）『長編』巻五五、咸平六年六月丁亥の条を参照。
（38）『長編』巻九二、天禧二年七月甲戌の条を参照。
（39）『宋史』巻二八三、「林特伝」を参照。
（40）『長編』巻六〇、景徳二年五月戊辰の条を参照。
（41）『長編』巻六一、景徳二年九月癸亥の条を参照。
（42）『長編』六一、景徳二年十月庚辰の条に「先是、詔権三司使丁謂取戸税条目及臣民所陳農田利害編為書。謂乃与戸部副使崔端・塩鉄判官張若谷・度支判官崔曙・楽黄目・戸部判官王曾参議刪定、成『景徳農田編勅』五巻。庚辰、上之。令彫印頒行民間、咸以為便」とある。
（43）『長編』巻六二、景徳三年二月丙子の条を参照。
（44）『長編』巻六六、景徳四年七月丙子の条を参照。

(45)『長編』巻六六、景徳四年八月丁巳の条と『宋史』丁謂本伝を参照。

(46)『長編』巻六八、大中祥符元年四月乙未の条に「乙未、以知枢密院事王欽若・参知政事趙安仁並為封禅経度制置使。初、議封禅未決、上以経費問権三司使丁謂。謂曰、大計固有余矣。議乃決。即詔謂計度泰山路糧草」とある。

(47)『長編』巻六九、大中祥符元年五月壬戌の条を参照。

(48)『長編』巻七〇、大中祥符元年九月壬午の条を参照。

(49)『長編』巻七〇、大中祥符元年十月丙午の条に「行在三司使丁謂言、自京至泰山、金帛糧草咸有羨余。又民間以官司無所配率、芻藁毎囲不及三五銭、粟麦毎斗不及十銭」とある。

(50)『長編』巻七一、大中祥符元年十月甲午の条を参照。

(51)『長編』巻七四、大中祥符三年七月甲寅の条に「三司使丁謂進曰、唐朝江淮歳運米四十万至長安。今乃五百余万、府庫充牣、倉庫盈衍。上曰、民俗康阜、誠頼天地宗廟降祥、而国儲有備、亦自計臣宣力也」とある。案ずるに、『元和国計簿』は、『郡斎読書志』に載せる李吉甫『元和国計図』である。丁謂の『景徳会計録』はそれに倣って作成したものである。

(52)『長編』巻七六、大中祥符四年八月丙辰の条に「三司使丁謂言、東封及汾陰賞賜億万、加以蠲復諸路租賦、除免口算、聖澤寛大、恐有司経費不給」とある。

(53)『長編』巻七八、大中祥符五年六月癸丑の条に「諸州言歳豊穀賤、咸請博糴。上慮傷農、即詔三司使丁謂規劃以聞。謂言莫若和市。而諸州積鏹数少。癸丑、出内蔵庫銭百万貫付三司以佐用度」とある。

(54)『長編』巻八五、大中祥符八年閏六月庚辰の条に「旧制、庫務都数、雖三司使不得知之。丁謂充使日、自陳度支経費、宜知常数」とある。

(55)『長編』巻八五、大中祥符八年閏六月庚寅の条に「大抵未改法日、官中歳虧本銭九千余貫。改法之後、歳所収利常不下二百余万貫。辺防儲蓄不闕、権場無陳積」とある。

(56)『長編』巻八六、大中祥符九年二月庚辰の条に「自大中祥符已後、歳及二百万緡、六年至三百万緡、七年又増九十万緡、故八年止有此数。然以今年正月比去年、已贏三十万緡」とある。

(57)『長編』巻七〇、大中祥符元年九月庚申の条に「皇城使劉承珪詣崇政殿上新製天書法物、有鶴十四来翔。天書扶持使丁謂奏、双鶴度天書輦、飛舞良久。翌日、上顧曰、昨所睹鶴、但於輦上飛度、若云飛舞良久、文則文矣、恐不為実、卿当易此奏也。謂再拝曰、陛下以至誠奉天、以不欺臨物、正此数字、所繫尤深。皇帝徽猷、莫大於此。望付中書、載於『時政記』。上俯然許之。」とある。

(58)『長編』巻七〇、大中祥符元年十一月丁丑の条を参照。

(59)『長編』巻七五、大中祥符四年三月丁亥の条を参照。

(60)『長編』巻九三、天禧三年四月丁酉の条を参照。

(61)『東軒筆録』巻二に「丁晋公為玉清昭応宮使、毎遇醮祭、即奏有仙鶴盤舞於殿廡之上。及記真宗東封事、亦言宿奉高宮之夕、有仙鶴飛於宮上。及昇中展事、仙鶴迎舞前導者、塞望不知其数。又天書毎降、必奏有仙鶴前導。是時寇萊公判陜府。一日、坐山亭中、有烏鴉数十飛鳴而過。萊公笑顧属僚曰、使丁謂見之、当目為玄鶴矣。又以其令威之裔而好言仙鶴、故但呼為鶴相。猶李逢吉呼牛僧儒為丑座也」とある。

(62)『長編』巻七八、大中祥符五年六月壬子の条に「修玉清昭応宮使丁謂言、天書閣望柱起直気千余条、青紫黄白相間、又吐白光若銀絲、上有軽白雲覆之、俄変五色」とある。

(63)『長編』巻八一、大中祥符六年十一月甲寅の条と十二月辛未の条を参照。

(64)『長編』巻八二、大中祥符七年正月丙午の条を参照。

(65)『宋会要輯稿』瑞異一～一一に「自天書降後、凡有祥瑞、欲望編排、各撰賛頌兼序、仍於昭応宮図焉」とある。

(66)『宋史』丁謂本伝に「初、議即宮城乾地営玉清昭応宮。左右有諫者。帝召問。謂対曰、陛下有天下之富、建一宮奉上帝、且所以祈皇嗣也。群臣有沮陛下者、願以此論之。王旦密疏諫、帝如謂所対告之、旦不復敢言。迺以謂為修玉清昭応宮使。復為天書扶持使、遷給事中、真拝三司使」とある。

(67)『長編』巻七一、大中祥符二年六月丁酉の条を参照。

(68)『長編』巻七一、大中祥符二年六月己酉の条を参照

(69)『宋会要輯稿』礼五一～一三。

(70)『長編』巻六九、大中祥符元年五月壬戌の条を参照。

（71）『長編』巻八三、大中祥符七年七月甲子の条を参照。
（72）『長編』巻七八、大中祥符五年七月戊辰の条に「命修玉清昭応宮丁謂等就奉節・致遠三営地及填乾地之西偏興築」とある。
（73）『長編』巻七九、大中祥符五年十二月丙寅の条に「詔丁謂等於京城択地建宮」とある。
（74）『長編』巻八三、大中祥符七年八月甲子の条を参照。
（75）『長編』巻八四、大中祥符八年四月壬申の条を参照。
（76）『宋史』丁謂本伝と『長編』巻八六大中祥符九年正月丙辰の条を参照。
（77）『宋史』巻九、「仁宗紀」を参照。
（78）『宋史』巻二八二、「王旦伝」に「旦為天書使、毎有大礼、輒奉天書以行、恆邑々不楽」とある。
（79）以上の引用文に『宋史』巻二八二「王旦伝」を参照。
（80）『長編』巻九〇、天禧元年九月癸酉の条を参照。
（81）『長編』巻七二、大中祥符二年十二月辛丑の条を参照。
（82）『長編』巻七四、大中祥符三年十月庚申の条を参照。
（83）『長編』巻八一、大中祥符六年八月丁丑の条を参照。
（84）『丁謂研究』第二章「丁謂青年時代的文学成就」を参照。
（85）『小畜集』巻一八を参照。
（86）『優古堂詩話』「詩可以観人」の条に「呂献可誨嘗云、丁謂詩有天門九重開、終当掉臂入。王元之禹偁見之曰、入公門猶鞠躬如也、天門豈可掉臂入。此人必不忠。後果如其言」とある。
（87）『宋史』「李沆伝」に「寇準与丁謂善、屢以謂才薦於沆、不用。準問之。沆曰、顧其為人、可使之在人上乎。準曰、如謂者、相公終能抑之、使在人下乎。沆笑曰、他日後悔、当思吾言也。準後為謂所傾、始伏沆言」とある。
（88）『宋史』巻二八二、「李沆伝」を参照。
（89）『五朝名臣言行録』前集巻二に、「公嘗与楊文公評品人物、楊曰、丁謂久遠果如何。対曰、才則才矣、語道則未。他日在上位、使有徳者助之、庶得終吉。若独当権、必為身累」とある。

(90)『丁謂研究』第四章「丁謂与『西崑酬唱集』」を参照。
(91)『長編』巻六六、景徳四年九月辛巳の条に「初、工部員外郎兼侍御史知雑事王済受詔較新旧茶法、持論与丁謂・林特・劉承珪等多忤。承珪等因与王欽若迭詆訾之」とある。
(92)李覯『盱江集』巻二八、「答李観書」を参照。
(93)『長編』巻八〇、大中祥符六年六月己巳の条を参照。
(94)『長編』巻八五、大中祥符八年八月癸未の条に「(張)詠臨終奏疏言、不当造宮観竭天下之財、傷生民之命。此皆賊臣丁謂誑惑陛下。乞斬謂頭置国門以謝天下、然後斬詠頭置丁氏之門以謝謂」とある。
(95)『東軒筆録』巻二に「丁謂有才智、然多希合。天下以為奸邪。及稍進用、即啓導真宗以神仙之事。又作玉清昭応宮、耗費国帑、不可勝計」とある。
(96)『宋史』巻二八三末の「論曰」に「王欽若・丁謂・夏竦、世皆指為奸邪。真宗時、海内乂安、文治恰和、群臣将順不暇、而封禅之議成於謂、天書之誣造端於欽若。所謂以道事君者、固如是耶」とある。
(97)『長編』巻六七、景徳四年十一月庚辰の条を参照。
(98)『宋文鑑』巻一二五を参照。
(99)『大蒐賦』には「彼唐漢之士、修崇礼儀。封禅之徼誕、明堂之説奇、此数事、不詳於堯舜文武之書、臣寧敢狂斐而陳諸」とある。
(100)『長編』巻七八、大中祥符五年九月戊子の条を参照。
(101)『長編』巻九〇、天禧元年七月丁巳の条を参照。
(102)『長編』巻九〇、天禧元年五月庚子の条と戊申の条を参照。
(103)『長編』巻八七、大中祥符九年七月辛亥の条に「上出死蝗以示大臣曰、朕遣人遍於郊野視蝗、多自死者。翌日、執政有袖死蝗以進者曰、蝗実死矣、請示於朝、率百官賀。王旦曰、蝗出為災。災弭幸也、又何賀焉。皆力請之、旦固称弗可乃止。於是二府方奏事、飛蝗蔽天、有堕於殿廷間者。上、顧謂旦曰、使百官方賀而蝗若此、豈不為天下笑耶。執政皆頓首曰、王旦遠識、非臣等所及也」とある。

(104)『宋宰輔編年録』巻三に「是時、盛興宮室、人皆争奉符瑞。丁謂・王欽若主其事、無敢議者。旻、毅然謂土木之役不足以承天意」とある。
(105)『宋史』巻二一〇、「宰輔表」を参照。
(106)『宋史』巻二一〇、「宰輔表」によって、陳彭年が天禧元年二月に死去。
(107)参知政事王欽若が宰相寇準と仲が悪いため、澶淵の盟の後、朝廷に戻って、自主的に辞任願いを出し、資政殿学士を授けられた。『長編』巻五九、景徳二年四月壬寅の条を参照。
(108)『宋史』巻二一〇、「宰輔表」を参照。
(109)『長編』巻九三、天禧三年三月乙酉の条を参照。
(110)『長編』巻九三、天禧三年五月甲申の条を参照。
(111)『長編』巻九三、天禧三年六月甲午の条を参照。
(112)『長編』巻九三、天禧三年六月戊戌の条に「謂在中書、事準甚謹。嘗会食、羹汚準須。謂起、徐払之。準笑曰、参政、国之大臣、乃為官長払須耶。謂甚愧之。由是、傾誣始萌矣」とある。
(113)『五朝名臣言行録』前集巻四と『長編』巻五八、景徳元年十二月丁亥の条を参照。
(114)『長編』巻九五、天禧四年六月丙申の条に「準為枢密使、曹利用副之。準素軽利用、議事有不合者、輒曰、君一武夫耳、豈解此国家大体。利用由是銜之」とある。
(115)『五朝名臣言行録』前集巻四に「真宗将立劉氏、公及王旦・向敏中皆諫、以為出於側微不可」とある。
(116)『長編』巻九五、天禧四年六月丙申の条に「劉氏宗人横於蜀、奪民塩井。上以皇后故、欲赦其罪。準必請行法、重失皇后意」とある。
(117)『宋史』巻二一〇、「宰輔表」を参照。
(118)『長編』巻九五、天禧四年六月丙申の条に「翰林学士銭惟演、見謂権盛、附離之、与講姻好。而惟演女弟、実為馬軍都虞候劉美妻。時上不豫、艱於語言。政事多中宮所決。謂等交通詭秘、其党日固」とある。案ずるに、劉美は劉皇后の夫であったが、劉皇后が宮廷に入った後、二人は兄弟と称していた。

(119)『長編』巻九五、天禧四年六月丙申の条に「準嘗独請間曰、皇太子人望所属。願陛下思宗廟之重、伝以神器、以固万世基本。丁謂、佞人也、不可以輔少主。願択方正大臣為羽翼。上然之」とある。
(120)『宋史』巻三一〇、「李迪伝」に「初、真宗不豫。寇準議皇太子総軍国事。迪賛其策。丁謂以為不便曰、即日上体平、朝廷何以処之。迪曰、太子監国、非古制邪。力争不已。於是皇太子於資善堂聴常事、他皆聴旨」とある。
(121)『五朝名臣言行録』前集巻四に「天禧末、真宗寝疾、章献太后漸預朝政、上意不能平。公探此意、遂欲廃章献、立仁宗、尊真廟為太上皇、而誅丁謂・曹利用等。於是引李迪・楊億・曹瑋・盛度・李遵勗等協力。処画已定、凡詔令、尽使億為之。」とある。
(122)『長編』巻九五、天禧四年六月丙申の条に「億畏事洩、夜屏左右為之辞。至自起翦燭跋、中外無知者、既而準被酒漏所謀」とある。またこの条の注に「『龍川別志』乃云、億私語其妻弟張演曰、数日之後、事当一新。語稍洩、丁謂夜乗婦人車与曹利用謀之」とある。
(123)同前掲に「謂等益懼、力譖準、請罷準政事。上不記与準初有成言、諾其請」とある。
(124)注(121)を参照。
(125)『長編』巻九六、天禧四年七月甲戌の条に「大中祥符末、上始得疾。是歳仲春、所苦浸劇、自疑不起。嘗臥枕(周)懐政股、与之謀、欲命監国太子。懐政実典左右春坊事、出告寇準、準遂請間建議、密令楊億草奏」とある。
(126)『長編』巻九五、天禧四年六月丙申の条に「会日暮、召知制誥晏殊入禁中、示以除目。殊曰、臣掌外制、此非臣職也。乃召惟演。須臾、惟演至、極論準専恣、請深責。上曰、当与何官。惟演請用王欽若例、授準太子太保。上曰、与太子太傅。又曰、更与加優礼。惟演請封国公、出袖中具員冊以進上、於小国中指莱字。惟演曰、如此、則中書但有李迪、恐須別命相。上曰、姑除之。殊既誤召、因言恐泄機事、臣不敢復出。遂宿於学士院。及宣制、則非殊疇昔所見者」とある。
(127)『東軒筆録』巻三に「利用入、尽以莱公所謀白太后、遂矯詔罷公政事」とある。
(128)『長編』巻九六、天禧四年七月辛酉の条を参照。
(129)『長編』巻九六、天禧四年七月癸亥の条に「翰林学士銭惟演又力排寇準曰、準自罷相、転更交結中外、求再用。暁天文・卜筮者皆遍召、以至管軍臣僚・陛下親信内侍、無不著意。恐小人朋党、誑惑聖聴、不如早令出外。上曰、有何名目。惟演曰、聞準已具表乞河中府、見中書未除宰相、兼亦聞有人許以再用、遂不進此表。上曰、与河中府何如。惟演乞召李迪諭旨。上曰、李迪何如。惟演曰、迪長者、無過、只是才短、不能制準。因言中書宜早命宰相。上難其人。惟演対、若宰相未有人、可且著三両員参知政事。上曰、参政亦難得人。問今誰在李迪上。惟演対、曹利用・丁謂・任中正並在李迪上。上黙然。惟演又言、馮拯旧人、性純和、与寇準不同。上亦黙然、既而曰、張知白何如。惟演曰、知白清介、使参政則可、恐未可為宰相。上頷之。惟演又言、寇準宜早会出外、準朋党盛、王曙又其女婿、作東宮賓客、誰不畏懼。今朝廷人三分、二分皆附準矣。臣知言出禍従、然不敢不言、惟陛下幸察。上曰、卿勿憂。惟演再拝而退。後三日、拯遂拝枢密使。蓋用惟演之言也。迪既除宰相、而準為太子太傅・莱国公猶如故」とある。

(130) 『長編』巻九六、天禧四年七月壬申の条に「上既銭従惟演之言、擢丁謂首相、加曹利用同平章事、然所以待寇準者猶如故」とある。

(131) 同前掲に「是日、準入対、具言謂及利用等交通蹤跡。又言若有罪、当与李迪同坐、不応独被斥。上即召迪至前質之。両人論弁良久、上意不楽。迪再三目準令退。及倶退、上復召迪入対、作色曰、寇準遠貶、卿与丁謂・曹利用並出外。迪言、謂及利用須学士降麻、臣但乞知一州。上沈吟良久、色漸解曰、将取文字来。迪退、復作文字却進。上遽灑然曰、卿等無他、且留文字商量。更召謂入対。謂請除準節鉞、令出外。上不許」とある。

(132) 『長編』巻九六、天禧四年七月甲戌の条に「事泄、準罷相。丁謂等因疏斥（周）懐政、使不得親近。然以上及太子故、未即顯加黜責。懐政憂懼不自安、陰謀殺謂等、復相準、奉帝為太上皇、伝位太子、而廃皇后。与其弟礼賓副使懐信潛召客省使楊崇勲・内殿承制楊懐吉・閤門祇候楊懐玉議其事期以二十五日窃発。前是一夕、崇勲・懐吉夕詣謂第告変。謂中夜微服乗婦人車、過曹利用計之。及明、利用入奏崇政殿。懐政時在殿東廡、即令衛士執之」とある。

(133) 寇準とその同党が追放されたことはいずれも『長編』巻九六天禧四年七月丁丑の条に見える。

(134) 『長編』巻九九、乾興元年七月辛卯の条に「謂初逐準、京師為之語曰、欲得天下寧、当抜眼中丁（釘）。欲得天下好、莫如召寇老」とある。

(135) 『長編』巻九六、天禧四年八月甲申の条に、「徙知相州・太常卿寇準知安州。初、李迪、与準同在中書、事之甚謹。及準罷、丁謂意頗軽迪。於是謂等不欲準居内郡、白上欲遠徙之。上命与小州。謂退而署紙尾曰、奉聖旨除遠小処知州。迪曰、向者聖

旨無遠字。謂曰、君面奉徳音、欲擅改聖旨以庇準耶」とある。

(136) 『宋史』巻二四二、「后妃伝」に「於是、詔太子開資善堂、引大臣決天下事、后裁制於内」とある。

(137) 『長編』巻九六、天禧四年九月己未の条に「起素善寇準、而瑋亦不附丁謂。謂悪之、並指為寇党。故倶罷出」とある。

(138) 『長編』巻九六、天禧四年十一月乙丑の条に「自寇準貶斥、丁謂浸擅権、至除吏不以聞。李迪忿懣、嘗慨然語同列曰、迪起布衣、十余年位宰相、有以報国、死且不恨。安能附権臣為自安計乎。及議兼職、時迪已帯少傅、欲得中書侍郎・尚書。謂執不可。遂草熟状、謂加門下侍郎兼少師、迪加中書侍郎兼左丞、曹利用加検校太師、馮拯加検校太尉、並兼少保。……故事、両省侍郎無兼左右丞者。而迪旧人、亦当遷尚書。謂専意抑迪。迪不堪、変色而起。丙寅、晨朝待漏、謂又欲以（林）特為枢密副使、仍領賓客。迪曰、特去歳遷右丞、今年改尚書、入東宮、皆非公選、物議未息、況已奏除詹事、何可改也。因詬謂、引手板欲撃謂、謂走得免。同列極意和解、不聴。遂入対長春殿。内臣自禁中奉制書置榻前。上曰、此卿等兼東宮官制書也。迪進曰、臣請不受此命。因斥謂奸邪弄権、中外無不畏懼、臣願与謂同下憲司置対。且言、昨林特子在任、非理決罰人致死。其家詣闕訴冤。寝而不理。蓋謂所党庇、人不敢言。又曰、寇準無罪罷斥、朱能事不当顕戮、東宮官不当増置。又銭惟演亦謂之姻家。臣願与謂・惟演倶罷政柄、望陛下別択賢才為輔弼。又曰、曹利用・馮拯亦相朋党。……上顧謂曰、中書有不当事耶。謂曰、願以詢臣同列。乃問任中正・王曾。皆曰、中書供職外、亦無曠闕事。頃之、謂・迪等先退、独留枢密使・副議之。上怒甚。初欲付御史台。利用・拯曰、大臣下獄、不惟深駭物聴、況丁謂本無紛競之意、而与李迪置対、亦未合事宜。上曰、曲直不分、安得不弁。既而意稍解、乃曰、朕当即有処分。惟演進曰、臣与謂姻親、忽加排斥、願退就班列。上慰諭久之。乃命学士劉筠草制、各降秩一級罷相。謂知河南府、迪知鄆州。制書猶未出。丁卯、迪請対承明殿、又請見太子於内東門。其所言蓋不伝。謂陰図復入、惟演亦恐謂出則己失援、白上欲留之、並請留迪。因言契丹使将至、宰相絶班、馮拯旧臣、過中書甚便。若用別人、則恐生事。上可之」とある。

(139) 『宋史』「丁謂伝」に「謂罷為戸部尚書、迪為戸部侍郎。尋以謂知河南府、迪知鄆州。明日、入謝。帝詰所争状。謂対曰、非臣敢争、乃迪忿詈臣爾、願復留。遂賜坐。左右欲設墩、謂顧曰、有旨復平章事。乃更以杌進。即入中書視事如故。仍進尚書左僕射・門下侍郎・平章事権太子太師」とある。

(140) 『長編』巻九六、天禧四年十二月丁酉の条を参照。

（141）『宋史』巻二八一、「寇準伝」を参照。

（142）『長編』巻九七、天禧五年十一月甲申の条を参照。

（143）『長編』巻九七、天禧五年十二月壬戌の条を参照。

（144）『長編』巻九六、天禧四年八月壬寅の条に「自準罷相、継以三絀、皆非上本意。歳余、上忽問左右曰、吾目中久不見寇準、何也。左右亦莫敢対」とある。

（145）『宋宰輔編年録』巻一〇に「上（哲宗）念（呂）大防深矣。議者由是知痛貶元祐党人、皆非上本意也」とある。

（146）『長編』巻九八、乾興元年二月戊辰の条に「知制誥宋綬当草責詞、謂嫌其不切、顧曰、舎人都不解作文字耶。綬遜謝、乞加筆削。謂即因己意改定、詔所称当醜徒干紀之際、属先皇違豫之初、罹此震驚、遂致沈劇。皆謂語也」とある。

（147）『長編』巻九八、乾興元年二月戊辰の条を参照。

（148）『長編』巻九七、天禧五年正月甲丁酉の条に「翰林学士劉筠見上久疾、丁謂擅権、嘆曰、奸人用事、安可一日居此。表求外任」とある。

（149）『宋史』巻二八六、「蔡斉伝」に「丁謂秉政、欲斉附己、斉終不往」とある。

（150）『長編』巻九〇、天禧元年九月癸卯の条に、「(王)曾既罷、往謁王旦。旦疾甚、辞弗見。既而語其家人曰、王君介然、他日徳望勲業甚大、顧不得見爾。且曰、王君昨譲会霊観使、頗拂上旨。而進対詳雅、詞直気和、了無所慴。且王君始被進用、已能若是。我自循任政事幾二十年、毎進対上意稍忤、即蹙踖不能自容。以是知其偉度矣」とある。

（151）『長編』巻九八、乾興元年二月戊午の条に「初、輔臣共聴遺命於皇太后、退即殿廬草制、軍国事兼権取皇太后処分。丁謂欲去権字。王曾曰、政出房闥、斯已国家否運。称権尚足示後。且言猶在耳、何可改也。謂乃止。曾又言、尊礼淑妃太遽、須他日議之、不必載遺制中。謂怫然曰、参政顧欲擅改制書耶。曾復与弁、而同列無助曾者、曾亦止。時中外洶々、曾正色独立、朝廷頼以為重」とある。

（152）『長編』巻九八、乾興元年二月甲子の条に「王曾謂丁謂曰、……今主幼、母后臨朝、君執魁柄、而以数十年曠位之官一旦除授、得無公議乎」とある。

（153）『長編』巻九八、乾興元年六月庚辰の条を参照。

(154)『東軒筆録』巻三に「真宗初上仙、丁晋公・王沂公同在中書。沂公独入札子、乞於山陵已前一切内降文字、中外並不得施行。又乞今後凡両府行下文字、中書須宰臣参政、密院須枢密使・副・簽書員同在、方許中外承受。両宮可其奏。晋公聞之、謂然自失。由是深憚沂公矣」とある。

(155)『東軒筆録』巻三に「是時、呂夷簡権知開封府、推鞫此獄。丁既久失天下之心、而衆咸目為不軌、以至取彼頭顱置之郊社云々。獄既起、丁猶秉政。許公雅知丁多智数、凡行移・推劾文字、及追証左右之人、一切止罪允恭、略無及丁之語。獄具、欲上聞。丁信以為無疑、遂令許公奏対。公至上前、方暴其絶地之事。謂竟以此投海外、許公遂参知政事矣」とある。

(156)『黙記』巻上に「丁謂当国、権勢震主、引王沂公為参知政事、諂事謂甚至。既登政府、毎因閒暇与謂款、必涕泣作可怜之色。晋公問之数十次矣。一日、因問、閔然対曰、曾有一私家不幸事、恥対人言。曾少孤、惟老姉同居。一外生不肖、為卒、想見受艱辛杖責多矣。老姉在青州郷里、毎以為言。言迄又涕下。謂亦惻然、因為沂公言、何不入文字、乞除軍籍。沂公曰、曾既汚輔臣之列、而外生如此、豈不辱朝廷。自亦慚言於上也。言畢、又涕下。謂再三勉之、此亦人家常事、不足為愧、惟早言於上、庶脱其為卒之苦爾。自後、謂数数勉之留身上前奏知。沂公必涕下曰、豈不知軍卒一日是一日事、但終自羞赧爾。晋公毎催之、且謂沂公曰、某日可留身奏陳。沂公猶不欲、謂又自陳之。一日、且責沂公、門戸事乃爾緩、謂当奉候於閣門。沂公不得已、遂留身。既留身踰時、至将進膳猶不退、尽言謂之盗権奸私。且言、丁謂陰謀詭譎、多智数、変乱在頃刻、太后陛下若不亟行、不惟臣身齏粉、恐社稷危矣。太后大怒、許之、乃退。晋公候於閣門、見其甚久、即頓足捩耳云、無及矣。方悟知其令謂自為己謀、不使之覚、欲適当山陵之事而発故也。沂公既出、遇謂於閣門、含怒不揖而出。晋公始悟見売、含毒而已不覚也。是日、既至都堂、召両府入議、而不召謂。謂知得罪、祈哀於馮拯・銭惟演及曾等曰、今日謂家族在諸公矣。太后欲誅謂。拯申理之。沂公奏請召知制誥、就殿廬草制罷之、不復宣麻。太后従之。責太子太保・分司西京、俄竄崖州。向使謂防閑沂公、則豈有此禍。故知権数在謂之上也」とある。

(157)『長編』巻一〇一、天聖元年八月乙卯の条を参照。

(158)『王文正公筆録』に「宰相丁公謂在中書、暇日語同僚曰、西漢高祖如何主。或曰……英雄主也。丁曰、何英雄之有。張良導之左則左、陳平勧之右則右」とある。

第八章　皇帝の代弁者か

――真宗朝の翰林学士を中心に――

小引

幼い頃、筆者は『水滸伝』を読み、そのなかの「武松西門慶を闘殺」という章に深い印象をうけた。それは、武松が兄の復讐のため西門慶を殺した後、役所に出頭したが、そこのある書記は武松に同情し、事件の報告には、武松が西門慶を殺したことをわざと「闘殺」と記したという章である。[1] ただ「闘」の一文字があることで殺人の性質が、故意の殺人から闘って誤殺したということになったのである。このように書かれたことで武松は死罪にならなかった。筆の力は刀のように鋭く、死ぬか生きるかさえ、一本の筆によって決められる。昔の役所の書記はさすが「刀筆吏」とよばれるだけのことはある。少し年長になり、孔子が本来魯国の史書であった『春秋』を何回も添削して、意外にもその後数千年「乱臣賊子を懼れしむ」[2]ということを知った。続いて二十四史の『北斉書』を読んだ。魏収は『魏書』を編纂するとき、「何物の小子、敢えて魏収と共に作色せば、之れを挙ぐれば則ち天に上がらしめ、之れを按ずれば当に地に入れしむべし」[3]と狂気じみた言葉を吐いた。戦乱時期の「銃で政権を打ち立てる」[4]情況を除き、秩序立っている平和期では、文人が手に握っている筆は武将の刀や槍にも勝る。一介の文弱である書生は数万人の兵隊に匹敵する。

以上、言及したのは史上における下層胥吏の字句の操作および史官の道徳的毀誉にすぎない。では、歴史上、中央政治の中枢において、皇帝の周りの高級文人たちの役割はどうだったのだろうか。胥吏のように筆で人を殺すことは、かれらがする必要はないかもしれない。しかも史官を担当しなければ、かれらによって曲折のある筆法で毀誉をすることも必要ではない。通常では、その人たちは聖旨どおりに詔令を起草するのみであった。「江山代々に才人の出づる有り」[5]という詩のように、代々李白・杜甫などの名高い文人以外、地位の高い皇帝の秘書官たちは、最終的には机に向かって文案を起草し年を取って死去したにすぎない。うわべだけから見れば、そうかもしれないが、歴史の背後に深く入り込めば、かれらは下層胥吏および筆を持つ史官よりさらに大きな役割を果たしていたことがわかる。いざこざを引き起こしたり、人事任免を操ったりすることから、政策を決定づけ、朝政を制御し、皇帝を左右することに至るまで、何でもできる。いうまでもなく、同じ皇帝の秘書官でも、人により、時期により、かなり異なったと思われる。すべての宰相が権力を振るうものではないように、すべての皇帝の幕僚が手段を弄してひそかに悪事を働く三百代言というわけではなかった。本章では史実を通して、従来の研究であまり触れられていない高級文人の史上における役割を明らかにしたい。

歴史は発展しているものであり、歴史は似通っているものでもある。研究方法として、帰納法は効果的であるが、竹の管から豹をのぞき、或いは一滴の水も日の光を映すように、場合によっては、演繹法によっても正確な論は得られる。これに鑑み、本章は主に宋の真宗朝という一時代の翰林学士という皇帝の秘書官たちの活動を通じて、かれらの政治的役割を考察してみたい。従来の制度自体を重視する研究と違い、本章ではこれらの高級文人の具体的な言動に、とりわけ幕の後ろに隠れている言動に重点をおきたい。

第一節　宋朝の制度および真宗朝の翰林学士に関する若干の統計

皇帝の秘書という職の歴史は長い。漢代にはすでに「文書の起草を作すを主る」[6]尚書郎があった。だが、翰林学士という名称は唐の玄宗時期に初めて出来たのである。この制度が創られて以来、ずっと後世に受け継がれていった。宋の翰林学士制度は五代時期と同じように、全面的に唐から受け継いだものであった。もちろん時代に応じて個別的な修訂がある。『宋会要輯稿』「職官」六～四六が引く『両朝国史志』に

学士院、翰林学士承旨、翰林学士、翰林侍読侍講学士あり。承旨常には置かず、院中の久しく次する者の一人を以て充つ。学士六員、大詔命を掌る。凡そ国に大除拝有らば、晩漏上がるや、天子、内東門の小殿に御し、内侍を遣わし学士を召し対を賜り、秘旨を親諭す。対訖《おわ》り、学士、院に帰る。内侍、院門を鎖して出入を禁止す。夜漏尽くるや、制を写して進入す。遅明、白麻出づ。閤門使引いて中書に授く。中書、舎人に授けて宣読す。其の余の除授並びに御札は、天子、小殿に御せず、学士に宣せず、但だ御宝を用いて中書の熟状を封じ、内侍を遣わし学士院に送り、院門を鎖するのみ。赦書・徳恩に至りては、則ち中書、吏を遣わし、本院に持ち送り、而して内侍、院を鎖すること、除授の如し。院は宣徽院の北に在り。凡そ他官、院に入り、未だ学士に除せざるは、之れを直院と謂う。学士倶に闕かば、他官暫く院中の文書を行うは、之れを権直と謂う。其の侍読侍講、春秋二時に延義・邇英閣を開き、則ち経史を執りて以て侍講侍読す。常日には則ち侍奉して以て顧問応対に備う。[7]

とある。ここの「大除拝」については、『宋史』巻一六二「職官志」に「宰相を拝すこと及び事重き者」と記されている。このほか、『宋史』には『宋会要』より詳しいところがある。「凡そ撰述は皆な畫を写して進入し、印署を請い

て出づ。中書省の熟状亦た之の如くす。若し已に旨を畫して未だ尽くさざること及び舛誤あらば、則ち論奏して貼正す。凡そ宮禁用うる所の文詞皆な之れを掌る。乗輿の行幸、則ち侍従して以て顧問に備う。献納有らば、則ち対を請い、仍お班を隔てず。凡そ事を奏するは、榜子を用う。三省・枢密院に関白するは、諮報を用い、名づけず」[8]とある。知制誥については、宋代の制度をまとめてみれば、翰林学士がすべて知制誥の職名を加え、内制という。他官が知制誥の職名を加えれば、外制という。これをあわせて両制という。一般的な昇進の道は、まず知制誥に任命され、それから翰林学士に昇進するというものであった。真宗朝の二十二人の翰林学士の中には、知制誥の経験者が二十人もいるから、ここでは知制誥を翰林学士の予備役として、かれらの言動を考察する場合は両者を同一視することにしたい。元豊官制改革後、外制という仕事が中書舎人によって掌られることになった[9]。これは皇帝の詔令を起草する職掌がすでに部分的に政府の制御の下に納められたことを物語っている。

以上の記載から見れば、翰林学士は皇帝の機密を掌る秘書といえる。おそらく宮内から発するあらゆる公文は翰林学士によって起草されるものであったのだろう。しかし受動的に書類を作成するのではなく、受けた指示に不適当なところがあれば、皇帝が指示をしても、翰林学士は「論奏して貼正す」る権限があるはずである。同時にかれらの職責は皇帝に書類を起草するだけではなく、さらに諮問にも備える顧問の色が濃い。翰林学士として、ほかの官員のように順番に皇帝の接見を待つ必要がない。中央の官僚の中で、翰林学士は特殊な地位を持っている。考察の便のため、真宗朝の翰林学士の任免の経緯を表示しておこう。

伝記資料に拠れば、表のなかの翰林学士はほとんどが当時の有名な文人であった。しかも皇帝と一定の特殊な関係を持っている。真宗の即位前の幕僚であった者も少なくなかった。たとえば、楊礪は真宗が襄王時代の記室参軍であり、開封府尹時代の推官であった。梁周翰は真宗の皇太子時代の左庶子であった。梁顥も開封府推官を担当したこと

表1　真宗朝翰林学士表[10]（「学士年表」より作成）

人名	時期	任免経緯
宋　白	至道三年－景徳二年	太宗朝留任、集賢院学士に昇進
宋　湜	至道三年－咸平元年	太宗朝留任、枢密副使に昇進
楊　礪	至道三年－咸平元年	真宗即位前の幕僚、給事中より任命、枢密副使に昇進
王　旦	至道三年－咸平二年	中書舎人より任命、同知枢密院事に昇進
梁周翰	咸平三年－景徳二年	真宗即位前の幕僚、給事中に昇進
朱　昂	咸平三年－四年	知制誥より任命、致仕で離任
王欽若	咸平三年－四年	知制誥より任命、参知政事に昇進
師　頏	咸平三年－五年	知制誥より任命、任期内に死去
梁　顥	咸平五年－景徳元年	知制誥より任命、任期内に死去
趙安仁	景徳元年－三年	知制誥より任命、参知政事に昇進
晁　迥	景徳二年－天禧四年	右諫議大夫より任命、集賢院学士に昇進
李宗諤	景徳二年－大中祥符六年	知制誥より任命、任期内に死去
楊　億	景徳三年－大中祥符六年	知制誥より任命、分司西京で罷免。天禧四年再任、同年に死去
陳彭年	大中祥符六年－九年	龍図閣直学士より任命、参知政事に昇進
李　維	大中祥符六年－天禧二年	知制誥より任命、集賢院学士に昇進して離任。天禧五年再任
王　曾	大中祥符六年－九年	知制誥より任命、参知政事に昇進
銭惟演	大中祥符八年－九年	知制誥より任命、私謁で罷免。天禧二－四年再任、枢密副使に昇進
李　迪	大中祥符九年－天禧元年	集賢院学士より任命、参知政事に昇進
盛　度	天禧二年－四年	知制誥より任命、罷免して知光州
劉　筠	天禧四年－五年	知制誥より任命、罷免して知廬州
晏　殊	天禧四年－仁宗朝	知制誥より任命
李　諮	天禧五年－仁宗朝	知制誥より任命

がある。[11] 楊億の場合は真宗が開封府尹をつとめたとき、「邸中の書疏、悉く億草定す[12]」という深い関係がある。

第二節　士大夫層のエリート

『宋史』巻三三九「文苑伝序」に「芸祖革命し、首ず文吏を用いて武臣の権を奪う。宋の尚文、端《はじ》めは此れに本づく[13]」とある。国策として、太祖と太宗の時代にこのような傾向があったが、当時、いわゆる「杯酒して兵権を釈《と》く[14]」という方式で、つまり買い戻し政策で政権に脅威となる可能性がある高級将軍の兵権を解いたほかは、政局を安定させるために、地方の武臣が行政権を握る状態をかなり長い間そのまま維持していた。その間、次第に文人の通判が行政を補佐するなどの形で武人を制約し、しかも時が経つにつれて一世代の武人を自然と歴史の舞台から退かせてしまった。一方、宋初の両朝では、中央から地方に至るまで、数多くの後周・南唐等政権から受け継いだ官員をそのまま再任用し、かれらに宋王朝への忠誠を尽くさせようとした。正確にいえば、宋初において中央から地方までの行政運営は、主にそのような旧体制から受け継いだ官員の力に頼っていたのである。宋王朝自身の士大夫階層は太宗が科挙試験の規模を大々的に拡大したときから、数十年を経て、真宗朝になると、はじめて本格的に興起するようになった。アメリカの政治学者アントニー・オウレームは「政治の本質は権力である[15]」と言ったが、私はこれに「政治における安定の形態は権力のバランスを保つことである」と補足したい。士大夫が無視してはならない強大な階層として興起した後、宋王朝ははじめて「士大夫と天下を治む[16]」という政治的局面を形成してきた。

翰林学士は士大夫の中のエリートとして、当時名声があり、士大夫たちに傾慕され崇拝されている。かれらも後進を抜擢して励まし、少なからぬ門生を持っている。『宋史』「文苑伝」の第一人である宋白は長期間翰林学士を務めていた。「後進の文芸有る者を必ず極意称奨す。時彦多く之れを宗とす。胡旦・田錫の如きは、皆な其の門に出づ(17)」という。かれらは文壇を主宰して、文章の風格を示している。例えば楊億・劉筠等が支配した「西昆体」は、宋初の文壇を数十年間風靡していた。皇帝がこのような文壇の有名人を任用して機密を掌らせるのは、高名を聞いて人材を重んずるだけではなく、やはり士大夫階層の人心を籠絡する目的があったためと思われる。反対にそれらの有名人は翰林に入れば、栄達した顕官になって、さらにその文壇の地位が承認されることを意味する。したがって、いっそう士大夫たちに尊崇されていく。

かれらに関して次のような事実のあることがわかる。つまり、真宗朝に全部で九回行われた科挙試験の主宰者あるいは準主宰者はいずれも翰林学士或いは知制誥であったことである。次の表を見てみよう。

表2　真宗朝翰林学士・知制誥権知貢挙表（『宋会要輯稿』「選挙」一六―八より作成）

年　次	人　名	職名・差遣	貢挙差遣
咸平元年	楊　礪	翰林学士	権知貢挙
咸平元年	李若拙	知制誥	権同知貢挙
咸平二年	師　頏	知制誥	権同知貢挙
咸平三年	王　旦	翰林学士	権知貢挙
咸平三年	王欽若	知制誥	権同知貢挙
咸平五年	師　頏	翰林学士	権知貢挙
景徳二年	趙安仁	翰林学士	権知貢挙
景徳四年	晁　迥	翰林学士	権知貢挙
景徳四年	朱　巽	知制誥	権同知貢挙
景徳四年	王　曾	知制誥	権同知貢挙
大中祥符五年	晁　迥	翰林学士	権知貢挙
大中祥符五年	李　維	知制誥	権同知貢挙

大中祥符八年	李　維	翰林学士	権同知貢挙
大中祥符八年	盛　度	知制誥	権同知貢挙
大中祥符八年	劉　筠	知制誥	権同知貢挙
天禧三年	銭惟演	翰林学士	権知貢挙
天禧三年	李　諮	知制誥	権同知貢挙

皇帝が翰林学士または知制誥に礼部の貢挙を主宰させるのは、どう考えたらよいだろうか。これらの文壇のエリートは人材を識別する能力を持っており、選抜した結果は皆を心服させやすい。一方、かれの秘書官である翰林学士または知制誥に天下の人材を選抜させれば、すなわち皇帝を代表して選抜を行うということになる。士大夫に「天子門生」という観念を強めさせる、というゆえんである。すべての士大夫に「天子門生」を自認させるのは唐代以来の皇帝の夢であった。真宗朝で、皇帝が自ら参与する殿試を制度化したのは、まさにこうした目的のためであった。しかし天子にとっては、実際には士大夫と緊密な「門生故吏」という関係を持つことはほとんど不可能であろう。殿試は皇帝が自ら行った試験だといえるが、実はやはり翰林学士等によって審査され選抜される。しかも翰林学士等が殿試に関与する規模は貢挙の関与より大きい。ほとんど全体が総動員して参加するのであった。例えば、咸平三年の殿試の試験官は、翰林学士承旨宋白をはじめとして、翰林侍読学士夏侯嶠・呂文仲及び知制誥梁周翰・師頏・朱昂等からなっていたのである。(18) 伝統的観念と慣行に対してはかたくなである。こうした翰林学士が科挙を主宰するやり方は、客観的には翰林学士という文壇の大儒たちに勢力を拡大する絶好のチャンスを提供した。派閥政治の特徴が明らかな宋代では、ある学者がすでに指摘したように、同期の進士がほぼ一体となって、互いに「同年」と称して政界で相互に助け合うようになった。(19) のみならず、かれを抜擢した科挙を主宰した官員をも一生を通じて恩師としてあがめて、しかも政治闘争では往々にして一致する立場をしっかり守るのであった。

翰林学士のこうした勢力背景と本来持っている文壇の地位、さらに天子の傍にあるという尊貴、という諸要因を併せて、自然にかれらは士大夫階層の精神的代表となったのである。かれらの言動に対して、皇帝も、宰相も軽視できなかった。『宋史』巻二六七「張洎伝」に、張洎が翰林学士となったとき、太宗は「学士の職、清要貴重にして、他官の比ぶ可きに非ず、朕、常に之れと為ることを得ざるを恨む[20]」と言った。当時の人々は、知制誥、ひいては翰林学士となることを極めて重要視していた。同じ太宗がかつて述べたように、「朕、早に人言に聞して、朝廷一知制誥を命ぜば、六姻相いに賀い、以て一仏出世と謂う[21]」とある。権力的地位から見れば、宰相が官僚の極点だといえるが、精神的地位から見れば、翰林学士が文人の極点だといえよう。

第三節　翰林学士と皇帝および執政集団との関係

前述したように、中央の官僚の中で、翰林学士は非常に特殊な地位を持っていた。ここでは、私の表現は「中央」という言葉を使っただけで、「中央政府」という言葉を使っていなかった。なぜなら、翰林学士は中央政府のあらゆる部署に所属せず、皇帝個人に属する独立的な書記グループであるからである。翰林学士は直接皇帝の命令を受けるが、執政集団が主宰している政府とは不可分の関係がある。制度上、宰相の任免は直接に皇帝の指示を受けるほか、すべてのことは中書が立案した熟状によって詔令制勅を起草しなければならない。皇帝と中書と枢密院との間に、常に公文の往来がある。ある学者は皇帝・宰相・台諫の関係を三角形で表したが、厳密に言えば、台諫は宰相をはじめとする中央政府の官僚の一部であるので、三者は三角形にならないと思う。逆に、皇帝と宰相との間を介する翰林学士はほかの両者と一つの三角関係にあった。しかしつねに変動する現実の政治の中で、さまざまな勢力はつねに統合と分裂を繰り返す変動状態にある。また台諫を世論を反映するパイプと形容する学者もいる。[22]これに対して非難すべきほどでもないが、パイプで形容すれば、翰林学士こそまさに深い宮殿にいる皇帝と外部の政府を疎通させるパイプなのである。

宮殿にいる皇帝はうわべから見れば、地位が高く、権力が重く、最高至上であるが、実際には、人間として、かれは非常に孤独であり、人間の温かさを感じることができず、胸襟を開ける友人もいない。史上、絶えず繰り返されてきた宦官および外戚が権力をほしいままにする事態は、ある意味でいえば、やはり皇帝の孤独感によってもたらされたのである。皇帝は信頼できる腹心の部下を必要としている。少なくともかれは寂しいときにそばに付き添って世間話をする相手を求めている。これは宮中の女官たち或いは正常な人間ではない宦官では担当できないことであった。肉親に本能的警戒心を持ち、外戚を任用すれば政事に関与しすぎるおそれもある。そのため、皇帝は士大夫の中に親友と腹心を切に求めたがった。かれらは知識のレベルが高いし、政策の諮問もできる。『玉壺清話』巻二に、真宗は侍読・侍講のほか、また査到・李虚己・李行簡という三人に頼んでかれに経書を解説させ「日々陪侍せしめ、喜びて曰く、朕、朋を得たり」[23]と記されている。真宗の話から、友人を得た後の喜びがよく感じられる。行政上、文書起草係は歴代欠かすことができないが、皇帝が翰林学士を自分の耳・目・喉・舌のように、友人・顧問として任用しようとしたことも恐らく否定できないだろう。決して単なる雇用と被雇用の関係ではない。真宗朝の翰林学士は有名な宿学のほか、真宗の即位前の幕僚も少なくなかった。ゆえにかれらは皇帝と自然に特殊で親密な関係を持っている。こうした任用はもちろん真宗本人の意図によるのである。

しかしながら、翰林学士が世に現れてまもなく、儒学の道統を守る士大夫は皇帝のこうした願望に従わなかった。唐代の李肇は『翰林志』の冒頭で、古人の話を引用して「言う所、公ならば、之れを公言す。言う所、私ならば、王者に私無し」[24]と言った。つまり皇帝として私的なことはあるべきではない。『翰林志』はさらに陸贄の唐貞元三年（七八七）の上奏を引用して「玄宗末、方《はじ》めて翰林を置く。張垍、国親に縁あるに因り、特に寵遇を承く。当時の議、以為えらく、宜しきに非ず、と。然れども文章を唱和し、表疏を批答するに止まれり。其れ枢密に於いて輒ち預知せず。粛宗、霊武・鳳翔に在り、事多く草創し、権宜急を済い、遂に旧章を破る。翰林の中、始めて書詔を掌る。因循して未だ革めず、以て今に至る。歳月滋《いよ》いよ深く、漸く職分を逾ゆ。頃者の物議、尤も平かならざる所なり。皆な云う、学士は是れ天子の私人、綱紀を侵敗し、聖代をして至公の体を虧き、宰臣をして備位の名有らしむるを致す」[25]とある。ここでは、陸贄は皇帝が翰林学士を天子の私的道具として、宰相は実権のない地位に据えさせたことを強く非難している。これから「王者に私無し」という理論に基づいて、皇帝が翰林学士を自分の私的道具とすることを非としていることがわかる。時代と関係無く、歴代の皇帝において、独裁か否かを問わず、もっとも抵抗できないのは、士大夫たちが集団的に守っている代々継承された儒学の道統である。独裁的な皇帝は個々に官僚を罷免できるが、官僚層全体に対抗する力がない。したがってやむを得ず士大夫の道統を順守しなければならなくなった。陸贄の上奏かららもう一つの事実が伺える。つまり、翰林学士の登場はある程度宰相の実際の権力を侵犯しているということである。この事実は、皇帝から見れば、皇権の延長になるが、中央政治の全局から見れば、やはり皇帝と宰相という両極の間に、さらに第三極が生まれ、権力の相互制約に又もう一つの要因が増えたことを意味する。翰林学士は重要な地位に据えられて、実際の職がないが、実権を持っている。それゆえ、唐代にすでに「内相」とされ、宋代でもこの俗称をそのまま使用し、翰林学士の重要性は依然として変わらなかった。実は翰林学士は皇帝の文書を起草するほかに実際の職がないとはいえない。宋代では、科挙試験を主宰するほか、太宗朝の翰林学士賈黄中・蘇易簡が同勾当差遣院、李沆が同判吏部流内銓となるという「学士外司を領る」から始まり[26]、単に翰林学士を務めるだけの人は少なく、多少を問わず必ず政府の一定の職を兼任している。つぎの表を見てみよう。

表3　真宗朝翰林学士兼務表（『長編』より作成）

人名	兼務	時期	出典
宋白	内外官の称呼を重定す	咸平三・八	長編47
朱昂	河を祭る	咸平三・八	長編47
王欽若	西川安撫使	咸平三・一〇	長編47
梁周翰	太一宮に詣り、醮を設く	咸平三・一二	長編47
宋白	続通典を修す	咸平四・九	長編49
宋白	刑法を議す	咸平五・五	長編52
宋白	官制を詳定す	咸平六・九	長編55
梁顥	閤門儀制を新定す	景徳一・二	長編56
李宗諤	同判太常寺	景徳二・八	長編61
李宗諤	契丹使者に接伴す	景徳二・一〇	長編61
晁迥	修国史とす	景徳四・八	長編66
楊億	修国史とす	景徳四・八	長編66
晁迥	考試進士新格を定む	景徳四・一〇	長編67
晁迥	常参官の知大藩を堪う者を挙ぐ	景徳四・一〇	長編67
晁迥	封禅儀注を詳定す	大中祥符六・四	長編68
李宗諤	封禅儀注を詳定す	大中祥符六・四	長編68
楊億	封禅儀注を詳定す	大中祥符六・四	長編68
李宗諤	澶州河涜廟を祭る	大中祥符一・一一	長編70
楊億	『伝燈録』を領護す	大中祥符二・一	長編71
晁迥	契丹館伴使	大中祥符二・一二	長編72
晁迥	祀汾陰儀注を詳定す	大中祥符三・七	長編74
楊億	祀汾陰儀注を詳定す	大中祥符三・七	長編74

晁　迥	発解条式を詳定す	大中祥符四・八	長編76
李宗諤	発解官薦送条例を定む	大中祥符五・六	長編78
李宗諤	迎奉修宮副使	大中祥符六・三	長編80
陳彭年	咸平編勅を詳定す	大中祥符六・四	長編80
楊　億	答契丹書を草す	大中祥符六・六	長編80
王　曾	昭宣使	大中祥符六・六	長編80
陳彭年	奉祀経度副使	大中祥符六・八	長編81
陳彭年	礼儀院同知院事	大中祥符六・八	長編81
晁　迥	契丹国主生辰使	大中祥符六・九	長編81
王　曾	御史大夫・考制度使を摂す	大中祥符六・一二	長編81
陳彭年	知礼儀院	大中祥符七・二	長編82
李　維	事太祖朝臣の恩蔭を参験す	大中祥符七・三	長編82
陳彭年	同刻玉副使	大中祥符七・五	長編82
陳彭年	唐の三館故事を検詳す	大中祥符八・五	長編84
王　曾	同詳定茶法	大中祥符八・六	長編85
晁　迥	権吏部流内銓	大中祥符八・一〇	長編85
王　曾	銀台司を領す	大中祥符八・一〇	長編85
李　維	大中祥符降聖記を修す	天禧一・一一	長編90
晁　迥	冊立皇太子礼儀使	天禧二・八	長編92
盛　度	河を祭る	天禧四・一	長編95

この表は『長編』だけによって作成したものであるが、あまり完全ではなく、翰林学士の実際の兼務はこれより多く、この表はただその片鱗を示しただけである。兼務のほか、臨時に翰林学士全員に政府の高級官僚と一緒に政事を討議させ、官員を推薦させる記事も屢々『長編』に見られる。この表から、翰林学士が政事を理論の面から検討して公文を起草するだけではなく、実際の行政的事務をも担当していることがわかる。翰林学士の主な行政的事務は、科

挙試験を主宰するほか、官員の推薦・選抜・管理などであった。例えば、判吏部流内銓、知審官院などである。また通進銀台司を司る兼務もある。この職は受け付けた書類を上下に伝達することを司るので、朝廷の重要な部署の一つである。さらに注意すべきは、北宋では、真宗朝に限らず、太宗朝からすでに翰林学士はよく権知開封府事を兼任していたのである。『宋史』の「宰輔表」および列伝によって簡略な統計をとったところ、例えば、李穆・陳堯佐・呉育・曾公亮・呉奎・程琳・楊察・王珪・韓維・馮京・王安礼・滕元発・元絳・許将などの翰林学士はいずれも権知開封府事を担当したことがある。また、権知開封府事になって後に、翰林学士となった例もある。注目すべきことは、権知開封府事を兼務した人は、翰林学士ではなくても、だいたい枢密直学士或いは龍図閣直学士などの侍従の職にあったことである。地方行政の中で、権知開封府事は一番重要な職務であろう。慣行により、皇子が開封府尹或いは判開封府に任命されれば、皇位の継承者に選定された。同様に、翰林学士などの侍従が権知開封府事を兼務すれば、そこには二重の意味があった。一つは、天子の代理として京畿の地を管理すること、もう一つは、執政大臣となる前の実習と訓練である。

前掲の表1「真宗朝翰林学士表」によれば、真宗朝では、翰林学士二十二人の中で、執政大臣になったのは九人いる。[27]また、真宗朝の宰相は翰林学士などの侍従歴を持つ人も少なくない。例えば、李沆・畢士安・王旦・王欽若などである。翰林学士は執政集団の予備軍といえる。このような事実は、皇帝が自分の腹心によって執政集団を制御しようとする意図を表している。一方、全体的に言えば、翰林学士と執政集団とは対立することがない統一体を形成する。中書に入り、参知政事、ひいては宰相となるのは、翰林学士の政界における最高の努力目標といえよう。翰林学士銭惟演は、執政大臣である枢密使となったが、「官の将相を兼ね、階・勳・品皆な第一と雖も、而れども終に中書を歴せず」に終わったため、晩年に無念を抱いて「吾の平生足らざる所の者は、惟だ黄紙尾に字を押すことを得ざるのみなり」[28]と言った。翰林学士が執政集団に入るのは、士大夫の精神的代表から権力的代表に役柄を転換させたにすぎない。宮廷と政府という両方面の事務に熟練する翰林学士が執政大臣を担当するのは、適任であるだけではなく、士大夫の衆望を担い、名実相伴うものである。しかし、翰林学士が執政大臣に任ずるには、やはり宰相と有力な執政大臣が引き立てる必要があった。『長編』巻七八大中祥符五年九月戊子の条に

翰林学士李宗諤、王旦と善くす。旦、宗諤を参知政事に引かんと欲す。嘗て以て王欽若に告げ、欽若唯々たり。旦曰く、当に上に白すべし、と。宗諤の家貧し、禄廩以て婚嫁に給するに足りず。旦、前後資借し之れ甚だ多し。欽若之れを知る。故事、参知政事、謝する日に賜う所の物幾ぼ三千緡なり。欽若因りて密かに奏す、宗諤、王旦の私銭を負い償う能わず。旦、宗諤を参知政事に引き、賜物を得て以て己の債を償わんと欲す。国の為に賢を択ぶに非ざるなり、と。明日、旦果たして宗諤の名を以て聞す。上、色を変え、許さず[29]。

とある。翰林学士が執政大臣に昇進するには、往々にして宰相の指名が必要であった。宰相が誰を指名するかはその人との関係の親疎により、関係の親疎は、政治的立場が直接に関わる。真宗朝において十数年間宰相を務めた王旦は、「事の大小と無く、旦の言に非ざれば決せず[30]」という大きな権力を持っていた。かつ真宗とは非常に親密な関係にもある。なぜ今回李宗諤を推薦することができなかったのだろうか。この史料によれば、同じ執政大臣である知枢密院事王欽若が間に入って邪魔立てをしたからである[31]。政治闘争が非常に複雑で、同じ執政集団も一枚岩ではない。党の中に派があるし、派の中にまた党がある。誰を推挽して執政大臣とするかで自分の勢力が強められるが、それはまた反対勢力に様々な方式で阻まれるのである。

翰林学士は、職務から見れば、皇帝と近い。身分から見れば、かれらはまた宰相と同様に士大夫階層に属する。このような特徴は、政治上、翰林学士の多重な性格を決定づけた。士大夫の道統を守る場合、かれらは宰相と同じ立場

に立って皇権に対抗する。権臣に反抗する場合、かれらは皇帝と同じ立場に立って皇権を保つ。

翰林学士が誰によって選抜されるかは、問題にならないようである。皇帝の秘書官はいうまでもなく、皇帝が選抜すべきである。史書では、確かに皇帝が御筆で指名した例があった。名義上、皇帝の任命を経るというプロセスはあった。しかし、古今東西、人事任免については常に幕の後ろで操作される。これは事実であり、常識でもある。史料を考察すれば、翰林学士の選定は、だいたい在任の翰林学士からの推挽と執政集団からの指名という二つのルートがあった。前者であれ、後者であれ、いずれも派閥的推挽という色が濃い。例えば、『宋史』巻二九四「王洙伝」に「陳執中・劉沆中書に在り、其の己を助くるを喜び、洙を擢じて翰林学士と為す[32]」と記されている。皇帝は翰林学士を任命しても、往々にして執政集団の認可をもらう必要がある。執政集団の個別の成員に異議があれば、任命が行き詰まる場合もある。『宋史』巻三一六「呉奎伝」に「詔して、（王）陶を翰林学士に除す。（参知政事呉）奎、執りて不可とす[33]」と記されている。同じように、執政集団の意思によって、翰林学士は罷免できる。『宋史』巻三二七「王安石伝」に「翰林学士范鎮、三たび疏して青苗を言う。職を奪い致仕せしむ[34]」と記されている。『宋史』巻三三七「徐経孫伝」に「公田法行わる。経孫、其の利害を条し、丞相賈似道に忤う。翰林学士・知制誥を拝して未だ月を逾えず、御史舒有開を諷し、奏して免じ、罷帰せしむ[35]」と記されている。

職責からいえば、翰林学士は具体的に皇帝の名義で発するさまざまな公文を起草するものであるが、史料記載から見れば、やはりもっとも重要な使命は「以て顧問に備える」ということである。清盧文弨は『翰苑群書』の序に「君、朝夕の啓沃を以て其の臣に望み、臣、随事納忠を以て君に効す。…其の任、職事の末に在らず、而して其の長も亦た並びに文字の間に在らず[36]」と指摘している。中書舎人韓駒も徽宗に「止だ制誥を作るのみの若くせば、則ち粗に文墨を知る者は皆な為す可し[37]」と言った。「職事の末に在らず」や「文字の間に在らず」とすれば、翰林学士の役割は主に君心を啓沃することにある。つまり皇帝の最高政治顧問である。『次続翰林志』に、太宗時代に、翰林学士は「内署に処すと雖も、而れども両地の政事を詢訪する所多し[38]」と記されている。真宗が即位して二年足らず、咸平二年（九九九）七月、太宗の翰林侍読を設ける故事に倣い、翰林侍読学士と侍講学士を設置して、「禁中に寓直す」、「是れ自り、多く召対詢訪し、或いは中夕に至る[39]」と『長編』に記されている。寂しい皇帝にとって、学識が該博な相手は朝廷の政事を知る耳目であった。士大夫にとっては、皇太子時期からの儒学的道徳教育に続く、皇帝への再教育を行うチャンスであった。これは当時の李沆をはじめとする執政集団の意図によるだろう。皇帝はこのような相手たちが付き添うと、離れられなくなった。宮内での諮問だけではなく、地方に巡幸するときも、随従することになった。『長編』に「行幸する毎に、翰林学士・侍読侍講・枢密直学士、並に従い、臨時に旨を取るを須いず[40]」という真宗の詔を記載している。

翰林学士は皇帝に接近できる特殊な身分と有利な条件を利用して、常に自分の意志を皇帝に伝え、其の言動を左右する。翰林学士たちの言論は、古代を講述するだけではなく、さらに現実の政治を議論して、人物を評論する。『長編』に「是れより先、上、翰林学士梁顥を召して夜に対せしめ、当世の台閣人物を詢及す。顥曰く、晁迥は詞学に篤く、盛元は吏事に敏、と。上答えず、徐ろに問いて曰く、文行兼ねて著しき、趙安仁の如きは幾ばく有りや、と。顥曰く、安仁は材識兼茂、体裁凝遠し、之れを求めて具に美し、未だ其の比に見ざるなり、と。既にして顥卒す。乙酉、知制誥趙安仁を以て翰林学士と為す[41]」とある。この史料はうわべから見れば、真宗は趙安仁の才能を買ったのであるが、実は梁顥が褒め言葉で趙安仁を推薦していた。少なくとも真宗の腹が決まらないため、夜にわざわざ梁顥に尋ねたのである。『宋史』巻三一〇「王曾伝」に「（王曾）翰林学士に遷す。帝嘗て晩に承明殿に坐し、召対之れを久しくす。既に退き、内侍をして諭せしめて曰く、向に卿を思うは甚だしく、故に朝服に及ばずして卿に見ゆ。卿、我を以て慢と為すこと勿かれ、と。其の尊礼せらるる此くの如し[42]」とある。皇帝が政事に勤しむとすれば、臣下に利用されやすい。『長編』巻四三咸平元年十月己酉の条に「(真宗)夜に則ち儒臣を召して得失を詢問し、或いは夜分に至る[43]」とある。長時間であれば、儒臣たちは皇帝に影響を与えやすいのであった。

史上、諫議制度の設置は主に君主の過失を糾すためであった。これは過失がすでに成ったときの是正であるが、もし過失を未然に防止できれば、さらに意義があるだろう。つまり南宋の理学家陳亮が言った「身を諫めるは心を諫めるに如かず[44]」(諫身不如諫心)ということである。実際には歴代の皇子に対して設置した保傅制度から、宋代に至って完全になった翰林学士と侍読侍講制度は、まさに皇帝に教育を実施する諫心の制であった。士大夫たちの教え導きによって、皇帝に自律意識を強めさせて、士大夫が規定した道統を順守するようになった。『宋史』巻二八一「畢士安伝」には、朝廷が官員を選び、正史の『三国志』『晋書』『唐書』を校訂しようとするとき、ある人は「両晋の事多く鄙悪にして流行す可からず」という意見を出した。これに対して、真宗は決定することができない。翰林侍講学士の畢士安は「悪は以て世を戒め、善は以て後に勧め、善悪の事、『春秋』備《つぶさ》に載《の》る」と真宗に言った[45]。ここでは、畢士安は史書の校訂を借りて真宗に『春秋』以来の伝統的教育を行った。言外に「善悪を備に載す」史書に悪名を残さないように真宗を戒めたのである。『宋史』巻三〇五「晁迥伝」には、翰林学士晁迥が真宗に延和殿に召対され、「帝、訪うに『洪範』の雨暘の応を以てす。対えて曰く、比年、災変荐《しきり》に臻《いた》る。此れ天、陛下を警する所以なり。願わくは、陛下、王事を修飭して、以て天心に当たらんことを、乱を転じて祥と為すに庶幾《ちか》からん[46]」とある。儒学の理論は怪力乱神を語らないが、天人感応と神道設教を講じる。天を天子の頭の上におき精神的管制を行うのである。それによって、天子は天の心に当たらねばならない。『宋史』には、「天心に当たる」という言葉がしばしば見える。巻二九五「謝絳伝」に「聖の心優柔し、重んずるは改作に在り、号令発する所、未だ以て天心に当たるもの有るを聞かず[47]」と仁宗を非難する。巻三四四「王覿伝」に「日食四月朔にあり。帝詔を下して躬を責む。覿、制に当たり、『惟徳類に弗《あ》らず、未だ以て天心に当たるに足らず』の語有り。宰相之れを去る。乃ち力めて外さんことを請う[48]」とある。これは翰林学士王覿が日食という自然現象を借りて、徽宗の詔に「惟徳類に弗らず、未だ以て天心に当たるに足らず」と書き込み、君主に自責させる。しかしこのような重要な言葉が宰相に削除されたので、独立的原則を守る翰林学士王覿は憤然として辞職して立ち去った。『宋史』巻三三六「呂公著伝」に、翰林学士承旨を担当したことがある呂公著が神宗と治道を論じる対話を記録している。

帝又た言う、唐太宗、能く権智を以て臣下を御す、と。

対えて曰く、太宗の徳、以て能く己を屈し諫に従うのみ、と。

呂公著の答えを聞いて、本来唐太宗の「権智」が気に入っている神宗はやむを得ず「其の言を善しとする」という態度を表明した[49]。ここでは、呂公著は神宗が唐太宗に倣って権謀で臣下を制御する意図をきっぱり正して、士大夫の管理に有利な方向に向かって唐太宗の「己を屈し諫に従う」という側面を強調した。言外の意味は神宗も「己を屈し諫に従う」ということをしなければならないのであった。

翰林学士などの士大夫は儒学の道統と歴史の戒めで皇帝を教育するほかに、さらに施政方針という方面で皇帝を左右しようとする。例えば、王安石が翰林学士兼侍講で朝廷に入ったとき、神宗が治の先にすることを聞いた。王安石が「術を択ぶを先と為す[50]」と答えた。哲宗のとき、范百禄が「翰林学士に進み、帝の為に邪正を分別するの目を言う。凡そ人主を導くに、某事は公正と為し、某事は奸邪と為し、類を以て相い反し、凡そ二十余条[51]」という。徽宗の時、徐勣が翰林学士となり、「上疏して六事を陳べ、曰く時要、曰く任賢、曰く求諫、曰く選用、曰く破朋党、曰く明功罪[52]」という。南宋の有名な理学家真徳秀が翰林学士・知制誥となり、「時政に論建する所多し[53]」と史書の記載がある。

皇帝の指示に対して、儒学の道統を守る士大夫は「媚道を用いて人主の意に妄随し、以て国事を害するを欲せず」[54]、従うべき事に従い、断わるべきことを断わる。この点について、士大夫の代表としての翰林学士ははっきりとした態度を示している。太宗朝に翰林学士を担当していた李沆の神道碑に、かれは「詭随を喜ばず」、「直を執りて矯むること無し」であり、君主に対しては「誨えを納め規を尽くし、犯有るも隠す無し」といった評言が見られる。[55]また、欧陽脩『帰田録』巻上に

楊大年学士為る時、「答契丹書」を草して云う、隣壌交歓す、と。進草既に入り、真宗自ら其の側に注して云う、朽壌、鼠壌、糞壌、と。大年遽かに改めて「隣境」と為す。明旦、唐の故事を引き、学士文書を作り改むる所有らば、不称職と為し、当に罷むべし。因りて亟やかに解職せんことを求む。真宗、宰相に語って曰く、楊億商量に通ぜず、真に気性有り、と。[56]

という逸事が記されている。大したことではないが、名士としての楊億は辱められると感じただろうか、辞職願いを出した。これに対して、真宗が照れ隠しをして、楊億が強情だと感嘆した。これから翰林学士が書いた文章に対して、皇帝も気ままに手直しできないことがわかる。この記事は信じられると思う。証左として、もう一つの楊億の逸事を挙げよう。『宋稗類鈔』巻六に

楊文公億重名有り。嘗て草する制は執政官多く塗削する所と為るに因りて、甚だ平かならず。因りて稿上の塗抹せる処を取り、濃墨を以て就加して鞋底の様と為す。其の傍に題して曰く、世業楊家鞋底、と。人或いは故を問う。億曰く、此れ別の人の脚跡を見ると謂う、と。[57]

とある。これから見れば、楊億は皇帝がかれの文章を手直しすることを願わないだけではなく、執政たちの手直しにも大きな反感を抱いていた。これはまさに知識人の独立的精神であろう。

真宗が数多くの大臣の反対にかかわらず、頑として出身の低い劉氏を皇后に冊立しようとしたとき、名士楊億の制詞を得るため、参知政事丁謂にかれの意図を伝えさせた。寇準などの多数士大夫と同じ立場を取る楊億は皇帝にかかる制詞を書くを欲せずと、断った。意外にも皇帝の旨でも動かすことができない楊億に対して、丁謂は続いて利益で誘い、「勉めて此れを為すも、富貴ならざるを憂えず」と言った。利益で釣ることに対して、楊億は「此の如きの富貴は、亦た願う所に非ざるなり」ときっぱりと断った。翰林学士としての楊億が命令に従わない。真宗も仕方がなく、ほかの人に起草させるしかなかった。(58)

真宗の後期、後に翰林学士となった知制誥劉筠に、丁謂の宰相再起用の制詞を起草させるとき、「筠、詔を奉ぜず(59)」という結果になった。真宗が崩じた後、劉太后は摂政となり、皇権が彼女の手に握られて、権勢が一時羽振りをきかすということになった。『宋史』巻二八六「蔡斉伝」に「太后、大いに金帛を出して景徳寺を修し、内侍羅崇勲を遣わし之れを主どり、(翰林学士)斉をして文を為り之れを記さしむ。崇勲陰かに人をし斉を誘いて曰く、趣いて記を為さば、当に参知政事を得べし、と。斉之れを久しくして上せず(60)」とある。蔡斉は皇権の代表者である劉太后の命令を無視しただけではなく、高い官位と多い俸給にも心を動かさなかった。

神宗が即位してすぐ、御史中丞司馬光が上言で罷免された。翰林学士・知通進銀台司を担当している呂公著は、神宗から届けてきた詔勅を起草するための詞頭をそのまま封還(返却)した。かつ「光挙職を以て罷を賜る。是れ言責有る者は其の言を尽くすを得ざると為す」と言った。呂公著のところが通行止めになったため、「詔して告を以て直ちに閤門に付さしむ」とした。呂公著がこうしたことを知ってから、また「制命門下に由らず、則ち封駁の職、臣に因りて廃たる。願わくは臣の罪を理め、以て紀綱を正さん」と言った。呂公著の辞任の脅威に対して、神宗は「光を徙す所以は、其の勧学に頼るのみ、言事を以ての故に非らざるなり」と慰安して言った。しかし呂公著は依然として

「請いて已まず」として、神宗の面子をつぶした(61)。南宋の孝宗朝では、中書舎人林光朝は「命、中従り出づる」という人事任命にも「立ちどころに詞頭を封還す(62)」とした。

儒学の道統を守るという原則において、皇帝の身の回りの翰林学士など侍従も皇権に反抗する勇気がある。こうした反抗は宰相をはじめとする執政集団の皇権への対抗、普通の官僚士大夫の皇権への対抗、および官になっていない太学生の皇権への対抗、これらすべて同じ性質のものである。しかし、宰相をはじめとする執政集団が皇権を借りて、その私益を押し売りするとき、翰林学士などの詞臣が皇権を拒むのは、明らかに相権への対抗という政治闘争のイメージがあったのである。いちばん有名な例として、熙寧三年（一〇七〇）に王安石に付く選人李定を御史に破格の抜擢をしたとき、宋敏求・蘇頌・李大臨という三人の知制誥の強い阻止に遭遇した。三人は「詞頭を封還し、制を草せず(63)」とした。これは詞臣の集団的な命令拒否であった。前述した林光朝が「命中従り出づる」という皇帝の人事任命の指示を断った。実はその人事任命も当時の権臣曾覿の意思によったことである。やはり名義上の皇帝の詔制は往々にして執政する政治集団の意志を反映している。次節では派閥政治の下の翰林学士など詞臣の言動を集中的に考察していきたい。

第四節　派閥政治下の翰林学士

派閥的政治の下で、翰林学士は四六時中政治闘争の渦中にあった。かれらの皇帝に近くかつ影響を与える有利な地位によって、かれらは各種の政治勢力に引き入れられるか或いは攻撃される対象になった。とりわけかれらが執政大臣というような政界の主要勢力の代表と対立した後には、政治闘争の中で、かれらは主な攻撃的勢力ともなれば、真っ先にその矢面に立たされる攻撃目標にもなった。太祖時代では、『宋史』巻二五六「趙普伝」に、「盧多遜翰林学士と為り、召対に因りて屡々其れ（趙普）の短を攻む」[64]とある。『宋史』巻二七四「劉審瓊伝」に、枢密使李崇矩が他人に非難されて「私に翰林学士扈蒙と結ぶ」という。あらゆる政治的派閥は一定の政治勢力の集結である。翰林学士の任免は往々にして一定の政治的派閥の意志を表し、全て皇帝の意志によって決まるわけではない。そのため、文人たちはある有力な派閥に接近し、その上その派閥のメンバーになると、翰林学士となる可能性も高まった。この点は、当時の常識であった。真宗後期の文人李垂は宰相丁謂に付かず、長い間地方に左遷されていた。仁宗の明道年間に朝廷に戻された。そのとき、閤門祇候李康伯がかれに「舜工（李垂字）の文学議論天下に称せらる、諸公用《もっ》て知制誥と為さんと欲す。但だ宰相、舜工を以て未だ嘗て相い識らず、盍んぞ一往して之れに見えざる」と勧めた。これに対して、李垂は「我、若し昔、丁崖州を謁せば、則ち乾興初に已に翰林学士と為るなり」[65]と答えた。この会話でわかるように、知制誥ひいては翰林学士の任命は、主に宰相の意見によって決まるのである。だが宰相は自分と全く関係がない人を選んで皇帝の代弁者とさせるはずがない。李康伯が李垂に宰相のコネをつけさせようとしたゆえんである。

翰林学士の任命は主に宰相の意見によって決まるものの、翰林学士になれば、皇帝との密接な関係に頼り、自分の勢力は大きくなり、次第に宰相をはじめとする執政集団と対抗できるようにもなった。『宋史』巻三一〇「呂溱伝」に、呂溱が仁宗朝に「入りて翰林学士と為り、宰相陳執中の奸邪を疏論す」[66]と記されている。執政集団との緊張関係が、翰林学士をその攻撃目標に変える。『宋史』巻三一六「唐介伝」に

　中書嘗て除目を進め、数日決せず。帝曰く、当に（翰林学士）王安石に問うべし、と。（参知政事唐）介曰く、陛下、安石を以て大いに用う可きとなさば、即ち之れを用いよ。豈に中書の政事をして翰林学士に決せしむべけん。臣近ごろ宣諭を聞く毎に、某事を安石に問い、可なれば即ち之れを行い、不可なれば行わず。此くの如くせ

ば、則ち執政何の用うる所ぞ。恐らく大臣を信任するの体に非ざるなり。必ず臣を以て不才と為さば、願わくは、先に罷免せよ、と。[67]

とある。「中書の政事をして翰林学士に決す」という状況は、執政集団の猛烈な反発を受けた。これに対して、参知政事唐介は辞任で脅かすこともいとわない。翰林学士をはじめとする学士院が中書と権力を争う現象は、真宗朝ではすでにあった。『長編』巻五二咸平五年七月戊午の条に、「今後稍々機密に関わるは本院に下し、先に詔本を具して進呈して、取って可否を定め、更に将《も》って中書本房に付せざらんことを乞う[68]」と翰林学士梁周翰の提言を記している。これは学士院が中書から権力を奪い取ろうとする動きであった。学士院が中書と相互に牽制する局面を形成するのは、士大夫の間の政治的争いに関わるもので、皇帝から見ても嬉しいに違いない。『長編』巻四八咸平四年五月庚辰の条に「内署に在り、公事に非ざれば両府に至らず。上、其の素守を知る。故に驟に褒進を加う[69]」と翰林学士朱昂を奨励したことを記している。皇帝には事務上の相互協力のほか、自分の代弁者が政府と緊密な関係を持っていることは望ましくなかった。

皇帝は官僚たちが徒党を組むのを最もいやがる。それゆえ、派閥間の争いも相手が徒党を組んでいるという理由で攻撃すれば、皇帝に受け入れられやすい。数多くの翰林学士が罷免されたのはこうした罪を負ったからである。例えば、翰林学士銭惟演は大中祥符八年に「私謁の事に坐して之れを罷む[70]」とある。

翰林学士は時に執政集団と対立し衝突しているものの、多くは相互に応援して一体となっていた。翰林学士の中の多数は、本来執政集団の意見によって任用されたからである。これによって、両者が相互に応援するのはごく自然なことであろう。『宋史』巻四七一「呂恵卿伝」に「翰林学士と為り、安石去らんことを求む。恵卿其の党をして姓名を変えて日に投匭上書せしめ之れを留む[71]」とある。『宋史』巻三二八「黄履伝」に「哲宗即位し、徙りて翰林学士と為る。履素より蔡確・章惇・邢恕と相い交結す。確・惇の嫌悪する所有る毎に、則ち恕をして履に風旨を道《い》い、履即ちに之れを排撃す[72]」とある。『宋史』巻三五一「張商英伝」に「崇寧の初め、吏部・刑部侍郎・翰林学士と為る。蔡京相を拝し、商英雅《もと》より之れと善し、適たま制に当たり、過して褒美を為す[73]」とある。同様に、執政集団と同じ派閥の人が罷免されたとき、翰林学士は制詞を起草して、事実を曲げてひいきにする。南宋の宰相湯思退が罷免されたとき、翰林学士洪遵は「制を行い貶詞無し[74]」とある。

翰林学士は皇帝の代弁者として詔令制詞を起草するのみならず、宰相などの執政大臣の代筆としてさまざまな表奏書啓などの文書を書いている。これは友情による個人的行為もあるが、翰林学士の公開的行為であった。翰林学士楊億の『武夷新集』の文章を数えたところ、かれが書いた「代中書」・「代枢密」・「代参政」などの表奏は七十通を超えた。真宗末、仁宗のはじめころ、知制誥・翰林学士を担当した夏竦の『文荘集』でもこのように代筆したものが二十通を超えている。滑稽なことに同じ文集で前には宰相を代筆した表奏があるが、次には皇帝の口吻で書いた批答がある。君臣両側の意思がすべて翰林学士の一つの頭脳によって表されている。この現象は事実上、翰林学士が皇帝の代弁者だけではなく、執政大臣たちの為の書き手でもあったことを物語っている。

詔令制詞などは、皇帝の名義で発布したものであるが、執筆者の意向と愛憎も含まれている。『長編』巻四三咸平元年正月丙寅の条に「(楊)礪の性、剛佷傲辟、文を為るは尚お多く師法無し。…翰林に在りて制誥迂怪、大いに人の伝笑する所[75]」とある。士大夫たちに笑われるものは文章を起草した人である。現在、伝わってきた詔令制詞の多くは執筆者がすでに分からなくなったが、当時は皆が知っていたはずである。知制誥・翰林学士などの詞臣をしたことがある人も、後に自分の文集を編集するときには、すこしも遠慮なく、皇帝の名義で書いた文章を自分の作品として文集に集めていた。このような政治闘争の渦中に書いた公文は、どれだけが皇帝の意思か、どれだけが執筆者の私情か、ということについて、当時の人たちなら分かるはずであった。私情を含む皇権も皇権であるが、どの程度の君主独裁が反映できるか、疑問があると思われる。『能改斎漫録』巻一二に、「楊文公億、文章を以て真宗に幸せられ、内外制を作る。当時の辞誥、蓋し其の比少なし。朝の近臣、凡そ除命有らば、其の手に出づるを願う(76)」とある。明らかなことは書き手が異なれば制誥は大幅に違ってくることである。ここでは文章のレベルの問題だけではなく、個人的関係の親疎および政治の立場という問題もある。こうした政治闘争の私情を含む制誥を、皇帝本人が知らないはずはない。徽宗はかつて憤然として「近年制誥を為る者、褒むる所は必ず美に溢れ、貶す所は必ず悪に溢る。豈に王言の体ならんや。且つ盤誥具に在り、寧ぞ是くの若きや(77)」と中書舎人韓駒に言った。これを見ると、皇権はどこにあるのかと質問を思わず発したくなる。

南宋の文人洪邁は『容斎四筆』巻一二に「宰相拝罷、恩典の重軽、詞臣旨を受くる者、以て其の手を高下するを得」と指摘している。かれは太宗朝における李昉の宰相罷免を例として、李昉が前後二回宰相を罷免されたときの制詞の善し悪しを論評し比較した。

李文正公昉、太平興国八年、工部尚書を以て集賢史館相と為す。端拱元年、布衣翟馬宗の訟うる所と為る。太宗、学士賈黄中を召して制を草せしめ、罷めて右僕射と為し、詔書に切に責めしむ。黄中言う、僕射は百僚の師長、今工書自り拝するは、乃ち殊遷と為し、黜責の義に非ず。若し労逸を均しくするを以て辞と為せば、斯れ得体と為す、と。上之れを然りとす。其の辞略に曰く、端揆崇資、賢に非ざれば授けず。昉素より聞望高く、久しく謨猷を展べ、謙和にして君子の風を秉り、純懿にして吉人の美を擅す。従三事を輟めて、彼の六卿を総す。用いて鎮俗の清規を資し、式して尊賢の茂典を表す、と。其の美は此くの如し。淳化二年、復た旧庁に帰り、四年又た罷め、優して左僕射を加う。学士張洎言う、近ごろ霖霪百余日、昉職は陰陽を燮和するに在り。引退を決意する能わず。僕射の重さ、右、左より減り、位望侔しからず。因りて之れを授くれば、何を以て勧示せん、と。上、泊の奏尾を批して、止だ本官を罷守せしむ。泊遂に制を草して峻《きわ》めて詆《そし》る[78]。

とある。洪邁が取り上げた例から、詞臣が文書を起草するときに手段を弄してひそかに自分の目的を達成しようとする状況がはっきり見える。これは特殊で偶然の例ではなかった。政治闘争は往々にして個人的恩讐に絡んでいる。したがって皇帝の制詞も詞臣たちが私憤をぶちまける道具になったのである。『澠水燕談録』巻二に「（張斉賢）上の前に公（張詠）を短《そし》り曰く、張詠本より文無し。凡そ章奏有らば、皆な婚家王禹偁代わりて之れを為す、と。禹偁前に翰林に在り、斉賢罷相の麻詞を作り、其の辞醜く詆る[79]」とある。

政治闘争は非常に複雑である。同じ執政集団の内部でも、政見と利益の異同によって、分立する派閥になることも、しばしば見られても珍しくない。そのとき、翰林学士が往々にして立場と態度によって、そのもめ事に巻き込まれている。『宋史』巻四七〇「王黼伝」に「翰林学士に進む。（蔡）京、鄭居中と合わず、黼復た内に居中と交わり、京怒る[80]」とある。

以上、真宗朝に限らず、論題をめぐって広く宋代の翰林学士の言動に及んだ。ここで、典型的ケース・スタディーとして、やはり真宗後期の政治闘争をあげ、さらに具体的に翰林学士の果たした役割を考察していきたい。

天禧三年（一〇一九）、数年前に政治闘争で敗北して朝廷から追放されていた寇準は、真宗の好みに迎合して、天書を奏する計略により、王欽若に取って代わって、再び宰相になった。今回の寇準の再起用は、水と油のように相容れない相手王欽若が宰相を罷免されて朝廷を去ったものの、奸佞で知られる王欽若が数年間経営していた朝廷は、十数年前寇準が「澶淵の盟」の後に意欲に満ちあふれて思うままに腕を振るうことができた情勢と違い、ひいては王旦が十数年静かに長く宰相をしていたときとも違っていた。さらに悪いことに、寇準が支持を頼む真宗はこの年に卒中にかかって言葉が流暢ではなくなり、時に意識がもうろうとしていた。真宗は正常に政務を処理できず、「政事、多く中宮の決する所[81]」という状態になった。つまり元来皇帝を通す政務運営のプロセスは、ほとんど皇后劉氏が代理し、その政治的野望を増長させたのである。だが権謀に欠ける寇準は真宗が劉氏を皇后に立てたとき、反対意見を出したため、劉皇后に恨みを懐かれていた。今回再び宰相になった寇準は、劉皇后の族人の無法者を処罰したため、再び劉皇后の恨みを深く買った。それのみならず、執政集団の内部では、寇準は相前後して参知政事丁謂と枢密使曹利用の感情をも害した。そのため宰相の寇準は危険な立場に置かれていた。このような情況の下、不利な局面を転換させるために、寇準は意識が正常に返った真宗と単独に会見し、幼い皇太子を監国とさせ、或いは皇位を皇太子に譲らせようとした。こうして、寇準は皇太子の名義を借り劉氏および反対派を抑え込もうとした。『長編』巻九五天禧四年六月丙申の条に、「準嘗て独り間を請いて曰く、皇太子は人望の属する所なり。願うらくは、陛下宗廟の重さを思い、伝うるに神器を以てし、以て万世の基本を固めんことを。丁謂、佞人なり、以て少主を輔くる可からず。方正の大臣を択び羽翼と為さんことを願う、と。上、之れを然りとす[82]」と記されている。そのとき、病魔にとりつかれても、真宗は劉氏の朝政への干与を不満に思っていた。『五朝名臣言行録』前集巻四に「天禧末、真宗疾に寝る。章献太后漸く朝政に豫かる。上の意平らかなる能わず[83]」とある。これに鑑み、真宗と話したところ、「上然之」とされたことで、これで切り捨て御免にされたも同然である。そうして寇準は冒険的な大計画を行い始めた。つまり、「章献を廃し、仁宗を立て、真廟を尊んで太上皇と為し、而して丁謂・曹利用等を誅す[84]」という。いうまでもなく、こうした計画が成功したら、敵を負かし、朝廷の政争を平定するだけではなく、両朝皇帝を擁立した元勲となる。これは寇準の権力の強化につながる。そのため、寇準は多くの人に連絡した。先に引用した『五朝名臣言行録』に「李迪・楊億・曹瑋・盛度・李遵勗等を引き協力せしむ」とある。「処画已に定まる」後、「凡そ詔令、尽く（楊）億をして之れを為さしむ」。

「億事の洩るるを畏れ、夜に左右を屏け、之れ辞を為する。自ら起きて燭跋を剪るに至る。中外に知る者無し(85)」という記事がある。

こうして秘密にしたにもかかわらず、最終的にクーデターは未遂に終わった。原因は寇準にあるという説がある。かれは酒を飲んで有頂天になったさい、うっかり口を滑らし、漏らした秘密が丁謂の徒党に聞かれてしまった(86)。その徒党はすぐ丁謂に報告した。情報を得た丁謂が慌てて牛車に乗って仲間であり軍事権を持つ枢密使曹利用の家にいって対策を立てる。『五朝名臣言行録』前集巻四に「且つ将に事を挙げんとするに、会たま公（寇準）酔いに因り言を漏らす。人、謂に馳報する有り。謂夜に犢車に乗り、利用の家に往き之れを謀る」。翌日、「利用入り、尽く公の謀る所を以て太后に白す。遂に詔を矯め、公の政事を罷む(87)」とある。

クーデター未遂後、寇準の宰相を罷免する始末については、『長編』巻九五天禧四年六月丙申の条に、詳しく記載している。その中で翰林学士の果たした役割がはっきり見える。これは

> 謂等益々懼れ、力めて準を譖し、準の政事を罷めんことを請う。上、準と初め成言有ることを記さず、其の請いに諾す。会たま日暮れ、知制誥晏殊を召し、禁中に入れ、示すに除目を以てす。殊曰く、臣外制を掌れば、此れ臣の職に非ざるなり、と。乃ち惟演を召す。須臾にして、惟演至り、準の専恣を極論し、深く責めんことを請う。上曰く、当に何の官を与うるべきか、と。惟演、王欽若の例を用い、準に太子太保を授けんことを請う。上曰く、太子太傅を与えよ、と。又た曰く、更に優礼を加うるを与えよ、と。惟演は国公に封ぜんことを請い、袖中の具員冊を出し以て進上し、小国の中に於いて莱の字を指す。惟演曰く、此くの如くせば、則ち中書に但だ李迪有るのみ、恐らく須らく別に相を命ずるべけん、と。上曰く、姑らくして之れに除す、と。殊既に誤って召され、因りて言えらく、機事を泄すを恐れ、臣敢えて復た出でず、と。遂に学士院に宿す。制を宣すに及ぶや、則

ち殊の疇昔に見る所の者に非ず(88)。

とある。これをみれば、寇準の宰相罷免について、翰林学士銭惟演の担った役割が尤も重要であった。かれは協力しない知制誥晏殊の態度と全然異なり、悪人を助けて悪事を働くという諺のように、寇準をひどく非難しただけではなく、宰相を罷免して何官を授けるか、どの小国の公に封ずるか等のことはすべてかれの提議から出たものである。しかもかれは真宗を説得し、その機に乗じて丁謂を宰相の座に押し上げようとした。最後に宣した制詞が晏殊の見たものと違ったことによって、銭惟演がまた何かをたくらんだのである。これから見れば、書き手の役割も決して軽視できないことがわかる。

寇準の宰相罷免後、党争がまだ片ずかず、真宗の寇準に対する保護の態度を見て、丁謂・銭惟演等は寇準の捲土重来を心配していた。そのため、さらに寇準への攻勢を強めた。『長編』巻九六天禧四年七月癸亥の条に

是の日、惟演又た寇準を力排して曰く、準、相を罷めて自り、転《う》たた更に中外に交結し、再用を求む。天文・卜著に暁かなる者を皆な遍く召し、以て管軍の臣僚、陛下の親信せる内侍に至り、著意せざる無し。小人の朋党、聖聴を誑惑するを恐る。早く出外せしむるに如かず、と。上曰く、何の名目有りや、と。惟演曰く、準已に表を具して河中府を乞うことを聞く。中書未だ宰相を除せざるを見、兼ねて亦た人の以て再用を許さるる有るを聞き、遂に此の表を進めず、と。上曰く、河中府を与うるは何如、と。惟演、李迪を召して諭旨せんことを乞う。上曰く、李迪は何如、と。惟演言う、迪は長者、過ち無し。只だ是れ才短し、準を制する能わず、と。因りて中書宜しく早く宰相を命ずべしと言う。上、其の人に難しとす。惟演、対えて、若し宰相未だ人有らざれば、且らく三両員の参知政事を著す可し、と。上曰く、参政も亦た人を得るは難し、と。問う、今誰か李迪の上に在るや、と。惟演対えて、曹利用・丁謂・任中正並びに李迪の上に在り、と。上、黙然たり。惟演又た言う、馮拯旧人、性純

和、寇準と同じからず、と。上、亦た黙然たり、既にして曰く、張知白何如、と。惟演言う、知白清介にして、参政たらしむれば則ち可なり、恐らく未だ宰相と為す可からず、と。上之れを頷す。惟演又た言う、寇準宜しく早く外に出さしむべし。準の朋党盛んにして、王曙も又た其の女婿なり、東宮の賓客と作り、誰か畏懼せざらん。今の朝廷の人を三分せば、二分は皆な準に附すなり、と。(89)

銭惟演が大げさに言って人騒がせをして寇準を朝廷から追放しようとしながら、陰でいろいろ工作して真宗に丁謂を宰相に任命させようとした。今回、銭惟演は公然として丁謂を宰相に任命させる提案を出していなかったが、五、六日後、再び真宗と会ったとき、銭惟演は単刀直入で「中書当に止だ李迪一人を用うべからず、盍ぞ曹利用或いは丁謂を遷し中書へ過ごさざる」と言った。真宗がかれに二人の中で誰が適任するかというとき、かれは「丁謂文臣、中書へ過ごすを便と為す」と具体的に提議した。ここで銭惟演が腹の中で何をたくらんでいたのかは、はじめてすっかり明るみに出た。結果はかれの願ったように、丁謂が首相に昇進し、曹利用を同平章事に加えた。(90)

翰林学士銭惟演は前呉越国王銭俶の孫として、学識・才能が豊かなだけではなく、閨閥にも非常に長じている。『長編』巻九五天禧四年六月丙申の条に「翰林学士銭惟演、(丁)謂の権盛を見、之れと附離し、与に姻好を講ず。而して惟演の女弟、実は馬軍都虞候劉美の妻と為る」(91)と記されている。劉美という人は実際には劉皇后の前夫であり、劉氏が宮廷に入ってから、二人は兄弟と互いに称することになった。劉美も前妻劉皇后に頼り、権勢が強くなった。王室出身の銭惟演は皇権の重要性がよく分かるだけではなく、朝廷の政治闘争をも熟知し、最も有力な派閥に身を預けて、しかも広く交際しているのであった。前述した史料から見れば、銭惟演は姻戚関係を利用して、上は皇室の外戚と結び、下は権臣をつけ、苦心は並大抵でないであろう。それだけではなく、かれは娘を後に翰林学士となった知制誥盛度に嫁がせた。詞臣グループ内にも姻戚関係で同盟を結ぼうとした。だが、残念ながら娘を娶せても盛度の支持がもらえなかった。盛度は後に銭惟演の「落平章事以節度使知随州」という制詞を起草するとき、銭惟演の闔閥を利用する恥知らずなふるまいについて「三星の媾、戚里の家多し、百両迎うる所、皆な権貴の子[92]」とひどく非難した。

政治的行為に関して、実際には道徳的評判を下し難い。銭惟演の個人の善し悪しはしばらく論じない。以上に引用した史料から見れば、翰林学士銭惟演は裏で真宗を説得して寇準左遷、丁謂推薦、執政集団再建、といういろいろなプログラムを一手に演出した。これは真宗晩年の非常時期における銭惟演の個人的行為であるにもかかわらず、同様のことは一般的に見られる。翰林学士が政治闘争の中で果たした役割を決して過小評価してはならない。ある意味でいえば、翰林学士は皇帝に属する公的代弁者であるというよりは、むしろある政治勢力の私的代弁者であるといった方がよい。

銭惟演は丁謂の一党であるので、自然に丁謂を極力擁護していた。反対に前述した楊億は寇準の一党なので、自然に精いっぱい寇準を擁護していた。『続夢渓筆談』に「寇忠愍相を拝する白麻は、楊大年の詞なり。其の間の四句に曰く、能く大事を断じ、小節に拘わらず、干将の器有り、鋒芒を露わにせず。物を照らす明を懐き、而して能く包納す、と。寇之れを得、甚だ喜びて曰く、正に我が胸中の事を得[93]」とある。そのほか、『五総志』に「寇莱公貶せらる時、楊文公西掖に在り、既に詞頭を得、丁晋公に請うこと有り、公曰く、『春秋』に無将とし、漢法に不道とするは皆な其の罪なり、と。楊深く之れに平かならず。晋公位を去るに及び、楊尚お制に当たり、責詞を為して曰く、無将の戒め、魯経に深く著わし、不道の誅、漢法に逃れ難し、と。一時に之れを快くす[94]」とある。

小結

下層の胥吏と根本的な区別がなく、翰林学士はあくまで一群の高級な書き手——刀筆吏である。翰林学士について、最初私を驚愕させたのは、真宗朝に翰林学士が制詞を起草するときの一つの出来事である。つまり、翰林学士宋白が宰相向敏中に借金を依頼したが、拒否された。後に宋白は向敏中の宰相罷免の制詞を起草するとき、さんざんけなして「朕に対し食言し、臣と為り自ら昧す」と書いた。向敏中はこのような皇帝の名義で下した制詞に向かい、「之れを読み流涕す[95]」ることとなった。しかしながら、翰林学士の役割はわずかに文書に毀誉の意を寓して私憤をぶちまけるにすぎないと解するならば、これらの高級文人を過小に見積ることになる。翰林学士などの詞臣は才能が抜群のエリートとして、士大夫階層に広い影響力を持っている。科挙試験の主宰から、官員の考査にわたって、かれらは「座主[96]」という地位を固めていた。これによって、かれらは官僚の中で有力な一群となった。かれらは皇帝の側近で、時々刻々皇帝に影響を与えている。史書でよく見られる宰相をはじめとする執政集団が皇権を左右するように、翰林学士をはじめとする皇帝の高級侍従たちが皇権を左右することもよく見られる。かれらは一尺の筆、三寸の舌で自己の意思を皇帝に押しつけていた。明白に言えば、皇権の行使はうわべは皇帝によるが、実際には多くの場合、侍従たち、および政府の宰相等執政大臣によっていたのである。

翰林学士の有利な地位は、政治闘争において、全局面を左右する重要さをもたらしたが、その任免権は必ずしも皇帝の下になかった。執政集団の予備軍でありながら、執政集団に入れるか否かは各種の政治派閥間の角逐の結果によって決められた。宋代の翰林学士の言動は充分に注目するに値する。科挙制度が隋唐から始まり宋に盛んとなったように、翰林学士も唐に濫觴して宋に盛んとなった。翰林学士は宰相をはじめとする執政集団の権力が高まった宋代では、皇権と相権との間に介在する第三極として、その活動は皇権に服従するものでもあれば、皇権を制約するものでもある。しかも相権に依拠するものでもあれば、相権に抵抗するものでもある。最終的に翰林学士は執政集団に入ることを示しとして相権に合流していった。宋代のこのような翰林学士と執政集団とが分立している状態は、明代になると、明太祖の宰相廃止、内閣大学士の設置により、政府権力が統合された。従来の翰林学士研究は、ほとんどが制度自体を重視するのみで、制度の下での具体的な人の活動に対しては配慮が足りなかったと思う。翰林学士の活動に視点をおいて、考察したゆえんである。

注

(1)『水滸伝』第二六回（会評本、北京大学出版社、一九八一年）を参照。
(2)『孟子』「滕文公」下を参照。
(3)『北斉書』巻三七、「魏収伝」を参照。
(4)毛沢東は一九二七年に中国共産党「八七会議」に「槍杆子里面出政権」と主張を出した。
(5)清趙翼『論詩五首』の二に「江山代有才人出、各領数騒数百年」とある。
(6)『翰苑群書』が収録した唐李肇『翰林志』を参照。
(7)『宋会要輯稿』「職官」六～四六が引く『両朝国史志』に「学士院、翰林学士承旨、翰林学士、翰林侍読侍講学士。承旨不常置、以院中久次者一人充。学士六員、掌大詔命。凡国有大除拝、晩漏上、天子御内東門小殿、遣内侍召学士賜対、親諭秘旨。対訖、学士帰院。内侍鎖院門禁止出入。夜漏尽、写制進入。遅明、白麻出。閤門使引授中書。中書授舎人宣読。其余除授並御札、天子不御小殿、不宣学士、但用御宝封中書熟状、遣内侍送学士院鎖院門而已。至於赦書・徳恩、則中書遣吏持送本院、而内侍鎖院如除授焉。院在宣徽院北。凡他官入院、未除学士、謂之直院。学士倶闕、他官暫行院中文書、謂之権直。

其侍読侍講、春秋二時開延義・邇英閣、則執経史以侍講侍読。常日則侍奉以備顧問応対」とある。案ずるに、この史料に述べるように、翰林侍読・侍講学士が翰林学士と同じ学士院に属し、制誥を起草する任を司らぬことを除き、顧問応対に備える場合には、翰林学士と同一視することができるので、本章では、両者の役割を一緒に考察する。

(8)『宋史』巻一六二、「職官志」に「凡撰述皆写畫進入、請印署而出。中書省熟状亦如之。若已畫旨而未尽及舛誤、則論奏貼正。凡宮禁所用文詞皆掌之。乗輿行幸、則侍従以備顧問。有献納則請対、仍不隔班。凡奏事用榜子。関白三省・枢密院用諮報、不名」とある。

(9)『宋史』巻一六二、「職官志」を参照。

(10) 本表は『翰苑群書』に載せる「学士年表」により作成したが、「年表」には梁顥のことが脱落している。『宋会要輯稿』「職官」六～四六によって補う。なお「年表」にあるいくつかの誤記も訂正した。たとえば、趙安仁が翰林学士より参知政事を任命されたのは、景徳三年だったが、「年表」は二年と誤記し、また『宋史』巻三一七「銭惟演伝」によれば、銭惟演は大中祥符八年にすでに翰林学士を任命されたが、私謁に坐して罷免されたことを「年表」は脱落する。さらに晁迥が右諫議大夫で翰林学士に任命されたのを「年表」は右を左に誤る。そのほかに、『宋史』巻二八一「畢士安伝」に畢士安が咸平初に「復た翰林学士と為る」のは、正確ではなく、『長編』の数カ所の記事によれば畢氏が「翰林侍読学士」に任命されている。それゆえ、この表に入れなかった。また、楊果氏『中国翰林制度研究』(武漢大学出版社、一九九六年)の集計によると、真宗朝の翰林学士は二十三人であったが、私の集計より一人「孫沖」という人物が余る。『宋史』巻二九九「孫沖伝」を調べてみると、確かに「翰林院学士に遷す」という記事がある。しかし、『長編』と『宋会要』での孫沖に関する全部の記事を考察すると、いずれにも翰林学士を担当したという記載がない。僅かに『長編』巻一一九に孫沖の官職を「右諫議大夫・集賢院学士」と記しているのみである。かつその時期はすでに仁宗の景祐三年になっているのである。以上によって、孫沖が真宗朝に翰林学士を担当しなかったのは、明らかな事実である。『宋史』「孫沖伝」の「翰林院学士」は「集賢院学士」の誤りであろう。

(11) 以上には『宋史』巻二八七「楊礪伝」、巻四三九「梁周翰伝」、巻二九六「梁顥伝」を参照。

(12)『宋史』巻三〇五、「楊億伝」に「真宗在京府、徽之為首僚、邸中書疏、悉億草定」とある。

(13)『宋史』巻三三九、「文苑伝序」に「芸祖革命、首用文吏奪武臣之権。宋之尚文、端本乎此」とある。

（14）「杯酒して兵権を釈く」という事件について、『長編』巻二、建隆二年七月庚午の条を参照。

（15）Anthony M. Orum : *Introduction to Political Sociology : the Social Anatomy of the Body Politic*. Englewood Cliffs, N.J.:Prentice-Hall. 1983p2.

（16）『長編』巻二二一、熙寧四年三月戊子の条に記録した宰相文彦博と神宗との対話を参照。

（17）『宋史』巻四三九、「宋白伝」に「後進之有文芸者、必極意称奨、時彦多宗之。如胡旦・田錫、皆出其門」とある。

（18）『宋会要輯稿』「選挙」七～六を参照。

（19）何冠環『宋初朋党与太平興国三年進士』（中華書局、一九九四年）を参照。

（20）『宋史』巻二六七、「張洎伝」に「上（太宗）顧謂近臣曰、学士之職、清要貴重、非他官可比、朕常恨不得為之」とある。

（21）『長編』巻二七、雍熙三年十月庚子の条に「朕早聞人言、朝廷命一知制誥、六姻相賀、以謂一佛出世」とある。

（22）三角形とパイプという言い方は各々冨田孔明氏の論文「宋代史における君主独裁制説に対する再検討（続）」（『東洋史苑』第四八・四九号、一九九七年）と「宋代の政権構造と太学生の上書」（『中国――社会と文化』第一四号、一九九九年）

（23）『玉壺清話』巻二に、真宗は侍読・侍講のほか、また査到・李虚己・李行簡という三人に頼んでかれに経書を解説させ「日使陪侍、喜曰、朕得朋矣」とある。

（24）『翰林志』に「昔宋昌有言曰、所言公、公言之。所言私、王者無私」とある。案ずるに、宋昌は前漢の人物であった。『翰林志』が引く言葉は『史記』巻一〇「孝文本紀」に「所言公、公言之。所言私、王者不受私」とある。

（25）『翰林志』が引く陸贄の上奏文に「玄宗末、方置翰林。張垍縁国親、特承寵遇。当時之議、以為非宜。然止於唱和文章、批答表疏。其於枢密輒不預知。粛宗在霊武・鳳翔、事多草創、権宜済急、遂破旧章。翰林之中、始掌書詔。因循未革、以至於今。歳月滋深、漸逾職分。頃者物議、尤所不平。皆云学士是天子私人、侵敗綱紀、致使聖代虧至公之体、宰臣有備位之名」とある。

（26）『長編』巻三二、淳化二年閏二月己丑の条を参照。

（27）楊果『中国翰林制度研究』の集計によって、北南宋を合わせて、宰執となった翰林学士は一九三人に達する。この数字は翰林学士の総人数の五十パーセントを占める。

(28)『宋宰輔編年録』巻四に「(銭惟演)雖官兼将相、階・勲・品皆第一、而終不歴中書。故嘗謂人曰、吾平生所不足者、惟不得於黄紙尾押字耳」とある。宋代宰相が黄色い紙の公文に署名するからである。

(29)『長編』巻七八、大中祥符五年九月戊子の条に「翰林学士李宗諤、与王旦善。旦欲引宗諤参知政事。嘗以告王欽若、欽若唯々。旦曰、当白上。宗諤家貧、禄廩不足以給婚嫁。旦前後資借之甚多。欽若知之。故事、参知政事謝日、所賜之物幾三千緡。欽若因密奏、宗諤負王旦私銭不能償。旦欲引宗諤参知政事、得賜物以償己債、非為国択賢也。明日、旦果以宗諤名聞。上変色、不許」とある。

(30)『長編』巻九〇、天禧元年七月丁巳の条を参照。

(31)『長編』巻七八、大中祥符五年九月戊子の条を参照。

(32)『宋史』巻二九四、「王洙伝」に「陳執中・劉沆在中書、喜其助己、擢洙為翰林学士」とある。

(33)『宋史』巻三一六、「呉奎伝」に「詔除陶翰林学士。奎執不可」とある。

(34)『宋史』巻三二七、「王安石伝」に「翰林学士范鎮、三疏言青苗、奪職致仕」とある。

(35)『宋史』巻三三七、「徐経孫伝」に「公田法行、経孫条其利害、忤丞相賈似道、拝翰林学士・知制誥未逾月、諷御史舒有開、奏免罷帰」とある。

(36)清盧文弨の『翰苑群書』の序に「君以朝夕啓沃望其臣、臣以随事納忠効於君。……其任不在職事之末、而其長亦並不在文字之間」とある。

(37)『宋史』巻四四五、「韓駒伝」に「若止作制誥、則粗知文墨者皆可為。先帝置兩省、豈止使行文書而已」とある。

(38)『翰苑群書』に載せる『次続翰林志』に「(翰林学士)雖処内署、而両地政事、多所詢訪」とある。

(39)『長編』巻四五、咸平二年七月丙午の条に「置翰林侍読学士。……置翰林侍講学士。……日給尚食珍膳、夜則迭宿。令監館閣各書籍中使劉崇超日具当宿官名、於内東門進入。自是、多召対詢訪、或至中夕焉」とある。

(40)『長編』巻五二、咸平五年七月甲寅の条に「詔有司、毎行幸、翰林学士・侍読侍講・枢密直学士並従、不須臨時取旨」とある。

(41)『長編』巻五六、景徳元年七月乙酉の条に「先是、上召翰林学士梁顥夜対。詢及当世台閣人物。顥曰、晁迥篤於詞学、盛元敏於吏事。上不答、徐問曰、文行兼著如趙安仁者有幾。顒曰、安仁材識兼茂、体裁凝遠、求之具美、未見其比也。既而顒卒。乙酉、以知制誥趙安仁為翰林学士」とある。
(42)『宋史』巻三一〇、「王曾伝」に「(王曾)遷翰林学士。帝嘗晩坐承明殿、召対久之。既退、使内侍諭曰、向思卿甚、故不及朝服見卿、卿勿以我為慢也。其見尊礼如此」とある。
(43)『長編』巻四三、咸平元年十月己酉の条に「(真宗)夜則召儒臣詢問得失、或至夜分」とある。
(44)『群書考索』別集巻一八、「人臣門」を参照。
(45)『宋史』巻二八一、「畢士安伝」に「詔選官校勘『三国志』『晋』『唐書』。或有言両晋事多鄙悪、不可流行者。士安曰、悪以戒世、善以勧後、善悪之事、『春秋』備載。真宗然之。遂命刊刻」とある。
(46)『宋史』巻三〇五、「晁迥伝」に「帝訪以『洪範』雨暘之応。対曰、比年、災変荐臻、此天所以警陛下。願陛下修飭王事、以当天心、庶幾転乱為祥也」とある。
(47)『宋史』巻二九五、「謝絳伝」に「聖心優柔、重在改作、号令所発、未聞有以当天心者」とある。
(48)『宋史』巻三四四、「王覿伝」に「日食四月朔。帝下詔責躬。覿当制、有『惟徳弗類、未足以当天心』之語。宰相去之。乃力請外」とある。
(49)『宋史』巻三三六、「呂公著伝」に「帝又言、唐太宗能以権智御臣下。対曰、太宗之徳、以能屈己従諫爾。帝善其言」とある。
(50)『宋史』巻三二七、「王安石伝」に「入対、帝問為治所先、対曰、択術為先」とある。
(51)『宋史』巻三三七、「范百禄伝」に「進翰林学士、為帝言分別邪正之目。凡導人主以某事者為公正、某事者為奸邪、以類相反。凡二十余条」とある。
(52)『宋史』巻三四八、「徐勣伝」に「遷給事中・翰林学士。上疏陳六事、曰時要、曰任賢、曰求諫、曰選用、曰破朋党、曰明功罪」とある。
(53)『宋史』巻四三七、「真徳秀伝」を参照。
(54)『宋宰輔編年録』巻三を参照。
(55)楊億『武夷新集』巻二〇、「文靖李公墓誌銘」を参照。

(56) 欧陽脩『帰田録』巻上に「楊大年為学士時、草『答契丹書』云隣壌交歓。進草既入、真宗自注其側云、朽壌、鼠壌、糞壌。大年遽改為隣境。明旦、引唐故事、学士作文書有所改、為不称職、当罷。因亟求解職。真宗語宰相曰、楊億不通商量、真有気性」とある。

(57) 『宋稗類鈔』巻六に「楊文公億有重名。嘗因草制為執政官多所塗削、甚不平。因取稿上塗抹処、以濃墨就加為鞋底様。題其傍曰、世業楊家鞋底。人或問故。億曰、此謂見別人脚跡」とある。

(58) 『長編』巻八〇、大中祥符六年六月己巳の条を参照。

(59) 『長編』巻九六、天禧四年十一月戊申の条を参照。

(60) 『宋史』巻二八六、「蔡斉伝」に「太后大出金帛修景徳寺、遣内侍羅崇勳主之、命（翰林学士）斉為文記之。崇勳陰使人誘斉曰、趣為記、当得参知政事矣。斉久之不上」とある。

(61) 『宋史』巻三三六、「呂公著伝」に「司馬光以論事罷中丞、還経幄。公著封還其命曰、光以挙職賜罷、是為有言責者不得尽其言也。詔以告直付閤門。公著又言、制命不由門下、則封駮之職、因臣而廃。願理臣之罪、以正紀綱。帝諭之曰、所以徙光者、頼其勧学耳、非以言事故也。公著請不已、竟解銀台司」とある。

(62) 『宋史』巻四三三、「林光朝伝」を参照。

(63) 『宋史』巻一六一、「職官志」を参照。

(64) 『宋史』巻二五六、「趙普伝」に、「盧多遜為翰林学士、因召対、屢攻其（趙普）短」とある。

(65) 『宋史』巻二九九、「李垂伝」に「閤門祇候李康伯謂曰、舜工（李垂字）文学議論称於天下、諸公欲用為知制誥、但宰相以舜工未嘗相識、盍一往見之。垂曰、我若昔謁丁崖州、則乾興初已為翰林学士矣」とある。

(66) 『宋史』巻三二〇、「呂溱伝」に「入為翰林学士、疏論宰相陳執中奸邪」とある。

(67) 『宋史』巻三一六、「唐介伝」に「中書嘗進除目、数日不決。帝曰、当問（翰林学士）王安石。（参知政事唐）介曰、陛下以安石可大用、即用之。豈可使中書政事決於翰林学士。臣近毎聞宣諭、某事問安石、可即行之、不可不行。如此則執政何所用。恐非信任大臣之体也。必以臣為不才、願先罷免」とある。

(68) 『長編』巻五二、咸平五年七月戊午の条に、「翰林学士梁周翰言、今後稍関機密乞下本院、先具詔本進呈、取定可否、更不将付中書本房」とある。
(69)『長編』巻四八、咸平四年五月庚辰の条に「在内署、非公事不至両府、上知其素守、故驟加褒進」とある。
(70)『宋史』巻三一七、「銭惟演伝」を参照。
(71)『宋史』巻四七一、「呂恵卿伝」に「為翰林学士、安石求去。恵卿使其党変姓名、日投匭上書留之」とある。
(72)『宋史』巻三二八、「黄履伝」に「哲宗即位、徙為翰林学士。履素与蔡確・章惇・邢恕相交結。毎確・淳有所嫌悪、則使恕道風旨於履、履即排撃之」とある。
(73)『宋史』巻三五一、「張商英伝」に「崇寧初、為吏部・刑部侍郎・翰林学士。蔡京拝相、商英雅与之善、適当制、過為褒美」とある。
(74)『宋史』巻三七三、「洪遵伝」を参照。
(75)『長編』巻四三、咸平元年正月丙寅の条に「(楊)礪性剛很傲辟、為文尚無師法。……在翰林制誥迂怪、大為人所伝笑」とある。
(76)『能改斎漫録』巻一一に「楊文公億以文章幸於真宗、作内外制。当時辞誥、蓋少其比。朝之近臣、凡有除命、願出其手」とある。
(77)『宋史』巻四四五、「韓駒伝」に「近年為制誥者、所褒必溢美、所貶必溢悪。豈王言之体。且盤誥具在、寧若是乎」とある。
(78)『容斎四筆』巻一二に「宰相拝罷、恩典重軽、詞臣受旨者、得以高下其手。李文正公昉、太平興国八年、以工部尚書為集賢史館相。端拱元年、為布衣翟馬宗所訟。太宗、召学士賈黄中草制、罷為右僕射、令詔書切責。黄中言、僕射百僚師長、今自工書拝、乃為殊遷、非黜責之義。若以均労逸為辞、斯為得体。上然之。其辞略曰、端揆崇資、非賢不授。昉素高聞望、久展謨猷。謙和秉君子之風、純懿擅吉人之美。輟従三事、総彼六卿。用資鎮俗之清規、式表尊賢之茂典。其美如此。淳化二年、復帰旧庁。四年又罷、優加左僕射。学士張洎言、近者霖霪百余日、昉職在燮和陰陽、不能決意引退。僕射之重、右減於左、位望不侔。因而授之、何以勧示。上批洎奏尾、止令罷守本官。洎遂草制峻詆」とある。
(79)『澠水燕談録』巻二に「(張斉賢)於上前短公(張詠)曰、張詠本無文。凡有章奏、皆婚家王禹偁代為之。禹偁前在翰林、作斉賢罷相麻詞、其辞醜詆」とある。

（80）『宋史』巻四七〇、「王黼伝」に「進翰林学士、（蔡）京与鄭居中不合、黼復内交居中、京怒」とある。

（81）『長編』巻九五、天禧四年六月丙申の条を参照。

（82）『長編』巻九五、天禧四年六月丙申の条に「準嘗独請間曰、皇太子人望所属。願陛下思宗廟之重、伝以神器、以固万世基本。丁謂、佞人也、不可以輔少主。願択方正大臣為羽翼。上然之」とある。

（83）『五朝名臣言行録』前集巻四に「天禧末、真宗寝疾。章献太后漸豫朝政。上意不能平」とある。

（84）『長編』巻九五、天禧四年六月丙申の条に「廃章献、立仁宗、尊真廟為太上皇、而誅丁謂・曹利用等」とある。

（85）『長編』巻九五、天禧四年六月丙申の条に「億畏事洩、夜屏左右為之辞。至自起剪燭跋。中外無知者。既而準被酒漏所謀」とある。

（86）注（85）を参照。

（87）『五朝名臣言行録』前集巻四に「且将挙事、会公（寇準）因酔漏言。有人馳報謂。謂夜乗犢車往利用家謀之。翌日、利用入、尽以公所謀白太后。遂矯詔罷公政事」とある。

（88）『長編』巻九五、天禧四年六月丙申の条に「謂等益懼、力譖準、請罷準政事。上不記与準初有成言、諾其請。会日暮、召知制誥晏殊入禁中、示以除目。殊曰、臣掌外制、此非臣職也。乃召惟演。須臾惟演至、極論準専恣をじ、請深責。上曰、当与何官。惟演請用王欽若例、授準太子太保。上曰、与太子太傅。又曰、更与加優礼。惟演請封国公、出袖中具員冊以進上、於小国中指莱字。惟演曰、如此則中書但有李迪、恐別須命相。上曰、姑除之。殊既誤召、因言え恐泄機事、臣不敢復出。遂宿学士院。及宣制、則非殊疇昔所見者」とある。

（89）『長編』巻九六、天禧四年七月癸亥の条に「是日、惟演又力排寇準曰、準自罷相、転更交結中外求再用。暁天文・卜著者皆遍召、以至管軍臣僚、陛下親信内侍、無不著意。恐小人朋党誑惑聖聴。不如早令出外。上曰、有何名目。惟演曰、聞準已具表乞河中府。見中書未除宰相、兼亦聞有人許以再用、遂不進此表。上曰、与河中府何如。惟演乞召李迪諭旨。上曰、李迪何如。惟演言、迪長者、無過、只是才短、不能制準。因言中書宜早命宰相。上難其人。惟演対、若宰相未有人、可且著三両員参知政事。上曰、参政亦難得人。問今誰在李迪上。惟演対、曹利用・丁謂・任中正並在李迪上。上黙然。惟演又言、馮拯旧人、性純和、与寇準不同。上亦黙然、既而曰、張知白何如。惟演言、知白清介、使参政則可、恐未可為宰相。上頷之。惟演又言、寇準宜早令出外。準朋党盛、王曙又其女婿、作東宮賓客、誰不畏懼。今朝廷人三分、二分皆附準矣」とある。
（90）『長編』巻九六、天禧四年七月戊辰の条を参照。
（91）『長編』巻九五、天禧四年六月丙申の条に「翰林学士銭惟演、見（丁）謂権盛、附離之、与講姻好。而惟演女弟、実為馬軍都虞候劉美妻」とある。
（92）『東坡志林』巻二、「記盛度誥詞」に「三星之媾、多戚里之家、百両所迎、皆権貴之子」とある。
（93）『続夢渓筆談』に「寇忠愍拝相白麻、楊大年之詞。其間四句曰、能断大事、不拘小節、有干将之器、不露鋒芒。懐照物之明、而能包納。寇得之甚喜曰、正得我胸中事」とある。
（94）『五総志』に「寇莱公貶時、楊文公在西掖、既得詞頭、有請於丁晋公。公曰、『春秋』無将、漢法不道、皆其罪也。楊深不平之。及晋公去位、楊尚当制、為責詞曰、無将之戒、深著乎魯経、不道之誅、難逃於漢法。一時快之」とある。案ずるに、この史料は時期と登場人物に問題がある。丁謂が二度目に宰相を罷免されたとき、楊億はすでに死去していた。制詞を書いた人は仁宗朝の翰林学士宋綬であった。だが記載の誤りがあっても、結局翰林学士が皇帝の文書を起草するときに手段を弄して自己意思を働く事実を物語っている。また『五総志』の著者呉炯は楊億が寇準の一党とされることも反映している。
（95）『宋宰輔編年録』巻三を参照。
（96）唐以後、科挙試験の合格者がその試験官を呼んだ敬称である。これに対し、合格者は「門生」と自称する。宋代では、官員推薦制度が盛んであったので、被推薦者が推薦者との関係も「座主」と「門生」のようである。

第九章　宋代士大夫の精神世界の一側面
――范仲淹を中心に――

小　引

中国において、改革家、特に失敗した改革家は、その生前或いは死後、往々にして、非難されることが多く、「蓋棺論定」（＝人の評価は死後に定まること）されない者が少なくない。しかし、「慶暦新政」という宋代初めての重要改革を主宰した范仲淹は例外と思われる。同時代の人は范仲淹を次のように評価している。

大忠偉節、宇宙に充塞し、日月に照耀す。前に古人に愧じず、後に来哲に師とす可し。(1)――韓琦

一世の師、初め由り終わり迄、名節に疵無し。(2)――王安石

天地の間気、第一流の人物なり。(3)――朱熹

本朝の人物、南渡の前、范文正公合に第一に居るべし。(4)――劉宰

聖賢は遙か古代よりも近世に求められる。范仲淹は、宋代以降、士大夫たちの精神上の模範となってきた。なぜ范仲淹はこのような高い評価を獲得できたのか。なぜこのような高い精神的地位をもちえたのか。同じ改革家と

して、王安石は毀誉褒貶相い半ばしたのに、なぜ范仲淹だけは名節が完璧と見なされたのか。

従来、学者は范仲淹を評価するとき、往々にして范仲淹の事業と功績に注目して、特に范仲淹がどのように慶暦新政を主宰し、どのように西夏に対して防御したのかという二点を挙げるにとどまってきた[5]。確かに、これらは范仲淹の主要な活動であって、無視はできない。しかし、范仲淹がこれらの事業と功績を成し遂げた原動力は何か。その原動力によって、どんな行動規準と行動様式が生まれたのか、また、その原動力を形成させた時代的背景は何か。精神的原動力がなくとも、范仲淹の事業と功績は成し遂げられ、上述した高い評価が得られたと云えるのか。本章は、このような視点から、范仲淹を考察しようと思う。

第一節　「国家の不次の恩を荷い、報ずる所以を思う」——報恩論

天子重英豪、文章教爾曹。（天子、英豪を重んじ、文章を爾曹に教える。）

万般皆下品、唯有読書高。　万般、皆な下品、唯だ読書により高くなるみちあり。）

この詩は宋人が編集した『神童詩』[6]の第一首として、世に広く伝わっている。宋代の朝廷と士大夫との関係及び士大夫の社会的地位を生き生きと伝えたものである。范仲淹も晩年に自分の仕官経歴を回顧し、同郷人に勧め諭してつぎの詩を作成した。

長白一寒儒、登栄三紀余。（長白の一寒儒、登栄せるは三紀余り。

百花春満路、二麦雨随車。　百花、春に路に満ち、二麦のとき、雨が車に随う。

鼓吹迎前道、煙霞指旧廬。　鼓吹は前の道に迎え、煙霞に旧廬を指す。

郷人莫相羨、教子読詩書。(7)　郷人は相いに羨ましむ莫かれ、子に詩書を読ましめん。）

以上の二詩はともにある観念或いは意識を素朴に表現したものであるといえば、それに対して、下記の北宋三世皇帝である真宗のものといわれる『勧学詩』は、天子がどのように「英豪」を重んじたかを民衆にいっそう明白平易に教えたものである。そして、なぜ読書が最高かという道理を明らかな事例で説明してくれる。詩に曰く

富家不用買良田、（富家、良田を買うを用いるなかれ、
書中自有千鍾粟。書の中に自ずから千鍾の粟有り。
安居不用架高堂、安居するに高堂を架くるを用いるなかれ、
書中自有黄金屋。書の中に自ずから黄金の屋有り。
出門莫恨無人随、門を出ては人の随うなきを恨む莫かれ、
書中車馬多如簇。書の中に車馬多きこと簇の如し。
娶妻莫恨無良媒、妻を娶るは良媒なきを恨む莫かれ、
書中有女顔如玉。書の中に女、顔の玉の如き有り。
男児欲遂平生志、男児、平生の志を遂げんと欲せば、
六経勤向窓前読。(8)　六経を勤めて窓の前に向きて読まん。）

以上とりあげた詩は例外なしに功利が人を誘うというものであるが、客観的に見ればある観念を反映している。つまり、人の政治的身分と社会的地位は読書を通じて獲得できるという観念である。これは真新しい観念であった。宋以前、このような観念を形成する現実的な条件と社会的な基礎が乏しかったのである。しかし、宋代からは、地位とそれがもたらす利益の獲得に邁進し、それを官側も奨励した結果、「満朝朱紫貴、尽是読書人」（満朝、朱紫の貴、尽

く是れ読書人）[9]という事態を招き、これらは春雨が土に染み込むようにその後の庶民と士大夫の夢を育んでいった。この夢は絶えず人々の向上心を励ますものであった。宋真宗の詩は「書中自有黄金屋、書中自有顔如玉」という民間の諺にもなった。宋で初めて盛んになった科挙制度は千年を経て清末まで衰えることがなかったわけである。

利益は、何人にとっても魅力がある。これは否認すべくもない。しかし、中国伝統社会における知識人の多数は利益だけを追求したのではない。器と道のたとえのように、かれらのなかの大多数は科挙の器を通してかれらの理想の道を実現しようとしたのである。

古来、中国の知識人の血には、ずっと責任意識が流れていたといえる。責任意識とは、天下に自任する意識なのである。しかし、かつては客観的な政治的環境と支配者の採用政策などが原因で、このような責任意識を発揮することができなかった。魏晋南北朝時代は、門閥士族が政治舞台の主役である。いわゆる「上品に寒門無く、下品に勢族無し」と云われる。そのような門閥制度及びその観念の残滓は唐代までずっと影響を及ぼしていた。この状況では、多数の士大夫は「達すれば兼ねて天下を済う」（達則兼済天下）というわけにはいかないので、「窮すれば独り其の身を善くす」（窮則独善其身）ということを選ぶほかない。そのなかの一部分の人々は積極的に社会に飛び込むのではなく、逆に現実から逃れて山林の隠士になった。中国伝統社会における隠逸の現象は、ある意味でいえば、政治的抑圧によって生まれた、ある奇形的な解脱であった。

しかし、宋代は全然違う。客観的な現実政治は、唐末より五代にかけて社会を激しく揺り動かし、陳腐な門閥観念の残滓を一掃してしまった。宋代では、唐代によく見られた士族と庶族との間の争いはほとんど見られなくなった。また、政権が走馬燈のように絶えず交替し、固有の政治秩序を乱し、伝統的な政治構造を打破してしまった。したがって多くの士大夫が官途につくための、ある程度平等な機会や可能性を提供した。

また、統治者の主観的な意図からすれば、趙宋王朝は、歴史上の魏晋の門閥的な政治、隋唐の集団的な政治及び五代の武人的な政治に鑑みて、それらを戒めようとする一方で、政権自体は少しも「君権神授」という神秘なベールがかかっていない実状を踏まえ、広く士大夫を籠絡するという政治的戦略を選択し、士大夫たちを政治に参与させて、その政権への求心力を増強させ、簒奪によって立てた政権を合理化する必要があった。一言でいえば、「士大夫と天下を治む」（与士大夫治天下）ということである。

「与士大夫治天下」という言葉は、北宋の宰相文彦博の口から出たものである。熙寧のとき、王安石の改革について、朝野の議論が錯綜し、神宗は文彦博等の大臣を呼んで討議した。その際、君臣の間に次のような会話があった。

文彦博言う、祖宗の法制具に在り、更張して、以て人心を失うを須《もち》いず、と。

上曰く、法制を更張するは、士大夫に於いては誠に悦ばざること多し。然れども百姓に於いては何れの所か不便ならん、と。

彦博曰く、士大夫と天下を治むるを為す、百姓と天下を治むるに非ざるなり、と。(10)

「与士大夫治天下」という言葉は、その時代の士大夫のプライドと自信を示しているのみならず、この政権の協力者はわれわれだと君主の注意を喚起しているのである。これはある新しい君臣関係を反映している。この言葉と対比させるため、ひとりの士大夫の死について触れておこう。

顔見遠という知識人は魏晋南北朝時代の南朝斉の官僚であった。梁が斉に代わったとき、かれはなんとハンストをして死に、その時代の伯夷・叔斉となった。梁太祖はこれを聞いたあと、「我自ら天に応じ人に従う、何ぞ天下の士大夫の事に預からん、顔見遠乃ち此れに至るや」(11)といったという。もちろん、一介の書生の死は一つの王朝にとっては、ごく小さいことだが、今から見れば、時代の悲劇である。その時代では、士大夫は多くは朝廷とある雇用と被雇用の関係に在り、主人公ではなかった。しかし、宋代に入り時代が変わった。士大夫は社会に支配的地位を持つ有力な一つの階層あるいは一種の勢力として興り、あなどりがたくなった。

新しい時代背景の下に、太祖・太宗とともに天下を取った謀士としての士大夫たちは、立てた政権に「与士大夫治天下」という基本的な政治構造を設計した。このような政治構造の下に、宋王朝の統治者は科挙の方式で大規模な試験を行い、全社会から有用な人材を吸収する。したがって、農業社会において人口の比率が多くない知識人のほとんどを網羅し、統治の基礎を広げていった。一方、「取士、家世を問わず」（取士不問家世）[12]といわれたように、読書人は艱苦に耐えて勉励し、大体機会均等の競争の下、抜群で頭角を現したものは、支配階層に飛び込んで、統治機構の一員になったのである。

官途に入った士大夫はもはや跳びがたい「龍門」を悲しみ嘆くことがなくなった。逆に官途に入ることに成功したという社会的地位の変化によって、「兼済天下」という志向を燃え立たせ、かれらが身を投じた政権の安危を自任して、もはや傍観的な局外者ではなくなった。したがって士大夫は責任感を強めたのである。「天下は我々の天下、国家は我々の国家、社会は我々の社会だから、われわれが言わなくて、誰が言うか、われわれがしなくて、だれがするか」[13]という二十世紀初頭のある若い知識人のあわただしい呼びかけは、宋代の「与士大夫治天下」精神のはるかに時代を超えた共鳴である。

宋代の君主は貢挙の規模を広げると同時に、殿試も制度化し、士大夫は「天子門生」であるという観念を強化しようとした。朝廷のいろいろな優遇策は、宋代の士大夫に君主の知遇の恩に対する感謝の念を起こさせた。特に庶民または貧民より出世した士大夫が職務に精励する行為は、朝廷に対する特別強い恩返しの意識によっていたと思われる。范仲淹貧乏な家に生まれた范仲淹も例外ではないのである。かれは宋王朝が士大夫に施した優遇策の受益者である。

の言行のなかには、強い恩返しの意識が見られる。ところが、かれは単に君主一人への恩返しだけではなく、朝廷に忠節を尽くし、この朝廷が代表している国家の安危に全身全霊を捧げる、というところまで昇華させているのである。

范仲淹は二歳のとき、父親が亡くなった。母親が生計のため、かれを連れて再婚した。その後、范仲淹は他人に依存して貧しい生活を送った。青年時代の范仲淹は山の中の寺院で勉強したとき、食べ物が足りないため、一つの小さい皿の粥を凍らせてから四つに分け、すこし韮と塩を入れて、これを一日分のたべものとした。そんな生活が三年間続いたのである。[14] そのあと、范仲淹は睢陽学舎で勉強したが、生活の苦しさは変わることがなかった。同窓の金持ちのこどもがそれを見て惻隠の心を動かし、食料品を送ってきた。[15] そのとき、范仲淹は自分を貧乏な顔淵に例えていた。[16]

ところが、范仲淹の進士合格後、状況はすぐに変わった。政治的地位はさておき、単に経済収入についていえば、かれがまだ大理寺丞・秘閣校理という下級官僚を務めたとき、かれ自分の話によれば、年俸はすでに二千畝の土地所有による収入に相当したのである。[17] これによっても宋王朝の士大夫優遇策の一斑がわかる。范仲淹自身こういう地位や経済面の変化を踏まえ、「朝廷儒を用うの要、其の品流を異とし、其の委注を隆《たか》くするに若くは莫し[18]」ことであるといっているのは、その実感であろう。

「与士大夫治天下」という政治構造は宋王朝の士大夫優遇策を決定する。この政策は、具体的にいえば、宋人の呂中が『大事記講義』巻一の「序論」に

取士は累挙に至り、挙官は内親に及ぼし、任子は異姓に至り、拝近は必ず良日を択ぶ。固より士大夫の心を結ぶ所以なり。[19]

と述べられている通りである。これに対して、范仲淹がつねに心にかけたことは、「某、早く孤賤を以て、国家不次の恩を荷い、夙夜遑あらず、報いる所以を思う[20]」ということであった。このような話は范仲淹が一度ならず言ってい

る。例えば、「某、孤平、素有り、国家の粗使に備わるに因り、班列に預かるを得たり。…毎に自ら、噣をもって上恩に報いんと循揣す[21]」とあり、また、「自ら省みるに、寒士、遭逢して此に至り、善藩を選び以て自処するを得、何を以て国の厚恩に報いん[22]」とある。

以上、引用した范仲淹の話は、いずれも范仲淹の知人への手紙から引いたものである。士大夫の朝廷への上奏文が役所式のきまり文句であるとすれば、知人間の非公式な書信はだいたいその人の本当の考えを反映しているといってよい。したがって引用した言論に見られる范仲淹の報恩思想は真情を吐露したものといえよう。また、范仲淹の恩返しの対象は君主一人ではなく、朝廷或いは国家全体であることに注目すべきである。

この報恩思想こそ范仲淹のすべての政治活動の主たる原動力であった。范仲淹の多くの行動様式は、みなここからそれぞれの解釈答案を探りだすことができる。范仲淹は宋代の士大夫に特有な方式、つまり強い責任感をもって国家或いは朝廷の恩徳と知遇に対して報答するのである。それはかれの言動の一つ一つのなかに貫かれていた。

士大夫政治という構造において、国家政権は士大夫政権なのである。士大夫の優遇策も士大夫の主宰した下に採択されたものである。士大夫が朝廷に、朝廷の代表である皇帝に恩返しするのは、個人が集団への忠を表すのであり、政権の参与者が自分の政権への誠を尽くすのである。これは宋代士大夫の天下に自任する事業心を反映している。

第二節　「少小より功名を愛す」——愛名論

宋王朝の士大夫優遇策及び科挙の規模拡大などの措置は、かつてない士大夫政治を形成させた。それは士大夫たちに長い間抑圧されていた「兼済天下」という志向を燃え立たせた。かれらはやる気満々で功名を立て事業を行おうとして、国家のかれらへの知遇の恩に報答する。しかも、祖先や家名を輝かすことを望んでいた。士大夫の一員として、范仲淹の功名心はかなり強かった。早くも天聖二年（一〇二四）のとき、その抱負を述べた詩に「有客淳且狂、少小愛功名。非謂鐘鼎重、非謂箪瓢軽」（淳かつ狂の客有り、少小より功名を愛す。鐘鼎の重さを謂わず、箪瓢の軽さを謂わず）とある。同時に、かれは「風塵三十六、未作万人英」（風塵の三十六なり、未だ万人の英と作らず）と嘆息している。だが、かれは自信満々に「早晩将相雲漢外」（早晩、雲漢外に将相たり）と書いた。西夏を防御するとき、堂々と胸をはって「功名早晩就、裴度亦書生」（功名、早晩に就き、裴度も亦た書生）とうたった。范仲淹は出世欲が強く「万人の英」になりたかったのである。幸い士大夫の統治基盤となる社会的政治的環境はかれにその機会を与えた。

范仲淹が名声をほしがることについて、当時何人もが非難した。范仲淹の推薦者である晏殊は、あなたが好奇心で名声を求めると論ずる人がいると范仲淹自身に伝えている。かつて晏殊に范仲淹を推薦させた宰相王曾さえも、范希文（仲淹の字）が名に近づくことは免れないと言っている。これによれば、范仲淹が名声をほしがることについて、当時の悪意ある攻撃を除いても、誤解或いは不理解の者が少なくなかった。

では、范仲淹は名節をどう考えていたのか。その名節観を見てみよう。

范仲淹は天聖八年（一〇三〇）の「上資政晏侍郎書」で、「奇を好みて名を邀《むか》う」という非難に反論し、景祐三年（一〇三六）には、呂夷簡からの「名を務めて実無し」という非難に反駁した「近名論」を著した。この二つの文章は全面的に范仲淹の名節観を反映している。

一つは、范仲淹は道家の遠名説が責任感に欠けるというのである。老子の「名と身、孰れか親しむ」（名与身孰親）や荘子の「善を為さば名に近づかず」（為善無近名）などという言い方をとりあげ批判を加えた。これは「道家の自全の説」として、「人をして名を薄めて、其の真を保たしむ」（使人薄於名而保其真）、「斯人の徒、爵禄を加う可きに非ず、賞罰を動かす可きにあらず、豈に国家の用と為さんや」（斯人之徒、非爵禄可加、賞罰可動、豈為国家之用哉）と批判した。すなわち、そのような説を持っている者は社会に跳び込む意思がなくて、名節を愛せず、保身をはかって、すこしも責任感がない。国家のために力を尽くすことがまったくできない。統治者はその道家の遠名説を提唱すべきでない。范仲淹は「如し道家の言を取り、名に近づかしめざれば、則ち豈に復た忠臣烈士の国家の用を為すもの有らんや」（如取道家之言、不使近名、則豈復有忠臣烈士為国家之用哉）と反問した。

もう一つは、名を重んじ、名を愛することは前賢と聖人の一貫した思想と作法であって、経典に記されているというのである。范仲淹は儒学の経典からたくさんの名を重んじ、名を愛する理論を捜し出して、名に近づくという主張が聖人の思想に合致することを論証しようとした。例えば、「身を立て名を揚ぐる」（立身揚名）、「善を積まざれば、以て名を成すに足らず」（善不積、不足以成名）、「没世に名の称せられざるを恥じる」（恥没世而名不称）、「栄名、以て宝と為す」（栄名以為宝）等々。そして、范仲淹は古代賢君と名臣のたくさんの事績を取り上げた「近名論」では

我が先王、名を以て教と為し、天下をして自ずから勧めしむ。湯、網を解き、文王、枯骨を葬り、天下の諸侯、聞いて之れに帰す。是れ三代の人君、已に名に因りて重んずるなり。太公、直釣にして文王を邀《むか》え、夷・斉、西山に餓死し、仲尼、七十国に聘され、以て道を行うを求む。是れ聖賢の流、名を渉《かかわ》らざる無きなり。孔子、『春秋』を作るは、即ち名教の書なり。善者は之れを褒め、不善者は之れを貶し、後世の君臣をして令名を愛して勧め、悪名を畏れて慎しむるなり。(31)

と論じている。

さらには、范仲淹は、教化を行う上で一番大切なのは名を重んじ、名を愛することである。これは治乱興亡にかかわることである、と認めている。かれは、

名教を崇ばざれば、則ち人君為る者は謂わく、堯舜は慕うに足らず、桀紂は畏るるに足らず、と。人臣為る者は謂わく、八元は尚ぶに足らず、四凶は恥づるに足らず、と。天下豈に復た善人有らんや(32)。

と述べた。また、普通の人が「名を愛さざれば、則ち刑法干戈有りと雖も、其の悪を止むる可からず(33)」とかれは言った。さらに、范仲淹は人は名を愛さなければ、聖人の権威が無くなってしまうとも述べている。すなわち、儒学が礼教で天下に教化を行って、人に羞恥心を持たせ、一定の秩序と規範を守らせる。もしもだれも自分の名節を重視せず、羞恥心をもたなくなれば、聖人は天下に教化するという理論が通じなくなってしまう、という。つまり、范仲淹は教化の道として、名に優先するものがないという結論を出した。

ところで、人間として、自分の名節・名誉を重んじて、身を立て名を高めるのは悪いことではないと認める范仲淹の一生こそ、名を重んじ愛する一生なのであった。仁宗時代、范仲淹が直言し賢明であるという評判は天下朝野に知られていた。しかし、范仲淹の名を重んじ愛するのは、限度を心得たものである。どういう状況で名を愛すべきなのか、どういう状況で名は配慮すべきではないのか。これに対して、范仲淹は明確な認識を持っていた。范仲淹は虚名をねらう人間ではない。かれにとって、名に近づくのと売名とは厳格な区別があったのである。かれが継父の家族の子弟に与えた一通の家書には、「平生の称、当に大節を見るべし、必ずしも窃かに曲直を論ぜず、小名を取りて大悔を招けばなり(34)」とする。これによれば、范仲淹の愛する名は、高度の事業心の上に立てる名なのである。好ましいのは大きな名節で、個人的に出しゃばりたがることではない。特に、この名節を重視することが国家の利益及び事業の全体に妨害となるときは、大局に服従すべきで、「国と憂いを同じくし、専ら名節を尚ぶべからず(35)」と范仲淹は認識していた。

范仲淹が名節を重視することを提唱するのは、特定の歴史的背景の下で起こされる混乱を是正するためである。唐末より五代にかけて政権が頻繁に交代し、士大夫は往々いくつかの王朝に連続して仕官した。例えば、「長楽老」と自称した馮道は、四つの朝廷で十人の君主に仕えていた。[36]宋朝が後周の禅譲を受けてから、後周の多くの士大夫は宋の臣になった。宋初の何十年間に、いわゆる「弐臣」といわれた人たちは朝野にあふれていた。そのとき、「弐臣」に対する非難はほとんどなかった。その後、范仲淹等は五代以来の士大夫の風習が薄情であり道徳も沈淪していることを痛感し、身を以て手本を示して、士大夫の風習を奮い立たせ、士大夫の名節を励ましたのである。『宋史』巻四四六「忠義伝序」には次のようにいう、

士大夫の忠義の気は、五季に至り、変化して殆ど尽く。宋の初めて興るや、范質・王溥猶お余憾有り、況んや其の他をや。芸祖、首め韓通を褒め、次いで衛融を表するは、意嚮を示すに足る。厥の後、西北疆場の臣、敵に死するに勇あり、往々懼れ無し。真・仁の世、田錫・王禹偁・范仲淹・欧陽脩・唐介の諸賢、直言讜論を以て朝に倡《うた》う。是に於いて、中外の縉紳、名節を以て相い高め、廉恥をもって相い尚ぶを知り、尽く五季の陋を去る。[37]

と述べる。宋初から真宗にかけて支配層で道家の「無為」という思潮が主導的な地位を占めていた。それは当時の政局の安定と正常な国家の管理運営のため、宋王朝は多数前朝の旧臣を受け入れなければならなかったからである。しかし、数十年間を経て、政局内部の安定とともに、政府として、引き続いて道家の無為思想を奨励する必要はなくなった。そこで、道徳上、「弐臣」といわれた人たちを評価し直し一転して否定的になった。范仲淹の道家批判を中心とする好名論は、ちょうどこういう背景の下に生まれたのである。これは当時の新思潮を代表していた。実は『宋史』「忠義伝序」で范仲淹の前に置かれた人物王禹偁は、太宗時代にすでに名教について、范仲淹とほぼ同じ主張を出した。[38]そして范仲淹とほぼ同じ時期に、欧陽脩が『新五代史』において、改めて馮道に否定的な評価を下したのはその時代の思潮の反映であった。

范仲淹が名節において宋代士大夫の風習を改変したことをさらに具体的に評価した朱熹の文には

本朝の范質、人、其の好宰相と謂うも、只だ世宗の為に一死するを欠くのみ。范質の徒の如き、却って最も馮道の輩を敬う。蘇子由の議論と雖も、亦た未だ此れより免れず。本朝の忠義の風、却って是れ范文正より作成し起来するなり。(39)

とある。また、朱熹には学生との間に次の会話がある。

問う、本朝、王沂公の如き、人品甚だ高し。晩年に乃ち復び相となるを求むるは何ぞや。曰く、便ち是れの前輩都て此の事を以て非と為さず。范文正に至り、方めて廉恥を励まし、士気を振作せる所以なり。(40)

と。清代の王士禛は『池北偶談』巻六に魏象枢という人の話を引いて「名を好むのは学者の病だが、学ばない者の薬である」と語っている。この話は頗る筋が通っているが、かれはただ学業を言うだけである。范仲淹の名に近づくことに関する言行は、個人の修養だけではなく、政治的視点についても、さらに深い意味があり、それが范仲淹の時代以来、かなり大きな影響を与えてきたことは、すでに定説がある。南宋の初期に、薛季宣という人は范仲淹のこういう思想の政治的意味あいをさらに展開させ、南宋の二世皇帝孝宗に進言して、

近ごろ或るひとは好名を以て士大夫を棄つ、夫れ好名は特だ臣子学問の累と為すのみ。人主、社稷の計を為すに、唯だ士の名を好まざることを恐るるのみ。誠に人々名を好み義を畏るれば、何の嚮きか立たざらん。(41)

とある。また、『宋史』巻四二三「陳塤伝」に次のような問答がある。

（史）弥遠、塤を召し之れに問いて曰く、吾が甥、殆ど名を好むか、と。塤曰く、名を好むは孟子の取らざる所なり。夫れ士を三代の上に求めては、唯だ其の名を好むを恐れ、士を三代の下に求めては、唯だ其の名を好まざることを恐るるのみ、と。(42)

南宋の理学家黄震は『黄氏日抄』の「本朝諸儒理学書」の欄に、高名な理学家張栻の文集の言葉を、「君・相は当に士大夫の好名を悪むべからず。唯だ朋友の相い切磋することに、当に名を好むべからざるのみ」[43]と引用した。以上をまとめてみると、范仲淹以来、その好名論は、ある種の「道統」として、士大夫たちに受け継がれてきた。宋代に、文天祥のような気節のある士大夫が現れたのは名教を重視し、名節を励ますことと関係ないわけではないと思われる。

第三節　「一心の戚を以て天下の憂いを忘れず」——憂患論

物を以て喜ばず、己を以て悲しまず。廟堂の高きに居て、則ち其の民を憂え、江河の遠きに処し、則ち其の君を憂う。是れ進むにも亦た憂え、退くも亦た憂う。然れば則ち何時にして楽しむか。其れ必ず曰く、天下の憂いに先んじて憂え、天下の楽に後れて楽しむ、と。[44]

この周知の「岳陽楼記」のなかの名言こそ、范仲淹が国を憂え民を憂える心の真実の告白である。范仲淹のこの憂国憂民の心は早くも少年時代にすでに生まれていた。欧陽脩は范仲淹神道碑に

公、少くして大節有り、富貴貧賤・毀誉歓戚に於いて、其の心を一つも動かさず、而して慨然として天下に志有り、常に自ら誦して曰く、士、当に天下の憂いに先んじて憂え、天下の楽に後れて楽しむべしと。[45]

と述べている。また、景祐元年（一〇三四）に欧陽脩は范仲淹の知蘇州の就任を知り、范仲淹宛の手紙を出した。手紙には、「希文、朝廷に登り、国論に与かり、毎に事の是非を顧み、自身の安危を顧みず。則ち東南の楽有りと雖も、豈に能く天下を憂う心有る者の楽と為らんや」[46]とあった。欧陽脩は范仲淹の品格を熟知し、「天下を憂える心有る者」と称したのである。それゆえ范仲淹神道碑に少くして憂患の心があると書いた根拠があったのである。

范仲淹は少年のとき、かつて自分の将来に二種類の職業あるいは生活の道を考えた。一つはよい宰相になること、もう一つはよい医者になることであった。宋代の趙善璙は『自警篇』巻八に

　范文正公の微時に、嘗て霊祠に詣り、祷りを求めて曰く、他時、相位を得るや、と。許さず。復た之れを祷りて曰く、然らずんば、良医と為るを願う、と。亦た許さず。既にして、嘆いて曰く、生民を利沢する能わざるは、大丈夫の平昔の志には非らざるなり、と。他日、人、公に謂う有り、曰く、丈夫の相に志すは、理、則ち当に然るべし。医の技、君、何をか願う。乃ち卑しきに失う無からんや、と。公曰く、嗟乎、豈に是を為さんや。古人、云うあり、常に善く人を救い、故に人を棄つる無し。常に善く物を救い、故に物を棄つる無し。且つ丈夫の学ぶや、固より神聖の君に遇い、其の道を行うを得、天下の匹夫匹婦をして其の沢を被らざる者有る無からしめんと欲す。若し己を推して之れを溝の中に内《おさ》め、能く小大生民に及ばば、固より惟だ相ならば然り為すのみ。既に得る可からず、夫れ能く救人利物の心を行う者は、良医に如くは莫し。果たして能く良医と為らば、上は以て君親の疾を療し、下は以て生民の厄を救い、中は以て身を保ち長生す。下に在り、能く小大生民に及ぼす者は、夫の良医を捨つるは則ち未だ之れ有らざるなり、と。(47)

この記事を見れば、范仲淹の世を救うと民を救うという二種類の人生構想は、いずれも憂国憂民を出発点とするのである。范仲淹が官途についたあと、この憂国憂民の意識はさらに強くなった。天聖五年（一〇二七）、母親の喪に服する期間に、かれは大理寺丞という微官でありながら、自分の個人的な憂いを天下の憂いに及ぼすという強烈な憂患意識に駆られて、万言近くの「上執政書」を書いた。(48)当時の各領域に存在している弊害に的をしぼり、改革の提言を出したのである。范仲淹は上書する理由を述べ、「敢えて一心の戚を以て、天下の憂いを忘れず(49)」と言った。実は范仲淹の上書する十数年前の真宗朝において、服喪期間の上奏を厳禁されるという明らかな詔を下したことがある。(50)そ

れゆえ、范仲淹の上奏はかなり危険を冒したのであろう。

范仲淹は、地方官になるとき、「憂国憂民、此れ其の職なり」[51]と言った。辺境の地を守っているとき、西夏趙元昊に独断で返信を出して降職されたが、「既に職任を去っても、尚お、国家の憂いを懐く。卞生が璧を献げ、其の止めることを知らず、足を刖《あしき》ると雖も、璧は猶お自ら貴きが如し」[52]と言った。

朝廷で諫官を務めたとき、君命を奉じ江淮の被災区域を視察し、罹災民の食べ物の野草を持ち帰って、皇帝に送り、「六宮の貴戚に示し、以て侈心を戒むるを請う」と言い、被災区域の地方官である呉遵路の救済事績を称賛した。[53]数年後、呉遵路が死んだとき、范仲淹は祭文で、感慨をこめて、「憂国憂民せば、早く衰えて死す」[54]と書いた。これから見ると、范仲淹は憂国憂民は命を縮めることになるのを知らないわけではなかったが、初一念を翻さなかったのである。

憂患の心を負っているため、范仲淹の一生はいつも気が重い状態にあった。友達と一緒に酒を飲む時さえも天下の庶民を思い出している。かれの詩に「但願天下楽、一若尊前身」（但だ天下の楽しみを願うことはすべて尊前の身の若きのみ）[55]とある。

官界で浮き沈みを経験して、范仲淹は勇退することを思いついたこともある。ところが、この思いはすぐかれの憂患意識に抑えられてしまった。「鵬鶏共適逍遙理、誰復人間問不平」（鵬鶏は共に逍遙の理に適えば、誰か復た人間に不平を問わん）[56]と考えていたからである。

述べてきたように、范仲淹の憂国憂民は明確に自覚的・意図的なものであることがわかる。しかもその意図はかなり強烈で執着したものである。前に挙げた「卞生が璧を献げ、其の止めることを知らず。足を刖ると雖も、璧は猶お自ら貴きが如し」という、こだわり続ける憂国憂民の意識こそ、強烈な事業心と責任感が敷衍されたものである。

では、范仲淹の憂国憂民の意識はどのようにして形成されたのか。少なくとも次のような要因があると思われる。

客観的に見れば、一つは、宋王朝の「与士大夫治天下」という政治的方針とこれによって形成された社会的環境が范仲淹の天下に自任する政治的な責任感を養成したのである。かれの一言一行はたえず人民の困苦及び国家の安危を念頭に置く。もう一つは、当時の政情である。范仲淹が官途につく時期、宋王朝はすでに八十年あまり経過し、この巨大な車は峰から谷に向けて滑り落ちつつあり、いろいろな危機がすでに発生し始めていた。范仲淹の言を借りれば、「綱紀制度、日に削り月に侵され、官、下に壅ぎ、民、外に困しむ。夷狄驕盛し、寇盗横熾す」(57)という状況である。このような政治的現実も范仲淹に憂患意識を強めさせたのである。

范仲淹自身に見れば、一つは、范仲淹は官界につく前に、どん底の生活を体験し、民衆の困苦が、地方の悪徳官吏及びボスの虐政によることを理解していた。かれの言葉に「臣、出処窮困し、憂思深遠なり。民の疾苦、物の情偽、臣、粗ぼ之れを知る」(58)とある。范仲淹は少年時代に未来の職業として、よい宰相とよい医者を選定するときから、民を水火の苦しみより救うという強い憂国憂民の意識をもっていたのである。もう一つは、儒学の積極的に世に飛び込むという思想と重民の教えに長期間陶冶されて、范仲淹の天下に自任する志向がしっかりと確立されたことである。天下に自任する以上、必ず天下を憂える心をもっているわけである。范仲淹はかれの憂患意識が「古の仁人の心」を探求した結果だと語っている。范仲淹はとくに唐代の韓愈の影響を深く受け、その文学上の業績を推賞して、北宋の古文運動を唱導した。(59)かれが天下を憂え、死を覚悟で進言するのは、韓愈をモデルとするのである。かれの「上資政晏侍郎書」には、「韓愈、自ら謂う、天下を憂える心有らば、是に由り、時政の得失をも或いは嘗て之れを言うなり、と」(60)とある。

要するに、「与士大夫治天下」という政治的方針と社会的環境、危機が日ましに重くなる社会的情勢、古代の仁人君子の影響、これらの要因が范仲淹に「天下の憂いに先んじて憂え、天下の楽しみに後れて楽しむ」という精神を形成させたのである。

第四節　「儒者の報国、言を以て先と為す」——進言論

宋代の歴史に触れたことがある人は、宋代の士大夫に上言の風習は頗る盛んであるという印象をもつ。何かことがあれば、大小にかかわらず、往々つぎつぎに上奏し、議論が絶えない。その議論の是非はさておいて、このような現象が少なくとも反映していたのは、宋代士大夫に国家観念及び事業心と責任感が増強していることであると思われる。いかなる社会でも、百家の自由な論争があることは何の論争もないことに比べて正常な姿である。

宋代士大夫が政事を議論する風気は長期間にわたって続けられ、上言は宋代士大夫たちの「特権」となった。『朱子語類』巻一三二に「士大夫は面折廷争を以て職と為す」とある。これについて、ほんの典型的な一例だけ取り上げておきたい。慶暦二年（一〇四二）、西部の辺境を統率していた范仲淹の官職は文官から武官に変更された。武官の俸禄が文官より良いにもかかわらず、范仲淹はやはり連続して三通の上表を出してこの任命を断わってしまった。いうまでもなくこれは宋代士大夫の文を重んじて武を軽んじる風習の影響と思われるが、何よりも武官に変更されると、制度上、上奏して政治を議論することは不便になり、「特権」を失うからである。范仲淹は「譲観察使第一表」に

臣輩、亦た内朝の職を以て詔令の下るを覩る毎に、或いは便に非らざること有らば、必ず極力議論し、覆奏して已まず、必ず正さんことを期す。自ら近臣は、当に其の闕を弥縫して嫌なかるべしと以えばなり。今、一旦内朝の職より落ちて、外帥に補さるれば、…則ち今より後、朝廷の詔令の出さるること、或いは軍中に於いて不便

ならば、或いは辺事に於いて害有るも、豈に敢えて是非を区別し、朝廷と抗論せんや。自ら近臣に非ざれば、其の闕を弥縫するの理無し。縦い詔を降すこと丁寧にして、須らく奏覆せしむべきも、臣輩、豈に前代の将帥驕亢の禍を鑑み、国家の内外指蹤の体を存せざらんや。(61)

と理由を述べている。范仲淹から見れば、「儒者の報国、言を以て先と為す」（儒者報国、以言為先(62)）というので、この発言権を失いたくないのは当然なのである。

報恩思想、近名主張および范仲淹のずっと持っている深い憂患意識、これらすべてを一つの基本的形式で表現するものが「儒者報国、以言為先」である。これは一貫して主張され、生涯実行された。早くも天聖三年（一〇二五）、范仲淹がまだ監楚州糧料院という地方小官であった時に、既に「奏上時務書(63)」を、宋仁宗と摂政の劉太后に呈上している。文弊を救う、武挙を恢復する、三館の選を重んじる、直諫の臣を賞するなどの建言であった。天聖五年（一〇二七）、母の喪に服する期間に、范仲淹は朝廷に前述の万言書を出した。時弊を匡正するために、郡守を選ぶ、県令を挙す、遊惰を斥ける、冗僣を除く、選挙を慎む、将帥を安撫するなどの綿密な改革案であった。これはほぼ、かれが十五年後「慶暦新政」を主宰するときに提出した十項改革主張の種本であった。当時の宰相王曾は万言書を受け取った後、「見て之れを偉とす」、晏殊をして范仲淹を館職に推薦させた。(64)

范仲淹が「以言為先」なのは、痛くもかゆくもない空論を展開するためではなくて、ずばりと時弊を摘発したいためである。

天聖七年（一〇二九）、摂政の劉太后が冬至に朝拝の礼を受け、宋仁宗が文武群臣をつれて太后に誕生祝いをしようとする。范仲淹はこれを聞き強く反対した。かれによれば、

親を内に於いて奉るは、自ら家人の礼有り。顧って百官と同列し、南面して之れに朝するは、後世の法と為す

可からず[65]。

というものであった。さらに太后に対して政務を仁宗に返すことを強く要求した。唐の則天武后にならって野望ある劉太后は、范仲淹の言論に怒り、范仲淹を朝廷から追放して河中府通判に左遷させた。范仲淹を推薦した晏殊は自分が巻き添えになることを恐れ、范仲淹を呼んで厳しく責めた。このため、范仲淹は晏殊に長い手紙を書き理路整然と弁明した。手紙には

君に事え、犯有るも隠す無し、諫め有るも訕《そし》る無し。其の身を殺すも、君に有益ならば則ち之れを為す[66]。

とあった。また、范仲淹が表明したのは、決して責任を負わずに保身するだけの「循吏」になることでなくて、「発するは必ず危言、立つるは必ず危行」（発必危言、立必危行）にして、「君を過ち無きに致し、民を怨み無きに致す」（致君於無過、致民於無怨）ということを期待するもので、最終の目的は「政教墜せず、禍患起こらず、太平の下、浩然として憂い無し」（政教不墜、禍患不起、太平之下、浩然無憂）という局面であった[67]。

明道二年（一〇三三）、劉太后が亡くなり仁宗が親政し、范仲淹は朝廷に呼ばれて右司諫となった。ほどなく仁宗が郭皇后を廃黜する事件が起こった。范仲淹は御史中丞孔道輔と台諫たちを率いて「伏閤極諫」した。ついに都から追われて睦州に左遷されたが[68]、范仲淹は依然として仁宗を諫め続け、仁宗に「犯有るも隠す無きは、人臣の常。面折廷争は、国朝の盛[69]」という道理を教えたのである。

二年後、范仲淹は再び都に呼ばれて判国子監となった。『長編』巻一一七景祐二年十二月癸丑の条に

仲淹、朝に還りて自り、言事は愈よ急なり。宰相陰かに人をして之れを諷めしめて曰く、待制、侍臣、口舌の任に非らざるなり、と。仲淹曰く、論思は正に侍臣の職、余敢えて勉めざらんや、と。宰相は其の誘う可からざるを知り、乃ち知開封を命じ、撓うに劇煩を以てし、他議に暇あらざらしめんと欲す、亦た其の失有るを幸いと

し、亟やかに罷去せしむ。仲淹、之れに処ること弥月、京師、粛然として治と称せらる。(70)

とある。范仲淹は直言によって、命を投げ出すことになっても惜しくなかった。また、『范文正公言行拾遺事録』巻一に

公（范仲淹）京に尹たる日、内侍の勢を怙《たの》み威を作し、中外を傾動するもの有り。公、抗して其の罪を疏列す。疏上せらる。家に蔵する所の書に兵を言う者有り、悉く之れを焚き、仍お其の子を戒めて曰く、我、上疏して君側の小人を斥けんことを言う。必ず罪を得て以て死せん。我、既に死せば、汝輩、復た仕官する勿かれ、但だ墳側にて教授するを業と為せ、と。疏奏せらる。其の言を嘉納し、内侍を罷黜す。(71)

とある。その時、呂夷簡が宰相で甚だ専断していた。しかし、范仲淹は「事を言いて避くる所が無」いので、深く呂夷簡を怒らせた。『長編』巻一一八景祐三年四月丙戌の条に

時に呂夷簡執政し、進む者は往々其の門より出づ。仲淹言く、人を官にする法、人主は当に其の遅速昇降の序を知るべく、其の近臣を進退するに、宜しく全ては宰相に委ぬべからず、と。又た「百官図」を上し、其の次第を指して曰く、此くの如きは序遷と為し、此くの如きは不次と為し、此くの如きは則ち公とし、此くの如きは則ち私とす。察せざる可からざるなり、と。夷簡、滋々悦ばず。帝、嘗て遷都の事を以て諸を夷簡に訪ぬ。夷簡曰く、仲淹の迂闊、名を務め実無し、と。仲淹、之れを聞き、四論を為り以て献ず。一に曰く「帝王好尚」、二に曰く「選賢任能」、三に曰く「近名」、四に曰く「推委」。大抵時政を譏指す。又た言う、漢の成帝、張禹を信じ、舅家を疑わず、故に終に王莽の乱有り。臣、恐らくは今日の朝廷も亦た張禹の陛下の家法を壊し、大を以て小と為し、易を以て難と為し、未成を以て已成と為し、急務を以て閑務と為す者有らん。早に弁ぜざる可からざるなり、と。夷簡大いに怒り、仲淹の語を以て帝の前に弁じ、且つ仲淹の越職言事・薦引朋党・離間君臣を訴う。仲

淹も亦た章を交わして対訴す。辞愈々切なり。是れに由り、降黜せらる[72]。
と記されている。今回は、饒州に左遷されることになった。
「台諫官と為されば則ち事に遇わば、敢言すべし。出づるに藩方に当たれば則ち事有らば敢えて断ずべし[73]」と范仲淹が主張する。

范仲淹の歴官は、ほとんど上奏と左遷の繰り返しであった。

上奏建言と左遷の繰り返しについて、范仲淹自身はいったいどう考えていたのか。これについて、『仕学規範』巻二五に「官となり、公罪の無かる可からず、私罪の有る可からず」（作官、公罪不可無、私罪不可有）という、研究者にはほとんど見落とされた范仲淹の一つの名言がある。これは意味深い言い方である。公のため罪を得ても犯罪ではない。宋代士大夫が面折廷争したとき持っている理屈はこれであろうか。少なくとも范仲淹はこう思ったのである。また、かれは「可負万乗主、甘為三黜人」（万乗の主に負いて、甘んじて三たび黜けらる人と為る可し[74]）、「雷霆日有犯、始可報君親」（雷霆日に犯す有らば、始めて君親に報ず可し[75]）という詩がある。毎日雷のような怒りにふれながら面責直諌するという、このような言行で原則を守り、朝廷或いは君主厚遇の恩に報いる忠誠は、本当に得難い特殊な忠誠といわなければならない。「愚忠」に対して、中国の有名な作家である劉賓雁氏はこのような特殊な忠誠を「第二種の忠誠」と名づけた。ところが、このような特殊な忠誠は宋代の士大夫のなかに珍しいことではなかった。史書を調べればたくさんあるのである。法治国ではない社会では、范仲淹のような特殊な忠誠を持った士大夫の存在は多く、かれらは統治体制が正常に伝送できないさまざまな情報を自らの忠言直論によって政策の制定者に伝達し、自分の官途ひいては生命をかけて絶えず宮廷或いは朝政の失策を直していた。このような責任感と事業心は、現在から見ると、人に感動を与えるが、多くは人に悲壮感を抱かせるものである。

範仲淹の行為は宋代士大夫のもろもろの所作のなかで滄海の一粟にすぎない。言により罪を得るのは当時の世論に非難されないのみならず、逆によい評判を得る。范仲淹は「慶暦新政」の前に上言により三回左遷された。これに対して世論は「三光」と評価した(76)。つまり、一回また一回とふえていけば一層光栄で光彩があるという。このような士大夫の上言を擁護する世論は宋代士大夫たちが皇権を制約する勇気の本源の一つである。

第五節「能く天子を左右するを大忠と為す」——皇権論

范仲淹の「楊文公写真賛」という文章では、寇準について、

寇萊公当国たり。真宗、澶淵の幸有り、而して能く天子を左右し、山の動かざるが如く、戎狄を却け、宗社を保つ。天下、之れを大忠と謂う(77)。

と評価している。

「澶淵の盟」の際、当時の奸臣王欽若の讒言によれば、宋真宗は寇準によって澶州城に人質とされた。つまり、賭博に賭けられた有り金を乾坤一擲としたようであった(78)。しかし、范仲淹はこのような天子を左右する行為を「大忠」と認めている。范仲淹の見方は宋代士大夫の皇権観の典型を表しているためであろう、宋人の著作にしばしば引用される。本節では宋代士大夫の皇権観を、范仲淹を具体例として分析したい。

具体例の一つとして、范仲淹の君主に対する認識のしかたを見てみよう。范仲淹には、「臣諫めを興さざれば、則ち君道虧《か》くること有り(79)」という言葉がある。范仲淹の目には、君主は聖人ではなく、普通の人間と同じように過失を犯すから、絶えず群臣が諫めて君道を正すことが必要であった。范仲淹は、君主が頑固で「以為らくは予の一人の意

を肆とせば、則ち国必ずや顛危ならん」[80]と考えるからである。この認識に基づいて、范仲淹は

堯舜は則ち己を捨て人に従い、道に同底す。桀紂は則ち人を以て欲に従わしめ、自ら天に絶す。[81]

と君主を諫めた。范仲淹は君主が流れのように善に従い、臣下のよい意見を受け入れることを希望している。かれは君主の手本として昔の虞舜を取り上げて、「虞舜以て己を捨てて人に従い、聖徳と称さる」[82]という。言外に、皇帝は聖徳という評判が欲しいなら、自分の定見をもたず臣下の意見に従わなければならない、という。また、宋王朝が創立以来の伝統として、

犯有るも隠す無きは、人臣の常。面折廷争は、国朝の盛。

ということがあると范仲淹はいう。かれは「己の欲を以て欲と為さずに衆の心を以て心と為す」[83]ということを君主に要求した。したがって、范仲淹は

詔令の下るを観る毎に、或いは便に非らざること有れば、必ず極力議論し、覆奏にして已まず、必ず正さんことを期す。

としている。皇帝の名義で下達する詔書に対して、いつも自分の主張を堅持してその誤りを直す。范仲淹の官途はあまり長くなかったが、君主の過ちを指摘して諫めることが多かったのである。

もう一つ、范仲淹の皇帝権力論を見てみよう。范仲淹は「天子の常、道に在りて、権に在らず」[84]という。この「権」はもちろん常道に対する権道をいうが、「権」という文字は権かる→便宜→権謀→権力という意味発生のプロセスがあるので、「権」というと、権力への連想がしやすい。かつ范仲淹は必ずしも一語で二語の意味を兼ねさせないわけではない。そうすれば、権力というものは君主にとって大したことはない。大事なのは君主となる道であり、無道の暗愚な君主とならないようにすることであるというのである。道と権について、君主にとって、「己を虚とするは道

と謂い、道に適するは之れを権と謂う[85]」と范仲淹はさらに説明している。これは君主に対して、あなたの権力は道に適するのであればよい。つまり君となる道という厳格な範囲のなかにおとなしくしていて、それをこえてはいけないという。では、范仲淹は君主として、権力をすこしも握らなくてよいというのであろうか。そうではなく、范仲淹から見れば、君主としては一つの権力、つまり人事権だけを握るべきであった。范仲淹は「推委臣下論」に

聖帝明王、常に賢を求むに精意し、事に臨むに労慮せず。賢を求むに精意せば、則ち日に聡明にして自ずから広し。事に臨むに労心せば、則ち日に叢脞して自ずから困む[86]。

と述べている。君主は人事権のほかに、いかなる政務も処理すべきではないのである。范仲淹はこのようにして、君主のもっているほかの権力をすべて剥奪してしまった。

さらに、人事権でもすべて君主に任せることに、范仲淹は賛成しない。かれは前掲の同じ文章で

千官百辟、豈に能く独り選ばんや。必ず之れを輔弼に委ぬ。惟だ清要の職・雄劇の任のみ、人に軽授す可からず。僉諧の外、更に親選を加う[87]。

と述べている。これから分かるように、范仲淹の見方では、君主の人事権とはわずか清要の職あるいは重要な任を選ぶことに限る。しかし、これらの官員を選ぶ前提条件もある。すなわち、「僉諧」しなくてはいけない。つまり、群臣側の世論の賛成を得なければならない。これによれば、君主のこういうわずかな権力も群臣の監督の下に置かなければならず、自分の意志を意志とすることができない。范仲淹の希望は君主に条件付きのある権力を与えることであった。

さて、范仲淹の皇権と相権（宰相の権力）との関係についての認識を少し考察しておきたい。皇権について、宋代士大夫の言行は矛盾することがある。つまり、士大夫たちは時に皇権を弱め、時に強めることを要求するのである。宋代士大夫の個別的な研究として、前に私は宋祁と蘇頌という人物に関する論文を書いたことがある[88]。私はかれらの

皇権に対する受け止め方から、こういう矛盾した現象に気づいた。范仲淹の言論も例外ではなく、このような矛盾が存在している。では、これをどう解釈すべきであろうか。

すこし詳しく考察すると、われわれは宋代では、皇権が全面的に下がっていくと同時に、宰相および執政集団の権力（相権）がかつてないほど強化されてきたことを発見するはずである。[89] しかし、皇権と相権とのバランスについて、皇権が強すぎるなら、君主専制になる弊害がでるが、逆に相権が強すぎるなら、権臣独裁になるおそれがある。二つの傾向はいずれも王朝の安定にとって不利なのである。ところで、天下と自任する士大夫は二つの傾向に非常に敏感である。かれらはつねに謹んでバランスを保って、二つの傾向の発生を防止するからである。

范仲淹の場合に戻る。かれが政界にはいったとき、朝廷では呂夷簡が長期間宰相を務め、権力を一手に握って、官吏の任免はすべて独断していた。范仲淹を二度左遷し、皇后を廃黜したのはその例である。このような情勢の下、万人の上に位する権臣に対して争うために、范仲淹は皇帝をかつぎ出して圧力をかけるしかない。皇権を武器として相権を制限するのである。呂夷簡の独裁に対して、范仲淹は仁宗に「官人の法に、人主当に其の遅速昇降の序を知るべし。其の近臣を進退するに、宜しく全く宰相に委ぬべからず」と発言し、「君道宜しく強なるべし、臣道宜しく弱なるべし」と主張した。ところで、皇権を強化するという主張は宋代の士大夫が特殊な時期、特殊な情勢の下に特殊な目的を果たすために使う、ある便宜的な措置なのであった。言い換えれば、正常な政治局面では、范仲淹を含む宋代士大夫は、君主が政府の正常な運営に干渉しないよう、できるだけおとなしく宮中におき、お高くとまっている天子にしたほうがよいと希望した。したがって、士大夫を中心とする官僚政治を主宰する宰相大臣たちに政務運営を執り行わせる。

范仲淹や宋代士大夫の皇権観についてはさらに深く研究すべき課題と思われる。

宋代は以前と全然違う新しい社会である。唐末から五代にかけて数十年間の激動によってある文化的断層が形成されていた。このような新しい社会環境の機縁に恵まれて勃興する士大夫たちは、あらためて理論をたて伝統を作ることが可能になったのである。とりわけ士大夫を中心とする官僚政治の下に、皇権に対する宋代士大夫の観念は以前と明らかに異なるものをもっている。唐末以降、激動した現実はほとんど「君権神授」という観念を粉砕してしまった。皇帝というものは、このような現実の下に、最高至上の天子からあらためて世間に戻ってきた。宋代士大夫には、皇権の観念が弱まると同時に、国家意識が逆に強まってきた。皇権が実際の政治生活のなかで多くの制限を加えられれば加えるほどに、中央政府としての管理体制はますます完全になっていく。このような局面は皇帝のあるべき地位をあらためて定めて、つまり、その地位を新しい形で再び引き上げて、象徴化に近づけていくのである。皇帝の役割は国家あるいは民族の象徴として、社会や民族の求心力をつなぎとめるものである。

このような背景の下に、宋代士大夫は「忠」に対する認識も以前に比べて大幅に変えたのである。『東都事略』の著者である王称は、巻九六の「李清臣伝」の末に「人臣は公正を以て忠と為す」（人臣以公正為忠）と述べている。つまり、宋代士大夫にとって「忠」は皇帝本人に忠に尽くすことを表すだけではなく、ある行為の公正さを表すものなのである。このように「忠」はさらに「忠誠」、「忠実」などの意味に近くなってきた。范仲淹は寇準の「天子を左右する」行為を「天下、之れを大忠と謂う」と評価した。この大忠とは「大公」の同義語として間違いない。伝統的な意味の「忠」を天下に対して尽くすことによって体現されたところの「大公」である。

社会的存在は意識を決定すると思われる。特定の文化的な雰囲気に身を置いていた范仲淹の皇権観は、まさにかれの生活する時代を反映する。逆に言えば、その時代の皇権観は范仲淹において十分具体的に表されている。

第六節　「名節に疵無し」か、「甚だ風俗を壊る」か——小結にかえて

范仲淹について、王安石は異なる時期、異なる場合において全く違う評価を下している。「小引」に引いた「祭文」の「一世の師、初め由り終り迄、名節、疵無し」という評価のほかに、『長編』巻二七五熙寧九年五月癸酉の条にはまた、「名誉を広げるを好み、遊士を結びて以て党の助と為すは、甚だ風俗を壊す」という非難が記載されている。

王安石の対極的な二種類の范仲淹論をどう見るか。これに対して、すこし具体的な分析をしなければならない。

政治的な視点から見れば、王安石の祭文は仁宗の後期に作ったものである。当時、范仲淹の政治的同士である韓琦・富弼・欧陽脩はもはやかなり高い地位にあった。したがって王安石の祭文は死んだ人に作ったものであるというよりも、生きる人々に見せるためという方が当たっている。王安石の文集の中に数多くの韓琦・富弼・欧陽脩等に呈上した書簡があるという事実からは、王安石の政界の実力者に付く傾向がはっきり見てとることができる。しかし、范仲淹が死去したころ、かれの名声はすでに最も盛んな段階に入っている。王安石の祭文執筆には、政治上の考慮があったとはいえよう。

いうまでもなく、もっとも重要なのは王安石が心からの范仲淹への敬服によって祭文を著した事である。王安石は一生の間、故人に数十編の祭文を書いた。その中で、范仲淹への祭文が一番長い。それは宰相文彦博に書いた祭文より数倍長いばかりでなく、ひいてはかれに恩師と呼ばれる欧陽脩への祭文よりも長い。この事実から王安石の范仲淹への敬服はよく見てとれる。王安石の范仲淹への称揚は当時の士大夫の主流的な評価を代表するものとして、広く引用されている。(90)

范仲淹の生前言行に基づいて下されたその主流的評価は、范仲淹の死後、一人の完璧に近い精神的范仲淹を作り出していった。それ以降、精神的范仲淹は中国の士大夫たちが代々伝承していく「道統」の一部となった。精神的范仲淹像は一旦立てられると、実際上すでに生きたときの范仲淹と多少異なるようになった。精神的范仲淹は肯定的な人物として固定されてしまった。

史上、一人の人物がある精神的意義を付与されると、それがほとんど永遠に変えられなくなってしまう。たとえば、肯定的なのは岳飛、否定的なのは秦檜などである。そして、時が経つにつれて、また絶えず定められた精神的人物は再加工され、錦上に花を添えるか、雪上に霜を加えるか、要するに神聖なものはさらに神聖となり、醜悪なものはさらに醜悪となっていく。

王安石が当時精神的范仲淹を形作る作業に積極的に参与した事から考えると、二十余年後、かれが神宗と共に范仲淹を非難したのは、ひそかな非難に属すると思われる。二人の会話を少し見てみよう。

上、又た論ずるに、范仲淹の学校貢挙法を修せんと欲すは、乃ち人に教えて唐人の賦体「動静交相養賦」を以て法と為す。仮に「動静交相養賦」を作得せば、何の用も知らず。且つ法の不善とならば、即ち施行を獲ず、復た何ぞ憾む所あらんや。仲淹学術無く、故に措置止だ此の如くのみ、と。安石曰く、仲淹の天資明爽たり、但し暇日多く、故に人に出ること遠からず。其れ名誉を広げるを好み、遊士を結びて以て党の助と為すは、甚だ風俗を壊る、と。上曰く、名誉を好む所以は、止だ識見以て流俗に勝ること無きのみ。如えば唐太宗亦た英主なり、乃ち庾信に学び文と為す。此れ亦た識見以て流俗に勝ること無き故なり。(91)

以上の会話をみれば、君臣二人の議論は政治的立場により、当時の改革をめぐって吐いた感慨だけである。この感慨はもちろん范仲淹への批判である。しかし、精神的范仲淹がすでにそびえ立っている雰囲気において、このような范仲淹批判は正々堂々と公の場に持ち出すことができない。なぜなら、皇帝としても、士大夫の公論に配慮しなければならないからである。まして士大夫の一員である王安石がさらに配慮するのはいうまでもない。

それでは、范仲淹評価について、王安石が若い頃の「名節に疵無し」とかれが執政となった後の「甚だ風俗を壊る」との間には矛盾があるであろうか。少し考察してみよう。

公平に言うならば、宋代の政治家の中で、范仲淹の業績は特に目立たなかったのである。そして宋代の議論では、范仲淹は口をそろえて称揚され遠回しな批判すら全くないというわけではなかった。王安石のほか、南宋以降大きな影響をもっていた朱熹にも、「小引」に引いた「天地の間気として、第一流の人物なり」という称揚とほとんど正反対の評価がある。『朱子語類』巻一二九に「范文正為さんと欲する志有りと雖も、然し亦た粗にして、精密ならず、照管を失う処多し(92)」とある。このような評価にもかかわらず、なぜ王安石・朱熹も含んだ宋代ひいては後世における士大夫は范仲淹に極めて高い評価を与えたのであろうか。たとえば、北方に身を置く金王朝の著名な文人元好問は『遺山先生全集』巻三八「范文正公真賛」に「文正范公、布衣に在りて名士と為り、州県に在りて能吏と為り、辺境に在りて名将と為り、朝廷に在りて、則ち又た孔子の所謂大臣なる者、之れを千百年の間に求めて蓋し一二見ること なし、但だ一代の宗臣と為るのみならず(93)」とある。

考えてみると、その一番主要な原因は、范仲淹の言行が中国の伝統的知識人における主流的な精神を体現しているだけではなく、さらに北宋から士大夫が社会の有力な階層として勃興してきたという事実と符合するのである。したがって范仲淹はある象徴として、士大夫全体が道統を維持し発揚する心の支えになったのである。歴史はある事実の叙述だけではなく、また後代の人の評論である。後代の人はいつも自分が身を置く時代の価値観と利益要求によって歴史人物を評論するわけである。だからこそ歴史家の書いた歴史人物の様子にはいつもその生前の本当の様子と一定の距離があると思われる。生前の孔子が死後の孔子と異なるように、精神的象徴となった范仲淹は生前の范仲淹と全く同じではないわけである。その両者は区別して考察しなければならないが、しかしやはり精神的范仲淹も生前の范仲淹から形成されたものである。これこそわれわれが歴史人物を研究する意義であろう。

王安石と朱熹の范仲淹に対する各々正反対の評価については、かれらの精神的范仲淹への肯定と范仲淹の生前の政治上の作為への批判とを区別すべきである。両者を同列に扱ってはならない。王安石は神宗の話題にしたがって、かつ改革の現実に対して感想を表した。かれが指摘した范仲淹と呂夷簡との争いによって宋代に大規模な党争の端緒が開かれたことは、争えない事実である。具体的な政治闘争の形勢からいえば、激しい元祐党争が到来する前、王安石が范仲淹へ行った批判は、かれの政治家としての前兆を洞察する深い見識を表している。しかし、宋代以降、このような范仲淹批判は清の王夫之『宋論』に少し見られる(94)ほか、ほとんど見えないようになった。完璧はある種の重苦しいものである。完璧な精神的范仲淹は、昔の士大夫の尊敬すべき人をはばかって隠れさせるのみならず、また客観的事実のとおりに率直に書くべき歴史研究者に口を噤ませる。これは不思議ではない。今日の歴史人物の評価には伝統的先入観にとらわれるところも少なくないであろう。

范仲淹の具体的な政治実践及び影響についてはいささかの批判があるにもかかわらず、しかし、政治は一時的なことで、精神は永遠なことである。だからこそ、私は以上、主に報恩思想、功名心、議事精神、憂患意識及び皇権観という五つの角度から范仲淹を考察してみた。范仲淹の言行は、この五つの方面に限られるわけではないが、五つの視点による范仲淹の精神世界の分析は、「一斑を見て全豹をトす」というように、范仲淹のさまざまな事業や功績を生んだ精神的原動力を探るのみならず、宋代の士大夫の精神世界を考察することにもなるのである。以上とりあげた范仲淹の五つの方面こそ、宋代の大部分の士大夫の共通の思想主流であり、中国における伝統的知識人にとって最も特徴的な側面でもあると思われる。社会は人間で組み合わされているものである。士大夫によって支配的な基盤を構成する社会では、その士大夫たちの活動のあり方がいうまでもなく非常に重要なことになる。かれらの活動を考察し、かれらの精神世界を探ることは、その時代の歴史の門を開くだけではなく、中国の知識人における思想の進展変化を研究する上でも大きな意味を持っているといえよう。

注

（1）『四部叢刊』本『范文正公集』付録、「祭文」に「大忠偉節、充塞宇宙、照耀日月。前に不愧於古人、後可師於来哲」とある。
（2）前掲書に「一世之師、由初迄終、名節無疵」とある。また『臨川先生文集』巻八五「祭范潁州文」にも見える。
（3）前掲書の付録、「諸賢贊頌論疏」に「天地間気、第一流人物」とある。
（4）前掲書に「本朝人物、南渡前、范文正公合居第一」とある。劉宰は理宗朝の名流であり、『宋史』巻四〇一に伝がある。
（5）これまで范仲淹に関する研究はかなり多かった。主要な論著は劉子健「范仲淹梅堯臣与北宋政争中的士風」（『東方学』一四、一九五七年）、漆俠「范仲淹的歴史地位」（『中国歴史人物論』所収、北京三聯書店、一九五七年）、王徳毅「呂夷簡与范仲淹」（『史学彙刊』四、一九七一年）、程応鏐『范仲淹新伝』（上海人民出版社、一九八六年）、陳栄照『范仲淹研究』（三聯書店香港支店、一九八六年）、竺沙雅章『范仲淹』（白帝社、一九九五年）等ある。拙論として、「試論導致慶暦新政失敗的一個因素」（『学術月刊』九、一九九〇年）、「范仲淹三至杭州考実」（『浙江学刊』二、一九九二年）、「『范仲淹集』版本問題考辨」（『国家図書館館刊』八六－一、一九九六年）、「范仲淹与北宋古文運動」（『大陸雑誌』九四－四、一九九七年）がある。拙論を含めてこれまでの范仲淹研究は、ほとんど本章の視点から論じたものではない。そして本章は范仲淹だけをケース・スタディーとして、この矢で宋代士大夫ひいては伝統的中国知識人という的を射るのである。
（6）『神童詩』は北宋の汪洙が元符の間に書いたもので、後世に増益がある。啓蒙書として、宋代以降、民間に広く流行していた。
（7）この詩は范仲淹文集に収録されていなかったが、北宋王闢之『澠水燕談録』巻四と南宋楼鑰『范文正公年譜』がそれぞれ引用する。しかし、文字は多少異なる箇所がある。例えば、『年譜』では「三紀」は「二紀」と作り、「二麦」は「二月」と作る。『年譜』はこの詩を進士及第の直後に書いたものとされるが、これは誤りである。一つは詩の「三紀」或いは「二紀」と合わない。中国古来の紀年方法として、一紀とは十二年である。詩の「登栄三（二）紀余」は三十六年或いは二十四年であるので、進士及第の直後ではなく、進士及第の二十四年後或いは三十六年後となるべきである。これによってこの詩は范仲淹の晩年の作品と思われる。もう一つは、詩の「三月」も進士合格発表の時期と合わない。『長編』巻八四によれば、范仲淹の大中祥符八年の進士合格発表は三月にある。または、漢詩規則によって、一首の詩ではできる限り文字の重複を避けるという。『年譜』の詩には「三紀」、「三月」の「三」が重複した。以上の理由によって、本章は年代が早い北宋王闢之『澠水燕談録』の引用詩を採用する。ついでに言うと、『年譜』の詩は『澠水燕談録』から取ったものだと思われる。

（8）元の黄堅編『古文真宝』巻一、「真宗皇帝勧学」。

（9）『貴耳集』巻下。

（10）『長編』巻二二一、熙寧四年三月戊子の条に「文彦博言、祖宗法制具在、不須更張、以失人心。上曰、更張法制、於士大夫誠多不悦、然於百姓何所不便。彦博曰、為与士大夫治天下、非与百姓治天下也」とある。

（11）『南史』巻七二、「顔協伝」に「我自応天従人、何預天下士大夫事、顔見遠乃至於此也」とある。

（12）『通志』巻二五。

（13）竹内実監修『毛澤東集』巻一、「民衆の大連合」に「天下者、我們的天下、国家者、我們的国家、社会者、我們的社会、我們不説誰説、我們不幹誰幹」とある。もと一九一九年八月四日付き『湘江評論』に載る。

（14）『四部叢刊』本『范文正公集』付録の『范文正公年譜』、大中祥符三年の記事。『仕学規範』の記事によって、范仲淹は自分の口でこのことを言ったのである。

（15）前掲書、大中祥符七年の記事。

（16）『范文正公集』巻三、詩の『睢陽学舎書懐』に「瓢思顔子心還楽」とある。

（17）前掲書巻八、「上資政晏侍郎書」に「某官小禄微、然歳受俸禄僅三十万。窃以中田一畝、取粟不過一斛。中稔之秋、一斛所售不過三百銭。則千畝之獲、可給三十万。以豊歉相半、則某歳食二千畝之入矣」とある。

（18）前掲書巻九、「上呂相公書」の三に「朝廷用儒之要、莫若異其品流、隆其委注」とある。

(19)『大事記講義』巻一、「序論」に「取士至於累挙、挙官及於内親、任子至於異姓、拝近必択良日。固所以結士大夫之心」とある。
(20)『四部叢刊』本『范文正公集』付録の『范文正公尺牘』巻の下、「謝安定屯田」の一に「某早以孤賤、荷国家不次之恩、夙夜不遑、思所以報」とある。
(21)『范文正公尺牘』巻の中、「与韓魏公」の十七に「某孤平有素、因備国家粗使、得預班列。…毎自循揣、曷報上恩」とある。
(22)前掲書巻の中、「与韓魏公」の二十に「自省寒士、遭逢至此、得選善藩以自処、何以報国厚恩」とある。
(23)『范文正公集』巻一、詩の「贈張先生」。この詩は抱負を述べたが、末尾に「何苦事浮栄」という知識人の壮志がかなえられなければ隠遁するもう一面もみえる。
(24)前掲書巻三、詩の「欧伯起相訪」。
(25)前掲書巻三、詩の「寄余杭全安石、段少連二従事」。
(26)前掲書巻四、詩の「依韻答梁堅運判見寄」。裴度は唐の貞元初年に進士の第に及第した。憲宗の朝に諸軍を監督し淮西刺史呉元済の反乱に平定した。功によって晋国公に封じられ、朝廷の執政になった。『唐書』巻一七三に伝がある。
(27)前掲書巻八、「上資政晏侍郎書」に「衆或議爾以非忠非直、但好奇邀名而已」とある。
(28)『錦繍萬花谷』巻一一に引いた『魏王別録』に「范希文未免近名」とある。
(29)『長編』巻一一八、景祐三年五月丙戌の条を参照。
(30)『范文正公集』巻五。以下に引いた范仲淹の言論はいずれもこの文章と「上資政晏侍郎書」による。
(31)「近名論」に「我先王以名為教、使天下自勧。湯解網、文王葬枯骨、天下諸侯、聞而帰之。是三代人君、已因名而重也。太公直釣以邀文王、夷・斉、餓死於西山、仲尼聘七十国以求行道。是聖賢之流無不渉乎名也。孔子作『春秋』、即名教之書也。善者褒之、不善者貶之、使後世君臣愛令名而勧、畏悪名而慎矣」とある。
(32)「上資政晏侍郎書」に「名教不崇、則為人君者謂堯舜不足慕、桀紂不足畏。為人臣者謂八元不足尚、四凶不足恥。天下豈復有善人乎」とある。
(33)「近名論」に「人不愛名、則雖有刑法干戈、不可止其悪」とある。
(34)『范文正公尺牘』巻の上、「与朱氏」の六に「平生之称、当見大節、不必窃論曲直、取小名招大悔矣」とある。

(35)『范文正公集』巻九、「与省主葉内翰書」の二に「宜其与国同憂、無専尚名節」とある。
(36)馮道の伝記は『旧五代史』巻一二六、『新五代史』巻五四にある。
(37)『宋史』巻四四六、「忠義伝序」に「士大夫忠義之気、至於五季、変化殆尽。宋之初興、范質・王溥猶有余憾、況其他哉。芸祖首褒韓通、次表衛融、足示意嚮。厥後、西北疆場之臣、勇於死敵、往々無懼。真・仁之世、田錫・王禹偁・范仲淹・欧陽脩・唐介諸賢、以直言讜論倡於朝、於是中外縉紳知以名節相高、廉恥相尚、尽去五季之陋矣」とある。
(38)『小畜集』巻一八「答丁謂書」を参照。
(39)『朱子語類』巻四七、「論語」に「本朝范質、人謂其好宰相、只是欠為世宗一死耳。如范質之徒却最敬馮道輩、雖蘇子由議論亦未免此。本朝忠義之風、却是自范文正作成起来也」とある。
(40)『朱子語類』巻一二九、「自国初至熙寧人物」に「問、本朝如王沂公人品甚高、晩年乃求復相、何也。曰、便是前輩都不以此事為非。所以至范文正、方励廉恥、振作士気」とある。
(41)『宋史』巻四三四、「薛季宣伝」に「近或以好名棄士大夫。夫好名特為臣子学問之累、人主為社稷計、唯恐士不好名、誠人々好名畏義、何嚮不立」とある。
(42)『宋史』巻四二三「陳塤伝」に「(史)弥遠召塤問之曰、吾甥殆好名邪。塤曰、好名、孟子所不取也。夫求士於三代之上、唯恐其好名、求士於三代之下、唯恐其不好名耳」とある。
(43)『黄氏日抄』の「本朝諸儒理学書」の欄に「君相不当悪士大夫好名、唯朋友相切磋、不当好名」とある。
(44)『范文正公集』巻七、「岳陽楼記」に「不以物喜、不以己悲。居廟堂之高、則憂其民、処江河之遠、則憂其君。是進亦憂、退亦憂。然則何時而楽乎。其必曰、先天下之憂而憂、後天下之楽而楽」とある。
(45)『欧陽文忠公集』巻二〇、范仲淹神道碑に「公少有大節、於富貴貧賤・毀誉歓戚、不一動其心、而慨然有志天下、常自誦曰、士当先天下之憂而憂、後天下之楽而楽」とある。
(46)『欧陽文忠公集』巻六七、「与范希文書」に「希文登朝廷、与国論、毎顧事是非、不顧自身安危。則雖有東南之楽、豈能為有憂天下之心者楽哉」とある。
(47)『自警篇』巻八に「范文正公微時、嘗詣霊祠、求祷曰、他時得相位乎。不許。復祷之曰、不然、願為良医。亦不許。既而嘆曰、夫不能利沢生民、非大丈夫平昔之志也。他日、有人謂公曰、丈夫之志於相、理則当然。医之技、君何願焉、乃無失於卑耶。公曰、嗟乎、豈為是哉。古人有云、常善救人、故無棄人。常善救物、故無棄物。且丈夫之学也、固欲遇神聖之君、得行其道、使天下匹夫匹婦無有不被其沢。若己推而内之溝中、能及小大生民、固惟相為然。既不可得矣、夫能行救人利物之心者、莫如良医。果能為良医也、上以療君親之疾、下以救生民之厄、中以保身長生。在下而能及小大生民者、捨夫良医則未之有也」とある。

(48)『范文正公集』巻八。

(49)「上執政書」に「不敢以一心之戚、而忘天下之憂」とある。

(50)『長編』巻五四、咸平六年四月乙亥の条を参照。

(51)『范文正公集』巻一〇、「祭英烈王文」に「憂国憂民、此其職也」とある。

(52)前掲書巻九、「答安撫王内翰書」に「既去職任、而尚懐国家之憂。如卞生献璧、不知其止、足雖可刖、而璧猶自貴」とある。

(53)『長編』巻一一二、明道二年七月甲申の条および巻一一三、明道二年一〇月辛亥の条を参照。

(54)『范文正公集』巻一〇、「祭呉龍図文」。

(55)前掲書巻二、「依韻答提刑張太傅嘗新醞」。

(56)前掲書巻四、「知府孫学士見示和終南監宮太保道懐五首因以綴篇」の五。

(57)『范文正公集』付録の『范文正公政府奏議』巻の上、「答手詔条陳十事」に「我国家革五代之乱、富有四海、垂八十年。綱紀制度、日削月侵。官壅於下、民困於外。夷狄驕盛、冦盗横熾」とある。

(58)『范文正公集』巻一六、「譲観察使第三表」に「臣出処窮困、憂思深遠。民之疾苦、物之情偽、臣粗知之」とある。

(59)拙稿「范仲淹与北宋古文運動」を参照。

(60)「上資政晏侍郎書」に「韓愈自謂有憂天下之心、由是時政得失或嘗言之」とある。

(61)『范文正公集』巻一六、「譲観察使第一表」に「臣輩亦以内朝之職、毎覩詔令之下、或有非便、必極力議論、覆奏不已、期於必正。自以近臣当弥縫其闕而無嫌矣。今一旦落内朝之職而補外帥、…則今而後朝廷詔令之出、或不便於軍中、或有害於辺事、豈敢区別是非、与朝廷抗論。自非近臣、無弥縫其闕之理。縦降詔丁寧、須令奏覆、而臣輩豈不鑑前代将帥驕亢之禍、存国家内外指蹤之体」とある。
(62)『范文正公集』巻一六、「譲観察使第一表」。
(63)前掲書巻七。
(64)『長編』巻一〇六、天聖六年一二月甲子の条を参照。
(65)『宋史』巻三一四、「范仲淹伝」に「奉親於内、自有家人礼。顧与百官同列、南面而朝之、不可為後世法」とある。また、『長編』巻一〇八、天聖七年一一月癸亥の条を参照。
(66)「上資政晏侍郎書」に「事君有犯無隠、有諫無訕。殺其身、有益於君則為之」とある。
(67)以上引いた范仲淹の言葉はいずれも『范文正公集』巻八「上資政晏侍郎書」に見える。
(68)『長編』巻一一三、明道二年一二月乙卯の条を参照。
(69)『范文正公集』巻一五、「睦州謝上表」に「有犯無隠、人臣之常。面折廷争、国朝之盛」とある。
(70)『長編』巻一一七、景祐二年十二月癸丑の条に「仲淹自還朝、言事愈急。宰相陰使人諷之曰、待制侍臣、非口舌之任也。仲淹曰、論思正侍臣職、余敢不勉。宰相知其不可誘、乃命知開封、欲撓以劇煩、使不暇他議、亦幸其有失、亟罷去。仲淹処之弥月、京師粛然称治」とある。
(71)『范文正公言行拾遺事録』巻一に、「公(范仲淹)尹京日、有内侍怙勢作威、傾動中外。公抗疏列其罪。疏上、家所蔵書有言兵者、悉焚之、仍戒其子曰、我上疏言斥君側小人、必得罪以死。我既死、汝輩勿復仕宦、但於墳側教授為業。疏奏、嘉納其言、罷黜内侍」とある。
(72)『長編』巻一一八、景祐三年四月丙戌の条に「時呂夷簡執政、進者往々出其門。仲淹言、官人之法、人主当知其遅速昇降之序。其進退近臣、不宜全委宰相。又上「百官図」、指其次第曰、如此為序遷、如此為不次、如此則公、如此則私。不可不察也。夷簡滋不悦。帝、嘗以遷都事訪諸夷簡。夷簡曰、仲淹迂闊、務名無実。仲淹聞之、為四論以献。一曰「帝王好尚」、二曰「選賢任能」、三曰「近名」、四曰「推委」。大抵譏指時政。又言、漢成帝信張禹、不疑舅家、故終有王莽之乱。臣恐今日朝廷亦有張禹壊陛下家法、以大為小、以易為難、以未成為已成、以急務為閑務者、不可不早弁也。夷簡大怒、以仲淹語弁於帝前、且訴仲淹越職言事・薦引朋党・離間君臣。仲淹亦交章対訴、辞愈切。由是降黜」とある。

(73)『東原録』に「范文正公嘗勉士人読書通古今曰、為台諫官則遇事敢言。出当藩方則有事敢断」とある。
(74)『范文正公集』巻二、「酬葉道卿学士見寄」。
(75)『范文正公集』巻三、「出守桐廬道中」。
(76)『続湘山野録』を参照。
(77)前掲書巻五、「楊文公写真賛」に「寇萊公当国。真宗有澶淵之幸、而能左右天子、如山不動、却戎狄、保宗社。天下謂之大忠」とある。また、『国朝二百家明賢文粋』巻八八、『古今源流至論』後集巻九に見える。『自警篇』巻八、『宋史全文』巻七も引いた。
(78)『長編』巻六二、景徳三年丁酉の条を参照。
(79)『范文正公集』別集巻二、「従諫如流賦」に「臣不興諫、則君道有虧」とある。
(80)『范文正公集』巻二〇、「用天下心為心賦」に「以為肆予一人之意、則国必顛危」とある。
(81)同前掲に「堯舜則捨己従人、同底於道。桀紂則以人従欲、自絶於天」とある。
(82)『范文正公集』巻一六、「譲観察使第三表」に「虞舜以捨己従人、而称聖徳」とある。
(83)前掲書巻二〇、「用天下心為心賦」に「不以己欲為欲、而以衆心為心」とある。
(84)前掲書巻五、「易義」に「天子之常也、在於道、不在於権」とある。
(85)前掲書巻二〇、「用天下心為心賦」に「虚己之謂道、適道之謂権」とある。
(86)前掲書巻五、「推委臣下論」に「聖帝明王、常精意於求賢、不労慮於臨事。精意求賢、則日聡明而自広。労心臨事、則日叢脞而自困」とある。
(87)「推委臣下論」に「千官百辟、豈能独選。必委之輔弼矣。惟清要之職・雄劇之任、不可軽授於人。僉諧之外、更加親選」とある。
(88)拙稿「試論宋祁」(『西南師範大学学報』四、一九八八年)と「蘇頌論」(『浙江学刊』四、一九八八年)を参照。
(89)拙稿「論宋代相権」と「論宋代皇権」を参照。
(90)王安石の祭文は『范文正公集』付録と『臨川先生文集』のほか、また『宋文鑑』巻一三三、『五百家播芳大全文粋』巻九四、

『永楽大典』巻九二二、『文章辨体彙選』巻七五一にも見える。

(91)『長編』巻二七五、熙寧九年五月癸酉の条に「上又論范仲淹欲修学校貢挙法、乃教人以唐人賦体「動静交相養賦」為法。仮使作得「動静交相養賦」、不知何用。且法不善、即不獲施行、復何所憾。仲淹無学術、故措置止如此。安石曰、仲淹天資明爽、但多暇日、故出人不遠。其好広名誉、結遊士以為党助、甚壊風俗。上曰、所以好名誉、止為識見無以勝流俗爾。如唐太宗亦英主也、乃学庾信為文。此亦識見無以勝流俗故也」とある。

(92)『朱子語類』巻一二九に「范文正雖有欲為之志、然亦粗、不精密、失照管処多」とある。

(93)『遺山先生全集』巻三八、「范文正公真賛」に「文正范公、在布衣為名士、在州県為能吏、在辺境為名将、在朝廷則又孔子之所謂大臣者求之千百年之間蓋不一二見、非但為一代宗臣而已」とある。

(94)『宋論』巻四、「仁宗」を参照。

終　章

第一節　真宗朝から見た皇権と君臣関係

地図に喩えれば、本書の第一、二章は一時代の百万分の一の地図、第三章以下は拡大された一万分の一の地図である。時代は真宗時代、この時代における皇帝権力と中央政治の運営という視点から、五人の宰相を取り上げ、少し詳しく分析してみた。つぎに、皇帝の書記官であり、同時に執政集団の予備軍も兼ねる翰林学士という士大夫層のエリートの政治的活動を考察した。さらにその時代に育成した士大夫を代表する人物として范仲淹を取り上げ、君臣関係という考察視野を一層広げて、中国における伝統的知識人の精神像をその積極的な面から提示した。

本書で取り上げた五人の宰相の在任期間は、真宗という一人の皇帝の即位から死去までの全過程を包含しており、そこに翰林学士の活動と、真宗朝の延長線上にある范仲淹の言動を重ね合わせて考察すれば、真宗時代の皇権の実態が解明できると思う。ところが、「廬山の真相を見極められないのは、自分が廬山の中にいるからだ」と蘇東坡の詩にあるように、史実の沼にはまりこみすぎれば、逆に具体的な事件に牽制され、本質的なことが見えなくなる可能性がある。そこで皇帝権力を中心として、少し整理しておきたい。

真宗朝の歴史は、初期の適応期・中期の正常期・後期の混乱期に分けられる。この皇帝統治の三段階は、典型的なものである。史上のほかの皇帝の在位期間も、例外はあるものの、大体がこのようなプロセスをたどった。

初期の適応期では、正規の帝王教育を受けていた真宗は、幼主即位ではないものの、帝王学を実習する皇太子段階から即位後の一定の時期に至るまで、一挙一動に小心翼々としており、太子の師傅と顧問の元老に対し恭しく接していた。このように最初から身についた気の弱い性格は、かれの政治上の発言を少なくさせた。この段階に皇帝の名義で出された政策は、ほとんど宰相呂蒙正・呂端・李沆等をはじめとする執政集団の意志を体現したものである。即位初期の軍隊の高級将校の任命と執政集団の選抜から、政治の安定策の執行まで、すべては宰相たちの決定であって、皇帝の名義を使用するだけであった。この段階の皇権は宰相をはじめとする執政集団の権力の具現であった。

またこの段階には、新皇帝の恣意的行為を防止するために、李沆等士大夫は内憂外患および天災などを理由としてたえず帝王教育を強化していた。特に李沆は太子のときの師傅であったため、真宗に対しては「詭随を喜ばず」、「直を執りて矯むること無し」、「誨えを納め規を尽くし、犯有るも隠す無し」と教え、強い態度で「妃を封ずるの詔を焚き、以て人主の私を格」し、「真宗に告ぐるに、新進喜事の人を用う可からざる」を以てした。李沆の人事任免についての教えは、かれが死去した二十年後まで、真宗の心にしっかりと刻まれていた。真宗が初めての正統君主として即位した当初、李沆の一連の行動は、極めて大きな役割があった。その役割の一つは、真宗に皇権を正確に認識させたことである。一例を挙げよう。真宗は明徳皇太后の薨去のため、一時的に政務をとらなくなっていた。「李沆等上表し、聴政を請う」が、真宗は「梓宮殯に在り。四方の事、各々司の存する有り。請う所の聴政は、朕の情の未だ悉さざるところなり」という理由で拒否した。皇帝たる真宗にとって、政を聴くか否かは重要ではなく、皇帝不在は正常に運営されている政務にはほとんど影響がなかった。宰相は「各有司存」の首脳なのであり、宰相が国政を総攬し、権力を強化することは、真宗からすれば至極当然なことであった。真宗にこうして認識させたことが、皇権の私的権力への転化を防ぎ、かつ最大限の政府の公権力への吸収を保障したのである。その役割のもう一つは、初代の正常継承の君主から始まる新しい君臣関係を定着させ、ついに皇権を位置付けさせたことである。宋代における君臣協力下の宰輔専政は、この段階から本格的に始まったのである。

中期の正常期では、「畏友」と称することができる李沆の死後、契丹の侵入を契機として、「面折廷争」で知られる寇準が宰相となり、真宗を強引に親征させて、「澶淵の盟」を結び、北宋に百年あまりの平和をもたらした。寇準は軍事行動の場合だけではなく、人事任免の場合にも「天子を左右」した。寇準の強い態度が本来弱気の真宗に、政務を一層政府に一任させることになった。戦争状態から平和期に移行するとともに、王旦が宰相として登場してきた。性格が温厚な王旦は李沆・寇準と比べて別のタイプである。王旦は李沆の帝師経歴も寇準の前朝執政の経歴もないが、非常に賢く君臣関係を処理している。かれは心理的にかなり堅苦しい真宗を非常に尊重して、すべてのことを真宗に伺いかつ報告し、諫めつつひそかに穴を埋めて真宗の面子を保全する。これは李沆・寇準とかなり対照的なやり方であった。宰相王旦のころから、真宗は次第に重苦しい気分を脱却して帝王としての尊厳を改めて示してきた。これによって、君臣間に固い信頼関係を打ち建てた。その信頼関係の上で、王旦は十二年もの長きにわたり宰相を務めた。真宗は王旦に対して「素より其の徳望を重んじ、委任して二は莫し」という記事がある。王旦は政務を処理するとき、「上覧を経ざる者有らば、但だ旨を批して奉行す」という場合もある。こうしたやり方は真宗が目を通すプロセスを略して、直接に聖旨を奉ずるということを書き込んで実施するのであった。ある人は王旦の越権独裁を真宗に告発したが、真宗は「旦、朕の左右に在ること多年たり。朕、之れを察するに毫髪の私無し。東封の後自り、朕、論し小事を以て一面奉行せしむ。卿等謹んで之れを奉ずべし」と説明した。これによって、王旦の越権独裁は真宗の与えた特権となった。これは宰相を代表とする執政集団の権限に皇権を吸収して合流させることになろう。王旦のような長い経験をもっている大臣に、権力を委譲し、充分に信任を与える。これが真宗自らの認識なのであった。真宗はかつて王旦等の執政大臣に、「朕、古今の事を観るに、若し君臣道合し、上下心を同じくせば、何ぞ不治を憂えんや」と話している。真宗の王旦に対する信頼度は『長編』の記事からも伺える。「(王旦)国に当たること歳久しく、上、益々倚信し、言う所聴かざる無し。他の宰相大臣の議する所有りと雖も、必ず曰く、王某は以て如何と為す、と。事大小と無く、旦の言に非ざれば決せず」とある。これによれば、真宗がかつて「小事を以て一面奉行」と王旦に話したにもかかわらず、実際には、「事大小と無く、旦の言に非ざれば決せず」というようになったのである。「進賢退不肖」という言葉は、寇準と王旦がそれぞれ言っている。しかし寇準はそれを強引に実行し、王旦は柔軟に行う。例えば、二人とも王欽若に反感を抱いていた。寇準が宰相を務めたとき、勝手に真宗の指名した王欽若の資政殿学士の序列を下げ、真宗を不快にさせた。王旦が宰相を務めたとき、真宗が王欽若を宰相に任命しようとしたが、王旦に断わられた。王旦は南人を宰相に採用しない祖宗法と公議という二つの理由を挙げて、真宗自らの決定を撤回させた。王旦のやりかたは皇帝の支持下の宰輔専政の典型例だと言えよう。

「澶淵の盟」を除けば、天書降下と泰山封禅などの宗教行事が真宗朝の大事件であった。宰相である王旦が真宗の行為を黙認したのは、後世の非難を浴びた。真宗がその行動を遂行したのは、皇権の発動ではなく、王旦の妥協および朝廷内の一定の勢力が皇権と結合して、皇権を支持した結果であった。澶淵の盟を結んだ後、朝野内外は平和の到来に欣喜雀躍としていた。そして、そのとき宋王朝の経済力は、建国以来の数十年間の蓄積と発展によって、最盛期となっていた。そうした雰囲気と背景の下で、東封西祀という世に類のない大典を行うのは、当時の人々から見れば、ごく自然なことである。王旦などの執政者は、そのような人力と財力を浪費する活動をやりたくはないが、当時の朝野内外の雰囲気には逆らえない上、さらに王欽若・丁謂などの佞臣が真宗のために提供したいろいろな口実にも逆らえなかった。その上真宗は目的を達成するために王旦を招宴し、賄賂を遣い、極めてうまく丸め込んでいった。王旦は真宗の面子を立てざるを得ず、かつ真宗の弱気から抜け出そうとする気持ちに一定の同情を抱いていた。そのようなもろもろの要因が真宗に目的を達成させたのである。広い面から見れば、「澶淵の盟」は宋王朝に百年余りの平和をもたらした一方、盟の誓書で互いに皇帝と呼び合うことは、逆に士大夫の「天無二日」という一元的天下観に莫大な衝撃を与えた。「天命を受け天の代理者として天下を統治する唯一の存在である皇帝＝天子という伝統観念が、もはや通用しない現実が出現し、否応なく華夷認識の再考を迫られることになったからである」[1]。ゆえに、真宗は天書降下と泰山封禅などの宗教行事を通して、天命が「付於恒」という自身の正統的地位を強調しようとするだけではなく、漢・唐に倣い、漢民族特有の方式で宋王朝があいかわらず天下の主であることを強調しようとした。この視点から見れば、真宗の行為は皇権の暴走ではなく、これも政府と皇帝の共同的行動であった。当時の雰囲気の下で、参知政事王欽若が主宰し、前後して三司使・参知政事となった丁謂が国家の財政支援にあたって、天書降下と泰山封禅などの宗教行事が大がかりに行われた。これに対して王旦は消極的に協力していたのである。それらの行動はある程度、皇権が宗教的狂気を持つ王欽若および政治上権力志向を抱く丁謂に左右されたと言える。本書では王欽若と丁謂の例を取り上げ、所謂「奸臣」が皇権を左右し、利用するありさまを示そうとした。それは水のように柔らかく、皇帝を従わせるものであった。ほかの宰相大臣も少なからず皇権を左右する。しかし「奸臣」の皇権を左右する行為が特に世論に非難されるのは、かれらが皇権を士大夫政治の常軌から偏向させたからである。

後期の混乱期は、王旦の死去と王欽若の宰相登場とともに訪れてきた。王旦の死ぬ前に、皇権行使は王欽若などに操縦された宗教行事と王旦に維持された正常な政務進行に二分化されていた。しかし王旦の死去によって、朝廷の政治は混迷してきた。先に地方に出ていた寇準は任地の天書降下を利用して、皇権と同盟を結んで宰相王欽若に取って代わり、再び朝廷に入って、宰相となった。ところが、政治的策略を練らない寇準は、執政集団の内部では、先に参知政事、後に枢密使となる丁謂および枢密使曹利用と激しい対立状態になった。その対立は寇準の同盟者である首相向敏中の死去につれて、二分化した執政集団での寇準派の勢力を大いに弱めていった。一方、そのとき、真宗が重病にかかり、政治的野望を持つ劉皇后が皇権の代行者となった。劉皇后は立皇后の時から、寇準と敵対関係にあったため、自然に政治上の立場も丁謂派に傾いた。それは丁謂派が皇権の行使権を獲得したに等しい。皇権へのコントロールを失った寇準派は、クーデターという極端な手段まで使って、必死になって劣勢を挽回しようとしたが、やはり皇権と結んだ丁謂派に負かされた。その派閥闘争を発端として、朝廷は乱闘の状態に入っていった。丁謂対李迪、丁謂対王欽若、丁謂対王曾などの敵対関係が繰り広げられた。その代表的人物の背後には、多くの朋党が集結しており、負ければ、かれらも朝廷から追放される。真宗の後期は繰り返しその乱闘劇が続いた。派閥勢力にとって、その時の皇権はてんびんの分銅のように、味方に引き入れられるか否かで勝ち負けが決まるものであった。最終的にやっと王曾が皇帝の権威を借りて、宋代史上における権臣の第一人者丁謂を打ち倒し、真宗朝の政争を収拾して、朝廷に正常な状態を回復させた。真宗が重病で寝こみ、事実上の皇帝不在という状態は、真宗の崩御後、幼い仁宗の親政に至るまで続いた。しかしこれは皇権の真空を意味せず、乱闘状態にある朝廷の政争でも、正常な政務でも、すべてのことは皇帝の名義で進んでいた。この事実も皇権の象徴性を物語っている。

政策決定と政令発布のシステムから見れば、皇帝の内降・内批であれ中書の擬旨・進熟状であれ、いずれも書き手である知制誥あるいは翰林学士を通じて始めて政令となる。このプロセスを経て、書き手たちは自分の政治理念および派閥的立場によって、部分的に自己の意志を入れ、政令により示される皇権をある程度変更させた。以上のことは正常な政策決定のプロセスであったが、極めて異議がある政策決定については、政令起草の段階に及ばず、書き手による封還詞頭という行動が行われる可能性がある。書き手の関門を通り過ぎても、朝廷では給事中の封駁、ひいては台諫の論駁などの関門が待ち受けている。このような制度上のメカニズムは皇帝の恣意を防止するだけではなく、同様に権臣の暴走を制約している。これは官僚政治（宋代以降の士大夫政治）自体のメカニズムである。

朱熹は「本朝の忠義の気、却って是れ范文正より作成し起来するなり」と言ったことがある。確かに范仲淹の政治的実践には非難されるところもあるが、士風、とくに進言の風の育成に関して、范仲淹にはその功労があると思われる。このような士風による世論は広範囲で偏りがちな皇権および相権を制約して、最終的にそれを士大夫政治の総利益に合致する軌道に乗せようとするのである。

第二節　皇権の位置づけ

平田茂樹氏は宰相の専権について、「あくまでも、皇帝権力を背景にした専権であったのである」[2]という結論を出したが、冨田孔明氏はこれについて「この結びは、恐らくは王氏は全く納得しないものであろう」[3]と推測している。これは私の見解を誤解していると思う。このような誤解を持っている学者が中国でも、日本でもかなりいるようである。実はこの点について、私の見解は平田氏と根本的な相違はないと思う。一九八九年の「論宋代皇権」では「一般的に皇帝と臣下、特に宰相とはつねに対立的状態にあったわけではなく、宰相の権力が強まるのは、往々宰相と皇帝の関係が密なることに関わる」と述べた。宰相をはじめとする執政集団が行う宰輔専政は、皇帝の協力下の専政である。つまり皇権を吸収した上での専政である。また権臣の専権および奸臣の権力を弄するのは大いに皇帝の名義を利用して行ったことである。これは本書の論述上の重点である。

なお冨田氏は宮崎市定氏の「君主独裁とは君主の恣意が凡ての政治の根源となるの謂ではない[4]」という定義に依拠し、「皇帝の恣意性の是正と皇権の低下に関する王氏の見解に多少なりとも修正を求めたいのである」と私の説を批判した上で注文されてきた。これは私の皇権理解とかかわる。皇帝という身分がかれに与えた地位と権力は全く公的なものである[5]。つまり「天子無私」ということである。しかし皇帝は結局一人の人間として、私的な一面を持っている。家天下という政権の特徴も、皇帝に皇権を私的な権力と誤解させる一因であった。そこで皇帝は公権力の枠を逸脱して恣意的に皇権を振るう場合が多くなったのであろう。官僚士大夫にとって皇帝への諫めは、やはり制度上の皇権と恣意的な皇権との両方面への対応を含んでいると思う。両方面への制約は、いずれも皇帝権力に常軌を逸脱させないための行動である。そして皇帝の公的なイメージを保つ行動でもある。このような行動は実質的な皇権を低下させ、したがって必然的に皇権の象徴化を促進するに違いないだろう。

ここで、象徴化について言及すると、寺地遵氏が創唱する「皇帝機関説」にふれなければならない。「皇帝機関説」について、支持者の一人である小林義廣氏は「君主が猜疑心を捨てて、臣民の動向と輿論を察知せねばならないとすると、そこに立ち現れる君主像とは、恣意性を排除した公正な態度を持する姿であろう。そして、その至公の君主を戴く国家とは、いわば『皇帝機関説』ともいうべき国家像だといえるのではなかろうか[6]」と述べている。このような士大夫が期待していた理想の皇帝像は、まさに私のいう皇権の象徴化ではないだろうか。ところが、中国の皇帝は神のイメージを持たず、究極的な象徴化は達成できなかったので、自己の政治的過失、ひいては政府の政治的過失に対して、責任を負わねばならなかった。歴史上において、しばしば見える罪己、禅譲、王朝交代は、このことを物語っているのではないか。

第三節　唐宋変革論についての私見

歴史は一つ一つの時代によって構成されるものである。ところで考察の対象としてなぜ真宗時代を選択したのか。その理由については、序章ですでに述べたが、そこでは尽くせなかった考えをここで改めて述べておきたい。近年以来、寺地遵氏は、政治史の視点から唐宋変革論に批判を提出した。

内藤湖南の提言以来、唐宋間に中国社会の一大変革期、転換点を見出そうとする展望は日本の中国史理解の独創的なものとしてさまざまに話題とされてきた。しかし宋政権の運動全史を通して、すなわち歴史的に変革説を証明できたとは言いがたい。…宋政権の誕生――発展――衰退――滅亡の全過程を通観して、それが例えば唐王朝のそれとどう相違しているのか、秦漢帝国以来の皇帝官僚制という大枠は共有しつつも、両者間の社会的発展が政治形態と政治運動において、どのような差異として顕現していたのか、こうした問いに答えてくれる研究は殆どないのではないか。[7]

これは確かに難問である。私は唐宋間に中国社会の巨大な変革が起こってきたという事実を認める。以前発表した論文では暗黙のうちに先学の説を受け、唐宋変革論に従って、宋の時代的特徴を述べたことがある。ところが、私が理解する唐宋変革論は、従来の定説と少し異なる点がある。或いは修正する点がある。魏晋南北朝時代は、門閥士族が政治舞台の主役である。いわゆる「上品に寒門無く、下品に勢族無し」と云われる。そのような門閥制度及びその観念の残滓は唐代まで影響を及ぼしていた。唐末より五代にかけての混乱は社会を激しく揺り動かし、陳腐な門閥観念の残滓を一掃してしまった。例えば、「婚姻、閥閲を問わず」となった。また、政権が走馬燈のように絶えず交替し、固有の政治秩序を乱し、伝統的な政治構造を打破してしまった。その背景の下で、宋王朝は次第に「士大夫と天下を治む」という政治構造になった。このような士大夫政治こそ、魏晋南北朝時代における門閥世族政治および唐の地域集団的貴族政治と相違するところである。もし宋代にこうした政治形態がなく、単に王朝の興亡から見れば、確かに宋も以前の王朝と大幅な区別がないだろう。

問題はこの変革が何時起こったのかである。それはまさに宋の真宗朝から始まったと思う。後周時代から、中原地域はすでに安定的な社会になっていた。北宋の平和的政権交代および順調な江南接収は新たな社会の動乱を起こさず、再統一された全国は経済の回復と繁栄をもたらしてきた。これは太祖・太宗朝の政治設計と政治実施の基礎であった。すでに序章で述べたように、真宗朝にはいると、宋代の士大夫政治を特色とする新しい官僚政治が初めて本格的に形成された。太祖・太宗朝では、中央から地方にいたるまで、ほとんど後周或いは江南から宋に入った旧臣によって政務は一手に握られていたが、太宗朝からは大規模に科挙試験を行い、常に数百人ひいては一千人を超える進士・諸科および特奏名の合格者を官途につけさせていた。またほかのルートにより、官僚になる人を加えて、十数年を経て、宋王朝自身が養成した士大夫が前代の旧臣に取って代わり、政治の舞台の主役となった。「満朝、朱紫の貴、尽く是れ読書人」と描写するように、士大夫がある独立的な階層或いは勢力として空前の成長を遂げたのである。

「取士、家世を問わず」（取士不問家世）といわれたように、読書人は艱苦に耐えて勉励し、大体機会均等の競争の下、抜群に頭角を現したものは、支配階層に飛び込んで、統治層の一員になったのである。官途に入った士大夫はもはや跳び超えがたい「龍門」を悲しみ嘆くことがなくなった。逆に官途に入ることに成功したという社会的地位の変化によって、「達すれば兼ねて天下を済う」という志向を燃え立たせ、かれらが身を投じた政権の安否を自任して、もはや傍観的な局外者ではなくなった。したがって士大夫は一層責任感を強めたのである。科挙規模の拡大につれて、士大夫は政権の雇用者によって主人公とされた。この身分の転換は士大夫の精神面を変化させた。要するに「士大夫官僚の再生産装置である科挙が、単なる官僚登用制に止まらず、唐宋変革によって、出現した新しい中国世界の統合システムとして機能したことに着目して、士大夫政治出現の歴史的意義について考えたい[8]」。

これに止まらず、社会構造の変化ももたらされた。「修身・斉家・治国・平天下」という儒学が与えた道徳的要求と政治的理想は、士大夫に個人的道徳の修養を重視させると同時に、国家管理の演習のように、初めから家庭の管理をも行わせた。家庭の管理がよいか悪いかという実績は、士大夫の行政的能力とかかわる。そのため、士大夫は国家に政治的責任感を持っているように、家族にも責任感を持っている。実際の既得の利益という角度から見れば、子々孫々とも出世でき、官戸の特権を保つことは、出世した士大夫の家族への義務であった。范仲淹が家族のために設置した義荘はこのことを物語っている。一方、表面的には平等に誰でも参加できる科挙試験は、長期間受験準備をする受験生にとって、支える巨大な費用が必要であった。その支持の提供を受けた士大夫は、出世後、家族に恩を返さなければならない。代々にして循環することは、宋代から始まり、家族ひいては宗族の根を深く下ろしていた。今日残されている中国人の族譜で直接の明確な繋がりはほとんど宋代からである。この事実も宋代士大夫およびその家族の隆盛を物語っている。自己の家族の隆盛を維持するためには、単なる家族内の経営だけでは足りないため、有力者と姻戚関係を結んで、優秀な士人を新鮮な血として家族に導入し、士大夫階層が相互に婚姻を通じて親戚となり、人と人との絆を結びつけるのは、かなり普遍的事実であった[9]。これによって宋代以降、昔の魏晋南北朝の「士族」と全く異質な新士族が形成された。農耕民族の伝統をもつ中国人は、家族意識がかなり強い。これは地域的勢力と政治的集団を結成する基礎の一つである。士大夫が一つの階層として有力なのは、巨大な人的ネットワークをもっているためである。これは姻戚・同年・師弟など複雑な絆で結ばれたネットワークであった。また官僚の任用上、恩蔭などの出身者より進士出身者を優遇することも士大夫階層が永遠に優秀なエリートによって率いられる設計であったといえよう。

要するに、筆者は寺地遵氏の「宋王朝権力体の基本的主体的運転者は科挙合格者層であった[10]」という説に賛成する。だが、筆者がいう士大夫階層は科挙合格者層よりもっと広い社会層を占めると思う。さらに宋代から、とくに真宗朝から士大夫政治を特色とする政治体制が定着し、その上で中央政治の運営が宰輔専政の時代に入るようになったと考える。なお、そのような士大夫政治の雰囲気のなか、仁宗朝に入ると、政治的変革は一層精神的変革をもたらしてきた。

第四節　皇権が象徴化に向かった歴史的な要因

中国の伝統的政治事実の考察を通じて、強大な皇権が実質的なものから象徴的なものへと転化するプロセスと原因とを探し求めることが可能になると思われる。

この問題を考察するに当たり、まず視線を皇位世襲制に向けていった。「君権神授」という言説は皇帝に絶対的な権威をあたえていたものの、開国皇帝の後継者として、皇帝の直截な権力と権威の源泉は血統である。このような視点からは以下のことが考えられる。

第一に、開国皇帝は多くが戦争及びクーデターなどの非常手段で政権を奪い取ったのである。政権を奪取する方式によって、必然的に開国皇帝は大権を握り、行政上の首脳になる。決してただ象徴的意義を持ち礼儀的な虚位を擁する皇帝ではない。しかし人間の生理上の能力的限界によって、極めて有能で精力的な皇帝であっても何事も全て自分で行うことはできない。それが皇権の下での宰相をはじめとする執政集団の権力を発展させる空間を残していたのである。

第二に、前政権に取って代わって皇位に就いた開国皇帝は、一般的に言えばかなり傑出した能力を持ち、凡人ではなかったが、後継の皇帝は、往々にして自身の能力と関係なく、ほとんど激しい角逐を経ないまま、宗法関係によって皇帝位を受け継いだのである。即位した皇帝は、政治的実践と経験が乏しい。このような皇位継承制が、君主の能力の低下をもたらすことはまぬがれない。この点だけでみれば、後継の皇帝は必然的に開国皇帝より弱くなるほかない。かれが持っている名義上かれに属する権力は、かれの政治的実力に由来するものではなく、ただ皇位という特殊な地位によってもたらされたものにすぎない。従ってこのような地位は、多くの場合ある象徴的な意義を持っているのみである。

第三に、皇位世襲制の下で即位した皇帝は、年少の者が多数を占めた。まだ成年になっていないので、年齢的な能力の限界から政務を執り行いにくい。したがって政事は多く前朝の顧命大臣によって決められる。こうして即位した皇帝は前朝の元老をきわめて尊敬するようになった。これによって新皇帝は即位の初めから立ち上がれずに、宰相たちに左右されることになる。たとえば、宋真宗が即位した時、幼すぎるということはなかったが、『宋宰輔編年録』巻三咸平元年十月戊子の条に「輔臣と禁中に対し、呂端等を見る毎に、必ず粛然として拱揖し、名を以て呼ばず。端等再び拝して請う。上曰く、公等顧命元老なり、朕、安んぞ敢えて上、先帝に比んや、と」と記されている。明代皇帝は実際の宰相である内閣大学士を「先生」と通称し師として尊重している。まして年少の皇帝ならば、さらに顧命大臣の輔佐を離れられないのであろう。輔佐から親政までの間に、実際的な役割を果たせないだけではなく、何事も大臣の言われるままにする弱い性格を身につけてしまう。したがって君弱臣強も必然の勢いであった。

ところで、以上に述べたのは中国史上における皇帝制度に特有のものであるだけではなく、ほとんど世界史上における王位世襲制下の君主執政にまつわる共通の問題であると思われる。しかしながら、これは中国史上において皇帝権力が象徴化に向かう一因とは言えないだろうか。

皇位世襲制は皇帝権力象徴化の要因であるが、同時に政治制度の整備こそがより決定的な要因となる。これは二元的問題なのである。一方では、全ての中国史の流れから見て、政治制度が次第に整えられる過程がある。他方ではそれぞれの王朝においての、政治制度が次第に整備される過程がある。

まず制度上について中国の歴史全体の流れから見てみよう。

秦の始皇帝の時代において、最高至上の皇権が形成された。しかしその時代には、完全な政権体制はまだできていなかった。その時代の強大な皇権の下では、君主の行政的首長としての職能が特に目立っているが、宰相などの大臣が往々にして日常の事務的なことの処理及び具体的な政策を執行する地位にあった。漢初も同様にこの状況がほとんど変わらなかった。しかしながら、歴史の発展とともに、政権体制が日一日と完備され、政務の分業もますます綿密かつ具体的になっていき、宰相をはじめとする執政集団（唐に政事堂、宋に中書門下、明に内閣、清に軍機処）の政策決定の職能も次第に強化されてきた。そのため、皇帝が直接政務の処理に参与する機会はますます少なくなる。皇帝はその象徴的意義を除き、政府の運営では、「余計な人間」となった。その主要な役割は「印鑑」ということにすぎない。この意味から言えば、成熟した政権体制自体は、皇権をある程度排斥していく体制なのである。宋末のある監察御史は、「政事は中書に由れば則ち治まる。中書に由らざれば則ち乱る。天下の事は当に天下と之れを共にすべく、人主の得て私すべき所に非ず」[11]と説いた。これは整備された政権体制の下、皇権が実際の政治生活の中にほとんど立脚点をもたないということを表している。明代に至っては、皇帝は数年、ひいては数十年間宮殿から出ることはなかった。政務はすべて実際の宰相である内閣大学士によって執り行われたのであった。清末の郭嵩燾は「明は宰相・太監と与に天下を共にする」[12]といった。この一言は的を得ているといえる。

次はそれぞれの王朝から見てみよう。

開国皇帝及び準開国皇帝は、政府の行政事務にかなり多く干与するが、しかしその政権の運営が正常な軌道に乗り、政治体制と様々な制度が次第に整備されると、殆どすべての政務が既定の法規によって慣性的に推進されてくる。その王朝の草分けの時期がもはや終わった頃に皇位を継承した皇帝は、政府の行政事務への影響力を次第に維持できなくなっていき、政務に無関心になってしまう。逆に、宰相をはじめとする執政集団によって政務が主宰され、これにより必然的に皇帝は開国皇帝と異なり、行政長官の役から退かされ、何事においても必ず自分でやる必要がない名義上の君主となる。こうして開国皇帝から後継の皇帝に至るまで、皇権は徐々に実質的な変化をとげていった。

要するに、伝統中国の皇帝権力を考察してみると、一つの興味深い事実が看取できる。君主が強大な皇権を獲得するために、高度の中央集権的政治制度を立てた。しかしながら、中央集権的制度の創立者が予想もつかなかったことに、歴史の発展が意外にもこの中央集権的政治制度を皇権の天敵に変えるようになったのである。皇帝がかれの策士たちと共同で作った中央集権的国家という巨大な機器が動き出すと、挙国一致してこの機器に従って動いていく。皇帝でも大臣でもだれであろうと完全に機器の操縦を担当できず、この巨大な機器の一部として相互に協力するギヤとベアリングになるにすぎない。こうして皇帝権力も国家権力の一部となるようになった。

制度の完備への促進には制度外の保障が必要となる。この保障は、皇権以外の政治力からなるものであった。歴代そのような政治力はあるが、宋代に入ると、空前に興起してきた士大夫階層が上から下へ貫いて政治を支配するようになった。その支配から生まれた責任感は空前の盛んな士論を育成した。その士大夫政治に依存している士論あるい

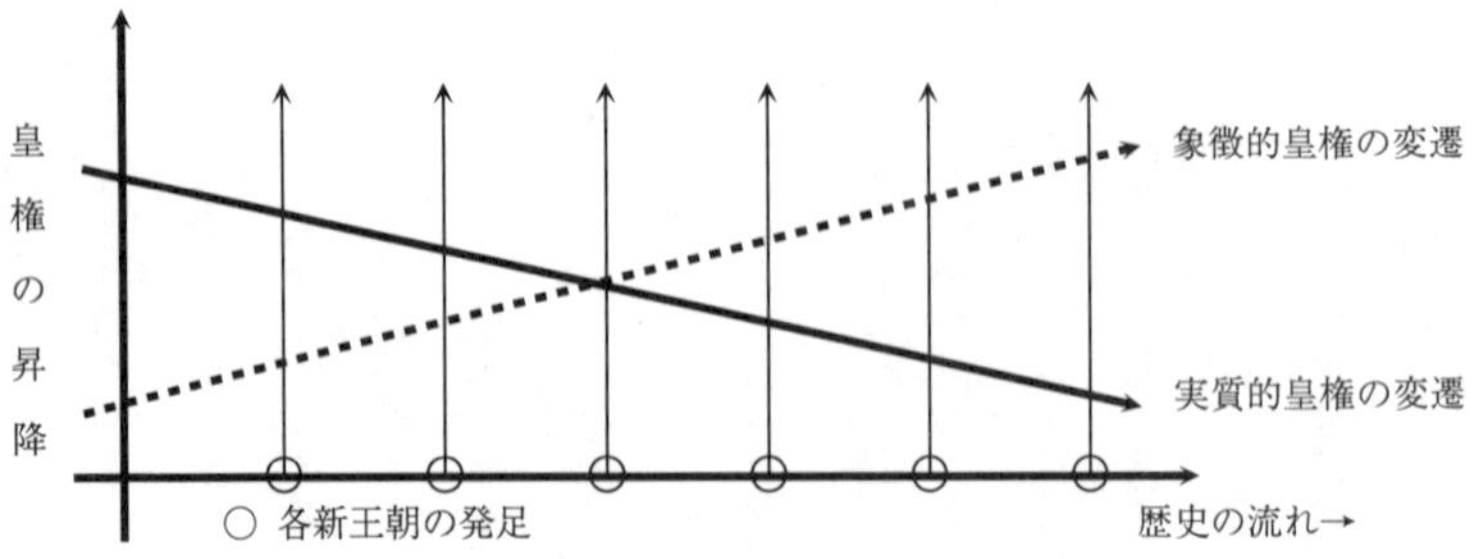

図１　皇権変遷座標軸

は公議は、皇権とほかの権力が制度の枠外に逸脱することを防止する最も強大な政治力であった。それは皇権およびすべての権力を士大夫政治の既定の軌道に従わせなければならない。皇帝を含むすべての権力者はその力と対抗できない。宋代では、「祖宗法」と「公議」が、皇権とそのほかの暴走する権力を制限する二大利器であった。「祖宗法」は制度的制限となり、「公議」は世論的制限となる。皇帝や権臣はあるときには「祖宗の法畏れる可からず」と敢えて公に言いふらすものの、公議を公然と無視する勇気はほとんどなかったのである。

政治体制の整備に伴って、皇権は実権を有する状態から象徴化した状態に向かっていった。伝統中国の皇権を考察してみれば、各王朝の創立から衰微までのプロセスの中で、強大な皇権も変遷する。各王朝の皇権の変遷は歴史全過程のある段階を反映している。歴史全体の流れから見れば、実権を有する皇権が高い状態から次第に衰退していったのであるが、反対に、象徴的な皇権は低い状態から次第に発展していったのである。総じて言えば、伝統中国における皇権は、実権を有する状態から象徴化されるにあたり、二つの「最高至上」を経験していた。つまり、実際的な最高至上から象徴的な最高至上への変遷である。（図１を参照）

この図を見ると、これは複雑な歴史を単純化、簡略化しすぎるとの疑念が生ずるかもしれない。私自身、その疑いを抱く。しかし、あらゆる比喩が不完全なものであるように、あらゆる図表も完璧ではない。図表の長所は一目瞭然である点にある。

この図は、皇権の変遷の基本的な趨勢だけを示したものである。勿論、歴史は曲線的に発展し、その実際の様相は複雑で多様性を呈している。

現代政治学の理論によれば、権力（power）・権威（dignity）・影響力（influence）という三者を同一視してはならない。前述した中国伝統社会における皇権の二つの「最高至上」の変遷は、権力と権威（影響力を含む）の区別を物語るものである[13]。その象徴的な皇権は実は皇帝の権威といえる。皇帝の実権の衰微は、皇帝の権威と影響力の低下を意味するものではない。まったく逆に、皇帝の象徴化は皇帝の権威の増強をもたらしたのである。各王朝の皇帝がなお行政的首長の職能を果たしているとき、権力・権威は一人で握っていたといえる。図で表すと、二者は同心円の同一の円心にあるが、皇帝の行政的首長としての職能が次第に薄らいで、政府首脳たちの役割が日一日と強力になっていくと、円形は次第に楕円形となっていく。このように権力と権威（影響力）が分離して、二つの円心が形成されてくる。（図2を参照）しかし権力と権威（影響力）が分離して、二つの円心が形成されても、依然として同一の楕円に位置している。つまり権力と権威は、多くの場合、截然と区別できるものではない。権力の属性として、権威は権力と一体不可分のものである。

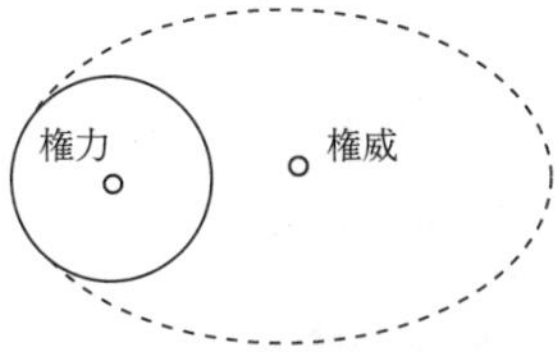

図2　権力と権威の関係図

注意すべき点は、これは皇帝の協力の下で各王朝の政府首脳たちの主観的な努力の積み重ねによって形成された客観的事実である。これは「権力の象徴過程は、権力側の一人芝居として行われたのでは意味はなく、つねに人々の共演を必要とするからである[14]」。従来の説では、皇帝権力は次第に強化されたとするが、これは表面的なものに惑わされた見解であると思う。確かに皇帝の象徴的な権威は歴史の発展とともに、いよいよ強化されてきたが、しかし権威の強化は権力そのものの強化を意味するものではない。象徴的な皇権と皇帝の実権と

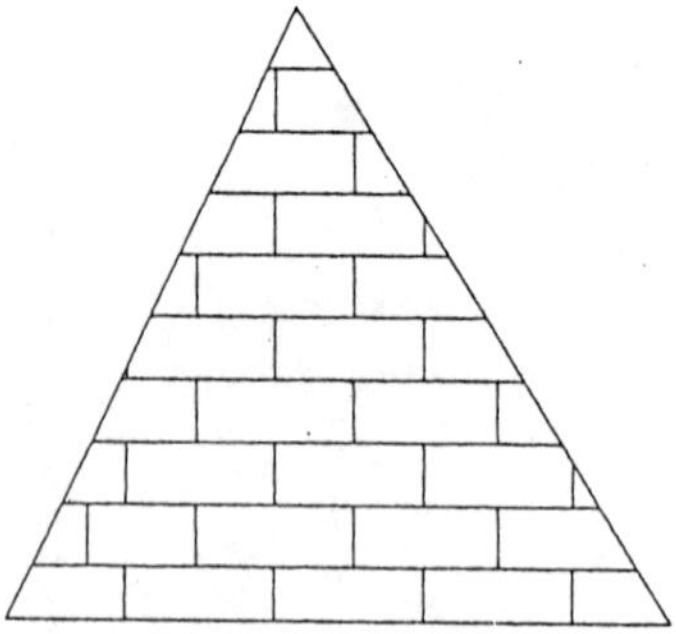

図1　ピラミッド型（pyarmid）

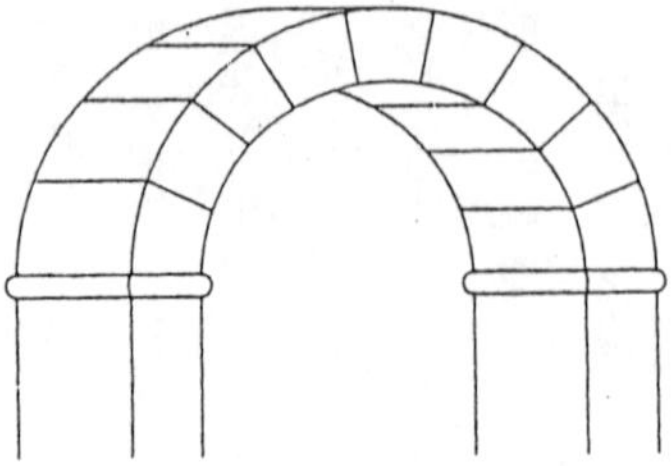

図2　アーチ型（arch）

は区別すべきである。

アメリカ在住の著名な学者余英時氏は、「君権と相権は従来から対等ではなく、その間に明確な限界もない。君権は絶対的な（absolute）、最終的な（ultimate）ものであるが、相権は生じてくる（derivative）ものであり、直接に皇帝から出てくるのである」と論じた。[15] これをみると、一つのごく古い問題が思い出される。つまり、鶏と卵はどちらが先かということである。確かに宰相等官僚は皇帝により任命されるが、皇帝でも、宰相でも、いずれも君主制という政体の必要に応じて生まれてきたものであり、その発生の先後はいえない。君主制の政体が皇帝を生んだものでもあれば、行政長官としての宰相を生んだものでもある。両者は同じ政権のシステムに属するが、ある意味では、君権は相対的な、制約されるものである。反対に相権は絶対的な、最終的なものである。明の万暦帝のように、皇帝が三十年間朝廷に出ず政務をとらなくても、政権の運営はそのまま整然と系統立てて行われていた。しかし宰相等の行政長官は一日でも不可欠である。かれらがいなければ、政権の運営が麻痺状態に陥る可能性が多分にあると思われる。万暦帝は特例であるが、史上多く子供皇帝の時期があった。その時期、皇帝本人は役割を果たしていなくとも、政権の運営は正常に行われていたのである。

皇帝と宰相をはじめとする群臣との関係を基本とする、伝統中国の相互制約的な政治的構造は、建築物に譬えれば、従来言われるピラミッド型（pyramid）ではない。ピラミッド型は正四角錐形の構造である。ピラミッド型の構造ならば、頂上に位置する皇帝は、下の群臣からの支持を受けて、何らの制約もない。実際の状況を見ると、アーチ型（arch）の構造というべきである。アーチ型は半円形に弧を描いた構造である。窓・門・橋などの開口部の上部を、くさび形の石や煉瓦を組み上げて曲線状に構築したもの。すなわら、頂上の石或いは煉瓦（ここでは皇帝を指す）には、両側の石或いは煉瓦（ここでは宰相や群臣を指す）から来るプレッシャーがかかっている。このプレッシャーは支持でもあり制限でもあって、頂上を自由に活動させない性質を帯びている。上の石は下の石から、ある程度の支持とともに制限を受ける。石と石との間では、一つの統一体が構成されていて、互いに他者を排除することなどできず、相互に分離は許されない。分離すれば、構造物そのものが崩壊してしまう。

皇権が実権性から象徴化に向かっていったのは、最も主要な原因には政府の行政機能の増強及び政治体制の完備があったのである。これをどのように評価すればよいのであろうか。客観的意義から言えば、この趨勢は人類の政治的進化を反映しており、国家管理が家父長制の原始の形態から制度化・科学化に向かっていくことを物語っている。いわゆる「人治」から「法治」への変遷である。道徳的意義から言えば、これは人類が専制から民主に向かっていく過程を物語っている。なお、絶対的君主独裁が伝統中国で抑えられた事実は、中国での学界において長期間論争されている中国の封建社会がなぜ長く持続していたのかという難問に対し、部分的に答えるものと思われる。本書は世界史の基本法則といわれる「封建社会」という術語を使いたくないが、言い換えれば、なぜ伝統中国において王朝の寿命が一般に長かったのか、或いは近代に至るまでの文明社会が数千年にまで及んだのはなぜか。こういう問題に対し答えようとする中で、「絶対的権力は絶対的に腐敗する」[16]というアクトン氏の有名な言葉を想起した。伝統中国では絶対的権力は不在であるから絶対的に腐敗するということは生じにくく、個別的な問題があっても、貴族政治と士大夫的官僚政治のメカニズム自体も調節できて、たえず王朝という体に活力をあたえる。これこそ中国の伝統社会が長く続いた一因であったと思われる。

第五節　残される課題

以上の論述を承け、もう一つの残された課題に言及すべきであると思う。それは、伝統中国の皇権が実権性から象徴性に向かうなら、なぜ立憲君主制という政体に推移しなかったのかという問題である。これについては、次のように考えている。

第一には、中国史上の頻繁な王朝交替から、中国の皇帝は神の境地に達することができなかった。神聖とはいえるが、結局「人、固より為る可き」俗世の帝王であり、皇権は宿命的に徹底的な象徴化を遂げることはできない。

第二には、中国史上の頻繁な王朝交替は、もともと一王朝内で既に象徴化に向かった皇権の芽を、新王朝がつみとり、実権性に回復させてしまう。政治体制が歴史の進化とともにますます整備されるにもかかわらず、繰り返される歴史的な過程が皇権の最終的な象徴化を妨げる。

第三には、中国の君主制の最後の王朝である清王朝は満洲族が支配する政権である。中原で数百年間の民族融合を経たにもかかわらず、やはり民族間の排斥は最後まで存在し、近代に入り、「韃虜を駆逐し、中華を恢復する」と呼号した辛亥革命が勃発した。その際、欧米の共和政治の影響を受け、清王朝を倒すと同時に、君主制をも一緒に葬り去ってしまった。

第四には、偶然性が歴史を決定づけた。私見によれば、中国の社会は自然に正常に発展すれば、近代に入り、立憲君主制政体になる可能性があった。中国の歴史はすでにその瀬戸際に立っていた。辛亥革命以前、康有為・譚嗣同等の「戊戌変法」が成功していたら、その後の中国は立憲君主制の国家となった、と仮想することも可能なのである。

注

（1）近藤一成「宋代士大夫政治の特色」（『岩波講座　世界歴史9　中華の分裂と再生3～13世紀』、一九九九年）

（2）平田茂樹「宋代の言路官について」（『史学雑誌』第一〇一編、第六号、一九九二年）

（3）冨田孔明「宋代史における君主独裁制説に対する再検討」（『小田義久博士還暦記念東洋史論集』、小田義久博士還暦記念事業会、一九九五年）

（4）宮崎市定『東洋の近世』三（教育タイムス社、一九五〇年）

（5）中国史上の王朝は家天下というイメージを持つが、国家の視点でみれば皇帝権力は公的なものであるとはいえる。

（6）小林義廣「欧陽脩における諫諍と輿論」（『東洋史研究報告』第一六号、名古屋大学、一九九一年）

（7）寺地遵「宋代政治史研究方法試論」（『宋元時代史の基本問題』、汲古書院、一九九六年）

（8）注（1）を参照。

（9）青山定雄「北宋を中心とする士大夫の起家と生活倫理」（『東洋学報』第五七巻、第一・二号、一九七六年）を参照。

（10）注（7）を参照。

（11）『宋史』巻四〇五、「劉黻伝」。

（12）徐珂『清稗類抄』、中華書局整理本五二五〇頁。

（13）本書での権力と権威という概念は政治学上の一般的な意味で用いている。つまり、権力とは、他者をその意志に反して行動させることができる力をさす。他者の政治的行動の統制力として現れる場合は政治権力という。権力行使は価値剥奪と価値付与（利益・名誉誘導など）という二側面がある。礼教を重視する中国社会において、とくに後者の場合が多かったと思われる。権威とは、発信者の発するメッセージがその内容を問わずに自発的に受信者に受け入れられる状態をさす。政治的権威の成り立つ根拠は、M・ウェーバーの言う支配の正統性、つまり倫理的正しさだけでなく、情動や呪術や神話にまで拡っている。これは皇帝の権威にまさに合致すると思われる。

（14）『権力と権威』（シリーズ　世界史への問い七　岩波書店、一九九〇年）

（15）余英時『歴史与思想』五〇頁（台湾聯経出版事業公司、一九七六年）

（16）Acton, John Emerich Edward Dalberg., *Essays on Freedom and power* Boston. 1948. p364.

あとがき

本書を出版するに当たって、私の皇権に関する研究の歩みにふれておきたい。

十八年前に、北京大学を出て、中国の一番古い出版社である中華書局の歴史編集室の編集員となった。初めて審査した原稿はアメリカ在住の歴史家黄仁宇氏の『万暦十五年』であった。当時、編集部内では、その原稿を採用するかにつき様々な意見があった。原因はその従来の学術的論著と異なるタイプにあった。ところが、私はその論考と伝記の間を繋ぐ視点および表現方法に強く引きつけられていた。期待に背くことなく、『万暦十五年』の出版は世界的栄誉を得てきた。いま、私の本は、『万暦十五年』に倣うという明確な意識はないが、なぜいまの形になったのかについては、やはり知らず知らずのうちに『万暦十五年』の影響を受けていた、という事実を認めなければならない。

また十六年前に、中国の『歴史研究』に私の「論宋代相権」が発表された。これは中国史学界ですでに定説となった君主独裁制説の静かな湖に一石を投じたものだった。続けて四年後、同誌で「論宋代皇権」が発表された。ところが、通説と正反対の私の新皇権論に対して、予想した反響は出てこなかった。いうまでもなく、完璧ではない自説について、最初から過大視していなかったが、日本の宋代史研究者である冨田孔明氏は私の新説への学界の態度に不平を唱えられた。氏は「宋代史における君主独裁制説に対する再検討」(『小田義久博士還暦記念東洋史論集』、一九九五年)という論考の注(五)に「一九八五年に出た王氏の論文は、重要な問題を提出しているにもかかわらず、あまり注目されてはいなかったようにみられる（特に八〇年代後半においては）。これは、たまたま研究者の目に留まらなかったのか、それともこの説はあまりにも定説と異なるため、過小評価され、無視されてきたのか（C・G・ユングが説いているように「人は最も恐れるものを過小評価する」ということもある）、その理由はわからないが、どちらにしても、現在、（たとえ、否定的にみるにおいても）王氏の論は無視できないものとみられる」と述べている。

自説をどう評価するかはひとまずおき、その二論考が学界へ些か貢献したとすれば、それは問題の提起であると思う。通説の是正に行き過ぎたところが自説には幾つかあり、それが批判をよんできた。これを反省し、どうすれば自説をさらに完全にすることができるのか、というのが私の主要な課題となった。従来の一般論的なやり方を変え、論考をより典型的意義を有する時期に狭めて、君臣関係を全面的に考察しようと思った。これがケース・スタディーとして宋真宗朝の五人の宰相と翰林学士を選択したゆえんである。こうしたやり方は序章に述べたように、自分で自らに難問を課すことになった。なぜなら、自分の論証に対して有利か不利かを問わず、真宗一朝の全体的事実を直視し、その上で、合理的な説明をしなければならないからである。この作業を通して、自説の説得力を増大させることを期した。だが、やり方と表現がうまくいったか否かは別の問題である。結論については、納得できるか否か、あえて断言できないが、ただ本書に挙げている史実については否認できないものと信じている。

なお本書の一部は論文の形で近年発表してきたものである。それは第二章（「皇帝権力に関する再論――あわせて冨田孔明氏の反論に答える――」、『東洋文化研究』第一号、一九九九年）、第三章（「『聖相』李沆――君臣関係のケース・スタディー（その一）――」、『中国――社会と文化』第一五号、二〇〇〇年）、第四章（「『平世の良相』王旦――君臣関係のケース・スタディー（その二）――」、『東洋文化研究』第二号、二〇〇〇年）、第八章（「宋代士大夫の精神世界の一側面――范仲淹を中心に――」、『東洋学報』第八二巻、第二号、二〇〇〇年）、第一章の一部と終章の一部（「皇帝権力再論（その二）——思想史の視点からの展開——」、『東洋文化研究』第三号、二〇〇一年）である。

「十年一瞬」という言葉が、来日して十年になる頃、ふっと思いついた。十年以来、幸運だったのは、たくさんの師友からたくさんのお世話を頂いたことである。最初に客員研究員として受け入れられた学習院大学の柳田節子先生と故原島春雄先生、後に同大学東洋文化研究所に勤めることになってからは小倉芳彦、川嶋辰彦、藤竹曉、河合秀和、諏訪春雄、鶴間和幸、武内房司、馬淵昌也の諸先生、以上の先生方より手厚い御配慮を頂いた。研究活動の場としてこの十年間ずっと、ほぼ私の年齢と近い歴史を持つ東洋文庫の「宋史選挙志」研究会に参加させて頂き、漢文訓読などの日本的学術訓練を授けて頂いただけでなく、中嶋敏先生をはじめとして、千葉焈、内河久平、安野省三、渡辺紘良諸先生のご指導を仰ぐことができた。また永年の交誼を持つ近藤一成、長谷川誠夫、小島毅、石田肇、渡辺穎房、青木敦諸兄と折原幸恵君のご援助も頂いた。

本の作成は家を建てるようなものである。この本について、私は大工のように、煉瓦・鉄筋・コンクリートなどの材料を用意して、構造を組み立てただけであるが、以上に言及された師友たちには壁などを塗装するなど室内を飾り付けて頂いた。つまり多くの日本語の語弊を訂正して頂いたのである。諸師友のご援助がなければ、この本は決してならなかったと思う。ところで、この本には全体的構成を整えるために急いで作った章節があり、立論から史料の使用まで、明らかに慎重な推敲と綿密な点検に欠けている点がある。これはすべて家の設計者と所有者である私の責任である。学界の御批正を仰ぎたい。

末筆となったが、本書の出版助成金の申請にご推薦を頂いた河合秀和先生と、出版の斡旋と原稿の統合にあたって頂いた渡辺紘良先生に感謝の念を申し上げたい。助成金を提供して頂いた学習院大学当局に感謝したい。汲古書院の坂本健彦、石坂叡志両氏には急な出版でお手数をかけた、厚くお礼を表したい。そして最後に、私の研究への専念を支え、たいへん苦労をかけている妻にも謝意を述べて筆を擱きたい。

新世紀の曙光を迎えて、謹んで本書を日本の学界に捧げたい。

二〇〇一年一月二十三日　龍年除夜

学習院大学東洋文化研究所の研究室にて

真宗朝大事年表

凡例

1、この年表は本書の内容に応じて、真宗朝の主要事件及び李沆・王旦・寇準・王欽若・丁謂という五人の宰相の活動を中心として構成する。
2、年表は前表・本表・後表に分ける。前表と後表には、真宗在位期間以外の関連事項を記した。
3、本表は、真宗即位の至道三年（九九七年）より崩御の乾興元年（一〇二二年）までの重要な事項を収めたものである。
4、年表は各年ごとに、執政集団の構成および当年の大事・宰相の活動の順に記した。
5、士大夫階層および士大夫政治の形成を示すために、太祖朝から真宗朝までの科挙合格者人数も並記した。その人数は何忠礼氏『宋史選挙志補正』の附録一を参照した。
6、年表は主に『長編』『宋史』本紀により作成したものである。なお宋史提要編纂協力委員会編『宋代史年表』（北宋）も参照した。

前表

建隆元年（九六〇）
北宋建国。是歳、合格進士一九人、諸科未詳。
建隆二年（九六一）
是歳、合格進士一一人、諸科未詳。

建隆三年（九六二）
是歳、合格進士一五人、諸科未詳。
建隆四年（九六三）
十一月、乾徳に改元す。是歳、合格進士八人、諸科未詳。
乾徳二年（九六四）
是歳、合格進士八人、諸科未詳。
乾徳三年（九六五）
是歳、合格進士七人、諸科未詳。
乾徳四年（九六六）
是歳、合格進士六人、諸科未詳。
乾徳五年（九六七）
是歳、合格進士一〇人、諸科未詳。
開宝元年（九六八）
是歳、合格進士一一人、諸科未詳。
開宝二年（九六九）
是歳、合格進士七人、諸科未詳。
開宝三年（九七〇）
是歳、合格進士一五人、諸科未詳、特奏名一〇六人。
開宝四年（九七一）
是歳、合格進士一〇人、諸科未詳。
開宝五年（九七二）

是歳、合格進士一一人、合格諸科一七人。
開宝六年（九七三）
是歳、合格進士二六人、諸科一〇一人。
開宝八年（九七五）
是歳、合格進士三一人、諸科三四人。
開宝九年・太平興国元年（九七六）
太祖没す。太宗改元即位す。
太平興国二年（九七七）
是歳、合格進士一〇九人、諸科二〇七人、特奏名一九一人。
太平興国三年（九七八）
是歳、合格進士七四人、諸科七〇人。
太平興国五年（九八〇）
是歳、合格進士一二一人、諸科五三三人。李沆・王旦・寇準進士に及第す。三人はそれぞれ三十三歳、二十三歳、十九歳。また向敏中・張詠も是科進士に及第す。
太平興国八年（九八三）
是歳、合格進士二二九人、諸科六三三人。
雍熙二年（九八五）
是歳、合格進士二五五人、諸科六二〇人。
端拱元年（九八八）
是歳、合格進士一六〇人、諸科八一〇人。
端拱二年（九八九）

是歳、合格進士一八六人、諸科四七八人。
淳化二年（九九一）
四月、寇準枢密副使となる。九月、李沆参知政事となり、寇準同知枢密院事となる。
淳化三年（九九二）
是歳、合格進士三五三人、諸科九六四人。王欽若・丁謂進士に及第す。それぞれ二十歳、二十七歳。
淳化四年（九九三）
六月、寇準同知枢密院事を罷む。十月、李沆参知政事を罷む。
淳化五年（九九四）
九月、襄王元侃開封府尹・寿王となる。寇準参知政事となる。
至道元年（九九五）
八月、寿王元侃、恆と改名し皇太子となり、判開封府を兼ぬ。礼部侍郎李沆太子賓客を兼ぬ。
至道二年（九九六）
寇準参知政事を罷む。

本　表

至道三年（九九七）
中書に、宰相：呂端。参知政事：李昌齢・温仲舒・王化基・李至・李沆
枢密院に、枢密使：曹彬。知枢密院事：趙鎔。枢密副使：夏侯嶠。同知枢密院事：李惟清・銭若水・向敏中
三月、太宗没す。真宗即位す。四月、尚書左丞太子賓客李至・礼部侍郎太子賓客李沆参知政事となる。廃せる楚王元佐を擁立する兵部侍郎・知制誥・史館修撰胡旦、安遠節度行軍司馬を責授さる。塩鉄・度支・戸部副使を罷む。五月、直言を求む。両制に豊盈の術を議して以聞せしむ。参知政事李昌齢、忠武行軍司馬に責授され、宣政使・桂州観察使王継恩、右監門衛将軍に責授し、均

州安置とす。尚、安遠節度行軍司馬胡旦、籍を削り、潯州に流さる。宮人給事の歳久しき者を放つ。六月、涪王廷美に西京留守兼中書令秦王を追復す。魏王徳昭に太傅、岐王徳芳に太保を贈る。皇兄元佐に楚王を復封す。大行皇帝に神功聖徳文武皇帝と諡し、廟号を太宗となす。詔して孔子の嫡孫を訪わむ。祥瑞を献ずるを罷む。同知枢密院事銭若水、辞任し、集賢院学士となる。銭若水、真宗に「宜しく大事を任ずべし」と王旦を推薦し、真宗、「此れ固より朕の心に属する所なり」と言う。八月、知枢密院事趙鎔・同知枢密院事李惟清を罷む。曹彬、枢密使となる。同知枢密院事向敏中・給事中夏侯嶠、枢密副使に進む。曹彬、左相を兼ぬ。九月、孔子四十五世の孫、延世を以て曲阜県令となし文宣公に襲封す。十一月、集賢院学士銭若水をして『太宗実録』を修せしむ。

是歳、始めて定めて十五路（京東路・京西路・河北路・河東路・陝西路・淮南路・江南路・荊湖南路・荊湖北路・両浙路・福建路・西川路・峡路・広南東路・広南西路）となす。

王旦、中書舎人を拝す。後に翰林学士兼知審官院・通進銀台封駁司とす。

寇準、工部侍郎・知鄧州。

王欽若、太常丞・判三司都催欠憑由司。

丁謂、福建転運使。

咸平元年（九九八）

中書に、宰相：呂端・張斉賢・李沆。参知政事：李至・温仲舒・王化基・向敏中

枢密院に、枢密使：曹彬。枢密副使：夏侯嶠・楊礪・宋湜

正月、改元す。宰相呂端の第で近臣に歳節の宴を賜い例となす。二月、礼部貢院に令し考試の畢日に合格者の姓名を録して以聞せしむ。直言を求む。三月、進士孫僅等に宴を瓊林に賜う。六月、近臣に常参官の転運使に堪うる者を挙げしむ。知州軍・通判をして管内の京朝幕職州県官の勤績実状を具して擢任せしむ。八月、銭若水等、『太宗実録』八十巻を上る。九月、呂端、銭若水に『太祖実録』を重修せしむ。十月、宰相呂端、疾にて罷め、太子太保となる。戸部尚書張斉賢・参知政事李沆、平章事（宰相）となる。参知政事李至、疾にて罷む。参知政事温仲舒罷む。枢密副使夏侯嶠を罷む。枢密副使向敏中、参知政事となる。翰林学士楊礪・

す。宋湜、枢密副使となる。修太祖実録官銭若水等に命じて開封府得解の進士試巻の故事を覆考せしむ。十一月、歴代帝王の陵廟を葺

是歳、王旦、翰林学士・中書舎人。
寇準、知鄧州より知河陽軍に移す。
王欽若、判三司催欠司より右正言・知制誥・判大理寺となる。
丁謂、福建転運使。
合格進士五〇人、諸科一五〇人。

咸平二年（九九九）

中書に、宰相：張斉賢・李沆。参知政事：王化基・向敏中
枢密院に、枢密使：曹彬・王顕。枢密副使：楊礪・宋湜
正月、尚書丞郎・給舎に升朝官の大郡に守たるべき者、各々一人を挙げしむ。礼部尚書温仲舒権知貢挙となる。初めて巻首を封印す。三月、挙人多きを以て進士・諸科の人員を増す。荊湖南路に転運使を置く。閏三月、不急の営繕を罷む。中外の臣より直言極諫を求む。五月、三挙の貢挙人は今歳は取解を免じ自余は例に依りて挙送せしむ。服用の制を厳にす。六月、宰臣李沆等、『重修太祖実録』を進む。枢密使曹彬没す。秘書省正字邵煥に令して秘閣にて読書せしむ。七月、横海軍節度使王顕、枢密使となる。翰林侍読学士を置き、戸部侍郎夏侯嶠、工部侍郎李文仲兵部侍郎楊徽之となす。翰林侍講学士を置き、国子祭酒邢昺を之れとなす。八月、真宗に崇文廣武聖明仁孝皇帝なる尊号を上す。枢密副使楊礪没す。九月、杭州・明州に市舶司を置き蕃客の便に従うを聴す。十一月、李沆を東京留守となる。十二月、真宗、契丹を親征す。
是歳、王旦、翰林学士・中書舎人。
寇準、知河陽軍より知同州に移す。
王欽若、判三司都催欠憑由司より右正言・知制誥・判大理寺とす。

丁謂、戸部判官・太常博士を以て峡路に至り、公事を体量せしめ、続いて工部侍郎に遷し、峡路転運使とし、夔州路転運使に改む。

合格進士七〇人、諸科一七四人。

咸平三年（一〇〇〇）

中書に、宰相：張斉賢・李沆。参知政事：王化基・向敏中

枢密院に、枢密使：王顕。知枢密院事周瑩・王継英。同知枢密院事：王旦。枢密副使：宋湜

正月、益州に兵変あり、趙延順、益州鈐轄鳳州団練使符昭寿を撃殺し、都虞候王均を奉じて主となす。王均、漢州を陥す。契丹、河間を犯す。枢密副使宋湜没す。二月、枢密使王顕を罷む。周瑩・王継英、知枢密院事となる。王旦、同知枢密院事となる。三月、礼部をして合格の挙人にて権要の親族ある者を具名以聞せしむ。真宗、崇政殿に御し礼部貢挙の人を試す。四月、呂端没す。自今、幕職官の任半年に到る者は長吏・通判に令して能否を具して以聞せしむ。両制館閣に命じて武挙の武選人入官資序の故事を詳定せしむ。自今、両京諸路の所解挙人は宜しく先に行実・芸文を察訪せしむ。五月、寇準、知同州より知鳳翔府に移る。六月、参知政事向敏中、河北河東宣撫使となる。八月、翰林学士承旨宋白等、内外官の称呼を重定して上る。九月、直秘閣杜鎬等に命じて司天台官吏の優劣を較第以聞せしむ。相国寺僧法仙は鉄輪鐵、神衛水軍隊長唐福は火箭・火毬・火蒺藜、造船務匠項綰は転海戦船式をそれぞれ献じて緡銭を賜わる。十月、翰林学士承旨宋白等に命じて『続通典』を修せしむ。雷有終、王均を富順監に斬る。翰林学士王欽若、川峡安撫使となる。十一月、宰臣・参知政事は旧に依り中書大門より入り逐庁に至りて下馬することを許す。常参官の転対は故事の如くし、次対に預らざるものは封事以聞せしむ。宰相張斉賢、朝会失儀で罷む。

是歳、丁謂、夔州路転運使。

合格進士四二七人、諸科七七七人、特奏名九五七人。

咸平四年（一〇〇一）

中書に、宰相：李沆・呂蒙正・向敏中。参知政事：王化基・王旦・王欽若
枢密院に、知枢密院事周瑩・王継英。同知枢密院事：馮拯・陳堯叟。

正月、枢密直学士馮拯・陳堯叟に命じて中外の封事の利害を詳して以聞せしむ。宗正卿趙安易・翰林学士梁周翰、『新修属籍』三十三巻を上る。二月、群臣の子弟の京官に奏補せらるる者に一経を試読す。学士・両省・御史台五品・尚書省諸司四品以上に令して内外京朝幕職州県官及び草澤中より賢良方正直言敢諫一人を挙げしむ。三月、呂蒙正・向敏中、宰相となる。王化基、参知政事を罷む。同知枢密院事王旦、参知政事となる。馮拯・陳堯叟、同知枢密院事となる。四月、翰林学士王欽若、参知政事となる。制科挙人を御試す。五月、封駁の任を門下封駁司に帰し銀台司に隷せしむ。六月、有司、天下の冗吏凡そ十九万五千余人を減ぜんことを上言す。八月、制科挙人を御試す。諸路の転運使をして十年毎に各々本路図一を画き上せしむ。真宗、宰相と中書において社宴す。九月、西夏李継遷、清遠軍を陥す。翰林学士承旨宋白等、『新修続通典』二百巻を上る。国子祭酒邢昺等、『周礼』『儀礼』『公羊伝』『穀梁伝』の『正義』を校訂し、一六五巻を上る。

是歳、寇準、知鳳翔府。

丁謂、夔州路転運使。

咸平五年（一〇〇二）
中書に、宰相：李沆・呂蒙正・向敏中。参知政事：王旦・王欽若
枢密院に、知枢密院事周瑩・王継英。同知枢密院事：馮拯・陳堯叟。
正月、翰林侍講学士邢昺、『左氏春秋』を講ず。三月、李継遷、霊州を陥す。王欽若の賄賂事件により、権知貢挙・比部員外郎洪湛を儋州に流し、王旦の岳父御史中丞趙昌言を安遠軍司馬に責授す。礼部の挙人を御試す。四月、御史台・大理寺に欠員あらば、両省五品以上に令して保挙以聞せしむ。三司をして歳ごとに戸口を較せしむ。五月、文武官の七十以上の退を求むる者の致仕を許す。河北の冗官を減ず。天下の逋負を蠲く。刑部侍郎寇準、権知開封府となる。六月、周瑩、知枢密院事を罷む。七月、真宗、啓聖院・太平興国寺・上清宮に幸し雨霽を祷る。行幸する毎に翰林学士・侍読・侍講・枢密直学士を従わしむ。中書取索の詔勅草本

はまず実封して中書に送り看詳定写して進むることとす。九月、冀州団練使石普のつくる火毬・火箭を試す。十月、向敏中、違詔にて宰相を罷む。十二月、宰臣呂蒙正・李沆、門下侍郎を並びに兼ぬ。
是歳、丁謂、夔州路転運使。
合格進士三八人、諸科一八一人。王曾、是科壯元。

咸平六年（一〇〇三）
中書に、宰相：李沆・呂蒙正。参知政事：王旦・王欽若
枢密院に、知枢密院事：王継英。同知枢密院事：馮拯・陳堯叟。
四月、契丹来侵す。六月、権知開封府寇準を三司使となし、塩鉄・度支・戸部副使を復す。九月、呂蒙正、疾にて宰相を罷む。
是歳、丁謂、夔州路転運使。

景徳元年（一〇〇四）
中書に、宰相：李沆・畢士安・寇準。参知政事：王旦・王欽若
枢密院に、枢密使：王継英。簽書枢密院事：馮拯・陳堯叟。
正月、大赦し、改元す。民間の天象の器物・讖候の禁書は並びに所司に納めてこれを焚き、匿して言わざる者は死とす。二月、夔州路転運使丁謂を召し、朝に入り、権三司塩鉄副使となさしめ、知制誥・判吏部流内銓に遷す。寇準、屢々李沆に丁謂を推薦するも、用いず。三月、万安皇太后没す。李沆等、西北辺の軍興を以て聴政を力請するにより、真宗之れに従う。五月、中国人の外蕃進奉使に従って出境するを禁ず。六月、諸路転運使は代還の日、在任中の利害を興除し、能否を升黜し、凡そ経画する所を悉く上聞せしむ。七月、李沆没す。翰林侍読学士畢士安、参知政事となる。八月、畢士安・寇準、宰相となる。王継英、枢密使となる。馮拯・陳堯叟、簽書枢密院事となる。常参官二人をして、州県官の幕職に任ずべき者一人を挙げしむ。九月、翰林学士承旨宋白等をして、文武官の藩郡に任ずべき者各々一人を挙げしむ。閏九月、契丹、宋を侵す。親征を議す。王欽若、参知政事にて判天雄軍

となる。契丹大帥撻覧・契丹主及びその母、定州を攻むるも、宋兵は唐河に拒ぎ、契丹は陽城淀に駐す。十月、知制誥丁謂、知鄆州兼鄆斉・濮州安撫使となる。十一月、真宗親征す。車駕北巡するも、司天は天象により戦わずして退くべきを上言す。契丹兵、澶州北至り直ちに前軍の西陣を犯す、撻覧戦死す。真宗、澶州に次り、黄河を渡り北砦に幸し、城の北楼に御し、諸将軍を召して撫慰す。曹利用、契丹に使して還る。十二月、契丹使韓杞来りて和を講ず。王旦、参知政事で権東京留守となる。契丹使丁振、誓書をもたらす。澶淵の盟を結ぶ。契丹の兵出塞す。

景徳二年（一〇〇五）

中書に、宰相：畢士安・寇準。参知政事：王旦・馮拯・王欽若

枢密院に、枢密使：王継英。簽書枢密院事：陳堯叟。

正月、契丹との講和により大赦す。河北戍兵の十分の五、縁辺戍兵の三分の一を省く。四月、王欽若、参知政事を罷め、資政殿学士となる。馮拯、簽書枢密院事より参知政事となる。丁謂、知制誥より権三司使事となる。五月、真宗、国子監に幸す。六月、詔して学を勧む。七月、賢良方正能直言極諫等の六科を復す。八月、有司、新定の権衡法を上る。九月、丁謂等、『三司新編勅』を上る。十月、丁謂、『景徳農田編勅』を上る。畢士安没す。十一月、翰林侍講学士邢昺等に、学官となすに堪うる者十人を挙げしむ。天地を圜丘に祀り大赦す。十二月、資政殿大学士を置き王欽若を任ず。

是歳、王欽若・楊億等に『新編修君臣事跡』を編修せしむ。

合格進士三九三人、諸科一二六八人、特奏名一三八八人。

景徳三年（一〇〇六）

中書に、宰相：寇準・王旦。参知政事：馮拯・趙安仁。

枢密院に、枢密使：王継英。知枢密院事：王欽若・陳堯叟。簽書枢密院事：韓崇訓・馬　知節。

正月、初めて常平倉を置く。二月、枢密使王継英没す。寇準、宰相を罷む。王旦、宰相となる。王欽若・陳堯叟、知枢密院事と

なる。趙安仁、参知政事となる。韓崇訓・馬知節、簽書枢密院事となる。三月、寇準、知陝州に赴く。七月、林特、茶法を更改す。九月、賢良方正直言極諫を御試す。

景徳四年（一〇〇七）

中書に、宰相：王旦。参知政事：馮拯・趙安仁。

枢密院に、知枢密院事：王欽若・陳堯叟。簽書枢密院事：韓崇訓・馬知節。

正月、丁謂、随駕三司使となる。真宗、諸陵に詣る。二月、真宗、西京に幸す。寇準、朝見す。四月、皇后郭氏没す。六月、翰林講読枢密直学士に令して、各々常参官一人を挙げ御史に充てしむ。七月、丁謂、景徳三年新収戸三三二九九八、流移者四一五〇なりことを上言す。八月、王旦・楊億をして、太祖・太宗史を修せしむ。丁謂、『景徳会計録』を上る。簽書枢密院事韓崇訓、疾にて罷む。十月、考試進士新格を頒つ。翰林学士晁迥等に、常参官の大藩を知すべき者二人を挙げしむ。十一月、殿中侍御史趙湘、封禅を請わんことを上言す。王欽若も封禅の議を上す。真宗、真珠を以て、封禅に反対する王旦に賄賂を行う。十二月、諸州の祥瑞を以て来貢するを許す。諸路上る所の軍儲の数は、自今先ず枢密院に下して籍記し中書に送らしむ。

是歳、諸路豊稔、淮蔡の間に、麦は斗ごとに十銭、粳米は斛に二百銭なり。寇準、知陝州。

大中祥符元年（一〇〇八）

中書に、宰相：王旦。参知政事：馮拯・趙安仁。

枢密院に、知枢密院事：王欽若・陳堯叟。簽書枢密院事：馬知節。

正月、天書降る。大赦し、改元す。三月、文武官・将校・蛮夷・耆寿・僧道二万四千三百七十余人、闕に詣りて封禅を請う。四月、十月に泰山に事有るを以て、官を遣わし天地宗廟嶽瀆諸祠に告せしむ。丁謂に泰山路糧草を計度せしむ。王欽若を泰山封禅経度制置使となす。王旦を封禅大礼使となす。昭応宮をつくり天書を奉ぜしむ。五月、丁謂、天書扶持使となる。六月、天書再び泰山に降る。群臣表して尊号を上し、崇文広武儀天尊道宝応章感聖明仁孝皇帝という。七月、襄・許・荊南・夔・帰等州の米は、斛ごとに銭三百、麦は斗ごとに銭十二なり。九月、京東西・河北・河東・江淮・両浙・荊湖・福建・広南路豊作、米は斗に銭七八十。十月、真宗、泰山に封禅を行う。寇準、祀に従う。十一月、真宗、曲阜県に幸して、文宣王廟に謁す。天書の降る日を天慶節とし、京師上清宮に道場をたつ。十二月、寇準、知陝州より知天雄軍に徙る。

是歳、天下の戸七九〇八五五五・口一七八〇三四〇一。

合格進士二〇七人、諸科三二〇人。

大中祥符二年（一〇〇九）

中書に、宰相：王旦。参知政事：馮拯・趙安仁。

枢密院に、知枢密院事：王欽若・陳堯叟。簽書枢密院事：馬知節。

正月、浚儀県を祥符県と改む。天下の宮観は各々道士一人を度し、寺院の僧尼百人に満つるは二人を度す。二月、曲阜県に孔子廟学舎を立つ。丁謂、三司使となる。四月、丁謂を修昭応宮使となす。服勤・詞学・経明・行修・国監生を試す。五月、孔子の弟子七十二人を追封す。天書、泰山に降る日を天貺節とし、道場をたて醮を設けしむ。六月、幕職州県官に招集戸口賞条をわかつ。七月、張齊賢等に各々才の御史に堪うる者一人を挙げしむ。八月、道士十人を選び道蔵を校訂せしむ。十月、天下に天慶観を置く。十一月、文武の七条を作り官吏を戒む。十二月、丁謂は封禅朝覲祥瑞図を上る。

是歳、寇準、知天雄軍。天下の戸八四〇二五三七。

合格進士三一人、諸科五四人。

大中祥符三年（一〇一〇）

中書に、宰相：王旦。参知政事：馮拯・趙安仁。

枢密院に、知枢密院事：王欽若・陳堯叟。簽書枢密院事：馬知節。

正月、両京諸路宮観、道士十人ごとに一人を度す。二月、丁謂の請により承天節に屠宰・刑罰を禁ず。三月、天書殿に屡々祥異あり、王旦等天子の至誠奉天の感応と奏す。八月、明年春に汾陰に事有り。王旦は祀汾陰大礼使、王欽若は礼儀使となる。九月、真宗、宗室の座右銘を作りて諸王に賜う。十月、丁謂等、『大中祥符封禅記』を上る。十二月、丁謂を行在三司使となす。翰林学士李宗諤等、諸道図経を上る。

是歳、寇準、知天雄軍。

大中祥符四年（一〇一一）

中書に、宰相：王旦。参知政事：馮拯・趙安仁。

枢密院に、知枢密院事：王欽若・陳堯叟。簽書枢密院事：馬知節。

正月、天書を石に刻して玉清昭応宮宝符閣に置かしむ。真宗、天書を奉じて京師を発す。二月、后土地祇を祀る。五月、州城に孔子廟を置かしむ。七月、馮拯参知政事を罷む。八月、三司使丁謂「恐らく有司の経費を給せざらん」と言う。九月、真宗、太乙宮に幸し晴を祈る。十二月、三礼三伝科は自今、各々一場を減じ、五通を以て合格とす。京城の穀貴きにより、恵民の廩粟を賤糶す。

是歳、寇準、知天雄軍。

合格進士三一人、諸科五〇人。

大中祥符五年（一〇一二）

中書に、宰相：王旦・向敏中。参知政事：趙安仁・丁謂。

枢密院に、枢密使：王欽若・陳堯叟。枢密副使：馬知節。

四月、向敏中宰相となる。六月、常参官をして幕職州県官を挙げ京官に充てしむ。九月、王欽若・陳堯叟枢密使となる。趙安仁参知政事を罷む。丁謂参知政事となる。十月、真宗、延恩殿道場にて九天司命天尊の降るを瞻る。閏十月、天尊に聖祖上霊高道九天司命保生天尊大帝の号を上る。天尊趙玄朗の名を斥犯することを禁ず。天下の天慶観を聖祖殿に増置せしむ。十一月、王旦を玉清昭応宮使と為す。十二月、景霊宮を作る。獄空により知天雄軍寇準を奨す。徳妃劉氏を立てて皇后とす。

是歳、合格進士一二六人、諸科三七七人。

大中祥符六年（一〇一三）

中書に、宰相：王旦・向敏中。参知政事：丁謂。

枢密院に、枢密使：王欽若・陳堯叟。枢密副使：馬知節。

正月、配隷法十二条を減ず。辺防・軍旅・茶塩酒税等の刑名を更定するに、中書枢密院をして参詳施行せしむ。内臣の出使して民政に預るを禁ず。三月、建安軍にて玉皇・聖祖・太祖・太宗を鋳て成るにより、丁謂を迎奉使となす。八月、来春、亳州太清宮に親謁するにより、丁謂を判亳州・奉祀経度制置使となす。老子に太上老君混元上徳皇帝を加号す。王欽若等、『新編修君臣事跡』一千巻を上し、真宗、序を親製し『冊府元亀』を賜名す。丁謂、『新修祀汾陰記』五十巻を上る。十二月、寇準権東京留守となる。

大中祥符七年（一〇一四）

中書に、宰相：王旦・向敏中。参知政事：丁謂。

枢密院に、枢密使：王欽若・陳堯叟・寇準。枢密副使：馬知節・王嗣宗・曹利用。

正月、車駕、天書を奉じて京師を発す。王旦、混元上徳皇帝の宝冊を上る。亳州太清宮に朝謁す。亳州を升して集慶軍節度とし、歳賦の十分の二を減ず。判亳州丁謂白鹿一・芝草九万五千本を献ずる。二月、丁謂参知政事を以て判礼儀院となす。五月、王旦を兗州景霊宮朝修使・天書刻玉使となす。六月、王欽若・陳堯叟枢密使を罷む。馬知節枢密副使を罷む。寇準枢密使となる。七月、王嗣宗・曹利用、枢密副使となる。十二月、王欽若等五人に詔し、各々京朝幕職州県官の刑典を詳練し、時務に暁にして辺寄に任ずる者二人を挙げしむ。

是歳、天下の戸九〇五五七二九・口二一九七六九六五。

合格進士二一人、諸科二一人。

大中祥符八年（一〇一五）

中書に、宰相：王旦・向敏中。参知政事：丁謂。

枢密院に、枢密使：寇準・王欽若・陳堯叟。枢密副使：王嗣宗・曹利用。

正月、文武官の三歳に満つる者は有司、考課して以聞せしむ。王欽若に命じて『羅天醮儀』十巻を詳定せしむ。王欽若等に供奉官より殿直に至る武幹有る者一人を挙げしむ。二月、交鈔価、富民に抑せられて暴落す。進士六挙・諸科九挙なる者は奏名を許す。四月、寇準枢密使を罷む。王欽若・陳堯叟並びに枢密使となる。榮王元儼の宮に火災あり、延焼して殿閣内庫に及ぶ。丁謂を大内修葺使となす。五月、寇準知河南府兼西京留守事となる。宮人一八四人を放つ。閏六月、刑部尚書馮拯等をして三司とともに茶法を詳定せしむ。王欽若、『彤管懿範』を上す。七月、王欽若、趙氏神仙の事跡四十人を景霊宮の廟に画く。宮城に火災あるにより、諸王に詔して宮を外に徙さしむ。王嗣宗枢密副使を罷む。十月、王欽若、『聖祖事跡』十二巻を上し、真宗、序を作り、『先天記』と賜名す。

是歳、天下の戸口財賦、戸八四二二四〇三・口一八八八一九三〇・両税銭帛糧斛二二七六四一三三・糸綿鞋草二二八三六六三六・茶塩酒税榷利金銀二八〇〇二〇〇〇。

合格進士二〇三人、諸科六五人、特奏名一五〇人。范仲淹、是科進士。

大中祥符九年（一〇一六）

中書に、宰相：王旦・向敏中。参知政事：丁謂・陳彭年・王曾・張知白。

枢密院に、枢密使：王欽若・陳堯叟。枢密副使：曹利用・張旻・任中正。

正月、会霊観使を置き丁謂に任じ、刑部尚書を加う。張旻枢密副使となる。二月、丁謂、新法茶法の成効を論ず。王旦等、『両朝国史』を上す。知河南府寇準、判永興軍に徙る。三月、王欽若、『新校道蔵経』を上し、真宗、目録を賜り『宝文統録』と名づく。挙官には必ず廉能を択ばしむ。修玉牒官を置く。八月、陳堯叟疾を以て枢密使を罷む。九月、丁謂は参知政事を罷め、知昇州となに至るは助教・文学・上佐の秩を第授す。十月、王欽若『翊聖保徳真君伝』三巻を上す。十二月、来年、元を改めて天禧という。

る。陳彭年・王曾・張知白参知政事となる。任中正枢密副使となる。民の私廩を出だして貧乏を振する者にして三千石より八千石

天禧元年（一〇一七）

中書に、宰相：王旦・向敏中・王欽若。参知政事：陳彭年・王曾・張知白・李迪。

枢密院に、知枢密院事：馬知節。枢密副使：張旻。同知枢密院事：曹利用・任中正・周起。

正月、改元す。天書を奉じて、天地を合祭し天下に大赦す。天書を宣読する礼を行い、王欽若を天書宣読使とす。四月旦日を天禎節とす。京東西・河北・陝西・淮南・江浙の災傷州軍に令し、榷務の酒糟を出だして貧民を済せしむ。王旦、兗州太極観奉上冊宝使となる。二月、陝西の交引暴落せるにより、官銭を出して収市す。諫官・御史各六員を置き、毎月一員事を奏し、急務有らば非時の入対を聴す。参知政事陳彭年没す。三月、王欽若、会霊観使となる。五月、王旦を太尉・侍中とし、五日に一たび中書に入らしむも、旦、懇辞して拝せず。七月、王旦疾を以て宰相を罷む。八月、王欽若宰相となる。張旻枢密副使を罷む。九月、王曾参知政事を罷む。李迪参知政事となる。馬知節知枢密院事となる。曹利用・任中正・周起並びに同知枢密院事となる。王旦没す。十一月、江南諸県の五千戸以上なるは、自今、京朝官を遣わす。選人、本貫の江南・両浙・福建なる者は、本郷を去ること三百里外の注官を許す。十二月、五嶽の帝号を玉に刻し、会霊観使王欽若に令し本殿に奉安せしむ。

是歳、寇準は判永興軍。丁謂は知昇州。

天禧二年（一〇一八）

中書に、宰相：向敏中・王欽若。参知政事：張知白・李迪。

枢密院に、知枢密院事：馬知節・曹利用。同知枢密院事：任中正・周起。

正月、諫官の月俸は実銭を給す。王欽若等、『天禧大礼記』四十巻を上す。二月、近臣に、常参官の御史に任ずるに堪うる者を挙げしむ。右正言劉煜の請により、自今言事には升殿を許す。閏四月、戸部尚書馮拯等をして幕職令録の京官に充つるに堪うる者各々

二人を挙げしむ。馬知節疾を以て知枢密院事を罷む。五月、西京訛言す、妖帽の如きもの夜蜚ぶと、民甚だ恐る。六月、曹利用知枢密院事となる。訛言の帽妖、京師に至り、民、夜叫譟して曙に達す、詔して嘗て邪法をなすの人耿概等を捕えて棄市せしむ。七月、星変により天下に大赦す。八月、皇子昇王を立てて皇太子とし、天下に大赦す。李迪に太子賓客を兼ねしむ。九月、皇太子を冊す。十二月、張知白参知政事を罷む。

是歳、寇準は判永興軍。丁謂は知昇州。

天禧三年（一〇一九）

中書に、宰相：向敏中・王欽若・寇準。参知政事：李迪。

枢密院に、枢密使：曹利用・丁謂。枢密副使：任中正・周起。

二月、王欽若、『会霊志』一百巻を上し、真宗、序をつくり『五岳広聞記』と名づく。三月、寇準天書の乾祐山に降るを奏す。四月、天書を大内に尊迎す。六月、王欽若宰相を罷む。寇準宰相となる。丁謂参知政事となる。七月、群臣、表して尊号を上し、体元御極感天尊道応真宝運文徳武功上聖欽明仁孝皇帝という。八月、天書再降せしを以て大赦す。十一月、天地を圜丘に祀り大赦す。十二月、丁謂・曹利用枢密使となる。任中正・周起枢密副使となる。

是歳、天下の戸八五四五二七六・口一九四七一五五六。

合格進士一六二人、諸科一五四人、特奏名一〇五人。

天禧四年（一〇二〇）

中書に、宰相：向敏中・寇準・李迪・丁謂・馮拯。参知政事：任中正・王曾。

枢密院に、枢密使：曹利用。枢密副使：周起・銭惟演。簽書枢密院事：曹瑋

正月、曹瑋簽書枢密院事となる。諸民の田産要契を偽立し、衣冠形勢戸に託して庇役せる者は、百日を限りて自首せしめ戸を改めて税を輸せしむ。諸路提点刑獄を改めて勧農使副使となし、提点刑獄公事を兼ねしめ、凡そ農田一事已上は悉く領せしむ。御製

『釈典法音集箋注』三十巻を入蔵す。二月、滑州にて決潰せる黄河を塞す。参知政事李迪等、『一州一県新編勅』三十巻を上る。三月、向敏中没す。四月、江南転運使を分かちて東西路となす。『四時纂要』『齊民要術』を雕印して諸道勧農司に付す。五月、寇準劉皇后の兄劉美を弾劾す。六月、寇準宰相を罷め、太子太傅・莱国公となる。七月、李迪・丁謂宰相となる。馮拯枢密使となる。入内副都知周懐政、誅に伏す。寇準太常卿を降授され、知相州に左遷せらる。翰林学士盛度・枢密直学士王曙、職を罷む。八月、永興軍都巡検使朱能、中使を殺して叛す。任中正・王曾、参知政事となる。銭惟演枢密副使となる。朱能自殺す。寇準知安州に徙り、継いで道州司馬に貶さる。九月、近臣張知白・晁迥・楽黄目等を分遣し各々常参官を、諸路転運・勧農使をして各々京官知県に堪うる者二人を、知制誥・知雑御使・直龍図閣をして各々御史に堪うる者一人を挙げしむ。朱能の党を治めて死流者数十人とす。王欽若の請により、江淮制置使、民船を雇するを罷め、江浙・淮南は権りに和羅を罷め商旅の入中を聴す。周起枢密副使を罷む。曹瑋簽書枢密院事を罷む。十月、王欽若、資政殿大学士となる。十一月、勧農使に提点刑獄官を兼ねしめ、自今、提点刑獄勧農使副と称す。丁謂・李迪真宗の前に忿争す。丁謂宰相を罷め、知河南府となり、李迪宰相を罷め、知鄆州となる。継いで丁謂をして、中書に赴いて事を視ること故の如くせしむ。馮拯宰相となる。自今、軍国大事を旧に依りて親決するを除き、余は皆な皇太子・宰相・枢密使等の参議に委ねて之れを行わしめ、太子、上表して陳譲するも允さず。丁謂に太子太師、馮拯に少傅、曹利用に少保を兼ねしむ。十二月、王欽若に司空を加う。継いで王欽若、判河南府となる。楊億没す。閏十二月、真宗、不豫にして重疾なり、承明殿に御し手書を宰相に賜い、諭するに儲弐を輔導するの意を以てす。

是歳、天下の戸九七一六七一二・口二二七一七二七二。

天禧五年（一〇二一）

中書に、宰相：丁謂・馮拯。参知政事：任中正・王曾。

枢密院に、枢密使：曹利用。枢密副使：銭惟演・張士遜。

正月、真宗の疾愈し、啓聖院に出幸す。張士遜枢密副使となる。二月、審刑院、天下に断獄無しと上言す。三月、丁謂に司空、馮拯に左僕射、曹利用に右僕射を加え、任中正工部尚書となる。五月、陝西の交引益々賤しきにより、内蔵庫の銭五十万貫を出だし、市して之れを毀たしむ。十一月、王欽若擅に闕に赴くに坐し、司農卿に降し南京に分司とす。

是歳、天下の戸八六七七六七七・口一三九三〇三二〇。

乾興元年（一〇二二）

中書に、宰相：丁謂・馮拯・王曾。参知政事：任中正・呂夷簡・魯宗道。

枢密院に、枢密使：曹利用・銭惟演。枢密副使：張士遜・張知白。

正月、改元す。真宗、病のため道士に命じて天安殿に道場を立てしむ。二月、天下大赦す。尊号を上し、応天尊道欽明仁孝皇帝という。制封し、丁謂晋国公、馮拯魏国公、曹利用韓国公となる。宰相と寝殿に対す、真宗、不豫にして劇を増す。真宗、延慶殿に崩御す。皇太子は柩前にて皇帝位に即き、皇后を尊んで皇太后となし、権りに軍国の事を処分し、淑妃を皇太妃となす。三月、山陵都監雷允恭・丁謂を山陵使とす。寇準を雷州司戸参軍に貶し、李迪を衡州団練副使に貶す。山陵都監雷允恭、山陵を擅移す。六月、雷允恭、誅に伏す。丁謂宰相を罷め、西京に分司さる。任中正丁謂を救うに坐し、参知政事を罷む。七月王曾宰相となる。銭惟演枢密使となる。呂夷簡・魯宗道、参知政事となる。丁謂崖州司戸に貶さる。十月、真宗を永定陵に葬る。天書を従葬す。十一月、銭惟演枢密使を罷む。張知白枢密副使となる。

後　表

天聖元年（一〇二三）

九月、王欽若宰相となる。閏九月、寇準雷州に没す。

天聖二年（一〇二四）

三月、王欽若、『真宗実録』を上す。

天聖三年（一〇二五）

十一月、宰相王欽若没す。十二月、丁謂、雷州司戸参軍に徙す。

天聖八年（一〇三〇）
十二月、丁謂、道州司戸参軍に徙す。
天聖十年・明道元年（一〇三二）
十一月、改元す。詔して蘇州に没する所の丁謂の荘田を其の家に逐給す、仍お其の子前内殿承制玥を以て供奉官となす。
明道二年（一〇三三）
三月、皇太后不豫を以て、大赦す。丁謂、秘書監を授けられ致仕す。
景祐四年（一〇三七）
閏四月、丁謂没す。

参考文献

一

『尚書』（中華書局『十三経注疏』、一九八〇年）
『詩経』（中華書局『十三経注疏』、一九八〇年）
『春秋左氏伝』（中華書局『十三経注疏』、一九八〇年）
『礼記』（中華書局『十三経注疏』、一九八〇年）
『論語』（中華書局『十三経注疏』、一九八〇年）
『孟子』（中華書局『十三経注疏』、一九八〇年）
『孝経』（中華書局『十三経注疏』、一九八〇年）
『史記』（中華書局標点本、一九五九年）
『漢書』（中華書局標点本、一九六二年）
『後漢書』（中華書局標点本、一九六五年）
『三国志』（中華書局標点本、一九五九年）
『北斉書』（中華書局標点本、一九七二年）
『南史』（中華書局標点本、一九七五年）
『旧唐書』（中華書局標点本、一九七五年）
『旧五代史』（中華書局標点本、一九七六年）

『新五代史』（中華書局標点本、一九七四年）
『宋史』（中華書局標点本、一九七七年）
『明史』（中華書局標点本、一九七七年）
『宋会要輯稿』（中華書局影印本、一九五七年）
『隆平集』［宋］曾鞏撰（文海出版社『宋史資料萃編』第一輯、一九六七年）
『太平宝訓政事紀年』［宋］闕名撰（文海出版社『宋史資料萃編』第四輯、一九八一年）
『東都事略』［宋］王稱撰（文海出版社『宋史資料萃編』第一輯、一九七九年）
『宋史全文續資治通鑑』［元］闕名撰（文海出版社、宋史資料萃編』第二輯、一九六九年）
『続資治通鑑長編』［宋］李燾撰（上海古籍出版社、一九八六年）
『通鑑長編紀事本末』［宋］楊仲良編（文海出版社、『宋史資料萃編』第二輯、一九六七年）
『宋宰輔編年録』［宋］徐自明撰（王瑞来校補、中華書局、一九八六年）
『続宋宰輔編年録』［明］呂邦燿撰（王瑞来校補、中華書局、一九八六年）
『建炎以来繫年要録』［宋］李心伝撰（上海古籍出版社、一九九二年）
『皇宋中興兩朝聖政』［宋］闕名撰（文海出版社『宋史資料萃編』第一輯、一九六七年）
『通志』［宋］鄭樵撰（新興書局『十通』、一九六三年）
『翰苑群書』［宋］洪遵輯（中華書局『叢書集成初編』、一九九一年）
『南宋登科録兩種』［宋］闕名撰（文海出版社『宋史資料萃編』第三輯、一九八一年）
『名臣碑伝琬琰集』［宋］杜大珪撰（文海出版社『宋史資料萃編』第二輯、一九六九年）
『類編皇朝大事記講義』［宋］呂祖謙撰（文海出版社『宋史資料萃編』第四輯、一九八一年）
『荘子集釈』郭慶藩輯（中華書局、一九七八年）
『伯牙琴』［元］鄧牧撰（中華書局、一九五九年）

『小畜集』［宋］王禹偁撰（上海書店、『四部叢刊』、一九八九年）
『寇忠愍公詩集』［宋］寇準撰（上海書店、『四部叢刊三編』、一九八九年）
『武夷新集』［宋］楊億撰（上海古籍出版社、影印文淵閣『四庫全書』、一九八七年）
『范文正公文集』［宋］范仲淹撰（上海書店、『四部叢刊』、一九八九年）
『盱江集』［宋］李覯撰（上海古籍出版社、影印文淵閣『四庫全書』、一九八七年）
『徂徠集』［宋］石介撰（上海古籍出版社、影印文淵閣『四庫全書』、一九八七年）
『欧陽脩全集』［宋］欧陽脩撰（上海書店、一九八六年）
『臨川先生文集』［宋］王安石撰（上海書店、『四部叢刊』、一九八九年）
『蘇軾文集』［宋］蘇軾撰（中華書局、一九九六年）
『遺山先生文集』［金］元好問撰（上海書店、『四部叢刊』、一九八九年）
『毛沢東集』（竹内実監修、毛沢東文献資料研究会編、北望社、一九七〇年）
『全唐詩』（中華書局、一九九九年）
『宋文鑑』［宋］呂祖謙編（中華書局、一九八二年）
『西崑酬唱集』（王仲犖注、中華書局、一九八〇年）
『優古堂詩話』［宋］呉幵撰（中華書局、『叢書集成初編』、一九八五年）
『范文正公年譜』［宋］楼鑰編（上海書店、『四部叢刊』、一九八九年）
『宋朝事実』［宋］李攸撰（文海出版社、『宋史資料萃編』第一輯、一九六七年）
『古今合璧事類備要』［宋］謝維新撰（上海古籍出版社、一九九二年）
『群書考索』［宋］章如愚撰（中文出版社、一九八二年）
『古文真宝』［元］黄堅編（学習研究社、一九八四年）
『宋名臣言行録五集』［宋］朱熹、李幼武撰（文海出版社、『宋史資料萃編』第一輯、一九六七年）

『元城語録解』明王崇慶撰（藝文印書館、一九六七年）
『黄氏日抄』〔宋〕黄震撰（中文出版社、一九七九年）
『亀山先生語録』〔宋〕楊時撰（商務印書館、『四部叢刊續編』、一九六六年）
『朱子語類』〔宋〕黎靖徳編（中華書局、一九八六年）
『帰田録』〔宋〕欧陽脩撰（中華書局、『唐宋史料筆記叢刊』、一九八一年）
『東坡志林』〔宋〕蘇軾撰（中華書局、『唐宋史料筆記叢刊』、一九八一年）
『涑水記聞』〔宋〕司馬光撰（中華書局、『唐宋史料筆記叢刊』、一九九七年）
『夢渓筆談』〔宋〕沈括撰（上海書店、『四部叢刊続編』、一九八四年）
『青箱雑記』〔宋〕呉処厚撰（中華書局、『唐宋史料筆記叢刊』、一九八五年）
『続湘山野録』〔宋〕文瑩撰（中華書局、『唐宋史料筆記叢刊』、一九八四年）
『玉壺清話』〔宋〕文瑩撰（中華書局、『唐宋史料筆記叢刊』、一九八四年）
『北窓炙輠録』〔宋〕施徳操撰（中華書局、『叢書集成初編』、一九八五年）
『庶斎老学叢談』〔宋〕盛如梓撰（進歩書局、『筆記小説大観』）
『東軒筆録』〔宋〕魏泰撰（中華書局、『唐宋史料筆記叢刊』、一九八三年）
『黙記』〔宋〕王銍撰（中華書局、『唐宋史料筆記叢刊』、一九八一年）
『澠水燕談録』〔宋〕王闢之撰（中華書局、『唐宋史料筆記叢刊』、一九八一年）
『斉東野語』〔宋〕周密撰（中華書局、『唐宋史料筆記叢刊』、一九八三年）
『能改斎漫録』〔宋〕呉曾撰（中華書局、一九六〇年）
『困学紀聞』〔宋〕王應麟撰（上海書店、『四部叢刊三編』、一九八五年）
『容斎随筆』〔宋〕洪邁撰（上海古籍出版社、一九七八年）
『貴耳集』〔宋〕張端義撰（廣文書局、『筆記叢編』、一九六九年）

『儒林公議』［宋］田況撰（上海古籍出版社、影印文淵閣『四庫全書』、一九八七年）
『呂氏雑記』［宋］呂希哲撰（上海古籍出版社、影印文淵閣『四庫全書』、一九八七年）
『仇池筆記』［宋］蘇軾撰（上海古籍出版社、影印文淵閣『四庫全書』、一九八七年）
『王文正公筆録』［宋］王曾撰（上海古籍出版社、影印文淵閣『四庫全書』、一九八七年）
『東原録』［宋］龔鼎臣撰（上海古籍出版社、影印文淵閣『四庫全書』、一九八七年）
『仕学規範』［宋］張鎡撰（上海古籍出版社、一九九三年）
『自警編』［宋］趙善璙撰（上海古籍出版社、一九九三年）
『五総志』［宋］呉炯撰（進歩書局、『筆記小説大観』）
『五百家播芳大全文粋』［宋］魏齊賢編（臺灣商務印書館、『四庫全書珍本十集』。一九八〇年）
『錦繡萬花谷』［宋］不著撰人（上海辭書出版社、一九九二年）
『古今源流至論』［宋］林坰（上海古籍出版社、一九九二年）
『永楽大典』［明］解縉等奉勅撰（中華書局、一九八六年）
『文章辨体彙選』［明］賀復徵輯（上海古籍出版社、影印文淵閣『四庫全書』、一九八七年）
『宋稗類鈔』［清］潘永因輯（上海古籍出版社、影印文淵閣『四庫全書』、一九八七年）
『清稗類抄』徐珂編（臺灣商務印書館、一九八八年）
『宋論』［明］王夫之著（中華書局、一九六四年）
『西遊記』［明］呉承恩著（人民文学出版社、一九八〇年）
『水滸伝』［明］施耐庵著（人民文学出版社、一九八九年）
『紅楼夢』［清］曹雪芹著（人民文学出版社、一九八二年）

二

内藤湖南「概括的唐宋時代観」（『歴史と地理』九～五、一九二二年）
内藤湖南「支那近世史」（『内藤湖南全集』第一〇巻、筑摩書房、一九六九年）
宮崎市定『東洋的近世』（教育タイムス社、一九五〇年）
宮崎市定「宋代の士風」（『史学雑誌』第六二編、第六号、一九五三年）
周藤吉之・中嶋敏著『中国の歴史』五（講談社、一九七四年）
栗原益男『世界の歴史』六（社会思想社、一九七四年）
愛宕松男『世界の歴史』一一（河出書房新社、一九八九年）
松丸道雄・斯波義信等編『世界歴史大系──中国史』三（山川出版社、一九九七年）
M・ウェーバー『儒教と道教』、（木全徳雄訳、創文社、一九九三年）
J・K・フェアバンク『中国の歴史』（日本語版、ミネルヴァ書房、一九九六年）
尾形勇・岸本美緒編『世界各国史三──中国史』（山川出版社、一九九八年）
中国大百科全書出版社編『中国大百科全書』「中国歴史」の抜粋『中国歴史通覧』（中国大百科全書出版社、一九九四年）
佐伯富『王安石』（冨山房、一九四一年）
礪波護『馮道』（中央公論社、一九八八年）
竺沙雅章『范仲淹』（白帝社、一九九五年）
青山定雄「北宋を中心とする士大夫の起家と生活倫理」（『東洋学報』第五七巻、第一・二号、一九七六年）
柳田節子「宮崎史学と近世論」（『宋元社会経済史研究』、創文社、一九九五年）
梅原郁『宋代官僚制度研究』（同朋舎、一九八五年）
寺地遵『南宋初期政治史研究』（渓水社、一九八八年）
寺地遵「宋代政治史研究方法試論」（『宋元時代史の基本問題』、汲古書院、一九九六年）

近藤一成「宋代の士大夫と社会」（『宋元時代史の基本問題』汲古書院、一九九六年）

近藤一成「宋代士大夫政治の特色」（『岩波講座　世界歴史9中華の分裂と再生3～13世紀』、岩波書店、一九九九年）

小林義廣「『濮議』小考」（『東海大学紀要文学部』五四、一九九一年）

小林義廣「欧陽脩における諫諍と輿論」（『名古屋大学東洋史研究報告』第一六号、一九九二年）

平田茂樹『世界史リブレット9　科挙と官僚制』（山川出版社、一九九七年）

平田茂樹「宋代の言路官について」（『史学雑誌』第一〇一編、第六号、一九九二年）

平田茂樹「宋代の垂簾聴政について」（『中国の伝統社会と家族』、汲古書院、一九九三年）

平田茂樹「宋代の対について」（平成四年度科学費研究成果報告書『東アジアの伝統社会における指導者像の比較研究』、一九九三年）

平田茂樹「宋代政治構造試論――対と議を手掛かりにして」（『東洋史研究』第五二巻第四号、一九九四年）

足立啓二『専制国家史論』（柏書房、一九九八年）

小島毅『宋学の形成と展開』（創文社、一九九九年）

池澤滋子『丁謂研究』（巴蜀書社、一九九八年）

顧頡剛『古史弁』（樸社、一九三三年）

余英時『歴史与思想』頁（台湾聯経出版事業公司、一九七六年）

程応鏐『范仲淹新伝』（上海人民出版社、一九八六年）

陳栄照『范仲淹研究』（三聯書店香港支店、一九八六年）

曾棗荘『論西崑体』（復文図書出版社、一九九三年）

張邦煒『宋代的皇親と政治』（四川人民出版社、一九九三年）

羅家祥『北宋党争研究』（文津出版社、一九九三年）

何冠環『宋初朋党与太平興国三年進士』（中華書局、一九九四年）

譚天星『明代内閣制度』（中国社会科学出版社、一九九六年）
張帆『元代宰相制度研究』（北京大学出版社、一九九七年）
楊果『中国翰林制度研究』（武漢大学出版社、一九九六年）
冨田孔明「宋代の皇権と相権の関係に関する考察――王瑞来『論宋代相権』への批判をもとに」（『龍谷史壇』第九九・一〇〇合刊号、一九九二年）
冨田孔明「宋代史における君主独裁制説に対する再検討」（『小田義久博士還暦記念東洋史論集』、小田義久博士還暦記念事業会、一九九五年）
冨田孔明「宋代史における君主独裁制説に対する再検討（続）――張邦煒氏の論を参考にして」（『東洋史苑』第四八・四九合併号、一九九七年）
冨田孔明「宋代の政権構造と太学生の上書」（『中国――社会と文化』第一四号、一九九九年）
銭穆「論宋代相権」（『中国文化研究匯刊』二、一九四二年）
劉子健「范仲淹梅堯臣与北宋政争中的士風」（『東方学』一四、一九五七年）
漆侠「范仲淹的歴史地位」（『中国歴史人物論』所収、北京三聯書店、一九五七年）
王徳毅「呂夷簡与范仲淹」（『史学彙刊』四、一九七一年）
張其凡「北宋皇帝与士大夫共治天下略説」（香港『中報月刊』、一九八六年）
張其凡「宋真宗『天書封祀』鬧劇之剖析」（『歴史文献与伝統文化』四集、広東人民出版社、一九九四年）
劉賓雁「第二種忠誠」（『開拓』一、一九八五年）
王瑞来「論宋代相権」（『歴史研究』二、一九八五年）
王瑞来「趙抃『御試官日記』考釈――兼論北宋殿試制度的演変」（『東北師大学報』四、一九八六年）
王瑞来「略論宋太宗」（『社会科学戦線』四、一九八七年）
王瑞来「試論宋祁」（『西南師範大学学報』四、一九八八年）

王瑞来「蘇頌論」（『浙江学刊』四、一九八八年）
王瑞来「論宋代皇権」（『歴史研究』一、一九八九年）
王瑞来「試論導致慶暦新政失敗的一個因素」（『学術月刊』九、一九九〇年）
王瑞来「燭影斧声事件新解」（『中国史研究』二、一九九一年）
王瑞来「范仲淹三至杭州考実」（『浙江学刊』二、一九九二年）
王瑞来「『范仲淹集』版本問題考辨」（『国家図書館館刊』八六－一、一九九六年）
王瑞来「范仲淹与北宋古文運動」（『大陸雑誌』九四－四、一九九七年）
王瑞来「皇帝権力に関する再論――あわせて冨田孔明氏の反論に答える――」（『東洋文化研究』一、一九九九年）
張邦煒「試論宋代『婚姻不問閥閲』」（『歴史研究』六、一九八五年）
賈玉英『台諫与宋代改革』（『中州学刊』第三号、一九九一年）
虞雲国『宋代台諫系統的破壊与君権相権之関係』（『学術月刊』一一号、一九九五年）
李廷珪「中国古代史研究と呪術・神話」（二〇〇〇年二月二八日、中国社会文化学会東京大学講演会レジュメー）
Benedetto Croce History., *Its Theory and Practice*. Douglas Ainisilie. Harcourt, Brace and Company New York. 1923.
Acton, John Emerich Edward Dalberg., *Essays on Freedom and Power*, Boston. 1948.
Hansb H.Frankel (傅漢思)., *T'ang Literati : A Composite Biography, in Confucian Personalities*, edited by Arthur F. Wright and Denis Twitchett. Stanford University Press, 1962.
Anthony M. Orum., *Introduction to political sociology : the social anatomy of the body politic*. Prentice-Hall, 1983.
Hymes, Robert P., *Statesmen and Gentlemen*, Cambridge U. P., Cambridge, 1986.
Arthur Waldron., *The Great Wall of China : from history to myth*. Cambridge University Press, 1992.
Hymes, Robert P. I. / Schirokauer, C. (eds), *Ordering the World*, University of California Press, California, 1993.

Chaffee, John W., *The Thorny Gates of Learning in Sung China*, Cambridge U. P., Cambridge, 1985.（中国語版、『宋代科挙』東大図書公司、一九九五年）

Bossler, Beverly J., *Powerful Relations : Kinship, Status and the the State in Sung China*, Council on East Asian Studies, Harvard University, 1998.

汲古叢書

1	秦漢財政収入の研究	山田勝芳著	16505円
2	宋代税政史研究	島居一康著	12621円
3	中国近代製糸業史の研究	曾田三郎著	12621円
4	明清華北定期市の研究	山根幸夫著	7282円
5	明清史論集	中山八郎著	12621円
6	明朝専制支配の史的構造	檀上　寛著	13592円
7	唐代両税法研究	船越泰次著	12621円
8	中国小説史研究－水滸伝を中心として－	中鉢雅量著	8252円
9	唐宋変革期農業社会史研究	大澤正昭著	8500円
10	中国古代の家と集落	堀　敏一著	14000円
11	元代江南政治社会史研究	植松　正著	13000円
12	明代建文朝史の研究	川越泰博著	13000円
13	司馬遷の研究	佐藤武敏著	12000円
14	唐の北方問題と国際秩序	石見清裕著	14000円
15	宋代兵制史の研究	小岩井弘光著	10000円
16	魏晋南北朝時代の民族問題	川本芳昭著	14000円
17	秦漢税役体系の研究	重近啓樹著	8000円
18	清代農業商業化の研究	田尻　利著	9000円
19	明代異国情報の研究	川越泰博著	5000円
20	明清江南市鎮社会史研究	川勝　守著	15000円
21	漢魏晋史の研究	多田狷介著	9000円
22	春秋戦国秦漢時代出土文字資料の研究	江村治樹著	22000円
23	明王朝中央統治機構の研究	阪倉篤秀著	7000円
24	漢帝国の成立と劉邦集団	李　開元著	9000円
25	宋元仏教文化史研究	竺沙雅章著	15000円
26	アヘン貿易論争－イギリスと中国－	新村容子著	8500円
27	明末の流賊反乱と地域社会	吉尾　寛著	10000円
28	宋代の皇帝権力と士大夫政治	王　瑞来著	12000円

著者略歴

王瑞来（おう　ずいらい）

一九五六年中国黒龍江省生まれ。北京大学中国言語文学部古典文献学科卒業。中華書局編集員を経て、現在は学習院大学東洋文化研究所研究員・助手。また、北京大学中国古文献研究センター客員教授、青山学院大学・千葉大学非常勤講師。主な研究分野は、中国政治史、文献学など。『宋宰輔編年録校補』（中華書局）、「論宋代皇権」「論宋代相権」（共に『歴史研究』掲載）など論著多数。

汲古叢書28

宋代の皇帝権力と士大夫政治

二〇〇一年二月　発行

著　者　王　瑞　来
発行者　石　坂　叡　志
整版印刷　富士リプロ

発行所　汲　古　書　院
〒102-0072 東京都千代田区飯田橋二-五-四
電　話　〇三（三二六五）九七六四
FAX　〇三（三二二二）一八四五

ISBN4-7629-2527-6　C3322

The Relations Between the Imperial Sovereigns and the Literate-officialdom in the Song Dynasty

Ruilai Wang

Kyuko Shoin
Tokyo

人 名 索 引

ろ

事 項 索 引

さ

し